Deutsche Börse AG (Hrsg.)

Praxishandbuch Börsengang

Deutsche Börse AG (Hrsg.)

Praxishandbuch Börsengang

Von der Vorbereitung
bis zur Umsetzung

Bibliografische Information Der Deutschen Nationabibliothek
Die Deutsche Nationalbibliothek verzeichnet diese Publikation in der
Deutschen Nationalbibliografie; detaillierte bibliografische Daten sind im Internet über
<http://dnb.d-nb.de> abrufbar.

1. Auflage November 2006

Alle Rechte vorbehalten
© Betriebswirtschaftlicher Verlag Dr. Th. Gabler | GWV Fachverlage GmbH, Wiesbaden 2006

Der Gabler Verlag ist ein Unternehmen von Springer Science+Business Media.
www.gabler.de

Das Werk einschließlich aller seiner Teile ist urheberrechtlich geschützt. Jede Verwertung außerhalb der engen Grenzen des Urheberrechtsgesetzes ist ohne Zustimmung des Verlags unzulässig und strafbar. Das gilt insbesondere für Vervielfältigungen, Übersetzungen, Mikroverfilmungen und die Einspeicherung und Verarbeitung in elektronischen Systemen.

Die Wiedergabe von Gebrauchsnamen, Handelsnamen, Warenbezeichnungen usw. in diesem Werk berechtigt auch ohne besondere Kennzeichnung nicht zu der Annahme, dass solche Namen im Sinne der Warenzeichen- und Markenschutz-Gesetzgebung als frei zu betrachten wären und daher von jedermann benutzt werden dürften.

Umschlaggestaltung: Nina Faber de.sign, Wiesbaden
Druck und buchbinderische Verarbeitung: Wilhelm & Adam, Heusenstamm
Gedruckt auf säurefreiem und chlorfrei gebleichtem Papier
Printed in Germany

ISBN-10 3-8349-0369-8
ISBN-13 978-3-8349-0369-3

Vorwort

Jede leistungsfähige Volkswirtschaft braucht einen leistungsfähigen Kapitalmarkt, benötigt einen Platz für den Austausch von Kapital, Ideen und unternehmerischen Chancen, der angemessen reguliert ist, der die Bedürfnisse von Unternehmen und Kapitalgebern zusammenführt und der helfen kann, neue Kräfte freizusetzen. Ein solcher Platz ist in nahezu einmaliger Form die Börse. Wer die Börse heute noch als Tummelplatz für Glücksritter betrachtet, verkennt ihre eigentliche Bedeutung und versteht die Chancen nicht, die eine Börse für die Entwicklung von Unternehmen bietet. Nachhaltiges wirtschaftliches Wachstum ist ohne die Allokation von Ressourcen durch den Kapitalmarkt undenkbar.

Unternehmen benötigen einen möglichst freien Zugang zu Kapital. Um wettbewerbsfähig und profitabel zu sein, müssen sie in innovative Projekte, in die Erschließung neuer Märkte, in Forschung und Entwicklung und in das Know-how ihrer Mitarbeiter investieren. Hier stellt der Kapitalmarkt den Unternehmen die Ressourcen bereit – unter der Voraussetzung, dass sie seine Regeln beachten und respektieren. Und unter der Voraussetzung, dass die gegenseitigen Interessen aller Akteure am Kapitalmarkt berücksichtigt werden.

Vertrauen ist der vielleicht höchste Wert auf dem Kapitalmarkt. Hier sind die Unternehmen in der Pflicht – und werden verpflichtet: durch Regeln, Gesetze und Vorgaben. Über eine Börsennotierung exponieren sie sich in der Öffentlichkeit: Aktionäre, Analysten und auch die Medien verfolgen die Unternehmensentwicklung sehr aufmerksam. Wer sich auf dem Kapitalmarkt nachhaltig erfolgreich positionieren will, muss deshalb das Vertrauen der Marktteilnehmer erwerben, rechtfertigen und dauerhaft aufrechterhalten. Dazu bedarf es in erster Linie einer guten Unternehmensführung, die dann auch professionell und aktiv die für den Kapitalmarkt relevanten Inhalte kommuniziert.

Eine effiziente Marktorganisation sowie Standards, die Transparenz schaffen, sind weitere Grundlagen für Vertrauen auf dem Kapitalmarkt. Hier sind der Börsenbetreiber und der Gesetzgeber bzw. die Regulatoren gefragt.

Die Deutsche Börse gehört zu den führenden Marktorganisationen weltweit. Die elektronische Handelsplattform der Deutschen Börse verbindet Unternehmen und Investoren auf einem grenzüberschreitenden, virtuellen Marktplatz. Sicherheit, Zuverlässigkeit, State-of-the-Art-Technologie, Schnelligkeit und Kosteneffizienz sind die wesentlichen Vorteile des Handels bei der Deutschen Börse.

Bei der Kapitalaufnahme an der Deutschen Börse können Unternehmen zwischen mehreren Marktstandards wählen. Unterschiedliche Transparenzstufen – Entry Standard, General Standard und Prime Standard – bieten maßgeschneiderte Bedingungen für die Aufnahme von Eigenkapital und erleichtern Investoren gleichzeitig die Anlageentscheidung. Während der Entry Standard als „Einstiegssegment" zum Kapitalmarkt vorwiegend von der Börse reguliert wird, unterliegen General Standard und Prime Standard der Regulation durch die

EU. In jedem Fall jedoch sind die Regelwerke und ihre stringente Anwendung Grundlage für das Vertrauen, das Investoren börsennotierten Unternehmen entgegenbringen.

Natürlich ist der Weg an die Börse kein Spaziergang: Bevor Unternehmen die Vorteile der Aufnahme von Eigenkapital an der Börse nutzen können, müssen sie eine ganze Reihe von für die Zukunft des Unternehmens weitreichenden Entscheidungen treffen. Deshalb sollten sie sich umfassend informieren und kompetente Partner suchen, die sie bei diesem wichtigen strategischen Schritt beraten und in der Praxis unterstützen. Die Börse hilft ihnen dabei.

Mit diesem Band legt die Deutsche Börse als Herausgeber erstmals eine umfassende Informationsquelle zum Thema Börsengang vor – von der Vorbereitung der unternehmensinternen Infrastruktur über die Wahl der richtigen Partner und des geeigneten Marktsegments bis zur Gestaltung der Finanzkommunikation in der Zeit nach dem Börsengang. Das Themenspektrum erstreckt sich über sämtliche Facetten des Going und Being Public.

Für den hohen Nutzwert des Bandes stehen die Namen seiner Verfasser: Er ist von Praktikern für die Praxis geschrieben und bündelt das Know-how und die Erfahrung der führenden deutschen Kapitalmarktexperten.

Der Kapitalmarkt hat in seinem langen Bestehen unzähligen Unternehmen bei ihrem Wachstum und ihrer Eroberung von Märkten geholfen – zum gegenseitigen Nutzen von Unternehmen und Investoren. Dazu soll dieses Buch ein weiteres Stück beitragen.

Dr. Reto Francioni
– Vorstandsvorsitzender Deutsche Börse AG –

Inhaltsverzeichnis

Vorwort	5
Inhaltsverzeichnis	7
Der Börsengang als Finanzierungsalternative *(Axel Haubrok, Haubrok AG)*	23
Zusammenfassung	23
Motive und Chancen eines Börsengangs	23
Transparenz – Erfordernisse	26
Kosten	28
Vorbereitungskosten	29
Folgekosten	30
Pro und Contra	30
Phasen des Börsengangs	31
Vorüberlegungen	31
Positionierung	32
Equity Story	32
Timing	34
Börsenreifekriterien	34
Bedeutsame Kennzahlen und Daten	35
Das Anstoßen des IPO-Prozesses	36
Durchführung	37
Die Preisfindung	38
Nachbetreuung	39
Resümee	43
Umwandlung in die AG *(Dr. Timo Holzborn, Nörr Stiefenhofer Lutz)*	45
Zusammenfassung	45
Möglichkeiten der Umwandlung	46
Verschmelzung in eine AG	46
Voraussetzungen	47
Verschmelzungsvertrag	47
Verschmelzungsbericht	47
Verschmelzungsprüfung	48

Übermittlung an den Betriebsrat 48
Einberufung der Gesellschafterversammlung 48
Zustimmung der Gesellschafter zur Verschmelzung 49
Schlussbilanz 49
Bestellung eines Treuhänders 49
Registeranmeldung und -eintragung 50
Wirkung der Verschmelzungseintragung 52
Schutz der Beteiligten 52
Schutz der Gesellschafter 52
Schutz der Gläubiger 52
Schutz der Arbeitnehmer 53
Haftung des Vorstandes/der Geschäftsführer 53
Vor- und Nachteile der verschiedenen Verschmelzungsmöglichkeiten ... 53
Spaltung in eine AG 54
Voraussetzungen 54
Spaltungsvertrag, Übernahmevertrag und Spaltungsplan 54
Spaltungsbericht 55
Spaltungsprüfung 55
Betriebsrat/Gesellschafterversammlung/-beschluss 55
Schlussbilanz/Treuhänder 56
Registeranmeldung und -eintragung 56
Wirkung der Spaltungseintragung 56
Schutz der Beteiligten 57
Schutz der Gesellschafter/Gläubiger 57
Schutz der Arbeitnehmer 57
Haftung des Vorstandes/der Geschäftsführer 58
Formwechsel in eine AG 58
Voraussetzungen 58
Umwandlungsbericht 58
Einberufung der Gesellschafterversammlung 59
Übermittlung an den Betriebsrat/Beschluss 59
Registeranmeldung und -eintragung 59
Wirkung des Formwechsels 60
Schutz der Beteiligten 60
Schutz der Gesellschafter 60
Schutz der Gläubiger 60
Schutz der Arbeitnehmer 61

Inhaltsverzeichnis

Haftung des Vorstands/der Geschäftsführer	61
Folgen der Umwandlung für die Handelsbilanz	61
Verschmelzung	61
Spaltung	62
Formwechsel	62
Besteuerung der Umwandlung	62
Verschmelzung	62
Spaltung	63
Formwechsel	64
Einzelrechtsnachfolge	64
Die neue AG	65
Organe	65
Vorstand	65
Aufsichtsrat	67
Hauptversammlung	67
Grundkapital	68
Kapitalerhaltung	68
Kapitalerhöhung	68
Aktien	69
Satzungsgestaltung	69
Mindestinhalte der Satzung	70
Weitere Möglichkeiten	70
Schutz vor Übernahmen	71
Gesetzliche Regelung ohne Satzungsbestimmungen	72
Satzungsgestaltungen für den Übernahmefall	72
Sicherung der Rechte der Altgesellschafter	73
Stimmmehrheit durch beschränkte Ausgabe von Aktien	73
Satzungsänderung durch einfache Mehrheit	74
Ausgabe stimmrechtsloser Vorzugsaktien	74
Ausgabe vinkulierter Namensaktien	74
Zustimmungsbedürftige Geschäfte in der Satzung	75
Entsendungsrechte zum Aufsichtsrat	75
KGaA	75
Vereinbarungen zwischen den Aktionären	75

Die Besteuerung der AG 76
    Die Besteuerung der Aktiengesellschaft 76
    Die Besteuerung der Aktionäre 77
Literaturhinweise 78

Die richtige Managementstruktur für den Börsengang
(Markus Hauptmann, White & Case LLP) 79
    Überblick 79
    Corporate Governance 79
        Allgemeines 79
        Deutscher Corporate Governance Kodex 80
            Inhalt 80
            Entsprechenserklärung 81
    Management 82
        Allgemeines 82
        Vorstand 82
            Aufgaben 82
            Zusammensetzung und Wahl 84
            Besetzung 84
            Innere Ordnung 85
            Ausschüsse und Arbeitsteilung 86
            Bezüge und D&O-Versicherung 86
        Aufsichtsrat 87
            Aufgaben 87
            Zusammensetzung und Wahl 88
            Besetzung 89
            Innere Ordnung 90
            Ausschüsse 91
            Vergütung 91
    Reporting-Strukturen und Publizität 92
        Allgemeines 92
        Reporting-Strukturen 93
            Berichtspflichten nach § 90 AktG 93
            Anforderungen an Berichterstattung durch den Vorstand 94
            Anspruch der Aufsichtsratsmitglieder auf Kenntnisnahme 94

Publizität	95
Jahresabschluss	95
Ad hoc-Mitteilungen	95
„Directors' Dealings" und Aktienbesitz von Vorstands- und Aufsichtsratsmitgliedern	96
Mitteilung der Beteiligungshöhe	96
Risk Management	97
Allgemeines	97
Früherkennung bestandsgefährdender Entwicklungen	98
Überwachungssystem	98
Abschlussprüfung und Aufsichtsrat	98
Geschäftsordnungen	99
Allgemeines	99
Geschäftsordnung des Vorstands	99
Geschäftsordnung des Aufsichtsrats	99
Abschließende Bemerkung	100
Literaturverzeichnis	100
Anforderungen an das Rechnungswesen *(Lutz G. Frey, Ernst & Young)*	101
Zusammenfassung	101
Gesetzliche Anforderungen an das Rechnungswesen börsennotierter Unternehmen	101
Umstellung auf die Rechnungslegung nach IFRS	102
Ziel und Zweck der IFRS-Rechnungslegung	102
Organisatorische Anforderungen und Maßnahmen	104
Die erstmalige Anwendung von IFRS	107
Wesentliche Unterschiede zwischen HGB und IFRS im Überblick	109
Auswirkungen auf die Darstellung der Vermögens-, Finanz- und Ertragslage	111
Auswirkungen auf die Bilanzpolitik	112
Angabe von Finanzinformationen im Börsenprospekt	114
Gesetzliche Grundlagen für die Angabe von Finanzinformationen	114
Erfordernis geprüfter IFRS Jahresabschlüsse	115
Pro-forma-Angaben	117
Working Capital Statement	119
Auswirkungen auf den Zeitplan	120
Zusätzliche Anforderungen im Prime Standard	120
Entry Standard mit deutlich reduzierten Anforderungen	122

Fazit 124
Literatur... 124

Beauty Contest und Auswahl des Projektteams
(Prof. Dr. Wolfgang Blättchen, Blättchen & Partner) 127
    Einleitung 127
    Die Beteiligten am Börsengang – Das Projektteam in den einzelnen
    Projektphasen... 128
        Grundsatzentscheidung 128
        Herstellung der Börsenreife – Equity Story 129
        Bankenauswahl.................................... 130
        Projektphasen und Aufgaben im Zuge der Platzierung .. 131
        Die Phase nach der Erstnotiz....................... 132
    Auswahl des Projektteams 133
        Anforderungen an die Teammitglieder aus Börsen- und Kapitalmarktsicht . 133
            Einfache Notierungsaufnahme oder Einbeziehung in den Handel...... 133
            Börseneinführung mit nationalem Schwerpunkt 133
            Internationale Platzierung........................ 134
        Auswahlkriterien für die wichtigsten Projektteam-Mitglieder 134
            Wirtschaftsprüfer................................ 134
            Rechtsberater.................................... 135
            Investor Relations-/Public Relations-Agenturr..... 136
            Konsortialführer 136
    Auswahl der Konsortialführer 136
        Überblick über die Bankenlandschaft................ 137
        Aufgaben des Konsortialführers.................... 138
        Definition der Auswahlkriterien................... 139
        Organisation des Auswahlprozesses................. 140
            Definition der Equity Story/Erstellung des Factbook 140
            Interessensabstimmung 140
            Ableitung der Eckpunkte für die Emission 141
            Definition der Auswahlkriterien/Erstellung der Shortlist 141
            Bankenansprache und Beauty Contest 141
            Entscheidung und Verhandlung des Letter of Engagement 142
        Zusammenstellung des Konsortiums 143
    Zusammenwirken der Projektbeteiligten/Projektmanagement......... 144
    Fazit 145
    Literatur.. 146

Erstellung der erforderlichen Dokumente
(Dr. Herbert Harrer und Christoph F. Vaupel, Linklaters) 147
    Zusammenfassung 147
    Mandatsvereinbarung 147
    Übernahmevertrag 149
        Allgemeines 149
        Zeichnungs- und Übernahmeverpflichtung 151
            Typische Ausgestaltung 151
            Zeichnung zum (rechnerischen) Nennbetrag 151
            Haftung des Bankenkonsortiums 153
        Mehrzuteilungsoption 153
        Verpflichtungen und Gewährleistungen 154
            Verpflichtungen 154
            Gewährleistungen 154
        Haftungsfreistellung 156
            Allgemeines 156
            Kapitalerhöhung 156
            Umplatzierung von Altaktien 157
        Aufschiebende Bedingungen 157
        Regelungen hinsichtlich Provisionen, Kosten und Auslagen 158
        Rücktrittsrecht 159
        Rechtswahl- und Gerichtsstandsvereinbarung 161
            Rechtswahlvereinbarung 161
            Gerichtsstandsvereinbarung 161
    Weitere Vertragsdokumente 162
        Börseneinführungsvertrag 162
        Designated Sponsor-Vertrag 162
        Preisfestsetzungsvertrag 163
        Wertpapierleihvertrag 163
        Konsortialvertrag 163
        Marktschutzvereinbarungen 165
    Research-Richtlinien und Publizitäts-Richtlinien 165
        Research-Richtlinien 166
        Publizitäts-Richtlinien 167
    Gesellschaftsrechtliche Dokumentation 169
        Mitwirkung des Hauptversammlungsbeschlusses 169
        Mitwirkung des Vorstands 170

Mitwirkung des Aufsichtsrats 171
Mitarbeiterbeteiligung 172
Literatur.. 172

Due Diligence – Bereiche der erforderlichen Prüfung
(Dr. Wolfgang Russ, Ebner, Stolz & Partner) 175
    Zusammenfassung 175
    Bedeutung und Funktion der Due Diligence 175
    Commercial und Financial Due Diligence 176
        Beurteilung des Unternehmenskonzepts (Commercial Due Diligence) 176
        Financial Due Diligence 177
            Beurteilung des Rechnungswesens 177
            Vergangenheitsorientierte Analyse der Vermögens-,
            Finanz- und Ertragslage 179
            Analyse der Planungsrechnung 180
            Potentielle Alarmzeichen 183
        Managementbeurteilung 184
        Durchführung und Ergebnis der Financial Due Diligence 184
    Tax Due Diligence 185
    Legal Due Diligence 187
    Comfort Letter 188
    Literatur.. 189

Antragsdokumente für Börsennotierung und Angebot von Wertpapieren
(Dr. Stephan Hutter und Dr. Katja Kaulamo, Shearman & Sterling LLP) 191
    Einleitung 191
    Zulassung zum Handel an einem organisierten Markt oder Einbeziehung in den
    Freiverkehr 192
        Zulassung zum Handel an einem organisierten Markt 192
        Einbeziehung in den Freiverkehr 192
    Art des Angebots der Wertpapiere: öffentliches Angebot vs. Privatplatzierung . 193
        Öffentliches Angebot 193
        Privatplatzierung.................................... 194
            Angebot an so genannte „qualifizierte Anleger" 194
            Sonstige Privatplatzierungsausnahmen 194
            Vor- und Nachteile von öffentlichen Angeboten und Privatplatzierungen .. 195
    Prospekt – das Antragsdokument bei Zulassung zum Handel an einem
    organisierten Markt bzw. beim öffentlichen Angebot von Wertpapieren 196

Aufbau und Inhalt des Prospekts 197
  Grundsatz: Vollständigkeit und Verständlichkeit (Kohärenz) 197
  Prospektformat 197
  Zusammenfassung des Prospekts 198
  Mindestinhalt des Prospekts bei einer Aktienemission 198
  Prospektaufbau 199
  Angaben zum Emissionspreis im Fall des Bookbuilding-Verfahrens ... 202
  Prospektsprache 203
Billigungsverfahren 203
Veröffentlichung 204
Nachtragspflicht 205
Gültigkeit des Prospekts 205
Werbung und sonstige Publizität im Zusammenhang mit einer Wertpapier-
emission 206
  Grundsätze für Werbung und Publizität 206
  Publizitätsrichtlinien 207
„Europäischer Pass" für Prospekte und Zweitlisting 207
  Notifizierungsverfahren 207
  Keine Harmonisierung der Prospekthaftungsregeln innerhalb des EWR-
  Raums 208
  Zweitlisting 209
Börsengesetzliche Prospekthaftung in Deutschland 209
  Allgemeines 209
  Haftung für die Unrichtigkeit oder Unvollständigkeit des Prospekts 210
  Anspruchsberechtigte und -verpflichtete, Anspruchsausschluss 210
  Verjährung 212
Antragsdokumente bei Einbeziehung in den Freiverkehr an der FWB
(Open Market) 212
  Einleitung 212
  Das Exposé nach den Allgemeinen Geschäftsbedingungen für den Freiver-
  kehr an der FWB (Open Market) 212
Zusammenfassung 214
Literaturhinweise und Internet-Links 215

**Equity Story und Positionierung – Die Bedeutung der Investor Relations beim
Börsengang** *(Klaus Rainer Kirchhoff, Kirchhoff Consult AG)* 217
  Zusammenfassung 217
  Equity Story 217

Vermögens-, Finanz- und Ertragslage	218
Unternehmensstrategie und Wachstumsprognosen	219
Management Qualität	220
Wirtschaftliche und rechtliche Rahmenbedingungen	221
Technisches Kow-how	222
Ableitung der Investor Relations-Maßnahmen aus der Equity Story	222
Zielgruppen	223
Private Investoren	223
Institutionelle Investoren	223
Finanzanalysten	224
Wirtschaftsjournalisten	224
Auswirkungen des Börsensegments auf die Publizität	224
Phasen der IPO-Kommunikation	226
Vorbereitungsphase	227
Image-Phase	227
Pre-Offer-Phase	228
Offer-Phase	228
Funktionen und Aufgabenbereiche der Investor Relations	229
Ziele der Investor Relations	230
Finanzwirtschaftliche Ziele	230
Kommunikationspolitische Ziele	231
Organisation der Investor Relations	232
Zeitpunkt der Einführung	232
Organisation der Investor Relations	232
Personelle Anforderungen	234
Instrumente der Investor Relations	234
Pflichtmaßnahmen	235
Unpersönliche Maßnahmen	235
Persönliche Maßnahmen	236
Literatur	236

Erfolgsfaktoren des Emissionskonzepts *(Stefan Henge und Eduard Kostadinov, Dresdner Kleinwort)* 237

Zusammenfassung	237
Projektplan und Prozessschritte	238
Entwicklung der Equity Story – Kernelemente und Anforderungen	241
Auswahl der Aktiengattung/Aktienart	242

Ableitung der Kapitalstruktur zum Börsengang 243
Bestimmung des Emissionsvolumens und der Mittelverwendung 243
Die Greenshoe-Option (Mehrzuteilungsoption) 248
Lockup-Regelungen (Haltefristen für Altaktionäre) 249
Platzierungsstrategie und Platzierungsverfahren (Vermarktung) 250
    Platzierungsverfahren 251
    Institutionelle Investoren 252
    Privatinvestoren 255
Bankenkonsortium 255
Fazit 256

Wahl des geeigneten Börsensegments
(Rainer Riess und Dr. Martin Steinbach, Deutsche Börse AG) 259
    Zusammenfassung 259
    Finanzierungsalternative Börsengang 259
    Maßgeschneiderte Marktsegmente 261
        Entry Standard – Einstiegssegment für kleine und mittlere Unternehmen .. 262
        General Standard – kostengünstige Börsennotierung in einem EU-regulierten Markt 263
        Prime Standard – die höchsten Transparenzstandards für Investoren in Europa 263
    Zugang zu Investoren weltweit 265
        Ein Zugang für Unternehmen eröffnet Kontakte zu Investoren weltweit ... 267
        Privatanleger 267
    Hohe Liquidität und effiziente Marktorganisation 267
    Visibilität am Kapitalmarkt und Aufmerksamkeit bei Investoren 270
    Faire Bewertung durch die Börsennotierung neben vergleichbaren Unternehmen ... 272
    Unterstützung beim Going und Being Public 273
        Leitfaden „Ihr Weg an die Börse": Basisinformationen für den Börsengang 273
        IPO Sentiment Indikator: Stimmung am Kapitalmarkt 274
        Deutsche Börse Listing Partner: Kapitalmarkt-Know-how für Emittenten .. 274
        Investor Guide online: Suchmaschine für Unternehmen 274
        Deutsches Eigenkapitalforum: Konferenz zur Eigenkapitalfinanzierung ... 275
        Stocks & Standards-Workshops: aktuelle Kapitalmarktthemen 275
    Fazit 275

Unternehmensbewertung und Preisfindung *(Axel Pohlücke, DZ BANK AG)* ... 277
    Zusammenfassung 277
    Einleitung – Elemente der Preisfindung im IPO-Prozess 277
        Die Bedeutung des Emissionspreises (bzw. Platzierungspreises) 278
    Verfahren der Unternehmensbewertung............................ 279
        Das Kurs-Gewinn-Verhältnis (Price/Earnings-Ratio) 280
        PEG-Ratio nicht verteufeln! 282
        Kurs-Buchwert-Verhältnis: nicht gleichbedeutend mit „Value"........... 282
        Verlockende Dividendenrendite................................. 283
        Aufspüren von verstecktem Geld mit dem Umsatzmultiplikator 283
        EBITDA- und EBIT-Multiplikatoren............................ 285
        Discounted-Cashflow-Methode als Non plus ultra? 285
        Besondere Verfahren: z.B. Pipeline-Modell in der Biotechnologie 289
        „Pre Money" versus „Post Money" 290
        Regressionsanalyse 291
        Fazit: Gesamtbild als Königsweg................................ 292
    Research Reports im Rahmen eines Börsengangs 293
        Exkurs: Informationsgehalt des Prospekts unter Bewertungsgesichtspunkten 293
        Rückwirkung des Prospekts auf den bewertungsrelevanten Informations-
        transfer... 294
        Erstellung des Research Reports und inhaltliche Anforderungen 295
        Zeitpunkt des Analystenmeetings 296
        Ergebnis: Der Research Report als bewertungsrelevante Informationsquelle 297
        Distribution von Neuemissionsstudien 298
    Preisfindungsverfahren: Festpreis, Bookbuilding 299
        Festpreisverfahren... 299
        Bookbuilding 300
        Decoupled IPO 302
        Emissionsdiscount?.. 304
        Die Bedeutung des Graumarktes – Handel per Erscheinen 304
        „Fair Value" versus Marktpreis 306

**Die Vermarktungsphase – Pilot Fishing, Investor Education, Roadshow und
Platzierung** *(Johannes Borsche und Klaus Fröhlich, Morgan Stanley Bank AG)* .. 307
    Zusammenfassung 307
    Pilot Fishing.. 308
        Hintergrund 308

Inhaltsverzeichnis

Ziel des Pilot Fishing	308
Vorstand oder Banker?	309
Timing	309
Inhalt	310
Zielinvestoren und Dauer	310
Anwendung bei Börsengängen	310
Investor Education	311
Ziel	311
Investor Education durch Research-Analysten	311
Investor Education durch Aktienvertrieb	312
Zielinvestoren und Dauer	312
Roadshow	313
Ziel	313
Zielinvestoren und -orte	313
Hedgefonds	314
Orderbuch und Zuteilungen	315
Retail	316

Börsengang im börslich regulierten Markt: Case Study – Der Börsengang der Bio-Gate Gruppe *(Lutz Weiler, equinet AG)* 319

Zusammenfassung	319
Das Unternehmen Bio-Gate	319
Motive für den Börsengang der Bio-Gate AG	320
Unternehmensinterne Vorbereitung des Börsengangs	321
Bestimmung der Lead Bank und der weiteren involvierten Parteien	321
Start des IPO-Projektes	322
Durchführung der Financial Due Diligence	323
Prospekterstellung und Durchführung der Legal Due Diligence	324
Wesentliche Eckdaten des Emissionskonzeptes	326
Anlaystenpräsentation und Erstellung des Research Reports	328
Pre-Marketing und Festsetzung der Bookbuilding Preisspanne	332
Investoren Kick Off, Roadshow und Zuteilung	332
Der Tag der Notierungsaufnahme	333
Ausübung des Greenshoes	334
Übernahme der Funktion der Antrag stellenden Bank und des Listing Partners	334
Fazit	335

Börsengang im EU-regulierten Markt: das Beispiel PATRIZIA Immobilien AG
(Georg Hansel, Deutsche Bank AG) 337
    Zusammenfassung 337
    PATRIZIA Immobilien AG – das Unternehmen 337
    Der Weg an die Börse 338
        Interne Vorbereitung 338
        Auswahl der Banken und weiterer Berater 339
        Kick-off/Zeitplan 340
        Erstellung der nötigen Finanzdaten 341
    Prospekt/Due Diligence 341
        Equity Story/Analystenpräsentation 343
        Vermarktung 344
            Research-Studien und Investor Education 344
            Roadshow/Pressekonferenz/Bookbuilding 344
            Nachfrage und Zuteilung 346
            Erster Handelstag 346
            Greenshoe 346
    Fazit 346

Der Gang an die Börse ist nur der erste Schritt
(Prof. Dr. Rüdiger von Rosen, Deutsches Aktieninstitut, Frankfurt am Main) 347
    Zusammenfassung 347
    Gesetzliche Zulassungsfolgepflichten 348
        Zulassung im Amtlichen Markt und im Geregelten Markt 348
    Corporate Governance 351
    Anforderungen an die Unternehmenskommunikation 353
    Das Deutsche Aktieninstitut – Interessenvertreter für den organisierten
    Kapitalmarkt 357

Nach dem Börsengang – Empfehlungen für börsennotierte Unternehmen
*(Kay Bommer und Achim Schreck, DIRK – Deutscher Investor Relations
Verband e.V.)* 359
    Zusammenfassung 359
    Was ist Investor Relations? 359
        Ursprung und Definition 359
        Ziele 360
        Aufgaben 361
        Zielgruppen 362

Berufsbild des IR-Managers 364
    Ansprüche des Kapitalmarktes an IR steigen 364
    Verschärfte regulative Rahmenbedingungen 365
    Fixed Income-IR gewinnt an Bedeutung 366
    Corporate Governance 366
    Medien als „neue" Zielgruppe 367
    CIRO – Certified Investor Relations Officer 368
Der DIRK – Netzwerk und Sprachrohr der deutschen IR-Manager 368
„Man kann nicht nicht kommunizieren!" 370

Empfehlungen zur Gestaltung effektiver Finanzkommunikation mit Finanzanalysten *(Ralf Frank, DVFA e.v. – Deutsche Vereinigung für Finanzanalyse und Asset Management)* 373
    Zusammenfassung 373
    Analysten reduzieren Komplexität 373
    Begünstigende Faktoren für Aufnahme der Coverage 374
    Zukunftsorientierte und non-financial Information 375
    Research stellt einen erheblichen Aufwand für Broker dar 375
    Was macht einen guten Analysten aus? 376
    Qualifikation und Integrität 377
    Wie beurteilt man die Leistung des Analysten? 377
    Wie sollte mit Analysten kommuniziert werden? 378
        Zielgruppenorientierung 378
        Transparenz 378
        Kontinuität 379
    Pflege von persönlichen Kontakten zu Analysten 379
    Über die DVFA 380
    Was kann die DVFA für Sie als Investor Relations Manager/CFO tun? .. 381
    Literatur 382

Die Rolle der Kapitalanlagegesellschaften als institutionelle Investoren *(Stefan Seip und Marcus Mecklenburg, BVI, Bundesverband Investment und Asset Management)* 383
    Zusammenfassung 383
    Funktionen der Investmentanlage 383
        Gesellschaftspolitische Funktion 383
        Finanzwirtschaftliche Funktion 385
        Kapitalmarktpolitische Funktion 385

Investmentfonds als Akteure am deutschen Aktienmarkt	385
Die Erwartungen institutioneller Anleger an börsennotierte Unternehmen	389
„Gute" Corporate Governance als Anlagekriterium	389
Das Interesse der Anleger als Maßstab	390
Der europäische Standard der EFAMA	391
Langfristiger „Shareholder Value"	392
Gleichbehandlung der Anleger	392
Wahrnehmung der Anlegerrechte	392
Aktuelle Unternehmensinformationen	392
Ausgewogene Zusammensetzung der Leitungsorgane	393
Klimaschutz	393
Der BVI als Interessenvertreter der Investmentbranche	394
Autorenverzeichnis	395
Glossar	405

Der Börsengang als Finanzierungsalternative

Axel Haubrok, Haubrok AG

Zusammenfassung

Der Gang an die Börse ermöglicht einem Unternehmen, zusätzliche Eigenmittel für die Gesellschaft zu generieren und damit die Voraussetzungen für künftiges Wachstum zu optimieren. Aber auch für größere Kapitaltransaktionen werden die Voraussetzungen durch die Handelbarkeit der Aktie deutlich verbessert. Geht ein Unternehmen an die Börse, rückt es gleichzeitig in das Rampenlicht der Öffentlichkeit. Das kann zusätzliche Vorteile für das operative Geschäft und das Image mit sich bringen. Häufig erleichtert es auch die Rekrutierung von leitenden Mitarbeitern.

Die neuen externen Investoren müssen künftig öffentlich über die wirtschaftliche Entwicklung „ihres" Unternehmens informiert werden. Dadurch werden auch andere Kreise, wie die eigenen Kunden oder Wettbewerber, detailliert über die wirtschaftliche Situation des Unternehmens informiert. Die hohe Transparenz kann also auch Probleme nach sich ziehen.

Kleinere Unternehmen können eine Notierung im Entry Standard mit geringeren Transparenzanforderungen anstreben, während es für größere Unternehmen ratsam ist, ihre Aktien in einem „höheren" Marktsegment, also General Standard oder Prime Standard notieren zu lassen.

Der Prozess des Börsengangs ist sehr komplex, wobei der Aufwand und damit auch die Kosten vom jeweiligen Marktsegment und von dem Platzierungskonzept abhängen. In jedem Fall ist es wichtig, ein kompetentes und schlagkräftiges Beraterteam zusammenzustellen, um den aufwendigen Prozess zügig zu bewältigen.

Bei der Entscheidung über den Börsengang sind nicht nur die Kosten für den Börsengang selbst, sondern auch die Kosten zur Erfüllung der Folgepflichten zu berücksichtigen.

Motive und Chancen eines Börsengangs

Der Aufschwung der Weltwirtschaft und das damit einhergehende freundliche Börsenumfeld haben die Emissionen auch in Deutschland aus ihrem mehrjährigen „Dornröschenschlaf" wiedererweckt. Wagten im Jahr 2000 noch 160 Unternehmen den Gang an die Börse, war ihre Zahl auch zwei Jahre später nur noch einstellig. 2003 gab es erstmalig seit 35 Jahren in Deutschland keine einzige Neuemission. Mittlerweile haben sich nicht nur die Vorzeichen in der Wirtschaft, sondern auch an den Finanzmärkten deutlich verbessert. Für

Unternehmen ist also der Weg an die Börse zur Gewinnung von Eigenkapital für die Wachstumsfinanzierung wieder offen.

Das bedeutet auch, Unternehmer haben heute wieder eine Alternative zur Finanzierung über Fremdmittel, die durch die restriktive Vergabepolitik der Banken sehr eingeschränkt wurde.

Die eigenen Mittel durch den Gang an die Börse zu stärken, ist die beste Möglichkeit, um eine sichere Basis für künftiges Wachstum zu finden. Und das auf zweierlei Weise: Zum einen durch den Zuwachs an verfügbaren Mitteln, zum anderen aber auch weil die breite Eigenkapitalbasis, und damit einhergehend die bessere Eigenkapitalquote, eine weitere Aufnahme von Fremdmitteln ermöglicht. Die Konditionen bei Banken verbessern sich durch das gestiegene Standing einer Börsennotierung zusätzlich. Die jetzt wieder vorhandene Möglichkeit, an die Börse zu gehen, schafft also erheblich bessere Voraussetzungen für künftiges Wachstum.

Eine Studie des Deutschen Aktieninstitutes (DAI) aus dem Jahr 2003 über die Gründe eines IPO (Initial Public Offering) spricht eine klare Sprache. Auch sie belegt: Internes und externes Wachstum bilden die wichtigsten Motive, um an die Börse zu gehen. Ein wichtiger Vorteil der verbreiterten Kapitalbasis: Die nur geringe Abhängigkeit von Banken erhöht bedeutend die Flexibilität des Unternehmens. Unternehmerische Entscheidungen können direkt umgesetzt werden, wenn die Finanzierung auf Eigenkapitalbasis statt auf Fremdkapitalbasis durchgeführt wird, da die manchmal zeitaufwändige Entscheidung der Bank über die Kreditvergabe häufig ein Hemmschuh ist.

Ein nicht zu unterschätzender Effekt durch das IPO ist die gesteigerte Aufmerksamkeit, die dem Unternehmen als börsennotierte Gesellschaft entgegenkommt. Diese größere Bekanntheit wirkt sich häufig auch positiv auf das operative Geschäft aus – das Unternehmen spielt in einer „höheren Liga". Neben dem Imagegewinn und dem direkten Einfluss auf das operative Geschäft gibt es sehr häufig positive Effekte bei der Mitarbeitergewinnung und bei potenziellen Kunden.

Insbesondere hochqualifizierte Manager werden von einem Unternehmen angezogen, das als börsennotierter Arbeitgeber wesentlich attraktiver ist. Nicht nur aufgrund der gestiegenen Publizität des Unternehmens, sondern auch weil Führungspersonen nun eine zusätzliche Vergütung in Form von leicht handelbaren Aktien oder Aktienoptionen offen steht. Aber auch bei Mitarbeitern anderer Hierarchie-Ebenen kann sich eine Beteiligung positiv auf die Motivation und die Identifizierung mit dem Unternehmen auswirken.

Dies sind jedoch sicherlich nicht die einzigen Gründe für ein IPO. Private-Equity-Fonds, die das Unternehmen über eine gewisse Zeit begleitet haben, suchen in der Regel nach drei bis fünf Jahren den Exit, wenn sich die Möglichkeit bietet, Teile oder auch das gesamte Investment zu realisieren. Während im angelsächsischen Raum diese Verhaltensweisen der Fonds seit langem auf breite Akzeptanz stoßen, hat sich in der Bundesrepublik Deutschland erst in den vergangenen Jahren ein gewisses Verständnis für das zeitlich begrenzte Engagement von Private-Equity-Fonds entwickelt. Häufig genug wird der nachvollziehbare Exit-Gedanke dieser Fonds hierzulande noch mit dem reinen „Kasse machen", das gelegentlich den Alteigentümern vorgeworfen wird, verwechselt. Hier ist dringend eine Differenzierung erforderlich, denn die Investments der Fonds sind ein unentbehrlicher Ausgleich zur Wachstumsfinanzierung und häufig unverzichtbarer erster Schritt vor einem späteren Börsengang.

Letztlich eröffnet ein IPO natürlich auch dem Gründer oder anderen Altgesellschaftern die Möglichkeit, einen Teil des Wertzuwachses zu realisieren. Dieser Schritt wird von der Öffentlichkeit nicht negativ gesehen, allerdings ist damit zu rechnen, dass es zu einem kritischen Echo kommt, wenn die Mittel in zu großem Maß den Gründungsgesellschaftern zufließen. Natürlich sieht der Kapitalmarkt es nicht gern, wenn sich ein Unternehmer, der in den vergangenen Jahren für die erfolgreiche Performance verantwortlich war, mit dem Börsengang vollständig aus dem Unternehmen verabschiedet. Das ist der Hauptgrund dafür, dass ein Ausstieg eines Unternehmers über das IPO in der Regel „in Raten" erfolgen sollte. Es ergibt sich also eine Notwendigkeit zur Differenzierung zwischen den rein betriebswirtschaftlich getriebenen Notwendigkeiten der Private-Equity-Fonds und der Abgabe von Anteilen durch die Altaktionäre.

Ein Börsengang ermöglicht es auch, eigene Aktien später als Akquisitionswährung einzusetzen. Kapitalerhöhungen werden gerne dazu genutzt, die freundliche oder feindliche Übernahme von anderen Unternehmen zu finanzieren. Hierbei platziert das Unternehmen die aus einer Kapitalerhöhung stammenden neuen Wertpapiere nicht an der Börse, stattdessen werden mit den frisch ausgegebenen Aktien die vorherigen Eigentümer des übernommenen Unternehmens bezahlt. Dies hat den Vorteil, dass der Unternehmenskauf liquiditätsneutral gestaltet werden kann.

Umgekehrt fürchten Emittenten durch den Börsengang aber auch, selbst zum Übernahmekandidat zu werden, da nun der Erwerb der Aktienmehrheit über den Kapitalmarkt möglich ist. Solange sich die Aktienmehrheit in festen Händen der Altaktionäre befindet, sind diese Bedenken allerdings unbegründet. Gleiches gilt für das Mitspracherecht, das den neuen Aktionären im Rahmen der Hauptversammlung eingeräumt werden muss, auch wenn manchmal unangenehme Fragen beantwortet werden müssen.

Die üblichen Motive für einen Börsengang beschränken sich allerdings nicht nur auf den Aspekt der Finanzierung. Gelegentlich erfordert die strategische Ausrichtung eines Unternehmens die Trennung von Unternehmensteilen oder das Abspalten von Tochtergesellschaften. Die Gründe hierfür können in der Konzentration auf Kerngeschäftsbereiche oder in der Ausgliederung von Immobilienbesitz liegen. Darüber hinaus spielt für viele Unternehmer die Nachfolgeregelung bei der Entscheidung zum Börsengang eine bedeutende Rolle. Viele Firmengründer sehen ihr Lebenswerk in Gefahr, wenn die Übergabe des Unternehmens nicht familienintern geregelt werden kann. Hier stellt der Gang an die Börse die attraktivste Lösung dar.

Die wichtigsten Gründe für das IPO noch einmal im Überblick:

Motive und Chancen eines Börsengangs
Kapitalaufnahme u. a. für Wachstum
Steigerung der Aufmerksamkeit
Steigerung der Attraktivität als Arbeitsgeber
Trennung von Unternehmensteilen
Erhöhung der Unabhängigkeit
Erhöhung der Flexibilität
Aktien als Akquisitionswährung
Nachfolgeregelung

Transparenz – Erfordernisse

Mit dem Gang an die Börse beginnt für den Emittenten auch ein neues Zeitalter bei der Kommunikation; es eröffnet Chancen, bringt aber auch neue Herausforderungen mit sich. Die Wahl des Transparenz- bzw. Kommunikationslevels gegenüber der Öffentlichkeit und der Financial Community ist dabei unter zwei Aspekten zu betrachten: Wie häufig bzw. wie ausführlich will ich als Unternehmen meine Zahlen offen legen und eventuell Wettbewerbern in die Hände spielen? Und welche Mittel bin ich bereit, für Kommunikationsmaßnahmen aufzuwenden?

Die Deutsche Börse ist sich der Interessenkonflikte eines Unternehmens bewusst und hat daher verschiedene Börsensegmente geschaffen. Der Prime Standard stellt die höchsten Anforderungen bezüglich der Transparenz bzw. der deutschen und englischen Publizitätspflichten dar. Hier sind Jahresabschlüsse nach IFRS (International Financial Reporting Standards) und die Ad hoc-Publizität Pflicht. Alle DAX-, MDAX-, SDAX- und TecDAX-Werte müssen diese Auflage erfüllen. Auch zur Veröffentlichung von Quartalsberichten und zur Veranstaltung von Analystenkonferenzen sind diese verpflichtet. Weniger streng gestaltet sich der General Standard. So ist unter anderem die Veröffentlichung von Quartalsberichten in diesem Segment nicht zwingend erforderlich. Die geringsten Anforderungen stellt der Entry Standard an Unternehmen. Die Kosten und der interne Aufwand sind hier wesentlich geringer. Zwar muss sich jedoch ein Unternehmen, den Mindestanforderungen nach, nicht so weit öffnen wie im Prime oder General Standard, doch ist zu berücksichtigen, dass dieses unter Umständen Einfluss auf die Bewertung des Unternehmens beim Börsengang hat.

Prinzipiell gilt: Je höher die Anforderungen an die Transparenz in der Unternehmenskommunikation, desto höher ist die Reputation des Marktsegments und der dort gehandelten Unternehmen bei den Anlegern. Unbestritten dabei ist, dass ab einer bestimmten Unternehmensgröße und zur Bewahrung des Image eine Notierung im Prime Standard praktisch Pflicht ist. Darüber hinaus werden andere und zusätzliche Investorengruppen angesprochen als bei einem niedrigeren Transparenzlevel. In Abhängigkeit vom Emissionsvolumen erlangt dieser Aspekt erhebliche Bedeutung.

Generell gilt auch, dass die Transparenz des Prime Standard vor allem Privatanlegern entgegenkommt, da sie im Gegensatz zu institutionellen Investoren nur bei der Hauptversammlung durch direkten Kontakt mit dem Management einen tieferen Einblick ins Unternehmen erlangen. Darüber hinaus ist die Platzierung in diesem Segment im Allgemeinen öffentlichkeitswirksamer. Für Unternehmen, bei denen dieses Motiv ebenfalls im Vordergrund des IPO steht, erscheint eine Notierung im Prime Standard trotz der höheren Kosten als die bessere Alternative. Eine Notierung im Prime Standard ist und bleibt die Kür der deutschen Börsengänge.

Die höhere Reputation im Prime Standard spiegelt sich jedoch nicht immer in der Bewertung am Kapitalmarkt wider. Zwar steht eine größere Transparenz für eine verbreitete Informationsbasis und erhöht somit generell die Sicherheit des Investments. In der Praxis zeigt sich allerdings nicht immer ein deutlicher Bewertungsaufschlag für die Erfüllung höherer Transparenzstandards bei der Unternehmenskommunikation.

Die Wahl des Börsensegments und damit auch des künftigen Transparenzlevels ist also eine unternehmenspolitische Entscheidung. So verlangt beispielsweise eine Notierung im Entry Standard im Gegensatz zum Prime Standard keine Quartalsberichte und keinen Abschluss nach IFRS. Trotz geringerer Transparenz wird der Entry Standard von den Anlegern angenommen und erweist sich somit für mittelständische Unternehmen als gute Lösung. Sie müssen sich nicht zu weit öffnen, können aber dennoch die Vorteile einer Börsennotierung nutzen. Hinzu kommen noch die wesentlich geringeren Kosten vor und nach dem Börsengang.

Der Entry Standard hat sich daher zu einem schnellen, unkomplizierten und dennoch akzeptierten Weg zur Beschaffung von Eigenkapital etabliert. Er ist besonders für Unternehmen interessant, die zum einen sehr kostengünstig in den Börsenhandel einbezogen werden wollen, zum anderen nur geringe formelle Informationspflichten eingehen möchten. Er bietet die Chance, sich im Kapitalmarkt zu positionieren und somit die Basis für weitere Kapitalmaßnahmen zu schaffen.

Entscheiden sich Unternehmen für das neue Börsensegment, haben sie die Wahl zwischen einem „öffentlichen-" und einem „nicht-öffentlichen Angebot". Letzteres verursacht zwar wesentlich geringeren Aufwand, da nur ein Paket von Antragsdokumenten und kein von der Bundesanstalt für Finanzdienstleistungsaufsicht (BaFin) zu billigender Prospekt erstellt werden muss. Allerdings dürfen die Aktien dann auch nicht öffentlich angeboten werden. Das bedeutet: Öffentliches Werben für die Aktie ist verboten, und das IPO an sich kann nicht werbewirksam eingesetzt werden. Zudem dürfen nur „qualifizierte" Anleger angesprochen werden, und das Angebot an nicht qualifizierte Anleger ist auf maximal 99 Personen begrenzt. Auch bezüglich des Angebotsvolumens bestehen deutliche Beschränkungen.

Die Entscheidung, welches Börsensegment dem Businessmodell des Emittenten am besten entgegen kommt, sollte allerdings nicht nur anhand eines Blicks auf das eigene Unternehmen erfolgen. Vielmehr sind auch die Wettbewerber in die Entscheidungsfindung einzubeziehen. Sind beispielsweise alle Wettbewerber im Prime Standard gelistet, könnte eine Notierung im Entry Standard durchaus negative Imageeffekte auslösen.

Kosten

Ein Börsengang ist ein sehr komplexer Vorgang, daher werden in der Regel neben der Emissionsbank oder dem Bankenkonsortium mehrere Parteien in den Prozess eingebunden. Sie beleuchten die steuerlichen, rechtlichen, wirtschaftlichen sowie öffentlichkeitswirksamen Gesichtspunkte. Dabei sind die Kosten und die Zahl der Beteiligten von dem Finanzierungskonzept und dem angestrebten Marktsegment abhängig. Beispielsweise ist in der Regel ein umfangreicher Börsenzulassungsprospekt für ein IPO erforderlich. Er enthält alle Angaben, die ein Urteil über Finanzlage, Gewinne und Verluste, Vermögenswerte, Verbindlichkeiten, Perspektiven und Risikofaktoren sowie die mit den Aktien verbundenen Rechte ermöglichen. Im Entry Standard kann unter bestimmten Voraussetzungen jedoch von dem Prospekt abgesehen werden.[1]

Im Hinblick auf die Platzierung ist gemeinsam mit den begleitenden Banken und Beratern zu überlegen, ob auch internationale Investoren angesprochen werden sollen. Einfachste Variante ist eine Privatplatzierung bei internationalen Investoren. Für Unternehmen mit einem starken Bezug zum US-amerikanischen Raum ist auch ein Angebot an institutionelle Investoren überlegenswert. Am weitreichendsten ist die Entscheidung, wenn eine Zweitnotierung (Dual Listing) an einem weiteren, internationalen Börsenplatz angestrebt wird. Dies kann insbesondere bei Unternehmen sinnvoll sein, die in einem speziellen Ländermarkt außerhalb Deutschlands operativ sehr stark tätig sind und dort die gleichen positiven Imageeffekte generieren wollen wie im deutschen Markt. Innerhalb der EU ist ein Dual Listing noch mit überschaubarem Aufwand möglich, doch Börsen in Ländern außerhalb der EU, insbesondere z.B. USA, potenzieren die Komplexität und, damit einhergehend, die Kosten des Börsengangs.

Der Gang an die Börse ist in rechtlicher und regulatorischer Sicht ein sehr komplexer Vorgang, der sich umso schwieriger gestaltet, je internationaler das Platzierungskonzept ist. Darüber hinaus ist es heute in Deutschland empfehlenswert, einen Rechtsexperten für den US-amerikanischen Kapitalmarkt einzubeziehen – selbst wenn der Börsengang auf Deutschland beschränkt bleibt und kein Angebot in den USA gemacht wird.

Bei der Wahl des Börsensegments wie auch den Überlegungen zur Ansprache internationaler Investoren sind also sowohl die verschiedenen regulatorischen Rahmenbedingungen, die unterschiedlichen Transparenzstandards, die der Emittent während des Börsen-

---

1 Bei einer Privatplatzierung genügt ein Antragsdokument.

gangs und danach im „Being Public" erfüllen muss, sowie die direkt damit zusammenhängenden Kosten zu berücksichtigen.

Der Prozess der Börseneinführung bindet in erheblichem Maß Management-Kapazitäten, aber auch die operativen Kapazitäten anderer Mitarbeiter des Börsenkandidaten. Es ist also nicht auszuschließen, dass das operative Geschäft durch die zusätzlichen Management-Aufgaben in Mitleidenschaft gezogen wird, sodass entsprechend hohe Opportunitätskosten (Opportunity Costs) nicht vernachlässigt werden dürfen.

Vorbereitungskosten

Den größten Kostenblock stellen die Kosten für die Bank dar, die im Rahmen eines Beauty Contests, also einer Ausschreibung um die Konsortialführerschaft, ausgewählt wird. Die Stärke der eigenen Verhandlungsposition ist von dem Geschick des Emissionsteams und von der Attraktivität des Unternehmens abhängig. Darüber hinaus wird zumeist vom Gesetzgeber der bereits genannte, von der Bank, dem Unternehmen und einem Rechtsanwalt zu erstellende Verkaufsprospekt gefordert, der ebenfalls einen großen Kostenblock darstellt.

Ein erheblicher Betrag fällt in der Regel auch für interne Umstrukturierungen an, um die Anforderungen des Kapitalmarktes zu erfüllen. Diese sind je nach Unternehmen unterschiedlich hoch. Ist die Rechtsform bereits börsenfähig oder muss die Gesellschaft noch in eine AG umgewandelt werden? Muss das Rechnungswesen auf den internationalen Rechnungslegungsstandard IFRS umgestellt werden? Die Kosten der Rechtsformwahl sind allerdings nicht nur direkter Natur. Ein beträchtlicher Teil fällt aufgrund der Umstrukturierung auch indirekt an. Bestand die Gesellschaft vorher durch einen eventuell jahrelangen Prozess in einer für den Unternehmenseigentümer steueroptimierten Form, entfallen zum einen nun viele Optimierungsmöglichkeiten, zum anderen muss der Prozess der Steueroptimierung natürlich von Neuem angestoßen werden. Zusätzlich binden die Umstellungen also beträchtliche Ressourcen.

Zu den Vorbereitungs-, Beratungs- und Kommunikationskosten zählen die Gebühren für verschiedene Agenturen und Partner, die der Emittent auf dem Weg an die Börse benötigt.

Während Emissionsberater bei den verschiedenen erforderlichen Vorbereitungen, wie Prüfung der Börsenreife und Analyse der Unternehmensstrategie, helfen, unterstützen Rechtsanwälte die Unternehmen bei rechtlichen Fragestellungen. Zudem entstehen Kosten durch Wirtschaftsprüfer und Steuerberater. Ein wichtiger Faktor für den Erfolg eines Going Public ist auch die Kommunikation. Daher sollte eine professionelle Investor Relations-Agentur ausgewählt werden, die schon Erfahrung mit Börsengängen, nach Möglichkeit bei vergleichbaren Unternehmen, vorweisen kann.

Der geringste Kostenanteil entfällt auf die Börse selbst. Eingeplant werden müssen u.a. Mittel für die Zulassung der Aktien zum Börsenhandel, für die Notierungsaufnahme und zur Veröffentlichung verschiedener Anträge.

In fast allen genannten Bereichen ist das Segment, in welchem die Anteile notiert werden sollen, für die Kostenhöhe maßgeblich. Um die Liquidität zu schonen, kann mit der konsortialführenden Bank vereinbart werden, die Zahlung der Börseneinführungskosten auf den Zeitpunkt der Notierungsaufnahme zu verlegen.

Folgekosten

Ist der Börsengang geglückt, müssen die aktienrechtlichen Anforderungen erfüllt und u.a. die Hauptversammlung durchgeführt werden. Darüber hinaus ist eine Beratung für die Erfüllung der Regelpublizität notwendig. Schließlich wollen die neuen Aktionäre regelmäßig über alle relevanten Unternehmensschritte und -ergebnisse informiert werden. Hierfür ist es erforderlich, eine interne IR-Abteilung zu installieren oder sich einer externen Investor Relations-Agentur zu bedienen. Insbesondere Börsenneulinge sollten auf letztere zurückgreifen.

Kostenart	Kosten in Tausend Euro
Hauptversammlung abhängig von der Größe	50–200
Geschäftsbericht	30–100
Weitere Pflichtveröffentlichungen	10
IR-Agentur bzw. IR-Mitarbeiter	50–100
Roadshows/Analystenkonferenzen	20–50
Designated Sponsor (optional)	20–75
Jahresgebühr Notierung je nach Börsensegment	5–10
Rechtsberatung	variabel

Pro und Contra

Die Kosten belasten zwar die finanziellen Mittel des Unternehmens, doch der Nutzen einer Börsennotierung überwiegt diesen Aspekt bei einem erfolgreichen Börsengang bei weitem. Ist das Business-Modell mit der Präsenz am Kapitalmarkt vereinbar, stellt der Gang an die Börse in den meisten Fällen eine durchaus attraktive Finanzierungsalternative dar.

Pro	Contra
Verbreiterte Eigenkapitalbasis	Kosten des Börsengangs
Zugang zum Kapitalmarkt	Folgekosten
Erhöhte Flexibilität	Gestiegene Publizitätsanforderungen

Pro	Contra
Geringere Abhängigkeit von Fremdkapitalgebern	Kritischer Blick der Öffentlichkeit/Financial Community
Erhöhte Transparenz	Erhöhte Transparenz
Fungibilität der Anteile	Persönliche Haftung von Vorstand und Aufsichtsrat
Steigerung des Bekanntheitsgrades/ Imageeffekte	Rechtsformwechsel und Steuern
Erhöhte Attraktivität als Arbeitgeber	
Aktie als Akquisitionswährung	

Phasen des Börsengangs

Wenn die Entscheidung für den Gang an die Börse gefallen ist, beginnen die Vorbereitungen. Eine wesentliche Grundlage für den Börsengang ist ein detaillierter Businessplan. Dient er intern als zentrales Führungsinstrument, ist er für externe Investoren im vorbörslichen Bereich eine wesentliche Entscheidungsgrundlage. Er erläutert die Strategie des Unternehmens, die Produkte, den Markt sowie die Planzahlen für die kommenden drei bis fünf Jahre.

Ist ein sorgfältig ausgearbeiteter Businessplan vorhanden, benötigen Unternehmen mit entsprechender Vorarbeit und professionellen Partnern rund sechs bis zehn Monate für die Vorbereitungen des IPO. Eine Aufnahme in den Börsenhandel ohne öffentliches Angebot ist sogar schneller zu verwirklichen.

Vorüberlegungen

Zu Beginn der Vorbereitungsphase sind grundlegende Fragen zu diskutieren. Die wichtigsten sind:

- Welche Transparenz- und Publizitätsstandards will ich erfüllen?
- Wo positioniere ich mich optimal für den Kapitalmarkt?
- Wann ist der beste Zeitpunkt für den Börsengang?
- Ist eine internationale Notierung sinnvoll?
- Welche Aktiengattung ist zweckmäßig?

Positionierung

Börsenaspiranten müssen sich intensiv mit der Frage auseinandersetzen, welcher Peergroup[2] sie sich zuordnen können. Denn letztlich unterliegen sie den Bewertungsmaßstäben der Peergroup, in die sie vom Kapitalmarkt eingeordnet werden.

So hat ein Unternehmen, das beispielsweise Anlagen zur Produktion von Solarzellen baut, generell die Möglichkeit sich als Solarunternehmen, aber auch als Anlagenbauer zu positionieren. Eine Überlegung hierzu: Wenn Solarwerte boomen, können nahezu alle Unternehmen dieser Branche einen Bewertungsaufschlag verbuchen. Doch ist der Boom vorbei, weil z.B. staatliche Fördermittel entfallen oder andere regenerative Energien wesentlich ökonomischer sind, wäre eine Positionierung als Anlagenbauer langfristig gesehen eventuell vorteilhafter. Die Entscheidung der Branchenzugehörigkeit, wenn sie überhaupt möglich ist, sollte sehr sorgfältig und nach langfristigen Gesichtspunkten sowie unter Zuhilfenahme externer Beratungskompetenz getroffen werden.

Equity Story

Die richtige Peergroup ist natürlich noch keine Garantie für ein erfolgreiches IPO, da jeder Emittent mit seinen zu veräußernden Unternehmensanteilen im Wettbewerb mit anderen IPOs und bereits börsennotierten Unternehmen steht. Zudem konkurriert er mit weiteren Anlageformen wie Anleihen, Immobilienfonds, Derivaten etc. Alle buhlen um das Kapital der Investoren und nur die besten Anlageformen setzen sich durch. Wichtig sind daher ein überzeugendes Business-Modell, ein vertrauensfähiges Management und vor allem muss die Equity Story stimmen, sprich, für externe Investoren attraktiv erscheinen.

Die Equity Story ist das zentrale Element in der Kommunikation eines Unternehmens. Es handelt sich hierbei um eine Strategie- und Marktbeschreibung für unterschiedliche Zielgruppen, wie Analysten, Investoren, Kunden und Medien. An ihr richtet sich die gesamte Kommunikation des Unternehmens aus. Da sie ein entscheidender Faktor für einen erfolgreichen Börsengang ist, sollte sie sehr sorgfältig mit Beratern und auf Vorstandsebene ausgearbeitet werden.

Bei der Entwicklung der Equity Story geht es zwar auch darum, das eigene Business-Modell so plausibel und einfach wie möglich zu erklären. Sehr wichtig ist aber auch, das eigene Geschäft aus Sicht des Kapitalmarktes zu sehen und die Argumente externer Investoren auf das eigene Unternehmen zu beziehen. Denn der Kapitalmarkt denkt anders. Er bewertet vor allem die Zukunft eines Unternehmens und wägt zwischen alternativen Investments ab, also zwischen solchen Gesellschaften, die ein vergleichbares Geschäftsmodell haben und ebenfalls an der Börse notiert sind. Diese Peergroup wird nach Maßgabe der prognostizierten Wachstumsmöglichkeiten eingeschätzt und mit einem so genannten Multiple versehen.

---

2 Eine Peergroup beinhaltet Unternehmen, die hinsichtlich mehrerer Faktoren wie Branche, Umsatzvolumen, Tätigkeit usw. vergleichbar sind.

So ergeben sich Unternehmenswerte, mit denen der Börsenaspirant verglichen wird. Seitens des Kapitalmarktes findet also zuerst eine Bewertung der Branchen statt, anschließend werden unter Kapitalanlagegesichtspunkten die attraktivsten Unternehmen innerhalb dieser ausgewählten Branchen gesucht.

Eine gute Equity Story ist formal gesehen leicht verständlich und prägnant. Letztlich aber muss die Equity Story die Antwort auf die Frage bieten, warum Anleger in diese Aktie investieren sollen. Der Inhalt zählt:

- Wie sehen die Wachstumsperspektiven aus?
- Sind Business-Modell und Marktumfeld attraktiv?
- Ist mein Unternehmen in einer für den Kapitalmarkt interessanten Branche positioniert?
- Welche Stärken und Schwächen hat mein Unternehmen?
- Gibt es Wettbewerbsvorteile und Alleinstellungsmerkmale?
- Und wo liegen die Kernkompetenzen?

Nur wenn es dem Unternehmen gelingt, eine für den Kapitalmarkt attraktive Equity Story zu bieten und auch zu kommunizieren, wird der Börsengang ein Erfolg. Deswegen ist es auch entscheidend, die richtigen Partner beim IPO zu finden, die das operative Know-how um das Kapitalmarktwissen ergänzen, das dringend erforderlich ist, wenn eine Aktie an die Börse gebracht wird.

Ein auf Finanzkommunikation spezialisierter Berater steht dem Unternehmen im Idealfall schon beim Aufbau der Equity Story beratend zur Seite. Er entwickelt diese gemeinsam mit dem Management im Hinblick auf die Belange des Kapitalmarktes. Dabei werden zeitliche und strukturelle Aspekte beachtet. Ausgangspunkt jeder Equity Story sollte allerdings stets das operative Geschäft bleiben. Wenig sinnvoll ist es, den Kapitalmarkt in den Vordergrund zu stellen, eine nur darauf ausgerichtete „phantastische" Equity Story zu entwickeln und anschließend das operative Geschäft auf „Biegen und Brechen" an diese anzupassen. Die Equity Story muss an das Business-Modell angepasst werden, nicht umgekehrt. Eine Binsenweisheit – aber leider nicht immer Realität.

Wurde eine attraktive Equity Story entwickelt, beraten Kommunikationsexperten, mit welchen Maßnahmen bzw. Kommunikationsinstrumenten die Botschaft die jeweilige Zielgruppe effizient erreicht. Die Financial Community ist sehr heterogen. Sie besteht aus einer Vielzahl von Teilnehmern, die zumeist einen unterschiedlichen Informationsbedarf haben. Die Equity Story wird auf klare Kernaussagen verdichtet und die Informationen auf die Bedürfnisse der mannigfachen Zielgruppen zurechtgeschnitten. Hierbei beachten sie deren unterschiedliche Bedeutung für den IPO-Prozess. Finanzanalysten und Wirtschaftsmedien fungieren als so genannte Multiplikatoren, da sie Meinungsführer sind. Bei den Investoren gelten die Institutionellen als wichtigste Zielgruppe. Aber auch Privatanleger besitzen eine Bedeutung für den IPO-Prozess. Diese sollten vor allem Unternehmen nicht vernachlässigen, die auch Produkte für Endkonsumenten anbieten, da die so genannten „Retail-Investoren" auch potenzielle Produktkunden sind.

Timing

Mit einer schlüssigen und attraktiven Equity Story hat der Emittent die Basis für einen erfolgreichen Börsengang gelegt. Doch falls die ausgewählte Branche nicht gerade im Fokus der Anleger steht, kann der Börsengang unter den Erwartungen des Emittenten verlaufen.

Der Kapitalmarkt unterliegt Zyklen. Waren in den vergangenen Jahren Medien- oder Biotech-Titel en vogue, so erlebten später Solar-, Nanotechnologie- und Immobilienaktien einen Boom. Es bewahrheiten sich die häufig zitierten Worte: Die meisten Investments sind richtig, nur der Zeitpunkt ist falsch. An der Börse existieren Zeitfenster, die durch die Attraktivität unterschiedlicher Branchen an der Börse definiert werden. Sie sind einer der Gründe, warum Unternehmen ihr IPO häufig sehr kurzfristig ankündigen. Das IPO einer operativ rentablen Gesellschaft kann also zu verschiedenen Zeitpunkten unterschiedlich erfolgreich verlaufen. Zum einen sollte die allgemeine Börsenverfassung stabil genug sein, um den Erfolg des Börsengangs sicherzustellen. Zum anderen lohnt es sich, die aktuelle Kursentwicklung vergleichbarer Branchengesellschaften an der Börse intensiv zu beobachten, denn nur wenn die eigene Aktie auch auf ein positives Umfeld trifft, kann davon ausgegangen werden, dass die nötige Nachfrage für den Kauf der Aktie auch tatsächlich generiert wird.

Zwar sind die Voraussetzungen für einen IPO-Kandidaten besser, wenn er einer der oben genannten Branchen angehört, aber das ist kein Muss, sondern nur ein zusätzliches Verkaufsargument für die Sales-Abteilungen der Banken, das den Vertrieb der Aktien erleichtert. Denn für ertrags- und wachstumsstarke Unternehmen mit einer ebensolchen Historie finden sich auch bei schlechtem Börsenklima genügend Investoren.

Börsenreifekriterien

Sind die Vorüberlegungen abgeschlossen, ist eine Reihe formaler und wirtschaftlicher Faktoren zu erfüllen, um für den Gang an die Börse zugelassen zu werden.

Unabhängig von der Wahl des Marktsegments sind für die Präsenz an der Börse handelbare Unternehmensanteile (Aktien) grundlegend. Dazu ist eine börsenfähige Rechtsform des Unternehmens erforderlich.

In Deutschland ist die Aktiengesellschaft (AG) vorherrschend. Möglich sind aber auch die Kommanditgesellschaft auf Aktien (KGaA) und die GmbH & Co. KGaA. Bekannte Beispiele hierfür finden sich in der Merck KGaA und in dem Fußball-Bundesligaverein BVB mit der Rechtsform Borussia Dortmund GmbH & Co. KGaA. Da diese Konstrukte jedoch recht kompliziert und aufwändig zu handhaben sind und ihr Bekanntheitsgrad bei ausländischen Investoren sehr gering ist, bilden sie in der Börsenlandschaft eine absolute Ausnahme.

Weiterhin umfasst die formale Börsenreife die Erfüllung der gesetzlichen und satzungsrechtlichen Zulassungsvoraussetzungen von Börsensegmenten sowie die Ausführung der Folgepflichten des jeweiligen Börsensegments. Die formale Börsenreife ist vollständig erreicht, wenn darüber hinaus die Due Diligence-Fähigkeit[3] sowie geeignete Strukturen im Finanz- und Rechnungswesen bestehen. Zudem muss ein Unternehmen ein Eigenkapital von mindestens 50.000 €[4] aufweisen und bereits ein Jahr als Unternehmen bestehen.

Neben der formalen ist auch die wirtschaftliche Börsenreife zu betrachten. Hier finden u. a. Eckdaten wie Umsatzgröße, Internationalisierungsgrad und Branchenattraktivität Beachtung. Die Unternehmenskennzahlen werden von der Emissionsbank unter Zuhilfenahme externer Berater im Hinblick auf die Risiken sehr intensiv geprüft. Genügte früher noch eine Legal, Financial und Tax Due Diligence, ist heute auch eine Customer Due Diligence, also eine Prüfung der Kunden, nicht unüblich.

Bedeutsame Kennzahlen und Daten

Unternehmen	Umsatz(-wachstum) Umsatzrendite
	Wettbewerbsposition
	Rentabilität
	Track Record
	Cashflow
	Gewinn(-wachstum)
	Nachhaltigkeit der Entwicklung
Branche	Markteintritts-/-austrittsbarrieren
	Wachstumspotenzial
	Wettbewerbsstellung
	Wettbewerbsintensität
Globales/Nationales Umfeld	Politische Situation
	Wirtschafts-/Geldpolitik
	Börsenklima

---

3 Unter Due Diligence wird unter anderem die Prüfung und Analyse von Unternehmensdaten, -struktur und Geschäftsmodell verstanden. Dabei werden rechtliche Aspekte und die Plausibilität von Perspektiven mit einbezogen. Die Ergebnisse sind die Grundlage für die Erstellung des Wertpapierprospekts oder Exposé, der Equity Story sowie für die vorläufige Bewertung durch die Emissionsbank.
4 Ausnahmen sind z. B. Kreditinstitute und Finanzdienstleistungsunternehmen.

Das Anstoßen des IPO-Prozesses

Sind die Voraussetzungen geschaffen, spielt die Auswahl der Emissionsbanken des Konsortiums innerhalb des IPO-Prozesses die wesentliche Rolle. Schließlich hängt das Gelingen einer Emission sehr stark von der Platzierungskraft des Konsortiums ab.

Die Bankenauswahl erfolgt über einen Beauty Contest, in dessen Rahmen die potenziellen Emissionsbanken ihr Interesse an der Begleitung des Unternehmens beim IPO bekunden, das mögliche Emissionskonzept darstellen und damit die eigene Verkaufsstrategie für die Aktie erläutern. Dabei ist für die Auswahl der Emissionsbank natürlich der in Aussicht gestellte Unternehmenswert und damit die Mittel, die dem Unternehmen zufließen, entscheidend. Im Endeffekt geht es aber um die Platzierungskraft der Emissionsbanken in dem Segment, wo die potenziellen Käufer der künftigen Aktie gesehen werden. Hier gibt es große Unterschiede im Hinblick auf die internationale Ausrichtung der Banken oder die Verankerung bei Privataktionären im Retail-Bereich.

Für Biotech-Unternehmen ist es z.B. wichtig, eine Emissionsbank zu finden, die über eine hohe Platzierungskraft in den USA verfügt, denn dort sind die Investoren, die sich auf dieses zukunftsträchtige Segment spezialisiert haben, stark gebündelt.

Andererseits sollten Unternehmen mit konsumnahen Produkten, bei denen die Vermarktung der Aktie auch Auswirkungen auf den Produktabsatz hat, bei dem Emissionskonzept darauf achten, dass die Emissionsbanken ebenfalls konsumnah, also mit einer breiten Retail-Basis arbeiten. So können zusätzliche positive Effekte für das operative Geschäft des Unternehmens genutzt werden.

Natürlich wird der Unternehmer tendenziell dem Emissionshaus zuneigen, das den höchsten Börsenwert für seine Gesellschaft in Aussicht stellt. Aber in der Regel kommt es am Ende des IPO-Prozesses häufig zu nicht unbeträchtlichen Abschlägen, die eine Bewertung des Unternehmens deutlich unter den ersten Ansätzen zur Folge haben können. Deshalb sollten Vorstände von Unternehmen, die an die Börse streben, vor der Entscheidung über ihre Emissionsbank auch den bisherigen Track Record und das Renommée des Research der Bank beachten und das Gespräch mit Vorstandskollegen von Unternehmen, die schon von der Bank an die Börse begleitet wurden, nicht scheuen.

Im langwierigen und komplexen Prozess des Börsengangs können immer wieder neue Problemfelder auftauchen. Die Zusammenarbeit mit der Emissionsbank ist auch aus diesem Grund sehr eng und sehr vertraulich, deshalb sollte auch der „persönliche Draht" zu den Verantwortlichen des Prozesses stimmen.

Ein weiterer Aspekt ist die Größe der Vertragspartner. Sie korreliert positiv mit der Größe des Emissionsvolumens[5]. Die Bankhäuser unterscheiden sich u.a. in puncto Platzierungskraft und IPO-Erfahrung, aber natürlich auch bei den Kosten. Die Bank sollte dement-

---

[5] Große in- und ausländische Banken sind zumeist erst bei einem höheren Emissionsvolumen an einem IPO interessiert. Unterhalb dessen sind zumeist Landes- und Privatbanken die richtigen Ansprechpartner.

sprechend im Sinn des Unternehmens zur Unternehmensgröße und zum Emissionsvolumen passen. Sind Konsortium und der Konsortialführer ausgewählt, die Due Diligence abgeschlossen, der Verkaufsprospekt, das Emissionskonzept und eine Equity Research-Studie[6] erstellt, beginnt die Durchführungsphase.

Durchführung

Mit dem Einreichen des Verkaufsprospekts[7] bei der Bundesanstalt für Finanzdienstleistungsaufsicht (BaFin) und des Zulassungsantrags bei der Deutschen Börse beginnt der spannendste Teil eines IPO: der eigentliche Börsengang und die Ermittlung der Bookbuilding-Spanne!

Bis 1995 wurden Aktien nur zu einem festen Preis an die Börse gebracht. Mittlerweile wird den Erstzeichnern zumeist eine Preisspanne genannt, innerhalb derer sie ihre Angebote abgeben können. Somit erhält der Angebots-/Nachfrage-Mechanismus bedeutenden Einfluss auf den Emissionspreis. Schließlich steht dieser im Spannungsfeld gegensätzlicher Interessen. Während die Alteigentümer und das Unternehmen natürlich darauf bedacht sind, einen möglichst hohen Emissionskurs zu erreichen, ist es ratsam, den tatsächlichen Emissionspreis so anzusetzen, dass die Erstzeichner noch Zeichnungsgewinne erwarten dürfen.

Die Ermittlung der Bookbuilding-Spanne erfolgt über die Konsortialbanken. Meist geht dem eine Pre-Marketing-Phase voraus, in der das grundsätzliche Interesse und die Preissensibilität von ausgewählten institutionellen Investoren geprüft wird. Ist die Bookbuilding-Spanne festgelegt, wird diese im Rahmen einer Analysten- und Pressekonferenz der Öffentlichkeit bekannt gegeben. Sie stellt den medialen Höhepunkt im Lauf des IPO-Prozesses dar.

Anschließend präsentiert sich das Unternehmen mittels einer Roadshow bei potenziellen nationalen und internationalen Investoren. Sie gelten aufgrund ihrer Nachfragemacht als Schlüssel zu einem erfolgreichen IPO. Die Roadshow fällt in die Phase der Zeichnungsfrist, ca. zwei Wochen vor Erstnotiz. Hier wird auch der endgültige Preis festgelegt.

Die Orte, an denen sich der IPO-Kandidat präsentiert, hängen von der Größe und Struktur der Platzierung, aber auch von weitergehenden Kriterien, wie den besonderen regionalen und sektoralen Platzierungs-Qualitäten der Banken des Konsortiums, ab.

In der Regel werden in Deutschland die bekannten Finanzplätze Frankfurt, Hamburg, Düsseldorf, Stuttgart und München, an denen institutionelle Investoren ihren Sitz haben, besucht. Europaweit kommen London, Edinburgh, Zürich, Genf und bei Immobilienwerten sicherlich auch die Niederlande hinzu.

---

6   Wird von den Analysten der Konsortialbanken erstellt und enthält die wesentlichen Informationen zum Geschäftsmodell, zur Markt- und Wettbewerbssituation, zur Emission und eine Herleitung des Unternehmenswerts.
7   Das Wertpapierprospektgesetz (WpPG) eröffnet Unternehmen, die in börslich organisierte Segmente wie den Entry Standard gehen wollen, die Wahl zwischen prospektfreiem und kostenpflichtigem Angebot der Aktien.

Die Bank erarbeitet den Zeitplan und schlägt Präsentationsort und -form vor. Gruppenpräsentationen bieten sich zwar aus Zeit- und Kostenaspekten an, allerdings gilt hier ebenfalls: Qualität geht vor Quantität. Wichtigen Investoren sollte genügend Zeit für Einzelgespräche gewidmet werden. Das schafft gleichzeitig eine stärkere Vertrauensbasis, die auch für kommende Roadshows wichtig ist. Denn nach dem Börsendebüt sollte sich der Vorstand regelmäßig zumindest ein- bis zweimal im Jahr auf eine Roadshow begeben, um den Kontakt zu bestehenden Investoren zu intensivieren bzw. neue zu gewinnen.

Nach Eintreffen der Zeichnungsaufträge ist das Unternehmen in die Auswahl der Investoren miteingebunden, auch wenn die konsortialführende Bank bei den Rahmenbedingungen die Federführung übernimmt. Sie setzt sich mit dem Unternehmer zusammen und bespricht mit ihm regelmäßig das Orderbuch mit den bislang eingegangenen Kaufwünschen der institutionellen Investoren. Dabei berät sie den Emittenten bei der Entscheidung, welche Investoren eine Zuteilung erhalten, denn hier gibt es große Unterschiede. So haben beispielsweise Investoren einen unterschiedlichen Anlagehorizont.

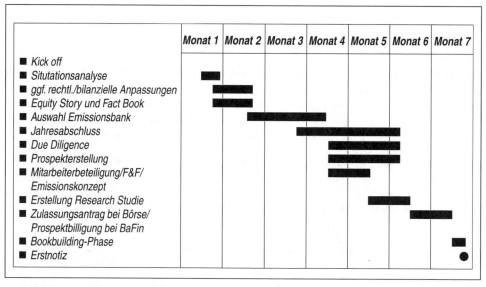

Abb. 1: *Exemplarische Darstellung des Zeitverlaufs eines Börsengangs im Entry Standard (Quelle: Eigene Darstellung)*

Die Preisfindung

Wurde die Zulassung erteilt, die Preisspanne und Zeichnungsfrist innerhalb der Analysten- und Pressekonferenz veröffentlicht, wird der endgültige Emissionspreis durch die Abgabe der Gebote aller Aktionäre und Investoren ermittelt.

Ist die Emission überzeichnet, üben die Emissionsbanken im Regelfall die Mehrzuteilungsoption (Greenshoe) aus – sie beträgt in der Regel zwischen 10 und 20 Prozent des ursprünglichen Aktienvolumens – und bringen dadurch zusätzliche Aktien in Umlauf. Die Aktien stammen dabei häufig aus dem Fundus der Altaktionäre. Dies reicht allerdings in vielen Fällen nicht aus, um den Nachfrageüberhang zu bedienen.

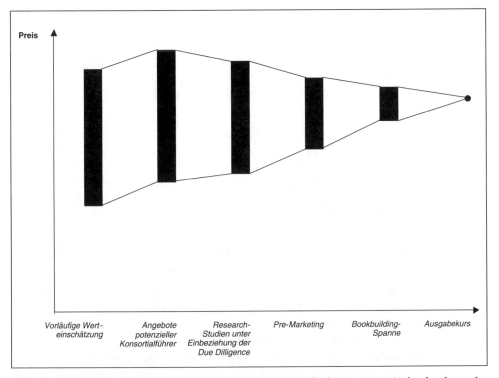

Abb. 2: Exemplarische Darstellung der Emissionspreisfindung mit typisch abnehmender Bewertungsbandbreite (Quelle: Eigene Darstellung)

Nachbetreuung

Ein erfolgreicher Börsengang stellt nur einen ersten Baustein für die Präsenz am Kapitalmarkt dar. Nach dem IPO hat der Börsenneuling Gelegenheit, die durch das IPO gewonnene und zumeist verkaufsfördernde Präsenz in der Öffentlichkeit aufrecht zu erhalten und in seinem Sinne zu nutzen.

Zudem sind die erwähnten Publizitätspflichten und -standards des gewählten Börsensegments zu erfüllen. Aber auch dem weitergehenden Informationsbedarf der Financial Community muss entsprochen werden. Schließlich hat jeder Emittent nun auch ein neues Produkt, nämlich die eigene Aktie. Sie sollte genauso sorgfältig gepflegt werden wie jedes andere Produkt auch.

Bei all diesen Chancen und Pflichten stehen dem Emittenten, angesichts der anspruchsvollen Anforderungen des Kapitalmarkts, eine Reihe von Experten im Rahmen der Nachbetreuung zur Seite.

Die Deutsche Börse selbst hilft mit Tools und kompetenten Partnern. Unternehmen können hier auf „Deutsche Börse Listing Partner" zurückgreifen. Sie erhalten dadurch einen komfortablen und übersichtlichen Zugang zu erstklassigen Kapitalmarktspezialisten aus sämtlichen Bereichen des Going- und Being Public. Den „Listing Partner"-Status erhalten nur unabhängige und selbstständige Dienstleister, die sich zuvor durch Expertise und Referenzen qualifiziert haben.

Sie unterstützen beispielsweise die unternehmenseigene Investor Relations-Abteilung oder vertreten diese sogar. Durch ihre Kontakte und das über Jahre gewonnene Know-how können professionelle Kommunikationsberater den Emittenten erfolgreich und nachhaltig am Kapitalmarkt positionieren und dabei helfen, ein für spätere Kapitalerhöhungen freundliches Umfeld zu schaffen. Sie beraten und unterstützen das Unternehmen darüber hinaus bei der Erfüllung der Publizitätspflichten.

So müssen börsennotierte Unternehmen aus dem General Standard und Prime Standard Ad hoc-Mitteilungen (§15 WpHG) veröffentlichen, also kursrelevante Informationen möglichst zeitgleich allen Marktteilnehmern zur Verfügung stellen. Hierbei sind eine Vielzahl gesetzlicher Anforderungen zu beachten.

Auch die Erstellung eines Geschäftsberichts ist eine Herausforderung für die IR-Arbeit. Nationale, aber vor allem auch internationale, Anleger sind hohe Publizitätsstandards gewohnt. Insbesondere für institutionelle Investoren sind professionell gemachte Geschäftsberichte von besonderer Bedeutung. Die Anforderungen an einen guten Geschäftsbericht sind derart umfangreich und tiefgreifend, dass diese Aufgabe häufig extern vergeben wird. In allen Teilbereichen müssen nicht nur Optik, Sprache und Inhalt erstklassig sein, auch bilanzrechtliche Aspekte und gesetzliche Rahmenbedingungen sind zu beachten, denn für die Vorlage des Geschäftsberichts gelten handelsrechtliche bzw. nationale Vorschriften.

Darüber hinaus wird von Investoren ein Bericht über die Einhaltung des im Jahr 2002 verabschiedeten und seitdem laufend aktualisierten Deutschen Corporate Governance Kodex (DCGK) erwartet. Dieser soll das Vertrauen der Kapitalgeber in die Unternehmensführung deutscher Gesellschaften stärken. Aufgrund der umfangreichen Anforderungen verwundern die Ergebnisse einer Studie des DAI aus dem Jahr 2003 nicht. Sie zeigte deutliche Mängel bei deutschen Geschäftsberichten auf. So sehen beispielsweise vor allem unerfahrene Privatanleger diese als wenig verständlich an.

Gleiches gilt für Quartalsberichte, denen von Anlegern in derselben Studie eine ähnlich hohe Bedeutung beigemessen wird. Der Quartals- oder Zwischenbericht hat sich zu einem „kleinen Geschäftsbericht" entwickelt. Über die Dokumentation der vergangenen drei, sechs oder neun Monate hinaus sollte er beispielsweise ebenfalls Angaben über die Ergebnisprognose enthalten. Doch auch hier unterschieden sich in der Vergangenheit die Erwartungen der Analysten und Investoren von den Kommunikationsbemühungen der Unternehmen. So zeigte eine Studie der Deutschen Schutzvereinigung für Wertpapierbesitz, dass viele deutsche Unternehmen wichtige Daten wie Spartenergebnisse in den Zwischenberichten nicht veröffentlichen. Dabei sind solche Defizite kein Resultat unlauterer Absichten, sondern zumeist ein Ergebnis des rapiden Wandels der Kommunikationsstruktur des Kapitalmarktes.

Die formalen Transparenzanforderungen sind jedoch sehr unterschiedlich, beispielsweise bei einer Notiz im Entry Standard erheblich geringer als bei einem Listing im Prime Standard. Der Informationsbedarf der Anleger bleibt dennoch gleich. Zu einer guten Beratung zählt daher neben der Erfüllung der Anforderungen des jeweiligen Börsensegments auch, ob die Kommunikation darüber hinaus auf die Ansprüche der Financial Community ausgerichtet wird.

Dazu gehört eine Intensivierung der Pressearbeit, Hintergrundgespräche mit sämtlichen relevanten Kapitalanlage-Magazinen, Kontaktpflege zu Investoren und Presse-Roadshows. Nur eine regelmäßige und offene Kommunikation mit den neuen Anteilseignern und der Öffentlichkeit sichert langfristig den Erfolg an der Börse.

Sogenannte Liquiditätsförderer (Designated Sponsors) garantieren im Xetra-System einen liquiden Handel der betreuten Aktien, indem sie verbindliche Preislimits für den An- und Verkauf von Aktien zur Verfügung stellen. Dabei erwerben sie im Zug ihrer Dienstleistung durch die kontinuierliche Beobachtung der Märkte Expertenwissen über die betreuten Aktien und die jeweilige Branche. Dies kann anschließend zum Aufbau neuer Investoren- und Analystenkontakte genutzt werden. Designated Sponsors unterstützen somit einen liquiden Handel der Unternehmensaktie und die Positionierung des Unternehmens am Kapitalmarkt.

Auf die Attraktivität der Aktie wirken sich zumeist auch kontinuierliche Unternehmensanalysen von professionellen Analysten aus. Die Coverage wird anfänglich von Banken des Konsortiums übernommen. Sie dient unter anderem als Gesprächsgrundlage für institutionelle Investoren und zur Anlegerinformation. Üblicherweise mündet das Fazit solcher Analysen in einer Handlungsempfehlung für den Anleger.

Unternehmen können Coverage auch von privatwirtschaftlichen Research-Instituten erhalten. Häufig sind diese in der Financial Community ebenso anerkannt wie die Analysen durch Emissionsbanken.

Die Analyse bietet den Blick eines Unternehmensexternen auf die Stärken und Schwächen des Geschäftsmodells und erlaubt somit auch eine objektive Entscheidungsgrundlage für leitende Organe der Gesellschaft, wie den Aufsichtsrat.

Emissionsbanken unterstützen das Unternehmen im Rahmen der Nachbetreuung mit weiteren Dienstleistungen. Dies betrifft das After Sales-Marketing, die Organisation von Roadshows und die Begleitung von Kapitalerhöhungen.

Über die Listing Partner hinaus bietet die Deutsche Börse innerhalb ihrer Nachbetreuung eine Reihe von Dienstleistungen, die unter anderem bei der Investor Relations-Arbeit helfen. So erhält der Emittent monatlich einen so genannten „Stock Report". Er beinhaltet alle für das Unternehmen relevanten Marktdaten, wie Informationen zur Branchenentwicklung, historische Aktienkurse und Handelsvolumina. Des Weiteren unterstützt das Exchange Reporting System (ERS) das Unternehmen bei den Berichtspflichten gegenüber der FWB Frankfurter Wertpapierbörse. Die Deutsche Börse stellt Daten wie Jahresabschlüsse, Quartalsberichte oder den Unternehmenskalender Investoren auf ihrer Website im Rahmen eines so genannten Factsheets zur Verfügung. Hier finden Anleger auch weitere Informationen über den Börsenneuling, über dessen Aktie, Aktionärsstruktur usw.

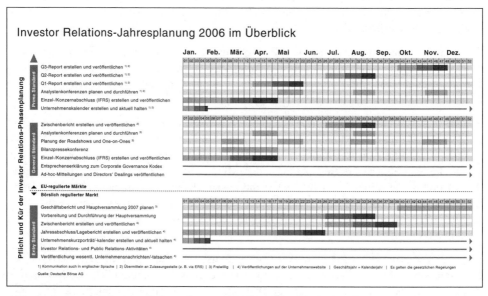

Abb. 3: *Investor Relations-Jahresplanung 2006 im Überblick (Quelle: Deutsche Börse AG)*

Mit dem „Institutional Investor Guide" erleichtert die Deutsche Börse im Rahmen der Nachbetreuung den Unternehmen die Investorenansprache. Noch wirkungsvoller haben sich die verschiedenen Konferenzen gezeigt. So können sich Unternehmen unter anderem auf dem Deutschen Eigenkapitalforum oder der General Standard Konferenz Investoren und Analysten präsentieren. Die Deutsche Börse hat hier eine ideale Kommunikationsplattform geschaffen, um die Präsenz im Kapitalmarkt zu erhöhen.

Resümee

1. Der Gang an die Börse ist eine außerordentlich attraktive Alternative zur Finanzierung des künftigen Unternehmenswachstums. Ein IPO ist allerdings nur ab einer bestimmten Unternehmensgröße möglich.

2. Die Börsennotiz eines Unternehmens prägt sein Gesicht in der Öffentlichkeit. Dadurch entstehen häufig auch positive Effekte für das operative Geschäft und die Personalgewinnung.

3. Der Erfolg eines Börsengangs hängt nicht nur von der Börsenfähigkeit des potenziellen Emittenten ab, sondern in starkem Maß auch vom Börsenumfeld.

4. Eigene Ressourcen des Emittenten werden während des Prozesses erheblich in Anspruch genommen, das kann nachteilige Auswirkungen auf das operative Geschäft haben.

5. Der IPO-Prozess ist ein außerordentlich komplexer Prozess, deshalb ist größte Sorgfalt bei der Auswahl der richtigen Partner erforderlich. Ein persönliches und vertrauensvolles Verhältnis zu ihnen ist der wichtigste Erfolgsfaktor für den Börsengang und die weitere Präsenz am Kapitalmarkt.

6. Die Wahl des richtigen Marktsegments hängt von dem angestrebten Transparenzlevel und der Bereitschaft ab, höhere Kosten zu übernehmen.

7. Auch nach dem Börsengang muss die Bereitschaft bestehen, offen mit den neuen Anteilseignern zu kommunizieren und sie als neue Partner des Unternehmens zu akzeptieren.

Umwandlung in die AG

Dr. Timo Holzborn, Nörr Stiefenhofer Lutz

Zusammenfassung

Die Umwandlung in die AG ist für die meisten Börsenaspiranten eine notwendige Veränderung auf ihrem Weg auf den Kurszettel. Nur die Aktien einer AG oder KGaA, bzw. ihrer ausländischen Pendants, können aufgrund ihrer Teilbarkeit und Übertragbarkeit an der Börse gehandelt werden. Da die meisten Börsenkandidaten, oft aus dem Mittelstand herrührend, zumeist in haftungslimitierten Kapitalgesellschaften wie der GmbH oder in Personengesellschaften wie der GmbH & Co. KG organisiert sind, ist hier eine Umwandlung nötig. Das Listing einer ausländischen ähnlichen Gesellschaft, wie der britischen plc, hat aufgrund mannigfaltiger rechtlicher Probleme bislang nur selten stattgefunden.

Wenn gleichzeitig mehrere Unternehmen die neue AG bilden sollen, ist die Verschmelzung in eine AG der richtige Weg. Diese hat eine Reihe formaler Anforderungen wie Verschmelzungsvertrag, -bericht, -prüfung und Information des Betriebsrats. Daneben sind der Schutz der Gläubiger, der Anteilseigner und der Arbeitnehmer sowie Haftungsgefahren für Vorstand und Geschäftsführer dargelegt. Ein Spinoff, bei dem ein Teilbereich die neue AG für den Börsengang bilden soll, wird durch eine Spaltung oder Ausgliederung vorgenommen. Auch hier gelten wieder ähnliche formelle Voraussetzungen. Der Formwechsel in eine AG ist eine der oft genutzten Möglichkeiten zum Börsengang. Er wird genommen, wenn nur die Rechtsform gewechselt werden soll.

Des Weiteren wird auf die Strukturelemente der neuen AG wie Vorstand, Aufsichtsrat und Hauptversammlung sowie auf Kapital und Kapitalerhaltung eingegangen. Ein weiterer Diskussionspunkt ist die Gestaltung der neuen Satzung, die Börsenreife ermöglichen soll. Auch der gesetzliche Mindestenthalt sowie weitere Möglichkeiten der Satzungsgestaltung werden behandelt. Dies betrifft z.B. die Teilnahmevoraussetzungen an der Hauptversammlung, aber auch Regelungen für den Übernahmefall. Für den Fall, dass Alteigentümer investiert bleiben, stellt sich häufig die Frage nach der Sicherung von deren Rechten. Dabei reicht das Spektrum von Mehrheitsfestlegung über Vorzugsaktien bis hin zur Wahl der KGaA als Rechtsform. Zudem werden steuerrechtliche Implikationen der Umwandlung und die grundsätzlichen Rahmenbedingungen der Besteuerung von AG und Aktionären erklärt.

Möglichkeiten der Umwandlung

Das Recht der Umwandlung wird weitgehend durch das am 1. Januar 1995 in Kraft getretene Umwandlungsgesetz (UmwG) geregelt. Nach § 1 Abs. 1 UmwG gibt es vier Arten der Umwandlung:

1. Verschmelzung
2. Spaltung
3. Vermögensübertragung
4. Formwechsel

Die Vermögensübertragung findet nach § 175 UmwG nur dann Anwendung, wenn Kapitalgesellschaften ihr Vermögen auf den Bund, ein Bundesland, einen Landkreis oder eine Gemeinde übertragen und bei Übertragungen zwischen Versicherungsunternehmen. Für eine Umwandlung auf dem Weg zur Börse kommt die Vermögensübertragung also nicht in Frage. Zu betrachten sind daher Verschmelzung, Spaltung und Formwechsel.

Verschmelzung in eine AG

Die Verschmelzung wird vom Gesetzgeber als die typische Form der Umwandlung angesehen. Ihr Verfahren bildet das Modell auch für die anderen Möglichkeiten einer Umwandlung wie Formwechsel oder Spaltung.

Eine Verschmelzung ist der richtige Weg der Umwandlung, wenn man zwei oder mehr Unternehmen ineinander aufgehen lassen will. Dabei gibt es zwei Arten der Verschmelzung:

- Eine Verschmelzung durch Aufnahme (§ 2 Nr. 1 UmwG) kann auf dem Weg zur Börse nur erfolgen, wenn eines der beiden Unternehmen bereits eine AG ist. Dann übernimmt eines das Vermögen des anderen und das übernommene Unternehmen erlischt.

- Dagegen wird das Vermögen von zwei bestehenden Unternehmen bei der Verschmelzung durch Neugründung nach § 2 Nr. 2 UmwG auf einen neuen Rechtsträger übertragen. Die beiden alten Unternehmen erlöschen dann. Falls bisher noch keines der Unternehmen eine AG ist, ist eine Verschmelzung durch Neugründung angebracht.

Dabei können bei der im Rahmen einer Verschmelzung erfolgenden Vermögensübertragung keine einzelnen Vermögensgegenstände ausgenommen werden. Zudem bedarf es mindestens zweier Unternehmen, so dass sie vorrangig gewährt wird, wenn im Vorfeld des Börsengangs die Kombination bzw. der Zusammenschluss mehrerer rechtlich selbstständiger Einheiten erfolgen soll.

Voraussetzungen

Übertragende Unternehmen nach § 3 UmwG sind regelmäßig Personengesellschaften (OHG, KG) oder Kapitalgesellschaften (GmbH, AG oder KGaA).

Verschmelzungsvertrag

Nach § 4 Abs. 1 UmwG müssen die beteiligten Rechtsträger, d.h. die bisherigen Unternehmen und die AG, durch ihre jeweiligen Vertretungsorgane einen Verschmelzungsvertrag abschließen. Der Mindestinhalt dieses Verschmelzungsvertrags ist in § 5 UmwG detailliert geregelt. Danach muss er folgende Angaben enthalten:

- Name und Sitz der beteiligten Rechtsträger
- die Vereinbarung darüber, dass die alten Rechtsträger ihr Vermögen als Ganzes auf den neuen Rechtsträger übertragen gegen Gewährung von Anteilen an dem neuen Rechtsträger, also von Aktien an der AG
- das Umtauschverhältnis der Anteile und gegebenenfalls die Höhe der baren Zuzahlung oder Angaben über die Mitgliedschaft bei der AG
- die Einzelheiten für die Übertragung der Anteile der AG
- den Zeitpunkt, von dem an diese Anteile einen Anspruch auf einen Anteil am Bilanzgewinn gewähren, sowie alle Besonderheiten dieses Anspruchs
- die Rechte, die die AG einzelnen Anteilsinhabern sowie Inhabern besonderer Rechte wie Anteile ohne Stimmrecht, Vorzugsaktien, Mehrstimmrechtsaktien, Schuldverschreibungen und Genussrechte gewährt, oder die für diese Personen vorgesehenen Maßnahmen
- jeden besonderen Vorteil, der einem Mitglied eines Vertretungsorgans oder eines Aufsichtsorgans der an der Verschmelzung beteiligten Rechtsträger, einem geschäftsführenden Gesellschafter, einem Partner, einem Abschlussprüfer oder einem Verschmelzungsprüfer gewährt wird
- die Folgen der Verschmelzung für die Arbeitnehmer und ihre Vertretungen sowie die insoweit vorgesehenen Maßnahmen
- bei der Verschmelzung durch Neugründung: den Gesellschaftsvertrag, d.h. die Satzung der neuen AG (§ 37 UmwG)

In § 6 UmwG ist vorgeschrieben, dass der Verschmelzungsvertrag notariell beurkundet werden muss.

Verschmelzungsbericht

Nach § 8 UmwG muss von den Vorständen (ggf. mit Aufsichtsrat) oder Geschäftsführern der beteiligten Unternehmen ein Verschmelzungsbericht verfasst werden. Dieser erläutert in rechtlicher und wirtschaftlicher Hinsicht die Verschmelzung und den Verschmelzungsvertrag, vor allem aber das Umtauschverhältnis der Anteile und die Höhe einer anzubietenden Barabfindung. Der Bericht soll die Gesellschafter der beteiligten Unternehmen so umfassend informieren, dass sie sich ein eigenes Bild von der Verschmelzung machen können. Nach § 8 Abs. 3 UmwG bedarf es keines Verschmelzungsberichts, wenn sämtliche Anteilsinhaber aller beteiligten Gesellschaften darauf verzichten oder die neue AG über alle Anteile an dem alten Unternehmen verfügt.

Verschmelzungsprüfung

§ 9 Abs. 1 UmwG schreibt die Prüfung des Verschmelzungsvertrags oder seines Entwurfs durch einen unabhängigen sachverständigen Prüfer, den so genannten Verschmelzungsprüfer – einen Wirtschaftsprüfer –, vor. Diese bezieht sich insbesondere auf das Umtauschverhältnis für die Gesellschaftsanteile. Der Prüfer hat einen Prüfbericht abzugeben und zu erklären, ob das Umtauschverhältnis angemessen ist (§ 12 Abs. 2 UmwG). Bestellt wird der Prüfer auf Antrag des Vorstands oder der Geschäftsführer durch das zuständige Landgericht. Fehlt eine Prüfung, so ist der spätere Verschmelzungsbeschluss nicht nichtig, d.h. nicht automatisch unwirksam. Er kann aber von einem Gesellschafter der beteiligten Rechtsträger gerichtlich angefochten werden. Auch hier besteht die Möglichkeit, dass alle Anteilsinhaber aller beteiligten Gesellschaften auf die Prüfung verzichten. In dem Fall, in dem bei einer Verschmelzung durch Aufnahme die neue AG bereits über alle Anteile, d.h. Aktien an dem übertragenen Unternehmen, verfügt, ist keine Prüfung erforderlich.

Übermittlung an den Betriebsrat

Der Entwurf des Verschmelzungsvertrags muss spätestens einen Monat vor dem Tag, an dem die Gesellschafterversammlung die Verschmelzung beschließen soll, jedem Betriebsrat des Unternehmens zugeleitet werden. Das gilt natürlich nicht, wenn im Unternehmen kein Betriebsrat existiert. Der Empfang des Vertrags ist zweckmäßigerweise durch den Betriebsratsvorsitzenden durch Empfangsbekenntnis zu bestätigen, damit man ihn später bei der Anmeldung beim Registergericht nachweisen kann. Ohne Vorlage eines entsprechenden Nachweises besteht regelmäßig ein Eintragungshindernis.

Einberufung der Gesellschafterversammlung

Anschließend ist die Gesellschafterversammlung, bei der AG die Hauptversammlung, nach den allgemeinen Regeln einzuberufen, sofern hierauf nicht, beispielsweise weil es sich um eine Aktiengesellschafterkonstellation handelt, verzichtet wird. Dabei ist in der Tagesordnung anzugeben, dass über die Verschmelzung Beschluss gefasst werden soll. Ein solcher Beschluss kann nur in einer Gesellschafterversammlung gefasst werden, keinesfalls in einem schriftlichen Verfahren (§ 13 Abs. 1 UmwG). Nach § 47 UmwG muss bei einer GmbH der Verschmelzungsvertrag und der Prüfungsbericht gemeinsam mit der Einberufung der Gesellschafterversammlung, die sich im Übrigen nach der jeweiligen Satzung richtet, versandt werden. Bei der AG verlangt § 63 UmwG die Auslegung dieser Unterlagen gemeinsam mit den Jahresabschlüssen und Lageberichten aller beteiligten Unternehmen für die letzten drei Jahre in den Geschäftsräumen der AG. Wenn es ein Aktionär verlangt, ist ihm unverzüglich und kostenlos eine Kopie der Unterlagen zuzusenden.

Zustimmung der Gesellschafter zur Verschmelzung

Die Verkehrsorgane der beteiligten Rechtsträger müssen dem Abschluss des Verschmelzungsvertrags zustimmen. Der Zustimmungsbeschluss muss notariell beurkundet werden. Auch wenn eine der beteiligten Gesellschaften Anteile an einer der anderen hat, existiert kein Stimmverbot, so dass sie trotz ihrer Betroffenheit bei der Gesellschafter- oder Hauptversammlung abstimmen darf. Bei den Personengesellschaften OHG oder KG ist ein solcher Beschluss grundsätzlich einstimmig zu fassen. Allerdings kann im Gesellschaftsvertrag vorgesehen sein, dass schon eine Drei-Viertel-Mehrheit für den Beschluss ausreicht. Bei den Kapitalgesellschaften GmbH oder AG bedarf der Beschluss einer Drei-Viertel-Mehrheit (§ 50 UmwG). Die Satzung kann jedoch eine höhere Mehrheit vorschreiben. Wenn durch die Verschmelzung Minderheitsrechte oder besondere Rechte (z. B. erhöhtes Stimmrecht, Vorkaufsrecht) eines Gesellschafters beeinträchtigt werden, muss dieser Gesellschafter dem Beschluss auf jeden Fall zustimmen. Bei der AG gilt grundsätzlich das gleiche wie bei der GmbH. Wenn hier aber verschiedene Gattungen von Aktien (Aktien mit verschiedenen Verwaltungs- oder Vermögensrechten) vorhanden sind, dann muss jede Gattung, angelehnt an die Sonderregel des § 179 Abs. 3 AktG, für sich durch einen Sonderbeschluss mit Drei-Viertel-Mehrheit zustimmen. Dies gilt sogar dann, wenn die Verschmelzung einstimmig beschlossen wurde. Nicht erfasst sind allerdings Vorzugsaktien ohne Stimmrecht, da diese keine eigene Gattung bilden.

Schlussbilanz

Die übertragenden Gesellschaften müssen grundsätzlich nach § 17 Abs. 2 UmwG eine Schlussbilanz aufstellen. Diese Schlussbilanz wird nach den gleichen Regeln aufgestellt wie ein Jahresabschluss. Eine Gewinn- und Verlustrechnung und ein Anhang müssen nicht aufgestellt werden. Der Stichtag dieser Schlussbilanz darf höchstens acht Monate vor der Anmeldung liegen. Damit kann sehr häufig einfach die Bilanz des Jahresabschlusses des letzten Geschäftsjahres als Schlussbilanz eingereicht werden.

Bestellung eines Treuhänders

Die übertragenden Gesellschaften haben, jeder für sich, nach § 71 UmwG einen Treuhänder zu bestellen, an den die neuen Aktien der entstehenden AG ausgegeben werden. Der Treuhänder kann für mehrere übertragende Gesellschaften handeln.

Registeranmeldung und -eintragung

Zur Wirksamkeit ist es erforderlich, die Verschmelzung der beteiligten Unternehmen beim Handelsregister anzumelden (§ 16 UmwG). Dabei müssen die Geschäftsführer/der Vorstand sowohl des alten Unternehmens als auch der AG erklären, dass keine Klage gegen den Verschmelzungsbeschluss anhängig ist und folgende Dokumente vorlegen:

- Verschmelzungsvertrag
- Niederschriften der Verschmelzungsbeschlüsse
- Zustimmungserklärungen einzelner Anteilsinhaber, soweit solche erforderlich waren
- Verschmelzungsbericht oder Verzichtserklärung
- Prüfungsbericht oder diesbezügliche Verzichtserklärung
- Nachweis über die rechtzeitige Zuleitung des Verschmelzungsvertrages an den Betriebsrat
- Schlussbilanz der übertragenden Unternehmen
- staatliche Genehmigung, soweit eine erforderlich ist
- Erklärung des Treuhänders, dass er im Besitz der Aktien ist

Sind diese Voraussetzungen erfüllt, wird das Registergericht die Verschmelzung eintragen und bekannt geben. Mit der Eintragung wird die Verschmelzung wirksam, d. h. die alten Rechtsträger gehen unter bzw. die neue AG ist entstanden. Zuerst wird die Verschmelzung bei der übertragenden Gesellschaft und anschließend bei dem übernehmenden Rechtsträger eingetragen, mit letzterer wird die Verschmelzung wirksam (§§ 19 Abs. 1, 20 Abs. 1 UmwG).

Nr	Maßnahme (mit evtl. Formerfordernis)	Hinweise, fehlende Informationen etc.	Erledigung spätestens
1	Fertigstellung des Entwurfes des Verschmelzungsvertrages	– Festlegung der Umtauschverhältnisse, evtl. Abfindungsregeln – Bewertung der Vermögensgegenstände – Festlegung des Verschmelzungsstichtages (nicht mehr als 8 Monate vor Anmeldung der Verschmelzung) – Bestimmung des Tages, ab dem die Gesellschafter der übertragenden Unternehmen gewinnbezugsberechtigt sind	

Nr	Maßnahme (mit evtl. Formerfordernis)	Hinweise, fehlende Informationen etc.	Erledigung spätestens
2	Erstellung eines Verschmelzungsberichts	nicht erforderlich, wenn alle Anteilsinhaber in notarieller Form verzichten (möglich im Verschmelzungsbeschluss)	
3	Verschmelzungsprüfung	– nur, wenn einer der Gesellschafter dies verlangt – Gegenstand: Angemessenheit des Umtauschverhältnisses und der baren Zuzahlung (§ 12 II UmwG) – Bestellung des Prüfers durch GF	
4	Übermittlung des Verschmelzungsvertrages an den Betriebsrat der GmbH gegen Nachweis		Ein Monat vor der Gesellschafterversammlung
5	Einberufung der jeweiligen Gesellschafterversammlung		Einberufungsfrist erlischt
6	Zustimmungsbeschluss der beteiligten Gesellschaften und notarielle Beurkundung der Beschlussfassung	– von jeder Gesellschaft gesondert – frühzeitige Absprache aber sinnvoll. – ggf. mit Verzichtserklärungen auf Verschmelzungsbericht und Prüfung	
7	Aufstellung und Feststellung der (handelsrechtlichen) Schlussbilanz für den Verschmelzungsstichtag	Jahresabschluss verwendbar, wenn nicht älter als 8 Monate	muss bei Beschlussfassung noch nicht vorliegen
8	Anmeldung der Verschmelzung (in öffentlich beglaubigter Form, § 12 I HGB)	Vorzulegen: Verschmelzungsvertrag, Verschmelzungsbeschlüsse, Verschmelzungsbericht bzw. Verzichtserklärung, Prüfungsbericht, Nachweis der Zuleitung des Verschmelzungsvertrages an den Betriebsrat, evtl. staatliche Genehmigung und Schlussbilanz der übertragenden Gesellschaften	

Tab. 1: Voraussetzungen einer Verschmelzung

Wirkung der Verschmelzungseintragung

Mit der Eintragung im Handelsregister bei der übernehmenden Gesellschaft (§ 20 UmwG) ist die Verschmelzung erfolgt. Damit verbunden ist der Übergang des gesamten Vermögens der übertragenden Gesellschaften auf die AG. Die übertragende(n) Gesellschaft(en) erlöscht bzw. erlöschen. Ihre Anteilsinhaber werden im Gegenzug Aktionäre der AG, sofern nicht ohnehin Gesellschafteridentität besteht. Etwaige Fehler, wie das Fehlen von notariellen Beurkundungen, sind nunmehr geheilt.

Schutz der Beteiligten

Durch eine Verschmelzung erlöschen sämtliche übertragenden Gesellschaften. Dadurch wird nicht nur deren rechtliche Identität betroffen, sondern auch die Interessen von Dritten, wie Gesellschaftern, Gläubigern oder Arbeitnehmern, die teilweise auf die Verschmelzung keinen Einfluss haben. Das Gesetz hat deshalb Mechanismen zu ihrem Schutz entwickelt.

Schutz der Gesellschafter

Die Gesellschafter werden insbesondere dadurch geschützt, dass ohne ihr (mehrheitliches) Einverständnis eine Verschmelzung nicht möglich ist. Damit diese auf entsprechend informierter Basis abstimmen können, muss ihnen zuvor der Bericht des Verschmelzungsprüfers vorgelegt werden. Auch die Kontrolle durch das Registergericht dient ihrem Schutzbedürfnis. Bei Verletzung der Gesellschafterrechte, etwa weil die erforderliche Beschlussmehrheit nicht erreicht wurde, können die Gesellschafter nach § 14 UmwG den Beschluss vor Gericht anfechten. Dafür gilt eine Ausschlussfrist von einem Monat nach dem Beschlussdatum. Für den Fall, dass das Umtauschverhältnis der alten Anteile des Gesellschafters zu den Aktien als unangemessen einzustufen ist, hat der Gesellschafter nach § 15 UmwG daneben einen Anspruch auf eine Ausgleichszahlung. Dieser Anspruch ist in einem besonderen Spruchverfahren beim zuständigen Landgericht nach dem Spruchverfahrensgesetz zu verfolgen.Anders als bei anderen gerichtlichen Klagen, wie etwa einer Anfechtungsklage gegen die Wirksamkeit der Verschmelzung, werden durch dieses Verfahren die Eintragung und damit die Wirksamkeit nicht aufgehalten; aber auch in letzterer Konstellation ist ein Freigabeverfahren möglich (§ 16 UmwG).

Schutz der Gläubiger

Gläubiger der alten Unternehmen sehen sich nach der Verschmelzung mit einem neuen Schuldner konfrontiert, ohne dass sie das verhindern könnten. Falls die Gläubiger glaubhaft machen können, dass ihre Forderungen durch die Verschmelzung, etwa wegen der wirtschaftlichen Lage des verschmelzenden Rechtsträgers, gefährdet sind, können sie nach § 22 UmwG Sicherheitsleistung verlangen. Dies gilt aber nur, wenn der Anspruch bereits vor der

Umwandlung begründet wurde, aber bei der Eintragung noch nicht fällig ist. Letztere Voraussetzung beruht auf der Überlegung, dass es dem Gläubiger unbenommen ist, Ansprüche, die schon vor der Eintragung fällig sind, bereits vorher durchsetzen. Gläubiger, die durch eine dingliche Sicherheit gesichert sind, können keine Sicherheitsleistung beanspruchen. Das sind namentlich Gläubiger, zu deren Gunsten eine Hypothek, Grundschuld oder ein Pfandrecht bestellt worden ist.

Schutz der Arbeitnehmer

Die Übernahme aller Rechte und Pflichten der alten Unternehmen durch den verbleibenden bzw. neuen Rechtsträger führt dazu, dass die Arbeitnehmer der übertragenden Unternehmen automatisch Arbeitnehmer der neuen AG werden; ein Widerspruchsrecht, wie bei einer anderen Form eines Betriebsübergangs, steht ihnen hier nicht zu. Etwa bestehende Pensionsansprüche richten sich nun gegen die AG. Auch Betriebsvereinbarungen gelten weiter. Tarifverträge dagegen gelten dagegen nur dann, wenn auch die AG tarifgebunden ist.

Haftung des Vorstandes/der Geschäftsführer

Unterlaufen dem Vorstand, Aufsichtsrat oder der Geschäftsführung bei der Verschmelzung Fehler, so kann sie eine persönliche Haftung treffen. Falls einem Gläubiger, einem Gesellschafter oder der alten Gesellschaft selbst ein Schaden entsteht, weil der Vorstand oder der Aufsichtsrat oder die Geschäftsführer die Vermögenslage der anderen beteiligten Gesellschaften nicht sorgfältig geprüft haben, oder, weil die Verhandlungen im Rahmen des Verschmelzungsvertrages nicht pflichtgemäß geführt wurden (etwa, weil das Verhandlungsergebnis schlechterdings nicht mehr wirtschaftlich vertretbar ist oder Formvorschriften missachtet wurden), steht diesem Gläubiger ein Schadensersatz nach § 25 UmwG gegen den Vorstand, Aufsichtsrat oder die Geschäftsführer zu. Diese können einwenden, dass sie kein Verschulden trifft, wofür sie jedoch die Nachweispflicht trifft. Wenn ein solcher Anspruch der alten Gesellschaft zusteht, gilt sie insoweit als fortbestehend. Daneben kann den Vorstand, den Aufsichtsrat oder die Geschäftsführer die allgemeine Haftung insbesondere aus §§ 93, 117 AktG, § 43 GmbHG und diejenige des Bürgerlichen Gesetzbuchs wegen Pflichtverletzungen treffen. Diesbezügliche Ansprüche stehen aber der übernehmenden AG zu, da die übertragenden Gesellschaften hierfür nicht als fortbestehend gelten.

Vor- und Nachteile der verschiedenen Verschmelzungsmöglichkeiten

Die Verschmelzung durch Aufnahme und die durch Neugründung unterscheiden sich nicht in wesentlichen Punkten; sie stellen insoweit lediglich unterschiedliche Regelungen für verschiedene Situationen dar. Existiert bereits eine AG, so ist die Verschmelzung durch Aufnahme regelmäßig der vorzugswürdige Weg. Gibt es noch keine, so ist die Verschmelzung durch Neugründung die Lösung. Letztere hat allerdings den Nachteil, dass bei der Berechnung der Notarkosten und etwaiger Grunderwerbsteuer der Wert des neuen Unternehmens mit zu berücksichtigen ist, womit die Kosten deutlich höher ausfallen.

Spaltung in eine AG

Bei der Spaltung in eine AG wird das bisherige Unternehmen auf zwei oder mehrere neue Unternehmen aufgespalten. Daran ist zu denken, wenn nur ein Teilbereich an die Börse gebracht werden soll (Spinoff). Das Gesetz kennt drei Arten der Spaltung:

- die Aufspaltung gemäß § 123 Abs. 1 UmwG: Das bisherige Unternehmen überträgt sein Vermögen auf mindestens zwei schon bestehende oder neue Rechtsträger und erlischt dabei. Die Anteilseigner der untergehenden Gesellschaft werden regelmäßig Gesellschafter der übernehmenden Gesellschaft.

- die Abspaltung gemäß § 123 Abs. 2 UmwG: Das bisherige Unternehmen überträgt hier nur einen Teil seines Vermögens auf einen oder mehrere neue oder schon bestehende Rechtsträger. Der Rest des Unternehmens bleibt dabei als Rumpfunternehmen bestehen. Als Gegenleistung erhalten die Anteilsinhaber des übertragenden Unternehmens Anteile an den Unternehmen, die das Vermögen übernommen haben.

- die Ausgliederung gemäß § 123 Abs. 3 UmwG: Sie entspricht weitgehend der Abspaltung mit dem Unterschied, dass nicht die Anteilsinhaber des übertragenden Unternehmens Anteile an dem oder den neuen Unternehmens erhalten, sondern das übertragende (Rumpf)Unternehmen selbst.

Man unterscheidet jeweils die Spaltung zur Aufnahme, wenn das übernehmende Unternehmen bereits existiert, und die Spaltung zur Neugründung, wenn die übernehmende AG erst gegründet werden muss.

Voraussetzungen

Ein Vorteil der Ausgliederung besteht darin, dass sie nach § 124 UmwG auch durch Einzelkaufleute vorgenommen werden kann. Ansonsten können sich die gleichen Unternehmen spalten bzw. ausgliedern, die auch verschmelzen können.

Spaltungsvertrag, Übernahmevertrag und Spaltungsplan

Nach § 126 Abs. 1 UmwG muss bei der Spaltung zur Aufnahme ein Spaltungs- und Übernahmevertrag geschlossen werden. Dessen Inhalt ist mit dem eines Verschmelzungsvertrages weitgehend identisch (vgl. oben). Zusätzlich hat eine Auflistung des zu übertragenden Vermögens zu erfolgen. Dabei sind detaillierte und exakte Angaben notwendig, da der Bestimmtheitsgrundsatz im Sinne des § 126 Abs. 2 UmwG gewahrt werden muss. Dieser beinhaltet, dass aus dem Vertrag hervorgehen muss, wie jeder einzelne Vermögensgegenstand verteilt wird. Bei der Spaltung zur Neugründung tritt nach § 136 Abs. 1 S. 2 UmwG anstelle des Spaltungs- und Übernahmevertrages ein Spaltungsplan. Darin muss auch die Satzung der neuen AG enthalten sein.

Nach § 125 in Verbindung mit § 6 UmwG muss der Spaltungs- und Übernahmevertrag notariell beurkundet werden. Dies gilt auch für den Spaltungsplan bei Neugründungen von übernehmenden Gesellschaften.

Spaltungsbericht

Nach § 127 UmwG ist von den Vorständen oder Geschäftführern der beteiligten Unternehmen ein Spaltungsbericht zu verfassen. Dieser erläutert in rechtlicher und wirtschaftlicher Hinsicht die Spaltung und den Spaltungsvertrag, vor allem aber das Umtauschverhältnis der Anteile und die Höhe einer anzubietenden Barabfindung. Nach § 127 in Verbindung mit § 8 Abs. 3 UmwG bedarf es wie bei der Verschmelzung keines Spaltungsberichts, wenn alle Anteilsinhaber der beteiligten Gesellschaften darauf verzichten oder die neue AG über alle Anteile an dem alten Unternehmen verfügt.

Spaltungsprüfung

Bei Auf- und Abspaltungen ist eine Spaltungsprüfung nötig, die der Verschmelzungsprüfung entspricht (vgl. oben). Die Anforderung der Spaltungsprüfung findet aber nach § 125 S. 2 UmwG keine Anwendung bei der Ausgliederung, weil hier dem Anteilsinhaber des übertragenden Unternehmens keine neuen Anteile gewährt werden.

Betriebsrat/Gesellschafterversammlung/-beschluss

Auch im Fall der Spaltung und Ausgliederung muss der Vertrag bzw. der Plan in gleicher Weise wie bei der Verschmelzung an den Betriebsrat weitergeleitet werden (§126 Abs. 3 UmwG). Die Einberufung der Gesellschafterversammlung folgt den gleichen Regeln, die im Fall der Verschmelzung Geltung beanspruchen. Für den Beschluss gelten im Grundsatz die Regeln des Verschmelzungsbeschlusses. Allerdings kann eine Spaltung auch nicht verhältniswahrend vorgenommen werden. Das bedeutet, dass die Anteilsinhaber des neuen Unternehmens nicht in gleichem Umfang Anteile an der AG erhalten, wie sie Anteile am bisherigen Unternehmen besaßen. In diesem Fall müssen der Spaltung alle Anteilsinhaber bzw. Gesellschafter des übertragenden Unternehmens zustimmen.

Schlussbilanz/Treuhänder

Bei der Spaltung ist das übertragende Unternehmen wiederum verpflichtet, eine Schlussbilanz aufzustellen. Für die Einzelheiten sei nach oben verwiesen. Die übertragenden Gesellschaften der Spaltung haben nach § 125 in Verbindung mit § 71 UmwG einen Treuhänder zu bestellen, an den die neuen Aktien ausgegeben werden. Dies gilt nicht für den Fall der Ausgliederung, da keiner der Gesellschafter unmittelbar Anteile an der neuen Gesellschaft erhält.

Registeranmeldung und -eintragung

Die Voraussetzungen für die Eintragung entsprechen weitgehend denjenigen der Verschmelzung. Bei der Spaltung zur Neugründung ist statt des Spaltungsvertrags der Spaltungsplan vorzulegen. Falls ein Einzelkaufmann eine Ausgliederung vornehmen will, besteht die zusätzliche explizite Anforderung, dass sein Vermögen seine Verbindlichkeiten übersteigt. Sind diese Voraussetzungen erfüllt, wird zunächst das Registergericht des übernehmenden Unternehmens, dann das des übertragenden die Spaltung eintragen und im Bundesanzeiger bekannt gegeben.

Wirkung der Spaltungseintragung

Mit der Eintragung im Handelsregister bei dem übertragenden Rechtsträger ist die Spaltung wirksam. Damit geht analog zur Verschmelzung das übertragene Teilvermögen der übertragenden Gesellschaften auf die AG über. Dabei kann das Problem auftauchen, dass Gegenstände im Spaltungs- und Übernahmevertrag oder Spaltungsbeschluss nicht aufgeführt sind. Es ist dann zunächst der Versuch zu unternehmen, aus den Umständen des Vertrages/Plans zu schließen, welchem Rechtsträger er zugeteilt werden sollte. Lässt sich das nicht ermitteln, so geht dieser Gegenstand nach § 131 Abs. 2 UmwG bei der Aufspaltung anteilig auf alle übernehmenden Unternehmen über. Im Gegensatz dazu verbleibt er bei Abspaltung und Ausgliederung bei dem übertragenden Unternehmen. Nach § 132 UmwG bleiben aber Vorschriften, die die Übertragbarkeit eines Gegenstandes ausschließen oder an bestimmte Voraussetzungen knüpfen, unberührt. Das bedeutet, dass auch im Rahmen einer Spaltung z. B. ein Nießbrauch, ein Vorkaufsrecht oder eine Vereinsmitgliedschaft einer Übertragung nicht zugänglich sind. Die übertragende Gesellschaft erlischt im Fall einer Aufspaltung, bei Abspaltung und Ausgliederung bleibt sie bestehen. Bei Auf- und Abspaltung werden die Anteilsinhaber Gesellschafter der neuen AG. Wiederum wird bei der Ausgliederung das alte Unternehmen Gesellschafter der AG. Daneben tritt Heilungswirkung ein, falls notarielle Beurkundungen gefehlt haben.

Schutz der Beteiligten

Wie bei der Verschmelzung ist es denkbar, dass Interessen von Personen oder Unternehmen beeinträchtigt sind, die die Spaltung nicht beeinflussen konnten. Dafür gelten die dementsprechenden Schutzregeln.

Schutz der Gesellschafter/Gläubiger

Der Schutz der Gesellschafter vollzieht sich wie bei einer Verschmelzung. Dazu tritt, dass bei einer nicht verhältniswahrenden Spaltung Einstimmigkeit der Fassung des Zustimmungsbeschlusses nötig ist. Für Verbindlichkeiten des übertragenden Unternehmens haften nach § 133 Abs. 1 UmwG alle beteiligten Gesellschaften als Gesamtschuldner. Dies gilt auch, wenn die Verbindlichkeit eindeutig einem der Unternehmen zugewiesen wurde. In diesem Fall unterfallen die anderen nur der Haftung, wenn die Verbindlichkeit vor Ablauf von fünf Jahren nach der Spaltung fällig ist und der Anspruch, etwa durch ein Urteil, festgestellt wurde. Zusätzlich haben die Gläubiger unter den Voraussetzungen des § 22 UmwG Anspruch auf Sicherheitsleistung. Insofern entspricht die Rechtslage der bei der Verschmelzung (vgl. oben).

Schutz der Arbeitnehmer

Bei einer Spaltung gehen die Arbeitsverhältnisse nach § 613 a BGB gemeinsam mit dem Betrieb auf den neuen Inhaber über. Daran kann auch eine abweichende Vereinbarung im Spaltungs- und Übernahmevertrag nichts ändern. § 613 a BGB schreibt vor, dass allein wegen des Betriebsübergangs nicht gekündigt werden darf. Eine Kündigung aus anderen Gründen (z. B. wegen dauerhafter Krankheit oder eines Fehlverhaltens) ist aber nach wie vor möglich. Nach § 613 a Abs. 6 BGB kann der Arbeitnehmer dem Übergang seines Arbeitsverhältnisses widersprechen. Dies hat zur Folge, dass er bei seinem alten Arbeitgeber angestellt bleibt. Dieser kann ihm aber betriebsbedingt (mit entsprechender Kündigungsfrist) kündigen, wenn er aufgrund des Betriebsübergangs keine Verwendung mehr für ihn hat.

Tarifverträge und Betriebsvereinbarungen gelten weiter, falls sie nicht durch neue bei dem übernehmenden Unternehmen abgelöst werden. Auch Betriebsrat und Sprecherausschuss bleiben im Amt, wenn die betriebliche Struktur durch die Spaltung nicht berührt wurde. Wenn der Betrieb durch die Spaltung geteilt wurde, bleibt nach § 321 UmwG der alte Betriebsrat kommissarisch für höchstens sechs Monate im Amt, soweit nicht die von ihm vertretenen Arbeitnehmer in ihrem neuen Betrieb von einem anderen Betriebsrat vertreten werden.

Die unternehmerische Mitbestimmung richtet sich beim übernehmenden Unternehmen nach den allgemeinen Regeln. Für das Übertragende gilt, dass auch nach der Spaltung ein mitbestimmter Aufsichtsrat noch bis zu fünf Jahre im Amt bleiben kann, auch wenn durch die Spaltung die Voraussetzungen für die Mitbestimmung weggefallen sind.

Falls durch die Spaltung die Vermögensgegenstände im Wesentlichen auf eine Anlagegesellschaft, deren Tätigkeit in der Verwaltung dieses Vermögens besteht, übertragen werden und das übertragende Unternehmen als Betriebsgesellschaft weitergeführt wird, haftet diese Anlagegesellschaft für die Versorgungsverpflichtungen der übertragenden Gesellschaft gegenüber den Arbeitnehmern, soweit diese zum Zeitpunkt der Spaltung begründet waren, soweit an Anlage- und Betriebsgesellschaft im Wesentlichen (mehr als 50 Prozent) dieselben Personen beteiligt sind.

Haftung des Vorstandes/der Geschäftsführer

Die Haftungsrisiken für den Vorstand, den Aufsichtsrat und die Geschäftsführer der ursprünglichen Gesellschaften entsprechen denen bei der Verschmelzung (vgl. oben).

Formwechsel in eine AG

Der Formwechsel bildet die letzte Form der Umwandlung, die das deutsche Recht kennt. Sie wird häufig bei der Vorbereitung des Börsengangs genutzt, wenn die Rechtsform anzupassen ist. Hierbei ist nur eine einzelne Gesellschaft beteiligt, die ihre Rechtsform ändert. Das bisherige Unternehmen wird dabei nicht liquidiert, sondern es lebt gleichsam „in einem neuen Kleid" fort.

Voraussetzungen

Das Unternehmen, das seine Rechtsform wechseln will, kann nach § 191 UmwG insbesondere eine Personenhandelsgesellschaft (oHG, KG), eine Kapitalgesellschaft (GmbH), eine eingetragene Genossenschaft, ein rechtsfähiger Verein oder ein Versicherungsverein auf Gegenseitigkeit sein.

Gewechselt werden kann neben der Personenhandelsgesellschaften und der eingetragenen Genossenschaft für den Börsengang insbesondere in die Kapitalgesellschaft AG (§ 191 Abs. 2 UmwG).

Umwandlungsbericht

Für den Rechtsformwechsel bedarf es zunächst eines von den Vorständen oder Geschäftsführern des Unternehmens verfassten Umwandlungsberichts. Dieser erläutert in rechtlicher und wirtschaftlicher Hinsicht den Formwechsel, vor allem aber die Höhe der künftigen Beteiligung der Anteilsinhaber (Aktionäre). Dabei muss dem Bericht ein Entwurf des Umwandlungsbeschlusses angefügt werden. Nach § 192 Abs. 2 UmwG ist dem Bericht eine

Vermögensaufstellung der Gesellschaft beizufügen, in der Vermögensgegenstände und Verbindlichkeiten jeweils mit ihrem wirklichen Wert zum Zeitpunkt der Erstellung des Berichts anzusetzen sind. Nach § 215 UmwG ist kein Bericht nötig, wenn eine Personengesellschaft sich umwandeln will und alle Gesellschafter zur Geschäftsführung berechtigt sind. Außerdem ist ein Verzicht aller Gesellschafter möglich (§ 192 Abs. 3 UmwG).

Einberufung der Gesellschafterversammlung

Anschließend ist die Gesellschafterversammlung nach den für die jeweilige Rechtsform und die betroffene wechselnde Gesellschaft Geltung beanspruchenden allgemeinen Regeln einzuberufen. Dabei ist in der Tagesordnung anzugeben, dass über die Umwandlung Beschluss gefasst werden soll. Dieser Beschluss ist nur in einer Gesellschafterversammlung zu fassen, keinesfalls in einem schriftlichen Verfahren.

Übermittlung an den Betriebsrat/Beschluss

Der Betriebsrat ist durch Zuleitung des Entwurfs des Umwandlungsbeschlusses spätestens einen Monat vor der Gesellschafterversammlung einzuschalten. Auch hier ist es zu empfehlen, sich den Empfang von Betriebsratsvorsitzenden bestätigen zu lassen. Nach § 193 Abs. 1 UmwG müssen die Gesellschafter des Unternehmens einen Umwandlungsbeschluss fassen. Bei OHGs oder KGs ist der Beschluss grundsätzlich einstimmig zu fassen. Allerdings kann im Gesellschaftsvertrag vorgesehen sein, dass schon eine Drei-Viertel-Mehrheit für den Beschluss ausreichend ist (§ 217 Abs. 1 UmwG). § 240 Abs. 1 UmwG fordert bei GmbHs oder AGs eine Drei-Viertel-Mehrheit, die im Rahmen einer Satzungsklausel erhöht werden kann.

Der Inhalt des Umwandlungsbeschlusses entspricht im Wesentlichen dem eines Verschmelzungsvertrags. Weil sich in diesem Fall keine Auswirkung auf das Unternehmensvermögen ergibt, sind zu selbigem keine Regelungen erforderlich. Eine Schlussbilanz muss beim Formwechsel nicht aufgestellt werden, da die Gesellschaft erhalten bleibt.

Registeranmeldung und -eintragung

Der Formwechsel ist beim Handelsregister, in dem die Gesellschaft eingetragen ist, anzumelden (§ 198 Abs. 1 UmwG). Falls für die AG ein anderes Registergericht (etwa weil der alte Rechtsträger ein Verein und somit im Vereinsregister eingetragen war oder der Sitz verlegt wird) zuständig ist, ist es erforderlich, den Formwechsel auch bei diesem gesonderten Register anzumelden. Anlässlich der Anmeldung müssen der Vorstand und alle Aufsichtsratmitglieder der neuen AG erklären, dass keine Klage gegen den Verschmelzungsbeschluss anhängig ist. Ist der alte Rechtsträger eine GmbH, erfolgt die Anmeldung durch deren Geschäftsführer. Vorzulegen sind dabei:

- Umwandlungsbeschluss
- Zustimmungserklärungen einzelner Anteilsinhaber, soweit solche erforderlich waren
- Umwandlungsbericht
- Nachweis über die rechtzeitige Zuleitung des Verschmelzungsvertrages an den Betriebsrat
- staatliche Genehmigung, soweit eine erforderlich ist

Sind diese Voraussetzungen erfüllt, wird das Registergericht den Formwechsel eintragen und bekannt geben.

Wirkung des Formwechsels

Mit der Eintragung der AG in das für sie zuständige Handelsregister wird der Formwechsel wirksam. Damit besteht das Unternehmen nun als AG fort und die Anteilsinhaber werden Aktionäre der AG. Etwaige Fehler wegen unterlassener notarieller Beurkundung werden nunmehr geheilt.

Schutz der Beteiligten

Schutz der Gesellschafter

Der Schutz der Gesellschafter ist beim Formwechsel im Wesentlichen parallel zur Verschmelzung geregelt. Schutz entfalten zum einen das Erfordernis einer qualifizierten Mehrheit bei der Abstimmung, zum anderen die Möglichkeit nach § 195 Abs. 1 UmwG innerhalb eines Monats gegen den Umwandlungsbeschluss Klage zu erheben. Nach § 196 UmwG können Anteilsinhaber eine Ausgleichszahlung verlangen, wenn ihre Beteiligung an der AG zu niedrig ist. Dieser Anspruch hindert jedoch, anders als die Klage gegen den Umwandlungsbeschluss, nicht die Eintragung. Eine Erhöhung der Beteiligung wird vielmehr im Spruchverfahren nach dem SpruchG durchgesetzt.

Schutz der Gläubiger

Auch beim Formwechsel können Gläubiger nach §§ 204, 22 UmwG Sicherheitsleistung verlangen, wenn ihr Anspruch durch den Formwechsel gefährdet ist. Dies dürfte aber bei der Umwandlung in eine AG nur selten der Fall sein, da bei der AG die Kapitalerhaltungsvorschriften, etwa § 57 AktG, besonders streng sind.

Schutz der Arbeitnehmer

Da beim Formwechsel die Gesellschaft weiter besteht und nur ihre Rechtsform ändert, bleiben Arbeitsverhältnisse, Betriebsvereinbarungen und Tarifverträge ohne weiteres bestehen. Bei einem mitbestimmten Aufsichtsrat, der schon bei der alten Rechtsform bestand, legt § 203 UmwG fest, dass sich durch den Formwechsel an seiner Zusammensetzung in der neuen Rechtsform nichts ändert. Lediglich für die Vertreter der Anteilsinhaber können diese im Umwandlungsbeschluss einen Wechsel bestimmen.

Haftung des Vorstands/der Geschäftsführer

Nach § 205 Abs. 1 UmwG sind Vorstand, Geschäftsführer oder Aufsichtsrat, die beim Formwechsel ihre Pflichten verletzen, den Geschädigten, seien es das Unternehmen, die Anteilsinhaber oder Gläubiger, zum Schadensersatz verpflichtet. Diese Ansprüche verjähren binnen fünf Jahren ab Bekanntmachung des Formwechsels.

Folgen der Umwandlung für die Handelsbilanz

Verschmelzung

Bei einer Verschmelzung durch Neugründung hat die AG nach dem Handelsgesetzbuch (§ 242) eine Eröffnungsbilanz zu erstellen. Bei der Verschmelzung durch Aufnahme muss die neue AG das von den alten Gesellschaften übernommene Vermögen in ihrer nächsten Jahresbilanz aufführen. Für die Bewertung gibt es zwei Möglichkeiten:

- Nach § 253 Abs. 1 HGB hat die neue AG die Anschaffungskosten für die übernommenen Vermögensgegenstände zu bilanzieren. Diese Anschaffungskosten werden durch die Gegenleistung bestimmt, die bei der Gewährung von Aktien im Vorfeld einer Börseneinführung im Ausgabepreis der Aktien besteht. Allerdings darf dabei der objektive Wert der Vermögensgegenstände (sog. Teilwert) zum Zeitpunkt der Umwandlung nicht überschritten werden.

- Nach § 24 UmwG ist aber auch der Ansatz mit dem Buchwert möglich, d.h., die übernommenen Vermögensgegenstände können mit dem Wert der Schlussbilanz der alten Gesellschaft bilanziert werden. Damit wird die Aufdeckung von stillen Reserven vermieden. Auch Bilanzierungsverbote bleiben bestehen, wie dasjenige für immaterielle Vermögensgegenstände, die unentgeltlich erworben wurden (z. B. Ruf der Marke).

In den Folgejahren ist die AG an die Wertansätze im Erstjahr gebunden. Damit kommt der Ausübung dieses Wahlrechts eine langfristige Bedeutung zu.

Spaltung

Die handelsrechtliche Bilanzierung nach der Spaltung unterscheidet sich im Grundsatz nicht von der nach der Verschmelzung. Allerdings muss hier natürlich nicht nur die übernehmende AG eine Eröffnungsbilanz erstellen, sondern auch das übertragende Unternehmen eine Schlussbilanz. Für die Bewertung gelten die oben dargestellten Regelungen.

Formwechsel

Bei der handelsrechtlichen Bilanzierung unterscheidet sich der Formwechsel erheblich von den anderen Formen der Umwandlung. Hier bleibt die Gesellschaft bestehen. Daher ist § 24 UmwG nicht anzuwenden. Es gilt vielmehr der Grundsatz der Bilanzkontinuität. Die bisherigen Buchwerte bzw. Bilanzierungsmethoden sind damit fortzuführen.

Besteuerung der Umwandlung

Eine Umwandlung wird regelmäßig nur dann vorgenommen, wenn dadurch auf das betroffene Unternehmen bzw. dessen Gesellschaft keine steuerlichen Mehrbelastungen zukommen. Da das deutsche Recht wirtschaftlich sinnvolle Umwandlungen nicht verhindern will, ist eine Umwandlung im Grundsatz steuerneutral.

Verschmelzung

Bei der steuerrechtlichen Bilanzierung ist zu unterscheiden, welche Gesellschaftsform die alten Gesellschaften hatten. Handelte es sich bei den alten Gesellschaften um Personengesellschaften, d. h. um eine oHG oder KG, dann richten sich die steuerlichen Folgen nach §§ 20–22 des Umwandlungssteuergesetzes (UmwStG), da man den Vorgang analog der Sache als Einbringung eines Betriebs in eine Kapitalgesellschaft gegen Gewährung von Gesellschaftsrechten (Aktien) ansieht. Die neue AG kann die übernommenen Vermögensgegenstände entweder mit dem Buchwert, dem Teilwert (in der Regel der Wiederbeschaffungswert) oder einem dazwischen liegenden Wert ansetzen (Zwischenwert). Damit ist die Auflösung stiller Reserven möglich, aber nicht notwendig. Es ist sogar möglich, das Wahlrecht bezüglich des Wertansatzes für die jeweiligen Anteile der Gesellschafter getrennt auszuüben. Dieses Wahlrecht der AG gilt allerdings nur unter folgenden Voraussetzungen:

- Der Gegenstand der Einbringung muss ein Betrieb, ein Teilbetrieb, ein Mitunternehmeranteil oder eine Mehrheitsbeteiligung an einer AG sein. Bei Betrieben müssen alle wesentlichen Betriebsgrundlagen eingebracht sein.

- Die Gegenleistung der aufnehmenden AG muss in der Gewährung neuer Aktien liegen.

- Die AG muss ihren Sitz in der Bundesrepublik Deutschland haben und hier unbeschränkt steuerpflichtig sein.

- Hinsichtlich des Gewinnes aus einer späteren Veräußerung der Aktien darf das Besteuerungsrecht der Bundesrepublik nicht zum Zeitpunkt der Einlage ausgeschlossen sein.

Ist eine dieser Voraussetzungen nicht erfüllt, dann ist der Teilwert anzusetzen; es kommt dann also zur Besteuerung der stillen Reserven. Für die Gesellschafter gilt nach § 20 Abs. 4 UmwStG der Wert, den die AG als Betriebsvermögen ansetzt, als Veräußerungspreis und als Anschaffungskosten für die Aktien. Bei einer Buchwertfortführung muss der Gesellschafter also keinen Übertragungsgewinn versteuern.

Handelt es sich bei der übertragenden Gesellschaft um eine Kapitalgesellschaft, etwa um eine GmbH, dann richtet sich die steuerliche Bilanzierung nach §§ 11 ff. UmwStG. Auch hier besteht ein Bewertungswahlrecht. Im Gegensatz zur Lage bei Personengesellschaften steht es aber der übertragenden Gesellschaft, nicht der neuen AG zu. Auch dieses Wahlrecht steht aber unter bestimmten Voraussetzungen:

- Die Gegenleistung für die Einlage muss zumindest teilweise in der Gewährung von Aktien bestehen.

- Die AG muss ihren Sitz in der Bundesrepublik Deutschland haben und hier unbeschränkt steuerpflichtig sein.

- Es muss sichergestellt sein, dass die stillen Reserven bei der AG der Körperschaftssteuer unterliegen.

Die übernehmende AG tritt weitgehend in die Rechtsstellung der übertragenden Kapitalgesellschaft ein. Im Einzelnen gibt es dazu zahlreiche ausfüllende Sonderreglungen, die den Rahmen dieser Darstellung sprengen würden.

Gehören zum übertragenen Vermögen Grundstücke, fällt grundsätzlich die Grunderwerbsteuer in Höhe von 3,5 Prozent des Grundstückswerts an.

Spaltung

Auch bei der steuerrechtlichen Bilanzierung im Fall einer Spaltung ist zu unterscheiden, in welcher Gesellschaftsform die alte Gesellschaft bestand. Wenn es sich bei der übertragenden Gesellschaft um eine Personengesellschaft (oHG oder KG) handelt, gelten ebenfalls dieselben Regeln wie bei der Verschmelzung. Zu beachten ist jedoch, dass eine Bilanzierung zum Buch- oder Zwischenwert nur möglich ist, wenn ein Betrieb oder ein Teilbetrieb auf die AG übertragen wird.

Handelt es sich dagegen um eine Kapitalgesellschaft, muss zwischen Ausgliederung und Auf- und Abspaltung unterschieden werden.

Damit kann die übernehmende AG grundsätzlich entscheiden, ob sie die eingebrachten Vermögensgegenstände zum Buch-, Teil- oder einem Zwischenwert ansetzt. Die Fortführung der Buchwerte ist aber an verschiedene Haltefristen geknüpft und zusätzlich nur dann möglich, wenn sowohl das übertragene als auch das verbleibende Vermögen als eigenständiger Teilbetrieb zu qualifizieren ist.

Auch bei der Spaltung kann Grunderwerbsteuer anfallen, wenn die Grundstücke übertragen werden.

Formwechsel

Der Formwechsel zwischen Kapitalgesellschaften, z. B. einer GmbH in eine AG, ist steuerrechtlich nicht relevant. Dagegen muss beim Formwechsel einer Personenhandelsgesellschaft in eine AG eine Steuerbilanz erstellt werden. Dabei wird in § 25 Abs. 2 UmwStG auf die §§ 20 ff UmwStG verwiesen. Damit hat auch hier die AG grundsätzlich ein Wahlrecht dahingehend, ob ein Ansatz der Vermögensgegenstände zum Buch-, Teil- oder einem Zwischenwert erfolgt. Allerdings läuft dieses Wahlrecht nach Ansicht der Finanzverwaltung leer, da insoweit der Maßgeblichkeitsgrundsatz nach § 5 EStG gelten soll, der nur die Übernahme der Ansätze der Handelsbilanz erlaubt. dem widerspricht jedoch eine abweichende gerichtliche Entscheidung aus dem Jahr 2000. Grunderwerbsteuer fällt bei Formwechsel regelmäßig nicht an.

Einzelrechtsnachfolge

Neben den eben genannten Umwandlungen des alten Unternehmens besteht die Möglichkeit, eine AG zu gründen und auf diese das Betriebsvermögen zu übertragen. Dabei wird nicht das Unternehmen als Ganzes, sondern es werden sämtliche Vermögensgegenstände einzeln unter Beachtung des sachenrechtlichen Bestimmtheitsgrundsatzes übertragen. Das bedeutet, dass alle Aktiva und Passiva konkret bestimmt werden müssen, wozu aber Inventarlisten und andere Zusammenstellungen ausreichen. Die Übertragung der Passiva bzw. der laufenden Verträge des übertragenden Rechtsträgers bedarf nach § 415 BGB der Zustimmung der Gläubiger. Dies kann die vollständige Übertragung des Betriebsvermögens außerordentlich verzögern und sogar vereiteln. Weitere Schwierigkeiten bei der Einzelrechtsnachfolge können sich aus Abtretungsverboten nach § 399 BGB, Wettbewerbsverboten, Vorkaufsrechten und Zustimmungsvorbehalten ergeben. In der Praxis ist diese Form daher äußerst selten. Ihre steuerlichen Folgen richten sich ebenfalls nach §§ 20 ff. UmwStG.

Die neue AG

Die Aktiengesellschaft ist für börsennotierte Unternehmen in der Regel die einzig in Frage kommende Gesellschaftsform. Insbesondere für Familienunternehmen bietet sich daneben auch die KGaA an, bei der der persönlich haftende Gesellschafter weitreichenden Einfluss auf die Gesellschaft behält, auch wenn keine Kapitalmehrheit mehr besteht. Das Aktienrecht ist im Wesentlichen zwingendes Recht. Das hat zur Folge, dass der Gestaltungsspielraum der Gesellschafter in erheblichem Maß eingeschränkt ist. Bei der börsennotierten AG sind des Weiteren die Empfehlungen des Deutschen Corporate Governance Kodex (DCGK) zu beachten, der neben der Beschreibung des gesetzlichen Rahmens eine Reihe von freiwilligen Vorgaben beinhaltet, deren Abweichen im Rahmen einer Erklärung nach § 161 AktG zu veröffentlichen ist („Comply or Disclose"). Die wichtigsten Merkmale einer AG werden im Folgenden vorgestellt.

Organe

Die Aktiengesellschaft hat grundsätzlich drei Organe: den Vorstand, den Aufsichtsrat und die Hauptversammlung.

Vorstand	Aufsichtsrat	Hauptversammlung
Leitung der Geschäfte Vertretung	Kontrolle des Vorstandes Recht zur Einforderung von Informationen und Berichten	mitgliedschaftliche Aktionärsrechte, ggf. Minderheitsrechte

Abb. 2: Schaubild: Organe der AG

Vorstand

Der Vorstand leitet nach § 76 Abs. 1 AktG die Gesellschaft und vertritt sie nach außen. Die Vertretungsmacht ist nach außen nicht beschränkt. Der Grundsatz der Gesamtvertretung (§ 78 AktG) wird in der Satzung eines Börsenkandidaten oft zugunsten der Alleinkompetenz vor einzelnen Vorstandsmitgliedern verändert. Die Zahl der Mitglieder ist gesetzlich nicht vorgegeben. Bei AGs mit einem Grundkapital von mehr als 3 Mio. € muss der Vorstand mindestens zwei Mitglieder haben, sofern keine abweichende Satzungsbestimmung vorliegt. Die einzelnen Mitglieder des Vorstands sind auf höchstens fünf Jahre bestellt, können aber mehrmals wiedergewählt werden. Eine besondere Eignung der Vorstandsmitglieder verlangt das Gesetz nicht. Gesetzlich vorgeschrieben ist nur, dass die Mitglieder unbeschränkt geschäftsfähig sein müssen und nicht wegen einer Insolvenzstraftat vorbestraft sein dürfen. Ungeachtet dessen ist aber die Fähigkeit des Vorstands natürlich entscheidend für den Erfolg des Unternehmens.

Der Vorstand ist grundsätzlich keinen Weisungen Dritter unterworfen. Er hat aber bei seinen Entscheidungen die Interessen der Aktionäre und Arbeitnehmer zu beachten. Nach § 77 Abs. 2 AktG kann der Vorstand oder, soweit in der Satzung vorgesehen, der Aufsichtsrat eine Geschäftsordnung für den Vorstand verfassen. Dort können Regeln für die interne Zusammenarbeit, wie Satzungsmodalitäten, Informationen, Ausschussbildung, Zusammenwirken mit dem Aufsichtsrat, vorgesehen werden.

Verletzt ein Vorstandsmitglied seine Pflichten, dann macht es sich gegenüber der AG nach § 93 AktG schadensersatzpflichtig. Dies kann etwa bei einem Verstoß gegen die Treue- oder Verschwiegenheitspflicht der Fall sein. Gegenüber den Aktionären besteht eine solche Schadensersatzpflicht aber nur in besonderen Ausnahmefällen. Eine Schadensersatzpflicht insbesondere für den Insolvenzfall der AG wird im Rahmen eines Kapitalmarktinformationshaftungsgesetzes diskutiert.

Grundsätzlich gilt nach § 77 Abs. 1 AktG das Prinzip der Gesamtgeschäftsführung: Der Vorstand kann die Geschäfte nur in seiner Gesamtheit führen. Damit kann jedes Mitglied durch seinen Widerspruch eine Maßnahme verhindern. Da dies kaum praktikabel ist, ist in der Satzung meist vorgesehen, dass der Vorstand mit Mehrheit entscheidet oder einzelne Mitglieder in ihrem Geschäftsbereich alleine entscheiden. In aller Regel ist in der Geschäftsordnung eine Aufgabenverteilung zwischen den Mitgliedern vorgesehen. Typische Geschäftsbereiche sind:

- Controlling
- Finanzen
- Forschung und Entwicklung
- Personal
- Produktion

Diskutiert wurde zuletzt die Frage, inwieweit die Stellung des Vorstandsvorsitzenden gestärkt werden kann. Im deutschen Recht gilt der Grundsatz der Gesamtverantwortung des Vorstands, d. h. jedes Vorstandsmitglied ist dazu verpflichtet, die Tätigkeit der anderen Mitglieder zu überwachen. Die Rolle des Vorstandsvorsitzenden (§ 84 Abs. 2 AktG; Ziffer 4.2.1 DCGK) erschöpft sich nach der gesetzlichen Lage in der Koordination der Vorstandsarbeit, der Sitzungsleitung und der Repräsentation in der Öffentlichkeit. Möglich ist es aber, dem Vorstandsvorsitzenden in der Satzung ein Recht zum Stichentscheid einzuräumen. Ob er auch ein Vetorecht haben kann, ist bisher nicht abschließend geklärt. Statt eines Vorstandsvorsitzenden gibt es in manchen AGs einen Vorstandssprecher. Dieser wird vom Vorstand selbst und nicht vom Aufsichtsrat gewählt.

Aufsichtsrat

Der Aufsichtsrat ist das Kontrollorgan der AG. Er besteht aus mindestens drei Mitgliedern. Diese müssen bei jeder Sitzung vollständig anwesend sein. Die Mindestanzahl kann, etwa bei einem Stimmverbot, schnell zur Beschlussunfähigkeit führen, sodass sich beim Aufsichtsrat die Einsetzung eines Ersatzmitglieds anbietet. Sowohl ordentliche Mitglieder des Aufsichtsrats als auch Ersatzmitglieder werden auf maximal fünf Jahre gewählt. Daneben gibt es die Möglichkeit, Entsendungsrechte für einzelne Aktionäre in der Satzung festzulegen. Im Gegensatz zum angelsächsischen Modell des Board-Systems kann ein Mitglied des Vorstands niemals Mitglied des Aufsichtsrates sein.

Der Aufsichtsrat bestellt den Vorstand und beruft ihn wieder ab. Zudem hat er die Tätigkeit des Vorstands zu überwachen, wobei er nach § 90 AktG das Recht hat, regelmäßig Vorstandsberichte und im Einzelfall Sonderinformation einzufordern. In der Satzung oder Geschäftsordnung kann zudem vorgesehen sein, dass der Vorstand bestimmte Maßnahmen nur mit Zustimmung des Aufsichtsrats treffen darf.

In den größeren deutschen AGs existiert häufig ein Aufsichtsratspräsidium, das die Tätigkeit des Aufsichtsrats koordiniert und in besonders engem Kontakt zum Vorstand steht. Gemäß DCGK soll der Aufsichtsrat fachlich qualifizierte Ausschüsse bilden. In jedem Fall soll ein Prüfungsausschuss gebildet werden, der sich mit der Prüfung des Jahresabschlusses befasst. Der Vorsitzende des Prüfungsausschusses soll kein ehemaliges Vorstandsmitglied der Gesellschaft sein.

Der Frage der Mitbestimmung kommt in der Praxis eine erhebliche Bedeutung zu. Bei AGs mit in der Regel mehr als 2.000 Beschäftigten ist der Aufsichtsrat paritätisch zu besetzen. Dennoch hat die Seite der Aktionäre eine Mehrheit, da sie den Aufsichtsratsvorsitzenden wählen kann, der in Pattsituationen zwei Stimmen hat. Bei AGs mit 500 bis 2.000 Beschäftigten besteht dagegen noch ein Drittel des Aufsichtsrats aus Arbeitnehmervertretern. AGs mit weniger als 500 Arbeitnehmern unterliegen nicht dem Mitbestimmungszwang. Allerdings gelten diese Regeln nicht für den ersten Aufsichtsrat einer AG. Dieser wird alleine von den Gründern gewählt. Damit ist bis zur ersten Hauptversammlung nur die Aktionärsseite allein am Zug.

Hauptversammlung

Die Hauptversammlung ist die Versammlung aller Aktionäre der Gesellschaft. Hier üben sie ihre Rechte aus, die allerdings begrenzt sind. So können sie beispielsweise nicht den Vorstand selbst berufen oder abberufen, sondern sind dafür auf den Aufsichtsrat angewiesen, der von den Aktionären auf maximal fünf Jahre gewählt ist und nur mit Drei-Viertel-Mehrheit abberufen werden kann (§ 103 Abs. 1 AktG). In mitbestimmten Gesellschaften wird nur die Hälfte bzw. zwei Drittel der Sitze von den Aktionären besetzt. Die restlichen AR-Sitze werden von den Arbeitnehmern besetzt. In die Zuständigkeit der Hauptversammlung fällt vor allem die Entscheidung über die Verwendung des Bilanzgewinns. Weitere Aufgaben sind Beschlüsse über Kapitalherabsetzungs- und -beschaffungsmaßnahmen und die Entlastung des Vorstands und Aufsichtsrats. Bei Maßnahmen, die tief in die Rechte und Interessen der Aktionäre eingreifen, braucht der Vorstand nach der Rechtsprechung die Zustimmung der Hauptversammlung („Holzmüller"-Entscheidung). Dazu gehören aber nur außergewöhnliche Maßnahmen, wie etwa die Ausgliederung eines Betriebs, der den größten Teil des Vermögens der AG darstellt.

Bei der Abstimmung in der Hauptversammlung entscheidet grundsätzlich die Mehrheit der Stimmen. Allerdings kann in der Satzung vorgesehen werden, dass eine größere Mehrheit erforderlich ist. Bei der Ausübung des Stimmrechts ist eine Vertretung möglich und auch üblich.

Grundkapital

Nach § 1 Abs. 1 AktG hat eine AG ein Mindestgrundkapital von 50.000 €. Das Grundkapital wird in Aktien zerlegt, wobei der Mindestnennbetrag einer Aktie je 1,00 € beträgt. Andere Beträge sind möglich, werden aber zugunsten eines günstigen Aktienpreises und einer hohen Stückzahl meist vermieden. In aller Regel liegt das Grundkapital vor allem bei börsennotierten AGs deutlich über dem Mindestkapital, da bereits die Börsenzulassungsverordnung (BörsZulV) in § 2 einen zu erwartenden Mindestbörsenwert von 1.250.000,00 € als Zulassungsvoraussetzung verlangt und ein liquider Börsenhandel eine gewisse Streuung voraussetzt. Das Grundkapital ist nicht mit dem Vermögen der AG identisch, auch nicht mit dem Kurswert der AG, sondern ist vielmehr eine feste, in der Satzung festgelegte Geldziffer.

Kapitalerhaltung

Das Aktienrecht vermag nicht zu verhindern, dass das Grundkapital einer AG durch Verluste aufgezehrt wird. Verhindern will es jedoch, dass das Grundkapital auf anderem Wege aufgebraucht wird. So darf zum Beispiel kein Gewinn ausgeschüttet werden, wenn das Gesellschaftsvermögen kleiner ist als die Summe aus dem Grundkapital und den gesetzlichen Rücklagen der Gesellschaft. Spätere Gewinne müssen dann erst zur Auffüllung verwendet werden. Zudem kann die Pflicht der Aktionäre zur Erbringung ihrer Stammeinlage nicht erlassen werden und Aktien dürfen nach § 9 Abs. 1 AktG nicht unter ihrem Nennwert ausgegeben werden. Daneben verhindert § 57 AktG den Rückfluss von Gesellschaftsmitteln außerhalb regulärer Gewinnausschüttungen an die Aktionäre. Ferner sind Sondervorteile an einzelne Aktionäre nicht zulässig. Der Information über den Stand des Grundkapitals dient die Pflicht zur Abhaltung einer Hauptversammlung bei Verlust der Hälfte des Grundkapitals (§ 92 AktG).

Kapitalerhöhung

Eine Kapitalerhöhung von Einlagen außerhalb der regulären Gewinnausschüttungen ist bei der AG nur nach vorheriger Zustimmung der Hauptversammlung möglich. Grundsätzlich beschließt nach § 182 AktG die Hauptversammlung mit drei Viertel des bei der Beschlussfassung anwesenden Grundkapitals über die Erhöhung. Nach §§ 202 ff AktG kann die Hauptversammlung den Vorstand dazu ermächtigen, das Kapital binnen fünf Jahren selbstständig zu erhöhen (sog. genehmigtes Kapital). Damit wird der AG eine größere Flexibilität bei kurzfristigem Kapitalbedarf gegeben. Zwar ist die Ermächtigung zum genehmigten Kapital im Rahmen eines Vorstandsberichts zu begründen, jedoch kann diese allgemein gehalten sein. Erst bei Ausnutzung bedarf es einer abgewogenen Entscheidung, die der Vorstand der nächsten Hauptversammlung berichten muss. Nach § 186 Abs. 1 AktG kann der Aktionär verlangen, entsprechend seiner Beteiligung an der Kapitalerhöhung teilzunehmen. Dieses Bezugsrecht kann aber in dem Beschluss über die Kapitalerhöhung ausgeschlossen werden. Bei Kapitalerhöhungen bis zu 10 Prozent des Grundkapitals ist das ohne besondere Gründe möglich, wenn der Ausgabebetrag der neuen Aktien den Börsenkurs nicht wesentlich unterschreitet.

Aktien

Die klassische Form der Aktie ist die so genannte Inhaberaktie: Der Inhaber der Aktie wird auf dem Papier nicht genannt. Vor der Ausgabe muss daher der volle Ausgabebetrag eingezahlt werden. Das Gegenstück dazu ist die Namensaktie. Der Aktionär wird im Aktienbuch der Gesellschaft eingetragen. Für die AG hat sie den Vorteil, dass bekannt ist, wer die Aktionäre sind. Eine Besonderheit bildet die vinkulierte Namensaktie. Sie kann nach § 68 Abs. 2 AktG nur übertragen werden, wenn die AG, etwa durch ihren Aufsichtsrat, dieser Übertragung zustimmt.

Aktien unterscheiden sich weiter nach den Mitgliedschaftsrechten, die sie gewähren. Die Stammaktie ist der Standardtyp der Aktie. Ihr kommen die üblichen Vermögens- und Verwaltungsrechte zu. Aktien mit besonderen Rechten, etwa einer Begünstigung bei der Gewinnverteilung, werden Vorzugsaktien genannt. Wichtig sind dabei insbesondere die stimmrechtslosen Vorzugsaktien. Mehrstimmrechte oder Höchststimmrechte können bei börsennotierten AGs seit 1998 nicht mehr eingeführt werden, waren bis zum Jahr 2003 zum Fortbestand durch die Hauptversammlung zu bestätigen und sind daher weitgehend erloschen.

Satzungsgestaltung

Ein weiterer Diskussionspunkt ist die Gestaltung der neuen Satzung, die Börsenreife ermöglichen soll. Die Satzung der AG bestimmt ihre Verfassung. Es gilt gemäß § 23 Abs. 5 AktG der Grundsatz der Satzungsstrenge, d. h. dass nur dann von den Bestimmungen des Aktiengesetzes abgewichen werden kann, wenn dies ausdrücklich zugelassen ist. Ergänzende Bestimmungen in der Satzung sind zulässig, wenn das Gesetz keine abschließende Norm enthält. Sie regelt die Aufgaben und Befugnisse der Organe, wobei die organschaftliche Struktur mit Vorstand, Aufsichtsrat und Hauptversammlung und deren Kompetenzzuordnung weitgehend nicht disponibel sind. Die Satzung muss notariell beurkundet werden. Gleiches gilt für jede Satzungsänderung.

Mindestinhalte der Satzung

Nach § 23 Abs. 3 AktG muss die Satzung folgenden Mindestinhalt haben:

- Unternehmen (d.h. der Name) und der zwingend inländische Sitz der AG müssen bestimmt sein.
- Der Gegenstand des Unternehmens muss genannt werden. Bei Industrie- und Handelsunternehmen müssen etwa die produzierten bzw. gehandelten Waren genannt werden, ansonsten sind Dienstleistungen oder die Tätigkeit der Vermögensverwaltung zu nennen. Zu empfehlen ist, dass man zusätzlich zur Beschreibung des Unternehmensgegenstands eine Bestimmung aufnimmt, nach der die AG zu allen Geschäften und Maßnahmen berechtigt ist, die den Gegenstand des Unternehmens unmittelbar oder mittelbar fördern können und Beteiligungen einzugehen.
- Die Höhe des Grundkapitals muss angegeben werden.
- Die Zahl der Aktien und die verschiedenen Aktiengattungen, die Zerlegung in Nennbetrags- oder Stückaktien und, ob es sich um Inhaber- oder Namensaktien handelt, muss bestimmt werden.
- Die Zahl der Mitglieder des Vorstands muss festgelegt werden oder zumindest die Regeln, nach denen die Anzahl bestimmt wird.
- Es muss entschieden werden, in welcher Form die Bekanntmachungen der AG erfolgen sollen. Pflichtbekanntmachungen (wie die Einberufung der Hauptversammlung) müssen immer zumindest auch im elektronischen Bundesanzeiger veröffentlicht werden.
- Die Dauer der Gesellschaft ist anzugeben, sofern diese begrenzt ist (§§ 39 Abs. 2 AktG, 262 Abs. 1 Nr.1 AktG).
- Das Geschäftsjahr (das vom Kalenderjahr abweichen kann) ist anzugeben.
- Weiterhin sind Sondervorteile, der Gründungsaufwand (§ 26 Abs. 1 und 2 AktG), sowie Angaben über Sacheinlagen und Sachübernahmen (§ 27 Abs. 1 AktG) aufzunehmen.
- Erforderlich ist nach § 111 Abs. 4 Satz 2 AktG die Bestimmung von Geschäften, die der Zustimmung durch den Aufsichtsrat bedürfen.

Weitere Möglichkeiten

Der Spielraum beim Entwurf der Satzung ist begrenzt, da das Aktiengesetz eine Reihe zwingender Bestimmungen enthält, die einer Änderung durch die Gesellschafter nicht zugänglich sind. Es ist aber zu empfehlen, insbesondere folgende Punkte zusätzlich zu dem Mindestinhalt zu regeln.

Häufig wird der Anspruch der Aktionäre auf Verbriefung ihrer Aktien ausgeschlossen, soweit eine Einzelverbriefung nicht nach den Normen erforderlich ist, die an der Börse gelten, an der die Aktie gehandelt werden soll.

Schon zu Beginn der Tätigkeit der AG ist es ratsam, den Vorstand dazu zu ermächtigen, das Kapital durch Ausgabe neuer Aktien zu erhöhen (so genanntes genehmigtes Kapital). Dadurch wird sichergestellt, dass die AG bei Kapitalbedarf spontan und schnell reagieren kann. Dabei kann auch das Bezugsrecht der Aktionäre für bestimmte abstrakt dargelegte Fälle ausgeschlossen werden. Dies betrifft etwa einen Unternehmenskauf oder eine Platzierung von Aktien an der Börse. Andernfalls müsste bei einer Kapitalerhöhung zunächst die Zustimmung der Hauptversammlung eingeholt werden. Über den Bezugsrechtsausschluss wird der Vorstand der HV Bericht erstatten. Außerdem muss die Begründung der Ausübung von der Ermächtigung des genehmigten Kapitals vollumfänglich gedacht sein. Der Nachteil des genehmigten Kapitals für die Aktionäre liegt darin, dass die Beteiligung der Altaktionäre sinken kann, ohne dass sie das verhindern können („Verwässerung").

Daneben sind häufig Regeln der Vertretung (Einzel- oder Gesamtvertretung) und der inneren Ordnung der Organe in der Satzung enthalten. Sie bestimmt in aller Regel neben der Anzahl der Vorstandsmitglieder auch, dass der Aufsichtsrat einen Vorstandsvorsitzenden bestimmt und eine Geschäftsordnung für den Vorstand erlässt. Auch die Anzahl der Aufsichtsratsmitglieder wird festgelegt.

Anzuraten sind schließlich auch Regeln zur Hauptversammlung. Beispielsweise kann die Teilnahme an der Hauptversammlung nach § 123 Abs. 2 AktG in der Satzung davon abhängig gemacht werden, dass sich die Aktionäre zuvor anmelden. Die Satzung bestimmt auch, wie ein Nachweis zu erbringen ist.

Durch das Unternehmensintegritäts- und Anfechtungsrechtmodernisierungsgesetz (UMAG) vom 22.09.2005 wurde neben der Neuregelung der Einladung zur Hauptversammlung in § 131 Abs. 2 S. 2 AktG die Möglichkeit eingeführt, dass die Satzung den Versammlungsleiter (in der Regel der Aufsichtsratsvorsitzende) dazu ermächtigt, das Frage- und Rederecht des Aktionärs in der Hauptversammlung zeitlich angemessen zu beschränken. Dazu kann die Satzung Näheres bestimmen. Als angemessen gilt eine Beschränkung bei marginalem quantitativem Stimmrecht des Aktionärs. Allerdings kann auch einem Kleinstaktionär das Rederecht nur bei Rechtsmissbrauch vollständig entzogen werden, eine gewisse Mindestredezeit muss auch ihm verbleiben. Nach dem Gesetzeswortlaut ist es nunmehr auch möglich, dass die Redezeit erst während der Rede beschränkt wird, solange die Beschränkung angemessen ist. Damit im Zusammenhang steht die Möglichkeit des Vorstands, eine Frage nicht zu beantworten, wenn die Auskunft auf der Internetseite der AG seit sieben Tagen ununterbrochen zugänglich ist und auch während der Hauptversammlung wahrgenommen werden kann. Diese Möglichkeit folgt bereits aus dem Gesetz und muss nicht eigens in der Satzung vorgesehen werden.

Schutz vor Übernahmen

Das deutsche Recht regelt die Übernahme einer AG seit 2002 im Wertpapiererwerbs- und Übernahmegesetz (WpÜG). Weite Teile davon basieren auf europäischen Vorschriften bzw. dem zum Zeitpunkt des Inkrafttretens existierenden Entwurf. Bis 20.05.2006 lief die Umsetzungsfrist für die Europäische Übernahmerichtlinie in das nationale Recht. Die dadurch verursachten Änderungen des WpÜG sind berücksichtigt.

Gesetzliche Regelung ohne Satzungsbestimmungen

Ein Übernahmeangebot ist nach § 29 WpÜG ein öffentliches Angebot zum Erwerb von mindestens 30 Prozent der Stimmrechte an der AG, bei Erwerb von über 30 Prozent auf anderem Weg ist ein Pflichtangebot abzugeben. Liegt ein solches vor, so darf der Vorstand bis zur Veröffentlichung des Ergebnisses keine Handlungen vornehmen, durch die der Erfolg des Angebots verhindert werden kann. Dieses Verhinderungsgebot, oft auch als „Neutralitätspflicht" bezeichnet, wird weit verstanden. So dürfen in dieser Zeit z. B. keine neuen Aktien ausgegeben oder eigene erworben werden, da beides den Preis für die Übernahme steigern könnte. Ohne die Neutralität könnte der Vorstand versucht sein, seine Stellung auf Kosten der Aktionäre zu sichern, indem er die Übernahme unattraktiv macht.

Auf der anderen Seite darf die Geschäftstätigkeit der AG nicht durch das Übernahmeangebot verhindert werden. Daher gilt das Verhinderungsverbot nicht für Handlungen, die auch ein ordentlicher und gewissenhafter Geschäftsleiter vorgenommen hätte, der nicht von einem Übernahmeangebot betroffen ist. Dies bedeutet, dass eine einmal eingeschlagene Strategie weiter verfolgt werden darf. Daneben ist es dem Vorstand möglich, gezielt nach einem Konkurrenzangebot eines Dritten („White Knight") zu suchen. Die Neutralitätspflicht wird aber vor allem dadurch erheblich eingeschränkt, dass Abwehrmaßnahmen möglich sind, wenn der Vorstand sie mit Zustimmung des Aufsichtsrats beschließt. Damit kann das Management letztlich eigenmächtig Abwehrmaßnahmen einleiten, wobei auch diese nach dem Aktiengesetz (vgl. die „Business judgement rule" in § 93 Abs. 1 AktG) nicht losgelöst vom Unternehmensinteresse sein dürfen. Daneben sind Vorratsermächtigungen für Abwehrmaßnahmen vor einer Übernahme beschließbar (§ 33 Abs. 2 WpÜG).

Satzungsgestaltungen für den Übernahmefall

Die Europäische Übernahmerichtlinie will Übernahmen im Interesse des innergemeinschaftlichen Handels erleichtern. Allerdings hat sich der deutsche Gesetzgeber zulässigerweise dafür entschieden (sog. Opt-out), dass die Regelung der Neutralitätspflicht nur dann gelten sollen, wenn die betroffene AG sich durch eine Satzungsbestimmung dafür entscheidet (sog. Opt-in). Schweigt die Satzung zu Übernahmen, gilt hinsichtlich der Neutralität die oben dargestellte Rechtslage. Optieren die Aktionäre in der Hauptversammlung mit Drei-Viertel-Mehrheit für die Anwendung der europäischen Regelungen, stellt sich die Lage wie folgt dar:

Es gilt die „europäische Variante" des Verhinderungsverbots. Abwehrmaßnahmen können nicht von Vorstand und Aufsichtsrat beschlossen werden. Vielmehr ist eine Ermächtigung des Vorstands durch die Hauptversammlung nötig, die nicht prophylaktisch im Voraus erteilt werden kann. Erlaubt sind weiterhin Maßnahmen des normalen Geschäftsbetriebs und außerordentliche Maßnahmen, die bereits beschlossen und teilweise umgesetzt wurden. Auch die Suche nach einem „White Knight" ist zulässig. Insgesamt ist die europäische Variante etwas enger.

Daneben kann die Satzung die Anwendung der europäischen Durchgriffsregel vorsehen. Danach sind nach Veröffentlichung des Angebots während der Annahmefrist alle vertraglichen und satzungsmäßigen Übernahmehindernisse gegenüber dem Bieter unwirksam. Möglich ist, dass die AG in der Satzung die Anwendung des europäischen Verhinderungsverbots oder der Durchbrechungsregel davon abhängig macht, dass sich auch der jeweilige Bieter diesen Regeln unterwirft (Vorbehalt der Gegenseitigkeit). Dieser Vorbehalt ist von der Hauptversammlung für 18 Monate zu beschließen, was der zuständigen Aufsichtsbehörde, der Bundesanstalt für Finanzdienstleistungsaufsicht (BaFin), bekannt zu geben ist.

Insgesamt erscheint es für eine AG nur dann attraktiv, sich für die europäischen Regeln zu entscheiden, wenn dies im Rahmen der Kapitalmarktharmonisierung in Europa honoriert wird. Die geringe Einschränkung der Möglichkeit von Abwehrmaßnahmen durch die europäische Regelung dürfte allerdings meist zu vernachlässigen sein.

Sicherung der Rechte der Altgesellschafter

Teilweise wird es im Interesse der alten Unternehmensinhaber liegen, wenn ihnen ein möglichst weiter Spielraum in der neuen AG verbleibt. Bei der Entscheidung, ob der Schritt an die Börse gewagt wird, spielt diese Frage oft eine wichtige Rolle. Zum Erhalt einer dominierenden Position gibt es mehrere Möglichkeiten.

Stimmenmehrheit durch beschränkte Ausgabe von Aktien

Wichtig wird den Altgesellschaftern vor allem sein, dass sie weiterhin die Stimmenmehrheit in der Hauptversammlung besitzen. So können sie den Aufsichtsrat (soweit nicht mitbestimmt; dazu oben Ziffer 8.1.4) besetzen und damit mittelbar die Besetzung des Vorstands regeln. Grundsätzlich reicht dazu eine einfache Mehrheit an den Stammaktien aus. Bei besonders wichtigen Entscheidungen (z. B. Kapitalerhöhungen und Satzungsänderungen) schreibt das Gesetz aber in Einzelfällen höhere Mehrheiten vor. Bei einer Drei-Viertel-Mehrheit der Altaktionäre können sie nahezu alle Entscheidungen in der Hauptversammlung allein treffen. Nach § 9 Abs. 1 der Börsenzulassungs-Verordnung (BörsZulV) sind am Amtlichen Markt aber mindestens 25 Prozent der Aktien in den Streubesitz auszugeben, so dass in diesem Fall nur der Gang an den Geregelten Markt bleibt (§§ 30 ff., 49 ff. BörsG). Behalten Altaktionäre lediglich ein Viertel der Aktien, dann bleibt ihnen noch die Möglichkeit, bei wichtigen Entscheidungen eine Entscheidung zu verhindern (Sperrminorität). Bei der Entscheidung des Behalts einer Altaktionärsposition ist auch zu berücksichtigen, dass die Präsenzen in der Hauptversammlung in Deutschland deutlich unter 100 Prozent liegen, sodass mit einer Beteiligung von unter 50 Prozent eine Mehrheit auf der Hauptversammlung vorliegt. Weitere Aspekte sind die Übernahmeschwelle von 30 Prozent und die Konzernierungspflicht.

Der Nachteil an der Sicherung der Stimmenmehrheit liegt darin, dass weniger Kapital eingesammelt werden kann. Das wird verstärkt dadurch, dass es für Investoren nicht sonderlich attraktiv ist, in ein Unternehmen zu investieren, auf dessen Erfolg sie keinen Einfluss nehmen können. Andererseits ist es auch ein Zeichen weiteren Engagements für die Gesellschaft, wenn die Altaktionäre ihren Einfluss sichern.

Satzungsänderung durch einfache Mehrheit

Eine andere Art, sich Einfluss zu sichern, liegt darin, dass man nach § 179 Abs. 2 AktG in der Satzung festlegt, dass für eine Satzungsänderung eine einfache statt einer Drei-Viertel-Mehrheit ausreicht. Damit ist es möglich, sich den Einfluss zu sichern, den man bei einer Dreiviertelmehrheit hätte, und gleichzeitig die Hälfte der Aktien am Markt zu platzieren. Bestimmte Beschlüsse, wie die Änderung des Unternehmensgegenstands, Kapitalherabsetzungen und bedingte Kapitalerhöhungen, bedürfen aber auch bei einer solchen Satzungsregelung einer Drei-Viertel-Mehrheit. Auch hier wird das Interesse möglicher Investoren tendenziell gesenkt.

Ausgabe stimmrechtsloser Vorzugsaktien

Zulässig ist es auch, nur oder teilweise stimmrechtslose Vorzugsaktien auszugeben. Das sind Aktien, die über kein Stimmrecht verfügen, dafür aber in anderer Weise, meist bei der Gewinnbeteiligung, bevorzugt sind. Hierdurch verbleibt das Stimmrecht allein bei den Altaktionären. Nach § 139 Abs. 2 AktG können Vorzugsaktien aber nur bis zur Hälfte des Grundkapitals ausgegeben werden. Daneben können Stammaktien emittiert werden, denen das übliche Stimmrecht zukommt. Die Altaktionäre stehen bei Abstimmungen dann nur in Konkurrenz zu diesen stimmberechtigten Stammaktien. Nachteilig ist die damit verbundene Zersplitterung der Liquidität, die auch eine Berechnung zu einer Indexzugehörigkeit beeinträchtigen. Letztere wird nur am liquidesten Freefloat festgemacht. Nachteil dieser Konstruktion ist zudem, dass den stimmrechtslosen Vorzugsaktionären ihr Vorzugsbetrag zu gewähren ist. Falls dies einmal nicht ganz geschieht, erhalten auch sie nach § 140 II AktG ein Stimmrecht, bis der Vorzugsbetrag bezahlt ist.

Ausgabe vinkulierter Namensaktien

Die Ausgabe von Namensaktien, deren Übertragung nur dann möglich ist, wenn die Gesellschaft zustimmt. Die Zustimmung erfolgt durch den Vorstand. Die Satzung kann aber vorsehen, dass Aufsichtsrat oder Hauptversammlung zuständig sind. In der Satzung sollten auch die Gründe geregelt sein, aus denen die Zustimmung verweigert werden darf. Der Schutz der Altgesellschafter ist aber dadurch geschwächt, dass die vinkulierten Namensaktien gepfändet werden können und auch in die Insolvenzmasse der Aktionäre fallen. Ihr großer Nachteil liegt in dem Verwaltungsaufwand, den sie verursachen. An der Börse dürfen sie nur gehandelt werden, wenn das Zustimmungserfordernis nicht zu einer Störung des Börsenhandels führt. Die Frankfurter Wertpapierbörse lässt vinkulierte Namensaktien nur ungern zu. Für ein Unternehmen, das an der Börse notiert sein will, ist diese Aktiengattung kaum geeignet.

Zustimmungsbedürftige Geschäfte in der Satzung

In der Satzung ist für bestimmte Arten von Geschäften die Zustimmung des Aufsichtsrates zu verlangen. Dies ist nach § 111 Abs. 4 AktG erforderlich. Für die Altaktionäre gewähren solche Bestimmungen aber nur Schutz, solange sie im Aufsichtsrat maßgeblichen Einfluss haben.

Entsendungsrechte zum Aufsichtsrat

Die Wirkung der gerade genannten Satzungsgestaltung kann aber für die Altgesellschafter dadurch verstärkt werden, dass sie sich in der Satzung nach § 101 Abs. 2 AktG ein Entsenderecht für den Aufsichtsrat einräumen lassen. Ein solches Entsenderecht kann nur bestimmten, in der Satzung genannten Personen oder Inhabern von vinkulierten Namensaktien gewährt werden. Das Entsendungsrecht kann aber höchstens für ein Drittel der Sitze im Aufsichtsrat eingeräumt werden.

KGaA

Eine weitere Möglichkeit der Einflusssicherung ist die KGaA, bei der ein persönlich haftender Gesellschafter unabhängig von der Mehrheit in der Hauptversammlung entscheidenden Einfluss auf die Geschäfte der KGaA behält. Deshalb findet man diese Rechtsform häufig bei Familiengesellschaften an der Börse.

Vereinbarungen zwischen den Aktionären

Der Einfluss der Altgesellschafter kann auch dadurch gestärkt werden, dass sie mit neuen Gesellschaftern so genannte „Poolverträge" abschließen. Solche Verträge enthalten Regeln für ein einheitliches Abstimmungsverhalten in der Hauptversammlung und häufig auch Andienungspflichten beim Verkauf von Aktien, Vorkaufsrechte oder Come-along-Rights und Go-along-Obligations. Die Come-along-Rights geben der einen Vertragspartei das Recht, beim Verkauf des Mitaktionärs ihre eigenen Aktien zu den gleichen Konditionen an dessen Käufer zu veräußern. Dagegen verpflichten die Go-along-Obligations, die Mitaktionäre sich dem Verkauf eines Aktionärs, der Partei des Poolvertrags ist, anzuschließen.

Zusammenfassend gibt es also eine Reihe von Möglichkeiten, den Einfluss auf das Unternehmen zu erhalten. Alle Maßnahmen haben aber den Nachteil, dass die Aktien an der Börse für Investoren weniger attraktiv sind. Dabei ist aber zu beachten, dass der Einfluss der Aktionäre auf das Unternehmen nur einer von mehreren und nicht unbedingt der wichtigste Aspekt bei der Entscheidung zum Kauf von Aktien ist. Zu empfehlen ist insgesamt am ehesten ein ausgewogenes Maß an Resteinfluss der Altaktionäre im Einklang mit der Equity Story bzw. dem Marketingkonzept für die Aktien.

Die Besteuerung der AG

Bei den steuerrechtlichen Folgen der Beteiligung an einer AG ist zwischen der Besteuerung der AG selbst und derjenigen ihrer Aktionäre zu unterscheiden.

Die Besteuerung der Aktiengesellschaft

Als juristische Person ist die AG selbst steuerpflichtig. Ihr Gewinn wird bei ihr und nicht erst bei ihren Aktionären besteuert. Die AG unterliegt der Körperschafts- und Gewerbesteuer. Der Satz der Körperschaftssteuer liegt zur Zeit bei 25 Prozent. Dazu kommt der Solidaritätszuschlag von 5,5 Prozent der Körperschaftssteuerschuld. Insgesamt ergibt sich damit eine Belastung von 26, 375 Prozent. Falls die AG Dividendeneinnahmen von anderen Unternehmen hat, sind diese von der Körperschaftssteuer befreit. 5 Prozent der Dividende müssen aber als nicht abzugsfähige Betriebsausgabe versteuert werden. Für Einnahmen, die die AG aus der Veräußerung von Anteilen an anderen Unternehmen hat, gilt das gleiche. Dabei können Betriebsausgaben im Zusammenhang mit dem Veräußerungsgewinn oder einer Gewinnausschüttung abgezogen werden. Wertminderungen oder Veräußerungsverluste sind aber nicht zu berücksichtigen.

Die Höhe der Gewerbesteuer hängt von der Gemeinde ab, in der die AG ihre Betriebsstätte unterhält. Sie beträgt in aller Regel 13-20 Prozent des steuerpflichtigen Gewerbeertrags. Dividendeneinnahmen und Veräußerungsgewinne werden bei der Gewerbesteuer grundsätzlich genauso behandelt wie bei der Körperschaftssteuer. Die Befreiung von 95 Prozent der Dividendeneinnahmen gilt aber nur, wenn die AG mindestens 10 Prozent des Unternehmens hält, das die Dividenden ausschüttet. Die Gewerbesteuer ist im Rahmen der Ermittlung des körperschaftssteuerpflichtigen Einkommens und bei der Ermittlung des steuerpflichtigen Gewerbeertrags als Betriebsausgabe abzugsfähig.

Nur eingeschränkt möglich sind Verlustvorträge bei Körperschafts- und Gewerbesteuer: Die AG kann steuerpflichtiges Einkommen nur bis zu einem Betrag von 1 Mio. € durch Verlustvortrag ausgleichen. Darüber hinaus können nur 60 Prozent durch einen Verlustausgleich ausgeglichen werden. Allerdings gibt es keine Ausschlussfrist für Verlustvorträge.

Derzeit in der Diskussion sind Immobilienaktiengesellschaften (sog. REITs), bei denen die Besteuerung erst auf Ebenen der Aktionäre erfolgen soll.

Die Besteuerung der Aktionäre

Bei der Besteuerung der Aktionäre ist die Besteuerung der Dividende zu unterscheiden von der Besteuerung der Veräußerung von Aktien.

- Dividende

Bevor die AG die Dividende ausschüttet, hält sie 20 Prozent Kapitalertragssteuer (mit Solidaritätszuschlag 21,10 Prozent) zurück und führt sie ans Finanzamt ab. Die einbehaltene Kapitalertragssteuer wird später auf die Einkommensteuer des Aktionärs angerechnet.

Private Aktionäre, die in Deutschland unbeschränkt steuerpflichtig sind, müssen nach dem so genannten Halbeinkünfteverfahren nur die Hälfte der Dividenden versteuern. Im Gegenzug dürfen sie auch ihre damit zusammenhängenden Aufwendungen nur zur Hälfte abziehen. Die Einnahmen unterliegen der Einkommensteuer. Für Privatpersonen gilt ein Sparerfreibetrag und ein pauschaler Werbungskostenabzug. Es können aber auch höhere Werbungskosten nachgewiesen werden.

Falls der Aktionär eine GmbH oder AG ist, gilt das oben bei der Besteuerung der AG Gesagte. Im Ergebnis sind also 95 Prozent der Einnahmen von Körperschafts- und Gewerbesteuer befreit. Ist der Aktionär Einzelunternehmer, muss auch er nur auf die Hälfte der Dividende Einkommensteuer zahlen. Die Einnahmen unterliegen aber in vollem Umfang der Gewerbesteuer, wenn der Unternehmer nicht mit mindestens 10 Prozent an der AG beteiligt war. Die Gewerbesteuer ist aber auf die Einkommensteuer anrechenbar. Falls die Aktie von einer Personengesellschaft gehalten wird, werden die Einnahmen nicht bei dieser besteuert, sondern erst bei ihren Gesellschaftern. Dann kommt es wiederum auf deren Rechtsform an.

- Veräußerungsgewinne

Gewinne aus der Veräußerung von Aktien sind bei Privatpersonen grundsätzlich steuerfrei. Anders ist es, wenn zwischen Erwerb und Veräußerung ein Jahr oder weniger liegt. Dann muss der Gewinn im Rahmen der Einkommensteuer versteuert werden. Gewinne unter 512 € werden aber nie besteuert. Wenn seit dem Erwerb mehr als ein Jahr verstrichen ist, muss die Einnahme nur dann versteuert werden, wenn die Privatperson innerhalb der vergangenen fünf Jahre zu irgendeinem Zeitpunkt mit mindestens 1 Prozent an der AG beteiligt war. In diesem Fall unterliegt die Hälfte des Veräußerungsgewinns der Einkommensteuer.

Das Gleiche gilt, wenn der Aktionär Einzelunternehmer ist. Zusätzlich unterliegt der Gewinn hier der Gewerbesteuer, die aber auf die Einkommensteuer anrechenbar ist. Ist dagegen der Aktionär eine AG oder GmbH, dann ist der Veräußerungsgewinn zu 95 Prozent steuerfrei (siehe oben bei der Besteuerung der AG).

Falls die Aktien vererbt oder verschenkt werden, müssen die Erben oder Beschenkten grundsätzlich Erbschafts- bzw. Schenkungssteuer zahlen.

Es ist anzumerken, dass die Regelung der Besteuerung im Rahmen einer Steuerreform erheblichen Änderungen unterzogen werden soll.

Literaturhinweise

Von Kann/Just, Der Regierungsentwurf zur Umsetzung der europäischen Übernahmerichtlinie, DStR 2006, S. 328 ff.

Lutter, Kommentar zum Umwandlungsgesetz, Band 1–2, 3. Aufl. 2004.

Schanz, Börseneinführung, 2. Aufl. 2002.

Volk, (Hrsg.), Going Public, Der Gang an die Börse, 3. Aufl. 2000.

Zacharias, Börseneinführung mittelständischer Unternehmen, 2. Aufl. 2000.

Kropff/Semler, Münchner Kommentar zum Aktiengesetz, 2. Aufl. 2000.

Marsch-Barner/Schäfer, (Hrsg.), Handbuch börsennotierte AG, 2005.

Widmann/Mayer, Umwandlungsrecht (Loseblatt Stand: Nov. 2005).

Hüffer, Aktiengesetz, 7. Aufl. 2006.

Schwark, (Hrsg.), Kapitalmarktrechtskommentar, 3. Aufl. 2004.

Semler, Johannes/Stengel, Arndt (Hrsg.), Umwandlungsgesetz, 2003.

Müller, Rödder, Thomas (Hrsg.), Becksches Handbuch der AG, 2004.

Beckscher Bilanzkommentar – Handels- und Steuerrecht §§ 238 bis 339 HGB, mit 342–342e HGB EG-HGB und IAS/IFRS-Abweichungen 6. Aufl. 2006.

Schütz/Bürgers/Riotte, (Hrsg.), Die Kommanditgesellschaft auf Aktien, 2004.

Die richtige Managementstruktur für den Börsengang

Markus Hauptmann, White & Case LLP

Überblick

Der Gang an die Börse ist für ein Unternehmen mit intensiven Vorbereitungen im rechtlichen, wirtschaftlichen und organisatorischen Bereich verbunden. Im vorliegenden Beitrag sollen wesentliche rechtliche und auch organisatorische Aspekte behandelt werden, die die Managementstruktur des börsennotierten Unternehmens betreffen und die während der Vorbereitungen auf den Börsengang zu berücksichtigen sind. Im Mittelpunkt steht dabei das Management der börsennotierten Aktiengesellschaft, bestehend aus Vorstand und Aufsichtsrat. Unter Infrastruktur wird in diesem Zusammenhang auch das Beziehungsgeflecht innerhalb dieses Managements, namentlich die Reportingstrukturen, verstanden. Da mit diesen Gegenständen zwangsläufig das Thema „Corporate Governance" angesprochen ist, d.h. die Frage nach der optimalen Unternehmensführung und Unternehmensüberwachung, sollen einige allgemeine Ausführungen hierzu an den Anfang dieses Beitrags gestellt werden; im Anschluss daran stellt der Beitrag die Anforderungen an die Managementstruktur (Vorstand und Aufsichtsrat) der börsennotierten Aktiengesellschaft dar und geht darüber hinaus auf die notwendigen Berichtsstrukturen und -pflichten, das notwendige Risikomanagement und abschließend noch einmal gesondert auf die Geschäftsordnungen von Vorstand und Aufsichtsrat bei der börsennotierten Aktiengesellschaft ein.[1]

Corporate Governance

Allgemeines

Corporate Governance beschäftigt sich sowohl mit den Verhaltensregeln, nach denen ein Unternehmen geführt werden soll, als auch mit der Überwachung dieser Unternehmensführung. Dabei geht es allerdings nicht nur um institutionelle und rechtliche Anforderungen, sondern auch um Fragen der Wirtschafts- und Unternehmenskultur. Im Zusammenhang mit der Vorbereitung der Managementstruktur auf den Börsengang ist Corporate Governance nicht zuletzt deshalb von Interesse, weil ein Unternehmen auf dem nationalen oder internationalen Kapitalmarkt nur dann Investoren gewinnen wird, wenn es ihm gelingt, potenzielle

---

1 Herrn Assessor iur. Matthias Doms danke ich für die Unterstützung bei der Erstellung dieses Beitrages.

Investoren davon zu überzeugen, dass es an einer bestmöglichen Führung des Unternehmens sowie deren Überwachung interessiert ist und entsprechende Strukturen gewährleistet. So besteht ein auch durch empirische Studien belegter Zusammenhang zwischen guter Corporate Governance und der Investitionsbereitschaft von potenziellen Anlegern sowie der Kursentwicklung eines Unternehmens[2].

Corporate Governance zeichnet sich nicht durch einen weltweit einheitlichen Bestand an Verhaltensregeln aus. Eine Übertragung einzelner Bestandteile der Corporate Governance von einem Land auf ein anderes ist aufgrund unterschiedlicher Wirtschafts- und Unternehmenskulturen nicht ohne weiteres möglich. Als Richtschnur für politische Entscheidungsträger, Investoren, Unternehmen und sonstige interessierte Gruppen in aller Welt bestehen auf internationaler Ebene allerdings die OECD-Grundsätze der Corporate Governance von 1999 in der Fassung von 2004[3].

Deutscher Corporate Governance Kodex

In Deutschland wurde von der Regierungskommission Deutscher Corporate Governance Kodex am 26. Februar 2002 der Deutsche Corporate Governance Kodex (DCGK) verabschiedet. Dieser wird vor dem Hintergrund nationaler und internationaler Entwicklungen jährlich im Hinblick auf etwaige Anpassungen überprüft. Gegenwärtig gilt der Deutsche Corporate Governance Kodex in der Fassung vom 12. Juni 2006[4].

Inhalt

Der Deutsche Corporate Governance Kodex stellt wesentliche gesetzliche Vorschriften zur Leitung deutscher börsennotierter Unternehmen dar und enthält international und national anerkannte Standards guter und verantwortungsvoller Unternehmensführung (Präambel DCGK). Er enthält sowohl verbindliche gesetzliche Regelungen als auch Empfehlungen (gekennzeichnet durch das Verb „soll") und bloße Anregungen (gekennzeichnet durch die Wörter „sollte" oder „kann"), von denen die Unternehmen abweichen können. Eine Abweichung macht bezüglich der Empfehlungen jedoch eine entsprechende Offenlegung erforderlich.

Der DCGK soll ausweislich seiner Präambel das deutsche Corporate Governance System transparent und nachvollziehbar machen. Er will das Vertrauen der internationalen und nationalen Anleger, der Kunden, der Mitarbeiter und der Öffentlichkeit in die Leitung und Überwachung deutscher börsennotierter Aktiengesellschaften fördern. Damit richtet sich der

---

2 Vgl. die Nachweise bei *Schneider/Strenger*, Die „Corporate Governance-Grundsätze" der Grundsatzkommission Corporate Governance (German Panel on Corporate Governance), AG 2000, 106, 107.
3 Im Internet abrufbar unter: http://www.oecd.org/document/49/0,2340,en_2649_201185_31530865_1_1_1_1,00.html; vgl. dazu *Sommer,* Being public, Heidelberg 2002, 3. Kapitel „Der OECD-Code".
4 Im Internet abrufbar unter: http://www.corporate-governance-code.de./ger/kodex/index.html.

DCGK in erster Linie an börsennotierte Unternehmen, weshalb er bei der Vorbereitung auf den Börsengang von besonderem Interesse ist. Der DCGK empfiehlt allerdings auch nicht börsennotierten Unternehmen, ihn zu beachten (Präambel).

Im Folgenden wird auf einige wichtige Empfehlungen des DCGK im Zusammenhang mit der Infrastruktur des börsennotierten Unternehmens an den jeweiligen Stellen immer wieder hingewiesen. Wegen weiterer Empfehlungen, auf die in diesem Zusammenhang nicht eingegangen werden kann, insbesondere zur Hauptversammlung der Aktiengesellschaft sowie zur Rechnungslegung und Abschlussprüfung, wird auf die entsprechenden Abschnitte des DCGK verwiesen.

Entsprechenserklärung

Vorstand und Aufsichtsrat börsennotierter Aktiengesellschaften sind verpflichtet, jährlich – maßgeblich ist das Geschäftsjahr – zu erklären, dass den Empfehlungen der Regierungskommission DCGK entsprochen wurde und wird oder welche Empfehlungen nicht angewendet wurden oder werden (Entsprechenserklärung nach § 161 S. 1 AktG). Auf die im DCGK genannten Anregungen muss in der Entsprechenserklärung nicht eingegangen werden. Die Erklärung zum DCGK ist den Aktionären dauerhaft zugänglich zu machen (§ 161 S. 2 AktG). Dies kann etwa auf der Internetseite des Unternehmens geschehen. Der DCGK empfiehlt, dass das Unternehmen nicht mehr aktuelle Entsprechenserklärungen fünf Jahre lang auf ihrer Internetseite zugänglich hält. Bei unterjährigen Abweichungen von der Entsprechenserklärung ist eine Berichtigung nötig.

Die Entsprechenserklärung zwingt einerseits börsennotierte Aktiengesellschaften zu einer Selbstkontrolle bezüglich der Verhaltensempfehlungen des DCGK, andererseits ermöglicht sie Anlegern einen Überblick über den Umgang des betreffenden Unternehmens mit diesen Empfehlungen.

Über die für sie relevanten Empfehlungen beschließen Vorstand und Aufsichtsrat jeweils gesondert. In der Praxis geben Vorstand und Aufsichtsrat jedoch häufig übereinstimmende Entsprechenserklärungen ab. Eine Begründung etwaiger Abweichungen von den Empfehlungen des DCGK muss nicht abgegeben werden. Jedoch empfiehlt der DCGK, dass Vorstand und Aufsichtsrat jährlich im Geschäftsbericht über die Corporate Governance des Unternehmens berichten (Corporate Governance Bericht) (Ziff. 3.10 DCGK). Zu diesem Bericht gehört auch die Erläuterung eventueller Abweichungen von den Empfehlungen des DCGK. Im Corporate Governance Bericht kann auch zu den Anregungen des Corporate Governance Kodex Stellung genommen werden.

Die Entsprechenserklärung ist kein Bestandteil des Jahresabschlusses börsennotierter Aktiengesellschaften. Im Anhang des Jahresabschlusses ist jedoch anzugeben, dass die nach § 161 AktG vorgeschriebene Erklärung abgegeben und den Aktionären zugänglich gemacht worden ist (§ 285 S. 1 Nr. 16 HGB). Die Abschlussprüfung erstreckt sich dabei nur auf die Erfüllung dieser handelsrechtlichen Angabepflicht und deren Richtigkeit. Die Entsprechenserklärung muss lediglich abgegeben und dauerhaft zugänglich gemacht worden sein. Die inhaltliche Richtigkeit der Entsprechenserklärung ist hingegen nicht zu prüfen. Die Entsprechenserklärung unterliegt bei börsennotierten Aktiengesellschaften gleichermaßen wie der Jahresabschluss der Offenlegungspflicht und ist im Bundesanzeiger bekannt zu machen und zum Handelsregister einzureichen (§§ 325 Abs. 1 und 2, 267 Abs. 3 HGB).

Management

Allgemeines

Das Management der börsennotierten Aktiengesellschaft besteht ebenso wie bei der nicht börsennotierten Aktiengesellschaft aus Vorstand und Aufsichtsrat. Während der Vorstand das Geschäftsführungs- und Vertretungsorgan der Aktiengesellschaft ist, ist der Aufsichtsrat ihr Überwachungsorgan. Für das Management der börsennotierten Aktiengesellschaft gelten jedoch einige Besonderheiten, die sich nicht zuletzt aus den Empfehlungen des DCGK ergeben, aber auch aus speziellen gesetzlichen Bestimmungen und organisatorischen Erwägungen. Hierauf sollte bei der Vorbereitung der Infrastruktur auf den Börsengang geachtet werden.

Vorstand

Aufgaben

Dem Vorstand obliegt die Leitung der Aktiengesellschaft (§ 76 Abs. 1 AktG). Dabei handelt er eigenverantwortlich. Dies bedeutet, dass er an Weisungen anderer Organe oder an Weisungen von Aktionären nicht gebunden ist. Seine Leitungsentscheidungen trifft der Vorstand vielmehr nach eigenem Ermessen.

Als Leitungsorgan des Unternehmens führt der Vorstand dessen Geschäfte im Innenverhältnis und vertritt es nach außen (§§ 77 Abs. 1, 78 Abs. 1 AktG). Besteht der Vorstand aus mehreren Personen, was bei börsennotierten Aktiengesellschaften regelmäßig der Fall ist, so sind sämtliche Vorstandsmitglieder nur gemeinschaftlich zur Geschäftsführung befugt (§ 77 Abs. 1 AktG). Die Satzung oder die Geschäftsordnung des Vorstands kann Abweichendes bestimmen. Nicht bestimmt werden kann, dass ein oder mehrere Vorstandsmitglieder Meinungsverschiedenheiten im Vorstand gegen die Mehrheit seiner Mitglieder entscheiden (§ 77 Abs. 1 S. 2 AktG). Eingeräumt werden kann dem Vorstandsvorsitzenden oder einem anderen Mitglied des Vorstands das Recht, generell oder in bestimmten Fällen mit seiner Stimme einen Beschluss zu verhindern (Veto-Recht). Dies gilt nur nicht für Vorstände, denen aufgrund mitbestimmungsrechtlicher Bestimmungen ein Arbeitsdirektor angehört, da diesem ein Kernbereich von Zuständigkeiten in Personal- und Sozialfragen zugesichert ist. In der Praxis lässt man für Beschlüsse des Vorstands gewöhnlich die einfache Mehrheit der Stimmen genügen und bei Stimmengleichheit die Stimme des Vorsitzenden entscheiden. Letzteres ist im zweigliedrigen Vorstand jedoch nicht zulässig, weil dies auf ein Alleinentscheidungsrecht des Vorsitzenden hinausliefe. Das bedeutet, dass im zweigliedrigen

Vorstand beide Vorstandsmitglieder immer nur gemeinschaftlich einen Beschluss fassen können, weil es dort keine Stimmenmehrheit geben kann. Ähnlich wie bei der Geschäftsführung sind die Vorstandsmitglieder eines Unternehmens, dessen Vorstand aus mehreren Personen besteht, auch zur Vertretung nur gemeinschaftlich befugt, wenn die Satzung nichts anderes bestimmt (§ 78 Abs. 2 S. 1 AktG).

Die Satzung oder der Aufsichtsrat hat anzuordnen, dass bestimmte Arten von Geschäften nur mit Zustimmung des Aufsichtsrats vorgenommen werden dürfen (§ 111 Abs. 4 S. 2 AktG). Dadurch soll der Aufsichtsrat bei wesentlichen Maßnahmen und Entscheidungen stärker eingebunden werden. Das Gesetz enthält keinen Katalog zustimmungspflichtiger Geschäfte. Dieser muss vielmehr im Einzelfall unter Berücksichtigung der konkreten Bedürfnisse des betreffenden Unternehmens erarbeitet werden. Der DCGK nennt als Beispiele für Geschäfte von grundlegender Bedeutung wesentliche Entscheidungen oder Maßnahmen, die die Vermögens-, Finanz- oder Ertragslage des Unternehmens grundlegend verändern (Ziff. 3.3 DCGK). In Betracht kommen etwa:

- Erwerb und Veräußerung von Beteiligungen
- Erwerb, Veräußerung und Stilllegung von Unternehmen und Betrieben
- Erwerb, Veräußerung und Belastung von Liegenschaften
- Errichtung und Schließung von Zweigniederlassungen
- Investitionen, die bestimmte Anschaffungskosten im Einzelnen und insgesamt in einem Geschäftsjahr übersteigen
- Aufnahme von Anleihen, Darlehen und Krediten, die einen bestimmten Betrag im Einzelnen und insgesamt in einem Geschäftsjahr übersteigen
- Aufnahme und Aufgabe von Geschäftszweigen und Produktionsarten und andere[5]

Bei bestimmten, grundlegenden Entscheidungen kann darüber hinaus ausnahmsweise eine Zustimmung der Hauptversammlung erforderlich werden, wenn der Vorstand seinen Sorgfaltspflichten gerecht werden will (so genannte „Holzmüller"- und „Gelatine"-Rechtsprechung).

Weitere wichtige Aufgaben des Vorstands sind etwa die Einberufung der Hauptversammlung (§ 121 Abs. 2 S. 1 AktG) sowie die Vorbereitung und Ausführung von Hauptversammlungsbeschlüssen (§ 83 AktG). Im Zusammenhang mit der Rechnungslegung der Aktiengesellschaft hat der Vorstand als gesetzlicher Vertreter der Aktiengesellschaft den Jahresabschluss und den Lagebericht aufzustellen (nach §§ 242, 264 Abs. 1 HGB, § 78 Abs. 1 AktG).

---

5 Vgl. den Katalog in § 95 Abs. 5 S. 2 Österreich. AktG 1965

Zusammensetzung und Wahl

Der Vorstand kann grundsätzlich aus einer oder mehreren Personen bestehen. Bei Unternehmen mit einem Grundkapital von mehr als 3 Mio. € müssen dem Vorstand mindestens zwei Personen angehören; in letzterem Fall kann die Satzung auch bestimmen, dass der Vorstand nur aus einer Person besteht (§ 76 Abs. 2 AktG). Unterliegt das betreffende Unternehmen dem Mitbestimmungs- oder Montanmitbestimmungsgesetz, so muss ein Arbeitsdirektor als gleichberechtigtes Mitglied des Vorstands bestellt werden (§ 33 Abs. 1 S. 1 MitbestG bzw. § 13 Abs. 1 S. 1 MontanMitbestG), dem regelmäßig der Personal- und Sozialbereich zugewiesen ist. Das Mitbestimmungsgesetz gilt für Aktiengesellschaften, die in der Regel mehr als 2.000 Arbeitnehmer beschäftigen (§ 1 MitbestG). Das Montanmitbestimmungsgesetz gilt für Aktiengesellschaften, die in der Regel mehr als 1.000 Arbeitnehmer beschäftigen und deren überwiegender Betriebszweck etwa in der Förderung von Steinkohle, Braunkohle oder Eisenerz oder deren Aufbereitung, Verkokung, Verschwelung oder Brikettierung liegt und deren Betrieb unter der Aufsicht der Bergbehörden steht (§ 1 MontanMitbestG).

Der Vorstand wird vom Aufsichtsrat auf höchstens fünf Jahre bestellt (§ 84 Abs. 1 S. 1 AktG). Bei Gesellschaften, die dem Mitbestimmungsgesetz unterliegen, ist für den Beschluss des Aufsichtsrats eine Stimmenmehrheit von zwei Drittel erforderlich (§ 31 Abs. 2 MitbestG), ansonsten genügt die einfache Mehrheit. Eine wiederholte Bestellung oder Verlängerung der Amtszeit ist für jeweils höchstens fünf Jahre zulässig. Sie bedarf eines erneuten Aufsichtsratsbeschlusses, der frühestens ein Jahr vor Ablauf der bisherigen Amtszeit gefasst werden kann. Nur bei einer Bestellung auf weniger als fünf Jahre kann einer Verlängerung der Amtszeit ohne neuen Aufsichtsratsbeschluss vorgesehen werden, sofern dadurch die gesamte verbleibende Amtszeit nicht mehr als fünf Jahre beträgt (§ 84 Abs. 1 S. 2 bis 4 AktG).

Der DCGK empfiehlt, dass der Vorstand aus mehreren Personen besteht (Ziff. 4.2.1 DCGK). Der Aufsichtsrat soll gemeinsam mit dem Vorstand für eine langfristige Nachfolgeregelung sorgen. Eine Wiederbestellung vor Ablauf eines Jahres vor dem Ende der Bestelldauer bei gleichzeitiger Aufhebung der laufenden Bestellung soll nur bei Vorliegen besonderer Umstände erfolgen. Eine Altersgrenze für Vorstandsmitglieder soll festgelegt werden (Ziff. 5.1.2 DCGK).

Von der Bestellung des Vorstands durch den Aufsichtsrat ist dessen Anstellung zu unterscheiden. Der Anstellungsvertrag ist rechtlich als Dienstvertrag zu qualifizieren und wird zwischen dem Vorstand und der Aktiengesellschaft abgeschlossen, die dabei wiederum vom Aufsichtsrat vertreten wird (§§ 84 Abs. 1 S. 5, 112 AktG).

Besetzung

Die personelle Besetzung des Vorstands durch den Aufsichtsrat ist für den Erfolg des betreffenden Unternehmens von ganz entscheidender Bedeutung.

Gesetzlich vorgegeben sind persönliche Mindestanforderungen und Bestellungshindernisse für Vorstandsmitglieder (§ 76 Abs. 3 AktG). So kann etwa derjenige, der wegen einer Straftat nach §§ 283 bis 283d StGB (Insolvenzstraftaten) verurteilt worden ist, auf die Dauer von fünf Jahren seit der Rechtskraft des Urteils nicht Vorstandsmitglied sein.

Von größerer praktischer Bedeutung sind allerdings die Fähigkeiten, über die Vorstandsmitglieder verfügen müssen. Hierzu gehören strategische Kompetenzen und ein Gespür für unternehmerische Veränderungen, Chancen und Risiken. Da es sich beim Vorstand, zumal bei der börsennotierten Aktiengesellschaft, im Regelfall um ein Kollegialorgan handelt, müssen die Vorstandsmitglieder zur kollegialen Zusammenarbeit fähig und gewillt sein. Weiterhin ist die Bereitschaft wichtig, Verantwortung zu übernehmen. Neben diesen generellen Kompetenzen müssen Vorstandsmitglieder auch über individuelle Kompetenzen verfügen, die sie für den ihnen jeweils zugewiesenen Tätigkeitsbereich benötigen. So sollte darauf geachtet werden, dass Vorstandsmitglieder über eine entsprechende akademische Ausbildung oder eine langjährige Berufserfahrung in dem ihnen zugewiesenen Ressort verfügen. Maßstäbe für die Besetzung des Vorstands durch den Aufsichtsrat können in der Satzung geregelt werden. Diese Maßstäbe müssen jedoch sachbezogen sein und dürfen die Wahlfreiheit des Aufsichtsrats nicht derart beschränken, dass eine solche faktisch nicht mehr besteht.

Bei börsennotierten Aktiengesellschaften fällt die Besetzung des Vorstands mit hoch qualifiziertem Personal in der Praxis nicht zuletzt wegen des höheren Prestiges und Bekanntheitsgrades leichter als bei nicht börsennotierten Aktiengesellschaften.

Innere Ordnung

Werden mehrere Personen zu Vorstandsmitgliedern bestellt, so kann der Aufsichtsrat ein Mitglied zum Vorsitzenden des Vorstands ernennen (§ 84 Abs. 2 AktG). Hierüber kann der Aufsichtsrat auch dann mit einfacher Mehrheit beschließen, wenn für die betreffende Gesellschaft das Mitbestimmungsgesetz gilt. Der DCGK empfiehlt, dass der Vorstand einen Vorsitzenden oder Sprecher hat (Ziff. 4.2.1 DCGK). Letzteren kann sich der Vorstand selbst geben, wenn der Aufsichtsrat keinen Vorstandsvorsitzenden ernennt. Anders als der Vorsitzende ist der Sprecher aber nicht für die sachliche Führung des Vorstands zuständig. Vielmehr nimmt der Sprecher eher repräsentative Aufgaben wahr und übernimmt regelmäßig die Leitung der Vorstandssitzungen.

Der Deutsche Corporate Governance Kodex empfiehlt, dass eine Geschäftsordnung die Geschäftsverteilung und Zusammenarbeit im Vorstand regelt (Ziff. 4.2.1 DCGK). Jene kann sich der Vorstand selbst geben. Sie muss allerdings einstimmig beschlossen werden (§ 77 Abs. 2 S. 1 und 3). Für den Erlass einer Geschäftsordnung hat der Vorstand zudem nur eine nachrangige Zuständigkeit. Vorrangig ist der Aufsichtsrat zuständig, wenn ihm die Satzung den Erlass übertragen hat (§ 77 Abs. 2 S. 1 AktG). Aber auch dann, wenn die Satzung hierzu keine Regelung trifft, kann der Aufsichtsrat eine Geschäftsordnung für den Vorstand erlassen und damit dessen Zuständigkeit überdecken (§ 77 Abs. 2 S. 1 AktG). Die Geschäftsordnung kann etwa die Sitzungstermine, die Form der Einberufung der Sitzungen, die Abstimmungsmodalitäten und die Führung von Protokollen regeln. Die Geschäftsordnung kann in einem mindestens dreigliedrigen Vorstand auch regeln, dass bei Stimmengleichheit im Vorstand die Stimme des Vorstandsvorsitzenden entscheidet.

Ausschüsse und Arbeitsteilung

Der Vorstand kann, ebenso wie der Aufsichtsrat, Ausschüsse bilden, auch wenn eine diesbezügliche Empfehlung des DCGK anders als beim Aufsichtsrat fehlt. Auf die Bildung und Besetzung von Ausschüssen kann auch der Aufsichtsrat über die erwähnte vorrangige Geschäftsordnungskompetenz Einfluss nehmen.

In der Praxis findet unter den Vorstandsmitgliedern eine Arbeitsteilung statt. Die Einzelheiten der Arbeitsteilung werden gewöhnlich in der Geschäftsordnung des Vorstands geregelt. Dies entspricht der oben genannten Empfehlung des DCGK. Zu unterscheiden sind verschiedene Formen der Arbeitsteilung. Funktionale Arbeitsteilung bedeutet dabei, dass bestimmte Funktionen auf einzelne Vorstände oder auf Ausschüsse verteilt werden, wie etwa Einkauf, Finanzen oder Forschung (Ressorts). Bei der divisionalen Arbeitsteilung werden hingegen einzelne Geschäftsfelder oder Regionen insgesamt einem Vorstandsmitglied übertragen.

Bezüge und D&O-Versicherung

Die Festsetzung der Gesamtbezüge der Vorstandsmitglieder erfolgt durch den Aufsichtsrat. Die Gesamtbezüge der Vorstandsmitglieder können sich aus Gehalt, Gewinnbeteiligungen, Aufwandsentschädigungen u.a. zusammensetzen. Der Aufsichtsrat hat bei der Festsetzung der Gesamtbezüge des einzelnen Vorstandsmitglieds dafür zu sorgen, dass die Gesamtbezüge in einem angemessenen Verhältnis zu den Aufgaben des betreffenden Vorstandsmitglieds und zur Lage des Unternehmens stehen (§ 87 Abs. 1 AktG). Als anerkannte Beurteilungsgesichtspunkte gelten neben den genannten unter anderem Qualifikation, Marktwert, konkrete Verhandlungslage, Dauer der Zugehörigkeit zum Unternehmen und familiäre Verhältnisse des Vorstandsmitglieds.

Der DCGK empfiehlt, dass die Gesamtvergütung der Vorstandsmitglieder sowohl fixe als auch variable Bestandteile umfasst. Aktienoptionen und vergleichbare Gestaltungen sollen auf anspruchsvolle, relevante Vergleichsparameter bezogen sein. Eine nachträgliche Änderung der Erfolgsziele oder der Vergleichsparameter soll ausgeschlossen sein. Für außerordentliche, nicht vorhergesehene Entwicklungen soll der Aufsichtsrat eine Begrenzungsmöglichkeit (Cap) vereinbaren. Die Grundzüge des Vergütungssystems sowie die konkrete Ausgestaltung eines Aktienoptionsplans oder vergleichbare Gestaltungen für variable Komponenten sollen auf der Internetseite der Gesellschaft in allgemein verständlicher Form bekannt gemacht und im Geschäftsbericht erläutert werden, wozu auch Angaben zum Wert der Aktienoptionen gehören. Der Vorsitzende des Aufsichtsrats soll die Hauptversammlung über die Grundzüge des Vergütungssystems und deren Veränderung informieren (Ziff. 4.2.3 DCGK).

Die Gesamtbezüge für den Vorstand insgesamt sind im Anhang des Jahresabschlusses anzugeben. Bezugsrechte und sonstige aktienbasierte Vergütungen sind mit ihrer Anzahl und dem beizulegenden Zeitwert zum Zeitpunkt ihrer Gewährung anzugeben. Spätere Wertänderungen, die auf einer Änderung der Ausübungsbedingungen beruhen, sind zu berücksichtigen. Bei einer börsennotierten Aktiengesellschaft sind zusätzlich unter Namensnennung die Bezüge jedes einzelnen Vorstandsmitglieds, aufgeteilt nach erfolgsunabhängigen und erfolgsbezogenen Komponenten sowie Komponenten mit langfristiger Anreizwirkung gesondert anzugeben (§ 285 S. 1 Nr. 9 lit. a HGB). Allerdings kann die Hauptversammlung mit einer Dreiviertelmehrheit beschließen, dass diese Angaben unterbleiben (§§ 286 Abs. 5, 314 Abs. 2 S. 2 HGB). Entsprechendes gilt für den Konzernabschluss (§ 314 Abs. 1 Nr. 6 lit. a HGB). Kein Bestandteil der Gesamtvergütung der Vorstandsmitglieder sind die Versicherungsprämien, die das Unternehmen im Rahmen so genannter D&O-Versicherungen[6] für Vorstand und auch Aufsichtsrat zahlt. Dabei handelt es sich um Haftpflichtversicherungen für Schäden, die auf der Verletzung der Organpflichten der Vorstandsmitglieder und der Aufsichtsratsmitglieder beruhen. Bei börsennotierten Gesellschaften gehören derartige Versicherungen inzwischen zum Standard. Der DCGK empfiehlt, dass dabei ein angemessener Selbstbehalt vereinbart wird (Ziff. 3.8 DCGK).

Aufsichtsrat

Aufgaben

Der Aufsichtsrat ist das zentrale Überwachungsorgan der Aktiengesellschaft. Seine vornehmliche Aufgabe besteht darin, die Geschäftsführung durch den Vorstand zu überwachen (§ 111 Abs. 1 AktG). Um seine Überwachungsaufgabe zu erfüllen, kann der Aufsichtsrat etwa die Bücher und Schriften des Unternehmens sowie die Vermögensgegenstände, namentlich die Geschäftskasse und die Bestände an Wertpapieren und Waren, einsehen und prüfen. Dabei kann er auch einzelne Mitglieder oder für bestimmte Aufgaben besondere Sachverständige beauftragen (§ 111 Abs. 2 AktG).

Der Aufsichtsrat hat den Jahresabschluss, den Lagebericht und den Vorschlag für die Verwendung des Bilanzgewinns zu prüfen (§ 171 Abs. 1 S. 1 AktG). Das Ergebnis seiner Prüfung hat der Aufsichtsrat schriftlich an die Hauptversammlung zu berichten (§ 171 Abs. 2 AktG). In dem Bericht hat der Aufsichtsrat auch mitzuteilen, in welcher Art und in welchem Umfang er die Geschäftsführung des Unternehmens während des Geschäftsjahrs geprüft hat. Bei börsennotierten Gesellschaften hat der Aufsichtsrat insbesondere anzugeben, welche Ausschüsse gebildet worden sind, sowie die Zahl seiner Sitzungen und die der Ausschüsse mitzuteilen. Der Bericht an die Hauptversammlung ist damit auch als Rechenschaftsbericht des Aufsichtsrats über seine eigene, von ihm ausgeübte Überwachungstätigkeit zu verstehen. Standardisierte und formelhafte Erläuterungen genügen insofern nicht. Vielmehr wird vom Aufsichtsrat eine detaillierte und individuelle, d. h. auf den Einzelfall bezogene, aussagekräftige Beschreibung seiner Tätigkeit verlangt. Ferner hat der Aufsichtsrat zu dem Ergebnis der Prüfung des Jahresabschlusses durch den Abschlussprüfer Stellung zu nehmen. Am Schluss des Berichts hat der Aufsichtsrat zu erklären, ob nach dem abschließenden Ergebnis seiner Prüfung Einwendungen zu erheben sind und ob er den vom Vorstand aufgestellten Jahresabschluss billigt. Billigt der Aufsichtsrat den Jahresabschluss,

---

6 D&O = Director's and Officer's Liability.

so ist dieser festgestellt, sofern nicht Vorstand und Aufsichtsrat beschließen, die Feststellung des Jahresabschlusses der Hauptversammlung zu überlassen (§ 172 AktG). Die Beschlüsse des Vorstands und des Aufsichtsrats sind in den Bericht des Aufsichtsrats an die Hauptversammlung aufzunehmen.

Der Aufsichtsrat erteilt dem Abschlussprüfer den Prüfungsauftrag für den Jahresabschluss (§ 111 Abs. 2 S. 3 AktG). Die Prüfung des Jahresabschlusses und des Lageberichts ist bei börsennotierten Aktiengesellschaften als große Kapitalgesellschaften zwingend vorgeschrieben (§§ 316 Abs. 1, 267 Abs. 3 HGB). Durch die Erteilung des Prüfungsauftrags durch den Aufsichtsrat soll die Unabhängigkeit des Prüfers vom Vorstand und die Hilfsfunktion des Prüfers für den Aufsichtsrat bei der Wahrnehmung seiner Überwachungsaufgaben klargestellt werden.

Neben diesen Überwachungsaufgaben nimmt der Aufsichtsrat auch Verwaltungsaufgaben wahr, wie etwa die oben beschriebene Bestellung, Abberufung und Wiederbestellung der Vorstandsmitglieder (§ 84 Abs. 1 und 3 AktG).

Zusammensetzung und Wahl

Der Aufsichtsrat besteht aus drei Mitgliedern (§ 95 Abs. 1 AktG). Die Satzung kann eine bestimmte höhere Zahl festsetzen, die durch drei teilbar sein muss. Die Höchstzahl der Aufsichtsratsmitglieder ist bei einem Grundkapital von bis zu 1,5 Mio. € allerdings auf neun, von mehr als 1,5 Mio. € auf fünfzehn, von mehr als 10 Mio. € auf einundzwanzig beschränkt.

Der Aufsichtsrat setzt sich im gesetzlichen Ausgangsfall aus Aufsichtsratsmitgliedern der Aktionäre zusammen (§ 96 Abs. 1 AktG). Etwas anderes gilt bei Unternehmen, die dem Mitbestimmungsgesetz unterliegen, d.h. bei Aktiengesellschaften, die in der Regel mehr als 2.000 Arbeitnehmer beschäftigen. Dort setzt sich der Aufsichtsrat gleichermaßen aus Aufsichtsratsmitgliedern der Aktionäre und der Arbeitnehmer zusammen (§ 7 Abs. 1 MitbestG). Bei Unternehmen, die dem Drittelbeteiligungsgesetz unterliegen, d.h. bei Aktiengesellschaften, die in der Regel mehr als 500 (bis 2.000) Arbeitnehmer beschäftigen, gehören dem Aufsichtsrat zu 2/3 Aufsichtsratsmitglieder der Aktionäre und zu 1/3 Aufsichtsratsmitglieder der Arbeitnehmer an (§ 4 Abs. 1 DrittelbG). Bei Unternehmen, für die das Montanmitbestimmungsgesetz oder §§ 5 bis 13 des Montanmitbestimmungsergänzungsgesetz gilt, besteht der Aufsichtsrat hingegen aus Aufsichtsratsmitgliedern der Aktionäre und der Arbeitnehmer sowie weiteren Aufsichtsratsmitgliedern (§ 4 Abs. 1 S. 2 Montan-MitbestG, § 5 Abs. 1 S. 2 MontanMitbestErgG). In den genannten Fällen gelten, mit Ausnahme des Drittelbeteiligungsgesetzes, für den Aufsichtsrat auch abweichende Mitgliederzahlen[7].

Die Mitglieder des Aufsichtsrats werden von der Hauptversammlung gewählt und abberufen, soweit sie nicht in den Aufsichtsrat zu entsenden oder als Aufsichtsratsmitglieder nach

---

7 Vgl. § 7 MitbestG, §§ 4, 9 MontanMitbestG, § 5 MontanMitbestErgG.

dem Mitbestimmungsgesetz, dem Mitbestimmungsergänzungsgesetz oder dem Drittelbeteiligungsgesetz zu wählen sind (§ 101 Abs. 1 S. 1 AktG). Vorschlagsberechtigt sind der Aufsichtsrat und die Aktionäre. Aufsichtsratsmitglieder können nicht für längere Zeit als bis zur Beendigung der Hauptversammlung bestellt werden, die über die Entlastung für das vierte Geschäftsjahr nach dem Beginn der Amtszeit beschließt (§ 102 Abs. 1 AktG).

Der DCGK empfiehlt, dass Wahlen zum Aufsichtsrat als Einzelwahl durchgeführt werden (Ziff. 5.4.3 DCGK). Der in der Praxis nach wie vor verbreitete Wechsel des bisherigen Vorstandsvorsitzenden oder eines Vorstandsmitglieds in den Aufsichtsratsvorsitz oder den Vorsitz eines Aufsichtsratsausschusses soll nicht die Regel sein. Eine entsprechende Absicht soll in der Hauptversammlung besonders begründet werden (Ziff. 5.4.4 DCGK). Bei Wahlvorschlägen zur Wahl von Aufsichtsratsmitgliedern soll darauf geachtet werden, dass dem Aufsichtsrat jederzeit Mitglieder angehören, die über die zur ordnungsgemäßen Wahrnehmung der Aufgaben erforderlichen Kenntnisse, Fähigkeiten und fachlichen Erfahrungen verfügen. Dabei sollen die internationale Tätigkeit des Unternehmens, potenzielle Interessenkonflikte und eine festzulegende Altersgrenze für Aufsichtsratsmitglieder berücksichtigt werden (Ziff. 5.4.1 DCGK).

Um eine unabhängige Beratung und Überwachung des Vorstandes durch den Aufsichtsrat zu ermöglichen, soll dem Aufsichtsrat eine nach seiner Einschätzung ausreichende Zahl unabhängiger Mitglieder angehören. Ein Aufsichtsratsmitglied ist dann als unabhängig anzusehen, wenn es in keiner geschäftlichen oder persönlichen Beziehung zum Unternehmen oder seinem Vorstand steht, die einen Interessenkonflikt begründet. Dem Aufsichtsrat sollen nicht mehr als zwei ehemalige Mitglieder des Vorstands angehören. Aufsichtsratsmitglieder sollen keine Organfunktion oder Beratungsaufgaben bei wesentlichen Wettbewerbern des Unternehmens ausüben (Ziff. 5.4.2 DCGK).

Besetzung

Damit sind zugleich Besetzungsfragen angesprochen. Die Besetzung des Aufsichtsrats ist von entscheidender Bedeutung für seine erfolgreiche Aufgabenerfüllung. Neben den soeben genannten, im DCGK enthaltenen Empfehlungen sind weitere Aspekte bei der Besetzung des Aufsichtsrats zu berücksichtigen.

Auch für Aufsichtsratsmitglieder stellt das Aktiengesetz Mindestanforderungen und Bestellhindernisse auf. So kann nicht Aufsichtsratsmitglied sein, wer (1.) bereits in zehn Handelsgesellschaften Aufsichtsratsmitglied ist, wobei hierauf jedoch bis zu fünf Aufsichtsratssitze in konzerninternen Aufsichtsräten nicht anzurechnen sind, (2.) gesetzlicher Vertreter (Vorstand/Geschäftsführer) eines von der Gesellschaft abhängigen Unternehmens ist, oder (3.) gesetzlicher Vertreter einer anderen Kapitalgesellschaft ist, deren Aufsichtsrat ein Vorstandsmitglied der Gesellschaft angehört (§ 100 Abs. 2 AktG). Damit sollen Termin- und Interessenkollisionen ausgeschlossen werden. Der DCGK empfiehlt, dass derjenige, der dem Vorstand eines börsennotierten Unternehmens angehört, insgesamt nicht mehr als fünf Aufsichtsratsmandate in konzernexternen börsennotierten Unternehmen wahrnimmt (Ziff. 5.4.5 DCGK).

Daneben sollten Aufsichtsratsmitglieder über Kenntnisse allgemeiner, wirtschaftlicher, organisatorischer und rechtlicher Art verfügen, die nötig sind, um alle gewöhnlich anfallenden Geschäftsvorgänge ohne Weiteres zu verstehen und zu beurteilen. Weiterhin sind Kenntnisse erforderlich, um die Berichte des Vorstands und der Aufsichtsratsausschüsse zu verstehen, sowie Kenntnisse für die Prüfung des Jahresabschlusses mit Hilfe des Abschlussprüfers und für das Verständnis der Entscheidungen der Geschäftsführung, die der Aufsichtsrat zu überwachen hat. Erforderlich sind schließlich fachliche Kenntnisse, etwa im Bereich der Finanzierung.

Als Mitglieder des Aufsichtsrats als überwachendes Organ müssen die Aufsichtsratsmitglieder schließlich von Aufträgen und Weisungen frei, d. h. unabhängig, sein.

Innere Ordnung

Der Aufsichtsrat hat nach näherer Bestimmung durch die Satzung aus seiner Mitte einen Vorsitzenden und mindestens einen Stellvertreter zu wählen (§ 107 Abs. 1 S. 1 AktG). Dafür genügt die einfache Stimmenmehrheit. Bei Gesellschaften, die dem Mitbestimmungsgesetz unterliegen, wählt der Aufsichtsrat den Aufsichtsratsvorsitzenden und den Stellvertreter mit einer Mehrheit von 2/3 der Sollstärke. Sollte ein zweiter Wahlgang erforderlich werden, entscheidet in diesem die einfache Mehrheit der abgegebenen Stimmen (§ 27 Abs. 1 und 2 MitbestG).

Der DCGK empfiehlt, dass der Aufsichtsratsvorsitzende mit dem Vorstand, insbesondere mit dem Vorsitzenden bzw. Sprecher des Vorstands, regelmäßig Kontakt hält und mit ihm die Strategie, die Geschäftsentwicklung und das Risikomanagement des Unternehmens berät (Ziff. 5.2 DCGK).

Der DCGK empfiehlt weiterhin, dass sich der Aufsichtsrat eine Geschäftsordnung gibt (Ziff. 5.1.3 DCGK). Diese kann vom Aufsichtsrat mit einfacher Stimmenmehrheit beschlossen werden. In Einzelfällen kann sich der Aufsichtsrat durch einen anders lautenden Beschluss über Bestimmungen der Geschäftsordnung hinwegsetzen. Auch die Satzung kann Regelungen über die innere Ordnung des Aufsichtsrats treffen.

Der Aufsichtsrat entscheidet durch Beschluss (§ 108 Abs. 1 AktG). Bei Unternehmen, die dem Mitbestimmungsgesetz unterliegen, entscheidet bei Stimmengleichheit die Stimme des Aufsichtsratsvorsitzenden (§ 29 Abs. 2 S. 1 MitbestG). Die körperliche Anwesenheit aller Mitglieder des Aufsichtsrats in den Sitzungen ist nicht erforderlich. Auch die Beschlussfassung außerhalb von Sitzungen ist zulässig, wenn kein Mitglied des Aufsichtsrats widerspricht. Über die Sitzungen des Aufsichtrats ist eine Niederschrift anzufertigen, die der Vorsitzende zu unterzeichnen hat (§ 107 Abs. 2 S. 1 AktG).

Der Aufsichtsrat muss zwei Sitzungen im Kalenderhalbjahr abhalten (§ 110 Abs. 3 AktG). Anders als bei Unternehmen, die nicht börsennotiert sind, kann der Aufsichtsrat nicht beschließen, dass nur eine Sitzung im Kalenderhalbjahr abzuhalten ist. Für den Aufsichtsrat der börsennotierten Aktiengesellschaft sind daher zwei Sitzungen im Kalenderhalbjahr zwingend.

Ausschüsse

Der Aufsichtsrat kann aus seiner Mitte einen oder mehrere Ausschüsse bestellen, um seine Verhandlungen und Beschlüsse vorzubereiten oder die Ausführung seiner Beschlüsse zu überwachen (§ 107 Abs. 3 S. 1 AktG). Dem Aufsichtsrat ist regelmäßig über die Arbeit der Ausschüsse zu berichten (§ 107 Abs. 3 S. 1 AktG). Dies kann durch mündlichen Bericht des Vorsitzenden des jeweiligen Ausschusses geschehen.

Für Aktiengesellschaften, die dem Mitbestimmungsgesetz unterliegen, ist der so genannte Vermittlungsausschuss zwingend vorgeschrieben, dem der Aufsichtsratsvorsitzende, sein Stellvertreter sowie je ein Aufsichtsratsmitglied der Aktionäre und der Arbeitnehmer angehören (§ 27 Abs. 3 MitbestG). Seine Aufgabe besteht darin, dem Aufsichtsratsplenum Personalvorschläge zu unterbreiten, wenn die für die Bestellung oder den Widerruf der Bestellung von Vorstandsmitgliedern grundsätzlich erforderliche Zweidrittelmehrheit nicht erreicht worden ist (§ 31 Abs. 3 S. 1, Abs. 2 und 5 MitbestG).

Davon abgesehen empfiehlt der DCGK zur Steigerung der Effizienz der Arbeit des Aufsichtsrats und der Behandlung komplexer Sachverhalte die Bildung von fachlich qualifizierten Ausschüssen in Abhängigkeit von den spezifischen Gegebenheiten des Unternehmens und der Anzahl seiner Mitglieder (Ziff. 5.3.1 DCGK).

Ein üblicher Ausschuss ist insbesondere der Personalausschuss für die Vorbereitung der Bestellung des Vorstands, der auch im DCGK erwähnt wird (Ziff. 4.2.2 DCGK). Der DCGK empfiehlt darüber hinaus namentlich die Einrichtung eines Prüfungsausschusses (Audit Committee), der sich insbesondere mit Fragen der Rechnungslegung und des Risikomanagements, der erforderlichen Unabhängigkeit des Abschlussprüfers, der Erteilung des Prüfungsauftrags an den Abschlussprüfer, der Bestimmung von Prüfungsschwerpunkten und der Honorarvereinbarung befasst. Der Vorsitzende des Prüfungsausschusses soll über besondere Kenntnisse und Erfahrungen in der Anwendung von Rechnungslegungsgrundsätzen und internen Kontrollverfahren verfügen (Ziff. 5.3.2 DCGK). Der DCGK nennt weiterhin Ausschüsse, die sich mit der Strategie des Unternehmens, mit Investitionen und mit Finanzierungen befassen und empfiehlt, dass Vorsitzender der Ausschüsse, die die Vorstandsverträge behandeln und die Aufsichtsratssitzungen vorbereiten, der Vorsitzende des Aufsichtsrats ist (Ziff. 5.3.3 und 5.2 DCGK).

Ausschüsse können für ihre Aufgaben auch verbindliche Beschlüsse anstelle des Gesamtaufsichtsrats fassen. Dies gilt jedoch unter anderem nicht für die Wahl des Aufsichtsratsvorsitzenden (§ 107 Abs. 1 S. 1 AktG), den Erlass einer Geschäftsordnung für den Vorstand (§ 77 Abs. 2 S. 1 AktG), die Bestellung der Vorstandsmitglieder (§ 84 Abs. 1 S. 1 AktG), die Ernennung des Vorstandsvorsitzenden (§ 84 Abs. 2 AktG) und die Einberufung der Hauptversammlung (§ 111 Abs. 3 AktG) (§ 107 Abs. 3 AktG). Entscheidende Ausschüsse müssen mindestens drei Mitglieder haben (analog § 108 Abs. 2 S. 3 AktG).

Vergütung

Den Aufsichtsratsmitgliedern kann für ihre Tätigkeit eine Vergütung gewährt werden (§ 113 Abs. 1 AktG). Diese kann in der Satzung festgesetzt oder von der Hauptversammlung bewilligt werden und soll in einem angemessenen Verhältnis zu den Aufgaben der Aufsichtsratsmitglieder und zur Lage des Unternehmens stehen. Der DCGK empfiehlt, dabei den Vorsitz und den stellvertretenden Vorsitz im Aufsichtsrat sowie den Vorsitz und die Mitgliedschaft in den Ausschüssen angemessen zu berücksichtigen (Ziff. 5.4.7 DCGK). Der DCGK empfiehlt weiterhin, dass die Mitglieder des Aufsichtsrats neben einer festen eine erfolgsorientierte Vergütung erhalten. Die Vergütung der Aufsichtsratsmitglieder soll im Corporate Governance Bericht individualisiert und aufgegliedert nach Bestandteilen ausgewiesen werden. Die vom Unternehmen an die Mitglieder des Aufsichtsrats gezahlten Vergütungen oder gewährten Vorteile für persönlich erbrachte Leistungen, insbesondere Beratungs- und Vermittlungsleistungen, sollen individualisiert und gesondert im Anhang zum Konzernabschluss angegeben werden (Ziff. 5.4.7 DCGK).

Die Gesamtbezüge für den Aufsichtsrat insgesamt sind im Anhang des Jahresabschlusses anzugeben (§ 285 S. 1 Nr. 9 lit. a HGB).

Reporting-Strukturen und Publizität

Allgemeines

Auf Instrumente, die den Aufsichtsrat bei der Erfüllung seiner Aufgaben als zentrales Überwachungsorgan der Aktiengesellschaft unterstützen, wurde bereits verschiedentlich hingewiesen. Auch die an dieser Stelle zu behandelnden Reporting-Strukuturen innerhalb des Managements der Aktiengesellschaft sollen dem Aufsichtsrat letztlich eine optimale Wahrnehmung seiner Aufgaben ermöglichen.

Bei börsennotierten Aktiengesellschaften werden die aktiengesetzlichen Regelungen durch die Empfehlungen des DCGK ergänzt. So äußert sich der DCGK auch zu den hier zu behandelnden Reporting-Strukturen. Der DCGK bezeichnet die ausreichende Informationsversorgung als gemeinsame Aufgabe von Vorstand und Aufsichtsrat (Ziff. 3.4 DCGK). Der Aufbau und die Pflege von Reporting-Strukturen liegt damit auch in der eigenen Verantwortung der Aktiengesellschaft und ihrer Organe, insbesondere von Vorstand und Aufsichtsrat.

Bei börsennotierten Aktiengesellschaften bestehen daneben vom Management zu beachtende Berichtspflichten, die weniger der Überwachung des Vorstands durch den Aufsichtsrat dienen als in den Bereich der Publizität fallen, d.h. der Information des Kapitalmarkts und dessen Teilnehmer über die betreffende Gesellschaft.

Reporting-Strukturen

Berichtspflichten nach § 90 AktG

Der Vorstand hat dem Aufsichtsrat zu berichten über:

- die beabsichtigte Geschäftspolitik und andere grundsätzliche Fragen der Unternehmensplanung, insbesondere die Finanz-, Investitions- und Personalplanung, wobei auf Abweichungen der tatsächlichen Entwicklung von früher berichteten Zielen unter Angabe von Gründen einzugehen ist („Follow-Up"-Berichterstattung), mindestens jährlich, wenn nicht Änderungen der Lage oder neue Fragen eine unverzügliche Berichterstattung gebieten

- die Rentabilität der Gesellschaft, insbesondere die Rentabilität des Eigenkapitals, in der Sitzung des Aufsichtsrats, in der über den Jahresabschluss verhandelt wird

- den Gang der Geschäfte, insbesondere den Umsatz, und die Lage des Unternehmens mindestens vierteljährlich

- die Geschäfte, die für die Rentabilität oder Liquidität des Unternehmens von erheblicher Bedeutung sein können, möglichst so rechtzeitig, dass der Aufsichtsrat vor Vornahme der Geschäfte Gelegenheit hat, zu ihnen Stellung zu nehmen (§ 90 Abs. 1 S. 1 und Abs. 2 AktG)

Dem Aufsichtsrat ist auch aus sonstigen wichtigen Anlässen zu berichten, wobei Empfänger in diesem Fall lediglich der Vorsitzende des Aufsichtsrats ist, nicht der Aufsichtsrat als solcher (§ 90 Abs. 1 S. 3 AktG). Als wichtige Anlässe gelten unter anderem erhebliche Betriebsstörungen, wesentliche Verluste und die Gefährdung größerer Außenstände. Als wichtiger Anlass ist auch ein dem Vorstand bekannt gewordener geschäftlicher Vorgang bei einem verbundenen Unternehmen anzusehen, der auf die Lage des Unternehmens von erheblichem Einfluss sein kann.

Der Aufsichtsrat kann weiterhin vom Vorstand jederzeit einen Bericht über Angelegenheiten des Unternehmens, seine rechtlichen und geschäftlichen Beziehungen zu verbundenen Unternehmen sowie über geschäftliche Vorgänge bei diesen Unternehmen, die auf die Lage der Gesellschaft von erheblichem Einfluss sein können, verlangen. Auch ein einzelnes Aufsichtsratsmitglied kann einen Bericht, jedoch nur an den Aufsichtsrat, verlangen (§ 90 Abs. 3 AktG).

Der Vorstand kann die Berichterstattung nicht mit dem Hinweis einschränken, die Erstattung des Berichts sei geeignet, dem Unternehmen oder einem verbundenen Unternehmen einen nicht unerheblichen Nachteil zuzufügen (entsprechend § 131 Abs. 3 S. 1 Nr. 1 AktG). Denn die Aufsichtsratsmitglieder sind, ebenso wie die Vorstandsmitglieder, insbesondere zur Verschwiegenheit über erhaltene vertrauliche Berichte und vertrauliche Beratungen verpflichtet (§§ 116 S. 1, 93 Abs. 1 AktG).

Anforderungen an Berichterstattung durch den Vorstand

Die Berichte des Vorstands haben den Grundsätzen einer gewissenhaften und getreuen Rechenschaft zu entsprechen und sind möglichst rechtzeitig und in der Regel in Textform zu erstatten (§ 90 Abs. 4 AktG). Textform bedeutet, dass der Bericht nicht nur schriftlich, sondern auch unter Verwendung elektronischer Medien erstattet werden kann, wie etwa per E-Mail. Dabei muss die besondere Vertraulichkeit der Berichterstattung gewährleistet sein. Rechtzeitigkeit bedeutet, dass die Berichte jedenfalls noch vor der Sitzung des Aufsichtsrats zu übermitteln sind, damit die Aufsichtsratsmitglieder die Möglichkeit haben, sie zu lesen. Berichte des Aufsichtsrats müssen übersichtlich und verständlich sein. Sie müssen vollständig sein und zwischen Tatsachen und Wertungen unterscheiden. Die Unterrichtungspflicht trifft jedes einzelne Mitglied des Vorstands.

Der DCGK empfiehlt, dass der Aufsichtsrat die Informations- und Berichtspflichten des Vorstands näher festlegt (Ziff. 3.4 DCGK). Diese Festlegungen kann der Aufsichtsrat in der Geschäftsordnung des Vorstands treffen, zu deren Erlass die Satzung den Aufsichtsrat ermächtigen oder die der Aufsichtsrat von sich aus für den Vorstand erlassen kann (§ 77 Abs. 2 S. 1 AktG).

Anspruch der Aufsichtsratsmitglieder auf Kenntnisnahme

Der Vorstand erfüllt seine Pflicht zur Berichterstattung im Falle textförmiger Berichterstattung regelmäßig bereits dadurch, dass er den betreffenden Bericht an den Aufsichtsratsvorsitzenden übermittelt. Berichte in Textform sind jedoch auch jedem Aufsichtsratsmitglied auf Verlangen zu übermitteln (§ 90 Abs. 5 S. 2 AktG). Abweichendes kann nur der Aufsichtsrat beschließen. Ein solcher abweichender Beschluss kann jedoch nicht das individuelle, einklagbare Recht eines jeden Aufsichtsratsmitglieds ausschließen, von den Berichten Kenntnis zu nehmen, d.h. textförmige Berichte zu lesen und mündliche Berichte zu hören (§ 90 Abs. 5 S. 1 AktG).

Über Berichte aus sonstigen wichtigen Anlässen (§ 90 Abs. 1 S. 3 AktG) hat der Aufsichtsratsvorsitzende die Aufsichtsratsmitglieder spätestens in der nächsten Aufsichtsratssitzung zu unterrichten (§ 90 Abs. 5 S. 3 AktG). Der DCGK empfiehlt darüber hinaus verschärfend, dass der Aufsichtsratsvorsitzende den Aufsichtsrat „sodann" unterrichtet und erforderlichenfalls eine außerordentliche Aufsichtsratssitzung einberuft (Ziff. 5.2 DCGK). Die Unterrichtung kann mündlich erfolgen. Ein Einsichtsrecht des einzelnen Aufsichtsratsmitglieds besteht bei Berichten aus sonstigen wichtigen Anlässen (§ 90 Abs. 1 S. 3 AktG) nicht.

Wurde ein Bericht des Vorstands von einem besonderen, hierfür eingesetzten Ausschuss des Aufsichtsrats entgegengenommen, so erfüllt der Vorstand seine Pflicht zur Berichterstattung dadurch, dass er den betreffenden Bericht an den Ausschussvorsitzenden übermittelt, der nicht zwangsläufig, wie auch vom DCGK für den Prüfungsausschuss (Audit Committee) empfohlen (Ziff. 5.2 DCGK), mit dem Aufsichtsratsvorsitzenden identisch sein muss. In diesen Fällen sind aber auch diejenigen Aufsichtsratsmitglieder zur Kenntnisnahme berechtigt, die dem betreffenden Ausschuss nicht angehören.

Publizität

Jahresabschluss

Börsennotierte Aktiengesellschaften sind als große Kapitalgesellschaften verpflichtet, ihren Jahresabschluss und ggf. Konzernabschluss zusammen mit dem Lagebericht des Vorstands und dem Bericht des Aufsichtsrats sowie ggf. den Vorschlag des Vorstands und den Beschluss der Hauptversammlung über die Verwendung des Bilanzgewinns sowie die Erklärung zum DCGK (Entsprechenserklärung nach § 161 AktG) im Bundesanzeiger bekannt zu machen und die Bekanntmachung anschließend mit den genannten Unterlagen zum Handelsregister einzureichen (§§ 325 Abs. 1 und 2, 267 Abs. 3 HGB). Auf diese Weise sollen die Teilnehmer des Kapitalmarktes die Möglichkeit erhalten, sich über die Vermögens-, Finanz- und Ertragslage des Unternehmens und ggf. des gesamten Konzerns zu informieren. Darüber hinaus sind börsennotierte Aktiengesellschaften regelmäßig dazu verpflichtet, Quartalsberichte zu veröffentlichen, wenn dies von der Börse so vorgesehen ist. So sieht etwa die Börsenordnung für die FWB Frankfurter Wertpapierbörse für Aktiengesellschaften im Prime Standard sowohl im Amtlichen Markt als auch im Geregelten Markt die Veröffentlichung von Quartalsberichten vor.

Ad hoc-Mitteilungen

Börsennotierte Aktiengesellschaften sind verpflichtet, sie unmittelbar betreffende Insiderinformationen unverzüglich zu veröffentlichen (§ 15 Abs. 1 S. 1 WpHG). Insiderinformationen sind konkrete Informationen – maßgeblich ist die Kenntnis des Vorstandes – über öffentlich nicht bekannte Umstände, die sich auf den Emittenten von Insiderpapieren, insbesondere von Aktien, oder auf die Insiderpapiere selbst beziehen und die geeignet sind, im Fall ihres öffentlichen Bekanntwerdens den Börsen- oder Marktpreis der Insiderpapiere erheblich zu beeinflussen (§ 13 Abs. 1 S. 1 WpHG). Eine Insiderinformation betrifft den Emittenten insbesondere dann unmittelbar, wenn sie sich auf Umstände bezieht, die in seinem Tätigkeitsbereich eingetreten sind (§ 15 Abs. 1 S. 2 WpHG). Eine Ausnahme von der Verpflichtung zur Veröffentlichung von Insiderinformationen besteht, wenn dies der Schutz der berechtigten Interessen des Emittenten erfordert, keine Irreführung der Öffentlichkeit zu befürchten ist und der Emittent die Vertraulichkeit der Insiderinformationen gewährleisten kann. Die Veröffentlichung ist dann unverzüglich nachzuholen (§ 15 Abs. 3 WpHG). Vor der Veröffentlichung ist die zu veröffentlichende Insiderinformation der Bundesanstalt für Finanzdienstleistungsaufsicht (BaFin) mitzuteilen (§ 15 Abs. 4 S. 1 WpHG).[8]

Mit der Verpflichtung zur Veröffentlichung von Insiderinformationen soll eine bestmögliche Markttransparenz gewährleistet, Insiderhandel weitestgehend eingeschränkt und die Integrität der Finanzmärkte gefördert werden. Die Ad hoc-Publizitätspflicht besteht trotz

---

8 Nach Inkrafttreten des „Transparenzrichtlinie-Umsetzungsgesetzes" Anfang 2007 müssen Emittenten Insiderinformationen durch Zuleitung zu entsprechenden Medien europaweit bekannt machen. Zudem müssen Insiderinformationen unverzüglich nach ihrer Veröffentlichung dem neuen Unternehmensregister zur Speicherung übermittelt werden.

ausnahmsweiser Befreiung auch dann, wenn eine börsennotierte Aktiengesellschaft oder eine Person, die in ihrem Auftrag oder auf ihre Rechnung handelt, eine Insiderinformation im Rahmen ihrer Befugnisse einem Dritten mitteilt oder zugänglich macht, es sei denn, dieser Dritte ist rechtlich zur Vertraulichkeit verpflichtet (§ 15 Abs. 1 S. 3 WpHG).

Die Veröffentlichung von Insiderinformationen erfolgt durch den Vorstand. Der DCGK empfiehlt, dass die Gesellschaft Informationen, die sie im Ausland aufgrund der jeweiligen kapitalmarktrechtlichen Vorschriften veröffentlicht, auch im Inland bekannt gibt (Ziff. 6.5 DCGK).

„Directors' Dealings" und Aktienbesitz von Vorstands- und Aufsichtsratsmitgliedern

Personen, die bei einem börsennotierten Unternehmen Führungsaufgaben wahrnehmen, sind verpflichtet, eigene Geschäfte mit Aktien des Emittenten oder sich darauf beziehenden Finanzinstrumenten innerhalb von fünf Werktagen der Bundesanstalt für Finanzdienstleistungsaufsicht (BaFin) mitzuteilen (§ 15a WpHG). Zu den mitteilungspflichtigen Personen zählen insbesondere Vorstands- und Aufsichtsratsmitglieder. Die Pflicht zur Mitteilung von eigenen Geschäften besteht nicht, solange die Gesamtsumme der Geschäfte insgesamt einen Betrag von 5.000 € bis zum Ende des Kalenderjahrs nicht erreicht. Der Emittent hat die Mitteilung unverzüglich zu veröffentlichen und die Veröffentlichung der BaFin unverzüglich zu übersenden.[9]

Der DCGK empfiehlt, dass der Besitz von Aktien der Gesellschaft oder sich darauf beziehender Finanzinstrumente durch einzelne Vorstands- und Aufsichtsratsmitglieder angegeben wird, wenn er direkt oder indirekt größer als 1 Prozent der vom Unternehmen ausgegebenen Aktien ist. Übersteigt der Gesamtbesitz aller Vorstands- und Aufsichtsratsmitglieder 1 Prozent der vom Unternehmen ausgegebenen Aktien, soll der Gesamtbesitz getrennt nach Vorstand und Aufsichtsrat angegeben werden (Ziff. 6.6 DCGK).

Der DCGK empfiehlt, dass sämtliche Angaben zu „Directors' Dealings" und Aktienbesitz von Vorstands- und Aufsichtsratsmitgliedern im Corporate Governance-Bericht enthalten sind (Ziff. 6.6 DCGK).

Mitteilung der Beteiligungshöhe

Derjenige, der durch Erwerb, Veräußerung oder auf sonstige Weise 5 Prozent, 10 Prozent, 25 Prozent, 50 Prozent oder 75 Prozent der Stimmrechte an einer börsennotierten Gesellschaft erreicht, überschreitet oder unterschreitet, hat der Gesellschaft sowie der BaFin unverzüglich, spätestens innerhalb von sieben Kalendertagen, das Erreichen, Überschreiten oder Unterschreiten der genannten Schwellen sowie die Höhe seines Stimmrechtsanteils

---

9 Nach Inkrafttreten des „Transparenzrichtlinie-Umsetzungsgesetzes" müssen Emittenten Informationen über Geschäfte von Führungspersonen europaweit bekannt machen. Diese Informationen müssen zudem unverzüglich nach ihrer Veröffentlichung dem neuen Unternehmensregister zur Speicherung übermittelt werden.

unter Angabe seiner Anschrift und des Tages des Erreichens, Überschreitens oder Unterschreitens schriftlich mitzuteilen (§ 21 Abs. 1 S. 1 WpHG).[10]

Eine Mitteilungspflicht besteht bei einem Börsengang (IPO) auch für denjenigen, dem zum Zeitpunkt der erstmaligen Zulassung der Aktien eines Unternehmens zum Handel an einem organisierten Markt 5 Prozent oder mehr der Stimmrechte zustehen (§ 21 Abs. 1a WpHG).[11]

Diese Mitteilungspflichten werden über diverse Zurechnungstatbestände noch erweitert (§ 22 WpHG). So werden etwa Stimmrechte zugerechnet, die einem Tochterunternehmen des Meldepflichtigen gehören (§ 22 Abs. 1 S. 1 Nr. 1 WpHG).

Die börsennotierte Gesellschaft hat Mitteilungen im obigen Sinne (§ 21 Abs. 1 WpHG und § 21 Abs. 1a WpHG) unverzüglich, spätestens neun Kalendertage nach Zugang der Mitteilung, in deutscher Sprache in einem überregionalen Börsenpflichtblatt zu veröffentlichen (§ 25 Abs. 1 S. 1 WpHG). In der Veröffentlichung ist der Meldepflichtige mit Namen oder Firma und Staat, in dem sich der Wohnort befindet, oder Sitz anzugeben (§ 25 Abs. 1 S. 2 WpHG). Die börsennotierte Gesellschaft hat der BaFin unverzüglich einen Beleg über die Veröffentlichung zu übersenden (§ 25 Abs. 3 S. 1 WpHG).[12]

Risk Management

Allgemeines

Der Vorstand hat geeignete Maßnahmen zu treffen, insbesondere ein Überwachungssystem einzurichten, damit für den Fortbestand des Unternehmens gefährdende Entwicklungen früh erkannt werden (§ 91 Abs. 2 AktG). Dabei handelt es sich um eine gesetzliche Hervorhebung der allgemeinen Leitungsaufgabe des Vorstands, zu der auch die Organisation gehört.

---

10 Das „Transparenzrichtlinie-Umsetzungsgesetz" wird auch hier zu Änderungen führen. So gelten ab Anfang 2007 als niedrigster Schwellenwert 3 Prozent der Stimmrechte an einem Emittenten. Die Mitteilung hat innerhalb von höchstens vier Handelstagen zu erfolgen.
11 Nach Inkrafttreten des „Transparenzrichtlinie-Umsetzungsgesetzes" gilt für Mitteilungen im Zusammenhang mit IPOs statt der bisherigen 5 Prozent-Grenze eine 3 Prozent-Grenze.
12 Nach Inkrafttreten des „Transparenzrichtlinie-Umsetzungsgesetzes" muss die Mitteilung durch den Emittenten innerhalb von höchstens drei Handelstagen nach Zugang der Mitteilung europaweit veröffentlicht und zudem unverzüglich nach ihrer Veröffentlichung dem neuen Unternehmensregister zur Speicherung übermittelt werden. Mitteilungspflichtig ist ein Emittent auch beim Erwerb eigener Aktien, wenn er hierbei die Schwellen von 5 Prozent oder 10 Prozent (bzw. bereits 3 Prozent bei Emittenten, für die die Bundesrepublik Deutschland Herkunftsstaat ist) erreicht, überschreitet oder unterschreitet. Weiterhin muss ein Emittent die Gesamtzahl der Stimmrechte am Ende eines jeden Kalendermonats, in dem es zu einer Zu- oder Abnahme von Stimmrechten gekommen ist, veröffentlichen und gleichzeitig der BaFin mitteilen sowie dem neuen Unternehmensregister übermitteln. Schließlich muss derjenige, der über Aktienoptionen verfügt, das Überschreiten der oben genannten Schwellen, mit Ausnahme der 3 Prozent-Grenze, dem Emittenten und der BaFin mitteilen.

Früherkennung bestandsgefährdender Entwicklungen

Die vom Vorstand zu treffenden Maßnahmen müssen geeignet sein, Entwicklungen zu erkennen, die den Fortbestand der Gesellschaft gefährden. Entwicklungen in diesem Sinne sind Veränderungen und Prozesse. Unter Bestandsgefährdungen sind Entwicklungen zu verstehen, die sich auf die Vermögens-, Ertrags- oder Finanzlage des Unternehmens oder des Konzerns wesentlich nachteilig auswirken. Dazu gehören insbesondere risikobehaftete Geschäfte, Unrichtigkeiten der Rechnungslegung und Verstöße gegen gesetzliche Vorschriften, die die genannten Auswirkungen haben. Andere Entwicklungen oder normale Risiken sind nicht erfasst. Auch muss nicht jeder einzelne Vorfall erkannt werden können, solange dieser keine der genannten Auswirkungen hat. Die vom Vorstand zu treffenden Maßnahmen müssen weiterhin geeignet sein, die genannten Entwicklungen frühzeitig zu erkennen. Frühzeitiges Erkennen bedeutet, dass in dem betreffenden Zeitpunkt noch Maßnahmen zur Sicherung des Fortbestands des Unternehmens ergriffen werden können. Über die zu treffenden Maßnahmen entscheidet der Vorstand nach eigenem Ermessen. Dabei spielen etwa Größe, Branche, Struktur und Kapitalmarktzugang eine Rolle.

Überwachungssystem

Der Vorstand ist weiterhin verpflichtet, ein System einzurichten, dass die Einhaltung der eingeleiteten Maßnahmen unternehmensintern überwacht. Es besteht weder eine Verpflichtung zu einem allumfassenden Risikomanagement noch zu einem bestimmten betriebswirtschaftlichen Modell. Als sinnvolle Bestandteile eines Überwachungssystems im genannten Sinne sind die Interne Revision und das Controlling zu nennen.

Abschlussprüfung und Aufsichtsrat

Bei börsennotierten Aktiengesellschaften hat der Abschlussprüfer im Rahmen der Prüfung des Jahresabschlusses auch zu beurteilen, ob der Vorstand die ihm obliegenden Maßnahmen zur Früherkennung bestandsgefährdender Entwicklungen und zur Überwachung in einer geeigneten Form getroffen hat und ob das danach einzurichtende Überwachungssystem seine Aufgaben erfüllen kann (§ 317 Abs. 4 HGB). Das Ergebnis dieser Prüfung ist in einem besonderen Teil des Prüfungsberichts darzustellen. Dabei ist auch darauf einzugehen, ob Maßnahmen erforderlich sind, um das interne Überwachungssystem zu verbessern. Der Aufsichtsrat hat zum Ergebnis der Prüfung des Jahresabschlusses durch den Abschlussprüfer Stellung zu nehmen und über das Ergebnis seiner eigenen Prüfung des Jahresabschlusses schriftlich an die Hauptversammlung zu berichten (§§ 171 Abs. 2 S. 1 und 3 AktG).

Geschäftsordnungen

Allgemeines

Wie in den vorangehenden Abschnitten an einigen Stellen bereits angedeutet wurde, machen einige der rechtlichen Besonderheiten der Infrastruktur der börsennotierten Aktiengesellschaft Umgestaltungen der Geschäftsordnungen des Managements erforderlich oder zumindest ratsam. Darauf sollte während der Vorbereitung der Infrastruktur für den Börsengang geachtet werden. Diese Umgestaltungen beruhen nicht zuletzt auf dem DCGK und dessen Empfehlungen.

Geschäftsordnung des Vorstands

Die Geschäftsordnung des bei einem börsennotierten Unternehmen regelmäßig mehrköpfigen Vorstands enthält gewöhnlich Regelungen zur Geschäftsführung und Geschäftsverteilung. Dabei werden häufig Ressorts gebildet und Einzelgeschäftsführungsbefugnisse erteilt. Bestimmte Tätigkeitsbereiche können durch die Geschäftsordnung auch auf Ausschüsse übertragen werden. Weiterhin werden in die Geschäftsordnung regelmäßig Regelungen zum Vorsitzenden oder Sprecher des Vorstands sowie zur Einberufung der Sitzungen und den Abstimmungsmodalitäten des Vorstands aufgenommen. Zwingend ist für sämtliche Aktiengesellschaften eine Festlegung derjenigen Geschäfte durch den Aufsichtsrat, die der Zustimmung des Aufsichtsrats bedürfen (§ 111 Abs. 4 S. 2 AktG). Dies kann jedoch auch durch die Satzung geschehen.

Von den vom DCGK gemachten Empfehlungen erscheint die nähere Festlegung der Informations- und Berichtspflichten in der Geschäftsordnung des Vorstandes durch den Aufsichtsrat besonders wichtig (Ziff. 3.4 DCGK). Hierbei kann insbesondere auf Form und Zeitpunkt der Berichterstattung, aber auch auf deren Umfang eingegangen werden.

Geschäftsordnung des Aufsichtsrats

Die Geschäftsordnung des Aufsichtsrats kann ebenso wie die Geschäftsordnung des Vorstands Regelungen bezüglich der Zusammenarbeit der Aufsichtsratsmitglieder enthalten. Wie beim Vorstand kommen etwa Regelungen zur Sitzungseinberufung, zum Sitzungsverlauf und zur Beschlussfassung in Betracht. Weiterhin können Regelungen zur Unterrichtung der Aufsichtsratsmitglieder durch den Aufsichtsratsvorsitzenden in die Geschäftsordnung aufgenommen werden.

Bei der börsennotierten Aktiengesellschaft sind ein überaus wichtiger Bestandteil der Geschäftsordnung Regelungen zur Bildung von Ausschüssen, die der DCGK ausdrücklich empfiehlt (Ziff. 5.3.1 DCGK). Dies betrifft etwa die Bildung eines Ausschusses, der die Vorbereitung der Bestellung von Vorstandsmitgliedern und deren Anstellung übernimmt (Personalausschuss). Weitere Beispiele für Empfehlungen des DCGK, die durch Regelungen in der Geschäftsordnung übernommen werden können, sind die Empfehlung, dass der

Aufsichtsrat regelmäßig die Effizienz seiner Tätigkeit überprüft (Ziff. 5.6 DCGK), dass jedes Aufsichtsratsmitglied Interessenkonflikte, insbesondere solche, die auf Grund einer Beratung oder Organfunktion bei Kunden, Lieferanten, Kreditgebern oder sonstigen Geschäftspartnern entstehen können, dem Aufsichtsrat gegenüber offen zu legen hat (Ziff. 5.5.2 DCGK) und die Empfehlung, geeignete Kommunikationsmedien, wie das Internet, zu nutzen (Ziff. 6.4 DCGK).

Abschließende Bemerkung

Vor dem Börsengang sollten die beschriebenen Strukturen im Management (Vorstand und Aufsichtsrat) und auf den darunter liegenden Leitungsebenen etabliert sein, namentlich durch entsprechende Regelungen in der Satzung der Aktiengesellschaft sowie in den Geschäftsordnungen des Managements. Dabei geht es nicht darum, bloßen rechtlichen Anforderungen zu genügen. Vielmehr geht es um das Ziel des Börsengangs, nämlich darum, auf dem Kapitalmarkt zu überzeugen. Deshalb muss vor allem auch sichergestellt sein, dass im Bewußtsein aller Beteiligten die beschriebenen Strukturen tatsächlich verankert und akzeptiert sind. Erst dann wird Erfolg auf dem Kapitalmarkt von Beginn an und auf Dauer möglich sein.

Literaturverzeichnis

Deilmann/Lorenz, Die börsennotierte Aktiengesellschaft, München 2005.

Fleischer, Handbuch des Vorstandsrechts, München 2006.

Hirte, Kapitalgesellschaftsrecht, 5. Auflage, Köln 2006.

Hommelhoff/Hopt/Werder, Handbuch Corporate Governance – Leitung und Überwachung börsennotierter Unternehmen in der Rechts- und Wirtschaftspraxis, Stuttgart 2003.

Lücke, Vorstand der AG, München 2004.

Müller/Rödder, Beck'sches Handbuch der AG, München 2004.

Ringleb/Kremer/Lutter/v. Werder, Kommentar zum Deutschen Corporate Governance Kodex, 2. Auflage, München 2005.

Semler/Peltzer, Arbeitshandbuch für Vorstandsmitglieder, München 2005.

Semler/v. Schenck, Arbeitshandbuch für Aufsichtsratsmitglieder, 2. Auflage, München 2004.

Sommer, Being public: Aktiengesellschaft – Neue Medien – Investor Relations – Corporate Governance, Heidelberg 2002.

Deutscher Corportate Governance Kodex, http://www.corporate-governance-code.de./ger/kodex/index.html.

Anforderungen an das Rechnungswesen

Lutz G. Frey, Ernst & Young

Zusammenfassung

Der Gang an die Börse stellt erhebliche Anforderungen an das Rechnungswesen eines Unternehmens. Dies wird schon daran deutlich, dass Börsenprospekte in großem Umfang Zahlen aus dem Rechnungswesen enthalten und auch die qualitativen Aussagen im Prospekt zur Vermögens-, Finanz- und Ertragslage des Unternehmens auf den Jahresabschlüssen der vorangegangenen Jahre basieren.

Neben den Anforderungen, die für den Börsenprospekt zu erfüllen sind, müssen auch die so genannten Folgepflichten berücksichtigt werden. So sind seit 2005 alle in einem organisierten Markt wie z.B. Prime Standard und General Standard börsennotierten Unternehmen in Europa verpflichtet, ihre Konzern-Jahresabschlüsse nach den Vorschriften der International Financial Reporting Standards (IFRS) zu erstellen. Im Entry Standard werden dagegen Abschlüsse entsprechend der nationalen Rechnungslegung (z.B. HGB) verlangt.

Dieses Kapitel behandelt die gesetzlichen Anforderungen an das Rechnungswesen börsennotierter Unternehmen. Insbesondere wird auf die speziellen Anforderungen eingegangen, die aus der Bilanzierung nach IFRS resultieren. Die Unterschiede zur HGB-Rechnungslegung werden aufgezeigt und der Umstellungsprozess wird dargestellt. Weiterhin werden die für die Umstellung erforderlichen Maßnahmen aufgezeigt und die Auswirkungen auf die Bilanzpolitik skizziert.

Daran schließt sich eine Darstellung der spezifischen Anforderungen an, die sich beim Börsengang selbst ergeben. Dies sind in erster Linie die von der Prospektverordnung geforderte Angabe geprüfter historischer Abschlüsse sowie die Darstellung von Pro-forma-Angaben.

Das Kapitel geht auch kurz auf die zusätzlichen Anforderungen ein, die eine Notierung im „Prime Standard" an das Rechnungswesen stellt. Die reduzierten Anforderungen an das Rechnungswesen von im „Entry Standard" gehandelten Unternehmen bilden den Schluss des Kapitels.

Gesetzliche Anforderungen an das Rechnungswesen börsennotierter Unternehmen

Die Anforderungen an das Rechnungswesen kapitalmarktorientierter Unternehmen bestimmen sich nach den Vorschriften des HGB und des AktG. Die Regeln zu Jahresabschluss und

Lagebericht ergeben sich dabei aus den §§ 238–289 HGB. Zu beachten ist hierbei die Vorschrift des § 267 Abs. 3 S. 2 HGB, wonach eine Kapitalgesellschaft stets als große Kapitalgesellschaft gilt, wenn sie einen organisierten Markt im Sinne des § 2 Abs. 5 WpHG durch von ihr ausgegebene Wertpapiere im Sinne des § 2 Abs. 1 S. 1 WpHG (bspw. Aktien und Schuldverschreibungen) in Anspruch nimmt oder die Zulassung zum Handel an einem organisierten Markt beantragt worden ist. Zusätzlich sind die Vorschriften des AktG zu beachten. Die §§ 150 bis 161 AktG regeln dabei im Wesentlichen spezifische Angaben zum Eigenkapitalausweis, zur Darstellung der Ergebnisverwendung, zusätzliche Anhangangaben sowie die für börsennotierte[1] Aktiengesellschaften obligatorische Erklärung, inwieweit die Vorschriften des „Corporate Governance Kodexes" angewendet werden.

Nach der so genannten IFRS-Verordnung des Europäischen Parlaments und Rates vom 19. Juli 2002[2] ist für die Aufstellung von Konzernabschlüssen kapitalmarktorientierter Unternehmen ab dem Jahr 2005 die Anwendung von IFRS verpflichtend. Zu beachten ist, dass die Verpflichtung zur Erstellung eines Konzernlageberichts gem. § 315 HGB nach wie vor gilt, obwohl ein Lagebericht von dem Regelwerk der IFRS nicht gefordert wird.

§ 315a HGB verpflichtet die Unternehmen zur Anwendung von IFRS nur in Bezug auf den Konzernabschluss. Der Einzelabschluss der Muttergesellschaft ist nach wie vor gem. den deutschen Vorschriften des HGB und des AktG zu erstellen. Während der IFRS-Konzernabschluss primär der Information der Aktionäre und der Öffentlichkeit dient und hierfür die Vermögens-, Finanz- und Ertragslage des Konzerns darstellt, ist der HGB-Einzelabschluss von Bedeutung für die Besteuerung des Unternehmens sowie für die Dividendenfähigkeit. Im Konzernabschluss ausgewiesene Gewinne können nämlich nur insoweit ausgeschüttet werden, als sie sich im Bilanzgewinn der Muttergesellschaft auch tatsächlich niedergeschlagen haben. Daher bleibt der HGB-Einzelabschluss relevant, auch wenn für Zwecke der Offenlegung gem. § 325 Abs. 2a HGB ein IFRS-Einzelabschluss offengelegt werden darf.

Umstellung auf die Rechnungslegung nach IFRS
Ziel und Zweck der IFRS-Rechnungslegung

Das primäre Ziel der IFRS ist es, die Informationsbedürfnisse von Anteilseignern, potenziellen Investoren und sonstiger so genannter „stakeholder" (Arbeitnehmer, Kunden, Lieferanten, Öffentlichkeit etc.) zu befriedigen. Ein IFRS-Abschluss soll entscheidungsrelevante Informationen liefern. Dies ist eine gänzlich andere Zielsetzung, als die deutschen Vorschriften des HGB verfolgen. Hier dominiert die Gläubigerschutzfunktion des Jahres-

---

[1] Börsennotierte Gesellschaften im Sinne des AktG sind gem. § 3 Abs. 2 AktG Gesellschaften, deren Aktien zu einem Markt zugelassen sind, der von staatlich anerkannten Stellen geregelt und überwacht wird, regelmäßig stattfindet und für das Publikum mittelbar oder unmittelbar zugänglich ist.
[2] Verordnung (EG) Nr. 1606/2002 des Europäischen Parlaments und Rates vom 19. Juli 2002 betreffend die Anwendung internationaler Rechnungslegungsstandards.

abschlusses. Ziel ist es hier, das Schuldendeckungspotenzial in der Bilanz aufzuzeigen und sicherzustellen, dass nur solche Gewinne ausgewiesen und an die Aktionäre ausgeschüttet werden, die zur Abdeckung von Ansprüchen von Unternehmensgläubigern nicht benötigt werden. Zur Erreichung dieses Zieles ist es konsequent, Vermögenswerte eher niedrig, Schulden eher höher anzusetzen. In der HGB-Rechnungslegung dominiert dementsprechend das Vorsichtsprinzip, das sich u. a. im so genannten Imparitätsprinzip niederschlägt. Danach dürfen am Bilanzstichtag noch nicht realisierte Gewinne (z. B. Währungsgewinne) nicht als Ertrag erfasst werden, wogegen am Stichtag unrealisierte, lediglich drohende Verluste erfasst werden müssen.

Das Ziel der richtigen Information über die Vermögens- und Ertragslage des Unternehmens wird dabei zugunsten des vorsichtigen Vermögensausweises nur als zweitrangig betrachtet. Dies wird z. B. auch daran deutlich, dass das HGB die historischen Anschaffungskosten aus Gründen der Objektivierung der Rechnungslegung als Obergrenze des Wertansatzes definiert. So kann z. B. ein vor langer Zeit erworbenes Grundstück nicht über den ursprünglichen Anschaffungskosten in der Bilanz ausgewiesen werden, auch wenn der aktuelle Verkehrswert des Grundstückes mittlerweile ein Vielfaches des Buchwertes beträgt. Solche „stillen Reserven" werden bewusst in Kauf genommen, um zu verhindern, dass reine „Buchgewinne" an die Aktionäre ausgeschüttet werden und damit das Schuldendeckungspotenzial des Unternehmens geschmälert wird.

Die IFRS-Rechnungslegung steht hierzu im völligen Gegensatz. Um entscheidungsrelevante Informationen über die Vermögens-, Finanz- und Ertragslage zu liefern, müssen die klassischen Prinzipien des HGB (Vorsicht, Imparität, Objektivierung durch Bindung an historische Anschaffungskosten) geopfert werden. In der IFRS-Bilanz soll das Vermögen grundsätzlich vollständig ausgewiesen werden. So sind nach IFRS z. B. selbst erstellte immaterielle Vermögenswerte (selbst erstellte Software, Entwicklungskosten) zu aktivieren, während dies in der HGB-Bilanz strikt verboten ist. Auch lösen sich die IFRS von den historischen Anschaffungskosten und erlauben bzw. verlangen den Ansatz von Marktwerten („fair value"), die dann durchaus die historischen Anschaffungskosten übersteigen können.

Dementsprechend ist es nicht erstaunlich, dass durch die Umstellung der Rechnungslegung von HGB auf IFRS erfahrungsgemäß das in der Bilanz ausgewiesene Eigenkapital deutlich ansteigt. Allerdings muss man für den vollständigeren Vermögensausweis auch einen Preis zahlen: Da die Feststellung von Marktwerten in der Praxis nicht möglich ist, werden in der Regel aus künftigen Zahlungsströmen abgeleitete „fair values" ermittelt, die hierdurch sehr ermessensbehaftet und somit subjektiv sind. Außerdem wird der Ergebnisausweis gegenüber der HGB-Rechnungslegung deutlich volatiler.

Die nachfolgende Darstellung fasst die prinzipiellen Unterschiede zwischen IFRS und HGB nochmals zusammen:

	IFRS/US-GAAP	HGB
Grundphilosophie der Rechnungslegung	- Vermittlung entscheidungsnützlicher Informationen	- Gläubigerschutz
Adressatenorientierung	- Investoren - Analysten - Eigentümer	- Gläubiger - Fiskus
Bewertung und Bilanzierung	- Zutreffende Darstellung des tatsächlichen Vermögens und des Erfolgs(potenzials)	- Orientierung am Anschaffungskostenprinzip und am Stichtagsprinzip
Bedeutung für das Controlling	- Externe Kennzahlen = interne Kennzahlen	- Externe Kennzahlen und daneben spezielle Kennzahlen zur internen Steuerung

Abb 1: *Zielsetzungen von IFRS und HGB im Vergleich.*[3]

Organisatorische Anforderungen und Maßnahmen

Die Umstellung der Rechnungslegung von HGB auf IFRS ist kein triviales Unterfangen. Unternehmen, die sich für einen Börsengang entscheiden, sind daher gut beraten, so früh wie möglich die Umstellung des Rechnungswesens auf IFRS in Angriff zu nehmen.

Je nach Größe des Unternehmens, der Zahl zu konsolidierender Tochtergesellschaften im In- und Ausland sowie der Branche, in der das Unternehmen tätig ist, kann der Umstellungsprozess einige Monate, aber auch deutlich über ein Jahr in Anspruch nehmen. Dies resultiert daraus, dass eine IFRS-Umstellung nicht nur die „Umrechnung" des HGB-Abschlusses beinhaltet, sondern vielmehr eine umfassende Veränderung organisatorischer Abläufe erfordert, die nicht nur das Rechnungswesen im engeren Sinne betreffen, sondern auch Auswirkungen haben auf die Informationssysteme, die Kostenrechnung, das Controlling, das Personalwesen etc. – und sogar das Geschäftsmodell beeinflussen können.

Dementsprechend ist eine IFRS-Umstellung als Projekt zu definieren und mit einer angemessenen Projektsteuerung zu versehen.

---

[3] Modifiziert entnommen aus Frey/Melzer (2005), S. 132.

Umstellung auf die Rechnungslegung nach IFRS 105

Eine IFRS-Einführungsplanung enthält regelmäßig die nachstehend aufgeführten Phasen und Themenstellungen:

\	IFRS-Einführungsplanung
Phase	**Inhalt/Aufgaben/Fragen/Beispiel**
1. Projektinitiierung und -planung	Planung sachlich, personell, zeitlich, budgetmäßig, was, von wem, wann, mit welchem Aufwand zu tun ist: a) Sachlich (Welche Aufgabenfelder?) b) Personell (Wer macht was?) c) Zeitlich (In welcher Abfolge und bis wann?) d) Budgetmäßig (Welche Kosten?)
1.1 Feststellung Know-how	Vorhandenes internes Know-how, Berücksichtigung bei (ohnehin) geplanten Neueinstellungen, externes Know-how
1.2 (erste) Projektgruppe	Leiter, Mitglieder, Anbindung an Geschäftsführung, Berichtspflichten (Wer an wen?), Einbeziehung EDV
1.3 Aufgabengliederung	a) (Vorläufige) Abweichungsanalyse IFRS-HGB nach z. B. Anlagevermögen + Leasing, Finanzvermögen + Forderungen, Verbindlichkeiten, Rückstellungen, Vorratsvermögen + Umsatzrealisierung; Gewinn- und Verlustrechnung nach Umsatzkostenverfahren oder Gesamtkostenverfahren; latente Steuern in Bilanz und Gewinn- und Verlustrechnung, Konsolidierungskreis + Konsolidierungsmethode b) Bedarfsfeststellung Datenbedarf intern (z. B. Kostenrechnung) und extern (z. B. Pensionsgutachter, Grundstücksgutachter) Vereinheitlichungsbedarf (Bilanzierungsrichtlinie inkl. notes) c) Arbeitsbilanz und Bilanz
1.4 Personelle Planung	Personelle Zuordnung Aufgabenfelder, Berichtspflichten, sonstige Verantwortlichkeiten

IFRS-Einführungsplanung	
Phase	**Inhalt/Aufgaben/Fragen/Beispiel**
1.5 Zeitliche Planung	Wann und in welcher Abfolge, was? 1. Erstschulung (Projektmitglieder) 2. Vorläufige Abweichungsanalyse (vorvorletzte Bilanz vor Einführung, z. B. 31.12.2003 bei Einführung 31.12.2005) 3. Veranlassung interne und externe Datenzuführung 4. Zweitschulung (Projektmitglieder) 5. IFRS-Arbeitsbilanz (auf vorletzten Stichtag vor Einführung) 6. Drittschulung (Projektmitglieder) 7. Vorläufige Bilanzierungsrichtlinie 8. IFRS-Bilanz (auf vorletzten Stichtag vor Einführung) 9. Endgültige Bilanzierungsrichtlinie 10. Validierung IFRS-Bilanz (auf vorletzten Stichtag vor Einführung) 11. Validierung Bilanzierungsrichtlinie 12. Ggf. Korrekturen zu Bilanzierungsrichtlinie 13. Schulung sonstiger Anwender 14. Kommunikation nach außen 15. Implementierung IFRS-Bilanz und IFRS-gestütztes Konzernreporting
2. Realisation	Umsetzung Planung, Erarbeitung IFRS-Arbeitsbilanz, Bilanzierungsrichtlinie, Aufstellung IFRS-Bilanz
3. Validierung	Bewertung Bilanzierungsrichtlinie + IFRS-Bilanz, ggf. Korrekturen
4. Implementierung	IFRS-Abschluss (letzter Stichtag), IFRS-gestütztes Konzernreporting

Abb 2: IFRS-Einführungsplanung[4]

Im Rahmen der Umstellung sind dabei regelmäßig folgende Themen zu adressieren:

- Definition eines Projekt-Teams
- Feststellung der Notwendigkeit externer Unterstützung zur Kompensation des zunächst nicht vorhandenen internen IFRS Know-how
- Maßnahmenplan für den Aufbau von IFRS Know-how im Unternehmen

---

[4] Modifiziert entnommen aus: Lüdenbach (2005), S. 356–358.

- Feststellung von Anpassungsbedarf bei EDV-Systemen, in der Kostenrechnung und im Controlling
- Festlegung, welcher Standard in der Finanzbuchhaltung der Konzerngesellschaften führend sein soll (IFRS oder die jeweiligen landesrechtlichen Standards mit entsprechender Überleitung)
- Feststellung der Unterschiede zwischen HGB und IFRS und deren Auswirkungen auf die Darstellung der Vermögens-, Finanz- und Ertragslage und die Bilanzpolitik
- Ausübung von Bilanzierungswahlrechten
- Sicherstellung der einheitlichen Anwendung von IFRS im gesamten Konzern durch Vorgabe einer IFRS-Konzernrichtlinie
- Schaffung der personellen Voraussetzungen, um die Anforderungen an Qualität und Zeitnähe der Rechnungslegung auch in der Zeit nach dem Börsengang erfüllen zu können (ggf. Einstellung zusätzlicher Mitarbeiter, Schulung der Mitarbeiter)

Gerade der letzte Punkt darf nicht unterschätzt werden. Während ein Unternehmen sich bei der Umstellung in aller Regel externer Unterstützung bedient und im Unternehmen noch nicht vorhandenes IFRS Know-how von außen einkauft, ist schon aus Kostengründen für die Zeit nach der Umstellung eigenes Know-how aufzubauen.

Die erstmalige Anwendung von IFRS

Unternehmen, die einen Börsengang planen, müssen nicht nur darauf eingestellt sein, nach dem Börsengang Konzernabschlüsse nach IFRS aufzustellen und zu veröffentlichen, sondern sie müssen bereits für Zwecke des Börsenganges mindestens die zwei letzten Jahresabschlüsse nach IFRS aufstellen (siehe unten, S. 115). Es stellt sich daher nicht nur die Frage, wie die HGB-Rechnungslegung auf IFRS umgestellt werden muss, sondern auch, auf welchen Zeitpunkt dies erstmals zu geschehen hat.

Die Regeln für die erstmalige Anwendung der IFRS sind in dem Standard IFRS 1 niedergelegt. Dieser Standard regelt eine ganze Reihe von wichtigen Fragen, die im Rahmen der erstmaligen Anwendung relevant sind:

- Neben der Berichtsperiode, für die IFRS erstmals angewandt werden (die so genannte „Reporting Period"), sind zwingend auch Vergleichszahlen für das Vorjahr (so genannte „Transition Period") anzugeben.
- Für beide Perioden sind die IFRS-Standards in der Version anzuwenden, die für die Berichtsperiode gültig ist.
- Grundsätzlich sind die IFRS-Regeln retrospektiv anzuwenden, so als ob IFRS schon immer der maßgebliche Rechnungslegungsstandard gewesen sei.

- Hiervon werden jedoch drei verpflichtende und sechs optionale Ausnahmen definiert, die für die Praxis erhebliche Erleichterungen mit sich bringen; diese werden nachfolgend näher erläutert.

Die erstgenannte Bedingung bedeutet in der Praxis, dass bei einer erstmaligen Anwendung der IFRS-Standards z.B. zum 31. Dezember 2005 die eigentliche Umstellung auf den 31.12.2003/1.1.2004 erfolgen muss, um die Vergleichsperiode 2004 ebenfalls nach IFRS darstellen zu können.

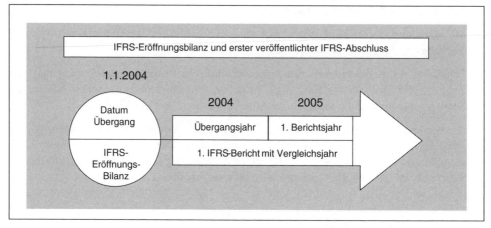

Abb. 3: Erstanwendung IFRS, Stichtag der Eröffnungsbilanz[5]

Gäbe es die bereits zuvor erwähnten Erleichterungsvorschriften nicht, wäre die Forderung nach retrospektiver Anwendung der IFRS eine erhebliche Hürde. Man stelle sich nur vor, man müsste die Buchwerte der bisher nach HGB (und damit meist nach steuerlichen Vorschriften) abgeschriebenen Vermögensgegenstände des Anlagevermögens (z.B. Gebäude, maschinelle Anlagen etc.) rückwirkend mit anderen Abschreibungsmethoden und –zeiträumen neu berechnen. Oder es müsste der Goodwill aus Unternehmenserwerben rekonstruiert werden, die möglicherweise vor Jahrzehnten erfolgten und nach HGB längst abgeschrieben sind oder damals mit Kapitalrücklagen verrechnet worden waren.

Zur Reduzierung des Umstellungsaufwands sieht IFRS 1 daher Ausnahmen vom Grundsatz der retrospektiven Anwendung vor:

Verpflichtende Ausnahmen:

- Sind bestimmte finanzielle Vermögenswerte und Schulden im Sinne von IAS 39 vor dem 01.01.2001 nach nationalem Recht ausgebucht worden, dürfen diese Positionen nicht in die Eröffnungsbilanz übernommen werden.

---

5 Modifiziert entnommen aus: Lüdenbach, (2005), S. 367.

- In der IFRS-Eröffnungsbilanz sind grundsätzlich derivative Finanzinstrumente im Sinne von IAS 39 mit Zeitwerten („Fair Value") anzusetzen; umgekehrt dürfen Sicherungszusammenhänge, die nach HGB berücksichtigt wurden, nicht für IFRS-Zwecke übernommen werden, wenn die in IAS 39 geforderten strengen Anforderungen am Bilanzstichtag nicht erfüllt waren.

- Schätzungen, die bei der Bilanzierung nach HGB vorgenommen wurden (z.B. bei der Bewertung von Rückstellungen), werden für die IFRS-Eröffnungsbilanz übernommen, auch wenn im Zeitablauf neue Erkenntnisse erlangt wurden, die die Bewertung im nachhinein als zu hoch oder als zu niedrig erscheinen lassen. Eine Rückstellung für Prozessrisiken, die zum damaligen Zeitpunkt vernünftig eingeschätzt wurde, die sich aber zwischenzeitlich zugunsten des Unternehmens erledigt hat, ist somit mit dem HGB-Wert in die IFRS-Eröffnungsbilanz zu übernehmen. Die aus heutiger Sicht bessere Kenntnis wird nicht berücksichtigt.

Optional können folgende Ausnahmen von der retrospektiven Anwendung in Anspruch genommen werden:

- Prospektive Anwendung der für Unternehmenszusammenschlüsse maßgeblichen Vorschriften

- Ansatz von Vermögensgegenständen des Sachanlagevermögens mit den Zeitwerten am Bilanzstichtag der IFRS-Eröffnungsbilanz

- Saldierte, undifferenzierte Erfassung aller kumulierten versicherungsmathematischen Gewinne und Verluste in der Eröffnungsbilanz („fresh start")

- Keine Berücksichtigung von Fremdwährungsumrechnungsdifferenzen vor dem Stichtag der Eröffnungsbilanz („fresh start") im Konzerneigenkapital

- Aufteilung von strukturierten Finanzinstrumenten in einen Eigenkapital- und Fremdkapitalanteil zum Stichtag der Eröffnungsbilanz („fresh start")

- Wahlrecht für Tochtergesellschaften, die zu einem anderen Zeitpunkt IFRS-Erstanwender werden, die IFRS-Konzernbuchwerte des Mutterunternehmens zu übernehmen oder eigene Buchwerte zu ermitteln

Neben der Erleichterung hinsichtlich des Anlagevermögens ist die Erleichterung für die bilanzielle Abbildung von in der Vergangenheit stattgefundenen Unternehmenserwerben die für die Praxis bedeutsamste Ausnahme.

Wesentliche Unterschiede zwischen HGB und IFRS im Überblick

Es ist sinnvoll, zu Beginn der IFRS-Umstellung im Rahmen eines so genannten „Quick-Check" die Bereiche zu identifizieren, in denen es wesentliche Abweichungen zwischen HGB und IFRS gibt. Nachstehend sind in der Praxis bedeutsame wesentliche Abweichungen aufgeführt:

Quick-Check Abweichungen HGB – IFRS		
	HGB	**IFRS**
Immaterielle Anlagen		
Entwicklungskosten	Aktivierungsverbot	faktisches Wahlrecht
derivativer Goodwill Einzelbilanz	Aktivierungswahlrecht	Aktivierungsgebot
Abschreibung Goodwill Konzern	Planmäßige Abschreibung	Außerplanmäßige Abschreibung bei Wertminderung
Sachanlagen		
Abschreibung	Übernahme steuerlicher Abschreibungen (im Einzelabschluss)	keine steuerlichen Abschreibungen
Neubewertung	verboten	zulässig
sale and lease back	Realisierung Buchgewinn	ggf. Abgrenzung des Buchgewinns
Beteiligungen	AK oder niedrigerer Wert	AK oder fair value
Vorräte/Auftragsfertigung		
Langfristige Aufträge	Ertragsrealisierung bei Abschluss bzw. Abnahme	Ertragsrealisierung nach Arbeitsfortschritt
Herstellungskosten	Einzel- oder Vollkosten	Vollkosten
Quick-Check Abweichungen HGB - IFRS		
	HGB	**IFRS**
Wertpapiere (soweit nicht bis Fälligkeit gehalten)	AK oder niedrigerer Wert	Stichtagswert, auch wenn über AK
Sofortaufwand Disagio	zulässig	unzulässig
Aufwandsrückstellungen	zulässig	unzulässig
Pensionsrückstellungen	i. d. R. ohne Karrieretrends, 6 % Abzinsung	mit Karrieretrends, fristadäquater Zins
Fremdwährungsforderungen/-verbindlichkeiten	Beachtung Niederstwert-/Höchstwertprinzip	Umrechnung mit Stichtagskurs

Abb 4: Quick-Check Abweichungen HGB[6]

---

6 Konzernrechnungslegungsvorschriften nach HGB in der Auslegung des DRSC. Modifiziert entnommen aus Lüdenbach (2005), S. 362–363.

Auswirkungen auf die Darstellung der Vermögens-, Finanz- und Ertragslage

Die Auswirkungen einer Umstellung der Rechnungslegung auf IFRS auf die Vermögens-, Finanz- und Ertragslage hängen natürlich von dem jeweiligen Unternehmen, insbesondere seiner Größe und der Art seiner Geschäftstätigkeit, ab.

Da die IFRS jedoch vorrangig die umfassende Information von (potenziellen) Investoren ermöglichen wollen, ist es prinzipiell erforderlich, das Unternehmensvermögen möglichst vollständig auszuweisen und zu aktuellen Marktpreisen zu bewerten. Entsprechend werden tendenziell die im HGB bekannten „stillen Reserven" in der IFRS Bilanz offen ausgewiesen. Z.B. fordert IFRS auch die Aktivierung selbst erstellter immaterieller Vermögensgegenstände, die das HGB aus Objektivierungs- und Vorsichtsgründen verbietet. Umgekehrt verbietet IFRS die Bilanzierung von so genannten Aufwandsrückstellungen, die im HGB-Abschluss gerne für Zwecke der Ergebnisglättung benutzt werden.

Daraus folgt, dass es bei IFRS-Umstellungen häufig zu einer deutlichen Erhöhung des ausgewiesenen Eigenkapitals kommt. Untersuchungen haben eine durchschnittliche Erhöhung des Eigenkapitals von 34 Prozent in Folge einer IFRS-Umstellung festgestellt. Im Einzelfall kann sich aber das ausgewiesene Eigenkapital aber auch mehr als verdoppeln. Ein prominentes Beispiel ist die Volkswagen AG. Bei der Umstellung auf IFRS 2001 erhöhte sich das Konzerneigenkapital von 9.811 Mio. € auf 20.918 Mio. €. Die wesentlichen Unterschiede ergaben sich dabei aus der Aktivierung von Entwicklungskosten, geringeren Abschreibungen im Anlagevermögen sowie geringeren Rückstellungen.[7]

Auch wenn die Erhöhung des Eigenkapitals im Hinblick auf die positive Darstellung der Vermögenslage zunächst als Vorteil erscheint, so sollte man sich jedoch darüber im Klaren sein, dass hierfür auch ein Preis zu zahlen ist. So wirken sich Zuschreibungen im Anlagevermögen in der IFRS-Eröffnungsbilanz in aller Regel in künftigen Jahren durch (im Vergleich zum HGB-Abschluss) erhöhte Abschreibungen ergebnismindernd aus. Das Gleiche gilt für aktivierte Entwicklungskosten. Diese sind in nachfolgenden Jahren zu amortisieren und belasten damit die Erträge späterer Jahre.

Die Erfahrung zeigt auch, dass der Ergebnisausweis in IFRS-Abschlüssen im Vergleich zu HGB-Abschlüssen deutlich volatiler ist. Dies resultiert u.a. aus der Bewertung zu Marktwerten gegenüber den historischen Anschaffungskosten des HGB. Das unbemerkte Bilden und Auflösen stiller Reserven ist deutlich eingeschränkt und damit auch die Möglichkeit der Ergebnisglättung.

Die Bilanzierung von Unternehmenszusammenschlüssen nach den IFRS-Regeln verschärfen diese Volatilität zusätzlich. Während im HGB-Konzernabschluss ein bei Unternehmensakquisitionen gezahlter Firmenwert („Goodwill") über die geschätzte Nutzungsdauer linear abgeschrieben wird, ist dieser Goodwill im IFRS-Abschluss nicht planmäßig abzuschreiben,

---

7 Vgl. Frey/Melzer (2005), S. 134.

sondern wird nur dann außerplanmäßig abgeschrieben, wenn eine Wertminderung eingetreten ist (so genannter „Impairment only-approach"). So hat z.B. Vodafone für das Jahr 2005 wertminderungsbedingte Abschreibungen auf den Goodwill in Höhe von 41 Milliarden Euro (!) vorgenommen, da die ursprünglichen Ertragserwartungen aus der Mannesmann-Akquisition nicht eingetreten sind.[8]

Auswirkungen auf die Bilanzpolitik

Um Überraschungen zu vermeiden, sollte man sich im Rahmen der Umstellung auch mit den Auswirkungen auf die Bilanzpolitik auseinandersetzen. Zunächst stellt sich die Frage, in welchem Maß die Möglichkeiten der Bilanzpolitik durch die Vorschriften der IFRS begünstigt oder eingeschränkt werden.

Unter Bilanzpolitik versteht man die willentliche und hinsichtlich der Unternehmensziele zweckorientierte Einflussnahme auf Form, Inhalt und Berichterstattung des Jahresabschlusses im Rahmen der durch die Rechtsordnung gezogenen Grenzen (materielle Bilanzpolitik).[9] Bilanzpolitische Maßnahmen können in Betracht kommen, um:

- einen möglichst hohen Jahresüberschuss auszuweisen
- ein möglichst hohes Vermögen (Eigenkapital) auszuweisen
- eine möglichst stetige Ergebnisentwicklung darzustellen

Allerdings ist zu beachten, dass diese Maßnahmen nicht willkürlich eingesetzt werden dürfen und ihre Bedeutung durch das Stetigkeitsgebot eingeschränkt wird. Nach diesem Grundsatz müssen einmal gewählte Bilanzierungs- und Bewertungsmethoden beibehalten werden. Gleichartige Sachverhalte müssen daher im Zeitablauf auch gleichartig bilanziert werden. Durchbrechungen des Stetigkeitsgebots müssen sachlich begründet sein und sind im Konzern-Anhang ausführlich zu erläutern.

Dadurch relativiert sich auch der bilanzpolitische „Nachteil" der IFRS wegen der geringeren Anzahl verfügbarer Bilanzierungswahlrechte. Da das Stetigkeitsgebot auch im HGB-Abschluss die Beibehaltung einmal gewählter Methoden erfordert, ist der bilanzpolitische Spielraum zur Steuerung von Ergebnissen über die unterschiedliche Ausübung von Wahlrechten in beiden Rechnungslegungswelten praktisch stark eingeschränkt.

Dennoch ist es im Rahmen der IFRS-Umstellung erforderlich, die wenigen Wahlrechte zu kennen, um sie möglichst im Interesse der Unternehmensziele auszuüben. Ein im Hinblick auf einen stetigen Ergebnisausweis wichtiges Wahlrecht gewährt IAS 19 für die Bilanzierung von Pensionsrückstellungen. Der Pensionsaufwand für das Geschäftsjahr wird nach IFRS zu Beginn des Jahres ermittelt. Zum Ende des Jahres wird die Pensionsrückstellung dann neu berechnet und der Aufwand für das Folgejahr festgestellt. Ergeben sich zwischen

---

8 Vgl. Frankfurter Allgemeine Zeitung, 28. Februar 2006, S. 11.
9 Vgl. Küting (2000), S. 100.

zwei Stichtagen Änderungen in den Berechnungsparametern (z.B. Änderungen des Zinssatzes), so sind diese so genannten versicherungsmathematischen Gewinne oder Verluste nicht zwingend anzupassen, sofern die ermittelte Abweichung nicht mehr als 10 Prozent des Barwertes der künftigen Verpflichtungen ausmacht (also innerhalb des so genannten „Korridors" liegt). Liegt die Abweichung außerhalb des 10 Prozent-Korridors, darf der Unterschiedsbetrag wahlweise wie folgt behandelt werden:

Variante 1: Verteilung des den Korridor übersteigenden Mehr- oder Minderbetrages auf die erwartete Restdienstzeit (Mindesttilgungsbetrag)

Variante 2: erfolgswirksame Erfassung eines höheren Tilgungsbetrages bis zur sofortigen Tilgung des gesamten Differenzbetrags (stetige Anwendung erforderlich)

Variante 3: erfolgsneutrale Erfassung des gesamten Unterschiedsbetrags im Eigenkapital

Im Interesse eines stetigen Ergebnisausweises entscheidet sich die Mehrzahl der Unternehmen für Variante 1 (Korridormethode) oder Variante 3, bei der die versicherungsmathematischen Gewinne und Verluste von vornherein nicht in der Gewinn- und Verlustrechnung erfasst werden. Erstaunlich ist, dass die IFRS mit den Varianten 1 und 2 gestatten, dass bestehende Pensionsverpflichtungen nicht in der tatsächlichen Höhe ausgewiesen werden. Solange die versicherungsmathematischen Gewinne und Verluste noch nicht amortisiert wurden, besteht eine Deckungslücke. Der ansonsten angestrebte Ausweis des tatsächlichen Vermögens (hier: der Schulden) wird in diesem Falle nur über die obligatorischen Anhangangaben gewährleistet, wo die nicht passivierte Deckungslücke anzugeben ist. Der Stetigkeit des Ergebnisausweises wird hier Vorrang eingeräumt.

Darüber hinaus gibt es auch so genannte „faktische" Wahlrechte, die sich aus Ermessensspielräumen ergeben, die jeder Rechnungslegungsstandard – also auch die IFRS – enthält. Ein Beispiel hierfür sind die bereits oben erwähnten Entwicklungskosten. Diese sind grundsätzlich zu aktivieren, wenn bestimmte Kriterien erfüllt sind. Diese Kriterien sind jedoch so unbestimmt, dass in der Literatur auch die Auffassung vertreten wird, es handele sich faktisch um ein Wahlrecht.[10] Zumindest besteht angesichts der gegebenen Ermessensspielräume die Möglichkeit, tendenziell höhere oder niedrigere Entwicklungskosten zu aktivieren, wobei die einmal gewählte Methode dann aber beibehalten werden muss.

Ein Vergleich der Automobilhersteller BMW und Volkswagen (VW) macht dies anschaulich. Beim Vergleich der IFRS-Abschlüsse 2002 von BMW und VW fällt auf, dass VW mit knapp 7 Mrd. € deutlich höhere Entwicklungskosten aktiviert hat als BMW mit ca. 2,6 Mrd. €. Dies resultiert aus einer deutlich höheren Aktivierungsquote bezogen auf den gesamten Entwicklungsaufwand bei VW. Offensichtlich hat VW die bestehenden Ermessensspielräume eher im Hinblick auf einen höheren Eigenkapitalausweis ausgenutzt. Zwar entlastet die großzügige Aktivierung von Entwicklungsaufwendungen zunächst die Gewinn- und Verlustrechnung bei VW. Hierdurch steigt aber das Risiko, dass nicht geplante Sonder-

---

10 Vgl. u.a. Hoffmann (2005), S. 538.

abschreibungen auf diese Entwicklungskosten das Jahresergebnis späterer Jahre belasten, wie dies bei VW im Jahr 2003 auch eingetreten ist. Das Jahresergebnis wurde durch Sonderabschreibungen in Höhe von 311 Mio. € belastet.[11] Im Sinne eines stetigen Ergebnisausweises ist es bei im Zeitablauf relativ konstanten Entwicklungsaufwendungen daher sinnvoll, eher weniger zu aktivieren. Dies schützt vor hohen Sonderabschreibungen, die Investoren und anderen interessierten Kreisen oft nur schwer vermittelbar sind.

Aufgrund der relativ geringen Zahl von echten Wahlrechten und den engen Grenzen, die das Stetigkeitsgebot zieht, beschränkt sich die Bilanzpolitik somit auf die „unechten" Wahlrechte, die aus der Auslegung von Abgrenzungskriterien seitens der Bilanzierenden resultieren, sowie das „weite Feld" der Ermessensspielräume im Rahmen der Bewertung. Hier ist insbesondere an die Bewertungsspielräume bei der Bilanzierung von Rückstellungen zu denken, aber auch bei der Beurteilung, ob eine Wertminderung eines Vermögensgegenstandes eingetreten ist, und wenn ja, in welcher Höhe. Tendenziell sind diese Möglichkeiten im Rahmen der IFRS-Bilanzierung sogar höher als in HGB-Abschlüssen, da die Tendenz zu „Fair Values", die oft aus Planungsrechnungen abgeleitet werden, die Subjektivität von Abschlüssen eher begünstigt. Entsprechend wird die so genannte „Entobjektivierung" von IFRS-Abschlüssen und damit die mangelnde Vergleichbarkeit von Jahresabschlüssen selbst von Unternehmen einer Branche kritisiert.[12]

Angabe von Finanzinformationen im Börsenprospekt

Gesetzliche Grundlagen für die Angabe von Finanzinformationen

Die gesetzliche Grundlage für die inhaltlichen Anforderungen für die Angabe von Finanzinformationen wurde durch das Prospektrichtlinie-Umsetzungsgesetz vom 22. Juni 2005 geschaffen. Kernstück dieses Gesetzes zur Umsetzung der EU-Prospektrichtlinie vom 4. November 2003 ist das neu geschaffene Wertpapierprospektgesetz (WpPG)[13].

Nach § 3 Abs. 1 und 3 WpPG muss ein Prospekt veröffentlicht werden, wenn Wertpapiere im Inland öffentlich angeboten werden oder zum Handel an einem organisierten Markt zugelassen werden sollen. Bezüglich der inhaltlichen Anforderungen an den Prospekt verweist das WpPG in § 7 auf die so genannte „EU-Prospektverordnung" (ProspektVO).[14]

Gemäß Art. 4 in Verbindung mit den in Anhang I–III der ProspektVO festgelegten Schemata sind die wesentlichen rechnungslegungsbezogenen Pflichtinhalte eines Prospekts über ein öffentliches Angebot von Aktien und deren Zulassung zu einem organisierten Markt (Amtlicher Handel oder Geregelter Markt) wie folgt definiert:

---

11 Vgl. Volkswagen AG (2003) S. 30.
12 Vgl. Zülch/Hendler (2006), S. 7.
13 Vgl. Bundestag und Bundesrat (2005), S. 1698 ff.
14 Verordnung (EG) Nr. 809/2004 der Kommission vom 29. April 2004/18. Juli 2005.

- Geprüfte historische Finanzdaten der letzten drei Geschäftsjahre (Punkte 20.1 und 20.4 Anhang I)
- Grundsätzliche Angabe von konsolidierten Zahlen (Punkt 20.3 Anhang I; zusätzliche Angabe zumindest des letzten Einzelabschlusses sinnvoll und üblich)
- Wird der Prospekt mehr als neun Monate nach Ablauf des letzten geprüften Finanzjahres erstellt, muss ein (ungeprüfter) Zwischenabschluss für mindestens die ersten sechs Monate in den Prospekt aufgenommen werden (Punkt 20.6.2 Anhang I)
- Zusätzliche Angabe von geprüften Pro-forma-Finanzinformationen bei bedeutenden Veränderungen aufgrund spezieller Transaktionen (Unternehmenskäufe oder -veräußerungen; Punkt 20.2 Anhang I i. V. m. Anhang II)
- Erläuterung der Geschäfts- und Finanzlage sowie der Eigenkapitalausstattung (Punkte 9 und 10 Anhang I)
- Erklärung, dass das Geschäftskapital für die derzeitigen Bedürfnisse ausreichend ist (so genanntes „Working Capital Statement"; Punkt 3.1 Anhang III)

Zusätzlich können gem. Punkt 13 Anhang I freiwillig Gewinnprognosen oder Gewinnschätzungen aufgenommen werden, die von einem Wirtschaftsprüfer zu testieren sind. Aus haftungsrechtlichen Gründen ist davon auszugehen, dass – wie bisher auch – hiervon kaum Gebrauch gemacht wird.

Erfordernis geprüfter IFRS Jahresabschlüsse

Gemäß Punkt 20.1 Anhang I der ProspektVO müssen historische Finanzinformationen für die letzten drei Geschäftsjahre in den Prospekt aufgenommen werden. Dabei müssen die letzten beiden Geschäftsjahre in der gleichen Form dargestellt werden, wie der nächste zu veröffentlichende Abschluss der Gesellschaft. Die Logik hierbei ist, dass dem Investor nach dem Börsengang vergleichbare Finanzinformationen für drei Jahre zur Verfügung stehen sollen.

Da nach dem Börsengang gem. der IFRS-Verordnung[15] börsennotierte Gesellschaften ihren Konzernabschluss nach IFRS aufzustellen haben, bedeutet dies, dass zumindest für die letzten zwei Geschäftsjahre geprüfte IFRS-Abschlüsse benötigt werden. Das drittletzte Jahr kann dagegen noch nach HGB dargestellt werden, wobei der Ausschuss der Europäischen Wertpapierregulierungsbehörden (CESR)[16] empfiehlt, das vorletzte Jahr sowohl nach HGB als auch nach IFRS darzustellen, um eine Brücke von den HGB-Zahlen zu den IFRS-Zahlen zu bauen.

---

15 Vgl. Fn. 2.
16 The Committee of European Securities Regulators.

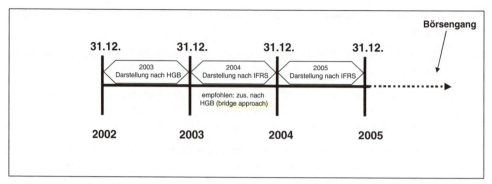

Abb. 5: *Darstellung vergleichbarer Finanzinformationen im Zeitablauf*[17]

Schaut man sich die Börsengänge seit dem Inkrafttreten der ProspektVO an, so stellt man fest, dass für die Kommentierung der Finanz- und Geschäftslage in der Regel die Zahlen für die letzten drei Geschäftsjahre nach IFRS herangezogen werden, um die oft schwierig darzustellende Überleitung von HGB zu IFRS zu vermeiden. Obwohl für die Darstellung der Finanz- und Geschäftslage (so genannter „Operating and Financial Review") IFRS-Zahlen für drei Jahre benötigt werden, genügt es in aller Regel, lediglich die zwei letzten Jahresabschlüsse nach IFRS zu erstellen und prüfen zu lassen, da sich aus den obligatorischen Vorjahresvergleichszahlen des vorletzten Abschlusses die Finanzinformationen für das drittletzte Jahr ergeben.

Die Erstellung und Prüfung der letzten beiden Jahresabschlüsse nach IFRS ist demnach auch dann erforderlich, wenn ggf. zuvor schon HGB-Konzernabschlüsse erstellt, geprüft und veröffentlicht wurden. Dies hat nicht nur zusätzliche Kosten zur Folge, sondern ist bei der Aufstellung des Zeitplans für den Börsengang zu berücksichtigen.

Wird der Prospekt mehr als neun Monate nach Ablauf des letzten geprüften Geschäftsjahres erstellt, so sind gem. Punkt 20.6.2 Anhang I ProspektVO zwingend Zwischenabschlüsse in den Prospekt aufzunehmen, die dann einen Zeitraum von mindestens sechs Monaten umfassen müssen. Natürlich sind auch diese Zwischenabschlüsse nach IFRS zu erstellen und für die Gewinn- und Verlustrechnung sind ebenfalls die Zahlen für die Vorjahresvergleichsperiode anzugeben. Eine Prüfung dieser Zahlen ist nicht erforderlich. Wird eine Prüfung oder prüferische Durchsicht freiwillig durchgeführt, so ist der Bestätigungsvermerk bzw. die Bescheinigung des Wirtschaftsprüfers ebenfalls in den Prospekt zu übernehmen.

---

17 In Anlehnung an CESR (2005), Paragraph 59.

Bei einem Börsengang beispielsweise im Oktober 2006 wären somit Finanzinformationen für die nachstehend dargestellten Zeiträume zu erstellen:

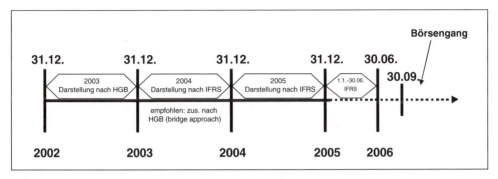

Abb. 6: Erstellung von Finanzinformationen im Zeitablauf

Neben den IFRS-Konzernabschlüssen verlangt die Bundesanstalt für Finanzdienstleistungsaufsicht (BaFin) in der Regel auch die Wiedergabe zumindest des letzten Einzelabschlusses, wobei hier die Angabe von HGB-Zahlen genügt.

Pro-forma-Angaben

Die Aufnahme von Pro-forma-Angaben in einen Börsenprospekt war bis zum 30. Juni 2005 nicht gesetzlich geregelt. Die anlässlich des Inkrafttretens des WpPG zum 1. Juli 2005 obsolet gewordenen und deshalb aufgehobenen „Going-Public Grundsätze" der FWB Frankfurter Wertpapierbörse sahen die freiwillige Angabe von Pro-forma-Informationen zwar vor, knüpften dies aber an eher restriktive Kriterien, die für die Aufnahme in den Prospekt zu erfüllen waren.

Im Gegensatz hierzu schreibt die ProspektVO nunmehr die Angabe von Pro-forma-Informationen zwingend vor, wenn die definierten Kriterien erfüllt sind.

Gemäß Erwägungsgrund 9 der ProspektVO sind Pro-forma-Angaben zu machen, wenn es aufgrund einer Unternehmenstransaktion zu einer wesentlichen Veränderung der Finanzsituation kommt. Gemeint sind hier solche Fälle, in denen es im Jahr des Börsengangs oder dem vorhergehenden Geschäftsjahr zu wesentlichen Veränderungen im Konzernkreis gekommen ist, beispielsweise durch Kauf oder Verkauf wesentlicher Tochtergesellschaften, die sich auf das Zahlenwerk des Konzernabschlusses deutlich auswirken. Die ProspektVO definiert hier eine Veränderung wichtiger Finanzkennzahlen (z.B. Umsatz, Eigenkapital, Bilanzsumme) von mehr als 25 Prozent als wesentlich. Hat ein Unternehmen beispielsweise im zweiten Quartal des laufenden Geschäftsjahres ein wesentliches Tochterunternehmen erworben, das den Gruppenumsatz und das Gruppenergebnis deutlich erhöht, so ist dies in der Konzerngewinn- und -verlustrechnung für das letzte Jahr überhaupt nicht, und in einem ggf. anzugebenden Zwischenabschluss für die ersten sechs Monate des laufenden Jahres nicht in voller Höhe reflektiert.

Die nachstehende Abbildung zeigt für diesen Sachverhalt, welche Pro-forma-Angaben in den Prospekt aufzunehmen sind:

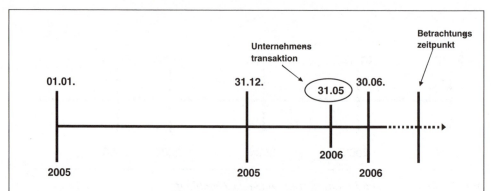

Da die Gewinn- und Verlustrechnung für das volle Geschäftsjahr 2005 Aufwendungen und Erträge aus der Unternehmenstransaktion nicht und die Gewinn- und Verlustrechnung für den Zeitraum vom 01.01. bis zum 30.06.2006 die Aufwendungen und Erträge erst ab (bspw. beim Kauf) bzw. noch bis zum (bspw. beim Verkauf) 31.05.2006 enthält, umfassen die Pro-forma-Finanzinformationen in diesem Fall

- eine Pro-forma-Gewinn- und Verlustrechnung für den Zeitraum vom 01.01. bis zum 31.12.2005 (letztes volles Geschäftsjahr),
- eine Pro-forma-Gewinn- und Verlustrechnung für den Zeitraum vom 01.01. bis zum 30.06.2006 (Zeitraum, für den ein Zwischenabschluss aufgestellt wurde) sowie
- Pro forma-Erläuterungen.

Abb. 7: *In den Prospekt aufzunehmende Pro-forma-Angaben*[18]

Grundsätzlich sollen die Pro-forma-Angaben den Grund der Anpassung erläutern und das Zahlenwerk in einer spaltenförmigen Darstellung von den historischen Zahlenangaben auf die Pro-forma-Zahlen überleiten.[19]

Zu beachten ist, dass die Pro-forma-Anpassungen durch einen Wirtschaftsprüfer geprüft werden müssen und dass die von dem Prüfer erteilte Bescheinigung in den Prospekt aufzunehmen ist (Punkt 20.2 Anhang I ProspektVO).

---

18 Modifiziert entnommen aus IDW RH HFA 1.004 (2005), Beispiel 2, S. 142. Bei dem o.g. Beispiel wird unterstellt, dass ein Börsengang nach dem 30.09.2006 stattfindet.
19 Vgl. Anhang II ProspektVO; IDW RH HFA 1.004 (2005), S. 142.

Working Capital Statement

Gemäß Punkt 3.1 Anhang III ProspektVO muss in den Prospekt eine Aussage zum Geschäftskapital aufgenommen werden. In diesem so genannten „working capital statement" muss der Emittent erklären, dass das Geschäftskapital nach seiner Auffassung ausreicht, die derzeitigen Finanzbedürfnisse zu befriedigen.

Die Empfehlungen der CESR führen hierzu aus, dass „derzeitige Bedürfnisse" hierbei so zu verstehen ist, dass die Gesellschaft in den zwölf Monaten nach dem Datum des Börsenprospekts ausreichende Liquidität zur Verfügung steht, um ihre finanziellen Verpflichtungen fristgerecht zu erfüllen.

Die CESR-Empfehlungen stellen auch klar, dass es nur zwei mögliche Aussagen gibt:

- Erklärung des Emittenten, dass die verfügbaren Finanzmittel ausreichend sind („clean" working capital statement), oder
- Erklärung des Emittenten, dass die Mittel nicht ausreichend sind, und wie sie beschafft werden sollen („qualified" working capital statement).

Nicht erlaubt ist daher, die Aussage vom Eintreten bestimmter Ereignisse abhängig zu machen oder vage zu formulieren („könnte", „sollte" etc.). Auch ist es nicht zulässig, die Aussage zu verknüpfen mit einer Reihe von Annahmen und Voraussetzungen, auf der die Aussage basiert. Der Investor soll sich gerade kein eigenes Urteil bilden müssen, ob diese Annahmen angemessen sind oder nicht. Vielmehr geht es schlicht und einfach darum, dass der Emittent eine klare Aussage darüber macht, ob nach seiner Meinung die Finanzmittel in den nächsten zwölf Monaten ausreichen oder nicht.

Vor dem Hintergrund einer möglichen Prospekthaftung ist es daher erforderlich, dass das Management auf Basis einer soliden Unternehmensplanung eine Cashflow-Planung erstellt, um festzustellen, ob die Finanzierung des Geschäftsbetriebs auch ohne die durch den Börsengang aufzunehmenden Mittel mindestens für die nächsten zwölf Monate sicher gestellt ist. Es empfiehlt sich, die für die Planung wichtigsten Parameter (beispielsweise Umsatzwachstum, Investitionsbedarf, Mittelbindung im Umlaufvermögen etc.) kritisch zu hinterfragen und die Aussage durch Sensitivitätsanalysen abzusichern.

Bestehen Zweifel an der ausreichenden Verfügbarkeit liquider Mittel, so muss dies klar zum Ausdruck gebracht werden. Darzulegen ist dann auch, wann der finanzielle Engpass voraussichtlich eintreten wird, wie hoch die Finanzierungslücke ist und mit welchen Maßnahmen (Kapitalmaßnahmen durch bestehende Anteilseigner, Aufnahme von Bankkrediten, Verkauf von Vermögensgegenständen, beispielsweise sale and lease back etc.) diese Lücke geschlossen werden soll.[20]

---

20 Vgl. CESR, paragraph 107–126.

Auswirkungen auf den Zeitplan

Die vorstehenden Ausführungen haben gezeigt, dass das Rechnungswesen ein wichtiges Kriterium für die Beurteilung der Börsenreife eines Unternehmens ist. Zum einen muss das Unternehmen künftig seine Abschlüsse nach IFRS erstellen, und es müssen daher die organisatorischen, sachlichen und personellen Voraussetzungen geschaffen werden, damit man dieser Verpflichtung nachkommen kann. Zum anderen sind aber bereits für den Prospekt zumindest für die letzten beiden Jahre IFRS-Abschlüsse aufzustellen.

Je nach Größe des Unternehmens oder einer Unternehmensgruppe, der Güte des bereits vorhandenen Rechnungswesens, der IT-Systeme, der Kostenrechnung und des Controllings und in Abhängigkeit von der Branche ergeben sich unternehmensindividuelle Zeitrahmen für die reinen Umstellungsarbeiten. Weiterhin ist zu beachten, dass möglicherweise Proforma-Angaben zu machen sind, die dann ebenso wie die IFRS-Abschlüsse von einem Wirtschaftsprüfer zu prüfen sind.

Wichtig ist auch die Frage, ob der Börsengang mehr als neun Monate nach Ende des letzten Fiskaljahres erfolgt, da in diesem Fall Zwischenabschlüsse in den Prospekt aufzunehmen sind, die mindestens die ersten sechs Monate des laufenden Geschäftsjahres umfassen. Solche Abschlüsse müssen dann nicht nur erstellt werden, sondern ggf. auch von einem Wirtschaftsprüfer geprüft oder einer prüferischen Durchsicht unterzogen werden. Bereits die Erstellung eines Zwischenabschlusses kann ein Unternehmen vor Probleme stellen, wenn es bisher keine Routine in der Erstellung konsolidierter Zwischenabschlüsse nach IFRS hat. Unter diesem Aspekt erscheint es sinnvoll, innerhalb von neun Monaten nach dem Ende des letzten Fiskaljahres an die Börse zu gehen.

Allerdings sind in der Praxis eine ganze Reihe von Kriterien für den IPO-Zeitplan wichtig, sodass die rechnungslegungsbezogenen Aspekte nicht entscheidend sind. Die Verfügbarkeit von (geprüften) Finanzinformationen ist aber ein wesentlicher Faktor für die Festlegung eines IPO-Zeitplans. Vor diesem Hintergrund empfiehlt es sich, so früh wie möglich mit den vorbereitenden Arbeiten zu beginnen, insbesondere die Umstellung auf IFRS unverzüglich in Angriff zu nehmen und den IFRS-Umstellungsplan eng mit dem IPO-Zeitplan zu verknüpfen.

Zusätzliche Anforderungen im Prime Standard

Mit Wirkung zum 01.01.2003 hatte die Frankfurter Wertpapierbörse eine Neusegmentierung des Aktienmarktes vorgenommen und zwei neue Marktsegmente geschaffen, den so genannten „General Standard" und den „Prime Standard". Die Intention der Börse war es, mit dem Prime Standard ein Segment anzubieten, das auf international agierende Unternehmen ausgerichtet ist und den Emittenten durch über die gesetzlichen Mindestanforderungen hinausgehende Transparenzanforderungen den Zugang zum internationalen Kapitalmarkt und damit die Ansprache von internationalen Investoren erleichtert.

Die wesentlichen Unterschiede in Bezug auf die Rechnungslegung gegenüber dem General Standard waren damals die Verpflichtung zur Anwendung internationaler Rechnungslegungsgrundsätze (IFRS oder US-GAAP) sowie die obligatorische Quartalsberichterstattung.

Da seit dem 1.1.2005 alle kapitalmarktorientierten Unternehmen zur Rechnungslegung nach IFRS verpflichtet sind[21], reduzieren sich die rechnungslegungsbezogenen Unterschiede auf die Quartalsberichterstattung.

Die Anforderungen an den Inhalt der Quartalsberichte sind in § 63 BörsO definiert:[22]

- Erstellung von Quartalsberichten für die ersten drei Quartale eines Geschäftsjahres
- Erstellung nach internationalen Rechnungslegungsgrundsätzen
- Veröffentlichung spätestens zwei Monate nach Ende des Quartals[23]
- Veröffentlichung in deutscher und englischer Sprache (für ausländische Emittenten auf Antrag nur Englisch)
- Zusätzliche Angaben wie:
  - Gezahlte oder vorgeschlagene Dividende
  - Personelle Veränderungen im Vorstand und Aufsichtsrat
  - Erläuterungen zur Auftragslage, zu Investitionen und Vorgängen von besonderer Bedeutung
  - Angaben über die Aussichten für das laufende Geschäftsjahr

Die Mindestbestandteile eines Zwischenberichts sind in IAS 34.8 wie folgt definiert:

- verkürzte Bilanz
- verkürzte Gewinn- und Verlustrechnung
- verkürzte Eigenkapitalveränderungsrechnung
- verkürzte Kapitalflussrechnung
- ausgewählte erläuternde Anhangangaben

Während nach IAS 34.16g im Zwischenbericht nur Segmenterlöse und das Segmentergebnis für die primären Berichtssegmente (Geschäftsfelder bzw. geographische Segmente) anzugeben sind, verlangt § 63 Abs. 3 Nr. 6 BörsO „eine Segmentberichterstattung entsprechend dem gewählten Rechnungslegungsstandard IFRS oder US-GAAP". Hieraus könnte man schließen, dass für Unternehmen des Prime Standard strengere Anforderungen definiert werden als nach IAS 34. Es ist jedoch davon auszugehen, dass dies nur unscharf formuliert ist und die

---

21 Siehe Kapitel 2.
22 Vgl. Deutsche Börse (2006), S. 62.
23 Gem. Ziffer 7.1.2 des Deutschen Corporate Governance Kodex soll die Veröffentlichung innerhalb von 45 Tagen erfolgen.

Frankfurter Wertpapierbörse keine eigenen Rechnungslegungsstandards definiert, wo ein international anerkannter Standard existiert. In der Praxis ist zu beobachten, dass sich die Unternehmen an den Mindestanforderungen des IAS 34.16g orientieren. Einige Unternehmen berichten auf freiwilliger Basis auch weitere Segmentinformationen (beispielsweise Segmentvermögen, Segmentschulden) bis hin zu einer umfänglichen Berichterstattung gem. IAS 14, die ansonsten nur im Rahmen des Jahresabschlusses verpflichtend ist.

Eine Prüfung oder prüferische Durchsicht durch den Abschlussprüfer ist nicht erforderlich. Wird dies jedoch freiwillig gemacht, so wird empfohlen, den Bestätigungsvermerk oder die erteilte Bescheinigung im Rahmen der Veröffentlichung vollständig wiederzugeben (§ 63 Abs. 4 Nr. 7 BörsO). In der Praxis wird hiervon eher selten Gebrauch gemacht.

Mit der Berichterstattung nach IAS 34 für die ersten drei Quartale übertreffen die Unternehmen im Prime Standard auch die künftigen europäischen Transparenzanforderungen, die durch die noch nicht in deutsches Recht umgesetzte Transparenzrichtlinie[24] definiert werden. Die Richtlinie sieht verpflichtend nur einen Zwischenbericht gem. IAS 34 für das erste Halbjahr vor. Für das erste und das dritte Quartal soll es genügen, verbale Erläuterungen zur finanziellen Lage zu geben und über wesentliche Ereignisse zu berichten (so genannte „Interim Management Statements").[25]

Für die Unternehmen des General Standard bedeutet dies aber auch, dass sie künftig ebenfalls einen Halbjahresbericht nach IAS 34 erstellen müssen, womit die Transparenzanforderungen des General Standard weiter den Anforderungen des Prime Standard angenähert werden.

Entry Standard mit deutlich reduzierten Anforderungen

Im Jahr 2005 hat die Frankfurter Wertpapierbörse den Entry Standard ins Leben gerufen und damit speziell für kleinere, mittelständische Unternehmen einen alternativen Zugang zum Kapitalmarkt geschaffen. Erklärtes Ziel hierbei ist es, die Eintrittsbarriere zum Kapitalmarkt deutlich abzusenken, die aufgrund der in den vergangenen Jahren ständig gestiegenen regulatorischen Anforderungen für kleinere Unternehmen zu einer schwer überwindbaren Hürde wurde.

Die Erleichterungen sind im Wesentlichen das Resultat der Tatsache, dass der Entry Standard auf den Regularien für den Freiverkehr („Open Market") basiert. Dies bedeutet, dass es sich bei einer Notierung im Entry Standard nicht um eine Börsennotierung im Sinne des § 3 Abs. 2 AktG handelt. Der Open Market und damit auch der Entry Standard sind daher keine organisierten Märkte im Sinne des § 2 Abs. 5 Wertpapierhandelsgesetz (WpHG).

---

24 Europäisches Parlament und Rat (2004): Richtlinie 2004/109/EG v. 15. Dezember 2004, Amtsblatt der Europäischen Union L 390/38 ff. vom 31.12.2004.
25 Vgl. Frey/Melzer (2005), S. 125

Dies hat zur Folge, dass die oben beschriebenen Anforderungen an das Rechnungswesen für börsennotierte Gesellschaften nicht eingreifen. Im Entry Standard notierte Unternehmen brauchen daher keine IFRS-Abschlüsse zu erstellen, sondern können wie bisher den jeweiligen nationalen Rechnungslegungsstandard (also beispielsweise HGB für deutsche Unternehmen) anwenden.

Wegen der zuvor dargestellten Komplexität der IFRS-Rechnungslegung und den daraus resultierenden Anforderungen an das Rechnungswesen stellt dies gerade für kleinere Unternehmen eine erhebliche Erleichterung dar.

Wird der Antrag auf Einbeziehung in den Handel im Entry Standard mit einem öffentlichen Angebot verknüpft, so ist auch hier ein Wertpapierprospekt gem. WpPG zu erstellen. Aber auch hier bietet der Entry Standard eine erhebliche Erleichterung gegenüber dem Börsengang in einem regulierten Markt (General oder Prime Standard). Punkt 20.1 Anhang 1 ProspektVO fordert, dass die letzten zwei Jahresabschlüsse in dem Format anzugeben sind, „das mit dem konsistent ist, das im folgenden Jahresabschluss des Emittenten zur Anwendung gelangen wird". Da der Entry Standard IFRS-Abschlüsse nicht als Folgepflicht verlangt, sind somit auch für den Börsenprospekt HGB-Abschlüsse ausreichend.

Die Transparenzanforderungen im Entry Standard sind auf folgende Pflichtkomponenten reduziert:

- Veröffentlichung des testierten Konzernabschlusses samt Konzernlagebericht (nach den jeweiligen nationalen Rechnungslegungsvorschriften) spätestens innerhalb von sechs Monaten nach Geschäftsjahresende
- Veröffentlichung eines Zwischenberichts spätestens innerhalb von drei Monaten nach dem Ende des 1. Halbjahres

Für den Zwischenbericht ist kein Format vorgeschrieben. Vielmehr soll der Zwischenbericht anhand von Zahlenangaben und Erläuterungen ein den tatsächlichen Verhältnissen entsprechendes Bild der Finanzlage und des allgemeinen Geschäftsgangs des Emittenten in den ersten sechs Monaten des Geschäftsjahres vermitteln.

Auf freiwilliger Basis können natürlich auch IFRS-Abschlüsse oder umfassendere Zwischen- oder Quartalsberichte erstellt werden.

Zusammenfassend kann festgehalten werden, dass der Entry Standard im Hinblick auf das Rechnungswesen deutlich niedrigere Anforderungen stellt als eine Börsennotierung in einem regulierten Segment. Für kleinere Unternehmen wird damit unter Kosten-/Nutzen-Aspekten der Zugang zum Kapitalmarkt wieder geöffnet, der durch die in den vergangenen Jahren stark gestiegenen laufenden Kosten einer Börsennotierung quasi versperrt war.

Fazit

Die Börsenreife eines Unternehmens hängt auch davon ab, ob das Unternehmen über ein angemessenes Rechnungswesen verfügt, das den hohen Anforderungen genügt, die aus einer Börsennotierung resultieren.

Dies gilt zum einen für den Börsengang selbst. Wie in dem Beitrag gezeigt wurde, sind mindestens für die letzten beiden Jahre vor dem Jahr des Börsenganges geprüfte IFRS-Konzernabschlüsse in den Börsenprospekt aufzunehmen. Unter bestimmten Voraussetzungen müssen zusätzliche Pro-forma-Angaben gemacht werden und ggf. muss auch ein IFRS-Zwischenabschluss in den Prospekt aufgenommen werden.

Aber auch für die Zeit nach dem Börsengang muss der Emittent in der Lage sein, IFRS-Konzernabschlüsse zeitnah und mit hoher Qualität zu erstellen. Ist das Unternehmen im Prime Standard notiert, sind darüber hinaus IFRS-konforme Quartalsabschlüsse gefordert, die gem. dem Deutschen Corporate Governance Kodex innerhalb von 45 Tagen offen gelegt werden sollen.

IFRS ist also die große Hürde, die es zu überwinden gilt. Dies rührt zum einen daher, dass in der Regel mindestens drei zurückliegende Bilanzstichtage angepasst werden müssen, und ist zum anderen dadurch bedingt, dass die IFRS-Umstellung nicht auf eine einfache „Umrechnung" der HGB-Abschlüsse beschränkt ist. Vielmehr handelt es sich um eine umfassende Organisationsveränderung, die neben dem eigentlichen Rechnungswesen auch die IT-Systeme, die Kostenrechnung und das Controlling umfasst, ja sogar Einfluss auf das Geschäftsmodell eines Unternehmens haben kann. Dies erfordert erhebliche Investitionen, insbesondere in die Qualifikation von (zusätzlichen) Mitarbeitern.

Es empfiehlt sich daher, so früh wie möglich mit der IFRS-Umstellung zu beginnen und den Umstellungszeitplan eng mit dem IPO-Zeitplan zu verknüpfen.

Eine deutliche Erleichterung gegenüber einem Börsengang in einem der regulierten Märkte General Standard oder Prime Standard bietet eine Notierungsaufnahme im Entry Standard. Da dieser börsentechnisch kein „organisierter Markt" ist, greift hier die Verpflichtung zur Erstellung von IFRS-Abschlüssen nicht ein.

Dies ist gerade für kleinere Unternehmen eine große Erleichterung. Bei den in der Regel eher kleinen Emissionsvolumina „rechnet" sich der Schritt an den Kapitalmarkt eher, da durch die weiterhin mögliche Erstellung von HGB-Abschlüssen die Folgekosten überschaubar bleiben.

Literatur

Bundestag und Bundesrat, Gesetz zur Umsetzung der Richtlinie 2003/71/EG des Europäischen Parlaments und des Rates vom 4. November 2003 betreffend den Prospekt, der beim öffentlichen Angebot von Wertpapieren oder bei deren Zulassung zum Handel zu veröffentlichen ist, und zur Änderung der Richtlinie 2001/34/EG vom 22. Juni 2005, in: BGBl I 2005, S. 1698–1719, 2005.

Deutsche Börse, Richtlinie für den Freiverkehr an der Frankfurter Wertpapierbörse vom 25.10.2005, S. 1–23, unter http://deutsche-boerse.com, 2005.

Deutsche Börse, Börsenordnung für die Frankfurter Wertpapierbörse, Stand: 01.01.2006, S. 1–79, unter http://deutsche-boerse.com, 2006.

Regierungskommission Deutscher Corporate Governance Kodex, Deutscher Corporate Governance Kodex in der Fassung vom 2. Juni 2005, unter http://www.corporate-governance-code.de/, 2005.

Europäisches Parlament und Rat, Richtlinie 2003/71/EG vom 4. November 2003 betreffend den Prospekt, der beim öffentlichen Angebot von Wertpapieren oder bei deren Zulassung zum Handel zu veröffentlichen ist, und zur Änderung der Richtlinie 2001/34/EG, in: Amtsblatt der Europäischen Union L 345/64 ff. vom 31.12.2003, 2003.

Europäisches Parlament und Rat, Richtlinie 2004/109/EG vom 15. Dezember 2004 zur Harmonisierung der Transparenzanforderungen in Bezug auf Informationen über Emittenten, deren Wertpapiere zum Handel auf einem geregelten Markt zugelassen sind, und zur Änderung der Richtlinie 2001/34/EG, in: Amtsblatt der Europäischen Union L 390/38 ff. vom 31.12.2004, 2004.

Frankfurter Allgemeine Zeitung, S. 11, 28. Februar 2006.

Frey/Melzer, Bilanzrechtliche Aspekte der Investor Relations, in: Kirchhoff, K. R./Piwinger, Manfred (Hrsg.): Praxishandbuch Investor Relations, S. 123–155, Wiesbaden 2005.

Hoffmann, § 13 Immaterielle Vermögenswerte, in: Lüdenbach, N./Hoffmann, W.-D.: Haufe IFRS-Kommentar, 3. Aufl., Freiburg i. Br. 2005.

IDW Rechnungslegungshinweis, Erstellung von Pro-Forma-Finanzinformationen (IDW RH HFA 1.004), Stand: 29.11.2005, in: Die Wirtschaftsprüfung, Jg. 59, Heft 3, S. 141–145.

Küting, Der Geschäfts- oder Firmenwert – ein Spielball der Bilanzpolitik in deutschen Konzernen, in: Die Aktiengesellschaft, 45. Jg., Heft 3/2000, S. 97–106, 2000.

Lüdenbach, IFRS – Der Ratgeber zur erfolgreichen Umstellung von HGB auf IFRS, 4. Auflage, Freiburg i. Br. 2005.

The Committee of European Securities Regulators (CESR), CESR's recommendations for the consistent implementation of the European Commission's Regulation on Prospectuses ñ 809/2004, February 2005.

Volkswagen AG, Geschäftsbericht 2003, unter http://www.volkswagen-ir.de/, 2003.

Zülch/Hendler, IFRS-Lesehilfe für den Aufsichtsrat, in: Der Aufsichtsrat 2/2006, S. 7–8. 2006.

Beauty Contest und Auswahl des Projektteams

Prof. Dr. Wolfgang Blättchen, Blättchen & Partner

Einleitung

Bis zum Projekt-Meilenstein „Erstnotierung der Aktien an der Börse" müssen zahlreiche vorbereitende Maßnahmen umgesetzt werden. Dazu sind unternehmensinterne Strukturen aufzubauen, die eine formelle Börsenfähigkeit sicherstellen. Viele Dokumente müssen erstellt werden, die für die Börsenzulassung erforderlich sind. Im Lauf des gesamten Prozesses sind zahlreiche Grundsatzentscheidungen seitens der Verantwortlichen zu treffen. Das Projekt startet mit der Überlegung, sich generell mit der Option „Börseneinführung" näher auseinanderzusetzen. Dieser Anstoß kann vom Management und/oder von den Gesellschaftern kommen. Da die anschließende Grundsatzentscheidung zur „Umsetzung" mit einer Vielzahl von Konsequenzen verbunden ist, die sowohl das Unternehmen als auch die Gesellschafter und Manager betreffen, werden externe Spezialisten herangezogen. Ist die Grundsatzentscheidung nach der Abwägung des Für und Wider eines Börsenganges getroffen, treten während des weiteren Prozesses externe Partner in das Projekt ein.

Die Chancen und Risiken, die einer Börsennotierung sowohl für den Emittenten als auch für die Gesellschafter innewohnen, wurden in den vorherigen Abschnitten des Buchs im Detail dargelegt und sind im Entscheidungsfindungsprozess mit zu berücksichtigen. Die Fungibilität der Aktien, die Stärkung der Eigenkapitalbasis zur Wachstumsfinanzierung, eine „Exit"-Möglichkeit für bestehende Gesellschafter, insbesondere Beteiligungsgesellschaften, die Lösung der Nachfolgeregelung sowie eine erhöhte Visibilität des Unternehmens gegenüber der Öffentlichkeit (Kunden, Mitarbeiter, Kapitalmarkt) sind die am häufigsten genannten Motive für einen Börsengang. Erhöhte Publizitätspflicht und Transparenzanforderungen der börsenspezifischen Segmente sowie die in letzter Zeit gestiegenen Haftungsrisiken für die Organe eines börsennotierten Unternehmens zählen zu den meistgenannten Gegenargumenten.

Die Auswahl der passenden Partner ist ein essentielles Erfolgskriterium für die Umsetzung des Projekts „Börsengang" und natürlich für die weitere Entwicklung des Unternehmens. Der vorliegende Aufsatz soll einen Überblick über die zahlreichen Mitwirkenden bei der Vorbereitung eines Börsenganges geben, zu denen in erster Linie die Wirtschaftsprüfer, Steuerberater, juristischen Berater, IR/PR-Agenturen und die begleitenden Kreditinstitute gehören. Jede dieser Gruppen hat eine Projektkompetenz, die vor allem den Ansprüchen an terminliche Zuverlässigkeit, hohe fachliche Befähigung sowie an ein ausgewogenes Kosten-Nutzen-Verhältnis genügen müssen. Diese Kompetenzen sind bei der Auswahl der Projektpartner die Mindestkriterien.

Der Börsenaspirant wird schon in einer relativ frühen Phase, die sich im Kern mit der börsenfähigen Rechtsform in Verbindung mit den erforderlichen gesellschaftsrechtlichen Vereinbarungen (Satzungen, Beschlüsse Gesellschaftervereinbarungen etc.) auseinandersetzt, mit den formellen Anforderungen der Börseneinführung konfrontiert.

Nach der Grundsatzentscheidung stellt die Auswahl der konsortialführenden Bank den wichtigsten Meilenstein im Börseneinführungsprojekt dar. Die Emissionsbank spielt die zentrale Rolle bei der Platzierung und ist in der Regel auch lange Zeit nach der Börseneinführung in den verschiedensten Fragen des Kapitalmarkts enger Partner. Diesem Thema widmet sich ausführlich ein Abschnitt des Aufsatzes über den „Beauty Contest". Bevor der Emittent in die Phase des „Beauty Contest" eintritt, muss er sich darüber Klarheit verschaffen, welche der zahlreichen Facetten eines Börsengangs für ihn am sinnvollsten erscheint. An dieser Stelle sind die Ausprägungen einer prospektfreien, reinen Notierungsaufnahme oder eines „Öffentlichen Angebots" in Verbindung mit einer oder ohne eine internationale Privatplatzierung zu nennen, die wesentlichen Einfluss auf die Auswahlkriterien der Projektbeteiligten hat. Auf der anderen Seite besteht ein enger Zusammenhang zwischen der Ausgestaltungsform des Börsenganges und der Börsenreife. Zu den Kriterien der Börsenreife sei jedoch auf die weiterführenden Abhandlungen in diesem Buch verwiesen.

Die Beteiligten am Börsengang – Das Projektteam in den einzelnen Projektphasen

Bis zur Erstnotiz hat der Börsenkandidat einen definierten Prozess zu durchlaufen, der sich einteilen lässt in:

- Grundsatzentscheidung
- Vorbereitung der Börsenreife
- Auswahl des Konsortialführers
- Projektphasen und Aufgaben im Zuge der Platzierung
- Phase nach der Erstnotiz

In jedem Projektabschnitt sind zahlreiche Aufgaben zu erfüllen, die von den verschiedensten Verantwortlichen bearbeitet werden müssen. Im Folgenden werden die einzelnen Projektphasen nach ihren Inhalten sowie den verantwortlichen Teammitgliedern vorgestellt, bevor im nächsten Abschnitt im Einzelnen auf die Auswahlkriterien für die Projektmitglieder eingegangen wird.

Grundsatzentscheidung

Im ersten Abschnitt wird die Option Börsengang im Hinblick auf die Interessen des Unternehmens sowie der Gesellschafter analysiert. Die Praxis zeigt, dass der Anstoß, sich erstmalig mit dem Thema auseinanderzusetzen, von den unterschiedlichsten Parteien kommen kann. Zum einen möchte das Management den Börsengang als Option zur Finanzierung des weiteren Wachstums näher beleuchtet haben. Zum anderen sehen die Gesellschafter in einem Börsengang die Chance, eine geeignete Nachfolgelösung zu finden oder bei Finanzinvestoren einen Teilausstieg zu realisieren. In dieser Phase treten bereits erste externe Spezialisten auf, die entsprechend ihren Disziplinen den notwendigen Input für die Entscheidungsphase geben. An erster Stelle sind der Wirtschaftsprüfer, der Steuerberater für die Gesellschafter, der Rechtsberater für gesellschaftsrechtliche Fragestellungen sowie ein Kapitalmarktspezialist (IPO-Berater), der interessensneutral die richtigen Fragen für die Grundsatzentscheidung Börseneinführung stellt, zu nennen. Darüber hinaus ist es nicht unüblich, dass in dieser Phase weitere Beraterdienstleistungen eingeholt werden, insbesondere wenn es darum geht, die Option Börsengang im Rahmen eines Restrukturierungsprozesses entsprechend zu bewerten. Am Ende dieser ersten Projektphase sollten folgende Fragen beantwortet werden:

- Welche Vor- und Nachteile ergeben sich sowohl für das Unternehmen als auch für die Gesellschafter aus dem Gang an die Börse?
- Welche steuerlichen und gesellschaftsrechtlichen Besonderheiten sind bei der Umsetzung des Börsengangs zu beachten?
- Welcher Erfüllungsgrad ist für die formelle sowie informelle Börsenreife erreicht?

Bei der formellen Börsenreife geht es im Wesentlichen um Grundsatzfragen der passenden Rechtsform, einer kapitalmarktfähigen Unternehmensstruktur und des Vorhandenseins eines professionellen und leistungsfähigen Planungs- und Berichtswesens. Im Ergebnis ist aufzuzeigen, welche Schwachstellen das Unternehmen bei der Erfüllung der Börsenreife hat. Hierbei nimmt der IPO-Berater eine besondere Rolle ein, der hierzu sein Kapitalmarkt-Know-how in die Analyse mit einbringt. Sind all diese Themen kritisch beleuchtet worden, unterliegt es dem Management sowie den Gesellschaftern, die Entscheidung zu treffen, entweder in die Umsetzungsphase zu gehen oder aber das Projekt zu verwerfen.

Herstellung der Börsenreife – Equity Story

In der zweiten Projektphase werden im Wesentlichen die in der Situationsanalyse aufgezeigten Schwachstellen zur Erreichung der Börsenreife beseitigt. Dazu müssen zum einen die formellen Voraussetzungen geschaffen werden:

- Umwandlung in eine börsenfähige Rechtsform
- passende Besetzung der Organe (Vorstand, Aufsichtsrat)
- Abschluss von gesellschaftsrechtlichen Vereinbarungen (z. B. Pool-Verträge)
- Schaffung einer börsenfähigen Satzung
- Erstellung der notwendigen historischen Abschlüsse

Die zweite große Baustelle umfasst die Festlegung der „Equity Story". Die Equity Story beschreibt die Positionierung des Unternehmens am Kapitalmarkt. Darin fließt die künftige Unternehmensstrategie in Verbindung mit einer adäquaten Finanzplanung für die nächsten drei Jahre ein, die eine integrierte GuV-, Bilanz- und Cashflow-Rechnung beinhalten sollte. Die Ergebnisse der Equity Story werden in einem so genannten „Factbook" festgehalten, das schon erste Aussagen über das Emissionskonzept enthält. Dazu gehören:

- Platzierungsumfang
- Kapitalerhöhungsanteil
- angestrebtes Börsensegment
- Timing
- erste Aufzählung über die Verwendung des Emissionserlöses

Ein weiterer Themenschwerpunkt ist die Selbstdarstellung des Unternehmens gegenüber der Öffentlichkeit. Die Festlegung der Corporate Identity, die erste Bekanntmachung des Unternehmens in der Finanzpresse sowie die Konzeption der künftigen Investor Relations-Aktivitäten zählen zu den wichtigsten Inhalten. In Ergänzung zu den schon im ersten Abschnitt des Projekts genannten Teammitgliedern treten in dieser Phase zusätzlich interne und externe IR- bzw. PR-Spezialisten hinzu. Die Beratungspraxis zeigt, dass sämtliche Vorbereitungsmaßnahmen bis zu diesem Zeitpunkt vertraulich behandelt werden sollten, um zum einen Spekulationen in der Öffentlichkeit zu vermeiden und zum anderen die anschließende Phase der Bankenauswahl so fair wie möglich zu gestalten, indem alle am Beauty Contest beteiligten Banken den gleichen Informationsstand haben. Soll für das Management und für Mitarbeiter zum Zeitpunkt des Börsengangs ein Beteiligungsprogramm eingeführt werden, ist auch dieses schon in dieser Phase zu definieren und in den gesellschaftsrechtlichen Verträgen des Unternehmens zu formulieren.

Am Ende der Vorbereitungsphase sollte das Factbook sowie in Zusammenwirken mit dem IPO-Berater eine Liste potenzieller Konsortialführer vorliegen, die für den Beauty Contest in Frage kommen. In dem gesamten Prozess nimmt der externe Berater eine wichtige Stellung ein. Er koordiniert die Projektmitglieder, erstellt einen Zeit- und Maßnahmenplan und überwacht die Prozesse. Ferner stellt er seine Kapitalmarktkenntnisse zur Verfügung und bringt wesentliche Inhalte bei der Erstellung des Factbook ein, wobei er insbesondere die definierte Strategie sowie Finanzplanung hinsichtlich der Anforderungen des Kapitalmarktes kritisch hinterfragt und diese auch auf Plausibilität prüft.

Bankenauswahl

Die Auswahl der konsortialführenden Bank beginnt mit der Versendung des Factbook. Auf dieser Basis finden anschließend Management-Präsentationen statt. Darin erläutert das Management nochmals seine Sichtweise für die künftige Unternehmensstrategie und begründet den Schritt an die Börse. Auf Basis des Factbook sowie der Management-Präsentation erhalten die Banken die Möglichkeit, ihr Konzept für die Börseneinführung des Unternehmens im Anschluss vorzustellen. In der Regel werden zu diesem Beauty Contest vier bis maximal sechs Banken eingeladen, die auch als konsortialführende Banken bei der Emission in Frage kommen. Anhand der unterbreiteten Angebote wird in Abstimmung mit dem Management, den Gesellschaftern, dem Berater, aber auch einem speziell auf die Transaktion mandatierten Rechtsberater (Issuer's Counsel), eine sogenannte Mandatsvereinbarung (Letter of Engagement) mit dem potenziellen Konsortialführer verhandelt, in dem die Eckpunkte der Emission, Kosten, Zeitplan sowie Haftungs- und Garantiethemen fixiert werden.

Projektphasen und Aufgaben im Zuge der Platzierung

Mit der Unterzeichnung des Letter of Engagement sind der oder die Konsortialführer ernannt. Ab diesem Zeitpunkt beginnt die formelle Umsetzung der Platzierung. Sie umfasst eine Due Diligence, in der das Unternehmen im Hinblick auf verschiedenste Prüfungsfelder „abgeklopft" wird. Dazu können eine Legal-, Financial-, Tax-, Business- und Technical Due Diligence gehören. Der tatsächliche Umfang der Sorgfältigkeitsprüfungen hängt sowohl vom Unternehmenstyp als auch vom Anspruch der konsortialführenden Banken ab. Die einzelnen Prüffelder der Due Diligence werden zunehmend von separat beauftragten Rechtsanwälten und Wirtschaftsprüfern durchgeführt. Die einzelnen Dienstleister werden in der Regel in Abstimmung mit dem Emittenten und der konsortialführenden Bank mandatiert.

Parallel zum Due Diligence-Prozess beginnt die Prospekterstellung in Zusammenarbeit mit mehreren Projektmitgliedern. Die Federführung hat hierbei in der Regel die vom Unternehmen beauftragte Rechtsanwaltskanzlei (Issuer's Counsel). Die wesentlichen Prospektinhalte sind die Emissionseckpunkte, das Geschäftsmodell, Risiken sowie die Finanzhistorie. Zum Schluss haben die Wirtschaftsprüfer einen „Comfort Letter" und die involvierten Rechtsanwälte jeweils „Legal Opinions" abzugeben, in denen sie die Richtigkeit und Vollständigkeit der Prospektangaben gegenüber der Bank bestätigen. Einen weiteren wichtigen Meilenstein der Platzierungsphase bildet die Analystenpräsentation, in der das Management gegenüber den im Konsortium beteiligten Analysten das Unternehmen vorstellt. Darauf basierend schreiben die Analysten ihre Studien, die in der Phase des Pre-Marketing an ausgewählte institutionelle Investoren verteilt werden. Für die Platzierung ist ebenfalls die Komplettierung des Konsortiums entscheidend, die bei größeren internationalen Platzierungen mehrere Banken umfassen kann. Einen wichtigen Vertragspunkt stellt zum Schluss der Übernahmevertrag (Underwriting Agreement) dar, in dem die Vertragsgrundlage für die Aktienübernahme sowie die entsprechenden Konditionen (Kosten, Haftung) vereinbart werden. Darüber hinaus sind in dieser Phase auch die Maßnahmen der IR/PR-Agentur entscheidend, die eine zielgerechte Vermarktung der Aktie beinhalten und sich an der strengen Publicity Guideline der Banken orientieren müssen. Der Phasenabschnitt „Platzierung" ist in der Regel zeitlich sehr eng kalkuliert und erfordert daher eine enge Abstimmung mit den jeweiligen Projektbeteiligten. Ein professionelles Projektmanagement ist somit Grundvoraussetzung für eine erfolgreiche Erstnotiz. Die Platzierung ist in der Regel mit der Ausübung der Greenshoe-Option (Mehrzuteilung) abgeschlossen, die der Bank bis zu 30 Tage nach erfolgter Erstnotiz eingeräumt wird.

Die Phase nach der Erstnotiz

Ab dem Zeitpunkt der Erstnotiz beginnt für den Emittenten das Leben als börsennotierte Gesellschaft. Danach sind aus formeller Sicht zum einen die jeweiligen Folgepflichten der Börsensegmente einzuhalten, die sich aus den Regelwerken der Deutschen Börse sowie aus den gesetzlichen Vorschriften ergeben. Zum anderen spielen die Investor Relations-Aktivitäten eine zunehmend wichtigere Rolle, zu denen jährliche Roadshows oder Analystenpräsentationen gehören. Rechtsanwälte, IPO-Berater, Wirtschaftsprüfer, IR-Agenturen oder der Designated Sponsor sind hierbei die Teammitglieder, die den Prozess des Being Public begleiten.

Einen zusammenfassenden Überblick über die Phasen des Projekts „Börsengang", die involvierten Teammitglieder und deren Aufgaben sind in folgender Abbildung dargestellt:

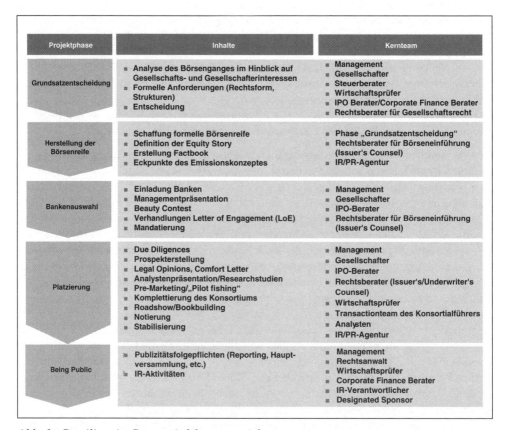

Abb. 1: Beteiligte im Börseneinführungsprojekt

Auswahl des Projektteams

Im vorherigen Abschnitt wurden die Aufgaben sowie Teammitglieder in den einzelnen Projektphasen einer Börseneinführung näher beleuchtet. Im folgenden Abschnitt soll auf die Besonderheiten bei der Auswahl der Projektmitglieder eingegangen werden, wobei der besondere Schwerpunkt die Bankenauswahl ist. Das Anforderungsprofil der Beteiligten wird maßgeblich von den Börsen- und Kapitalmarktgegebenheiten definiert, worauf als nächstes eingegangen wird.

Anforderungen an die Teammitglieder aus Börsen- und Kapitalmarktsicht

Der Zugang zum öffentlichen Kapitalmarkt kann grundsätzlich auf drei Wegen erfolgen, die sich in Bezug auf Komplexität, Aufgabenstellung und Umfang der Beteiligten erheblich unterscheiden.

Einfache Notierungsaufnahme oder Einbeziehung in den Handel

Die einfachste Form des Zugangs zum Kapitalmarkt ist ein Börsengang im Rahmen einer einfachen Notierungsaufnahme. Dabei verzichtet der Emittent bei der Erstnotiz auf ein öffentliches Angebot. Die bestehenden Aktien werden in den Handel einbezogen. In der Regel ist diese Listingprozedur mit einer Privatplatzierung an einen ausgewählten kleinen Investorenkreis verbunden, die entweder aus einer Kapitalerhöhung oder einer Umplatzierung stammt. Aus formeller Sicht ist hierbei zu differenzieren, ob die Handelsaufnahme im EU-organisierten Markt (Geregelter Markt und Amtlicher Markt) oder im Freiverkehr (Open Market) erfolgt. Sollte der Emittent den Freiverkehr auswählen, kann er auf eine Prospekterstellung gemäß Wertpapierprospektgesetz verzichten. Die Antragsstellung für die Einbeziehung der Aktien in den Handel des Freiverkehrs wird von einem Handelsteilnehmer auf Grundlage eines vom Emittenten erstellten Sets von Antragsdokumenten (sog. Exposé) vorgenommen. Im Gegensatz dazu erfordert eine Zulassung der Aktien im Geregelten Markt bzw. Amtlichen Markt die Erstellung eines von der Bundesanstalt für Finanzdienstleistungsaufsicht (BaFin) gebilligten Prospektes, der gemeinsam mit dem Emittenten und einem an der Börse zugelassenen Kreditinstitut unterzeichnet werden muss. Der „Börsengang-light", eine Einbeziehung der Aktie in den Handel mit prospektfreier Privatplatzierung im Freiverkehr hat in den letzten Jahren einen regelrechten Boom erlangt: 34 Emittenten haben diesen Weg allein im Jahre 2005 gewählt. Im Hinblick auf die Vermeidung von Haftungsrisiken für den Emittenten sowie im Hinblick auf Anlegerschutz wird eine prospektfreie Notierungsaufnahme in der Zukunft vermutlich seltener werden. Mit einem „Börsengang-light" wird vor allem das Ziel der Schaffung der Fungibilität der Anteile erreicht, nennenswertes Kapital fließt nicht.

Börseneinführung mit nationalem Schwerpunkt

Die zweite Kategorie der Börseneinführung umfasst ein öffentliches Angebot von bestehenden bzw. neuen Aktien im Schwerpunkt unter nationalen Investoren. In der Regel umfassen diese Emissionen Platzierungsvolumina von max. 30 Mio. €. Die auf nationale Investoren ausgerichtete Platzierung wird in der Regel von kleineren Emittenten und spezialisierten Emissionsbanken vorgenommen. In den Jahren 2004 und 2005 fanden zehn Börseneinführungen mit nationalem Schwerpunkt statt, die ein durchschnittliches Emissionsvolumen von 12,8 Mio. € (Median 11,8 Mio. €) platzierten (BLÄTTCHEN & PARTNER Datenbank).

Internationale Platzierung
Neben dem öffentlichen Angebot, das primär in Deutschland erfolgt, ist es bei größeren Emissionen sowie bei bestimmten Emittenten üblich, zusätzlich Privatplatzierungen im internationalen Umfeld vorzunehmen. Diese Privatplatzierungen werden zum größten Teil europaweit durchgeführt. Darüber hinaus sind Privatplatzierungen in den Vereinigten Staaten an sogenannte QIBs („qualified institutional buyers") gemäß Rule 144a möglich. Dies erfordert zusätzliche Anstrengungen bei der Prospekterstellung und Platzierung. In den Jahren 2004 und 2005 haben 16 Börseneinführungen diesen internationalen Platzierungsweg mit einem durchschnittlichen Emissionsvolumen von 331,6 Mio. € (Median 174,3 Mio. €) gewählt (BLÄTTCHEN & PARTNER Datenbank).

Auswahlkriterien für die wichtigsten Projektteam-Mitglieder

In Abhängigkeit von den zuvor vorgestellten Börsen- und Kapitalmarktanforderungen an einen Börsenkandidaten leitet sich das Anforderungsprofil der wichtigsten Teammitglieder ab. Zu dieser Gruppe zählen Wirtschaftsprüfer, Rechtsberater, IR-Agenturen und natürlich die Konsortialbanken.

Wirtschaftsprüfer

Dem Wirtschaftsprüfer kommt eine zentrale Rolle bei der Erfüllung der formellen Anforderungen an die Börsenfähigkeit des Unternehmens zu. Die wichtigsten Aufgaben sind hierbei die Testaterstellung der letzten drei Jahresabschlüsse, da diese in der Regel in den Prospekt aufgenommen werden. Diese Anforderungen beziehen sich sowohl auf die Konzernebene als auch auf den Einzelabschluss und sollten vor einer Börseneinführung in den organisierten Segmenten nach IFRS erfolgen. Der Wirtschaftsprüfer liefert einen wesentlichen Teil der Finanzangaben innerhalb des Wertpapierprospekts und muss mit den Inhalten und dem Procedere der Prospekterstellung vertraut sein. Bei Börseneinführungen, bei denen der Prospekt von der begleitenden Bank unterzeichnet wird, ist es üblich, dass der Wirtschaftsprüfer einen Comfort Letter abgibt. Es handelt sich hierbei um eine schriftliche Bestätigung über Abschlüsse und Finanzzahlen, die im Zulassungsprospekt abgedruckt sind. Zugleich dient er der Dokumentation der durchgeführten Untersuchungshandlungen. Der Grund für die Einholung dieser Bestätigung und der Durchführung von Untersuchungshandlungen liegt in der besonderen Sachkenntnis und Erfahrung des Prüfers, insbesondere des mit dem Emittenten vertrauten Abschlussprüfers. Die Beauftragung des Wirtschaftsprüfers erfolgt dabei auch im Hinblick auf eine etwaige Prospekthaftung und das bestehende

Interesse der Prospektverantwortlichen, insbesondere der Emissionsbanken, die Richtigkeit und Vollständigkeit der in einem Prospekt enthaltenen Angaben zu gewährleisten. Darüber hinaus sind im Comfort Letter vom Wirtschaftsprüfer prospektrelevante Finanzaussagen über den Zeitraum zwischen Stichtag des letzten geprüften Abschlusses und den Folgeperioden zu treffen. Das Institut der Wirtschaftsprüfer (IDW) hat in diesem Zusammenhang einen IDW-Prüfstandard „Grundsätze für die Erstellung eines Comfort Letters" entworfen. Sollte eine Börseneinführung mit einer Privatplatzierung in den Vereinigten Staaten beabsichtigt sein, so ist zusätzlich ein Comfort Letter nach dem SAS 72 US-Standard abzugeben. Bei der Mandatierung des Wirtschaftsprüfers ist rechtzeitig zu klären, ob dieser eine solche Bestätigung abgeben und die entsprechenden Ressourcen für die Erstellung der testierten Jahresabschlüsse und eines gegebenenfalls einer prüferischen Durchsicht unterzogenen Zwischenabschlusses zur Verfügung stellen kann.

Rechtsberater

Die Rechtsberatung bei einem Börseneinführungsprojekt kann in zwei Themenbereiche unterteilt werden. Der erste Themenbereich umfasst das gesellschaftsrechtliche Spektrum, worunter insbesondere die Umwandlung fällt. Hierbei sind die vorbereitenden Maßnahmen für den Rechtsformwechsel vom Rechtsanwalt vorzunehmen (Satzung, Hauptversammlungsbeschlüsse, Gesellschaftervereinbarungen). Der zweite Themenkomplex umfasst die eigentliche Transaktion und betrifft im Wesentlichen die Prospekterstellung. Der vom Emittent beauftragte Rechtsberater (Issuer's Counsel) ist für die inhaltliche Erstellung des Prospekts verantwortlich. Ferner übernimmt dieser die Verantwortung für die Vorbereitung der Due Diligence. In jüngster Zeit tritt bei größeren und internationalen Transaktionen noch ein weiterer Rechtsberater auf, der seitens der Emissionsbank mandatiert wird. Dieser ist im Wesentlichen für die prüferische Durchsicht des Prospekts sowie für die Durchführung der Due Diligence verantwortlich. Dieser so genannte „Underwriter's Counsel" wird von der Bank vorgeschlagen und in Abstimmung mit den Emittenten beauftragt. Die Konsortialbanken lassen sich wiederum die Aussagen im Prospekt im Hinblick auf ihre Vollständigkeit und Richtigkeit durch die beiden Rechtsanwälte in Form von Legal Opinions bestätigen, d.h. die rechtlich relevanten Prospektdarstellungen sind inhaltlich richtig und vollständig und entsprechen den gesetzlichen Vorschriften. Darüber hinaus wird in der Regel noch eine Disclosure Opinion verlangt, worin die Anwälte bestätigen, dass bei der Erstellung des Prospekts keine Ereignisse aufgetreten sind, die auf einen unrichtigen oder unvollständigen Prospekt schließen lassen. Bei der Auswahl des Rechtsberaters ist darauf zu achten, dass dieser über die entsprechende Transaktionserfahrung verfügt und insbesondere bei Privatplatzierungen in den USA auch die Legal Opinion nach US-Recht abgeben kann. Die Kostenverteilung ist in allen Fällen ein wichtiges Thema.

Investor Relations-/Public Relations-Agentur

Innerhalb des Börseneinführungsprozesses kommen der Agentur im Wesentlichen zwei Aufgabenverantwortlichkeiten zu. Zum einen hat sie den Emittenten im Vorfeld der Börseneinführung im Hinblick auf die Platzierung vorzubereiten, d.h. die internen Strukturen für eine Investor Relations-Tätigkeit aufzubauen. Zum anderen muss sie das Unternehmen am Kapitalmarkt zielgerichtet bekannt machen. Im Hinblick auf die Entscheidung für eine Finanzkommunikationsagentur ist darauf zu achten, wie gut die Equity Story des Unternehmens verstanden wurde. Dies ist die Grundvoraussetzung für eine erfolgreiche Kommunikationspolitik. Generell sind Agenturen zu wählen, die auch einen entsprechenden Wertbeitrag für die Weiterentwicklung der Equity Story geben können. Ferner ist für die Auswahl entscheidend, dass eine gute Beziehung zur Finanz- und Wirtschaftspresse besteht und die Berater die Sprache der Finanzanalysten sprechen und verstehen. Die Agentur sollte sich mit den rechtlichen Themen der Insiderproblematik auskennen und bei der Ausgestaltung der internen Kommunikationsstrukturen mithelfen. Mit inhaltlicher Kompetenz wird die Agentur entsprechende kreative Leistungen beisteuern können, die sich später z.B. in Managementpräsentation, Analystenpräsentation, aber auch Präsentationen für die Hauptversammlungen auswirken.

In diesem Zusammenhang überlegen viele Emittenten, die Investor Relations-Tätigkeit generell langfristig auf eine Finanzkommunikationsagentur auszulagern. Dies sollte gut überlegt werden, da ein direkter Ansprechpartner im Unternehmen vertrauensbildend wirkt. Die Mehrzahl der Unternehmen haben daher auch einen internen Investor Relations-Verantwortlichen, der neben dem Vorstand diese wichtige Aufgabe, mit Investoren zu kommunizieren, erfüllt.

Konsortialführer

Beabsichtigt der Emittent, seine Aktien bei der Erstnotierung an einem organisierten Markt zuzulassen, so ist eine Bank einzuschalten. Sollte nur eine Notierung im Freiverkehr vorgenommen werden, benötigt der Emittent ausschließlich einen an der Börse zugelassenen Handelsteilnehmer, der als Antragssteller für die in den Handel aufzunehmenden Aktien auftritt. Neben der formalen Börsenzulassung übernimmt die Konsortialbank auch die Verantwortung für die Aktienplatzierung im Rahmen eines öffentlichen Angebots und einer verbundenen Privatplatzierung; sie trägt damit die Hauptlast für das Gelingen der Transaktion. Daher soll im folgenden Abschnitt im Detail auf die Auswahl des oder der Konsortialführer eingegangen werden.

Auswahl der Konsortialführer

Bei der Erstemission von Aktien an der Börse spielt das Bankenkonsortium eine wichtige Rolle. Dabei kommt dem Konsortialführer eine herausragende Bedeutung zu, da er letztlich die Gesamtverantwortung für die Transaktion innehat und ab dem Zeitpunkt seiner Mandatierung sämtliche Aufgaben für das Projektmanagement, beginnend mit der Bearbeitung der Equity Story bis hin zur Übernahme der Aktien, erfüllt. Aus diesem Grund ist die gewissenhafte Vorbereitung bei der Auswahl des oder der Konsortialführer ein wichtiger Erfolgsfaktor des Börsengangs. Auf der anderen Seite sollte sich der Emittent, bevor er Kontakt mit einer Bank aufnimmt, gut vorbereiten, um seine und die Interessen der Eigner besser durchzusetzen. Eine unvorbereitete Ansprache mehrerer Banken führt in der Regel zu erheblichen Nachteilen, da zum einen ohne konkrete Überlegungen zum Emissionskonzept keine verbindlichen Aussagen von der Bank erwartet werden können. Zum anderen entsteht die Gefahr der Reputationsschädigung, da bei den Erstgesprächen in der Regel über die Finanzplanungen diskutiert wird, die jedoch aufgrund der fehlenden Plausibilitätsprüfung oftmals kurzfristig wieder korrigiert werden. Der richtige Zeitpunkt für die Ansprache potenzieller Konsortialbanken ist gekommen, wenn sich der Emittent über die Emissionsstruktur im Klaren ist sowie über eine fundierte und plausible Finanzplanung innerhalb der Equity Story verfügt.

Überblick über die Bankenlandschaft

Das Aktienprimärmarktgeschäft für Emissionsbanken ist von einer größenabhängigen Segmentierung geprägt. Im Jahr 2004 wurde ein Gesamtemissionsvolumen von 1,8 Mrd. € im deutschen Primärmarkt platziert, worunter fünf Neuzugänge zu registrieren waren. Im Folgejahr 2005 erhöhte sich das Gesamtemissionsvolumen auf 3,6 Mrd. €, wobei gleichzeitig die Zahl der Börseneinführungen auf 22 Transaktionen stieg. Führende Konsortialbank im Hinblick auf Zahl der Transaktionen sowie auf das anteilige Emissionsvolumen ist die Deutsche Bank, die insgesamt neun Börseneinführungen als Konsortialführer bzw. Joint Lead begleitete und ein anteiliges Transaktionsvolumen von 1,7 Mrd. € platzierte. Zu den weiteren wichtigen Akteuren zählen die Dresdner Kleinwort Wasserstein sowie die führenden angelsächsischen Emissionsbanken (Goldman Sachs, Morgan Stanley, CSFB oder UBS). Diese Banken beherrschen den Emissionsmarkt in Bezug auf das Emissionsvolumen zu 99 Prozent, wobei ihr ausschließlicher Fokus auf größere Transaktionen (> 50 Mio. €) sowie internationale Börsengänge gerichtet ist. Auf der anderen Seite bildete sich 2005 ein Markt für kleinere Emissionen, insbesondere mit Fokus auf heimische Investoren. Dieser Markt umfasste insgesamt elf Börseneinführungen mit einem gesamten Transaktionsvolumen von 0,13 Mrd. €. Dieser spezielle Markt wird von kleineren spezialisierten Emissionsbanken (Baader Wertpapierhandelsbank, Concord Effekten, Equinet, VEM Aktienbank) dominiert. Im Bereich der Notierungsaufnahmen ohne öffentliches Angebot treten kleinere Handelsbanken auf, die im Jahr 2005 mehr als 34 Transaktionen begleiteten. Die folgende Abbildung liefert einen Überblick über den Neuemissionsmarkt in den Jahren 2004 und 2005.

IPO Lead Mandate 2004–2005

Nr.	Bank	Anzahl IPO Lead Mandate	Anteiliges Emissions-volumen[1]	Median Emissions-volumen[1]	Median Marktka-pitalisierung[2]
1	Deutsche Bank	9	1.677,0	213,3	540,0
2	Morgan Stanley	4	1.137,5	554,2	1.238,9
3	CSFB	3	530,2	278,1	492,0
4	Goldman Sachs	2	386,6	495,1	916,6
5	HVB	1	341,6	1.024,8	2.296,0
6	DrKW	3	339,9	272,4	492,0
7	UBS	2	257,0	345,5	637,5
8	ABN Amro	1	145,0	435,0	841,0
9	JP Morgan	1	145,0	435,0	841,0
10	Citigroup	1	136,2	272,4	1.402,7
11	Commerzbank	1	106,7	213,3	540,0
12	DZ-Bank	1	88,7	88,7	202,7
13	Cazenove	1	64,6	129,3	268,5
14	VEM Aktienbank	2	32,5	16,3	64,0
15	Baader	3	26,2	8,0	33,0
16	WestLB	1	17,0	17,0	48,0
17	Bayrische LB	1	15,0	30,0	58,8
18	CONCORD Effekten	2	14,2	7,1	22,2
19	Merck Finck & CO.	1	13,9	13,9	55,5
20	Axxon	1	6,5	6,5	26,0
21	CCB Bank AG	1	6,2	6,2	28,5

1) ohne Mehrzuteilungsoption (Greenshoe)
2) Post Money Bewertung auf Basis Ausgabekurs (vor Greenshoe)

IPO Light Mandate 2004–2005*

Begleitendes Institut	Anzahl betreute Listings	davon im Freiverkehr / Open Market[1]	davon im Entry Standard[2]	davon im Geregelter Markt
VEM Aktienbank	10	5	2	3
Close Brothers Seydler	4	3	1	
CCB Bank	3	1	2	
Equinet	3	2	1	
Wolfgang Steubing	2	2		
Bankhaus Bauer	1			1
Bankhaus Neelmeyer	1	1		
Conrad Hinrich Donner Bank	1			1
HSBC Trinkhaus & Burkhardt	1			1
ING-BHF	1			1
MWB	1	1		
RG Securities	1	1		
Weserbank	1	1		

* Es wurden 28 von insgesamt 41 Listings (IPO-lights) berücksichtigt, da veröffentlicht
1) Open Markt ab dem 25.10.2005 (Gründungsdatum)
2) Ab dem 25.10.2005 (Gründungsdatum)

*Abb. 2: Primärmarktstatistiken für Konsortialführer
(Quelle: BLÄTTCHEN & PARTNER Datenbank)*

Aufgaben des Konsortialführers

Die Aufgaben des Konsortialführers bei einem Börsengang lassen sich in vier Themenblöcke zusammenfassen. Der erste Themenblock beinhaltet die Definition des Emissionskonzepts. Darin wird die Equity Story des Emittenten weiterentwickelt, das Vermarktungskonzept im Hinblick auf die Zielanlegerstruktur definiert, die Platzierungsstruktur in Bezug auf Umplatzierungs- und Kapitalerhöhungsanteil bestimmt und das Platzierungsverfahren festgelegt, worunter üblicherweise das Festpreis- und Bookbuilding-Verfahren fällt. Zu diesem Prozess gehört auch die Auswahl des Börsenplatzes sowie die Festlegung des Börsensegments. Darüber hinaus legt die Bank einen detaillierten Maßnahmen- und Zeitplan für die Platzierung fest, in der sämtliche Beteiligte an der Platzierung berücksichtigt werden.

Als zweites geht es um das Thema Börsenzulassung. Zu den wichtigsten Aufgaben zählen hierbei die Vorbereitungen und Durchführung der Due Diligences, die intensive Mitwirkung bei der Erstellung des Prospekts, die Abstimmung mit der BaFin und der Deutschen Börse für die Billigung und Zulassung des Prospekts sowie schließlich die Unterzeichnung des Übernahmevertrags (Underwriting Agreement), in der die Bank sich verpflichtet, die Aktien zu übernehmen.

Der dritte Themenblock umfasst die Platzierung der Aktien. An dieser Stelle ist die Bank verantwortlich für die Zusammenstellung des endgültigen Konsortiums und die Planung und

Durchführung der Pre-Marketing-Aktivitäten, worunter die Vorbereitung der Analystenpräsentationen, die Erstellung und Verbreitung von Unternehmensstudien (Research), die Auswahl der geeigneten Investoren (Pilot Fishing) und deren Ansprache zu verstehen ist. Ferner organisiert die Bank den Maßnahmenplan für die Roadshow und führt diesen gemeinsam mit den Vorständen des Emittenten durch. Darüber hinaus hat sie die Verantwortung für die Führung des Orderbuchs in ihrer Rolle als Bookrunner. Nach Abschluss der Angebotsphase (Bookbuilding) und der Preisfestlegung erfolgt die Übernahme der Aktien und deren Zuteilung.

Der vierte Aufgabenblock beinhaltet die Sekundärmarktbetreuung, die mit den Stabilisierungsmaßnahmen beginnt und in der Regel eine Frist von 30 Tagen nach Erstnotiz umfasst. Üblicherweise übernimmt der Konsortialführer auch die Rolle des Designated Sponsors (Liquiditätsförderer), in der er im Sekundärmarkthandel die Aktienbetreuung verantwortet.

Noch einmal zusammengefasst:

1. Definition des Emissionskonzepts
2. Thema Börsenzulassung
3. Platzierung der Aktien
4. Sekundärmarktbetreuung

Diese kurz skizzierten Kernaufgaben der Emissionsbank sind in ihrer Aufgabenkomplexität entscheidend davon abhängig, ob die Platzierung auf nationale Investoren oder im internationalen Rahmen erfolgen soll. Insbesondere bei einer internationalen Platzierung ist das Standing der Bank bei ausländischen Investoren entscheidend.

Definition der Auswahlkriterien

Die Definition der Auswahlkriterien lässt sich aus den Aufgabeninhalten der konsortialführenden Bank ableiten, wie sie im vorherigen Abschnitt beschrieben wurden. Entscheidend hierbei ist, um welche Transaktionen es sich bei dem Börsengang handelt. Grundsätzlich steigt die Anforderung an die Bank mit der Internationalität und der Größe der Transaktion. Grundsätzlich sollten bei der Auswahl folgende Fragen an die Emissionsbanken gestellt werden:

- Kann sich die Bank mit dem Geschäftsmodell des Emittenten identifizieren?
- Besitzt die Konsortialbank entsprechende Transaktionserfahrung in der Branche sowie in der Höhe des Transaktionsvolumens?
- Wie ist die Platzierungsstärke der Bank einzuschätzen (Zugang zu Investoren)?
- Mit welchem Analystenteam mit der entsprechenden Branchenexpertise kann die Bank aufwarten?
- Welche Reputation genießt das Analystenteam am Kapitalmarkt?

- Welche Provisionen und welche zusätzlichen Transaktionskosten (Underwriter's Counsel, Haftungssumme für den Comfort Letter) verlangt die Bank?
- Hat die Bank die ausreichenden Ressourcen, um die Transaktionen zeitnah abzuwickeln?
- Wie ist das persönliche Verhältnis zwischen dem Management und dem Kernteam der Bank?

Nicht sämtliche der genannten Kriterien können immer objektiv beurteilt werden, sie sind im Auswahlprozess auch entsprechend wenig transparent. Hier kann ein erfahrener IPO-Berater wichtige Informationen geben sowie Hilfestellung leisten. Gerade im Hinblick auf die Unternehmensbewertung, die die Bank während des Beauty Contest liefert und die als Indikation zu verstehen ist, ist Vorsicht geboten. An dieser Stelle sollte eine realistische Einschätzung von Seiten des IPO-Beraters gegeben werden, um eine überzogene Unternehmensbewertung der Bank auch realistisch einzuschätzen.

Organisation des Auswahlprozesses

Die Auswahl des Konsortialführers sollte in einem strukturierten Auswahlprozess erfolgen, um zum einen letztlich eine objektive Entscheidung bei der Auswahl zu treffen und zum anderen einen fairen Wettbewerbsprozess unter den potenziellen Emissionsbanken zu gewährleisten.

Definition der Equity Story/Erstellung des Factbook

Die Grundlage für die Gesprächsverhandlungen mit den potenziellen Konsortialführern ist das Factbook, in dem die Equity Story aus Sicht des Emittenten ausführlich beschrieben wird. Sie beinhaltet konkret die Unternehmensstrategie in Verbindung mit einer mehrjährigen integrierten Finanzplanung, allgemeine Angaben zum Emittenten sowie erste Eckpunkte zum Emissionskonzept. Je nach Komplexität des Geschäftsmodells ist zu entscheiden, ob das Factbook mehr in Form einer Präsentation oder als ausführliche Textversion erstellt wird.

Interessensabstimmung

Bevor das direkte Gespräch mit den Banken erfolgt, ist zu empfehlen, sämtliche Interessen zu klären, die das Management und das Unternehmen mit einem Börsengang verfolgen. Auf Managementebene betrifft dies unter anderem die komplette Besetzung des Vorstands oder die Incentivierung des Managements im Rahmen eines Beteiligungsprogramms. Die Gesellschafter sollten ein klares Verständnis darüber haben, ob zum Zeitpunkt des Börsengangs Anteile verkauft werden und welche Lockup-Vereinbarungen (Aktienhaltevereinbarung oder Marktschutzklauseln) für sie akzeptabel sind. Darüber hinaus sind gegebenenfalls Poolverträge zwischen den Altaktionären abzuschließen. Alle diese Punkte fließen in das Emissionskonzept ein.

Ableitung der Eckpunkte für die Emission

Auf Basis der mehrjährigen Finanzplanung sowie der Interessensabstimmung zwischen den Altaktionären und dem Management ist die Transaktionsstruktur festzulegen. Zum einen muss sich das Management im Klaren darüber sein, wie hoch der Mindestumfang der Kapitalerhöhung sein soll und wie deren Verwendung argumentiert werden kann. Ebenfalls ist der Umplatzierungsanteil abzuleiten. Darüber hinaus sollte ein einheitliches Verständnis darüber bestehen, welche Börse und welches Börsensegment angestrebt werden sollte sowie welches Timing für die Platzierung angedacht wird. Bei der Festlegung der Eckpunkte kann ein externer Berater wertvolle Dienste leisten, indem er seine Erfahrungen aus vergangenen Transaktionen einfließen lässt.

Definition der Auswahlkriterien/Erstellung der Shortlist

Nachdem die Eckpunkte des Emissionskonzepts definiert worden sind, können potenzielle Emissionsbanken herausgesucht werden, die für den Beauty Contest in Frage kommen. Dabei ist zu beachten, dass nicht jede Emissionsbank auch jede Transaktion begleitet, da zum Teil ein bestimmtes Mindesttransaktionsvolumen vorausgesetzt wird oder nur bestimmte Branchen bevorzugt werden. Ferner sollte sich der Emittent einen Überblick über vergangene Transaktionen der Banken verschaffen, um einen Eindruck davon zu bekommen, über welche Marktreputation die jeweilige Bank verfügt und wie ihr Research beschaffen ist. Ferner sollte eine Checkliste erstellt werden, anhand derer der nächste Schritt im Auswahlprozess folgen kann.

Bankenansprache und Beauty Contest

Nachdem sich das Management und gegebenenfalls die Gesellschafter auf eine Shortlist potenzieller Konsortialführer verständigt haben, hat als Nächstes per Telefon der Erstkontakt zu erfolgen. Darin sollte der Emittent kurz vorgesellt und die Absicht für das Abhalten eines Beauty Contest für eine Börseneinführung angesprochen werden. In diesem ersten Telefonat kann schon ermittelt werden, inwieweit Interesse bzw. auch Kapazitäten seitens der jeweiligen Bank bestehen, auch ernsthaft an einem Beauty Contest teilzunehmen. Im Anschluss können der Bank das Factbook weitergeleitet und terminliche Eckpunkte für die Managementpräsentation vereinbart werden. Insgesamt sollten nicht mehr als fünf bis sechs Banken angesprochen werden, um zum einen die Ressourcen des Managements nicht überzustrapazieren und zum anderen eine zu breite Marktstreuung zu vermeiden.

Das erste direkte Gespräch mit dem Management und den Banken erfolgt bei der Managementpräsentation, die möglichst komprimiert innerhalb von zwei Tagen stattfinden sollte. Dafür ist eine gut vorbereitete Präsentation zu erstellen, in der nochmals ausführlich die Unternehmensstrategie, das Unternehmen selbst sowie die Eckpunkte des Emissionskonzepts aus Sicht des Emittenten vorgestellt werden. Ferner können Fragen vom Management beantwortet werden, die seitens der Bank beim Studium des Factbook aufgetreten sind. Im Ergebnis der Managementpräsentation sollte bereits ein Termin festgelegt werden, bei dem die Bank ihre Überlegungen zu einem Börsengang darlegt. In der Regel ist der Bank für die sorgfältige Vorbereitung ca. zwei Wochen Zeit zu geben.

Beim anschließenden Beauty Contest legen die interessierten Banken ihre Überlegungen für einen Börsengang dar, indem sie über das Verständnis der Equity Story und die künftige Positionierung des Unternehmens am Kapitalmarkt eine Beurteilung treffen, einen Vorschlag über die Transaktionsstruktur unterbreiten (Platzierungsvolumen, Börse, Börsensegment), eine erste Bewertungsindikation abliefern, das Kernteam für die Transaktion vorstellen, das Timing für die Durchführung der Transaktion besprechen, die Kosten benennen (Bankenprovision, sonstige anfallende Gebühren und Kosten) und schließlich erklären, welche Maßnahmen für die Platzierung der Aktie vorstellbar sind und wie die Sekundärmarkt-Betreuung aussieht. Am Ende des Beauty Contest sollten sämtliche Präsentationen in ihren wichtigsten Eckpunkten und anhand der ausgewählten Auswahlkriterien zusammengefasst und im Anschluss den Entscheidungsträgern, in der Regel Vorstand und Gesellschafter, zur Diskussion vorgelegt werden.

Entscheidung und Verhandlung des Letter of Engagement

Kurz nach dem Beauty Contest sollte bereits die Entscheidung gefällt werden, mit welcher Bank in Verhandlung getreten werden soll. Grundlage für die Mandatierung bildet der so genannte „Letter of Engagement" (LoE). Im LoE sind die wesentlichen Eckdaten des Börsengangs vertraglich fixiert. Als Vertragsparteien treten hierbei das Unternehmen sowie die Altgesellschafter auf. Beim LoE handelt es sich um eine Rahmenvereinbarung, in der sowohl materielle Punkte sowie Rechte und Pflichten bei der Durchführung der Transaktion geregelt werden. Dabei werden bereits erste Vereinbarungen geschlossen, die später in den so genannten „Übernahmevertrag" einfließen. Im LoE werden in der Regel folgende Punkte festgehalten:

- Emissionsstruktur, d.h. Umfang und Herkunft der zu platzierenden Aktien
- Zuteilungsquoten für das künftige Konsortium
- Leistungen des Konsortialführers
- Umfang der Due Diligences, in denen die Prüffelder, die Kosten und deren Übernahme geregelt werden

Ferner sollte festgelegt werden, wer die Due Diligences im Einzelnen durchführt. In der Regel sind dies für die Financial Due Diligence externe Wirtschaftsprüfer und für die Legal Due Diligence gegebenenfalls eine von der Bank beauftragte Anwaltskanzlei. Ein weiterer Punkt sind die Lockup-Fristen, denen sich die Gesellschafter und das Unternehmen unterwerfen wollen.

In der Praxis spielen Haftungsvereinbarungen eine ganz große Rolle, d.h. im LoE wird aufgeführt, welche haftungsbefreienden Erklärungen die Beteiligten abgeben müssen. An dieser Stelle sind der Comfort Letter seitens des Wirtschaftsprüfers sowie die Legal und Disclosure Opinions der beauftragten Rechtsanwälte zu nennen. Ein wichtiger Vereinbarungspunkt ist die Provisionsregelung für die Bank. In ihr wird die Höhe der Börseneinführungsprovision festgelegt und aufgeschlüsselt in Management-, Selling- und Underwriting-Fee. Darüber hinaus ist es üblich geworden, eine so genannte „Incentive-Fee" mit den Banken zu vereinbaren. Ebenfalls sollten weitergehende Kosten definiert werden, die beispielsweise die Prospekterstellung sowie die Durchführung der Due Diligence betreffen.

Neben diesen Punkten treten noch Sonderthemen auf (Rücktrittsrecht der Bank bei außergewöhnlichen Ereignissen, Art der Hinterlegungsstelle, Umfang der Pre-Marketing-Maßnahmen oder Art und Umfang von Werbemaßnahmen). Hinzu kommen Vertraulichkeitsregelungen sowie Festschreibungen der Bewertungsindikation. In der Praxis haben sich Standards durchgesetzt, die jedoch kritisch vom Emittenten unter Mitwirkung seines Rechtsanwalts sowie des Emissionsberaters geprüft und schließlich auch verhandelt werden sollten. Die Verhandlung dauert in der Regel zwei bis drei Wochen, wobei es zum Teil schon üblich geworden ist, vor Unterzeichnen dieses Rahmenvertrags das Projekt mit der jeweiligen Bank zu beginnen.

Zusammenstellung des Konsortiums

Im LoE wird in der Regel eine Zuteilungsquote für ein künftiges Konsortium vereinbart. Die Zusammenstellung des Syndikats erfolgt einvernehmlich zwischen dem Unternehmen und der konsortialführenden Bank, wobei es zum Teil üblich geworden ist, dass der Emittent Vorschläge bezüglich weiterer Konsortialmitglieder macht. Die Auswahl der Konsortialmitglieder hängt maßgeblich davon ab, welchen Platzierungsschwerpunkt die beteiligten Banken haben. In der Regel verfügen sie über einen vorrangigen Zugang zu institutionellen Investoren mit internationalem Schwerpunkt. In solchen Fällen empfiehlt es sich, dass ein weiteres Mitglied beispielsweise eine herausragende Stellung bei Privatkunden auf nationaler Ebene genießt. Darüber hinaus ist es wichtig, dass es für die weiteren Konsortialmitglieder einen zusätzlichen Beitrag im Bereich des Research gibt. Hier sollten entsprechende Expertisen vorliegen. Ein weiteres Auswahlargument ist eine langjährig bestehende Geschäftsbeziehung zum Emittenten. Grundsätzlich hängt der Umfang des Konsortiums von der Größe der Emission ab und von der beabsichtigten Platzierungsstruktur. Es ist dabei zu empfehlen, dass neben dem Konsortialführer mindestens eine zweite Bank Börseneinführungen begleitet. Ein Zweierkonsortium ist bei Transaktionsvolumina von max. 50 Mio. € durchaus üblich und in der Regel auch von den Konsortialführern gewollt. Bei größeren Transaktionen ist es sinnvoll, ein Joint Lead-Mandat zu wählen, d.h. zwei Banken übernehmen die Führung bei der Transaktion und gleichzeitig auch die Rolle als Bookrunner. In diesem Fall führen zwei Banken das Zeichnungsbuch und bauen dieses während der Zeichnungsfrist parallel auf. Diese Joint Bookrunner-Konstellation ist bei internationalen Platzierungen sinnvoll, bei denen sich eine Bank ausschließlich auf internationale und die andere nur auf nationale Investoren konzentriert. Neben den eigentlichen Konsortialbanken können auch kleinere regionale Banken als so genannte „Selling Agents" mit einbezogen werden. Diese Selling Agents fungieren als zusätzliche Platzierungshilfe für den Konsortialführer, indem sie einen kleinen ausgewählten Anlegerkreis (z.B. Internetanleger) ansprechen.

Zwischen dem Unternehmen und den Konsortialbanken wird ein Übernahmevertrag (Underwriting Agreement) abgeschlossen, in dem die schon in dem LoE geregelten Emissionsparameter noch einmal im Detail festgehalten werden. Darüber hinaus wird in diesem Vertrag die Beziehung zwischen den konsortialen Mitgliedern untereinander geregelt, wozu die Aufteilung der Provision, die Pflichtübernahme der Aktien sowie die Durchführung der Stabilisierungsmaßnahme zählen. In der folgenden Abbildung sind beispielhaft in der Praxis aufgetretene Konsortialstrukturen in den Jahren 2005 und 2006 aufgeführt.

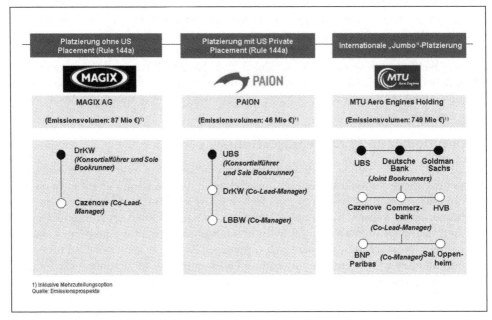

Abb. 3: Beispiele für Konsortialstrukturen

Zusammenwirken der Projektbeteiligten/Projektmanagement

Ein Börseneinführungsprojekt ist, wie aufgezeigt, ein facettenreiches Unterfangen, wofür es kein Standardkonzept geben kann. Unterschiedliche Ausgangssituationen der Emittenten, verschiedenste Zielsetzungen der Eigentümer und des Managements, die Besonderheiten des Kapitalmarktes sowie die unterschiedlichen Techniken des Börsengangs machen eine detaillierte Analyse und entsprechende gute Vorbereitungen des Ablaufs bei der Börseneinführung notwendig. Die Erfahrung zeigt, dass die Ziele eines Börsengangs nur durch ein straffes Projektmanagement realisiert werden können, um zeitliche Mehrbelastungen des

Managements, höhere Kosten sowie ein schlechtes Image des Unternehmens zu vermeiden. Daher sollte bereits in der frühen Phase eines Börseneinführungsprojekts ein professionelles Projekt-Management eingerichtet werden. Die Gesamtverantwortung für das Projekt-Management sollte einem kapitalmarkterfahrenen externen Berater übertragen werden, der zum einen die Rolle des Projektverantwortlichen übernimmt und zum anderen als neutraler und kompetenter Vermittler zwischen den unterschiedlichen Interessensparteien auftritt. Eine erfolgreiche Börseneinführung ist stets das Ergebnis einer optimalen Zusammenarbeit zwischen Rechtsanwälten, Wirtschaftsprüfern, Steuerberatern, Finanzkommunikationsagenturen sowie der konsortialführenden Bank. Wie eine Arbeitsgruppenorganisation für die Vorbereitung eines Börseneinführungsprojekts aussehen kann, zeigt beispielhaft folgende Abbildung. Jeder Arbeitsgruppe ist ein Team von Spezialisten zugeordnet, die im Rahmen eines Projektmanagement-Verantwortlichen koordiniert werden. Die erzielten Ergebnisse der Arbeitsgruppen werden in der Lenkungsausschusssitzung zur Information oder Entscheidung vorgetragen. Im Lenkungsausschuss befinden sich in der Regel der Vorstand, der Aufsichtsrat oder aber auch Vertreter der Eigentümer.

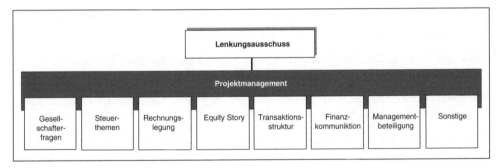

Abb. 4: Beispielhafte Projektorganisation

Fazit

Die Rahmenbedingungen für eine Börseneinführung sind einem stetigen Wandel unterzogen. Zum einen ändern sich die gesetzlichen Rahmenbedingungen und zum anderen wechseln die Kapitalmarktanforderungen seitens der Investoren. Dieser Umstand erfordert, dass sich die Projektbeteiligten in einem Börsengangprozess den ständig wachsenden Anforderungen anzupassen haben und ihre Kenntnisse laufend erweitern. Im Ergebnis muss ein Projektteam zustande kommen, das eine professionelle Durchführung garantiert, so dass als einzige unvorhersehbare Variable das Kapitalmarktumfeld bleibt.

Literatur

Blättchen/Nespethal, Wege zur Erlangung der Börsennotierung: IPO und Cold IPO, in: Ganzheitliches Corporate Finance Management, Wiedmann/Heckemüller (Hrsg.), Gabler Verlag, 2003.

Blättchen/Wegen, (Hrsg.), Übernahme börsennotierter Unternehmen, Schäffer-Poeschel Verlag, 2003.

Blättchen, Die Bewertung von Wachstumsunternehmen beim Börsengang, in: Handwörterbuch der Unternehmensfinanzierung, Krimphove, Tytko (Hrsg.), Schäffer-Poeschel Verlag, 2002.

Blättchen, Börsenzulassung, in: Handwörterbuch des Bank- und Finanzwesens (3. überarbeitete Auflage), Gerke, Steiner (Hrsg.), 2001.

Blättchen/Jasper/Götz, Being Public, DIHT Deutscher Industrie- und Handelskammertag (Hrsg.), 2001.

Blättchen/Jasper, Going Public – Wachstumsfinanzierung über die Börse, 2. überarbeitete Auflage, Deutscher Industrie- und Handelstag (Hrsg.), 2001.

Blättchen, Externe Beratung von Technologieunternehmen auf dem Weg zur Börse, in: Hightech goes Public, Korn (Hrsg.), Gabler Verlag, 2000.

Blättchen, Börsenzulassung, in: Handwörterbuch des Bank- und Finanzwesens, 2. überarbeitete Auflage, Gerke, Steiner (Hrsg.), 2000.

Blättchen, Warum Sie überhaupt an die Börse gehen sollen – Die Sicht des externen Beraters, in: Going Public – Der Gang an die Börse, 3. überarbeitete Auflage, Volk (Hrsg.), Schäffer-Poeschel Verlag, 2000.

Gutschlag/Francioni, Der Neue Markt, in: Going Public – Der Gang an die Börse, 3. überarbeitete Auflage, Volk (Hrsg.), Schäffer-Poeschel Verlag, 2000.

Blättchen/Jacquillat, Börseneinführung – Theorie und Praxis, Fritz Knapp Verlag, 1999.

Blättchen, Mitautor Kommission unter Vorsitz von Prof. Dr. Vollmer, Börsenzugang für kleine und mittlere Unternehmen Bericht der Kommission „Zweiter Börsenmarkt", Ministerium für Wirtschaft, Mittelstand und Technologie, Baden-Württemberg, 1987.

Erstellung der erforderlichen Dokumente

Dr. Herbert Harrer und Christoph F. Vaupel, Linklaters

Zusammenfassung

Der Börsengang eines Unternehmens ist ein komplexer Vorgang, der eine Reihe von Verträgen zwischen den beteiligten Parteien und weiteren Dokumenten voraussetzt. Hierzu zählen insbesondere die Mandatsvereinbarung, der Übernahmevertrag (einschließlich Preisfestsetzungsvertrag), der Börseneinführungsvertrag, Designated Sponsor-Verträge, der Konsortialvertrag, Marktschutzvereinbarungen und gegebenenfalls ein Wertpapierleihvertrag. Zur Festlegung des zulässigen Rahmens für die Öffentlichkeitsarbeit werden Publizitätsrichtlinien erstellt und zur Beachtung für die Analysen im Rahmen der Erstellung der Research-Berichte werden Research-Richtlinien erlassen.

Schließlich sind – abhängig von der Struktur der Transaktion – im Rahmen eines Börsengangs eine Reihe gesellschaftsrechtlicher Dokumente erforderlich, z.B. eine für ein börsennotiertes Unternehmen geeignete Satzung, ein Kapitalerhöhungsbeschluss, Beschlüsse von Vorstand und Aufsichtsrat sowie gegebenenfalls ein Hauptversammlungsbeschluss. Ist im Rahmen des Börsengangs eine Mitarbeiterbeteiligung vorgesehen, ist auch hierfür eine Dokumentation erforderlich.

Mandatsvereinbarung

In der Mandatsvereinbarung zwischen dem Emittenten und dem Konsortialführer sowie gegebenenfalls abgebenden Aktionären werden die Rahmenbedingungen und die Eckdaten der Mandatsbeziehung für den Börsengang festgelegt. Dabei handelt es sich um einen entgeltlichen Geschäftsbesorgungsvertrag im Sinne von § 675 BGB.

Die Präambel dieser Mandatsvereinbarung enthält häufig eine Darstellung der geplanten Transaktionsstruktur hinsichtlich Umfang und Herkunft der Aktien für die Kapitalmaßnahme und der vorgesehenen gesellschaftsrechtlichen Maßnahmen. Es folgt die konkrete Erteilung des Mandats als Konsortialführer und die Darstellung der im konkreten Einzelfall vorgesehenen Aufgaben des Konsortialführers. Der Tätigkeitsumfang umfasst normalerweise:

- die Beratung und Koordination bezüglich der Kapitalstruktur, des Zeitplans und der vorbereitenden Organisation des Börsengangs
- die in Absprache mit dem Unternehmen erfolgende Auswahl und Einladung der Konsortialbanken
- die Erstellung der für das Angebot notwendigen Dokumentation
- die Betreuung des Billigungs- und Zulassungsverfahrens einschließlich der Korrespondenz mit der Bundesanstalt für Finanzdienstleistungsaufsicht (BaFin) und der Wertpapierbörse

Der Konsortialführer übernimmt in der Regel auch:

- die Vermarktung der anzubietenden Aktien
- die Veröffentlichung von Research-Berichten
- die Überprüfung der Einhaltung der Publizitätsrichtlinien
- die einvernehmliche Festlegung der Preisspanne
- die Durchführung des öffentlichen Angebots und der Privatplatzierung in ausgewählten Ländern
- die Durchführung des Bookbuilding-Verfahrens
- die einvernehmliche Festlegung des Emissionspreises
- die Erstellung der Vertragsdokumentation
- die Durchführung einer umfassenden Legal, Financial und Business Due Diligence

Die Mandatsvereinbarung enthält in der Regel eine ausdrückliche Klarstellung, dass die Bedingungen, zu denen die Aktienplatzierung durch den Konsortialführer durchzuführen ist, in einem separaten Übernahmevertrag zwischen den Parteien geregelt wird und die Mandatsvereinbarung keine Verpflichtung des Konsortialführers zur Übernahme oder zum Bezug von Aktien darstellt.

Die Mandatsvereinbarung enthält als weiteren Bestandteil eine Provisionsvereinbarung und die Regelung der Kostenerstattung. Die Verpflichtung zur Erstattung der Kosten und Aufwendungen des Konsortialführers, insbesondere von im Einvernehmen mit der Gesellschaft vom Konsortialführer eingeschalteten Dritten, wie Rechtsanwälten und Wirtschaftsprüfern, erfolgt in der Regel unabhängig von der Durchführung der Platzierung und wird häufig pauschaliert und teilweise hinsichtlich der Erstattung von Drittkosten durch erstattungsfähige Höchstbeträge begrenzt.

Zur vertraglichen Absicherung des Informationsbedürfnisses des Konsortialführers enthält die Mandatsvereinbarung weiterhin eine Verpflichtung des Emittenten und unter Umständen auch der Altaktionäre zur umfassenden Information und zur angemessenen Mitwirkung bei der Erstellung des Wertpapierprospekts. Daneben wird in der Regel eine wechselseitige Verpflichtung zur Vertraulichkeit, eine Marktschutzvereinbarung der Gesellschaft und der Altaktionäre sowie eine Verpflichtung zur Abstimmung der Öffentlichkeitsarbeit in Übereinstimmung mit den Publizitätsrichtlinien vereinbart. Weiterhin enthält die Mandatsvereinbarung häufig bereits bestimmte Gewährleistungen und Verpflichtungen des Emittenten und gegebenenfalls der Altaktionäre, die jedoch erst im Übernahmevertrag abschließend geregelt werden. Teilweise enthalten Mandatsvereinbarungen bereits eine Indikation für die vorgesehene Unternehmensbewertung oder jedenfalls die abstrakte Angabe der anzuwendenden Bewertungsfaktoren einschließlich der Nennung von für die Bewertung bedeutenden Vergleichsunternehmen. Auch die Ausschließlichkeit der Mandatierung oder eine vertragliche Beschränkung des Konsortialführers, Börsengänge oder Kapitalmaßnahmen bestimmter Konkurrenzunternehmen des Emittenten zu begleiten, kann Teil einer Mandatsvereinbarung sein.

Die Haftungsregelung beschränkt die Haftung des Konsortialführers in der Regel auf grobe Fahrlässigkeit oder die Sorgfalt eines ordentlichen Kaufmanns, während der Emittent und möglicherweise auch einzelne Altaktionäre in der Regel unbegrenzt für die Richtigkeit und Vollständigkeit des Prospekts, der darin enthaltenen Angaben rechtlicher, tatsächlicher und wertender Art sowie des sich daraus ergebenden Gesamtbildes der Vermögens-, Finanz- und Ertragslage des Unternehmens die Verantwortung übernehmen. Zusätzlich verpflichten sich der Emittent und unter Umständen auch die Altaktionäre, die Konsortialbanken und deren Mitarbeiter von Schadensersatzansprüchen Dritter, Schäden oder sonstigen wirtschaftlichen Nachteilen einschließlich angemessener Kosten der Schadensabwehr (insbesondere Rechtsberatungskosten) freizustellen.

Eine Mandatsvereinbarung enthält häufig auch Bestimmungen zur Kündigung der Vereinbarung sowie einige aufschiebende Bedingungen, z.B. einen für die Konsortialbanken zufrieden stellenden Abschluss der Due Diligence und des Nichtvorliegens höherer Gewalt und eine Regelung über die Laufzeit sowie Kündigungsmöglichkeiten.

Übernahmevertrag

Allgemeines

Der Übernahmevertrag wird zwischen dem Emittenten und dem Konsortialführer und in der Regel den weiteren Konsortialbanken und gegebenenfalls den abgebenden Aktionären abgeschlossen. Der Übernahmevertrag enthält Regelungen über:

- die Zeichnung der neuen Aktien und/oder den Erwerb von Altaktien
- Verpflichtungen und Gewährleistungen

- Haftungsfreistellungen
- aufschiebende Bedingungen
- mögliche Stabilisierungsmaßnahmen
- Rücktrittsvereinbarungen
- Provisionen und Kostenerstattungen
- die Platzierung der Aktien
- die Übertragung der Wertpapiere sowie ihre Abrechnung und Lieferung
- die Börsenzulassung
- den Marktschutz
- Benachrichtigungen
- Bevollmächtigungen
- den Gerichtsstand
- die Rechtswahl

Als Anlagen sind dem Übernahmevertrag in der Regel beigefügt:

- Angaben der Konsortialquoten
- Entwurf des Preisfestsetzungsvertrags
- Entwurf des Comfort Letters
- Entwurf der Legal Opinions und Disclosure Opinions
- Bestätigungsschreiben („Officer Certificate") der Gesellschaft und der abgebenden Aktionären.

Trotz dieser Standardelemente unterscheiden sich Übernahmeverträge je nach nationaler oder internationaler Ausgestaltung, Struktur der Kapitalmaßnahmen (Altaktien oder neue Aktien), Konsortialführer sowie den Marktgegebenheiten und der Verhandlungsmacht des Emittenten und der Altaktionäre wesentlich.

Im Regelfall handelt es sich bei dem Übernahmevertrag um einen Vertrag sui generis mit Elementen eines Geschäftsbesorgungsvertrags gemäß §§ 675, 611 BGB hinsichtlich der Börseneinführung. Sofern es sich nur um die Umplatzierung von Altaktien handelt, liegt ein Kaufvertrag mit Elementen eines Geschäftsbesorgungsvertrages vor. Bei der Umplatzierung von Altaktien kann es sich auch um eine kommissionsweise Übernahme handeln, bei der sich die Konsortialbanken nur verpflichten, sich nach besten Kräften um die Platzierung der Aktien bei Investoren zu bemühen, die Aktien bei fehlender Platzierbarkeit jedoch nicht von den Konsortialbanken übernommen werden. In diesem Fall handelt es sich beim Übernahmevertrag häufig um einen Maklervertrag im Sinne von § 652 ff. BGB. Im Einzelfall garantieren die Konsortialbanken durch Ergänzung garantievertraglicher Vertragsbestandteile die Übernahme der Aktien zu einem bestimmten Preis oder Mindestpreis, wobei die Konsortialbanken in diesem Fall ein erhebliches Kursänderungs- und Platzierungsrisiko tragen, jedoch bei Fehlen einer Mehrerlösabführungsregelung auch ein überproportionales Erlöspotenzial besteht. Die Verpflichtung zur Übernahme von Aktien im Rahmen eines Börsengangs durch den Konsortialführer erfolgt nicht bereits bei Unterzeichnung der Mandatsvereinbarung, sondern erst mit dem in der Regel vor Billigung des Prospekts oder kurz vor Ende der Bookbuilding-Periode unterzeichneten Übernahmevertrags zur Zeichnung der unter Ausschluss des Bezugsrechts der Altaktionäre ausgegebenen neuen Aktien. Die Übernahmeverpflichtung ist durch verschiedene aufschiebende Bedingungen und die Möglichkeit der Beendigung des Übernahmevertrags durch Rücktritt oder Kündigung eingeschränkt.

Zeichnungs- und Übernahmeverpflichtung

Typische Ausgestaltung
Die Kernbestimmung des Übernahmevertrags ist die Verpflichtung des Konsortialführers bzw. im Einzelfall auch der anderen Konsortialbanken zur Zeichnung der regelmäßig im Wege der Kapitalerhöhung unter Ausschluss des Bezugsrechts im Rahmen einer Hauptversammlung oder aus genehmigtem Kapital zu schaffenden neuen Aktien und/oder zum Erwerb von umzuplatzierenden Altaktien von den abgebenden Aktionären. Die aktienrechtliche Zeichnung junger Aktien gemäß § 185 AktG durch den Abschluss eines gesonderten kooperationsrechtlichen Zeichnungsvertrages erfolgt in der Regel aus Abwicklungsgesichtspunkten nur durch den Konsortialführer, nicht jedoch durch das gesamte Emissionskonsortium. Der Konsortialführer verpflichtet sich jedoch zur Zuteilung der gezeichneten Aktien innerhalb des Bankenkonsortiums entsprechend den vereinbarten Zuteilungsquoten und mit den anderen Konsortialbanken gemeinsam zur Platzierung der übernommenen Aktien an Investoren und die Abführung des Mehrerlöses (abzüglich des bereits eingezahlten Nennbetrags) an den Emittenten bzw. im Fall der Umplatzierung von Altaktien an die abgebenden Aktionäre.

Die Schaffung der zu emittierenden neuen Aktien erfolgt in der Regel aus einer Kapitalerhöhung unter Bezugsrechtsausschluss gegen Bareinlage (§ 182 ff. AktG), die im Rahmen einer außerordentlichen Hauptversammlung beschlossen oder aus genehmigtem Kapital (§ 202 ff. AktG) durchgeführt wird. Die Verwendung von genehmigtem Kapital führt zu wesentlichen Verfahrensvereinfachungen und mangels des Erfordernisses zur Durchführung einer Hauptversammlung auch zu einer zeitlichen Beschleunigung der Kapitalmaßnahmen. Die neuen Aktien entstehen mit Eintragung der Durchführung der Kapitalerhöhung in das Handelsregister. Der erforderliche Bezugsrechtsausschluss erfolgt gemäß § 186 Abs. 3 AktG bei Vorliegen der hierfür erforderlichen formellen und materiellen Voraussetzungen.

Zeichnung zum (rechnerischen) Nennbetrag
Zur Reduzierung des Übernahmerisikos der Banken erfolgt die Platzierung der neuen Aktien durch den Konsortialführer in der Praxis im Rahmen eines zweistufigen Verfahrens

durch Zeichnung ausschließlich zum (rechnerischen) Nennbetrag, ohne Festsetzung eines über dem Nennbetrag liegenden Ausgabebetrages im Sinne von § 185 Abs. 1 Satz 3 Nr. 2 AktG. Die Differenz zwischen dem auf ein Sonderkonto Kapitalerhöhung einbezahlten Nennbetrag und dem Bezugspreis (Emissionspreis) der platzierten Aktien erfolgt dagegen aufgrund der schuldrechtlichen Regelungen im Übernahmevertrag und im Zeichnungsschein erst nach Eingang der Zahlung des Emissionspreises durch die Anleger. Auf der ersten Stufe erfolgt die aktienrechtliche Zeichnung des Konsortialführers gegenüber dem Unternehmen zum Nennbetrag als festgelegtem Ausgabebetrag und eine eigenständige Erfüllung der Einzahlungsverpflichtung. Auf der zweiten Stufe erfolgt die Aktienübertragung zwischen der Bank und den bei der Zuteilung berücksichtigten Anlegern zum festgelegten Emissionspreis (bzw. Bezugskurs) und der Erlös wird nur aufgrund der schuldrechtlichen Abrede zwischen den Konsortialbanken und dem Emittenten im Übernahmevertrag bzw. im Zeichnungsschein abgeführt. Das zweistufige Verfahren ist nach überwiegender Meinung (ü.M.) zulässig, da das Gebot der Volleinzahlung im Aktienrecht (§ 36 a Abs. 1 AktG) nur dem Verkehrs- und nicht dem Gläubigerschutz dient und die Verpflichtung zur Mehrerlösabführung der Konsortialbanken nur rein schuldrechtliche Wirkung entfaltet und gegenüber dem Erwerber einer Aktie keine entsprechende Verpflichtung begründet.

Hauptgründe für die Zeichnung der neuen Aktien zum Nennbetrag sind:

1. die im Falle einer Über-pari-Zeichnung bestehende Verpflichtung zur vollständigen Einzahlung der Differenz zwischen dem Nennbetrag und einem darüber liegenden Emissionspreis (§ 188 Abs. 2 in Verbindung mit § 36a Abs. 1 AktG) bereits vor Anmeldung der Durchführung der Kapitalerhöhung

2. die größere zeitliche Flexibilität bei der Festsetzung des Emissionspreises im Wege des Bookbuilding-Verfahrens, die erst nach Eintragung der Kapitalerhöhung erfolgen kann

3. die Möglichkeit, unter Verzicht auf einen beim Festpreisverfahren üblichen Sicherheitsabschlag auch nach Eintragung der Kapitalerhöhung bei der Festlegung des Emissionspreises auf negative Entwicklungen im Kapitalmarkt reagieren zu können

4. die Annäherung an internationale Usancen, bei denen für die Konsortialbanken häufig kein Übernahme- und Finanzierungsrisiko besteht

In Einzelfällen kann sich bei der Einzahlung von Barmitteln die Thematik des Vorliegens einer verdeckten Sacheinlage stellen. Nach wohl ü.M. zulässig, da das Gebot der Volleinzahlung im Aktienrec unterliegen zeitnahe Tilgungs- und Zinszahlungen aus Bareinlagemitteln im Rahmen normaler Kreditgeschäfte zwischen dem Emittenten und der die Kapitalerhöhung zeichnenden Konsortialbank nicht der Haftung nach den Grundsätzen der verdeckten Sacheinlage. Dies soll sowohl für den Fall, dass eine Emissionsbank im Rahmen einer Barkapitalerhöhung mit mittelbarem Bezugsrecht Aktien zeichnet und mit den Eigenmitteln des Emittenten ein Darlehen der Emissionsbank tilgt, als auch für den Fall einer Zeichnung und Übernahme von Aktien im Rahmen einer Kapitalerhöhung mit Ausschluss des gesetzlichen Bezugsrechts durch einen Konsortialführer gegen Bareinlage im Rahmen eines Börsengangs zum Nennbetrag gelten.

Haftung des Bankenkonsortiums

Im Regelfall verpflichtet sich nur der Konsortialführer zur Zeichnung und Übernahme der Aktien im Rahmen der Kapitalerhöhung des Emittenten, der sich wiederum gegenüber den anderen Konsortialbanken verpflichtet, diesen die ihren Quoten entsprechenden Aktien zur Platzierung zur Verfügung zu stellen. Dementsprechend enthält der Konsortialvertrag und in der Regel auch der Übernahmevertrag eine Festlegung der vorgesehenen Quotenverteilung innerhalb des Konsortiums, zu der sich die Konsortialbanken jeweils zur Übernahme der entsprechenden Aktien vom Konsortialführer verpflichten. Für das Bankenkonsortium wird in der Regel die gesamtschuldnerische Haftung sowie das Eigentum zur gesamten Hand und das Miteigentum nach Bruchteilen ausgeschlossen und jede Konsortialbank erwirbt in Höhe ihrer jeweiligen Konsortialquote die entsprechende Zahl der Aktien zum Alleineigentum. Ziel der Beschränkung der Haftung jedes Konsortialmitglieds auf die jeweilige Konsortialquote ist der Ausschluss der gesamtschuldnerischen Haftung aller Konsortialmitglieder gemäß § 427 BGB.

Mehrzuteilungsoption

Der Übernahmevertrag enthält regelmäßig auch Bestimmungen über die Mehrzuteilungsoption (Greenshoe). Die Mehrzuteilungsoption gewährt dem Konsortialführer für Rechnung der Konsortialbanken eine Kaufoption, während eines Zeitraums von in der Regel 30 Tagen nach Zuteilung der Aktien weitere Aktien in Höhe von bis zu 15 Prozent des Basisvolumens zum Emissionspreis zu erwerben. Sie wird in der Regel von einem oder mehreren Altaktionären aus Altaktien oder in Ausnahmefällen von der Gesellschaft gewährt und dient primär zur Kurspflege und Marktstabilisierung. Wird die Option von der Gesellschaft gewährt, erfolgt die Erfüllung der Option in der Regel durch eine Kapitalerhöhung aus genehmigtem Kapital unter Ausschluss des Bezugsrechts (§ 203 im Sinne von § 186 Abs. 3 AktG) und es ist nach der Notierungsaufnahme eine weitere Kapitalmaßnahme erforderlich. Die durch die Mehrzuteilungsoption abgesicherten Aktien werden in der Regel zum Zeitpunkt der Zuteilung zusätzlich zugeteilt und im Wege einer Wertpapierleihe unentgeltlich von Altaktionären zur Verfügung gestellt. Nach überwiegender Meinung ist für die nach §§ 186 Abs. 3, 255 (a) Abs. 2 AktG zu beurteilende Zulässigkeit des Bezugsrechtsausschlusses für die Mehrzuteilungsoption im Falle einer Bedienung aus einer Kapitalerhöhung der Zeitpunkt der Beschlussfassung des Vorstands (und Aufsichtsrats) über die Kapitalerhöhung und nicht der Zeitpunkt der Zeichnung der neuen Aktien im Rahmen der Ausübung der Option maßgeblich, da dieser Zeitpunkt für die Gefahr einer Kursverwässerung ohne Bedeutung ist. Demgegenüber hält eine häufig kritisierte Entscheidung des Kammergerichts Berlin einen Hauptversammlungsbeschluss, der den Vorstand ermächtigt, zur Erfüllung einer Mehrzuteilungsoption eine Kapitalerhöhung aus genehmigtem Kapital unter Ausschluss des Bezugsrechts durchzuführen, gemäß § 255 (2) AktG wegen Vorliegens eines unangemessenen niedrigen Ausgabebetrags für anfechtbar, wenn die Entscheidung über die Ausgabe der neuen Aktien und deren Ausgabepreis allein im Ermessen der Konsortialbank liegt.

Die Zulässigkeit von Kursstabilisierungsmaßnahmen bestimmt sich nach § 20 a WpHG, der Verordnung zur Konkretisierung des Verbots der Marktmanipulation sowie Art. 7 ff. der Verordnung (EG) Nr. 2273/2003 zur Durchführung der Richtlinie 2003/6/EG hinsichtlich Ausnahmeregelungen für Rückkaufprogramme und Kursstabiliserungsmaßnahmen vom 23. Dezember 2003.

Verpflichtungen und Gewährleistungen

Übernahmeverträge enthalten umfangreiche Verpflichtungen der Vertragsparteien und eine Vielzahl von Gewährleistungen und Zusicherungen, die nach Emittent, Altaktionären und Konsortialbanken getrennt im Einzelfall sehr unterschiedlich ausgestaltet sind.

Verpflichtungen

Die Gesellschaft geht gegenüber den Konsortialbanken verschiedene Verpflichtungen ein. Diese beziehen sich u. a. darauf, dass sie der Aktienplatzierung einen Wertpapierprospekt erstellt, zusammen mit dem Börseneinführungskonsortium das Börsenzulassungsverfahren einleitet und die für die Kapitalerhöhung und Börseneinführung erforderlichen Maßnahmen ergreifen wird, und weder direkt noch indirekt eine unzulässige Kurspflege oder Manipulation des Preises der Wertpapiere des Unternehmens vornehmen wird.

Auch die Altaktionäre verpflichten sich im Einzelfall zu bestimmten Handlungen oder Unterlassungen, wobei diese häufig weniger weitgehend sind und sich insbesondere auf das Unterlassen von unzulässiger Kurspflege oder Manipulation des Preises der Wertpapiere und unzulässiger Verkaufsbemühungen sowie das Eigentum an den zu übertragenden Aktien und die Richtigkeit von Prospektaussagen über den jeweiligen Altaktionär beziehen.

Die Konsortialbanken verpflichten sich demgegenüber insbesondere zur Einhaltung der jeweils einschlägigen Verkaufsbeschränkungen, die sich danach unterscheiden, ob in einem Land ein öffentliches Angebot, eine Privatplatzierung oder kein Angebot erfolgen soll. Der Übernahmevertrag enthält häufig eine Generalklausel, wonach die Konsortialbanken alle einschlägigen Vorschriften derjenigen Länder, in denen sie Verkaufs- oder andere Maßnahmen durchführen oder Platzierungsdokumente verteilen, beachten und in keinem Land Maßnahmen ergreifen, die nach den einschlägigen Vorschriften des jeweiligen Landes unzulässig sind.

Gewährleistungen

Das Unternehmen gibt gegenüber den Konsortialbanken Gewährleistungen in Form eines selbstständigen verschuldensunabhängigen Garantieversprechens ab. Diese beziehen sich u. a. darauf, dass sie berechtigt ist, alle sich aus dem Übernahmevertrag und damit in

Zusammenhang stehenden Vereinbarungen ergebenden Verpflichtungen vollständig zu erfüllen, die neuen Aktien frei von Rechten Dritter sind und alle in den Platzierungsdokumenten (insbesondere im Prospekt) enthaltenen Angaben richtig und vollständig und nicht auf andere Weise irreführend sind und keine den Geschäftsbetrieb tatsächlich oder möglicherweise wesentlich beeinträchtigenden Tatsachen oder Entwicklungen offenzulegen sind.

Die Gewährleistungen beziehen sich insbesondere auf:

- alle Finanzangaben

- Angaben zu den wirtschaftlichen Verhältnissen und die Darstellung der Kapitalstruktur

- das Fehlen von wesentlichen Rechtsstreitigkeiten und Schiedsgerichtsverfahren

- die Existenz und den ordnungsgemäßen Betrieb wesentlicher Beteiligungsunternehmen

- die Inhaberschaft von Urheber-, Patent- und Lizenzrechten

- das Vorliegen aller für den ordnungsgemäßen Geschäftsbetrieb erforderlichen Erlaubnisse, Genehmigungen und Konzessionen

- die Einhaltung anwendbarer Vorschriften des öffentlichen Rechts.

Gewährleistungen können bei entsprechender Darstellung im Prospekt eingeschränkt werden und werden in der Regel insbesondere zum Zeitpunkt der Unterzeichnung des Übernahmevertrags und zum Abrechnungstag (in Form von sog. Officer Certificates) und gegebenenfalls zum Greenshoe-Abrechnungstag abgegeben.

Bei der Abgabe von Aktien durch die Altaktionäre werden von diesen Altaktionären in der Regel ebenfalls Gewährleistungen gegenüber den Konsortialbanken abgegeben, die sich insbesondere darauf beziehen, dass die Aktien frei von Rechten Dritter und die Altaktionäre uneingeschränkt verfügungsberechtigt sind und bestimmte im Prospekt hinsichtlich der Altaktionäre gemachte Aussagen richtig, vollständig und nicht auf andere Weise irreführend sind. Der Inhalt und der Umfang weitergehender Gewährleistungen der Altaktionäre hängt wesentlich von der Beziehung des jeweiligen Altaktionärs zur Gesellschaft (Finanzinvestor oder Vorstandsvorsitzender) ab.

Der Umfang der Haftung der Gesellschaft oder der Aktionäre kann im Einzelfall begrenzt werden. Dies kann insbesondere durch eine betragsmäßige Haftungsbegrenzung (z. B. zufließender Emissionserlös), durch eine Beschränkung der Haftung auf positive Kenntnis (gegebenenfalls nach Durchführung einer angemessenen Nachprüfung) oder durch die Vereinbarung einer Nachrangigkeit der Haftung gegenüber anderen Haftungsschuldnern erfolgen.

Derartige Regelungen über Gewährleistungen können, sofern der Emittent gewährleistet, dass der Prospekt alle für die Beurteilung der Wertpapiere wesentlichen Angaben richtig und vollständig enthält und im Fall einer Verletzung der Gewährleistung den Konsortialbanken entstehenden Schaden (insbesondere aus möglichen Prospekthaftungsansprüchen) ersetzt und diese von etwaigen Ansprüchen Dritter umfassend freistellt, abhängig von der individuellen Ausgestaltung unter Umständen unter dem Gesichtspunkt eines Verstoßes gegen die Kapitalerhaltungsvorschrift des § 57 AktG rechtlich problematisch sein.

Haftungsfreistellung

Allgemeines

Übernahmeverträge enthalten in der Regel weitgehende Haftungsfreistellungsregelungen durch die Gesellschaft zugunsten der Konsortialbanken. Danach verpflichtet sich das Unternehmen gegenüber den Konsortialbanken, diesen die Aufwendungen und den Schaden zu ersetzen und von jeglicher Haftung (einschließlich etwaiger mit der Verteidigung verbundenen Verluste, Haftungen, Schadensersatz sowie allen angemessenen Kosten und Auslagen), die bzw. der sich aus einer Nichteinhaltung der im Übernahmevertrag abgegebenen Gewährleistungen oder daraus ergibt, dass in den Platzierungsdokumenten unrichtige, unvollständige oder auf andere Weise irreführende Angaben enthalten sind bzw. wesentliche Tatsachen ausgelassen wurden.

Der Übernahmevertrag enthält häufig spiegelbildliche Haftungsfreistellungen der Altaktionäre zugunsten der Konsortialbanken und der Konsortialbanken zugunsten des Unternehmens bzw. gegebenenfalls der Altaktionäre, die sich jedoch inhaltlich auf eine Verletzung der von diesen Parteien abgegebenen (wesentlich weniger weitgehenden) Gewährleistungen und gegebenenfalls von diesen ausdrücklich zur Aufnahme in den Prospekt zur Verfügung gestellten einzelnen Prospektteile beziehen und somit einen geringeren Anwendungsbereich haben.

Die Frage der Zulässigkeit derartiger Haftungsfreistellungsklauseln und ihr Verhältnis zu den Kapitalerhaltungsvorschriften in § 57 AktG und den Regelungen zum Erwerb eigener Aktien in § 71 AktG ist streitig und nach wohl überwiegender Meinung zwischen dem Kauf neuer Aktien und der Umplatzierung von Altaktien zu unterscheiden.

Kapitalerhöhung

Nach überwiegender Meinung liegt in einer Haftungsfreistellung des Unternehmens gegenüber den Konsortialbanken im Zusammenhang mit einer Kapitalerhöhung und der Ausgabe und Platzierung neuer Aktien kein Verstoß gegen § 57 AktG vor. Die Zulässigkeit der Haftungsfreistellung wird hinsichtlich § 57 AktG u.a. damit begründet, dass die Prospekthaftungsbestimmungen in §§ 44 ff. BörsG als die jüngeren und spezielleren Vorschriften Vorrang vor § 57 AktG haben, es sich um einen Teil der Platzierungsabsprache mit den Emissionsbanken, also gewissermaßen um bedingte Emissionskosten handelt und die Prospekthaftung des Emittenten als der Preis für die Möglichkeit anzusehen ist, die Finanzierungsmöglichkeiten des Kapitalmarkts zu nutzen und die Emissionsbanken den über den Ausgabebetrag hinausgehenden Emissionserlös an den Emittenten abzuführen. Weiterhin wird der Grundgedanke der §§ 44 ff. BörsG, nach dem primär das Unternehmen für die Richtigkeit des Prospekts verantwortlich ist, herangezogen und argumentiert, dass der

Übernahmevertrag neben der Verpflichtung des Konsortialführers zur Zeichnung und Übernahme von Aktien weitere selbständige Dienstleistungen, wie die Antragstellung auf Zulassung der Aktien zum Börsenhandel und die Platzierung der Aktien am Markt, die als gesetzliche Folge die Prospekthaftung der Konsortialbanken begründen, enthält, und die Übernahme von Gewährleistungs- und Haftungsfreistellungsverpflichtungen durch den Emittenten jedenfalls dann als angemessene und interessengerechte Risikoverteilung angesehen werden können, wenn die Unrichtigkeit des Prospekts auf einer Verletzung von vertraglichen (Neben-)Pflichten des Emittenten beruht. Es wird auch die Ansicht vertreten, dass aufgrund der gesetzlichen Prospekthaftung des Emittenten im Außenverhältnis auch eine interne Regelung dieser gesetzlich bestehenden Außenhaftung durch Freistellungsregelungen für Emissionsbegleiter im Übernahmevertrag keinen Verstoß gegen §§ 57, 71 ff. AktG darstellen können.

Umplatzierung von Altaktien
Die Haftungsfreistellung des Unternehmens gegenüber den Konsortialbanken bei einer reinen Umplatzierung von Altaktien wird dagegen häufig eine ungerechtfertigte Zuwendung des Unternehmens an den abgebenden Aktionär und damit ein Verstoß gegen die Kapitalerhaltungsvorschriften des § 57 AktG angenommen, wenn das Unternehmen kein angemessenes eigenes Interesse an der Veräußerung der Aktien hat, da der Emissionserlös im Fall einer Umplatzierung ausschließlich den Altaktionären zufließt. Ausreichend für ein eigenes Interesse der Gesellschaft kann im Einzelfall die Erlangung der Unabhängigkeit des Unternehmens von dem Altaktionär, die Übernahme von Kosten u. a. für die Prospekterstellung und die Öffentlichkeitsarbeit oder die Vergütung des Haftungsrisikos durch den Altaktionär sein. Teilweise wird die Problematik des § 57 AktG bei einer internen Haftungsfreistellung der Konsortialbanken durch das Unternehmen im Fall einer reinen Umplatzierung von existierenden Aktien in Verbindung mit einer Börsenzulassung dieser Aktien grundsätzlich verneint, weil die Haftungsfreistellung gegenüber einem Dritten, der nicht Aktionär der Gesellschaft ist, d.h. den Konsortialbanken, keine unzulässige Einlagenrückgewähr an den Aktionär darstellt, die Außenhaftung der Gesellschaft so oder so in vollem Umfang besteht und selbst im Fall einer Annahme einer Einlagenrückgewähr diese nur Auswirkungen im Verhältnis zum Aktionär, nicht aber zum Emissionsbegleiter als Dritten bestehe.

Zweifelsfrei zulässig ist eine Haftungsfreistellung durch abgebende Altaktionäre, da § 57 AktG nur Leistungen des Unternehmens an einen Aktionär, nicht aber Leistungen von Aktionären untereinander erfasst. Sofern der Altaktionär jedoch seinerseits wiederum von dem Unternehmen freigestellt wird, stellen sich die oben dargestellten Fragen hinsichtlich der Zulässigkeit nach § 57 AktG.

Aufschiebende Bedingungen
Die Verpflichtung des Konsortialführers zur Zeichnung und Übernahme insbesondere der neuen Aktien aus der Kapitalerhöhung und zur Ausstellung und Übergabe des Zeichnungsscheins und Zahlung des (rechnerischen) Nennbetrags und weitere Verpflichtungen der

Konsortialbanken aus dem Übernahmevertrag wie die Aktienplatzierung und die Zahlung des Platzierungspreises stehen unter verschiedenen aufschiebenden Bedingungen. Diese Bedingungen beziehen sich insbesondere darauf, dass die in den Gewährleistungen des Emittenten und ggf. der Altaktionäre enthaltenen Erklärungen richtig, vollständig und nicht auf andere Weise irreführend sind, die Zulassung des gesamten Grundkapitals zum Handel an der jeweiligen Wertpapierbörse beantragt wurde und Legal Opinions und gegebenenfalls Disclosure Opinions der beteiligten Rechtsanwälte, die Comfort Letters des Abschlussprüfers des Unternehmens sowie Erklärungen („Officer Certificates") des Emittenten und gegebenenfalls der abgebenden Aktionäre, die u.a. die Richtigkeit der abgegebenen Gewährleistungen bestätigen, abgegeben werden. Eine weitere wesentliche aufschiebende Bedingung besteht darin, dass nach Ansicht der Konsortialbanken keine kursrelevante Verschlechterung der wirtschaftlichen Situation des Unternehmens eingetreten ist oder erwartet wird und keine Ereignisse eingetreten sind, die auf die Finanzmärkte, in denen die Aktien des Unternehmens platziert werden sollen, nach Ansicht des Konsortialführers erhebliche negative Auswirkungen haben.

Die Verpflichtungen der Konsortialbanken zur Zahlung des Emissionspreises, d.h. des Differenzbetrags zwischen dem Platzierungspreis und dem Ausgabebetrag für die Aktien am Abrechnungstag (und gegebenenfalls der Greenshoe-Aktien am Greenshoe-Abrechnungstag) werden in der Regel ebenfalls unter aufschiebende Bedingungen gestellt, die typischerweise neben den bereits genannten Bedingungen zusätzlich die Zustimmung des Vorstands und des Aufsichtsrats des Unternehmens zum Emissionspreis und die Unterzeichnung des Preisfestsetzungsvertrags sowie die Zulassung der Aktien zum Handel an der jeweiligen Wertpapierbörse umfassen.

Für den Fall, dass nicht alle aufschiebenden Bedingungen fristgerecht eingetreten sind und der Konsortialführer nicht auf den Eintritt dieser Bedingungen verzichtet hat, ist der Konsortialführer zum Rücktritt vom Übernahmevertrag berechtigt.

Regelungen hinsichtlich Provisionen, Kosten und Auslagen

Der Übernahmevertrag enthält in der Regel auch Regelungen hinsichtlich Provisionen, Gebühren und Kosten des geplanten Börsengangs. Im Regelfall verpflichten sich die Gesellschaft bzw. anteilig etwaige im Rahmen des Börsengangs Altaktien veräußernde Altaktionäre zur Zahlung von – teilweise in der Höhe vom erzielten Emissionskurs abhängigen – Provisionen für den Verkauf der neuen bzw. umzuplatzierenden alten Aktien und gegebenenfalls im Rahmen der Mehrzuteilungsoption zu veräußernden Aktien, die unter den Konsortialbanken in einem im Konsortialvertrag festgelegten Verhältnis aufgeteilt werden. Die Provisionen werden in Verkaufs-, Garantie- und Managementprovision aufgeteilt; normalerweise gibt es eine Vorabberechtigung des Konsortialführers („Praecipium"). Außerdem wird teilweise für die Börsenzulassung eine separate Börsenzulassungsprovision gewährt, die sich am (rechnerischen) Gesamtnennbetrag der zuzulassenden Aktien bemisst. Häufig erfolgt zusätzlich die Bezahlung eines – teilweise periodisch anfallenden – erfolgsunabhängigen Beratungshonorars für den Konsortialführer.

Daneben verpflichten sich das Unternehmen und gegebenenfalls etwaige abgebende Altaktionäre gegenüber dem Konsortialführer bzw. den Konsortialbanken zur Erstattung von eigenen und fremden Kosten, Gebühren und Auslagen. Im Einzelfall wird die Erstattung derartiger Kosten und Auslagen betragsmäßig begrenzt. Diese erstattungsfähigen Beträge umfassen insbesondere:

- Kosten von Rechtsanwälten und Wirtschaftsprüfern im Rahmen der Prospekterstellung oder der Durchführung der Due Diligence
- Kosten für Drucker und gegebenenfalls Übersetzer
- Gebühren der Aufsichtsbehörden
- Zulassungsgebühren von Wertpapierbörsen
- Marketingkosten
- Roadshow-Auslagen

Rücktrittsrecht

Im Übernahmevertrag sind in der Regel Rücktrittsrechte enthalten, die den Konsortialbanken, im Einzelfall auch anderen Vertragsparteien zustehen, wenn die aufschiebenden Bedingungen nicht eingetreten sind und der Konsortialführer nicht auf deren Eintritt verzichtet hat oder eine eingetretene Bedingung wieder entfallen ist. Hierbei wird zwischen der Zeichnung von neuen Aktien sowie dem Erwerb von Altaktien, dem Zeitraum vor Einreichung des Zeichnungsscheins zum Handelsregister, dem Zeitraum nach Einreichung des Zeichnungsscheins aber vor Eintragung der Kapitalerhöhung sowie dem Zeitraum nach Eintragung der Kapitalerhöhung in das Handelsregister unterschieden.

Sofern der Rücktritt vor der Einreichung des Zeichnungsscheins für die neuen Aktien beim zuständigen Amtsgerichts erfolgt, erlischt die Verpflichtung des Konsortialführers zur Zeichnung und Übernahme der neuen Aktien und das Unternehmen ist auf Verlangen des Konsortialführers verpflichtet, den Zeichnungsschein an den Konsortialführer zurückzugeben. Wird der Rücktritt durch den Konsortialführer dagegen erst nach der Einreichung des Zeichnungsscheins erklärt, ist das Unternehmen vertraglich verpflichtet, den Eintragungsantrag unverzüglich zurückzunehmen und sich nach besten Kräften um die Nichtdurchführung der Eintragung der Kapitalerhöhung zu bemühen. Im Fall der erfolgreichen Rücknahme der Anmeldung erlischt die Verpflichtung des Konsortialführers zur Zeichnung der neuen Aktien.

Ist dagegen die Rücknahme des Antrags auf Eintragung der Kapitalerhöhung bei dem zuständigen Amtsgericht nicht mehr möglich oder unterbleibt sie aus anderen Gründen, erwirbt der Konsortialführer mit Eintragung der Kapitalerhöhung in das Handelsregister originäres Eigentum an den neuen Aktien. Häufig werden in diesem Fall jedoch Übernahmerechte oder -verpflichtungen der bisherigen Altaktionäre zum Nennbetrag oder einem höheren Betrag, ein zeitlich befristetes Recht oder eine Verpflichtung der Gesellschaft, dem

Konsortialführer einen oder mehrere Käufer für die neuen Aktien zum (rechnerischen) Nennbetrag je Aktie oder einen höheren Betrag zu vermitteln, oder auch nach erfolglosem Fristablauf ein freihändiges Verwertungsrecht der Konsortialbanken vereinbart.

Mit dem Rücktritt werden die Vertragsparteien von den meisten ihrer jeweiligen Verpflichtungen befreit, wobei jedoch insbesondere die Haftungsregelungen einschließlich der Freistellungsverpflichtungen sowie die Kostenregelungen anwendbar bleiben.

Die Rückabwicklung des Übernahmevertrags nach Eintragung der Kapitalerhöhung ist in mehrfacher Hinsicht problematisch, da der Konsortialführer ab Eintragung der Durchführung der Kapitalerhöhung Aktionär des Unternehmens ist und die Kapitalerhöhung nur durch eine ordentliche Kapitalherabsetzung beseitigt werden kann.

Eine Verpflichtung des Unternehmens zur Durchführung einer Kapitalherabsetzung im Übernahmevertrag ist in der Regel nicht praktikabel, da nach den dafür einschlägigen Vorschriften die Einziehung von Aktien durch eine ordentliche Kapitalherabsetzung (§§ 237 ff. in Verbindung mit §§ 222 ff. AktG) nicht in der Organzuständigkeit des Vorstands liegt, sondern eines Beschlusses der Hauptversammlung mit einer Mehrheit von mindestens drei Viertel des bei der Beschlussfassung vertretenen Grundkapitals bedarf. Zusätzlich haben bestimmte Gläubiger des Unternehmens aus Gläubigerschutzgesichtspunkten in den sechs Monaten nach Bekanntmachung der Eintragung der Kapitalherabsetzung ein Recht auf Sicherheitsleistung für ihre Ansprüche (§ 225 Abs. 1 AktG).

Der Rückerwerb der durch den Konsortialführer gezeichneten Aktien durch das Unternehmen selbst scheidet ebenfalls aus, da keine gesetzlich vorgesehene Ausnahme des in § 71 AktG normierten Grundsatzes des Erwerbsverbots vorliegt. § 71 Abs. 1 Nr. 1 AktG scheidet mangels Notwendigkeit des Erwerbs zur Abwendung eines schweren, unmittelbar bevorstehenden Schadens aus, da drohende Kursverluste nur in Ausnahmefällen als Schaden im Sinne von § 71 Abs. 1 Nr. 1 AktG anzusehen sind. Ein Rückerwerb der Aktien gemäß § 71 Abs. 1 Nr. 8 AktG ist ebenfalls nicht praktikabel, da er einen Hauptversammlungsbeschluss und nach § 53a AktG ein Angebot zum Rückerwerb an alle Aktionäre voraussetzen würde und auf 10 Prozent des Grundkapitals beschränkt wäre.

Regelungen, die dem Konsortialführer das Recht einräumen, nach erfolgloser Fristsetzung die neu erworbenen Aktien zu einem vom Konsortialführer zu bestimmenden Preis zu verwerten, werden teilweise als unzulässig angesehen. Begründet wird dies damit, dass der Vorstand des Unternehmens seine Kompetenz zur Festsetzung des Emissionspreises nicht auf die Konsortialbanken übertragen kann und Vorstand und Aufsichtsrat im Fall eines Bezugsrechtsausschlusses auch die Beachtung der Grenze des § 186 Abs. 3 Satz 4 bzw. § 255 AktG bei der Preisfestsetzung sicherstellen müssen. Deshalb wird in der Praxis das freihändige Verwertungsrecht des Konsortialführers teilweise erst nach einem vorgeschalteten Bezugsangebot der nicht platzierbaren Aktien an die Altaktionäre vorgesehen.

Demgegenüber kann mit Altaktionären ein zeitlich uneingeschränktes Rücktrittsrecht vereinbart werden, da die Rückübertragung der bereits existierenden Aktien an die Altaktionäre rechtlich unproblematisch ist.

Rechtswahl- und Gerichtsstandsvereinbarung

In Rechtswahl- und Gerichtsstandsvereinbarungen ist bei Börsengängen deutscher Unternehmen in aller Regel die Wahl deutschen Rechts und die Wahl eines nicht ausschließlichen deutschen Gerichtsstands sachgerecht. Bei der Einführung ausländischer Unternehmen an einer deutschen Wertpapierbörse oder bei der gleichzeitigen Börseneinführung eines deutschen oder ausländischen Unternehmens an einer deutschen und ausländischen Wertpapierbörse stellt sich auch die Frage nach der Möglichkeit der Vereinbarung eines ausländischen Rechts und eines ausländischen Gerichtsstands für den Übernahmevertrag und andere im Rahmen des Börsengangs abgeschlossene Verträge.

Rechtswahlvereinbarung
Die Zulässigkeit einer Rechtswahl bestimmt sich nach deutschem Internationalen Privatrecht nach der „lex fori", das Zustandekommen und die Wirksamkeit der Rechtswahlvereinbarung selbst nach den allgemeinen Regeln des Vertragsrechts des gewählten ausländischen Rechts. Die gesetzliche Regelung des deutschen Internationalen Privatrechts in Art. 27 Abs. 1 EGBGB lässt aufgrund der allgemeinen Vertragsfreiheit im Grundsatz eine freie Rechtswahl für den schuldrechtlichen Vertrag zu. Die freie Rechtswahl ist jedoch nicht uneingeschränkt und findet insbesondere durch Public Policy-Erwägungen Grenzen. Ist der sonstige Sachverhalt zum Zeitpunkt der Rechtswahl nur mit einem Staat verbunden, so kann gemäß Art. 27 Abs. 3 EGBGB die Wahl des Rechts eines anderen Staates die zwingenden Bestimmungen jenes Staates nicht berühren. Art. 34 EGBGB bestimmt, dass Art. 27–37 EGBGB die Anwendung jener Bestimmungen des deutschen Rechts, die ohne Rücksicht auf das gewählte Vertragsstatut den Sachverhalt zwingend regeln, unberührt lässt. Schließlich verhindert Art. 6 EGBGB die Anwendung einer Rechtsnorm eines anderen Staates, wenn ihre Anwendung zu einem Ergebnis führt, das mit wesentlichen Grundsätzen des deutschen Rechts („ordre public"), insbesondere den Grundrechten, offensichtlich unvereinbar ist. Schließlich sind für Fragen, die das verbriefte Recht betreffen (sog. Wertpapierrechtsstatut) und die den Rechtsstatus des Wertpapiers als Sache (sog. Wertpapiersachstatut) betreffen, auch die kollisionsrechtlichen Vorschriften zu beachten, die nicht dispositiv sind. Das Wertpapierrechtsstatut richtet sich nach den für das verbriefte Recht jeweils einschlägigen Kollisionsnormen, also bei Aktien dem Gesellschaftsstatut, das Wertpapiersachstatut wird durch den Lageort der Urkunde bestimmt.

Gerichtsstandsvereinbarung
Bei der rechtlichen Beurteilung von Gerichtsstandsklauseln muss eine generelle Unterscheidung zwischen der ausschließlichen und nicht ausschließlichen Wahl eines Gerichtsstands gemacht werden. Nach herkömmlicher Meinung wird nach deutschem Internationalen Privatrecht das Zustandekommen einer Gerichtsstandsvereinbarung nach dem für den Vertrag geltenden Recht beurteilt. Demgegenüber wendet eine Mindermeinung deutsches Recht als „lex fori" an, wenn der Fall einem deutschen Gericht zur Entscheidung vorgelegt wird. Die Frage der Zulässigkeit und Wirkung einer Gerichtsstandsvereinbarung bestimmt sich nach deutschem Prozessrecht als der „lex fori". Abhängig von den konkreten Umstän-

den des Einzelfalls und der beteiligten Staaten richtet sich die Wirksamkeit der Gerichtsstandsvereinbarung nach §§ 12–40 Zivilprozessordnung, der Verordnung (EG) Nr. 44/2001 vom 22.12.2000 über die gerichtliche Zuständigkeit und die Anerkennung und Vollstreckung von Entscheidungen in Zivil- und Handelssachen (EuVGO), dem EU-Übereinkommen über die gerichtliche Zuständigkeit und die Vollstreckung gerichtlicher Entscheidungen in Zivil- und Handelssachen vom 27.09.1968 in der Folge vom 29.11.1996 (GVÜ) oder dem Luganer „Übereinkommen über die gerichtliche Zuständigkeit und die Vollstreckung gerichtlicher Entscheidungen in Zivil- und Handelssachen" vom 16.09.1988 (LugÜ).

Weitere Vertragsdokumente

Börseneinführungsvertrag

Häufig wird vor dem Abschluss des Übernahmevertrags ein separater Börseneinführungsvertrag zwischen dem Unternehmen und dem Konsortialführer bzw. in der Regel den das Börseneinführungskonsortium bildenden und die Börseneinführung betreibenden Konsortialbanken abgeschlossen. Der Börseneinführungsvertrag enthält Regelungen insbesondere über börsenvorbereitende Maßnahmen, Einzelheiten der Börsenzulassung sowie die Verpflichtungen der beteiligten Parteien, die Börseneinführungsgebühren sowie die weiteren anfallenden Provisionen zu tragen. Teilweise enthält der Börseneinführungsvertrag auch Regelungen für die Übernahme der Zahl- und Hinterlegungsstellenfunktion und dabei anfallende Gebühren. Die Börseneinführungsprovision beträgt in der Regel häufig 1 Prozent des (rechnerischen) Nennbetrags des zum Börsenhandel zugelassenen gesamten Grundkapitals des Unternehmens.

Designated Sponsor-Vertrag

Der Designated Sponsor-Vertrag wird zwischen dem Emittenten und dem Designated Sponsor (Liquiditätsförderer) abgeschlossen und regelt die Unterstützung des Emittenten durch den Designated Sponsor am Kapitalmarkt und insbesondere im Börsenhandel. Gegenstand des Vertrags ist die Betreuung des Emittenten, dessen Wertpapiere in den Handel auf dem elektronischen Handelssystem Xetra einbezogen werden. Die Vereinbarung eines Designated Sponsoring erfolgt auf freiwilliger Basis und der Entscheidung des Unternehmens, das einen fortlaufenden Handel auf Xetra wünscht. Der Designated Sponsor verpflichtet sich als Kernstück des Vertrags zur Bereitstellung von Zusatzliquidität im elektronischen Handelssystem Xetra gemäß den Bestimmungen der Börsenordnung. Ergänzende Dienstleistungen des Designated Sponsors können u.a. die Unterstützung des Emittenten bei der Erfüllung seiner gesellschaftsrechtlichen, börsenrechtlichen und kapitalmarktrechtlichen Verpflichtungen, in der Öffentlichkeitsarbeit sowie bei der Gestaltung der Beziehungen zu den Investoren (Investor Relations) und die Übernahme von Aufgaben in den Bereichen der Unternehmensanalyse (Research) und beim Vertrieb der Wertpapiere des

Emittenten sein. Weiterhin enthält der Designated Sponsor-Vertrag Regelungen über Kosten und Vergütung, Nutzungs- und Verwertungsrechte, Vertraulichkeit, Haftung sowie Laufzeit und Kündigungsrechte. Die Deutsche Börse AG hat als Empfehlung ein Muster eines Designated Sponsor-Vertrags zur Verfügung gestellt.

Preisfestsetzungsvertrag

Der Preisfestsetzungsvertrag wird zwischen dem Konsortialführer und dem Emittenten sowie gegebenenfalls zusätzlich den abgebenden Aktionären und anderen Konsortialbanken abgeschlossen. Er wird in der Regel unmittelbar nach der Festlegung des Platzierungspreises am Ende der Bookbuilding-Periode unterzeichnet. Im Einzelfall kann für Privatanleger und institutionelle Anleger ein unterschiedlicher Platzierungspreis festgelegt werden.

Wertpapierleihvertrag

Der Wertpapierleihvertrag wird zwischen dem Stabilisierungsmanager, der häufig der Konsortialführer ist, und einem oder mehreren Altaktionären abgeschlossen. Er dient dazu, dem Stabilisierungsmanager die für die Mehrzuteilung im Rahmen der Platzierung erforderlichen Aktien zur Verfügung zu stellen. Der Vertrag regelt die Zurverfügungstellung und Rücklieferung einer festgelegten Zahl von mit den zu platzierenden Aktien gattungsgleichen Wertpapieren für eine festgelegte Höchstlaufzeit. In Übereinstimmung mit den Vorschriften der Art. 7 ff. der EU-Ausnahmeverordnung Nr. 2273/2003 zur Durchführung der Richtlinie 2003/G/EG hinsichtlich Ausnahmeregelungen für Rückkaufprogramme und Kursstabilisierungsmaßnahmen vom 22. Dezember 2003 werden in der Regel 15 Prozent des Emissionsvolumens für eine Laufzeit von 30 Tagen entliehen. Die Wertpapierleihe erfolgt in der Regel unentgeltlich, im Einzelfall kann jedoch ein Entgelt vereinbart werden. Für den Fall der Ausübung der Mehrzuteilungsoption sieht der Vertrag die Möglichkeit einer Ersetzung der Rücklieferung der entliehenen Aktien durch einen Erwerb der entliehenen Aktien zum Emissionspreis vor. Daneben enthält der Wertpapierleihvertrag übliche Regelungen hinsichtlich Beendigung, Rechtswahl und Gerichtsstand.

Konsortialvertrag

Parteien des Konsortialvertrags sind der Konsortialführer und die anderen Mitglieder des Konsortiums. Er regelt die internen Beziehungen der Konsortialmitglieder zueinander sowie eine Regelung der Aufgabenverteilung im Außenverhältnis und zum Emittenten. Das Bankenkonsortium begründet eine Gesellschaft bürgerlichen Rechts, wobei die dispositiven Regelungen der §§ 705 ff. BGB weitgehend abbedungen sind.

Der Konsortialvertrag enthält Angaben zur vorgesehenen Transaktionsstruktur und häufig auch zur Abwicklung und Lieferbarkeit. Die Regelungen des Konsortialvertrags zur Übernahme der Aktien, zur Verteilung der Provisionen und zur Durchführung von Stabilisierungsmaßnahmen sind von großer Bedeutung. Im Regelfall verpflichtet sich nur der Konsortialführer zur Zeichnung und Übernahme der Aktien im Rahmen der Kapitalerhöhung des Emittenten und verpflichtet sich gegenüber den anderen Konsortialbanken, diesen die ihrer Quoten entsprechenden Aktien zur Platzierung zur Verfügung zu stellen. Der Konsortialvertrag legt zudem die Konsortialquote innerhalb des Konsortiums fest, innerhalb der sich die Konsortialbanken jeweils zur Übernahme der entsprechenden Aktien vom Konsortialführer verpflichten und die Bezeichnung der Stellung der jeweiligen Konsortialbanken im Konsortium. Die gesamtschuldnerische Haftung sowie das Eigentum zur gesamten Hand und das Miteigentum nach Bruchteilen wird für das Bankenkonsortium ausgeschlossen und jede Konsortialbank erwirbt in Höhe ihrer jeweiligen Konsortialquote die entsprechende Zahl der Aktien zum Alleineigentum.

Die Beschränkung der Haftung jedes Konsortialmitglieds auf die jeweilige Konsortialquote bezweckt den Ausschluss der gesamtschuldnerischen Haftung aller Konsortialmitglieder gemäß § 427 BGB, die in Rechtsprechung und Literatur unterschiedlich bewertet wird. Der Bundesgerichtshof lehnt die Möglichkeit der schuldvertraglichen Abbedingung der gesamtschuldnerischen Haftung des Konsortiums als Gesellschaft bürgerlichen Rechts im Fall seiner Einschaltung im Rahmen eines mittelbaren Bezugsrechts auf Mitgliedschaftsrechte gemäß § 185 Abs. 3 AktG ab, wenn die Kapitalerhöhung im Handelsregister eingetragen wurde, da das Konsortium als Gesamthandsgemeinschaft Aktionär des Emittenten wird und andernfalls die Grundsätze der Kapitalaufbringung und -erhaltung verletzt werden würde. Demgegenüber hält die Literatur für die Beachtung der Grundsätze der Kapitalerhaltung eine quotale Haftung der Konsortialmitglieder im Außenverhältnis für ausreichend bzw. auch diese prorataische Haftung für abdingbar. Die bei Kapitalerhöhungen vom Bundesgerichtshof angenommene gesamtschuldnerische Haftung aller Konsortialbanken kann jedoch dadurch vermieden werden, dass die Zeichnung der neuen Aktien aus der Kapitalerhöhung durch jedes Konsortialmitglied getrennt gegebenenfalls unter Ausstellung mehrerer Globalurkunden durchgeführt wird und nicht durch das Konsortium.

Der Konsortialvertrag enthält:

- detaillierte Ausführungen zur Höhe der mit dem Emittenten vereinbarten Provisionen und zur Erstattung der dem Bankenkonsortium entstehenden Kosten

- die Aufteilung der Provisionen in Verkaufs-, Garantie- und Managementprovisionen

- die Regelungen über eine etwaige Vorabberechtigung des Konsortialführers

Des Weiteren enthält der Konsortialvertrag die ausdrücklichen Regelungen über Kurspflege- und Stabilisierungsmaßnahmen, deren Durchführung üblicherweise durch den Konsortialführer auf Kosten des Konsortiums erfolgt. Die Stabilisierungsmaßnahmen dienen zur Vermeidung von nach Platzierung der Aktien erfolgenden großen Kursausschlägen, die durch zu große Abgaben von Aktien oder eine zu hohe Nachfrage nach Aktien entstehen können.

Marktschutzvereinbarungen

Marktschutzvereinbarungen werden zwischen dem Unternehmen und/oder Altaktionären einerseits und dem Konsortialführer andererseits abgeschlossen und dienen dem Schutz der Erwerber der Aktien. Sie enthalten die Verpflichtung, in Bezug auf den Emittenten bestimmte Kapitalmaßnahmen nicht durchzuführen und in Bezug auf die Altaktionäre, keine Aktien abzugeben und bestimmte andere Handlungen nicht vorzunehmen. Dieser Zeitraum dauert typischerweise sechs bis 24 Monate. Häufig wird auf den separaten Abschluss einer Marktschutzvereinbarung verzichtet und die Regelung der Marktschutzvereinbarung in den Übernahmevertrag einbezogen.

Der Inhalt von Marktschutzvereinbarungen wird in der Praxis häufig dadurch eingeschränkt, dass die Zustimmung der Konsortialführer zum Verkauf von Aktien innerhalb der Marktschutzperiode nur aus wichtigem Grund verweigert werden darf oder bestimmte Maßnahmen, z.B. die Durchführung von Kapitalerhöhungen gegen Sacheinlagen, von der Vereinbarung ausgenommen werden.

Die Zulässigkeit der Vereinbarung einer Marktschutzverpflichtung des Emittenten wird teilweise als unzulässig angesehen. Begründet wird das damit, dass der Vorstand des Emittenten als Unterzeichner der Marktschutzvereinbarung als Organ nur für den Beschluss über die Ausübung des genehmigten Kapitals, nicht aber für die Beschlussfassung über eine ordentliche Kapitalerhöhung Organkompetenz hat, für den die Hauptversammlung nach § 182 AktG zuständig ist. Außerdem könne sich eine Aktiengesellschaft nicht ihrer Entscheidungsfreiheit zur Vornahme von Kapitalmaßnahmen begeben bzw. durch rechtsgeschäftliche Vereinbarungen die Durchführung von Kapitalerhöhungen von der Zustimmung Dritter abhängig machen. Demgegenüber wird auch nach dieser Auffassung von Marktschutzvereinbarungen, durch die sich das Unternehmen nur verpflichtet, im Rahmen von Kapitalmaßnahmen geschaffene Aktien innerhalb eines bestimmten Zeitraums nicht öffentlich anzubieten oder nicht im Weg einer breiten Streuung in den Kapitalmarkt einzuführen, als zulässig angesehen, da bei derart ausgestalteten Vereinbarungen die berechtigten Interessen der Konsortialbanken und der Anleger an stabilen Kursen und der Durchführung von Kurspflegemaßnahmen, somit der Schutz des Kapitalmarktes, vor dem mit einem weiteren öffentlichen Angebot verbundenen Druck auf den Aktienkurs, im Vordergrund stehen. Marktschutzvereinbarungen der abgebenden Aktionäre sind rechtlich unproblematisch.

Research-Richtlinien und Publizitäts-Richtlinien

Nachfolgend wird auf die im Rahmen eines Börsengangs bedeutenden Research-Richtlinien und Publizitätsrichtlinien eingegangen.

Research-Richtlinien

Die Analysten der Konsortialbanken erstellen Research Reports, die institutionellen Investoren und teilweise auch Privatanlegern einen bestimmten Zeitraum vor dem Börsengang zu Informationszwecken zur Verfügung gestellt werden. Research Reports beinhalten in der Regel eine Vielzahl von Informationen über das Unternehmen einschließlich Emissionsstruktur, Unternehmensgeschichte und Management und stellen das Kerngeschäft des Emittenten sowie dessen Unternehmensstrategie unter Berücksichtigung von Markt- und Wettbewerbsverhältnissen dar. Schwerpunkt des Research Reports ist die Bewertung des Unternehmens anhand verschiedener Bewertungsmethoden einschließlich Discounted Cashflow und Benchmarking im Vergleich mit börsennotierten Unternehmen aus der Peergroup anhand der historischen Daten und der Unternehmensplanung.

In Deutschland ist die Wertpapieranalyse in § 34(b) WpHG geregelt. Nach § 34(b) WpHG sind Personen, die im Rahmen ihrer Berufs- oder Geschäftstätigkeit eine Information über Finanzinstrumente oder deren Emittenten erstellen, die direkt oder indirekt eine Empfehlung für eine bestimmte Anlageentscheidung enthält und einem unbestimmten Personenkreis zugänglich gemacht werden soll (Finanzanalysen), zu der erforderlichen Sachkenntnis, Sorgfalt und Gewissenhaftigkeit verpflichtet. Die Finanzanalyse darf nur weitergegeben oder öffentlich verbreitet werden, wenn sie sachgerecht erstellt und dargeboten wird und (1) die Identität der Person, die für die Weitergabe oder die Verbreitung der Finanzanalyse verantwortlich ist, und (2) Umstände oder Beziehungen, die bei den Erstellern, den für die Erstellung verantwortlichen juristischen Personen oder mit diesen verbundenen Unternehmen Interessenkonflikte begründen können, zusammen mit der Finanzanalyse offen gelegt werden. Die aufgrund der Ermächtigung in § 34 (b) Abs. 8 WpHG vom Bundesministerium der Finanzen erlassene Wertpapieranalyse-Verordnung enthält Detailregelungen.

Die Research-Richtlinien („Research Guidelines") werden vom Konsortialführer oder dessen Rechtsanwälten erstellt und treffen in für das Konsortium verbindlicher Weise Regelungen über die Erstellung und Verteilung der Research Reports der Konsortialbanken. Derartige Research-Richtlinien haben insbesondere bei internationalen Transaktionen, z.B. bei Privatplatzierungen nach Rule 144A des Securities Act of 1933, erhebliche Bedeutung.

Die Research-Richtlinien enthalten Aussagen über die Zulässigkeit der Verteilung von Research Reports durch die Konsortialbanken vor und nach der geplanten Börseneinführung in allen für den jeweiligen Börsengang anzuwendenden Rechtsordnungen und Verfahrensregelungen, die von den Konsortialbanken zu beachten sind.

Die Research-Richtlinien enthalten in der Regel Einschränkungen hinsichtlich der Verteilung von Research Reports im Rahmen von Roadshows, der Verteilung an die Presse, Anweisungen zur Erstellung einer Liste der Empfänger von Research Reports sowie zur Unterlassung von Zeichnungsempfehlungen. Schließlich beinhalten Research-Richtlinien als Anlage eine Ausformulierung eines in dem jeweiligen Research Report deutlich (häufig in Großbuchstaben) abzudruckenden Hinweises („Legend"), in dem deutlich darauf hingewiesen wird, in welchen Ländern (insbesondere den Vereinigten Staaten von Amerika) die Research Reports nicht oder nur eingeschränkt verteilt werden dürfen und dass das

Dokument kein Angebot und keine Einladung zur Abgabe eines Angebots zur Zeichnung von Aktien darstellt und nicht als Entscheidungsgrundlage für den Erwerb von Aktien dienen soll. Die Research-Richtlinien enthalten weiterhin genaue Erläuterungen zu den jeweils einschlägigen nationalen Vorschriften über Research Reports und eine allgemeine Generalklausel, dass jede Konsortialbank die jeweils einschlägigen Wertpapiervorschriften jedes Landes beachten muss, in dem sie ein Angebot der Wertpapiere durchführen will, sowie die dort einschlägigen Bestimmungen.

Research Reports über das Unternehmen werden in der Regel nur während eines Zeitraums bis zu ca. 30 Kalendertagen vor Festlegung des Emissionspreises sowie erst wieder ab i.d.R. 40 Kalendertagen nach dem Abrechnungstag verteilt, um die Gefahr einer unzulässigen Konditionierung des Marktes zu vermeiden. Weiterhin wird insbesondere bei internationalen Transaktionen für einen im Einzelfall festzulegenden Zeitraum von ca. 30 Tagen vor der Festlegung des Emissionspreises bis in der Regel 40 Kalendertage nach dem Abrechnungstag vereinbart, dass weltweit die Verteilung von Research Reports unterbleibt („Blackout Period"), um sicherzustellen, dass die Kaufentscheidung eines Anlegers auf dem Wertpapierprospekt und nicht auf Grundlage eines Research Reports erfolgt.

Publizitäts-Richtlinien

Die Erstellung von Publizitäts-Richtlinien („Publicity Guidelines") hat insbesondere bei internationalen Transaktionen, wie im Fall einer Privatplatzierung nach Rule 144A oder einer Notierung der Aktien in den Vereinigten Staaten von Amerika eine große Bedeutung. Die Publizitätsrichtlinien stellen die einschlägigen nationalen Bestimmungen der jeweils anwendbaren Wertpapiervorschriften hinsichtlich der Publizität dar, die auf den Emittenten und andere beteiligte Parteien (insbesondere Konsortialbanken und Altaktionäre sowie mandatierte Werbe- und Marketingagenturen) im Rahmen des Angebots von Wertpapieren Anwendungen finden.

In Deutschland darf das Unternehmen vor der Veröffentlichung eines Prospekts keine Kommunikation hinsichtlich der Aktien gemäß den Vorschriften des Wertpapierprospektgesetzes oder anderer anwendbarer Rechtsvorschriften vornehmen, die als öffentliches Angebot von Wertpapieren in Deutschland angesehen werden könnte. Ein Öffentliches Angebot ist nach § 2 Nr. 4 WpHG eine Mitteilung an das Publikum in jedweder Form und auf jedwede Art und Weise, die ausreichende Informationen über die Angebotsbeteiligungen und die anzubietenden Wertpapiere gibt, um einen Anleger in die Lage zu versetzten, über den Kauf oder die Zeichnung dieses Wertpapiers zu entscheiden. Mitteilungen aufgrund des Handels von Wertpapieren an einem organisierten Markt oder im Freiverkehr stellen jedoch kein öffentliches Angebot dar.

Die Neuregelung des §15 WpPG enthält gesetzliche Regelungen über Werbung, die sich auf ein öffentliches Angebot von Wertpapieren oder die Zulassung zum Handel an einem organisierten Markt bezieht. Danach ist auf allen Werbeanzeigen darauf hinzuweisen, dass ein Prospekt veröffentlicht wurde oder zur Veröffentlichung ansteht und wo die Anleger ihn erhalten können. Weiterhin müssen Werbeanzeigen als solche klar erkennbar sein und die darin enthaltenen Angebote dürfen nicht unrichtig oder irreführend sein. Die Angaben dürfen darüber hinaus nicht im Widerspruch zu den Angaben stehen, die der Prospekt enthält oder die im Prospekt enthalten sein müssen, falls dieser erst zu einem späteren Zeitpunkt veröffentlicht wird. Schließlich müssen alle über das öffentliche Angebot oder die Zulassung zum Handel an einem organisierten Markt verbreiteten Informationen, auch wenn sie nicht zu Werbezwecken dienen, mit den im Prospekt enthaltenen Angaben übereinstimmen.

Zur Sicherstellung der Einhaltung dieser Publizitätsbeschränkungen enthalten die Publizitäts-Richtlinien Verfahrensbestimmungen über den Abstimmungsprozess hinsichtlich des zulässigen Inhalts von Presseveröffentlichungen oder Pressekonferenzen, die der Emittent und die an dem Angebot beteiligten Parteien bei internationalen Transaktionen in der Regel von ca. 30 Kalendertagen vor der Preisfestsetzung bis 40 Kalendertage nach dem Angebotsende einhalten müssen. Schließlich enthalten die Publizitäts-Richtlinien Vorschriften über die Kommunikation der Gesellschaft und der am Angebot beteiligten Parteien mittels Internet und die Ausgestaltung der Homepage der Gesellschaft und die zur Sicherstellung der Einhaltung der einschlägigen Wertpapiervorschriften zu verwendenden Warnhinweise. Weiterhin ist in dem Research Report der Umgang mit Analysten und Journalisten geregelt.

In den Vereinigten Staaten von Amerika erfolgt im Fall einer Privatplatzierung häufig nach Rule 144A des Securities Act, die auch hinsichtlich der zulässigen Publizität Regelungen enthält, die es dem Unternehmen und den am Angebot beteiligten Parteien verbieten, die Aktien in den Vereinigten Staaten von Amerika durch „allgemeines Angebot oder allgemeines Werben" („general solicitation or general advertising") anzubieten oder zu verkaufen. Hierunter fällt z. B. nicht die ausschließlich an qualifizierte institutionelle Anleger („qualified institutional buyers" oder „QIBs") gerichtete Ansprache durch die Konsortialbanken z.B. durch Aushändigung des Prospekts oder „Roadshows" in den Vereinigten Staaten von Amerika, zu denen ausschließlich qualifizierte institutionelle Anleger eingeladen und zugelassen werden. Im Fall eines öffentlichen Angebots („Public Offering") in den Vereinigten Staaten von Amerika gelten andere Vorschriften. Das Angebot der Wertpapiere außerhalb der Vereinigten Staaten von Amerika erfolgt aus U.S.-amerikanischer Sicht auf Grundlage der so genannten Safe Harbor-Bestimmungen der Regulation S des Securities Acts, dessen Anwendbarkeit insbesondere voraussetzt, dass es im Rahmen des Angebots keine „unmittelbaren Verkaufsanstrengungen" („directed selling efforts") in den Vereinigten Staaten von Amerika gibt.

Gesellschaftsrechtliche Dokumentation
Mitwirkung des Hauptversammlungsbeschlusses

Die Durchführung eines Börsengangs bedarf abhängig von den konkreten Umständen des Einzelfalls der Mitwirkung der Hauptversammlung, in jedem Fall aber der Beschlussfassung von Vorstand und Aufsichtsrat.

Ein Börsengang ist abgesehen von der reinen Notierungsaufnahme oder dem Sonderfall der reinen Umplatzierung von Altaktien mit einer Aufnahme neuen Kapitals verbunden und bedarf insoweit in den Hauptgestaltungsformen entweder eines Beschlusses der Hauptversammlung des Unternehmens zur Erhöhung des Grundkapitals gegen Bareinlagen (§ 182 AktG) oder der Schaffung eines zu diesem Zweck bestimmten genehmigten Kapitals (§ 202 AktG), jeweils verbunden mit einem Ausschluss des Bezugsrechts (§ 186 Abs. 3 AktG). In dem Beschluss über den Ausschluss des Bezugsrechts liegt ausdrücklich oder jedenfalls konkludent eine Zustimmung zum vorgesehenen Börsengang.

Sofern im Einzelfall im Vorfeld eines Börsengangs eine Satzungsänderung erforderlich ist, bedarf es eines Beschlusses der Hauptversammlung (§ 119 Abs. 1 Nr. 5, § 179 Abs. 1 AktG), wenn mit dem Börsengang eine wesentliche Strukturänderung verbunden ist, ist nach den Grundsätzen der Holzmüller-Rechtsprechung ebenfalls ein Hauptversammlungsbeschluss erforderlich. Ist nach den vorstehend dargestellten Umständen keine Mitwirkung der Hauptversammlung erforderlich, ist die Entscheidung über einen Börsengang wegen Fehlens einer andersartigen Kompetenzzuweisung nach einer Ansicht gemäß §§ 76, 78 AktG eine Geschäftsführungsmaßnahme des Vorstands. Überwiegend wird dagegen insbesondere wegen der Annahme einer Grundlagenentscheidung und den damit verbundenen Auswirkungen auf die Mitgliedschaftsrechte und Vermögensinteressen der Aktionäre unter Hinweis auf die Holzmüller-Doktrin die Zustimmung der Hauptversammlung als erforderlich angesehen. Deshalb ist es in der Praxis zu empfehlen, vorsorglich einen Hauptversammlungsbeschluss über den Börsengang herbeizuführen. Es ist umstritten, ob hierfür eine einfache Mehrheit ausreichend ist oder eine Mehrheit von drei Viertel des vertretenen Kapitals erforderlich ist. Wird die Beschlussfassung mit dem Ausschluss des Bezugsrechts im Rahmen der für den Börsengang erforderlichen Kapitalerhöhung verbunden, ist eine Mehrheit, die mindestens drei Viertel des bei der Beschlussfassung vertretenen Grundkapitals umfasst, erforderlich (§ 186 Abs. 3 Satz 2 AktG).

Im Fall der Börseneinführung einer Tochtergesellschaft eines Unternehmens stellt sich einerseits die Frage nach dem Erfordernis der Zustimmung der Hauptversammlung der Muttergesellschaft und andererseits nach dem Bestehen eines Bezugs- oder Vorerwerbsrechts für die Aktionäre der Muttergesellschaft. Überwiegend wird beim Börsengang einer Tochtergesellschaft die Zustimmung der Hauptversammlung verlangt, sofern im konkreten Einzelfall eine strukturverändernde Grundlagenentscheidung nach den Grundsätzen der Holzmüller-Rechtsprechung vorliegt und die Tochtergesellschaft im Verhältnis zum Gesamtkonzern wesentliche Bedeutung hat. Im Fall einer Börseneinführung von Tochtergesellschaften eines Unternehmen wird teilweise auch eine Verpflichtung bejaht, den Aktionären der Muttergesellschaft ein Bezugs- oder Vorerwerbsrecht auf die Aktien der Tochtergesellschaft einzuräumen. Ein derartiges Bezugs- oder Vorerwerbsrecht ergibt sich nach überwiegender Meinung weder aus § 186 AktG noch aus den Grundsätzen der so genannten Holzmüller-Entscheidung des Bundesgerichtshofs, einer weiten Auslegung dieser Rechtsprechung oder aus einer Treuepflicht der Gesellschaft gegenüber den Aktionären. Nach Auffassung des Bundesgerichtshofs bedarf eine Ausgliederung, die einen schwerwiegenden Eingriff in die Aktionärsrechte bewirkt, eines Hauptversammlungsbeschlusses. Danach ist eine Muttergesellschaft bei der Ausgliederung des wertvollsten Teils des Betriebsvermögens auf eine Tochtergesellschaft ihren eigenen Aktionären gegenüber verpflichtet, für Kapitalerhöhungen in der Tochtergesellschaft die Zustimmung der Hauptversammlung der Muttergesellschaft einzuholen, wenn die Hauptversammlung der Ausgliederung nicht zugestimmt hat.

Mitwirkung des Vorstands

Der im Rahmen eines Börsengangs normalerweise erfolgende Ausschluss des Bezugsrechts ist nur zulässig, wenn die formellen und materiellen Voraussetzungen für einen Bezugsrechtsausschluss vorliegen, wobei ein erleichterter Bezugsrechtsausschluss gemäß § 203 Abs. 1 Satz 1 in Verbindung mit § 186 Abs. 3 Satz 4 AktG zulässig ist, wenn die Kapitalerhöhung gegen Bareinlagen 10 Prozent des Grundkapitals nicht übersteigt und der Ausgabebetrag den Börsenkurs nicht wesentlich unterschreitet. Maßgeblich ist hierbei der Zeitpunkt der Ausnutzung der Ermächtigung, nicht der Zeitpunkt des Hauptversammlungsbeschlusses. Die Grenze des zulässigen Abschlags ist streitig und liegt nach wohl überwiegender Meinung bei einem Regelabschlag von 3 Prozent bis zu einer Obergrenze von 5 Prozent, wobei für die Ermittlung des Börsenpreises in der Regel eine Durchschnittsdauer von 5 Börsentagen genügen soll. Es ist streitig, ob § 255 Abs. 2 AktG neben § 186 Abs. 3 Satz 4 AktG Anwendung findet. Der Bezugsrechtsausschluss ist bereits in der Hauptversammlung zulässig, in der Praxis wird die Entscheidung über den Ausschluss des Bezugsrechts jedoch in der Regel dem Vorstand mit Zustimmung des Aufsichtsrats übertragen.

Eine Börseneinführung kann einen Bezugsrechtsausschluss u.a. rechtfertigen, wenn die erforderliche Aktienzahl nur so zur Verfügung gestellt werden kann und die Aktiengesellschaft sachliche, die Interessen der Altaktionäre überwiegende Gründe, z.B. eine langfristige Erschließung des Kapitalmarkts, hat. Für die sachliche Rechtfertigung des Bezugsrechtsausschlusses ist nach jetzt herkömmlicher Meinung eine allgemeine oder abstrakte Umschreibung der beabsichtigten Maßnahmen ohne Angabe des konkreten Vorhabens ausreichend, wenn sie im wohlverstandenen Interesse des Unternehmens liegt.

Die von dem Unternehmen im Rahmen des Börsengangs abzuschließenden Verträge, insbesondere der Übernahmevertrag sowie die im Rahmen des Börsenzulassungsverfahrens zu stellenden Anträge und weitere Entscheidungen, wie die Festlegung der Bookbuildingspanne und des Emissionspreises, stellen Geschäftsführungsmaßnahmen des Vorstands dar, die eine entsprechende Beschlussfassung des Vorstands verlangen.

Nach überwiegender Meinung darf der Vorstand des Emittenten die Festsetzung des Bezugspreises nicht einseitig dem Konsortialführer überlassen. Vielmehr bedarf die Festsetzung des Bezugspreises jedenfalls bei Vorliegen eines Bezugsrechtsausschlusses als Bedingung der Aktienausgabe im Sinne des § 204 AktG gemäß § 204 Abs. 1 Satz 2 AktG auch der Zustimmung des Aufsichtsrats. Nach wohl überwiegender Meinung darf der Aufsichtsratsbeschluss die Festsetzung des Börsenpreises nicht in das freie Ermessen des Vorstands stellen, jedoch gemäß § 204 AktG dem Vorstand eine gewisse Bandbreite vorgeben, innerhalb der der Vorstand den Bezugspreis festzusetzen hat, wenn durch die Anwendung des Bookbuilding-Verfahrens sichergestellt ist, dass der Vorstand mit Hilfe der Konsortialbanken den bestmöglichen am Markt erzielbaren Emissionspreis für die neuen Aktien vor dessen Festsetzung ermittelt und sich die endgültige Festsetzung am Ergebnis des Bookbuilding-Verfahrens orientiert. Durch die aufgrund vorher festgelegter abstrakter Kriterien erfolgende Ermittlung des Emissionspreises wird nach dieser Auffassung der Aufsichtsrat seiner Überwachungsfunktion gerecht. Eine abweichende Ansicht lehnt dies unter Hinweis auf die Kontrollfunktion des Aufsichtsrats und § 114 Abs. 4 AktG ab, da die Zustimmung zu Geschäften des Vorstands in Form einer generellen Zustimmung nur möglich sei, wenn der Aufsichtsrat die grundsätzliche Zustimmungspflicht nach § 114 Abs. 4 Satz 2 AktG selbst eingeführt hat, nicht jedoch, wenn die Zustimmungspflicht des Aufsichtsrats wie im vorliegenden Fall kraft Gesetzes bestehe.

Mitwirkung des Aufsichtsrats

Der Aufsichtsrat wirkt in der Regel bei der Festsetzung der Bookbuilding-Spanne und der Festsetzung des Platzierungspreises mit. Der Aufsichtsrat soll gemäß § 118 Abs. 2 AktG auch an der Hauptversammlung teilnehmen und neue Aktien aus genehmigtem Kapital sollen gemäß § 202 Abs. 3 Satz 2 AktG nur mit Zustimmung des Aufsichtsrats ausgegeben werden und die Entscheidung des Vorstands über den Inhalt des Aktienrechts und den Bedingungen der Aktienausgabe aus genehmigtem Kapital bedarf gemäß § 204 Abs. 1 Satz 2 AktG der Zustimmung des Aufsichtsrats. Weiterhin meldet der Vorstand und der Vorsitzende des Aufsichtsrats gemäß § 184 Abs. 1 Satz 1 AktG den Beschluss über die Erhöhung des Grundkapitals bei einer Kapitalerhöhung gegen Einlagen sowie gemäß § 188 Abs. 1 Satz 1 AktG die Durchführung der Erhöhung des Kapitals und gemäß § 195 Abs. 1 AktG den Beschluss über die bedingte Kapitalerhöhung zur Eintragung in das Handelsregister an. Schließlich ist häufig durch entsprechende Satzungsausgestaltung oder die Geschäftsordnung des Vorstands eine Informationspflicht an oder eine Zustimmungserfordernis durch den Aufsichtsrat zu bestimmten Geschäftsführungsmaßnahmen des Vorstands erforderlich.

Mitarbeiterbeteiligung

Die Beteiligung von Mitarbeitern des Emittenten im Rahmen des Börsengangs ist häufig ein weiterer Gesichtspunkt für den Schritt an die Börse. Es gibt ein breites Spektrum von Gestaltungsmöglichkeiten, die von der direkten Mitarbeiterbeteiligung über „Naked Short-Optionsrechte" aus bedingtem Kapital bzw. eigenen Aktien oder Wandelschuldverschreibungen bis zu Phantom Stock Programmen oder Stock Option Appreciation Rights reichen. Bei der individuellen Ausgestaltung spielen gesellschaftsrechtliche, steuer- und bilanzrechtliche, kapitalmarktrechtliche und arbeitsrechtliche Aspekte eine bedeutsame Rolle.

Je nach Struktur des konkreten Mitarbeiterbeteiligungsprogramms sind Hauptversammlungsbeschlüsse für die Ausgabe von Mitarbeiteroptionen durch die Schaffung des genehmigten Kapitals oder die Möglichkeit des Rückerwerbs eigener Aktien zur Verwendung für Aktienoptionen, Optionsvereinbarungen zwischen dem Emittenten und den jeweils bezugsberechtigten Mitarbeitern oder Organmitgliedern der Gesellschaft sowie Vorstands- und Aufsichtsratsbeschlüsse erforderlich. Wegen der Komplexität der Materie wird auf die verschiedenen Möglichkeiten einer Mitarbeiterbeteiligung hier nicht näher eingegangen, sondern auf weiterführende Literatur verwiesen.

Literatur

Allgemein:

Bungert, Die Liberalisierung des Bezugsrechtsausschlusses im Aktienrecht, NJW 1998, 488.

Frese, Kredite und verdeckte Sacheinlage – Zur Sondersituation von Emissionsbanken, AG 2001, 15.

Gebauer, Börsenprospekthaftung und Kapitalerhöhungsrecht in der Aktiengesellschaft, 1999.

Groß, Kapitalmarktrecht, 3. Aufl., 2006.

Groß, Verdeckte Sacheinlage, Vorfinanzierung und Emissionskonsortium, AG 1993, 108.

Habersack, „Holzmüller" und die schönen Töchter – Zur Frage eines Vorerwerbsrechts der Aktionäre beim Verkauf von Tochtergesellschaften, WM 2001, 545.

Harrer/Heidemann, Going Public – Einführung in die Thematik, DStR 1999, 254.

Hoffmann-Becking, Neue Form der Aktienemission, FS Lieberknecht, 1997, S. 25.

Picot/Land, Going Public – Typische Rechtsfragen des Ganges an die Börse, DB 1999, 570.

Schanz, Börseneinführung: Recht und Praxis des Börsengangs, 2. Aufl., 2002.

Schwark, Kapitalmarktrechts-Kommentar, 3. Aufl., 2004.

Technau, Rechtsfragen bei der Gestaltung von Übernahmeverträgen („Underwriting Agreements") im Zusammenhang mit Aktienemissionen, AG 1998, 445.

Zur Mitarbeiterbeteiligung:

Achleitner/Wollmert, Stock Options, 2000.

Harrer (Hrsg.) Mitarbeiterbeteiligungen und Stock Option Pläne, 2. Aufl., 2004.

Kessler/Sauter (Hrsg.): Handbuch Stock Options, 2003.

Due Diligence –
Bereiche der erforderlichen Prüfung

Dr. Wolfgang Russ, Ebner, Stolz & Partner

Zusammenfassung

Die Erstellung des Prospekts und die Vorbereitung des Börsengangs erfordert eine umfassende Prüfung und Analyse (sogenannte Due Diligence) des Unternehmens in verschiedenen Bereichen: z.B. im Gesellschaftsrecht, im Steuerrecht, bei Jahresabschlüssen und im Geschäftsmodell. Die Commercial und Financial Due Diligence beinhaltet eine intensive Analyse des Konzepts, der Planung und der Qualität des Rechnungswesens eines Börsenkandidaten. Sie konzentriert sich auf die Themen, die für den künftigen Unternehmenserfolg entscheidend sind: Stellung im Markt, Wachstumspotenzial, Nachhaltigkeit der Ergebnissituation, Verfügbarkeit von Ressourcen, Managementkompetenz. In der Tax Due Diligence werden steuerliche Risiken adressiert. Insbesondere die Legal Due Diligence bildet die zentrale Grundlage für die Darstellung der rechtlichen Verhältnisse des Börsenkandidaten im Wertpapierprospekt. Der vom Wirtschaftsprüfer des Unternehmens auszustellende Comfort Letter dient der Absicherung der Prospektverantwortlichen hinsichtlich der Finanzdaten im Prospekt.

Bedeutung und Funktion der Due Diligence

Unter einer Due Diligence-Untersuchung versteht man allgemein eine detaillierte und systematische Analyse eines Unternehmens im Rahmen eines Börsengangs oder einer anderen Unternehmenstransaktion. Im Kontext des Börsengangs handelt es sich um eine Plausibilitätsuntersuchung, bei der die wirtschaftlichen, finanziellen, rechtlichen und steuerlichen Verhältnisse eines Börsenkandidaten beurteilt werden sollen. Andere mögliche Bereiche der Due Diligence (Technische DD, Umwelt DD) werden bei Börsengängen nur selten beauftragt und werden daher in der folgenden Darstellung nicht behandelt. Die Due Diligence wird vielfach von neutraler Stelle (in der Regel von einem Wirtschaftsprüfer und/oder einem Anwalt) ausgeführt. Sie bezweckt insbesondere eine Absicherung des konsortialführenden Emissionshauses vor einer möglichen Inanspruchnahme aus der Emittentenhaftung. Sie dient außerdem dem Schutz zukünftiger Aktionäre.

Commercial und Financial Due Diligence

Beurteilung des Unternehmenskonzepts (Commercial Due Diligence)

Eine Due Diligence bei Börsengängen konzentriert sich auf die Frage, ob das Konzept des Unternehmens, das in der so genannten „Equity Story" Analysten und Anlegern präsentiert wird, überhaupt realistisch sein kann. Deshalb stehen Strategie und Marktstellung des Unternehmens im Mittelpunkt der Untersuchung. Nur derjenige, der mit Fug und Recht von sich behaupten kann, über eine nur schwer angreifbare „Unique Selling Proposition" (USP) – also ein einzigartiges Verkaufsargument – zu verfügen, wird heute noch Initiatoren, Analysten und Anleger für sich gewinnen können. Diese USP ist nicht immer einfach zu erkennen. Die Kunst einer professionellen Due Diligence besteht darin, mit Erfahrung und Branchenkenntnis in der Diskussion mit dem Management durch die im Einzelfall richtigen Fragen und die Auswertung des oft umfangreichen Informationsmaterials rasch die Einflussfaktoren für den Markterfolg des Unternehmens zu erkennen. Dieser Teil der Due Diligence wird auch als Commercial Due Diligence bezeichnet.

Die Commercial Due Diligence umfasst insbesondere folgende Aufgaben:

- Bestimmung des relevanten Marktes für die Produkte und Dienstleistungen des Unternehmens (Durchsicht von Marktstudien, Fachzeitschriften und anderen Veröffentlichungen von Branchenanalysten und anderen Institutionen)
- Analyse und Verständnis des Marktumfelds, z. B. vor- und nachgelagerte Branchen und deren Einflussfaktoren, Konjunktureffekte, Produktlebenszyklen, Substitutionsrisiken, Markteinund -austrittsbarrieren, gesetzliche Bestimmungen
- Wettbewerbsanalyse: Positionierung und Strategie des Börsenkandidaten (Benchmarking der Produkte im Vergleich zur Konkurrenz), Analyse von Umsätzen und Deckungsbeiträgen je Produkt, Betrachtung der erwarteten Konzentrationsentwicklung
- Aufdeckung von Chancen und Risiken auf den relevanten Absatzmärkten

Jede fundierte Unternehmensanalyse muss sich daher intensiv mit den Spielregeln, Marktkräften und Entwicklungen der jeweiligen Branche auseinandersetzen. Beispiele sind etwa:

- die sich im Zeitablauf ändernden gesetzlichen Regelungen in der Energiewirtschaft zur Einspeisung von Strom aus regenerativen Energiequellen
- die künftigen Rahmenbedingungen im Gesundheitswesen
- die technologische Entwicklung verschiedener Mobilfunkstandards in der Telekommunikationsbranche

Insbesondere in der Biotechnologie sind die naturwissenschaftlichen Grundlagen der Unternehmenskonzepte oft so anspruchsvoll, dass für eine aussagefähige Beurteilung des Unternehmenskonzepts die Zusammenstellung eines gemischten Teams aus Naturwissenschaftlern und Kaufleuten sinnvoll ist bzw. dass eine Commercial Due Diligence separat beauftragt wird.

Über die marktbezogene Due Diligence hinaus umfasst eine Commercial Due Diligence häufig eine Analyse der Geschäftsprozesse einschließlich der IT-Strukturen, eine Beurteilung der Produktionsanlagen und eine Bewertung der Aktivitäten im Bereich Forschung und Entwicklung. Zweifellos werden die Analysen zu diesen Themenkomplexen bei einer Due Diligence für einen Börsengang weniger in die Tiefe gehen als bei einer Due Diligence im Rahmen eines Unternehmenskaufs.

Financial Due Diligence

Die Financial Due Diligence stellt eine betriebswirtschaftliche Analyse der internen und externen Rechenwerke des Unternehmens dar. Sie ist vergangenheits-, gegenwarts- und zukunftsbezogen angelegt. Im Zentrum steht aber ganz klar die Planung des Unternehmens.

Das Börsensegment, für das sich das Management des Unternehmens entschieden hat, hat grundsätzlich keinen Einfluss auf Form, Inhalt und Fragestellung der Due Diligence. Die unterschiedlichen Anforderungen zwischen den verschiedenen Segmenten der Deutsche Börse AG (Open Market/Entry Standard, General Standard, Prime Standard) betreffen im Wesentlichen – neben der Notwendigkeit, Abschlüsse nach IFRS im Prime Standard und General Standard zu erstellen – die so genannten Zulassungsfolgepflichten und wirken sich daher allerdings auf die Qualitätsansprüche an das Rechnungswesen aus. Im Übrigen ergeben sich erhebliche Akzentverschiebungen zwischen jungen, wachstumsstarken (Technologie-)Unternehmen und älteren Unternehmen, die in der Regel in etablierten Branchen operieren. Die Analyse der Vergangenheit als Grundlage für die Zukunftsplanung spielt bei den jungen (Technologie-) Unternehmen oftmals nur eine geringere Rolle. Die häufig in beträchtlicher Höhe geplanten Wachstumsraten bei diesen Unternehmen verlangen eine Fokussierung der Due Diligence auf die Themen Markt und Marktwachstum, Positionierung des Unternehmens, ausreichende Verfügbarkeit der Ressourcen und Beherrschbarkeit des Wachstums.

Beurteilung des Rechnungswesens

Das Rechnungswesen des Börsenkandidaten wird daraufhin untersucht, ob es den Anforderungen genügt, die an das Rechnungswesen einer öffentlich notierten Publikums-Aktiengesellschaft gestellt werden müssen. Da häufig in dieser Phase eine Reihe weiterer Aufgaben parallel abgearbeitet werden muss (z.B. IFRS-Umstellung bei der Notierung im Prime Standard und General Standard, Pro-forma-Abschlüsse, Erstellung von Zwischenabschlüssen, Vorbereitung für den Zahlenteil des Prospekts) wird das Rechnungswesen im Rahmen der Due Diligence einem echten „Stress-Test" unterzogen. Im Rahmen der Due Diligence werden schwerpunktmäßig folgende Fragestellungen bearbeitet:

- Liefert das Rechnungswesen die für die Steuerung des Unternehmens benötigten Informationen?
- Werden die Daten des Rechnungswesens zeitnah verarbeitet, um die Informationen für die künftigen Publizitätsanforderungen (u. a. Erstellung strukturierter Quartalsberichte im Prime Standard) rechtzeitig zu liefern?
- Sind die Zahlen des internen Rechnungswesens mit dem externen Rechnungswesen abstimmbar?
- Werden – bei Unternehmensgruppen – konsolidierte Zahlen aus den Buchhaltungszahlen aller Einzelgesellschaften in materiell und formell einheitlicher Form entwickelt?
- Werden die Vorschriften von IFRS (bei einen Börsengang im Entry Standard nicht erforderlich) bei der Darstellung der Vergangenheitszahlen und der Planung gleichermaßen beachtet?
- Ist das Unternehmen in der Lage, die für eine aussagefähige Segmentberichterstattung erforderlichen Daten zu liefern?
- Ist die im Mittelpunkt der Due Diligence stehende Unternehmensplanung hinreichend detailliert? Wurde sie nach einem analytischen Verfahren unter Anwendung einheitlicher Prämissen entwickelt? Wer war an der Planung beteiligt? Ist die Planung mit Zielvereinbarungen für die Mitarbeiter (insbesondere im Vertrieb) verknüpft? Welche EDV-Tools werden hierbei eingesetzt? Ist die Erfolgsplanung mit der Bilanz- und Finanzplanung integriert?
- Inwieweit ist ein Risikomanagementsystem im Sinne von § 91 AktG einschließlich eines internen Kontrollsystems bereits eingerichtet?
- Sind die Mitarbeiter im Rechnungswesen ausreichend qualifiziert, um diese Aufgabenstellungen zu erfüllen? In welchem Umfang bedarf das Unternehmen noch externer Unterstützung?

In der Praxis sind bei vielen Unternehmen, die sich um eine Notierung am Kapitalmarkt bewerben, zum Zeitpunkt der Due Diligence noch deutliche Defizite im Rechnungswesen festzustellen. Dabei ist zu beobachten, dass Unternehmen, an denen Finanzinvestoren beteiligt sind, aufgrund der Anforderungen dieser Eigentümergruppe oftmals über ein besseres Rechnungswesen als klassische eigentümergeführte Unternehmen verfügen. Entscheidend ist dann die Frage, ob und in welchem Zeitrahmen diese Schwachstellen durch ein gezieltes Maßnahmenpaket behoben werden können.

Vergangenheitsorientierte Analyse der Vermögens-, Finanz- und Ertragslage

Die Analyse der Jahresabschlüsse bzw. der WP-Prüfungsberichte konzentriert sich auf die Verlässlichkeit der Abschlusszahlen und die bisher praktizierte Bilanzpolitik. Gerade bei kleinen und mittleren Unternehmen ist die Bilanzpolitik häufiger dem Ziel der Steuerminimierung untergeordnet, als dies bei börsennotierten Unternehmen der Fall ist. Im Einzelnen sind folgende Fragestellungen von Interesse:

Allgemeines:

- Sind die Vermögensgegenstände und Schulden vollständig erfasst und angemessen bewertet?
- Enthalten die Forderungen, die Rückstellungen oder andere Bilanzposten größere Einzelrisiken?
- Wurden sachverhaltsgestaltende Maßnahmen (z.B. Forderungsverkäufe, Sale-and-lease-back-Transaktionen) vorgenommen?
- Seit wann wird eine vollumfängliche Jahresabschlussprüfung durchgeführt? Gab es wesentliche Nachbuchungen?
- Sind im Konzernabschluss alle wesentlichen Gesellschaften nach einheitlichen Grundsätzen einbezogen worden?
- Welche Unterschiede zwischen HGB und IFRS wurden im Rahmen der Umstellung auf die internationale Rechnungslegung identifiziert?

Vermögens- und Finanzlage:

- Wie ist die Investitions- und Abschreibungspolitik zu beurteilen? Wurden steuerliche Sonderabschreibungen vorgenommen, und wie haben diese sich auf die folgenden Abschlüsse ausgewirkt?
- Nach welchen Grundsätzen werden die Vorräte bewertet, und wie werden ungängige Teile behandelt?
- Welche Fristigkeiten weisen Forderungen und Verbindlichkeiten auf?
- Gibt es Pensionsverpflichtungen, und wie sind diese bilanziell erfasst (ggf. Unterdeckung nach § 6a EStG ermitteln)?
- Spielen Gewährleistungs- und Produkthaftpflichtrisiken eine besondere Rolle, und werden dafür ausreichende Rückstellungen gebildet?
- Bestehen wesentliche Haftungsverhältnisse und Eventualverbindlichkeiten?

- Wie erfolgt die Finanzierung des Unternehmens? In welchem Umfang wurden vorhandene Kreditlinien in Anspruch genommen?
- Wie hat sich der Cashflow aus dem operativen Geschäft entwickelt?

Ertragslage:

- Ist die Bilanzierung und Bewertung im Zeitablauf stetig vorgenommen worden? Wurden im Rahmen der Bilanzierung stille Reserven gelegt und/oder aufgelöst?
- Wie hat sich der Umsatz nach Marktsegmenten, Produktgruppen, Regionen, Kundengruppen etc. entwickelt? Welche Roherträge bzw. Deckungsbeiträge konnten erzielt werden?
- Wie ist die Veränderung des Personalaufwands im Zeitablauf im Vergleich zur Entwicklung der Umsatzerlöse und der Mitarbeiterzahl zu erklären?
- Entspricht das ausgewiesene Jahresergebnis der tatsächlichen Ertragslage, oder müssen Bereinigungen zur Ermittlung eines aussagefähigen Betriebsergebnisses vorgenommen werden?
- Welche wesentlichen nicht operativen und einmaligen Erträge und Aufwendungen müssen eliminiert werden?
- Wie ist die Veränderung der Ertragslage im Zeitablauf vor dem Hintergrund des beabsichtigten Börsengangs zu beurteilen?

Neben der Einsichtnahme in die Prüfungsberichte und ggf. vorliegende weitere Dokumente aus der Abschlussprüfung (z.B. Management Letter, Schlussbesprechungsunterlagen, Rechtsanwaltsbestätigungen) empfiehlt sich ein Gespräch mit dem Abschlussprüfer. Dieser muss hierzu vom Unternehmen eine Befreiung von seiner Verschwiegenheitsverpflichtung erhalten und wird von dem Kollegen, der die Due Diligence durchführt, eine Haftungsfreistellung hinsichtlich der Auskunftserteilung durch einen so genannten „Hold Harmless Letter" verlangen.

Analyse der Planungsrechnung

Die Analyse der Planungsrechnung bildet den Mittelpunkt der Due Diligence-Untersuchung, da die künftig zu erwartenden Einnahmenüberschüsse den Wert des Unternehmens bestimmen. Die vergangenheitsorientierte Due Diligence und die Commercial Due Diligence liefern die wesentlichen Grundlagen für die in diesem Zusammenhang vorzunehmenden Arbeiten und Analysen. Die Analyse der Planungsrechnung umfasst insbesondere folgende Fragestellungen:

Soll-Ist-Vergleich der beiden letzten Jahre: Die Abweichungen zum ursprünglichen Plan sind kritisch daraufhin zu untersuchen, ob sie schon zum Zeitpunkt der Planerstellung erkennbar waren und welche Konsequenzen aus den Abweichungen gezogen wurden. Diese Analyse der Planungstreue gilt als ein wichtiges Kriterium für die Beurteilung der Frage, ob das Management realistische Planungen aufzustellen in der Lage ist.

Analyse der Planungsmethodik: Hierbei geht es um die Fragestellung, inwieweit die (kurzfristige) Planung lediglich als Top-down-Vorgabe der Unternehmensleitung entstanden ist, oder ob die einzelnen operativen Einheiten in den Planungsprozess eingebunden wurden. Im ersten Fall fehlt es der Planung oftmals an Verbindlichkeit und Akzeptanz sowie an ausreichender Detaillierung. Eine andere wichtige Fragestellung in diesem Zusammenhang betrifft die Frage der Incentivierung der an der Planung beteiligten Mitarbeiter hinsichtlich der Planerreichung. Hieraus können – sowohl auf der Seite des oberen Managements als auch der einzelnen Bereichsverantwortlichen – bestimmte typische Verhaltensweisen bei der Planerstellung resultieren. Ferner sollte eine professionelle Planung in einem integrierten Ansatz erfolgen, d.h. aus einer Erfolgs-, Bilanz- und Finanzplanung bestehen und – unter Berücksichtigung saisonaler Effekte – auf Quartale und Monate herunter gebrochen werden. Eine leistungsfähige Planung umfasst schließlich alle Unternehmensbereiche, d.h. sie reduziert sich nicht nur auf einen reinen Finanzteil, sondern definiert Maßnahmen und Konsequenzen in den Bereichen Produktion, Beschaffung, Personal, Entwicklung etc. Sie ist darüber hinaus eingebettet in eine mittel- und langfristige Unternehmensstrategie, die vielfach revolvierend fortgeschrieben wird.

Analyse ausgewählter Planungspositionen: Ein Schwerpunkt der Analyse bildet die Beurteilung der Planung im Hinblick auf die Erreichbarkeit der geplanten Umsatzerlöse. Hierzu werden im Rahmen der Due Diligence-Untersuchung beispielhaft folgende Fragen erörtert:

- Wie ist der geplante Umsatz im Vergleich zu den bisher erwirtschafteten Umsätzen zu beurteilen? Welche zusätzlichen Produkte sollen zu welchen Zeitpunkten auf den Markt kommen? Sind mögliche Kannibalisierungseffekte berücksichtigt? Welche Vertriebsgebiete sollen neu und mit welchen Maßnahmen erschlossen werden?
- Wie haben sich der Auftragseingang und der Auftragsbestand entwickelt? In welchem Zeitraum führt der Auftragsbestand zu Umsatz? Wann wird der Auftragseingang als solcher in der Vertriebsstatistik erfasst? Wird eine Statistik über potenzielle Aufträge (mit Wahrscheinlichkeiten gewichteter Auftragseingang) geführt?
- Welche Preistendenz ist in den Umsatzerlösen einkalkuliert?
- Können die geplanten Umsatzerlöse kapazitätsmäßig bewältigt werden?

Für die Plausibilisierung des Materialaufwands stellen sich insbesondere folgende Fragen:

- Welchen Einfluss haben Veränderungen im Umsatzmix auf den Materialaufwand?
- Welche Preisentwicklung ist auf den wichtigsten Beschaffungsmärkten zu erwarten?
- Welche Einsparpotenziale bestehen bei steigenden Beschaffungsvolumina?
- Welchen Einfluss haben Veränderungen der Energiepreise?
- In welchem Umfang sind Verschrottungen, Fehldispositionen etc. einkalkuliert?

Die Analyse des Personalaufwands muss insbesondere folgende Faktoren einbeziehen:

- Welche Anzahl der Mitarbeiter wird für den steigenden Umsatz benötigt?
- Mit welchen Tarifsteigerungen wird im Planungszeitraum gerechnet?
- Inwiefern benötigt das Unternehmen nach dem Börsengang eine höher qualifizierte Mannschaft mit der Notwendigkeit zusätzlicher Personalkosten?
- Sind variable Vergütungen entsprechend der prognostizierten Ergebnisentwicklung im Personalaufwand berücksichtigt?
- Soll eine zusätzliche Kapazitätsbelastung mit Leiharbeitern bzw. freien Mitarbeitern abgedeckt werden?

Für die Abschreibungen ist zu untersuchen:

- Welche Abschreibungen ergeben sich anhand einer Abschreibungssimulation aus dem Anlagenbestand?
- Welche Investitionen sind bei dem geplanten Wachstum erforderlich, wann werden diese beschafft, und wie sollen sie abgeschrieben werden?

Die Planung der sonstigen Aufwendungen kann mit folgenden Fragen plausibilisiert werden:

- Welche Aufwandsarten verhalten sich umsatzproportional und welche haben eher (sprung-)fixen Charakter?
- Mit welchen Preissteigerungen ist bei den wichtigsten Aufwendungen zu rechnen?
- Welche zusätzlichen Aufwendungen (z.B. Entwicklungskosten, Aufwendungen für Patentanmeldung, Markteinführung, Garantiekosten) müssen aufgrund der im Umsatzbereich geplanten Maßnahmen berücksichtigt werden?

- Welche Zusammenhänge sind zu den geplanten Personalaufwendungen (Leiharbeiter) und Abschreibungen (Instandhaltungskosten) zu beachten?
- Welche einmaligen und zusätzlichen laufenden Kosten sind als Folge der Börsennotierung zu erwarten?

Für die Planung des Zinsaufwands kommt es darauf an, ob eine so genannte „Pre-Money-Bewertung", d. h. ohne Berücksichtigung des Kapitals aus dem Börsengang, vorgenommen werden soll, oder ob die Zahlen beurteilt werden sollen, die nach dem Börsengang erwartet werden. Im letztgenannten Fall ist eine Annahme über den (Netto-)Erlös aus dem Börsengang und seine zeitliche Realisierung erforderlich. Im Wesentlichen geht es um folgende Fragen:

- Welcher Zinsaufwand ergibt sich aufgrund bestehender Darlehen, und können diese unter Umständen gekündigt werden?
- Welche zeitliche Inanspruchnahme der Kontokorrentlinien ist im Jahresverlauf realistisch? Dabei kann – je nach geplanter Geschäftsausweitung – eine Verlängerung der Forderungslaufzeiten anzunehmen sein.
- Welche Soll- und Habenzinssätze sind unterstellt worden?

Der Steueraufwand umfasst sowohl laufende zahlungswirksame Steuern als auch die bei internationalen Konzernabschlüssen bedeutsamen latenten Steuern. Grundsätzlich sind auf Ebene der einzelnen Ländergesellschaften landesspezifische Steuersätze zu verwenden. In die Untersuchung dieser Position müssen die Erkenntnisse aus der Tax Due Diligence (vgl. S. 185) einfließen.

Potentielle Alarmzeichen
Bereits bei den ersten Prüfungsschritten treten oft Unstimmigkeiten auf, die als Alarmzeichen gewertet werden können. So ist Vorsicht geboten, wenn:

- wesentliche negative Planabweichungen in den Vorjahren eingetreten sind
- die Planung lediglich für Zwecke des Börsengangs erstellt wurde
- eine aggressive Bilanzierungspolitik betrieben wurde
- ein unzureichend ausgebautes Rechnungs- und Berichtswesen vorzufinden ist

Ein fehlender „Track Record" in der Vergangenheit, eine schwache Umsatz- oder Ergebnisentwicklung schon im Börseneinführungsjahr ohne ausreichend begründete Saisonalität des Geschäftsverlaufs und ein fehlender oder unzureichender Auftragsbestand sind wichtige Signale dafür, dass die geplanten Prognosen vermutlich verfehlt werden.

Versierte Unternehmen wissen um die Bedeutung, selbst gesetzte Ziele mindestens zu erreichen oder möglichst zu übertreffen, und planen daher mit entsprechenden Reserven. Auch ein weit in der Zukunft liegender Break-Even bei jungen, technologieorientierten Unternehmen ist kritisch zu sehen und wird heute in der Regel einen erfolgreichen Börsengang verhindern. Die Investoren am Kapitalmarkt haben sich von der Kennziffer „Cashburn-Rate"[1] (als Indiz für besonders hohe, nicht aktivierungsfähige immaterielle Investitionen) – zur traditionellen „Cashflow-Rate" zurückbesonnen.

Managementbeurteilung

In jeder Due Diligence-Untersuchung nimmt die Beurteilung des Managements eine zentrale Stellung ein. Schließlich müssen alle Planungen von Menschen in Taten und Ergebnisse umgesetzt werden. Außerdem gilt vor allem in jungen Branchen und Märkten, dass die Planungen von heute in unserer schnelllebigen Zeit schon morgen überholt sein können und oft auch werden. Insofern ist die Beurteilung der Fähigkeit des Managements, sich auf neue Situationen einzustellen und entschlossen die notwendigen Veränderungen einzuleiten, ein besonders wichtiges Kriterium beim Check der Börsengänger. Der Werdegang der Manager, die bisherige Entwicklung des Unternehmens im Verlauf bestimmter Wachstums- und Restrukturierungsprozesse können Indizien für diese Kompetenz vermitteln. Bei Unternehmen, die mit dem Börsengang eine ausgeprägte Wachstumsstrategie (durch externe Akquisitionen) verfolgen wollen, bildet die bewiesene Fähigkeit, andere Unternehmen erfolgreich zu integrieren, ein wichtiges Beurteilungskriterium. Im Zusammenhang mit dem Börsengang spielt ferner die Frage der Incentivierung des Managements (eigene Beteiligung, vereinbarte Haltefristen, Stock Options für leitende Mitarbeiter) und die Einstellung der wichtigsten Akteure zu diesen Themen eine erhebliche Rolle.

Professionelle Managementbeurteilungen werden gelegentlich – insbesondere bei Unternehmenstransaktionen – unter Hinzuziehung spezialisierter (Personal-)Berater durchgeführt.

Durchführung und Ergebnis der Financial Due Diligence

Der Zeitbedarf und das Kostenvolumen einer Due Diligence hängen selbstverständlich von der Größe und der Komplexität des Unternehmens ab. Für eine kleinere Emission belaufen sich die Kosten auf ca. 80.000 € bis 100.000 €, bei größeren Emissionen kann dieser Betrag auch erheblich überschritten werden. Der Zeitbedarf liegt im Normalfall bei ca. drei bis vier Wochen. Üblicherweise beginnt die Due Diligence-Untersuchung relativ kurzfristig nach der Beauftragung der konsortialführenden Bank mit einem Kick-off-Meeting, in dem das Management das Unternehmen, seine Strategie und die Ziele für den Börsengang vorstellt. Zu Beginn der Arbeiten gehört ferner eine Betriebsbesichtigung zum notwendigen Untersuchungsumfang. Zur Durchführung der Analysen stellt das Unternehmen anhand einer vom

---

1 Kennzahl für den Kapitalverbrauch

Prüfer vorab übersandten Checkliste die benötigten Unterlagen in einem so genannten „Data Room" zur Verfügung. In der Folgezeit wird der Prüfer die oben genannten Themen primär durch Analysen und weiterführende Interviews plausibilisieren. Neben Ansprechpartnern aus dem Rechnungswesen sind insbesondere die Vertriebs- bzw. Geschäftsbereichs-Verantwortlichen und zeitweise der Vorstand als Auskunftspersonen gefragt.

Am Ende der Untersuchung werden Stärken und Schwächen des Unternehmens sowie Chancen und Risiken der Planung herausgearbeitet und gegebenenfalls Alternativ-Szenarien zu der Planung des Unternehmens abgebildet. Dieses Ergebnis wird mit dem Management und der konsortialführenden Bank als Auftraggeber diskutiert. Treten im Verlauf der Due Diligence gravierende Probleme auf, wird der Börsengang in Abstimmung mit Emittent und Emissionsführer verschoben oder gar abgesagt. Kann der Prüfer die Planung des Unternehmens nicht mittragen und gibt demzufolge ein kritisches Statement ab, so muss die Planung des Unternehmens entweder angepasst werden oder die konsortialführende Bank nimmt bei der Ermittlung des Unternehmenswertes entsprechende Risikoabschläge vor.

Eine erfolgreich durchgeführte Due Diligence ist gleichzeitig eine gute Plattform für alle folgenden Schritte der Börseneinführung. Sie liefert Erkenntnisse für die Abfassung des Prospekts, insbesondere für die wichtigen Abschnitte Risikofaktoren und Unternehmensstrategie. Das Management wird bei dieser tiefgehenden Untersuchung gleichzeitig vorbereitet auf die anschließenden Präsentationen gegenüber den Analysten der Konsortialbanken und im Rahmen der Roadshow; kritische Fragen sind bereits ausdiskutiert. Last but not least vermittelt eine professionell durchgeführte Due Diligence-Untersuchung wichtige Erkenntnisse für die weitere Gestaltung der Planungs-, Berichts- und Rechnungswesensysteme.

Tax Due Diligence

Im Rahmen der so genannten Tax Due Diligence werden steuerliche Risiken untersucht. Hier geht es beispielsweise um folgende Fragestellungen:

- Sind Leistungen an die bisherigen Gesellschafter (z.B. laufende Bezüge, Mieten, Zinsen etc.) als verdeckte Gewinnausschüttungen zu qualifizieren?
- Können Verlustvorträge auch nach dem IPO geltend gemacht werden? (Einschränkungen insbesondere bei mehrheitlichem Anteilseignerwechsel nach §8 Abs. 4 KStG)
- Bestehen Risiken aus Umstrukturierungen vor dem Börsengang einschließlich damit verbundener Grunderwerbsteuerprobleme?
- Haben die Gesellschafter Forderungsverzichte zugunsten der Gesellschaft geleistet, und wie wurden diese steuerlich behandelt?

- Gibt es Abweichungen zwischen Handels- und Steuerbilanz, und sind diese zutreffend erklärt?
- Wurde eine sachgerechte Abgrenzung von Erhaltungsaufwand und Anschaffungs-/Herstellungskosten vorgenommen?
- Sind bei Organschaftsverhältnissen alle Voraussetzungen erfüllt?
- Wurden Steuervergünstigungen (Sonderabschreibungen, Investitionszuschüsse und -zulagen) beantragt und die damit verbundenen Bewilligungsvoraussetzungen eingehalten?
- Wurden die Haltefristen für Sacheinlagen und etwaige Teilwertabschreibungen bei der Berechnung steuerfreier Veräußerungsgewinne von Beteiligungen berücksichtigt?
- Sind die Verrechnungspreise im Unternehmensverbund angemessen und entsprechend dokumentiert?
- Gibt es andere wesentliche Auslandssachverhalte (z.B. Montage-/Betriebsstätten)?
- Hat das Unternehmen eine verbindliche Zusage beim Finanzamt beantragt, und wurde der in diesem Antrag dargestellte Sachverhalt realisiert wie erklärt?
- Welchen Status haben laufende Rechtsbehelfs- und Klageverfahren?
- Lassen die Berichte über Umsatzsteuer-Sonderprüfungen und Lohnsteuer-Außenprüfungen wesentliche Risiken erkennen?
- Hat das Unternehmen alle Erklärungs- und Zahlungspflichten gegenüber den Finanzbehörden zeitgerecht erfüllt?

Die Analyse konzentriert sich auf die Zeiträume seit der letzten Betriebsprüfung, die insoweit vorläufig veranlagt sind. Methodisch entspricht die Analyse einer abgekürzten vorgezogenen Betriebsprüfung. Im Ergebnis ist zwischen Risiken mit endgültiger und temporärer Steuermehrbelastung/-entlastung zu unterscheiden. Bei den letztgenannten Risiken begrenzt sich die Mehrbelastung in der Regel auf Zinseffekte.

Steuerliche Risiken können in der Folge einer Betriebsprüfung sowohl zu ergebnismäßigen als auch zu liquiditätsmäßigen Konsequenzen führen. Zur Bewertung möglicher Konsequenzen auf die Ergebnissituation ist – jedenfalls bei Unternehmen, die nach IFRS bilanzieren – regelmäßig eine Analyse der aktiven und passiven latenten Steuern erforderlich. Bei zeitlichen Mehrbelastungen (z.B. durch Verlängerung der Abschreibungsdauern oder vorzeitige Auflösung von Rückstellungen) wird die Mehrbelastung im Jahr der Betriebsprüfung in der Regel durch einen Abgrenzungsposten für latente Steuern ausgeglichen werden können.

Neben einem Gespräch mit dem Steuerberater werden in der Praxis – insbesondere in Bezug auf Auslandsgesellschaften – vielfach so genannte „Steuerberaterbestätigungen" anhand vorstrukturierter Erhebungsbogen verwendet.

Bestehen wesentliche steuerliche Risiken (insbesondere soweit sie aus der Gesellschaftersphäre stammen oder soweit ein Umkehreffekt nicht eintreten kann), werden die Investoren mit Recht erwarten, dass diese Risiken von den Altgesellschaftern getragen werden. In der Praxis werden in derartigen Fällen nicht selten so genannte „Freistellungserklärungen" von den Altaktionären abgegeben.

Legal Due Diligence

Die Legal Due Diligence beim Börsengang bezweckt eine Erfassung und Analyse der rechtlichen Grundlagen des Unternehmens. Die Bedeutung der Legal Due Diligence liegt dabei einerseits darin, noch erforderliche gesellschaftsrechtliche Maßnahmen (z.B. Anpassung der Satzung) im Vorfeld des Börsengangs zu erkennen und anzustoßen. Andererseits dient die Legal Due Diligence beim Börsengang der Aufarbeitung rechtlicher Tatbestände und Vorgänge für Zwecke der Prospekterstellung. Vielfach wird eine bisher nicht mit dem Unternehmen befasste externe Kanzlei mit beiden Aufgaben betraut.

Wesentliche Themen der Legal Due Diligence betreffen insbesondere:

- Gesellschaftsrechtliche Verhältnisse des Unternehmens: Ist das Gesellschaftskapital ordnungsmäßig erbracht worden? Können die derzeitigen Gesellschafter den wirksamen Erwerb der Gesellschaftsanteile nachweisen? Bestehen Verfügungsbeschränkungen über die Anteile? Sind durchgeführte Umwandlungen rechtswirksam erfolgt? Wurden bei Unternehmensverträgen alle Zustimmungserfordernisse beachtet? Liegen die Protokolle der Gesellschafterversammlungen und des Aufsichtsrats/Beirats vollständig vor?
- Gesellschaftsvermögen: Ist das im Eigentum befindliche Immobilienvermögen der Gesellschaft anhand von Grundbuchauszügen nachgewiesen? Bestehen ungewöhnliche Belastungen?
- Unternehmenskäufe/-verkäufe: Bestehen Call-/Put-Optionen sowie Gewährleistungsverpflichtungen/-ansprüche aus Unternehmenskauf- und -verkaufverträgen?
- Liefer- und Leistungsbeziehungen: Gibt es für den Bestand und die Entwicklung des Unternehmens bedeutsame Kunden- und Lieferantenverträge?
- Arbeitsrechtlicher Bereich: Welche Besonderheiten und Nebenabreden weisen Verträge mit Schlüsselmitarbeitern auf? Gibt es Pensionsvereinbarungen, und welche Regelungen enthalten diese? Wurden Betriebsvereinbarungen zur Standortsicherung bzw. Arbeitszeitverlängerung geschlossen, und welche Verpflichtungen ergeben sich hieraus?
- Prozessrisiken: Bestehen Rechtsstreitigkeiten aus noch nicht abgeschlossenen Aktiv- und Passivprozessen sowie Risiken aus Produkthaftung?

- Öffentlich-rechtliche Rahmenbedingungen: Liegen alle Genehmigungen vor, die für den Betrieb des Unternehmens erforderlich sind?
- Patente, Markenrechte, Gebrauchsmuster etc.: Ist das Know-how des Unternehmens ausreichend geschützt?
- Sonstige Vertragsbeziehungen (je nach Bedeutung), Kreditverträge, Bürgschaften, Handelsvertreter: Ergeben sich hieraus langfristige Bindungen oder finanzielle Risiken?

Es wird deutlich, dass zwischen den einzelnen Teilbereichen der Due Diligence Wechselwirkungen bestehen. So entstehen z.B. aus den zuletzt genannten Verträgen und wichtigen Kundenverträgen wirtschaftliche Wirkungen auf die Ergebnis- und Finanzplanung. Eine regelmäßige Abstimmung zwischen den an der Due Diligence beteiligten Beratern ist daher zweckmäßig. Bezüglich der Beurteilung von Rechtsstreitigkeiten ist die Einholung einer rechtlichen Stellungnahme (Legal Opinion) durch den Anwalt des Unternehmens anzuraten.

Comfort Letter

Regelmäßig wird bei Börsengängen vom Wirtschaftsprüfer des Emittenten ein so genannter „Comfort Letter" erwartet. Hierbei handelt es sich um ein Schreiben des Wirtschaftsprüfers, mit dem das Ergebnis gesondert beauftragter Untersuchungen zu Finanzdaten, die Eingang in einen Prospekt finden sollen, zusammengefasst wird. Empfänger des Schreibens sind üblicherweise der Emittent und die konsortialführende Bank. Der Comfort Letter dient den Prospektverantwortlichen – neben anderen Maßnahmen – als Nachweis, dass sie insoweit die anzuwendende Sorgfalt bei der Erstellung des Prospekts haben walten lassen. Dies entspricht der im angelsächsischen Sprachraum verbreiteten Due Diligence Defense.

Für das dem Comfort Letter zugrunde liegende Auftragsverhältnis und dessen Inhalt gibt es in Deutschland keine gesetzlichen Regelungen. Eine gewisse Standardisierung ist jedoch durch den im Jahr 2004 verabschiedeten IDW Prüfungsstandard PS 910 erreicht worden, an dessen Ausformulierung auch Vertreter der Kreditinstitute beteiligt waren und der seither in der Praxis weitgehende Verwendung findet.

Grundsätzlich gilt, dass die Emissionsbanken in den Schutzbereich des Auftragsverhältnisses zwischen Emittent und Wirtschaftsprüfer einbezogen sind. Die Frage der im Einzelfall jeweils angemessenen Haftung, die zwischen den Parteien unterschiedlich geregelt sein kann, bildet stets einen besonders heiklen Diskussionspunkt im Rahmen der Vorbereitung auf den Börsengang. Haftungen, die über den gesetzlichen Rahmen des §323 HGB zum Teil deutlich hinausgehen, müssen durch den Wirtschaftsprüfer individuell versichert werden und werden in der Regel dem emittierenden Unternehmen gesondert in Rechnung gestellt. Hieraus können im Einzelfall nicht unerhebliche Zusatzkosten für das IPO-Projekt entstehen. Es empfiehlt sich, dieses Thema direkt bei der Mandatsvergabe an die Konsortialbank zu klären.

Im Comfort Letter wird im einleitenden Abschnitt Bezug genommen auf diejenigen Abschlüsse, für die der Wirtschaftsprüfer einen Bestätigungsvermerk erteilt hat. Für das laufende Jahr wird der Wirtschaftsprüfer in der Regel mit der prüferischen Durchsicht des letztverfügbaren Zwischenabschlusses beauftragt und mit einem kritischen Lesen der danach erstellten Monatsabschlüsse. Ferner werden die für das Rechnungswesen verantwortlichen Personen zu Veränderungen bestimmter Abschlusspositionen befragt. Schließlich sind regelmäßig die Protokolle der Gesellschaftsorgane auszuwerten. Eine von Bankenseite gewünschte prüferische Durchsicht des Konzernzwischenabschlusses oder andere Untersuchungshandlungen haben zur Folge, dass auch die entsprechenden Zwischenabschlüsse der Tochtergesellschaften einer Prüfung unterzogen werden müssen. Aus diesem Grund ist eine frühzeitige Einbindung des Wirtschaftsprüfers in das Projekt erforderlich. Nur so kann sichergestellt werden, dass etwaige Feststellungen aus den Untersuchungshandlungen des Wirtschaftsprüfers rechtzeitig Eingang in die der Bundesanstalt für Finanzdienstleistungsaufsicht (BaFin) einzureichende Fassung des Prospekts finden können.

Literatur

Berens/Brauner (Hrsg.), Due Diligence bei Unternehmensakquisitionen, 3. Auflage, Stuttgart 2002

Ganzert/Krämer, Due Diligence Review – Eine Inhaltsbestimmung, S. 578, Wpg. 1995

Harrer/Heidemann (Hrsg.), Der Gang an die Börse – Herausforderung für Emittent und Berater, Düsseldorf 2001

Hegwein, Financial Due Diligence durch Wirtschaftsprüfungsgesellschaften, Frankfurt am Main 2005

Koch/Wegmann, Praktiker-Handbuch Due Diligence, Chancen-Risiken-Analyse mittelständischer Unternehmen, 2. Aufl., Stuttgart 2002

Rödl/Zinser, Going Public, Der Gang mittelständischer Unternehmen an die Börse, S. 133 ff, Frankfurt am Main 1999.

Wagner/Russ, Due Diligence Untersuchungen, in: Wirtschaftsprüfer-Handbuch, Band II, Institut der Wirtschaftsprüfer (Hrsg.), 12. Aufl., Düsseldorf 2002

Antragsdokumente für Börsennotierung und Angebot von Wertpapieren

Dr. Stephan Hutter[1], Dr. Katja Kaulamo, Shearman & Sterling LLP

Einleitung

Maßgeblich dafür, ob im Zusammenhang mit einer erstmaligen Notierung von Wertpapieren an der Börse in Deutschland ein Prospekt zu erstellen ist oder nicht, ist zunächst die Entscheidung des Emittenten über das Börsensegment, in dem die Wertpapiere zugelassen und gehandelt werden sollen: Im Fall einer Zulassung von Wertpapieren zum Börsenhandel an einem organisierten Markt, wozu sowohl der Amtliche Markt als auch der Geregelte Markt an einer deutschen Börse gehören, muss grundsätzlich ein Prospekt veröffentlicht werden, während eine Einbeziehung in den Freiverkehr prospektfrei erfolgen kann. Neben dem Segment, in dem die Wertpapiere gehandelt werden sollen, entscheidet auch die Art der geplanten Platzierung, d.h. die Zielgruppe des Angebots, darüber, ob die Erstellung eines Prospekts als Antragsdokument erforderlich ist. Denn außer der Zulassung von Wertpapieren zum Handel an einem organisierten Markt begründet auch das öffentliche Anbieten von Wertpapieren die Pflicht, einen Prospekt zu veröffentlichen, unabhängig davon, ob die angebotenen Wertpapiere überhaupt zum Börsenhandel zugelassen bzw. in welchem Segment diese gehandelt werden sollen.

Da die Pflicht zur Erstellung eines Prospekts bei einem Börsengang somit zum einen von der Wahl des Börsensegments und zum anderen von der Art der angestrebten Platzierung abhängt, werden im Folgenden zunächst die verschiedenen Börsensegmente sowie die Begriffe des öffentlichen Angebots und der Privatplatzierung einschließlich der damit jeweils verbundenen Vor- und Nachteile dargestellt. Sodann folgt ein Überblick über den erforderlichen Inhalt des Prospekts einschließlich der Haftungsrisiken und der europaweiten Geltung gebilligter Prospekte. Abschließend wird das bei der Einbeziehung von Aktien in den Freiverkehr an der Frankfurter Wertpapierbörse erforderliche Antragsdokument erläutert.

---

1   Wir bedanken uns bei Frau RAin Daniela Leyh für ihre wertvolle Mitarbeit bei der Erstellung dieses Beitrags.

Zulassung zum Handel an einem organisierten Markt oder Einbeziehung in den Freiverkehr

Zulassung zum Handel an einem organisierten Markt

Für die Frage der im Zusammenhang mit einer erstmaligen Börsennotierung von dem Emittenten zu erstellenden Antragsdokumente kommt es entscheidend darauf an, ob eine Notierung im Amtlichen Markt oder Geregelten Markt einerseits oder im Freiverkehr andererseits angestrebt wird. Im Fall einer Zulassung der Aktien zum Börsenhandel an einem organisierten Markt, wozu sowohl der Amtliche Markt als auch der Geregelte Markt an einer deutschen Börse gehören, muss grundsätzlich ein Prospekt veröffentlicht werden. Zwar sieht das die Prospektpflicht begründende Wertpapierprospektgesetz (WpPG) bestimmte Ausnahmen von der Prospektpflicht bei Zulassung von Aktien zum Handel an einem organisierten Markt vor; diese passen jedoch nicht auf die Situation einer erstmaligen Börsennotierung. Sieht die Börsenordnung des organisierten Marktes, an dem die Zulassung erfolgen soll, für einen Teilbereich des Amtlichen oder Geregelten Marktes weitere, d.h. über die gesetzlichen Pflichten hinausgehende, Zulassungsfolgepflichten vor, so besteht die Prospektpflicht unabhängig davon, ob die Zulassung nur zum Amtlichen oder Geregelten Markt (im Fall der Frankfurter Wertpapierbörse zum „General Standard") oder zugleich zu dem Teilbereich (im Fall der Frankfurter Wertpapierbörse zum „Prime Standard") erfolgen soll.

Einbeziehung in den Freiverkehr

Entscheidet sich der Emittent statt der Zulassung der Aktien zum Handel an einem organisierten Markt für eine Einbeziehung der Aktien in den Freiverkehr an einer deutschen Börse, begründet diese Einbeziehung (im Unterschied zu dem oben erwähnten Börsengang) als solche noch keine Pflicht zur Erstellung eines Prospekts nach Maßgabe des WpPG. Vielmehr hängt die Prospektpflicht in diesem Fall von der Art des geplanten Angebots ab, genauer von der Weite des Adressatenkreises, dem die Aktien im Inland zum Kauf angeboten werden sollen. Im Fall einer Einbeziehung der Aktien in den Freiverkehr muss ein Prospekt nach Maßgabe des WpPG nur dann veröffentlicht werden, wenn diese Einbeziehung mit einem öffentlichen Angebot der Aktien in Deutschland einhergeht; keine Prospektpflicht besteht hingegen, wenn im Zusammenhang mit der Einbeziehung in den Freiverkehr entweder gar keine Platzierung der Aktien erfolgt oder die Aktien lediglich einem begrenzten Anlegerkreis im Rahmen einer Privatplatzierung angeboten werden sollen.

Auch im Fall der Einbeziehung von Aktien in den Freiverkehr verlangt der jeweilige Freiverkehrsträger zwar in der Regel, dass im Antrag auf Einbeziehung bestimmte Angaben über den Emittenten gemacht werden. Im Gegensatz zum organisierten Markt ist der Freiverkehr an den deutschen Börsen jedoch nicht öffentlich-rechtlich reguliert, sodass die jeweiligen Träger den Handel eigenständig organisieren und das Rechtverhältnis zu den Marktteilnehmern privatautonom gestalten können. Dementsprechend unterscheiden sich die Anforderungen, die an den Einbeziehungsantrag und die darin anzugebenden Informationen über die Emittenten gestellt werden, beträchtlich von den Anforderungen an die Antragsdokumente, die bei Zulassung zum Handel an einem organisierten Markt erforderlich sind. Weiter unten werden die einschlägigen Richtlinien für den Freiverkehr (Open Market) an der FWB Frankfurter Wertpapierbörse (im Folgenden FWB) dargestellt, nach denen Informationen über den Emittenten in Form eines so genannten Exposé zur Verfügung zu stellen sind. Das Exposé als Antragsdokument für die Einbeziehung in den Open Market an der FWB ist jedoch weder im Inhalt noch im Umfang mit einem Prospekt im Sinne des WpPG vergleichbar.

Art des Angebots der Wertpapiere: öffentliches Angebot vs. Privatplatzierung

Öffentliches Angebot

Für Wertpapiere, die im Inland öffentlich angeboten werden, muss der Anbieter einen Prospekt veröffentlichen. Dies gilt unabhängig davon, ob die Wertpapiere überhaupt an einer Börse notiert bzw. in welchem Segment diese zum Börsenhandel zugelassen oder in den Handel einbezogen werden sollen. Das öffentliche Angebot von Wertpapieren im Inland ist somit – neben der Zulassung von Wertpapieren zum Handel an einem organisierten Markt im Inland – ein weiterer Anknüpfungspunkt für das Eingreifen der Prospektpflicht. Unter einem öffentlichen Angebot von Wertpapieren versteht das WpPG „eine Mitteilung an das Publikum in jedweder Form und auf jedwede Art und Weise, die ausreichende Informationen über die Angebotsbedingungen und die anzubietenden Wertpapiere enthält, um einen Anleger in die Lage zu versetzen, über den Kauf oder die Zeichnung dieser Wertpapiere zu entscheiden". Diese sehr weite Definition eines öffentlichen Angebots wurde im Zug der Umsetzung der EU-Prospektrichtlinie durch den Erlass des WpPG zum 1. Juli 2005 erstmalig in das deutsche Recht eingeführt. Nach der Gesetzesbegründung wie auch der Praxis der Bundesanstalt für Finanzdienstleistungsaufsicht (BaFin) sind für die Beurteilung des Vorliegens eines öffentlichen Angebots jedoch nach wie vor grundsätzlich die zum alten Recht entwickelten Kriterien anwendbar, sodass ein öffentliches Angebot auch unter Heranziehung der Legaldefinition nur dann vorliegen soll, wenn für die Investoren bereits eine konkrete Möglichkeit zum Erwerb der beworbenen Wertpapiere besteht. Da Mitteilungen im Sinne der Legaldefinition in der Praxis auch regelmäßig mit einer konkreten Erwerbsmöglichkeit einhergehen werden, dürften die praktischen Auswirkungen dieser unterschiedlichen Kriterien gering sein.

Eine Prospektpflicht nach dem WpPG besteht nur für öffentliche Angebote von Wertpapieren „im Inland". Da das WpPG dieses Merkmal nicht näher präzisiert, kann die BaFin insoweit weiterhin auf das zur früheren Rechtslage entwickelte Kriterium zurückgreifen, ob potenzielle Anleger im Inland zielgerichtet angesprochen werden. Eine zielgerichtete Ansprache inländischer Anleger kann etwa bei Werbemaßnahmen im Internet in deutscher Sprache oder unter Nennung deutscher Ansprechpartner vorliegen. Als Gegenindiz gilt u.a.

ein so genannter „Disclaimer", in dem unmissverständlich darauf hingewiesen wird, dass ein Erwerb der beworbenen Wertpapiere in Deutschland nicht möglich ist, sowie angemessene Vorkehrungen gegen den elektronischen Erwerb der Wertpapiere von Deutschland aus, etwa durch die Installation eines Filters auf der Internetseite des Emittenten, der das Herkunftsland der Besucher der Internetseite abfragt. In der Praxis erstellen die im Zusammenhang mit einem öffentlichen Angebot von Wertpapieren mandatierten internationalen Anwälte der Gesellschaft so genannte „Publizitätsrichtlinien", in denen die Details für Disclaimer, Web-Filter usw. vorgegeben bzw. erläutert werden.

Grundsätzlich wird eine an das breite Publikum gerichtete Ansprache, die angebotsbezogene Angaben wie Zeichnungsfrist und Preis bzw. Preisspanne der Wertpapiere enthält, in einem öffentlichen Angebot im Sinne des WpPG resultieren. Somit führt in der Regel jegliche konkrete Werbung für die Wertpapiere zum Vorliegen eines öffentlichen Angebots mit der Folge des Eingreifens der Prospektpflicht. Ausgenommen sind lediglich allgemeine Imagewerbung sowie Pflichtveröffentlichungen, die z.B. im Zusammenhang mit der Einbeziehung von Wertpapieren in den Freiverkehr vorzunehmen sind; derartige Veröffentlichungen stellen keine Mitteilungen an das Publikum im Sinne eines öffentlichen Angebots dar und begründen für sich genommen keine Prospektpflicht.

Privatplatzierung

Angebot an so genannte „qualifizierte Anleger"

Das Angebot von Wertpapieren kann prospektfrei erfolgen, wenn diese nicht öffentlich, sondern im Rahmen einer Privatplatzierung lediglich einem begrenzten Anlegerkreis angeboten werden. Dies gilt insbesondere für Angebote, die sich ausschließlich an so genannte qualifizierte Anleger richten. Als qualifizierte Anleger bezeichnet das WpPG Finanzdienstleistungsunternehmen, Regierungen, Zentralbanken und internationale Finanzinstitutionen sowie andere juristische Personen, die nach Beschäftigtenzahl, Bilanzsumme und Jahresumsatz als große Unternehmen anzusehen sind; regelmäßig fallen in die Kategorie der qualifizierten Anleger so genannte institutionelle Investoren. Kleine und mittlere Unternehmen sowie natürliche Personen gelten nur dann als qualifizierte Anleger, wenn sie in einem Staat des Europäischen Wirtschaftsraums (EWR) ansässig sind und sich in einem von der BaFin geführten Register als qualifizierte Anleger haben registrieren lassen, wofür natürliche Personen Mindestanforderungen an ihre Erfahrenheit als Anleger und den Wert ihres Portfolios erfüllen müssen.

Sonstige Privatplatzierungsausnahmen

Ausgenommen von der Prospektpflicht sind ferner Angebote von Wertpapieren, die sich an weniger als 100 nicht qualifizierte Anleger pro Mitgliedstaat des EWR richten. Damit eröffnet das WpPG auch die Möglichkeit, etwa im Rahmen einer an institutionelle Investoren gerichteten Platzierung von Wertpapieren auch eine begrenzte Zahl von Privatanlegern zu bedienen, ohne einen Prospekt erstellen zu müssen, wenn dies nicht schon aus Gründen der Zulassung der angebotenen Wertpapiere zum Handel an einem organisierten Markt erforderlich ist (siehe oben). Weitere Ausnahmen bestehen für Angebote, die sich aufgrund eines hohen Mindestbetrags von 50.000 € pro Anleger bzw. einer Mindeststückelung der Wertpapiere von 50.000 € oder aufgrund des geringen Gesamtvolumens des Angebots von weniger als 100.000 € de facto nur an eine begrenzte Zahl von Anlegern richten.

Über diese ausdrücklich im Gesetz geregelten Ausnahmen hinaus beabsichtigt die BaFin, in engen Grenzen auch weiterhin Angebote als prospektfreie Privatplatzierungen zu betrachten, die sich ausschließlich an Personen richten, die dem Anbieter im Einzelnen bekannt sind, von ihm aufgrund einer gezielten Auswahl nach individuellen Gesichtspunkten angesprochen werden und keiner Aufklärung durch einen Prospekt bedürfen, da sie – etwa aufgrund einer besonderen persönlichen oder gesellschaftsrechtlichen Nähebeziehung zum Anbieter – Zugang zu Informationen haben, die denen in einem Prospekt entsprechen. Beispielsweise fallen Bezugsrechtsemissionen, sofern kein organisierter Bezugsrechtshandel erfolgen soll, nicht in die Kategorie eines öffentlichen Angebots und können damit weiterhin ohne Veröffentlichung eines Prospekts durchgeführt werden. Allerdings muss auch in diesem Fall ein Prospekt erstellt und veröffentlicht werden, sofern die Aktien zum Börsenhandel an einem organisierten Markt zugelassen werden sollen und keine Ausnahme von der Prospektpflicht besteht.

Vor- und Nachteile von öffentlichen Angeboten und Privatplatzierungen

Ein Vorteil der Platzierung von Wertpapieren im Weg eines öffentlichen Angebots liegt darin, dass auf diese Weise ein breites Anlegerpublikum angesprochen werden kann. Durch die Breite des Adressatenkreises erhöht sich die Wahrscheinlichkeit, dass die Wertpapiere sowohl an institutionelle Investoren als auch an Privatanleger verkauft werden und sich somit ein liquider Markt in den Aktien des Emittenten mit einem entsprechenden Streubesitz entwickeln kann. Da der im Fall eines öffentlichen Angebots zu veröffentlichende Prospekt nach Billigung durch die BaFin auch in allen anderen Staaten des EWR grundsätzlich ohne zusätzliches Billigungsverfahren gültig ist, können die Wertpapiere nach einer entsprechenden Notifizierung des gebilligten Prospekts – inklusive gegebenenfalls der Erstellung einer Übersetzung von dessen Zusammenfassung – an die zuständige Behörde des jeweiligen Aufnahmestaates (siehe unten „Notifizierungsverfahren") auch in diesen Staaten öffentlich angeboten werden, bzw. kann ihre Zulassung zum Handel an einem organisierten Markt auch in diesen Staaten beantragt werden. Dadurch lässt sich der Kreis der potenziellen Anleger im Zusammenhang mit einem öffentlichen Angebot in Deutschland seit der Umsetzung der EU-Prospektrichtlinie am 1. Juli 2005 nunmehr ohne nennenswerten zusätzlichen Zeit- und Kostenaufwand auf andere Staaten des EWR ausdehnen, was sowohl der Attraktivität und Liquidität der Aktien eines Emittenten als auch der allgemeinen Publizitäts- und Werbewirkung einer solchen Transaktion zuträglich sein kann.

Ein öffentliches Angebot von Wertpapieren ist allerdings grundsätzlich mit einer Prospektpflicht verbunden, was sowohl in Bezug auf den Zeit- als auch Kostenaufwand als Nachteil empfunden werden kann. Zudem müssen im Prospekt ausführliche Angaben über den Emittenten, insbesondere über seine Geschäftstätigkeit und Finanzlage sowie die für den Emittenten und seine Geschäftstätigkeit spezifischen Risiken gemacht werden, was eine recht weitgehende Offenlegung von Unternehmensinterna mit sich bringt. Die Erstellung und Verwendung eines Prospekts als Geschäftsgrundlage für künftige Investoren ist auch mit Haftungsrisiken verbunden, sollten sich die darin enthaltenen Informationen als wesentlich unrichtig, unvollständig oder irreführend erweisen. Wirtschaftlich gesehen ist ein Prospekt jedoch die Visitenkarte eines Emittenten im Kapitalmarkt, die ihm Glaubwürdigkeit verleiht und in der Regel als Benchmark für die laufende Berichterstattung an das Anlegerpublikum nach einem Börsengang oder einer Sekundärplatzierung herangezogen wird.

Dagegen zieht eine Privatplatzierung keine Prospektpflicht nach sich, sofern die Wertpapiere nicht zugleich zum Handel an einem organisierten Markt zugelassen, sondern lediglich in den Freiverkehr einbezogen werden sollen. Zwar müssen in der Regel im Rahmen des Antrags auf Einbeziehung der Aktien in den Freiverkehr einer deutschen Börse bestimmte Angaben über den Emittenten gemacht werden; diese beschränken sich aber regelmäßig auf ein Minimum. Ferner ist es zwar üblich bzw. zu Vermarktungszwecken geboten, die Anleger auch im Rahmen einer Privatplatzierung über den Emittenten bzw. die angebotenen Aktien zu informieren; in welchem Umfang dies geschieht, steht jedoch letztlich im kaufmännischen Ermessen des Emittenten sowie der die Platzierung begleitenden Banken. Daher ist eine Privatplatzierung ohne Erstellung eines Prospekts in der Regel mit deutlich geringerem Kosten- und Zeitaufwand verbunden als ein öffentliches Angebot. Zu beachten ist allerdings, dass grundsätzlich auch im Fall einer Privatplatzierung das Risiko einer Haftung des Emittenten für die Richtigkeit jeglicher den Anlegern als Geschäftsgrundlage ihrer Investitionsentscheidung zur Verfügung gestellten Informationen (z.B. Präsentationsunterlagen, Pressemitteilungen, Internetseiten usw.) besteht.

Wie oben dargelegt, ist die Zulassung auch der im Weg einer Privatplatzierung angebotenen Wertpapiere zum Handel an einem organisierten Markt an einer deutschen Börse prospektpflichtig.

Prospekt – das Antragsdokument bei Zulassung zum Handel an einem organisierten Markt bzw. beim öffentlichen Angebot von Wertpapieren

Der Prospekt dient in erster Linie potenziellen Anlegern als Geschäftsgrundlage für eine informierte Investitionsentscheidung. Darüber hinaus dient der Prospekt der Herstellung eines einheitlichen Informationsniveaus für eine bestimmte Wertpapieremission (so genanntes „Level Playing Field of Information") und beseitigt damit spätestens seit der Umsetzung der EU-Prospektrichtlinie zum 1. Juli 2005 das in der Vergangenheit in Deutschland vorhandene Informationsgefälle zwischen dem Prospekt einerseits und verschiedensten

Broschüren mit Kurzinformationen für Privatanleger und Investoren, wie IPO Flyer, Retail Folder und Präsentationsunterlagen andererseits. Dabei trägt die Prospektpflicht bzw. die sorgfältige Erstellung eines umfassenden Prospekts auch dem gesteigerten Informationsbedürfnis nicht institutioneller Investoren Rechnung, die oft mangels Ressourcen, Knowhow und professioneller Beziehungen zu den Emittenten keine alternativen Möglichkeiten der Informationsbeschaffung haben.

Aufbau und Inhalt des Prospekts

Grundsatz: Vollständigkeit und Verständlichkeit (Kohärenz)

Der Prospekt muss in leicht analysierbarer und verständlicher Form sämtliche Angaben enthalten, die im Hinblick auf den Emittenten und die zu emittierenden Wertpapiere notwendig sind, um dem Publikum ein zutreffendes Urteil über den Wert der Anlage zu ermöglichen, insbesondere über die Vermögenswerte und Verbindlichkeiten, die Finanzlage, Gewinne und Verluste sowie Zukunftsaussichten des Emittenten (und jedes Garantiegebers) sowie über die mit den Wertpapieren verbundenen Rechte. Zu diesem Zweck muss der Prospekt sowohl Angaben über den Emittenten als auch über die Wertpapiere enthalten und in einer Form abgefasst sein, die sein Verständnis und seine Auswertung erleichtert.

Prospektformat

Die in den Prospekt aufzunehmenden Mindestangaben sind in der EG-Verordnung Nr. 809/2004 (Prospekt-VO), die den Prospektinhalt im gesamten EWR-Raum vereinheitlicht, detailliert geregelt. Art und Umfang der Mindestangaben variieren sowohl nach dem Typ des Emittenten als auch nach der Art der angebotenen Wertpapiere. Die Prospekt-VO enthält daher eine Reihe von Anhängen mit Listen der Mindestangaben für die unterschiedlichen Emittententypen und Wertpapierarten sowie weiteren Bausteinen für Sonderfälle. Die Angaben zu dem jeweiligen Emittenten sind in Anhängen über so genannte „Registrierungsformulare" enthalten, während sich die wertpapierspezifischen Angaben aus Anhängen über so genannte „Wertpapierbeschreibungen" ergeben. Zudem enthält die Prospekt-VO besondere Bausteine – so genannte „Module" – für in besonderen Situationen zusätzlich geforderte Angaben. Zur Erstellung des Prospekts müssen die jeweils einschlägigen Anhänge miteinander kombiniert werden, um die für den jeweiligen Emittenten (Registrierungsformular) und die angebotenen Wertpapiere (Wertpapierbeschreibung) spezifischen Prospektanforderungen zu ermitteln.

Der Prospekt kann nicht nur in Form eines einzigen Dokuments, sondern auch in Form dreier Einzeldokumente erstellt werden. In diesem Fall sind die geforderten Angaben aufzuteilen auf eine Zusammenfassung, ein Registrierungsformular mit Angaben zum Emittenten und eine Wertpapierbeschreibung mit Angaben zu den Wertpapieren. Der Vorteil des dreiteiligen Prospekts besteht darin, dass ein vorab gebilligtes und bei der BaFin hinterlegtes Registrierungsformular für zwölf Monate gültig bleibt und in diesem Zeitraum für mehrere öffentliche Angebote bzw. Börsenzulassungen genutzt werden kann, so dass für jede während der Gültigkeit des einmal gebilligten Registrierungsformulars erfolgende Emission bzw. Zulassung von Wertpapieren lediglich die Wertpapierbeschreibung und die Zusammenfassung zu erstellen und zu billigen sind. Diese Möglichkeit ist vor allem für Emittenten interessant, die innerhalb eines Jahres mehrere Emissionen unter Umständen verschiedenartiger Wertpapiere planen; im Hinblick auf Aktienemissionen, insbesondere im Zusammenhang mit einem Börsengang, ist die praktische Bedeutung des dreiteiligen Prospekts jedoch gering.

Der Prospekt kann auch Angaben in Form eines Verweises auf externe Dokumente enthalten, sofern diese zuvor oder gleichzeitig mit dem Prospekt veröffentlicht, von der BaFin gebilligt oder bei ihr hinterlegt und in einer zulässigen Prospektsprache verfasst wurden. Ferner muss das per Verweis in den Prospekt einbezogene Dokument die aktuellsten Angaben enthalten, die dem Emittenten zur Verfügung stehen.

Zusammenfassung des Prospekts

Als Einleitung muss dem Prospekt (unabhängig davon, ob der Prospekt als ein einziges oder als dreiteiliges Dokument erstellt wird) eine Zusammenfassung vorangestellt werden, in der kurz (in der Praxis der BaFin max. 5.000 Wörter) und allgemein verständlich die wesentlichen Merkmale und Risiken des Emittenten, der Wertpapiere und, sofern einschlägig, der Garantiegeber aufgeführt werden. Angaben in Form eines Verweises sind in der Zusammenfassung nicht zulässig. Ferner muss die Zusammenfassung bestimmte Warnhinweise enthalten hinsichtlich der Natur der Zusammenfassung, potenzieller Prozessrisiken sowie der Reichweite der Haftung der für die Zusammenfassung verantwortlichen Personen.

Mindestinhalt des Prospekts bei einer Aktienemission

Die inhaltlichen Mindestanforderungen für die Beschreibung des Emittenten und der Wertpapiere sind besonders detailliert bei der Emission von Aktien und anderen Dividendenwerten. In diesem Fall ergeben sich die spezifischen über den Emittenten in den Prospekt aufzunehmenden Angaben aus Anhang I (Mindestangaben für das Registrierungsformular für Aktien) und die Angaben über die Wertpapiere aus Anhang III (Mindestangaben für die Wertpapierbeschreibung von Aktien) der Prospekt-VO. Zusätzlich kann bei einer Aktienemission auch Anhang II (Modul für Pro-forma-Finanzinformationen) zur Anwendung kommen, sofern die spezifische Situation des Emittenten die Aufnahme von so genannten „Pro-Forma-Finanzinformationen" erfordert (siehe dazu weiter unten).

Für den Fall einer Aktienemission ergeben sich aus den anwendbaren Anhängen I und III der Prospekt-VO folgende Mindestangaben für den Prospekt, die nachfolgend in Form des in der Praxis üblichen (vom Aufbau der Anhänge der Prospekt-VO abweichenden) Prospektaufbaus dargestellt werden. Der im Einzelfall zu wählende Aufbau hängt vor allem von der Art der Geschäftstätigkeit des Emittenten ab. Dabei ist der in der Prospekt-VO vorgesehene Aufbau (über die Grobgliederung hinaus) nicht zwingend und wird in der Praxis so angepasst, dass die Beschreibung des Emittenten und seiner Geschäftstätigkeit im Einklang mit den entsprechenden branchenüblichen und internationalen Prospektstandards steht.

Prospektaufbau

1. Inhaltsverzeichnis
2. Zusammenfassung (max. 5.000 Wörter)
3. Risikofaktoren,
   - die für den Emittenten oder seine Branche spezifisch sind, sowie
   - die mit der Art der emittierten Wertpapiere verbunden und zur Bewertung des Marktrisikos der Wertpapiere wesentlich sind.

   Alle Risikofaktoren sind umfassend und unter Verzicht auf relativierende oder abschwächende Hinweise darzustellen, um potentiellen Anlegern die mit der Anlage verbundenen Risiken, inklusive das Risiko eines vollständigen Anlageverlustes, unabhängig von der Wahrscheinlichkeit des Eintretens der beschriebenen Risiken, klar vor Augen zu führen.

4. Allgemeine Informationen
   - Angaben über die Prospektverantwortlichen und Erklärung der Prospektverantwortlichen über Richtigkeit und Vollständigkeit des Prospekts
   - Gegenstand des Prospekts
   - Hinweise betreffend zukunftsgerichtete Aussagen
   - Hinweise betreffend Informationen von Seiten Dritter (z.B. Marktdaten)
   - Einsehbare Dokumente
   - Ggf. Erklärungen von Sachverständigen; Darstellung eines etwaigen wesentlichen Interesses von Sachverständigen am Emittenten

5. Das Angebot
   - Gegenstand des Angebots, Angaben zur Angebotsstruktur
   - Angebotsbedingungen, einschließlich des Emissionspreises bzw. Modalitäten der Preisfestlegung, Zeichnungsfrist und -modalitäten, Emissionstermin, Zuteilung
   - Voraussichtlicher Zeitplan des Angebots
   - Allgemeine und besondere Angaben zu den angebotenen Aktien
   - Mehrzuteilung/Greenshoe-Option, Stabilisierung
   - Übertragbarkeit, Marktschutzvereinbarung/Lock-Up (Haltefristen)
   - Antragsstellung und Zulassung zum Handel
   - Wertpapierkennnummern
   - Designated Sponsors

6. Gründe für das Angebot und Verwendung des Emissionserlöses
   - Gründe für die Durchführung des Angebots
   - Angaben zum Emissionserlös, einschließlich Angaben zu den Emissionskosten

7. Dividenden und Dividendenpolitik
8. Kapitalausstattung und Verschuldung
9. Verwässerung

10. Ausgewählte historische Finanzinformationen
    - der letzten drei Geschäftsjahre, und
    - ggf. Zwischenfinanzinformationen mit Vergleichszahlen für den gleichen Zeitraum des vorhergehenden Geschäftsjahres

    Die Finanzinformationen müssen (in Tabellenform) Schlüsselzahlen enthalten, die einen Überblick über die Finanzlage des Emittenten geben.

11. Darstellung und Analyse der Vermögens-, Finanz- und Ertragslage
    Ausführliche Beschreibung und Analyse der Finanzlage des Emittenten (durchschnittlich ca. 20–40 Seiten) einschließlich einer
    - Beschreibung der wichtigsten Faktoren, die auf die Finanzlage einen wesentlichen Einfluss haben (z.B. Saisonalität, Währungs- oder Zinsschwankungen, Rohstoffpreisentwicklung etc.)
    - Beschreibung der Veränderungen in der Finanzlage und den Geschäftsergebnissen für jedes Jahr und jeden Zwischenberichtszeitraum, für den historische Finanzinformationen in den Prospekt aufgenommen werden (Jahr-zu-Jahr- bzw. Periode-zu-Periode-Vergleiche der GuV-Positionen und der Entwicklung der Liquidität)
    - Qualitativen Analyse der Ursachen wesentlicher Veränderungen, die von einer Periode zur anderen in den Finanzinformationen auftreten, und
    - Beschreibung der wichtigsten Grundsätze der Bilanzierung (z.B. Abschreibungspolitik, Buchung von Umsätzen)

12. Geschäftstätigkeit des Emittenten
    Ausführliche Beschreibung der Geschäftstätigkeit des Emittenten (durchschnittlich ca. 30–60 Seiten) mit Darstellung der Haupttätigkeitsbereiche, einschließlich einer Beschreibung der folgenden Bereiche:
    - Überblick
    - Stärken der Geschäftstätigkeit
    - Strategie
    - Produkte bzw. Dienstleistungen
    - Kunden, Lieferanten, Vertrieb und Marketing
    - Wettbewerbsposition und wichtigste Märkte
    - Wesentliche Verträge
    - Wichtigste während der letzten drei Geschäftsjahre getätigte, laufende sowie künftige Investitionen
    - Forschungs- und Entwicklungsaktivitäten
    - Sachanlagen, Standorte und Grundbesitz
    - Patente und Lizenzen
    - Versicherungen
    - Rechtsstreitigkeiten
    - Regulatorisches Umfeld

13. Wesentliche Aktionäre; abgebende Aktionäre
   Angaben zu Hauptaktionären sowie zu Aktionären, die ihre Aktien veräußern, einschließlich des Aktienbesitzes vor und nach Durchführung des Angebots

14. Geschäfte mit nahe stehenden Personen
   Beschreibung aller Geschäfte mit nahe stehenden Personen aus den letzten drei Geschäftsjahren, u.a. Beschreibung von Gesellschafterdarlehen und Geschäften mit Mitgliedern des Vorstands und des Aufsichtsrats

15. Allgemeine Angaben über den Emittenten
   – Gründung, Firma, Sitz, Geschäftsjahr und Dauer des Emittenten
   – Gegenstand des Unternehmens
   – Unternehmensgeschichte und -entwicklung des Emittenten
   – Organisationsstruktur des Emittenten
   – Wesentliche Beteiligungen des Emittenten
   – Zahl- und Hinterlegungsstellen
   – Angaben zum Abschlussprüfer des Emittenten

16. Angaben zu Organen und Mitarbeitern des Emittenten
   – Angaben zur Person der Mitglieder der Verwaltungs-, Geschäftsführungs- und Aufsichtsorgane und des oberen Managements, zu Interessenkonflikten, Bezügen, Vergünstigungen und zum Aktienbesitz dieser Personen, sowie Angaben zu Praktiken der Geschäftsführung
   – Angaben zu Befugnissen der Hauptversammlung
   – Erklärung über Einhaltung/Nichteinhaltung des Corporate Governance Kodex
   – Zahl und Aufschlüsselung der Beschäftigten

17. Angaben zum Aktienkapital
   – Grundkapital und Aktien (Gattung, Währung etc.)
   – Entwicklung des Grundkapitals, Beschreibung des genehmigten und bedingten Kapitals
   – Ermächtigung zum Erwerb eigener Aktien
   – Gesellschaftsrechtliche Grundlagen und bestimmte allgemeine rechtliche Bestimmungen (z.B. zu Gewinnverwendung und Dividendenzahlungen, Liquidation der Gesellschaft, Veränderung des Grundkapitals, Bezugsrechten und Anzeigepflichten bei Veränderungen des Stimmrechtsanteils)

18. Aktienübernahme
   – Gegenstand und Vereinbarungen zur Aktienübernahme sowie Angaben zum Bankenkonsortium
   – Angaben zu Provisionen
   – Beschreibung der wesentlichen Bestimmungen des Aktienübernahmevertrages (insbesondere Rücktritts- und Haftungsfreistellungsklauseln)
   – Interessen von Personen, die an der Emission/dem Angebot beteiligt sind
   – Verkaufsbeschränkungen

19. Besteuerung

20. Finanzinformationen
    - Geprüfte historische Finanzinformationen der letzten drei Geschäftsjahre einschließlich der Bestätigungsvermerke
    - Ggf. Quartals- oder Halbjahresabschlüsse
    - Pro-Forma-Finanzinformationen bei wesentlichen Änderungen im Geschäftsbetrieb des Emittenten (grundsätzlich bei Veränderungen von mehr als 25 Prozent der Bilanzsumme, des Umsatzes oder des Gewinns/Verlustes, was insbesondere im Zusammenhang mit einer erfolgten Akquisition von Bedeutung ist)

21. Trends und Aussichten
    - Kurze Beschreibung der wichtigsten Produktions-, Umsatz-, Kosten- und Preistrends seit dem Ende des letzten Geschäftsjahres bis zum Datum des Prospekts
    - Angaben über bekannte Trends, Unsicherheiten, Anforderungen, Verpflichtungen oder Vorfälle, die voraussichtlich die Aussichten des Emittenten zumindest im laufenden Geschäftsjahr beeinflussen werden

22. Datum, Unterschrift des Anbieters und/oder des Zulassungsantragstellers

Angaben zum Emissionspreis im Fall des Bookbuilding-Verfahrens

Hinsichtlich der Angaben über das Angebot ist zu beachten, dass der endgültige Emissionspreis sowie das Emissionsvolumen im Prospekt zunächst offen gelassen werden können, sofern im Prospekt die Kriterien oder Bedingungen angegeben werden, anhand derer diese Werte ermittelt werden; bezüglich des Emissionspreises kann alternativ auch ein Höchstpreis angegeben werden. Werden diese Emissionsbedingungen oder die Kriterien für ihre Festlegung bzw. der Höchstpreis im Prospekt nicht angegeben, können die Anleger ihre auf Erwerb oder Zeichnung der Aktien gerichteten Willenserklärungen innerhalb von zwei Werktagen nach Veröffentlichung und Hinterlegung des endgültigen Emissionspreises und -volumens widerrufen. Auf dieses Widerrufsrecht muss im Prospekt an hervorgehobener Stelle hingewiesen werden. Der endgültige Emissionspreis und das Emissionsvolumen sind unverzüglich nach deren Festlegung zu veröffentlichen; erfolgt kein öffentliches Angebot, sind der endgültige Emissionspreis und das Emissionsvolumen spätestens einen Werktag vor der Einführung der Aktien in den Handel zu veröffentlichen. Zudem sind die endgültigen Werte am Tag der Veröffentlichung bei der BaFin zu hinterlegen.

Diese Regelung gestattet eine marktnahe Festlegung von Emissionspreis und -volumen unter Berücksichtigung der Marktresonanz auf das Angebot, beispielsweise eine Preisfestsetzung im Weg des so genannten „Bookbuilding-Verfahrens", bei dem im Prospekt zunächst eine Preisspanne angegeben und der Emissionspreis erst auf Basis der innerhalb einer bestimmten Frist abgegebenen Kaufgebote der Anleger festgelegt wird.

Zudem ermöglicht das WpPG auch die Anwendung eines Preisfindungsverfahrens, bei dem der Prospekt zunächst keine Angaben zum Emissionsvolumen und Emissionspreis – auch keine Preisspanne – enthält und diese Angaben erst in Form eines billigungspflichtigen Nachtrags zum Prospekt festgelegt und veröffentlicht werden.

Prospektsprache

Bei einer Aktienemission eines Emittenten mit Sitz in Deutschland ist der Prospekt in deutscher Sprache zu erstellen, sofern ein öffentliches Angebot bzw. eine Zulassung zum Handel nur in Deutschland erfolgen soll. Die BaFin kann im Einzelfall jedoch die Erstellung des Prospekts in einer in internationalen Finanzkreisen gebräuchlichen Sprache, d. h. Englisch, gestatten, sofern der Prospekt auch eine deutsche Übersetzung der Zusammenfassung enthält und eine ausreichende Information des Publikums gewährleistet erscheint. In der Praxis ist wohl davon auszugehen, dass eine Erstellung des Prospekts in deutscher Sprache jedenfalls stets dann erforderlich sein wird, wenn ein öffentliches Angebot nur im Inland erfolgt und die Transaktion auch aktiv an Privatanleger vermarktet wird (anders als etwa in Österreich und der Schweiz, wo in allen Fällen ein englischsprachiger Prospekt genügt).

Bei Aktienemissionen von Emittenten mit Sitz in einem anderen Staat des EWR wird der Prospekt von der jeweiligen Herkunftsstaatsbehörde gebilligt und kann nach Maßgabe der EU-Prospektrichtlinie und der entsprechenden nationalen Gesetze nach Deutschland im Weg des so genannten „Passporting-Verfahrens" notifiziert werden, sofern der Prospekt in deutscher oder englischer Sprache erstellt oder zusätzlich zu der Originalfassung in einer dieser Sprachen zur Verfügung gestellt wurde. Ist der Prospekt nicht in deutscher Sprache erstellt, muss er zwingend eine deutsche Übersetzung der Zusammenfassung enthalten.

Billigungsverfahren

Bei einer Aktienemission ist für die Billigung des Prospekts stets die Herkunftsstaatsbehörde des Emittenten zuständig, d. h. bei einem Emittenten mit satzungsmäßigem Sitz in Deutschland die BaFin. Die BaFin prüft die Vollständigkeit des Prospekts im Hinblick auf die in den Anhängen der Prospekt-VO festgelegten Mindestangaben sowie die Kohärenz und Verständlichkeit der vorgelegten Informationen nach Maßgabe der Generalklausel des WpPG. Ferner kann die BaFin vom Anbieter bzw. Zulassungsantragsteller die Aufnahme zusätzlicher Angaben in den Prospekt verlangen, wenn ihr dies zum Schutz des Publikums geboten erscheint.

Im Fall eines Börsengangs bzw. erstmaligen öffentlichen Angebots teilt die BaFin dem Anbieter oder Zulassungsantragsteller ihre Entscheidung über die Billigung des Prospekts innerhalb von 20 Werktagen nach Eingang des Prospekts bzw. nach Eingang etwaiger zusätzlich angeforderter Informationen mit. Liegen der BaFin Anhaltspunkte vor, dass der Prospekt unvollständig ist oder dass im Prospekt enthaltene Aussagen widersprüchlich oder unvollständig sind, soll die BaFin den Anbieter oder Zulassungsantragsteller hiervon innerhalb von zehn Werktagen ab Eingang des Prospekts unterrichten. In diesem Fall beginnt die gesetzliche Prüfungsfrist von 20 Werktagen erst zu dem Zeitpunkt, zu dem der nachgebesserte Prospekt bei der BaFin eingeht. Um die Prüfungsfrist in diesem Fall dennoch so kurz wie möglich zu halten, sollten die Änderungen im Überarbeitungsmodus gekennzeichnet und die Übereinstimmung der übrigen Teile des Prospekts mit der zuvor eingereichten Version versichert werden, damit die BaFin nur noch die geänderten Passagen zu prüfen hat.

Bei der Erstellung eines Transaktionszeitplans sollte in der Praxis zusätzlich zu der gesetzlichen Prüfungsfrist von 20 Werktagen ein Zeitfenster von 10 bis 15 Werktagen einkalkuliert werden, um eine möglichst frühzeitige inhaltliche Abstimmung des Prospekts mit der BaFin zu ermöglichen. Es empfiehlt sich in diesem Zusammenhang, den Zeitplan für die erste Einreichung des Prospekts bei der BaFin, den Erhalt der ersten Kommentare der BaFin, die erneute Einreichung des Prospekts nach Einarbeitung der BaFin-Kommentare (unter Umständen neuerlicher Beginn der gesetzlichen 20-tägigen Prüfungsfrist) und den gewünschten Termin der Prospektbilligung rechtzeitig vor Beginn des Prüfungs- und Billigungsverfahrens mit der BaFin im Detail abzustimmen, um sicherzustellen, dass der Prospekt rechtzeitig vor dem geplanten Beginn der Vermarktungsphase gebilligt und veröffentlicht wird.

Veröffentlichung

Nach der Billigung hat der Anbieter oder Zulassungsantragssteller den Prospekt bei der BaFin zur Aufbewahrung zu hinterlegen und unverzüglich, spätestens einen Werktag vor Beginn des öffentlichen Angebots bzw. vor Einführung der Wertpapiere in den Handel, zu veröffentlichen. Im Fall eines ersten öffentlichen Angebots einer Klasse von Aktien, die bisher nicht zum Handel an einem organisierten Markt zugelassen sind – also auch im Fall eines Börsengangs – muss der Prospekt mindestens sechs Werktage vor dem Ende des Angebots veröffentlicht werden.

Der Prospekt ist elektronisch oder in Papierform zu veröffentlichen, und zwar entweder (1.) durch Abdruck in einer oder mehreren überregionalen Wirtschafts- oder Tageszeitungen, (2.) auf der Internetseite des Emittenten, der Zahlstellen, der emissionsbegleitenden Institute oder des jeweiligen organisierten Marktes, oder (3.) durch Bereithalten des Prospekts in Papierform zur kostenlosen Ausgabe an das Publikum beim Emittenten, den Zahlstellen, den emissionsbegleitenden Instituten oder den zuständigen Stellen des betroffenen organisierten Marktes. Wird der Prospekt ausschließlich im Internet veröffentlicht, muss dem Anleger vom Anbieter, vom Zulassungsantragssteller oder von den emissionsbegleitenden Instituten auf Verlangen kostenlos eine Papierversion zur Verfügung gestellt werden. In der Praxis wird der Prospekt zumeist sowohl auf der Internetseite des Emittenten als auch durch die Bereithaltung von Druckexemplaren des Prospekts veröffentlicht. Bei der Veröffentlichung des Prospekts in elektronischer Form muss der Emittent Maßnahmen ergreifen, um zu vermeiden, dass in Drittstaaten ansässige Anleger angesprochen werden, in denen kein öffentliches Angebot erfolgt. Die Prospekt-VO sieht vor, zu diesem Zweck eine deutliche Erklärung über den intendierten Adressatenkreis des Angebots auf die betreffende Internetseite aufzunehmen. Da dies jedoch nicht immer ausreichend sein wird, um ein öffentliches Angebot nach dem Recht des betreffenden Drittstaats auszuschließen, empfiehlt es sich darüber hinaus, einen Filtermechanismus auf der Internetseite zu installieren, der den

Zugriff auf den Prospekt nur Personen gestattet, die zuvor als ihren (Wohn-)Sitz einen Ort (inkl. dazugehöriger Postleitzahl) in einem Staat angegeben haben, in dem die Wertpapiere öffentlich angeboten werden.

Der Anbieter oder Zulassungsantragssteller hat der BaFin Datum und Ort der Veröffentlichung unverzüglich schriftlich mitzuteilen. Ferner hat er in mindestens einer Wirtschafts- oder Tageszeitung, die in dem Staat des EWR, in dem das öffentliche Angebot bzw. die Zulassung zum Handel erfolgt, weit verbreitet ist, eine Mitteilung (so genannte „Hinweisbekanntmachung") zu veröffentlichen, aus der hervorgeht, wie der Prospekt veröffentlicht worden und wo er erhältlich ist.

Nachtragspflicht

Treten nach der Billigung des Prospekts und vor dem endgültigen Schluss des öffentlichen Angebots oder der Einführung in den Handel wichtige neue Umstände auf oder werden wesentliche Unrichtigkeiten in Bezug auf die Prospektangaben festgestellt, welche die Beurteilung der Wertpapiere beeinflussen könnten, muss ein Nachtrag zum Prospekt erstellt und zur Billigung bei der BaFin eingereicht werden. Die Billigungsfrist beträgt höchstens sieben Werktage nach Eingang des Nachtrags bei der BaFin. Im Einzelfall kann die Prüfungsfrist für den Nachtrag jedoch auch wesentlich kürzer sein, insbesondere in Fällen, in denen die Veröffentlichung des Nachtrags von vornherein bekannt war, so dass der Inhalt vorab mit der BaFin abgestimmt werden konnte. Dies gilt insbesondere für einen Nachtrag, der im Zug der Festlegung der Preisspanne sowie weiterer im Prospekt noch offen gelassener angebotsbezogener Daten zu veröffentlichen ist. Bei entsprechender guter Vorbereitung und Abstimmung mit der BaFin kann der Nachtrag eventuell sogar noch am Tag der Einreichung gebilligt werden.

Nach der Billigung hat der Anbieter oder Zulassungsantragssteller den Nachtrag unverzüglich in derselben Weise zu veröffentlichen wie den ursprünglichen Prospekt. Die Zusammenfassung des ursprünglichen Prospekts und deren etwaige Übersetzungen sind entsprechend zu ergänzen.

Anleger, die vor der Veröffentlichung des Nachtrags Erklärungen zur Zeichnung oder zum Erwerb der Wertpapiere abgegeben haben, können diese innerhalb einer Frist von zwei Werktagen nach Veröffentlichung des Nachtrags widerrufen, sofern noch keine Erfüllung eingetreten ist. Auf dieses Widerrufsrecht ist im Nachtrag an hervorgehobener Stelle hinzuweisen.

Gültigkeit des Prospekts

Ein Prospekt ist nach seiner Veröffentlichung zwölf Monate lang für öffentliche Angebote oder Zulassungen zum Handel an einem organisierten Markt gültig, sofern er um etwa erforderliche Nachträge ergänzt wird. Nach Ablauf der Gültigkeit darf aufgrund des

Prospekts kein neues öffentliches Angebot von Wertpapieren erfolgen oder deren Zulassung zum Handel an einem organisierten Markt beantragt werden.

Werbung und sonstige Publizität im Zusammenhang mit einer Wertpapieremission

Grundsätze für Werbung und Publizität

Zur Sicherstellung eines einheitlichen Informationsstands aller potenziellen Anleger müssen Werbeanzeigen und sonstige öffentliche Mitteilungen im Zusammenhang mit einer Wertpapieremission bestimmten rechtlichen und marktüblichen Anforderungen genügen.

In allen Werbeanzeigen, die sich auf ein öffentliches Angebot von Wertpapieren oder auf eine Zulassung von Wertpapieren zum Handel an einem organisierten Markt beziehen, ist darauf hinzuweisen, dass ein Prospekt veröffentlicht wurde oder zur Veröffentlichung ansteht und wo die Anleger ihn erhalten können. Derartige Werbeanzeigen müssen ferner klar als solche erkennbar sein. Die darin enthaltenen Angaben dürfen nicht unrichtig oder irreführend sein. Darüber hinaus dürfen sie nicht im Widerspruch zu den Angaben stehen, die der Prospekt enthält oder die im Prospekt enthalten sein müssen, falls dieser erst zu einem späteren Zeitpunkt veröffentlicht wird. Allgemeine Image- oder Produktwerbung bleibt von diesen Beschränkungen jedoch grundsätzlich unberührt.

Darüber hinaus müssen alle mündlich oder schriftlich verbreiteten Informationen über das öffentliche Angebot oder die Zulassung zum Handel an einem organisierten Markt, auch wenn sie nicht zu Werbezwecken dienen, mit den im Prospekt enthaltenen Angaben übereinstimmen. Wesentliche Informationen über den Emittenten, die sich an qualifizierte Anleger oder besondere Anlegergruppen richten, einschließlich Informationen, die im Verlauf von Veranstaltungen über das Angebot der Wertpapiere (etwa bei Roadshows) mitgeteilt werden, müssen in den Prospekt oder einen Nachtrag zum Prospekt aufgenommen werden. Hat die BaFin Anhaltspunkte für Verstöße gegen diese Anforderungen, kann sie anordnen, dass die Werbung für jeweils höchstens zehn Tage auszusetzen ist. Ferner kann sie in der Praxis verlangen, dass Angaben, die ein Emittent außerhalb des Prospekts veröffentlicht, in den Prospekt aufzunehmen sind, sofern diese wesentlich erscheinen.

Besondere Vorsicht ist bei Wertpapieremission im Hinblick auf jegliche Äußerungen des Emittenten über künftige Erwartungen und Prognosen hinsichtlich der Geschäftsentwicklung, der Umsätze, des Gewinns etc. geboten. Solche Aussagen sind zwar grundsätzlich erlaubt und auch für potenzielle Anleger interessant, müssen aber bei entsprechender Kommunikation etwa im Rahmen von Interviews oder Zeitungsberichten, die auf Angaben des Emittenten beruhen, auch in den Prospekt aufgenommen werden. Daraus resultiert ein gewisses Spannungsfeld zwischen den Wünschen des Marktes nach zukunftsgerichteter Information einerseits und dem Prospekthaftungsrisiko des Emittenten bei Nichteintritt der im Prospekt geäußerten Erwartungen andererseits. Da der Emittent für in den Prospekt aufgenommene Angaben haftet und ihm nicht ohne weiteres die Übernahme eines Haftungsrisikos für künftige Entwicklungen zugemutet werden kann, verlangt die Prospekt-VO grundsätzlich keine Aufnahme zukunftsgerichteter Aussagen und Prognosen in den Prospekt, mit Ausnahme gewisser Trendaussagen, die jedoch nicht konkrete Zahlen beinhalten müssen. Entscheidet sich der Emittent jedoch freiwillig, Gewinnprognosen oder -schätzungen in den Prospekt aufzunehmen – oder wird er dazu indirekt gezwungen, indem er solche Angaben außerhalb des Prospekts in den Markt kommuniziert –, so muss der Prospekt eine Erklärung enthalten, die die wichtigsten Annahmen erläutert, auf die der Emittent seine Prognose oder Schätzung gestützt hat. Zudem muss der Prospekt u.a. einen Bericht des Wirtschaftsprüfers enthalten, in dem festgestellt wird, dass die Prognose oder Schätzung nach Meinung des Wirtschaftsprüfers auf der angegebenen Grundlage ordnungsgemäß erstellt wurde und mit den Rechnungslegungsgrundsätzen des Emittenten konsistent ist. Vor diesem Hintergrund wird sich ein Emittent kaum bewusst und freiwillig dazu entschließen, quantitative Gewinnprognosen etc. in den Prospekt aufzunehmen; entsprechende Vorsicht ist in der Praxis geboten, um sicherzustellen, dass der Emittent derartige Informationen auch nicht aus Versehen „am Prospekt vorbei" in den Markt kommuniziert.

Publizitätsrichtlinien

Um die Einhaltung dieser vielfältigen Publizitätsanforderungen in der Praxis zu gewährleisten, stellen die Rechtsberater des Emittenten diesem in der Regel gleich zu Beginn der Vorbereitung eines Börsengangs Richtlinien für die Öffentlichkeitsarbeit (so genannte „Publicity Guidelines" oder „Publizitätsrichtlinien") zur Verfügung, welche die einschlägigen rechtlichen Anforderungen zusammenfassen und praktische Empfehlungen für die Verteilung der Angebotsdokumente und die Koordination der Kommunikation mit Presse, Medien, Analysten und Anlegern sowie über das Internet enthalten. Ist im Rahmen des Börsengangs in Deutschland auch eine Privatplatzierung von Aktien des Emittenten im Ausland – beispielsweise in den USA – geplant, werden auch die insoweit zu beachtenden Kommunikationsbeschränkungen dargestellt. Ferner wird in der Praxis regelmäßig ein Freigabeausschuss (so genanntes „Clearing Committee") aus Vertretern des Emittenten, der emissionsbegleitenden Banken und den jeweiligen Rechtsberatern gebildet, ohne dessen ausdrückliche Freigabe in der Vorbereitungsphase der Transaktion bis zum Ende der Stabilisierungsfrist keinerlei Informationen über den Emittenten, seine Geschäftstätigkeit oder den beabsichtigten Börsengang in den Medien, in Werbematerialien, auf den Internetseiten des Emittenten oder in sonstiger Weise veröffentlicht werden sollten. Diese Beschränkungen gelten gleichermaßen für den Emittenten, Aktionäre und die emissionsbegleitenden Banken sowie deren Konzerngesellschaften (einschl. der jeweiligen Vorstands- und Aufsichtsratsmitglieder), Beauftragte und Berater.

„Europäischer Pass" für Prospekte und Zweitlisting

Notifizierungsverfahren

Will der Emittent seine Wertpapiere nicht nur in Deutschland, sondern auch in einem oder mehreren anderen Staat(en) des EWR öffentlich anbieten oder zum Handel an einem organisierten Markt zulassen, ist hierfür kein zusätzliches Prospektbilligungsverfahren in den betroffenen Aufnahmestaaten mehr notwendig. Vielmehr ist der von der BaFin gebilligte Prospekt einschließlich etwaiger Nachträge zwölf Monate lang in beliebig vielen Aufnahmestaaten für ein öffentliches Angebot oder für die Zulassung zum Handel gültig. Voraussetzung hierfür ist lediglich, dass der Anbieter oder Zulassungsantragsteller bei der BaFin beantragt, dass diese eine Bescheinigung über die Billigung des Prospekt und ggf. eines Nachtrags sowie eine Kopie dieses Prospekts und des etwaigen Nachtrags den zuständigen Behörden des Aufnahmestaats mitteilt (so genannte „Notifizierung"). Der Antrag auf Notifizierung der zuständigen Behörde des Aufnahmestaats kann bereits bei der Einreichung des Prospekts zur Billigung gestellt werden. Dem Antrag sind ggf. Übersetzungen der Zusammenfassung des Prospekts in die Amtssprache(n) des jeweiligen Aufnahmestaats beizufügen. Beantragt der Emittent die Notifizierung des Prospekts in weitere Länder im EWR-Raum, übermittelt die BaFin den Behörden der Aufnahmestaaten jeweils eine Kopie des Prospekts sowie eine Bescheinigung über dessen Billigung (innerhalb von ein bzw. drei Werktagen nach Antragstellung, je nachdem ob der Antrag bereits zusammen mit der Einreichung des Prospekts zur Billigung oder erst später gestellt wurde). Kopien gebilligter Nachträge sowie Bescheinigungen über deren Billigung werden den Behörden des Aufnahmestaats ebenfalls von der BaFin auf Antrag des Anbieters oder Zulassungsantragstellers übermittelt.

Umgekehrt kann ein Emittent, der seinen Sitz im Ausland hat und dessen Prospekt daher im Ausland von der zuständigen Herkunftsstaatsbehörde gebilligt werden muss, bei dieser Behörde beantragen, den Prospekt im Weg des Notifizierungsverfahrens an die BaFin zu übermitteln, sodass auf der Basis des Prospekts nach dessen Veröffentlichung ohne weitere Schritte ein öffentliches Angebot im Inland bzw. eine Zulassung der Aktien zum Handel an einer inländischen Börse erfolgen kann. Sofern der zu notifizierende Prospekt nicht in deutscher Sprache abgefasst wurde, muss jedoch die Prospektzusammenfassung in die deutsche Sprache übersetzt werden.

Keine Harmonisierung der Prospekthaftungsregeln innerhalb des EWR-Raums

Für den Inhalt des Prospekts besteht in allen Staaten des EWR, in denen dieser veröffentlicht wird, gegenüber den Erwerbern der Wertpapiere eine zivilrechtliche Haftung; daneben kann auch eine straf- oder ordnungsrechtliche Verantwortlichkeit für einen fehlerhaften Prospekt bestehen. Die jeweiligen zivilrechtlichen Prospekthaftungsregime der EWR-Staaten wurden durch die EU-Prospektrichtlinie nicht harmonisiert und unterscheiden sich voneinander, insbesondere hinsichtlich

- der Reichweite der Prospektverantwortlichkeit
- des Inhalts des Schadensersatzanspruchs
- des Verschuldensmaßstabs
- des Haftungsumfangs und
- der Verjährungsfristen.

Dies erschwert die Einschätzung der Haftungsrisiken einer grenzüberschreitenden Kapitalmarkttransaktion im EWR-Raum. Allerdings ist in der EU-Prospektrichtlinie vorgesehen, dass Emittenten, die lediglich die Zusammenfassung des Prospekts in die Sprache des Aufnahmestaats übersetzen lassen, daraus grundsätzlich kein zusätzliches Haftungsrisiko entsteht, obgleich eine Zusammenfassung Informationen zwangsläufig verkürzt und somit für sich allein gelesen unvollständig bzw. irreführend sein kann. Die Prospektverantwortlichen haften für den Inhalt der Zusammenfassung einschließlich deren Übersetzung daher nur insoweit, als die Zusammenfassung bzw. Übersetzung irreführend, unrichtig oder widersprüchlich ist, wenn sie zusammen mit anderen Teilen des Prospekts gelesen wird.

Zweitlisting

Emittenten, deren Aktien aufgrund eines von der BaFin gebilligten und ordnungsgemäß veröffentlichten Prospekts zum Handel an einem organisierten Markt in einem Staat des EWR zugelassen werden, können auch noch nach Ablauf der Gültigkeit des Prospekts (d.h. später als zwölf Monate nach der Prospektveröffentlichung) die Zulassung der Wertpapiere zum Handel an einem anderen organisierten Markt in einem Staat des EWR beantragen, ohne einen neuen Prospekt veröffentlichen zu müssen. Voraussetzungen sind, dass die Wertpapiere zu diesem Zeitpunkt bereits länger als 18 Monate zum Handel zugelassen sind und dass der Emittent die laufenden Publizitätspflichten eingehalten hat. Der Emittent hat in diesem Fall lediglich ein einer Prospektzusammenfassung entsprechendes Dokument in einer Sprache, die von der zuständigen Behörde des Aufnahmestaats anerkannt wird, zu veröffentlichen.

Börsengesetzliche Prospekthaftung in Deutschland

Allgemeines

Die Personen, die die Verantwortung für den Prospekt übernommen haben oder von denen der Erlass des Prospekts ausgeht, haften gegenüber den Erwerbern der Wertpapiere für die Richtigkeit und Vollständigkeit der im Prospekt enthaltenen Angaben, die für die Beurteilung der Wertpapiere wesentlich sind. Dieser börsengesetzliche Anspruch geht auf Übernahme der Wertpapiere gegen Erstattung des Erwerbspreises, soweit dieser den ersten Ausgabepreis nicht übersteigt, sowie der mit dem Erwerb verbundenen üblichen Kosten. Hat der Erwerber die Wertpapiere weiter veräußert, kann er die Differenz zwischen dem Erwerbspreis, soweit dieser den ersten Ausgabepreis nicht übersteigt, und dem Veräußerungspreis geltend machen. Hingegen besteht kein Anspruch auf die Erstattung eines etwaigen entgangenen Gewinns. Neben Ansprüchen aus börsengesetzlicher Prospekthaftung kann der Erwerber der Wertpapiere auch vertragliche und vertragsähnliche Ansprüche sowie Ansprüche wegen vorsätzlicher unerlaubter Handlung gegen die emissionsbegleitenden Banken und den Emittenten geltend machen. Der Inhalt dieser Ansprüche umfasst auch den Ersatz entgangenen Gewinns. Vertragliche und vertragsähnliche Ansprüche setzen jedoch voraus, dass der Erwerber die Wertpapiere unmittelbar von einem der Prospektverantwortlichen erworben hat bzw. im Zusammenhang mit dem Erwerb der Wertpapiere unmittelbar mit diesem in Kontakt getreten ist. Gehaftet wird in diesem Rahmen lediglich für den Bestand des Rechts. Allerdings haben die Prospektverantwortlichen bereits einfache Fahrlässigkeit zu vertreten. Die in Frage kommenden Ansprüche wegen unerlaubter Handlung setzen vorsätzliches Handeln der Prospektverantwortlichen voraus, wofür allerdings ausreicht, dass unrichtige Angaben „ins Blaue hinein" ohne tatsächliche Grundlage gemacht werden.

Haftung für die Unrichtigkeit oder Unvollständigkeit des Prospekts
Maßstab für die Unrichtigkeit oder Unvollständigkeit eines Prospekts im Rahmen der börsengesetzlichen Prospekthaftung ist nach der Rechtsprechung des Bundesgerichtshofs der Horizont eines aufmerksamen Lesers und Durchschnittsanlegers, der eine Bilanz zu lesen versteht.

Die Unrichtigkeit des Prospekts kann entweder darauf beruhen, dass einzelne Tatsachenbehauptungen objektiv unwahr oder einzelne Werturteile nicht ausreichend durch Tatsachen gedeckt sind, oder dass durch eine ungenaue oder beschönigende Darstellung ein falscher Gesamteindruck hinsichtlich der Vermögens-, Liquiditäts- oder Ertragslage des Emittenten entsteht. Ein falscher Gesamteindruck kann unter anderem dadurch entstehen, dass auf Risiken nicht ausreichend deutlich oder nicht im Prospektabschnitt „Risikofaktoren" hingewiesen wird, oder dass wesentliche (oftmals negative) Informationen an nicht leicht erkennbarer Stelle mit einer Vielzahl unwesentlicher Informationen vermengt werden. Unvollständig ist der Prospekt, wenn er nicht alle zur Beurteilung sowohl der Wertpapiere als auch des Emittenten wesentlichen Angaben enthält. Orientierung hierfür bieten zwar die in der Prospekt-VO vorgeschriebenen Mindestangaben; jedoch führt das Fehlen von Mindestangaben nicht zwangsläufig zur Prospekthaftung. Umgekehrt sind auch über die gesetzlichen Mindestangaben hinaus weitere Angaben aufzunehmen, sofern sie im konkreten Fall für die Bewertung der Wertpapiere oder des Emittenten wesentlich sind.

Zeitlich kommt es für die Beurteilung der Richtigkeit und Vollständigkeit des Prospekts grundsätzlich auf den Kenntnisstand der Prospektverantwortlichen im Zeitpunkt der Veröffentlichung an. Allerdings macht auch die Missachtung der Nachtragspflicht bis zum endgültigen Schluss des öffentlichen Angebots oder zur Einführung in den Handel den Prospekt unrichtig bzw. unvollständig und führt zur Haftung. Ein Haftungsrisiko besteht insoweit insbesondere für den Emittenten, der sein Geschäft aus erster Hand kennt und dem es daher schwerer fallen dürfte als den übrigen Prospektverantwortlichen, nachzuweisen, dass das Unterlassen der Aktualisierung nicht zumindest auf grober Fahrlässigkeit beruhe.

Anspruchsberechtigte und -verpflichtete, Anspruchsausschluss
Anspruchsberechtigt ist jeder, der die Wertpapiere, die aufgrund des fehlerhaften Prospekts zum Börsenhandel zugelassen oder im Inland öffentlich angeboten wurden, nach der Veröffentlichung des Prospekts und innerhalb von sechs Monaten nach der Ersteinführung der Wertpapiere oder des ersten öffentlichen Angebots der Wertpapiere im Inland erwirbt. Dabei ist es unerheblich, ob die Wertpapiere börslich oder außerbörslich erworben wurden oder ob es sich um einen Erwerb unmittelbar von einem Prospektverantwortlichen oder um

einen Folgeerwerb im Sekundärmarkt handelte. Der Anspruch ist ausgeschlossen, wenn die Wertpapiere nicht aufgrund des fehlerhaften Prospekts erworben wurden. Die Darlegungs- und Beweislast für das Fehlen eines ursächlichen Zusammenhangs zwischen der Fehlerhaftigkeit des Prospekts und dem Erwerb der Wertpapiere tragen jedoch die Prospektverantwortlichen. Dieser Nachweis ist in der Praxis nur schwer zu erbringen, da nach der Rechtsprechung vermutet wird, dass die Veröffentlichung eines Prospekts eine positive Anlagestimmung auslöst, welche die Anleger unabhängig davon zum Erwerb der Wertpapiere veranlasst, ob sie den Prospekt kennen oder nicht. Die Prospektverantwortlichen haben daher nicht nur zu beweisen, dass der Anleger den Prospekt beim Erwerb nicht kannte, sondern darüber hinaus, dass zur Zeit des Erwerbs keine positive Anlagestimmung (mehr) herrschte. Allerdings ist der Anspruch auch dann ausgeschlossen, wenn der Erwerber die Fehlerhaftigkeit des Prospekts positiv kannte; dies haben jedoch ebenfalls die Prospektverantwortlichen zu beweisen.

Anspruchsverpflichtet sind die Personen, die die Verantwortung für den Prospekt übernommen haben. Dazu gehören zum einen der Emittent, der den Prospekt als Anbieter oder Zulassungsantragsteller zu unterzeichnen hat, zum anderen die emissionsbegleitenden Banken, die mit dem Emittenten zusammen die Zulassung der Wertpapiere zum Handel an einem organisierten Markt beantragen. Daneben haften auch diejenigen Personen, von denen der Prospekt „ausgeht", d.h. Personen, die ein eigenes wirtschaftliches Interesse an der Emission haben, etwa die Konzernmuttergesellschaft, Großaktionäre und Organmitglieder, die auf den Börsengang und den Prospekt maßgeblichen Einfluss genommen haben. Sämtliche Anspruchsverpflichteten haften im Außenverhältnis als Gesamtschuldner. Vereinbarungen zur Ermäßigung oder zum Erlass der Prospekthaftung im Vorhinein sind unwirksam. Zulässig und üblich sind jedoch Vereinbarungen der Prospektverantwortlichen zur Verteilung des Schadens im Innenverhältnis; dabei verpflichtet sich in der Regel der Emittent, die emissionsbegleitenden Banken von jeglicher Haftung im Zusammenhang mit dem Prospekt freizustellen (ausgenommen bestimmte darin enthaltene Informationen über die emissionsbegleitenden Banken).

Ein Prospektverantwortlicher haftet nicht, wenn er nachweist, dass er die Fehlerhaftigkeit des Prospekts nicht positiv kannte und seine Unkenntnis auch nicht auf grober Fahrlässigkeit beruhte. Damit haften die Prospektverantwortlichen zwar nicht für einfache Fahrlässigkeit, tragen jedoch im Streitfall die Beweislast dafür, dass eine etwaige Fehlerhaftigkeit des Prospekts tatsächlich lediglich auf einfacher Fahrlässigkeit beruhte. In diesem Zusammenhang, und um den Vorwurf der groben Fahrlässigkeit auszuschließen, führen die emissionsbegleitenden Banken in der Praxis mit ihren Rechtsanwälten eine umfassende und detaillierte Prüfung des Emittenten (so genannte „Due Diligence") durch mit dem Ziel, relevante rechtliche, buchhalterische, finanzielle und operationale Risiken aufzudecken und diese im Prospekt zutreffend darzustellen. Zur Formalisierung ihrer Due Diligence verlangen die emissionsbegleitenden Banken in der Regel von den an einer Wertpapieremission beteiligten Rechtsanwälten so genannte „Disclosure Letters" (betreffend die wesentliche Richtigkeit und Vollständigkeit des Prospekts exklusive der Finanzinformationen) und von den Wirtschaftsprüfern der Gesellschaft einen so genannten „Comfort Letter" (betreffend die wesentliche Richtigkeit und Vollständigkeit der im Prospekt enthaltenen Zahlenangaben), jeweils entsprechend den dafür bestehenden internationalen Marktstandards.

Die Haftung der Prospektverantwortlichen ist ferner ausgeschlossen, sofern der Sachverhalt, über den unrichtige oder fehlerhafte Angaben im Prospekt enthalten sind, nicht zur Minderung des Börsenpreises der Wertpapiere beigetragen hat. Schließlich ist die Haftung auch dann ausgeschlossen, falls vor dem Abschluss des Erwerbsgeschäfts eine deutlich gestaltete Berichtigung der unrichtigen oder unvollständigen Prospektangaben veröffentlicht worden ist, z.B. im Rahmen eines Zwischenberichts oder durch eine Ad hoc-Mitteilung. Die Beweislast für das Vorliegen der Ausschlussvoraussetzungen obliegt dabei den Prospektverantwortlichen.

Verjährung

Der börsengesetzliche Prospekthaftungsanspruch verjährt in einem Jahr seit dem Zeitpunkt, zu dem der Erwerber Kenntnis von der Unrichtigkeit oder Unvollständigkeit des Prospekts erlangt hat, spätestens jedoch in drei Jahren seit der Veröffentlichung des Prospekts.

Antragsdokumente bei Einbeziehung in den Freiverkehr an der FWB (Open Market)

Einleitung

Wie oben dargestellt, begründet die Einbeziehung von Aktien, die lediglich im Freiverkehr einer deutschen Börse gehandelt werden sollen, keine Prospektpflicht, sofern die Aktien in Deutschland nicht öffentlich, sondern lediglich einem begrenzten Anlegerkreis im Rahmen einer Privatplatzierung oder gar nicht zum Kauf angeboten werden. In diesem Fall verlangen die Freiverkehrsträger an deutschen Börsen in der Regel, dass im Rahmen des Antrags auf Einbeziehung der Aktien in den Freiverkehr bestimmte Angaben über den Emittenten in Form eines so genannten „Exposé" gemacht werden. Sofern jedoch ein Prospekt nach Maßgabe des WpPG (oder vergleichbarer Vorschriften anderer EWR-Staaten) erstellt und gebilligt (und ggf. an die BaFin notifiziert) worden ist, ist der Prospekt auch bei der Einbeziehung in den Freiverkehr an Stelle eines Exposé das maßgebliche Antragsdokument. Dies gilt ferner dann, wenn die Einbeziehung in den Freiverkehr mit einem öffentlichen Angebot der Aktien einhergeht, da in diesem Fall eine Prospektpflicht nach dem WpPG besteht.

Das Exposé nach den Allgemeinen Geschäftsbedingungen für den Freiverkehr an der FWB (Open Market)

Nach den Allgemeinen Geschäftsbedingungen für den Freiverkehr an der FWB (Stand: 29.05.2006) ist dem Antrag auf Einbeziehung von Aktien in den Freiverkehr, die nicht bereits an einem in- oder ausländischen börsenmäßig organisierten und überwachten Markt gehandelt werden und für die ein Prospekt weder gebilligt wurde noch gesetzlich vorgeschrieben ist, ein Exposé mit bestimmten Angaben über den Emittenten beizufügen. Dasselbe gilt, wenn beantragt wird, Aktien in den Entry Standard, ein Segment innerhalb des Freiverkehrs der FWB mit erhöhten Publizitätspflichten der Emittenten, einzubeziehen.

Das Set von Antragsdokumenten ist mit dem Antrag auf Einbeziehung in den Open Market bzw. Entry Standard bei der Deutsche Börse AG als Freiverkehrsträger einzureichen. Die jeweiligen Formblätter für den Antrag auf Einbeziehung in den Open Market bzw. Entry Standard stehen zum Download auf den Internetseiten der Gruppe Deutsche Börse (www.deutsche-boerse.com) bereit. Das mit dem Einbeziehungsantrag einzureichende Exposé dient der Deutsche Börse AG ausschließlich als interne Grundlage für die Entscheidung über den Einbeziehungsantrag und stellt damit im Gegensatz zu einem Prospekt kein Marketinginstrument für das Angebot der Wertpapiere dar. Die Deutsche Börse AG ist vorbehaltlich gesetzlicher Auskunfts- und Herausgabepflichten nicht berechtigt, das Exposé zu veröffentlichen oder an Dritte weiterzugeben. Auch der Antragsteller und der Emittent sind nicht zur Veröffentlichung des Exposé verpflichtet.

Nach den Allgemeinen Geschäftsbedingungen für den Freiverkehr an der FWB muss das Exposé nähere Angaben über den Emittenten enthalten, die dem Freiverkehrsträger eine zutreffende Beurteilung des Emittenten ermöglichen. Die Deutsche Börse AG hat den Inhalt des Exposé bei der Einbeziehung in den Freiverkehr an der FWB in ihrem Rundschreiben Listing 04/2005 (vom 9. Dezember 2005) konkretisiert. Die für das Exposé erforderlichen Angaben sind auf einem dem Rundschreiben beigefügten Formblatt zu machen, das zum Download auf den Internetseiten der Gruppe Deutsche Börse (www.deutsche-boerse.com) bereit steht. Darin kann auch ggf. auf dem Einbeziehungsantrag beigefügte weitere Unterlagen, etwa den Geschäftsbericht des Emittenten, verwiesen werden.

Das Exposé muss folgende Angaben über den Emittenten enthalten:

- Firma, Sitz, Geschäftsadresse, Telefon, Telefax und Internetadresse
- Geschäftsführungs- und Aufsichtsorgane sowie Namen und Anschriften der Organmitglieder
- Geschäftstätigkeit und wichtigste Geschäftsbereiche
- Aktionärsstruktur einschl. Zahl der Aktien, die von den Mitgliedern der Geschäftsführungs- und Aufsichtsorgane gehalten werden
- Zahl- und Hinterlegungsstelle
- Höhe des Grundkapitals
- Jahres- bzw. Konzernabschluss (wobei der Stichtag nicht länger als 18 Monate zurückliegen darf) oder Eröffnungsbilanz des Emittenten
- Angebotsunterlage (nur bei Einbeziehung in den Entry Standard und nur, sofern eine solche erstellt wurde)
- Datum, Unterschrift des Antragstellers

Neben dem Exposé und den darin enthaltenen Angaben zum Emittenten müssen auch alle sich aus dem jeweiligen Antragsformular auf Einbeziehung in den Open Market bzw. Entry Standard ergebenden Einbeziehungsvoraussetzungen erfüllt sein und alle Angaben gemäß dem jeweiligen Antragsformular gemacht werden. Im Fall eines Antrags auf Einbeziehung in den Entry Standard der FWB müssen dem Antrag insbesondere ein testierter (Konzern-)Jahresabschluss samt (Konzern-)Lagebericht sowie, falls im Rahmen der Privatplatzierung Unterlagen als Grundlage für das Angebot der Aktien gegenüber den Anlegern verwendet wurden, diese Angebotsunterlage beigefügt werden. Darunter fallen beispielsweise so genannte „Informationsmemoranden", die bei einer Privatplatzierung auch ohne Bestehen einer Rechtspflicht manchmal zu Marketingzwecken erstellt und den Investoren als Angebotsunterlage zur Verfügung gestellt werden, um ihnen eine sachgerechte Beurteilung des Emittenten bzw. des mit den angebotenen Aktien verbundenen Anlagerisikos zu ermöglichen. Für die Richtigkeit der in einer solchen Angebotsunterlage enthaltenen Angaben haftet der Emittent den Erwerbern der Aktien auf Schadensersatz.

Dem Antrag auf Einbeziehung in den Entry Standard sind ferner ein aktueller Handelsregisterauszug des Emittenten, die aktuell gültige Satzung des Emittenten sowie ein Unternehmenskurzportrait des Emittenten zum Zweck der Veröffentlichung auf den Internetseiten des Emittenten beizufügen. Das Unternehmenskurzportrait muss die in Anlage 2 zu den Allgemeinen Geschäftsbedingungen für den Freiverkehr an der FWB vorgesehenen Angaben enthalten, insbesondere (1.) eine tabellarische Darstellung bestimmter Handelsdaten (Gesamtzahl der Aktien, Höhe des Grundkapitals und Angabe über den Freefloat; Aktionärsstruktur sowie Nennung der Skontroführer, Antragssteller, Deutsche Börse Listing Partner und ggf. Designated Sponsors), (2.) gewisse Unternehmensinformationen (Gründungsdatum, Rechnungslegungsstandard und Ende des Geschäftsjahres sowie Namen und Funktion der Mitglieder des Vorstands und Namen der Mitglieder des Aufsichtsrats) sowie (3.) eine kurze (max. 500 Zeichen) Beschreibung des operativen Geschäfts einschließlich der Nennung der Geschäftsbereiche und Produkte.

Zusammenfassung

Die Pflicht zur Veröffentlichung eines Prospekts hängt neben der Art der angestrebten Börsennotierung davon ab, ob die Aktien im Zusammenhang mit einer Börseneinführung bei Investoren platziert werden sollen und ob eine solche Platzierung in Form eines öffentlichen Angebots oder einer Privatplatzierung erfolgt. Ein Prospekt ist bei einer Zulassung zum Handel am Amtlichen Markt oder Geregelten Markt sowie im Fall eines öffentlichen Angebots zu veröffentlichen, nicht jedoch bei Einbeziehung der Aktien in den Freiverkehr (z.B. in den Entry Standard des Open Market der FWB), sofern die Aktien dabei lediglich im Rahmen einer Privatplatzierung einem begrenzten Anlegerkreis angeboten werden. Während der Börsengang, d.h. die Zulassung zum Handel an einem organisierten Markt, und ein öffentliches Angebot von Wertpapieren die Ansprache eines heterogenen Anlegerpublikums ermöglichen, ist die damit einhergehende Prospektpflicht mit einem gewissen

Zeit- und Kostenaufwand sowie mit dem Prospekthaftungsrisiko verbunden; ferner sind die geschäftlichen, finanziellen und rechtlichen Verhältnisse des Emittenten im Prospekt umfassend offen zu legen. Bei der Beantragung der Einbeziehung in den Freiverkehr sind anstelle eines Prospekts in der Regel nur wenige Angaben über den Emittenten in Form eines Exposé zu machen; allerdings dürfen in diesem Fall die Aktien nicht öffentlich beworben und vermarktet werden, und es kann keine Zulassung zum Börsenhandel an einem organisierten Markt beantragt werden.

Literaturhinweise und Internet-Links

Bundesanstalt für Finanzdienstleistungsaufsicht, Workshop: Ausgewählte Rechtsfragen und neue Tendenzen in der Verwaltungspraxis. Präsentation vom 29.05.2006, Veröffentlicht auf der Internetseite der Bundesanstalt für Finanzdienstleistungsaufsicht, http://www.bafin.de.

Bundesaufsichtsamt für den Wertpapierhandel, Bekanntmachung zum Wertpapier-Verkaufsprospektgesetz, Bundesanzeiger Nr. 177 vom 21. September 1999, S. 16180, Veröffentlicht auf der Internetseite der Bundesanstalt für Finanzdienstleistungsaufsicht, http://www.bafin.de.

Gruppe Deutsche Börse, Allgemeine Geschäftsbedingungen für den Freiverkehr an der Frankfurter Wertpapierbörse, Stand: 29.05.2006, Zum Download bereitgestellt auf der Internetseite der Deutsche Börse, http://www.deutsche-boerse.com.

Gruppe Deutsche Börse, Rundschreiben Open Market Nr. 1/2006 vom 25.04.2006 sowie Rundschreiben Listing 04/2005 vom 9.12.2005, Zum Download bereitgestellt auf der Internetseite der Deutsche Börse, http://www.deutsche-boerse.com.

Equity Story und Positionierung – Die Bedeutung der Investor Relations beim Börsengang

Klaus Rainer Kirchhoff, Kirchhoff Consult AG

Zusammenfassung

Der Erfolg eines Börsengangs hängt in hohem Maße von der Kommunikation ab. Im Zentrum der Kommunikation steht die Equity Story des Unternehmens. Im Licht dieser Erkenntnisse ist es verwunderlich, wie wenig Aufmerksamkeit manche Unternehmen der Entwicklung ihrer Equity Story widmen. Das gilt nicht nur für Börsenneulinge, sondern durchaus auch für schon gelistete Unternehmen. Selbst einigen DAX-Unternehmen fällt es schwer, dem Markt eine klare Equity Story zu vermitteln.

Equity Story

Die Equity Story beschreibt grundsätzlich das Geschäftsmodell und die Strategie des Börsenkandidaten. Sie kann als Kernstück der Kommunikation beim Börsengang bezeichnet werden. Das Profil einer Aktie ist an sich komplex und von vielen Faktoren gekennzeichnet, die sich auf interne und externe Einflüsse und auch auf Zukunftsprognosen stützen. Die Equity Story setzt genau an diesem Punkt an. Sie soll das Unternehmen ins Blickfeld der Financial Community rücken und gleichzeitig die Vorzüge des Unternehmens verdeutlichen. Die Hauptaspekte sind die unternehmensspezifischen Erfolgsfaktoren, die den Aktienkurs beeinflussen. Die Equity Story beschreibt das Unternehmen in seinem Umfeld, seine Historie und seine Visionen und arbeitet so seine Potenziale in Bezug auf Wachstum, Ertrag und Wettbewerbsvorteile realistisch für die Investoren heraus. Vor allem müssen Punkte, wie Alleinstellungsmerkmale, Strategien und Optionen, breit und nachvollziehbar kommuniziert werden. Entscheidend für den Erfolg der Equity Story ist, dass sie alle offenen Fragen des Kapitalmarktes schlüssig und detailliert beantwortet. Während der Entwicklung werden häufig grundlegende Fragen aufgeworfen, die bis dahin noch nicht wirklich beachtet wurden. Dies und der Dialog mit dem externen Berater führen in der Regel zu einem strategischen Klärungsprozess, der schon im Vorfeld des Börsengangs die Bewältigung vorhandener Schwächen vorantreibt.

Die Equity Story soll gleich bei den ersten Gesprächen mit Analysten, Investoren und der Presse einen gewissen Erwartungshorizont aufbauen und ist somit ein wichtiger Baustein für das systematische Konzept eines erfolgreichen Börsengangs. Highlights der Firmengeschichte, Vorteile gegenüber Wettbewerbern in den einzelnen Teilbereichen sowie überzeugende Strategien sollen in einer prägenden Erfolgsgeschichte die Einzigartigkeit des Unternehmens herausstellen. Die Zielgruppen erhalten durch die Equity Story die Möglichkeit, sich ein umfassendes Bild über das Unternehmen zu machen und sich gleichzeitig von dem langfristigen Wertsteigerungspotential zu überzeugen.

Entscheidend, gerade für junge Unternehmen, ist die eindeutige Herausarbeitung der Börsenreife des Unternehmens. Bestehende Risiken sollen dabei nicht verschwiegen werden. Wenn Anleger erkennen können, dass Risiken durch ein entsprechendes System frühzeitig erkannt und verantwortlich gehandhabt werden, kann dies als zusätzliche Stärke und Kompetenz des Managements gedeutet werden.

Vermögens-, Finanz- und Ertragslage

Ausgangspunkt der Equity Story ist die transparente Darstellung der wirtschaftlichen Entwicklung des Unternehmens. Hierzu sind Jahresabschlüsse mindestens der drei letzten Geschäftsjahre nach nationalen oder internationalen Rechnungslegungsstandards für Prime Standard und General Standard offen zu legen. Wichtig ist die Aufbereitung von zentralen Finanzkennzahlen und unternehmensspezifischen Kennzahlen, die den Erfolg des Unternehmens verdeutlichen.

Zu den Finanzkennzahlen zählen u. a.:

- Umsatz
- Umsatzwachstum
- EBIT
- EBIT-Marge
- Jahresüberschuss
- Netto-Marge
- F&E-Quote
- Dividende
- Eigenkapitalquote
- operativer Cashflow
- Investitionen
- Nettofinanzschulden

Zu unternehmensspezifische Kennzahlen zählen je nach Branche und Geschäftsmodell u. a.:

- Anzahl Patente
- Anzahl Kunden
- Umsatz pro Kunde
- Lieferzeiten
- Anzahl Vertriebspartner und Kundentreue

Für den externen Betrachter ist es hilfreich, wenn die wesentlichen Erfolgskennzahlen im Wettbewerbsumfeld eingeordnet werden.

Bei Unternehmen, die stark über Akquisitionen gewachsen sind, ist es notwendig, die Zahlen vergleichbar darzustellen. Hier kommen „Pro-forma-Angaben" ins Spiel, welche die historischen Zahlen auf Basis des aktuellen Konsolidierungskreises abbilden.

Bei der Aufbereitung von Zahlenreihen können Sondereffekte – sofern genau definiert und nicht aus der „normalen" Geschäftstätigkeit entstanden – bereinigt werden. Der Trend der Kennzahlen soll ersichtlich und nachvollziehbar sein.

Unternehmensstrategie und Wachstumsprognosen

„Es gibt keinen günstigen Wind für den, der nicht weiß, wohin er segeln will."
(Wilhelm von Oranien)

Die Visionen und Ziele sollen die Investoren zu einer positiven Einstellung in Bezug auf das Unternehmen bewegen. Das Kernstück der Equity Story ist die Unternehmensstrategie. Sie verdeutlicht die „Marschrichtung" des Unternehmens und wie es auf die Veränderungen des Marktes reagieren will.

Die Unternehmensstrategie fasst die Ziele der einzelnen Unternehmensbereiche zusammen und versucht so, einheitliche Unternehmensziele zu formulieren. Quantitative Unternehmensziele, wie Ergebnis-, Absatz- und Umsatzziele, werden ebenso aufgegriffen, wie die Frage, mit welchen innovativen Mitteln das Management versucht, Wachstumsdynamik und Wertsteigerung voranzutreiben und damit den Shareholder Value zu erhöhen.

Wichtig ist, die Strategie auf die einzelnen Unternehmensfunktionen herunterzubrechen. Eine Beschreibung der Produktstrategie, der Marketing- und Vertriebsstrategie, der F&E-Strategie sowie der Produktionsstrategie ermöglicht den künftigen Aktionären eine bessere Beurteilung der Erfolgswahrscheinlichkeit.

Im Rahmen eines Börsengangs steht die Wachstumsstrategie im Vordergrund. Sie ergibt sich zunächst aus den oben genannten Teilstrategien. Darüber hinaus erklärt die Wachstumsstrategie eine der wichtigsten Fragen an das Unternehmen: Wie wird der Emissionserlös aus dem Börsengang verwendet?

Anwälte und Banken verpflichten das Management, während des Börsengangs keine zukunftsgerichteten Aussagen zu treffen. Institutionelle Anleger finden diese in den Analysten Reports. Den Privatanlegern, aber auch den Vertretern der Medien sind diese Reports meist nicht offen zugänglich. Aber wie soll ein Journalist eine Empfehlung für die Zeichnung einer Aktie aussprechen, wenn er keine Informationen darüber erhält, wie das Unternehmen in der Zukunft wachsen wird? Deshalb kommt das Management nicht umhin, die Wachstumsstrategie offen zulegen und damit auch eine Einschätzung zu ermöglichen, welche Perspektiven ein Investment in die Aktie des Unternehmens bietet.

Drei bis fünf Jahre sollte der Planungszeitraum der Wachstumsprozesse umfassen und kontinuierlich angepasst werden. Dabei ist es in der Regel nicht nötig, punktgenaue Zahlen und Prozente zu nennen. Aus Haftungsgründen empfiehlt sich dies auch nicht im Rahmen des Börsengangs. Oft reicht es schon, die Marktentwicklung zu beleuchten und eine Einschätzung zu geben, wie das Unternehmen in dieser Entwicklung positioniert sein wird. Zudem ist immer anzuraten, die Parameter, unter denen Annahmen getroffen werden, zu nennen. Denn wenn sich wesentliche Parameter verändern, kann auch die Prognose angepasst werden.

Klare Wachstumsbekenntnisse mit Aussagen über die langfristige Profitabilität müssen den Analysen der Experten unter allen Umständen standhalten. Vertrauensverluste durch zu optimistische Erwartungen können gerade kurz nach dem Börsengang starken Einfluss auf die Entwicklung der Aktie haben. Nach unten korrigierte Erwartungen und Gewinnwarnungen werden von Investoren schnell durch Aktienverkäufe abgestraft. Anschließend ist es sehr schwer, das Grundvertrauen in die positive Entwicklung der Aktie wieder aufzubauen.

Management-Qualität

Experten gehen davon aus, dass die Hälfte des Erfolgs beim Börsengang von der Qualität des Managements abhängt.

Die Aufmerksamkeit potenzieller Investoren auf sich zu ziehen und von seiner Aktie zu überzeugen, ist Chefsache. Die eigentlichen Aufgaben eines Managers, wie Planung, Durchführung, Kontrolle und Anpassung von operativen Maßnahmen zum Wohl der Organisation bzw. des Unternehmens, werden durch die Aufgaben des Börsengangs erheblich erweitert und verändert. Die Ziele, die in der Strategie formuliert werden, werden maßgeblich durch das Management realisiert. Ihm kommt im gesamten Prozess des Börsengangs, aber auch danach im Rahmen der Investor Relations eine zentrale Bedeutung zu. Dabei sind neben der fachlichen Kompetenz vor allem auch persönliche Eigenschaften nötig. Gerade in Krisensituationen sind Top-Manager mit Geschick und Charisma gefragt, die es schaffen, mit konkreten Maßnahmen, Zielen und Visionen Begeisterung auszulösen und die gleichzeitig mit ihrer Gelassenheit das Vertrauen der Aktionäre gewinnen. Und täuschen wir uns nicht: Krisensituationen können ohne jegliches Verschulden auf ein

Unternehmen zukommen. Sie resultieren oft genug aus der Branchensituation oder aber den Problemen einzelner Wettbewerber.

Fondsmanager und Analysten verbringen viel Zeit damit, Unternehmen zu besuchen. Sie wollen sich einen Eindruck von dem Management und der Kultur des Unternehmens verschaffen. In diesen Begegnungen muss das Management in kurzer Zeit davon überzeugen, dass es die Bedürfnisse des Marktes kennt und das Unternehmen darauf eingestellt hat.

Vor allem im persönlichen Kontakt kann das Vertrauen in die Professionalität des Managements gefestigt werden. Die Vorbereitung des Managements auf diese Begegnungen ist eine der wichtigsten Aufgaben der IPO-Berater beim Börsengang. Der überzeugende Auftritt vor der Finanzöffentlichkeit kann allein über Erfolg oder Misserfolg eines Börsengangs entscheiden, zumindest aber die Preisfindung erheblich beeinflussen.

Wirtschaftliche und rechtliche Rahmenbedingungen

Das Zahlenwerk sollte nicht isoliert stehen bleiben, sondern ist in Beziehung zur Strategie und zum Branchenumfeld zu setzen. Wenn die Zahlen die Strategie nicht stützen, werden Investoren vor der Aktie zurückschrecken. Gerade bei jungen Unternehmen des Neuen Marktes kam es durchaus vor, dass marketingintensive Unternehmen erheblich wachsen wollten, in der Planung die Aufwendungen für Marketing und Vertrieb sich jedoch reduzierten.

Wichtiges Kapitel in der Equity Story ist die Positionierung des Unternehmens in seinem Wettbewerbsumfeld. Die momentane Marktposition, die sich aus Marktanteil, Marktstellung bzw. Marktführerschaft zusammensetzt, als auch besondere Faktoren, z.B. eine Pioniersposition („First mover") am Markt, sind entscheidende Bewertungspunkte und lassen Rückschlüsse auf die Innovationskraft des Unternehmens zu.

Ausschlaggebend ist auch die Attraktivität einer Branche. Viele Branchen sind selten im Fokus der Öffentlichkeit, und es kann dadurch für Unternehmen solcher Branchen einen wesentlich größeren Kraftaufwand bedeuten, die Marktcharakteristika, wie Marktvolumen, Marktwachstum und Markteintrittsbarrieren, zu erläutern und die gewünschte Aufmerksamkeit im Kapitalmarkt zu erhalten. Generell fordert der Kapitalmarkt ein ausgezeichnetes Branchenwissen vom jeweiligen Management.

Weitere Hintergrundinformationen zur Beurteilung eines Unternehmens ergeben sich aus der Darstellung der rechtlichen Rahmenbedingungen. Damit sind Regularien, Genehmigungen und Auflagen gemeint, die in bestimmten Branchen und Ländern gelten bzw. vorgeschrieben sind. Diese können einerseits das Wachstum begrenzen, stellen oft aber auch eine Markteintrittsbarriere für Wettbewerber dar.

Darüber hinaus ist die rechtliche und organisatorische Struktur des Unternehmens im Rahmen der Equity Story aufzuzeigen. Hierzu zählen Kapital-, Beteiligungs- sowie die Organisations- und Führungsstruktur.

Technisches Kow-how

Viele Unternehmen unterschätzen die Aussagekraft ihrer eigenen technischen Möglichkeiten oder arbeiten sie nicht genug heraus. Technologieführerschaft oder innovative Produkte müssen der Financial Community glaubhaft gemacht werden, um einen daraus resultierenden entscheidenden Vorsprung richtig nutzen zu können. Kennzahlen, wie Zahl angemeldeter Patente und Anteil der Produkte, die jünger als fünf Jahre sind, sind effektive Merkmale, um Führungspositionen auf diesen Gebieten zu untermauern. Potenzial für Produktivitätssteigerungen und die Entwicklung effizienter Produktionsverfahren sind weitere wichtige Themen in diesem Zusammenhang.

Ableitung der Investor Relations-Maßnahmen aus der Equity Story

Die Aussagen, die in der Equity Story vorgegeben werden, sind der Kern der gesamten Finanzkommunikation vor, während und nach dem Börsengang. Sie werden je nach Zielgruppe unterschiedlich formuliert und fließen in die Investor Relations-Maßnahmen ein.

In Analystenpräsentationen werden zum Beispiel einzelne Themen eingehender behandelt als im IPO-Folder (Informationsbroschüre zum Börsengang), der sich an den Privatanleger richtet.

Entscheidend für die erfolgreiche Kommunikation der Equity Story ist also die zielgruppengerechte Aufbereitung der Informationen, die die Empfänger zur Beurteilung des Unternehmens benötigen.

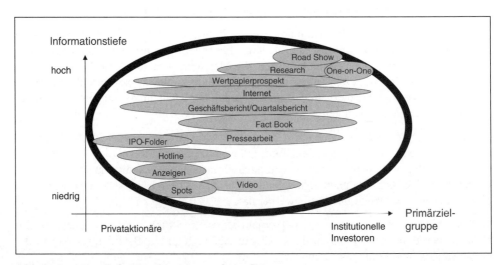

Abb 1: Investor Relations-Instrumente beim Börsengang

Zielgruppen

Um einen erfolgreichen Börsengang gewährleisten zu können, müssen die Kommunikationswege und die Inhalte auf die jeweilige Zielgruppe abgestimmt sein. Viele Informationen sind für einige Zielgruppen völlig irrelevant, da sie sich an Experten oder Analysten richten, die ein bestimmtes Fachwissen aufweisen. Aus diesem Grund muss jede Information an die Bedürfnisse der jeweiligen Zielgruppe angepasst werden.

Der Kapitalmarkt darf nicht als ein einheitlich sprechendes Medium verstanden werden. Die eigentliche Kunst der Investor Relations besteht darin, die Informationen vom Standpunkt der jeweiligen Zielgruppe aus zu formulieren, aber gleichzeitig die Kernbotschaft einheitlich wiederzugeben. Durch ein in sich geschlossenes Gesamtbild werden Glaubwürdigkeit und Vertrauen in das Management gestärkt.

Private Investoren

Die erste der potenziellen Zielgruppen sind die privaten Investoren. Dies ist eine heterogene, zahlenmäßig große Gruppe, allerdings umfasst sie auch das geringste Anlagekapital pro Adressat. Die Kommunikation erweist sich allgemein als sehr zeit-, kosten- und arbeitsintensiv, da aufgrund der in Deutschland noch vorherrschenden Verbreitung der Inhaberaktie ein direkter Kontakt kaum möglich ist. Allerdings gibt es bei Börsengängen einen Trend zur Namensaktie. 2005 wurden schon sechs von 14 IPOs mit Namensaktien durchgeführt, was die direkte Kommunikation mit den Aktionären erheblich erleichtert.

Privatanleger zeigen ein anderes Verhalten als unter Performancedruck stehende institutionelle Anleger. Ihre Anlagestrategie ist eher langfristig ausgerichtet und, wenn eine Vertrauensbasis zum Unternehmen besteht, erweisen sie sich auch in Krisenzeiten als loyal. Diese Zielgruppe ist auch noch unter anderen Aspekten interessant. In Deutschland werden immense Geldvermögen vererbt, die als Neuanlage zur Disposition stehen, und es ist bereits festzustellen, dass sich insbesondere jüngere Generationen zunehmend für die Aktie als Geldanlage interessieren.

Institutionelle Investoren

Institutionelle Investoren stehen im Mittelpunkt der traditionellen Investor Relations-Arbeit, da Großanleger auf Grund ihres hohen Kapazitätseinsatzes zeitnahe und intensive Informationen erwarten. In der Regel handelt es sich hierbei um professionelle Großanleger, Banken, Versicherungen und Investmentfonds, die als zahlenmäßig kleine Gruppe über ein hohes Anlagekapital verfügen. Bei den Börsengängen 2005 wurden teilweise bis zu 95 Prozent des Emissionsvolumens dieser Anlegergruppe zugeteilt.

Aufgrund des umfangreich eingesetzten Kapitals geben sie durch ihre Investitions- bzw. Nichtinvestitionstätigkeit starke Impulse. Größere Verkaufsbewegungen können verheerende Auswirkungen auf den Aktienhandel haben, da sie oft eine Signalwirkung auf private

Anleger ausüben. Unternehmen müssen gerade zu diesen Personen enge Beziehungen pflegen.

Die Zielgruppe der institutionellen Investoren wird in der entscheidenden Phase eines Börsenganges auf der Roadshow in persönlichen Gesprächen erreicht.

Finanzanalysten

Die Kommunikation mit den Analysten kann die Bewertung des Unternehmens durch die verschiedenen Mitglieder der Financial Community wesentlich beeinflussen. Ihre Unternehmensanalysen sind für viele Zielgruppen die Basis für ihr künftiges Kaufverhalten.

Zu unterscheiden sind hierbei Sell-Side und Buy-Side Analysten. Buy-side Analysten sind Mitarbeiter eines institutionellen Investors und arbeiten mit dem Ziel, das Portfolio ihres Arbeitgebers zu optimieren. Sell-Side Analysten arbeiten hauptsächlich für Brokerhäuser oder Investmentbanken. Ihre Hauptaufgabe besteht in der Beschaffung und Verarbeitung von zielgerechten Informationen, um für Ihre Kunden – die Investoren – die wahrgenommene Komplexität und Unsicherheit auf dem Kapitalmarkt zu reduzieren.

Die Multiplikatorwirkung der Finanzanalysten wird durch die Wirtschaftspresse verstärkt. Zahlreiche Journalisten berufen sich in ihren Beiträgen auf Studien der Analysten.

Wirtschaftsjournalisten

Die Wirtschafts- und Finanzpresse, aber auch Online- und TV-Medien, sind aufgrund ihrer meinungsbildenden Funktion beim Börsengang sehr bedeutsam für das Unternehmen.

Deshalb ist es wichtig, zu den Journalisten eine enge, von Vertrauen geprägte Beziehung aufzubauen. Die Presse hat aber in der heutigen Zeit nicht nur Selektions- und Übermittlungsfunktion von Nachrichten, sondern gibt zum Teil auch konkrete Empfehlungen weiter.

Auswirkungen des Börsensegments auf die Publizität

Für die Finanzkommunikation zum Börsengang ist zunächst die Wahl des Börsensegmentes von Bedeutung. Die Deutsche Börse bietet Unternehmen den Zugang zum Kapital zu günstigen Eigenkapitalkosten auf einer Handelsplattform, die auf Grund hoher Transparenzanforderungen und niedriger Transaktionskosten im Fokus nationaler und internationaler Investoren steht.

Aber auch die Möglichkeiten auf dem internationalen Parkett werden immer interessanter. Mit dem Financial Service Action Plan wird am europäischen Kapitalmarkt ein „Level Playing Field" geschaffen. Durch neue EU-Richtlinien und Verordnungen werden die Forderungen nach besserer Markteffizienz, fairem Wettbewerb und Erleichterung der

Kapitalaufnahme besser erfüllt. Auch ein möglicher Zusammenschluss europäischer Börsen wird die internationale Kapitalaufnahme erleichtern.

Ist die Entscheidung für den Börsengang gefallen, geht es also zunächst um die Wahl des richtigen Segments für das Unternehmen. Das Unternehmen kann in Deutschland zwischen zwei regulierten bzw. organisierten Börsensegmenten wählen: Prime Standard und General Standard. Durch die Festlegung der gesetzlichen Regelungen gewährleisten beide Segmente den Aspiranten größtmögliche Sicherheit. Sie unterscheiden sich jedoch in ihren Anforderungen in Bezug auf die Transparenz und die durch die Platzierung angesprochenen Zielgruppen.

Für den Eintritt in den General Standard müssen die Unternehmen die Anforderungen des Amtlichen Marktes oder des Geregelten Marktes erfüllen, wobei diese für alle Emittenten bindend sind. Die Eintrittsvoraussetzungen sind hierbei im Börsengesetz, in der Börsenverordnung, im Verkaufsprospekt-Gesetz und in der Börsenordnung geregelt, wobei es sich um ein öffentlich-rechtliches Verfahren handelt.

Zu empfehlen ist der General Standard, wenn die Unternehmen sich für ein kostengünstiges Listing in einem EU-regulierten und organisierten Markt entschieden haben.

An die Unternehmen des General Standard werden insbesondere folgende Anforderungen gestellt, z.B.:

- Halbjahres- und Jahresberichterstattung nach IFRS
- Ad-hoc-Mitteilungen in Deutsch

Der Prime Standard ist das Zulassungssegment für Unternehmen, die sich international positionieren wollen. Die Unternehmen müssen über das Maß des General Standard hinausgehende internationale Transparenzanforderungen erfüllen, z.B.:

- Quartalsberichte in deutscher und englischer Sprache
- Veröffentlichung eines Unternehmenskalenders
- Durchführung mindestens einer Analystenkonferenz pro Jahr
- Ad-hoc-Mitteilungen auch in englischer Sprache.

Die Zulassung zum Prime Standard ist eine Vorraussetzung für die Aufnahme in die Auswahlindizes der Deutsche Börse AG, DAX, MDAX, SDAX und TecDAX.

Am 25. Oktober 2005 wurde ein neuer Teilbereich des Open Market (Freiverkehr) eingeführt: der Entry Standard. Er ist im Vergleich zum Prime Standard und General Standard ein börslich reguliertes Segment. Seine Aufgabe besteht darin, vor allem den kleinen und mittelständischen Unternehmen den Eintritt in den Kapitalmarkt zu erleichtern. Der Entry Standard verspricht einen kostengünstigen und effizienten Handel der Aktien. Er ermöglicht den Unternehmen einen flexiblen und kosteneffizienten Zugang zum Kapitalmarkt bei niedrigen regulatorischen Anforderungen.

Im Entry Standard müssen Unternehmen einen testierten Konzernjahresabschluss samt Konzern-Lagebericht spätestens innerhalb von sechs Monaten nach Beendigung des Berichtszeitraums auf ihrer Unternehmenswebsite veröffentlichen. Darüber hinaus ist ein Zwischenbericht Pflicht. Unternehmensnachrichten, die den Börsenpreis beeinflussen können, müssen sofort veröffentlicht werden. Die Unternehmen unterliegen aber nicht den strengen Regelungen des Wertpapierhandelsgesetzes zur Ad hoc-Publizität.

Jeder neue Emittent muss einen erfahrenen Handelsteilnehmer als Partner (Deutsche Börse Listing Partner) mandatieren, und einen FWB-Handelsteilnehmer mit der Einbeziehung der Aktien in den Handel im Entry Standard beauftragen. Diese Aufgabe übernehmen in der Regel Banken oder Wertpapierhandelshäuser.

Bis zum 31. Januar 2006 haben sich insgesamt 24 Unternehmen in diesem neuen Segment listen lassen. Das durchschnittliche Platzierungsvolumen betrug 19 Mio. €.

Wer heute höchsten Ansprüchen genügen und internationale Investoren ansprechen will, sollte für seinen Börsengang den Prime Standard als Zielsegment wählen. Bei der Betrachtung der Kommunikation konzentrieren wir uns an dessen Anforderungen.

Phasen der IPO-Kommunikation

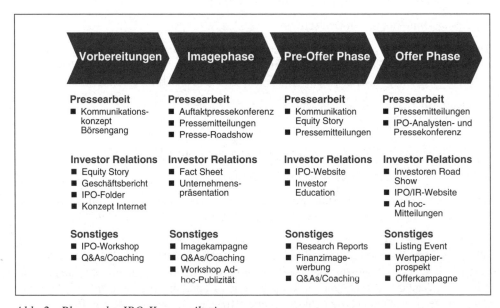

Abb. 2: Phasen der IPO-Kommunikation

Vorbereitungsphase

Das Emissionskonzept bestimmt die Kommunikation und beinhaltet die wesentlichen Eckdaten der Platzierung:

- Welche Struktur soll das spätere Konsortium aufweisen?
- Woher kommen die zu platzierenden Aktien?
- Welche Art von Aktien soll platziert werden?
- Wie soll die Aktienstruktur im Idealfall aussehen?

Im Rahmen der Erarbeitung ist außerdem zu klären, wie und in welchem Rahmen der Eigentümer auch in Zukunft Einfluss auf das Unternehmen nehmen möchte. Davon hängt z.B. im hohen Maße die Gestaltung der Aktienstruktur oder die Satzungsgestaltung ab. Ein weiterer wichtiger Punkt ist die Verwendung des Emissionserlöses.

Ein weniger kapitalmarktfreundliches Konzept gefährdet die spätere Akzeptanz der Aktie und damit den Emissionserfolg als Ganzes.

Wenn das Emissionskonzept steht, kann darauf das Kommunikationskonzept für den Börsengang abgestimmt werden. Dabei sind verschiedene Projektphasen zu unterscheiden. In jeder dieser Phasen kommen verschiedene Informationen und Instrumente zum Einsatz.

Image-Phase

In der Image-Phase geht es im Wesentlichen um die Gestaltung und Vermarktung des Unternehmens und seiner Marke. Hier wird noch nicht vom Börsengang gesprochen. Vielmehr wird das Unternehmen, sein Management und die Equity Story im Markt und insbesondere bei den Finanz- und Wirtschaftsjournalisten bekannt gemacht. Zudem kann schon in dieser Phase Vertrauen in das Management aufgebaut werden.

Diese Phase ist insbesondere für Unternehmen wichtig, die in der Öffentlichkeit noch weitgehend unbekannt sind und deren Geschäftsmodell kompliziert ist. Instrumente der Kommunikation sind in dieser Phase vor allem die Pressearbeit, Publikationen (z.B. Geschäftsbericht) und eine Imagekampagne in den wichtigsten Wirtschaftsmedien.

Insbesondere dann, wenn das Unternehmen im Umgang mit dem Reporting noch unerfahren ist, sollte schon vor dem Börsengang ein professioneller Geschäftsbericht erstellt werden. Die Arbeit am Geschäftsbericht zwingt das Unternehmen zu einem stringenten Umgang mit dem Zahlenwerk und bietet die intensive Auseinandersetzung mit der Strategie. Ein guter Geschäftsbericht präsentiert bereits die Equity Story.

Mit einer Imagekampagne kann das Unternehmen eine hohe Aufmerksamkeit und größere Bekanntheit erreichen. Wenn sich das Unternehmen mit seinen Produkten und Leistungen zudem an den Konsumenten richtet, bietet eine solche Kampagne zwei Vorteile: Sie erhöht die Bekanntheit in der Financial Community und belebt zugleich das Kerngeschäft.

In der Imagephase beginnt die Pressearbeit. Durch Redaktionsbesuche und Hintergrundgespräche baut der Vorstand persönliche Kontakte zu Journalisten auf, die er später während der heißen Phase des Börsengangs und auch nach der Notierungsaufnahme nutzen kann. Zudem sind die Gespräche eine gute Übung im Umgang mit der Presse und liefern wertvolle Anregungen, die in die Kommunikationsstrategie einfließen.

Auf diese Gespräche muss der Vorstand gut vorbereitet werden. Dazu gehört nicht nur ein Präsentations- und Medientraining, sondern auch die intensive Auseinandersetzung mit der Art und Weise, Fragen zu beantworten. Denn die beste Präsentation verliert in dem Moment ihre Wirkung, in dem der Vorstand bei kritischen Fragen unsicher wird. Deshalb ist das intensive Studium des Fragen-/Antwort-Kataloges eine der wichtigsten Aufgaben des Vorstands bei der Vorbereitung des Börsengangs.

Pre-Offer-Phase

Die Pre-Offer-Phase beginnt mit der Ankündigung des Unternehmens, einen Börsengang vorzubereiten. Zu diesem Zeitpunkt werden noch keine Details genannt, insbesondere bleibt der genaue Termin des Börsengangs offen. Ansonsten befindet sich das Unternehmen im Zugzwang und erleidet einen Imageschaden, wenn der angegebene Zeitpunkt aus irgendeinem Grund nicht eingehalten wird. Das Unternehmen hat jetzt noch einmal die Möglichkeit, seine Strukturen, Instrumente und Märkte zu überprüfen und letzte Änderungen vorzunehmen, die es dem Unternehmen ermöglichen sollen, die große Bühne der Öffentlichkeit mit guter Informationspolitik zu betreten. Oft entscheidet diese Phase über Erfolg oder Misserfolg des späteren Börsengangs; sie wirkt sich zumindest auf das spätere Pricing aus.

Spätestens zu Beginn dieser Phase sollte das Unternehmen über eine professionelle Internetseite verfügen, die dem Besucher die wichtigsten Informationen bietet.

Offer-Phase

Mit der Bekanntgabe der Details zum Börsengang auf der Presse- und Analystenkonferenz beginnt die Offer-Phase zum Börsengang. Nun liegt der Wertpapierprospekt mit allen Details zum Emissionskonzept vor, und die Öffentlichkeit hat die Möglichkeit, sich umfassend über das Investment, insbesondere auch über die Risiken zu informieren. Schwierig wird es immer dann, wenn erst zu diesem Zeitpunkt „unangenehme Wahrheiten" an die Öffentlichkeit gelangen. Wenn zum Beispiel bisher davon gesprochen wurde, das Unternehmen benötige die Mittel aus dem Börsengang für weiteres Wachstum, im Prospekt aber deutlich wird, dass der Erlös mehrheitlich den Altaktionären zugute kommt, so weckt dies Misstrauen. Richtiger wäre es, dieses Thema – ohne in die Details zu gehen – schon vorher anzusprechen.

Im Anschluss an die Pressekonferenz geht das Management auf eine internationale Roadshow zu potenziellen institutionellen Investoren. Je nach Platzierungsverfahren wird die Bookbuilding-Spanne schon zur Pressekonferenz oder erst im Laufe der Roadshow festgelegt. Dabei wird im zweiten Fall die Zeichnungsfrist auf drei bis vier Tage verkürzt (Accelerated Bookbuilding). Dies stellt eine Herausforderung für die Kommunikation dar: Die wichtigste Information zur Emission – die Preisspanne – kann im Rahmen der Pressekonferenz noch nicht veröffentlicht werden. Als Anhaltspunkt erhalten die Journalisten nur eine sehr grobe Preisspanne aus dem Wertpapierprospekt.

Um die Aufmerksamkeit insbesondere der Privatinvestoren auf den bevorstehenden Börsengang zu erreichen, entscheiden sich einige Unternehmen für eine Anzeigenkampagne in den wichtigsten Wirtschaftsmedien. Aus Kosten- und Effizienzgründen hat sich für kleinere und mittelgroße Unternehmen das Format der Textfeldanzeige bewährt. Hier kann eine kurze Botschaft vermittelt werden und der Leser wird aufgefordert, Informationen anzufordern. Für Privataktionäre werden in diesem Zusammenhang häufig so genannte IPO-Hotlines, die für die Versendung von Prospekten und IPO-Foldern zuständig sind, eingerichtet.

In der Offer-Phase werden die ersten Ad hoc-Meldungen des Unternehmens versandt. Dies betrifft die Information über die festgelegte Preisspanne sowie den Emissionspreis und das Platzierungsvolumen.

Mit der Einführung der Aktie in den Handel findet der Börsengang seinen Höhepunkt. Dies ist nicht nur ein Tag zum Feiern. Hier beginnt bereits die Arbeit der Investor Relations – mit Interviews bei den an der Börse befindlichen Fernsehsendern, Pressemitteilungen über den Kurs und die Platzierungsstruktur. Zudem muss zu diesem Zeitpunkt der Investor Relations-Auftritt im Internet freigeschaltet werden.

Funktionen und Aufgabenbereiche der Investor Relations

Die ersten Weichen wurden bereits 1933/34 durch die Reformierung der amerikanischen Wertpapiergesetzgebung gelegt. Der so genannte „Securities Act" erstreckte sich insbesondere auf Neuemissionen von Wertpapieren und die damit verbundene Offenlegungspflicht relevanter Informationen. Zusätzlich wurden hier die ersten Verbote in Bezug auf Veröffentlichung von Falschmeldungen festgeschrieben. Das Börsengesetz von 1934, der „Securities Exchange Act", erweiterte den „Securities Act", indem es Sekundärmärkte mit einbezog und bestimmte, dass jede Börse und jeder Wertpapierhändler zur Registrierung verpflichtet wurde. Ziel dieser Reformen war es, die Handlungsspielräume der Unternehmen besser zu kontrollieren und zu reglementieren, um so eine Verstärkung des Anleger- und Gläubigerschutzes zu gewährleisten.

Viele amerikanische Unternehmen begannen, die Kommunikationswege zu den Banken und anderen Kapitalgebern weiter auszubauen, und General Electric war 1953 das erste Unternehmen, das seine Kommunikation mit den Aktionären als „Investor Relations" bezeichnete.

Die Hauptaufgabe der Investor Relations ist es, die Investoren über die Entwicklung in und um das Unternehmen offen und vollständig zu informieren und so Vertrauen in das Management zu schaffen und eine angemessene Bewertung der Aktie zu ermöglichen.

Der Shareholder Value-Ansatz sowie in zunehmendem Maß auch der Corporate Governance-Gedanke sind wichtige Instrumente in diesem Bereich.

Der Shareholder Value-Ansatz geht davon aus, dass das eigentliche Ziel des Unternehmens die Maximierung des langfristigen Unternehmenswertes durch Gewinnmaximierung und Erhöhung des Eigenkapitals ist.

Corporate Governance fordert zudem eine ausgewogene Machtverteilung zwischen Management, Anteilseignern und Aufsichtsgremien von Unternehmen. Denn der Interessensausgleich zwischen Management und Aktionären hat direkte Auswirkungen auf die Leistungskraft der Unternehmen und darauf, ob sie Gewinne erzielen und Arbeitsplätze schaffen können.

Als Leitmotiv für beide Ansätze wird eine wertorientierte Unternehmensführung erwartet, deren Erfolge sich auch in den Aktienkursen und in einer kontinuierlichen Steigerung des Unternehmenswertes widerspiegeln.

Erfolge und erzielte Gewinne müssen auf den richtigen Kanälen kommuniziert und verständlich übermittelt werden. Nur wenn die erreichten Ziele erfolgreich nach außen kommuniziert werden, können sich diese auch langfristig positiv auf den Unternehmenswert auswirken.

Durch die Funktion als Bindeglied zwischen Unternehmen und Financial Community werden Anregungen und Forderungen über diesen Weg an das Unternehmen herangetragen und fließen somit in die Unternehmensstrategie mit ein. Vorteilhaft ist, dass durch das Einsetzen von Investor Relations die Interessen des Kapitalmarktes bei der strategischen Planung als Schlüssel zur Realisierung einer angemessenen Bewertung der Aktie herangezogen werden können. Zudem werden Informationsdefizite vermieden, die zu Fehlbewertungen führen können.

Aus diesen Überlegungen leiten sich prüfbare, operationale Ziele ab. Dabei dient die Umsetzung kommunikationspolitischer Ziele als Grundlage für die Verwirklichung der finanzwirtschaftlichen Ziele.

Ziele der Investor Relations

Finanzwirtschaftliche Ziele

Das Ziel von Investor Relations in Bezug auf finanzwirtschaftliche Aspekte ist die Schließung von Wertlücken zwischen tatsächlichem Unternehmens- und Börsenwert auf eine langfristig angemessene Aktienbewertung. Eine transparente Finanzkommunikation verdeutlicht dem Anleger die bestehenden Risiken und erleichtert ihm so seine Kaufentscheidung für oder gegen die Aktie des Unternehmens und damit die Senkung seiner Risikoprämie. Durch eine Senkung der Risikoprämie werden, auf lange Sicht, die Eigenkapitalkosten gesenkt, was sich zusätzlich positiv auf die Gestaltung der Kapitalrückbildung auswirkt. Die Folge ist eine Stabilisierung des Aktienkurses auf angemessenem Niveau.

Eine fair bewertete Aktie senkt gleichzeitig die Gefahr der Fremdübernahme des Unternehmens und stärkt das Vertrauen der Aktionäre. Stabile Aktienkurse lassen das Unternehmen auch international an Prestige und Ansehen gewinnen.

Der Einfluss auf die Aktionärsstruktur, die entscheidend in Krisensituationen sein kann, sollte bei der Investor Relations-Arbeit ebenfalls berücksichtigt werden. Eine ausgewogene Aktionärsstruktur ist vorteilhaft für ein Unternehmen. Insbesondere Privatanleger gelten als loyale Aktionäre und sind daher ein wichtiger Bestandteil einer nachhaltigen Aktionärsstruktur.

Kommunikationspolitische Ziele

Die Gewinnung und die Festigung von Vertrauen bei der Financial Community ist das Hauptziel der Unternehmenskommunikation, da sie die Grundlage für Aktionärstreue bildet. Durch die ständige Verbesserung und detaillierte Finanzkommunikation kann die Glaubwürdigkeit des Unternehmens weiter ausgebaut, Falschmeldungen und Misstrauen kann vorgebeugt werden.

Nicht nur an den Finanzmärkten ist ein positives Image von Vorteil, es erleichtert auch die Einstellung von qualifizierten Mitarbeitern und steigert so den Bekanntheitsgrad eines Unternehmens.

Um dem „Information overload" und dessen Folgen vorzubeugen, sind Informationen jedoch auf das Wesentliche zu reduzieren und zielgruppengerecht zu verbreiten.

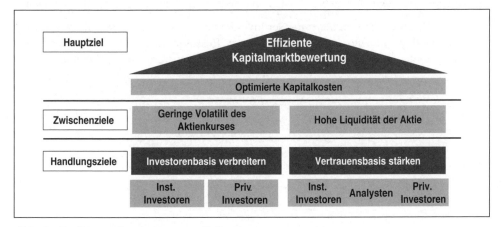

Abb. 3: Zielhierarchie der Investor Relations

Organisation der Investor Relations

Zeitpunkt der Einführung

Spätestens mit der Entscheidung für einen Börsengang stellt sich die Frage nach der Organisation der Investor Relations. Voraussetzung für einen gut durchgeführten Börsengang ist eine professionelle begleitende Investor Relations-Arbeit. Dabei ist es sowohl für den Emissionserfolg als auch für die spätere Behauptung auf dem Kapitalmarkt von entscheidender Bedeutung, dass der Börsengang schon von Anfang an unter Beachtung von Investor Relations-Gesichtspunkten konzipiert und vorbereitet wird. Die Einführung einer Investor Relations-Abteilung schon vor dem Börsengang ist von großem Vorteil für den gesamten Prozess.

Der Investor Relations-Manager erhält im Rahmen des Börsengangs die Gelegenheit, sich in der Financial Community zu positionieren, erste wichtige Kontakte zu knüpfen und seine IR-Kartei aufzubauen. Darüber hinaus ist die Vorbereitung eines Börsengangs für den künftigen IR-Manager ideal, um sich im Detail in das Unternehmen, seine Produkte und seine Strategie einzuarbeiten.

Organisation der Investor Relations

Innerhalb der Hierarchieebenen eines Unternehmens gibt es unterschiedliche Punkte, an denen eine Investor Relations-Abteilung angesiedelt werden kann. Ein Irrtum ist es zu glauben, dass eine große Ähnlichkeit zwischen Public Relations, Marketing und Investor Relations besteht. Von einer Eingliederung in einen dieser Bereiche ist abzuraten. Die unterschiedlichen Denk- und Handlungsweisen der beiden Abteilungen sind zu groß: Die Marketing-Abteilung hat die Aufgabe, die Produkte und Marken dem Kunden so zu präsentieren, dass ein möglichst hoher Absatz erreicht wird. Investor Relations soll die Zufriedenheit der Aktionäre gewährleisten und sie dauerhaft an das Unternehmen binden.

Eine Möglichkeit ist die Eingliederung der Investor Relations auf der Ebene der Marketing- und PR-Abteilungen. Dies kann innerhalb eines Ressorts Unternehmenskommunikation oder direkt in der Ebene unterhalb des Vorstands abgebildet werden (s. Abbildung).

Organisation der Investor Relations

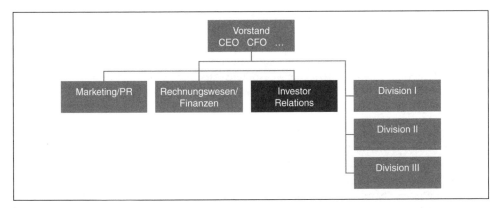

Abb. 4: Möglichkeiten der Eingliederung von Investor Relations in die Organisationsstruktur

In einem klassischen Einliniensystem sind die Kompetenzen der einzelnen Bereiche klar voneinander abgegrenzt. Probleme treten aber dann auf, wenn es um Abstimmungen zwischen den Abteilungen geht. Hier muss eine „One-Voice-Policy" gewährleistet sein. Dies gilt umso mehr, wenn Investor Relations und Marketing/PR – wie in vielen Unternehmen – unterschiedlichen Vorständen zugeordnet sind.

Eine Alternative ist die direkte Eingliederung von Investor Relations unterhalb des Vorstandes bzw. die direkte Beauftragung eines Vorstandsmitglieds mit dieser Aufgabe. Durch diese Lösung wird die strategische Position des Vorstands genutzt und ein einheitliches Auftreten des Unternehmens nach außen gewährleistet. Investoren begrüßen es, wenn Investor Relations direkt in die strategischen Entscheidungen des Unternehmens eingebunden ist.

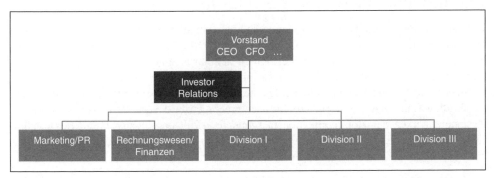

Abb. 5: Möglichkeiten der Eingliederung von Investor Relations in die Organisationsstruktur

Personelle Anforderungen

Die steigende Bedeutung der Investor Relations in den Unternehmen heben die Ansprüche an den IR-Manager und seine Fähigkeiten immer weiter an. Durch die vom Deutschen Investor Relationsverband (DIRK) neu gestaltete Ausbildung zum „Certificated Investor Relations Officer" (CIRO) besteht die Möglichkeit, sich intensiv auf diesen Beruf vorzubereiten.

Für die heutige Besetzung dieser Position ist ein wirtschaftswissenschaftliches Studium und mehrjährige Erfahrung in den Bereichen Finanzanalyse, Rechnungswesen sowie ein tiefes Kapitalmarktverständnis erforderlich. Die genauen und detaillierten Kenntnisse des eigenen Unternehmens, eine starke Einbindung in die unternehmensrelevanten Prozesse sowie fundiertes Wissen über die relevanten Branchen sind weitere Grundvorrausetzungen für den Erfolg des IR-Managers, da er auf Fragen und Marktveränderungen schnell und umfassend reagieren muss. Aber nicht nur die erlernten Fähigkeiten sind entscheidend für die erfolgreiche Arbeit des IR-Managers. Die Persönlichkeit und sein Auftreten tragen entscheidend dazu bei, dass die IR Akzeptanz findet.

Die mit Investor Relations verbundenen Aufgaben, wie die Vorbereitung und Organisation der Roadshows an allen wichtigen internationalen Finanzplätzen, Analysten- und Telefonkonferenzen, Geschäfts- und Zwischenberichte, Ad hoc-Meldungen sowie regelmäßiger täglicher Kontakt zur Financial Community, erfordern einen sicheren und guten Umgang mit der deutschen und englischen Sprache, schriftlich und mündlich. Eigenständige Präsentationen gehören genauso zum täglichen Geschäft und setzen ein überzeugendes Auftreten und gute rhetorische Fähigkeiten voraus.

Instrumente der Investor Relations

Für die Investor Relations-Arbeit stehen viele unterschiedliche Instrumente zur Verfügung, um das Unternehmen und den Börsengang in der Öffentlichkeit zu präsentieren. Viele Maßnahmen sind segmentabhängig oder richten sich nur an eine bestimmte Zielgruppe. Das Unternehmen muss darauf achten, dass es mit allen Instrumenten die notwendigen Maßnahmen, Unternehmensdaten und -neuigkeiten schlüssig und einheitlich übermittelt und somit allen Empfängern ein einheitliches Unternehmensbild vermittelt. Insbesondere das Zusammenwirken der Kommunikationsinstrumente erfüllt die gewünschten Effekte, nämlich die Erhöhung des Bekanntheitsgrades und die damit einhergehende Stärkung des Vertrauens in das Unternehmen und sein Management.

Zahlreiche gesetzliche Vorschriften und Verordnungen regeln zusätzlich zu den freiwillig bekannt gegebenen Informationen die Kommunikation. Unterschieden wird zwischen Pflicht und Kür, unpersönlichen und persönlichen Maßnahmen, die vor, während und nach dem Börsengang unternommen werden können, um die Bekanntheit des Unternehmens weiter zu stärken und Transparenz zu gewährleisten.

Instrumente der Investor Relations

Übersicht IR-Instrumente	Pflicht	Kür
Unpersönlich	Geschäftsbericht Zwischenbericht Quartalsbericht Ad hoc-Publizität Finanzkalender Directors' Dealings	Pressemitteilungen Investoren-Handbuch/Fact Book Internetseite Finanzanzeigen Aktionärsbriefe Redaktionelle Beiträge/Interviews Unternehmensbroschüren
Persönlich	Hauptversammlung Analystenkonferenzen	Zeitnahe Bilanzpressekonferenz Road Shows/One-on-Ones im In- und Ausland Conference Calls Aktionärs-Hotline Investorentage Aktionärstage/Ausstellungen

Abb. 6: Übersicht Investor Relations-Instrumente

Pflichtmaßnahmen

Zu den Pflichtmaßnahmen gehören alle Regelungen, die vom Gesetzgeber oder der Börse vorgeschrieben sind und die ein Unternehmen am Kapitalmarkt erfüllen muss.

Jedes Unternehmen hat zusätzlich die Möglichkeit, freiwillige Maßnahmen zu ergreifen, die unterstützend für die Pflichtmaßnahmen wirken und der Öffentlichkeit eine größere Transparenz bieten sollen.

Unpersönliche Maßnahmen

Hierzu zählen Instrumente, die sich an den Großteil der Zielgruppen gleichzeitig richten, ohne eine Gruppe direkt anzusprechen. Während des Börsengangs gehören hierzu vor allem der Geschäftsbericht, die Finanz- und Imageanzeigen, TV-Imagefilm, das Factbook sowie die Pressemitteilungen, Ad hoc-Meldungen und die Internetseite des Unternehmens.

Bei einer großen Zahl von Privatinvestoren wäre der Einsatz persönlicher Kommunikationsinstrumente, wie Telefonkonferenzen oder persönliche Treffen auch schon im Vorfeld, schwer durchführbar und kaum finanzierbar.

Persönliche Maßnahmen

Vor allem die Ausgestaltung der persönlichen Maßnahmen kann das Unternehmen vor seinen Konkurrenten hervorheben und ihm so einen entscheidenden Vorsprung verschaffen.

Während des Börsengangs sind es Maßnahmen, wie Roadshows, Pressegespräche, Analysten- und Pressekonferenzen, die das Unternehmen in den Mittelpunkt des Interesses rücken lassen.

Literatur

Piwinger/Kirchhoff, Die Praxis der Investor Relations, 2. Aufl., Neuwied/Kriftel 2001.

Piwinger/Kirchhoff, Praxishandbuch Investor Relations, 1. Aufl., Wiesbaden 2005.

Wendling, Die Aktie als Marke. DIRK Forschungsreihe, Band 4., 1. Aufl., Wolfratshausen 2005.

Dr. Wieselhuber & Partner, Börseneinführung mit Erfolg, 2. Aufl., Wiesbaden 2001.

Erfolgsfaktoren des Emissionskonzepts

Stefan Henge und Eduard Kostadinov, Dresdner Kleinwort

Zusammenfassung

Die Entscheidung für einen IPO (Initial Public Offering)[1] und seine Durchführung ist ein bedeutender Meilenstein für die Weiterentwicklung eines Unternehmens. Denn diese Entscheidung stellt die Weichen, das Unternehmen einem breiten Anlegerkreis sowie der Öffentlichkeit zugänglich zu machen. Umso wichtiger ist es für den Emittenten, diesen Schritt gemeinsam mit den begleitenden Beratern und Banken langfristig zu planen und die Vielzahl der Strukturierungsparameter und Einflussfaktoren in ein maßgeschneidertes Konzept für den Börsengang zu übertragen. Ergebnis des Emissionskonzepts ist der erfolgreiche Börsengang; er verankert das Unternehmen langfristig am Kapitalmarkt.

Entsprechend kommt einem sorgfältig strukturierten und individuell auf das Unternehmen ausgerichteten Emissionskonzept eine signifikante Bedeutung im IPO-Prozess zu. Relevant ist die Gesamtheit der einzelnen Faktoren und Entscheidungen, die im Rahmen der Vorbereitung des Börsengangs erarbeitet und umgesetzt werden. Das schlüssige Gesamtkonzept beinhaltet folgende Einzelaspekte (s. folgende Abbildung).

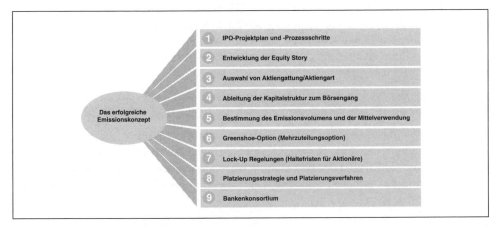

Abb. 1: Elemente des Emissionskonzepts

---

1 Erstmaliges öffentliches Anbieten von Aktien im Rahmen eines Börsengangs

Die Herausforderung bei der Erstellung des Emissionskonzepts ist es, die Besonderheiten und Alleinstellungsmerkmale des Emittenten in einem attraktiven Investment Case darzustellen. Nur dann wird der Börsengang das notwendige Interesse bei Investoren erzeugen und eine ausreichende Nachfrage generieren.

Während die Einzelkomponenten des Emissionskonzepts in diesem Beitrag separat beschrieben und erläutert werden, ist es unbedingte Voraussetzung, das Emissionskonzept in seiner Gesamtheit zu beurteilen. Die einzelnen Komponenten sind aufeinander abzustimmen und als „Gesamtpaket" zu schnüren. Darüber hinaus ist das Emissionskonzept während des Projektverlaufs regelmäßig zu hinterfragen, auf Aktualität zu prüfen und ggf. anzupassen.

Projektplan und Prozessschritte

Der erfolgreiche Börsengang setzt eine intensive Vorbereitung und Strukturierung der oben genannten Parameter voraus. Genauso wichtig ist es, den gesamten Prozess – von der Entscheidung zum Börsengang bis zur Erstnotiz – in einen Projektplan zu übertragen, der den zeitlichen Rahmen und die Meilensteine definiert. In seiner Gesamtheit ist der IPO-Prozess als große Managementaufgabe zu betrachten, und verlangt ein sensibles Zusammenspiel aller am Projekt beteiligten Parteien.

Während der Vorbereitung des Börsengangs ist das Unternehmen mit unterschiedlichen und neuen Themenkomplexen konfrontiert, für die das erforderliche Know-how intern oft nicht vorhanden ist. Die frühzeitige Einbindung der Banken zur Betreuung und Abarbeitung der diversen Themenkomplexe ist deshalb notwendig und sinnvoll. Die Bank kann mit ihrer Erfahrung den Emittenten auch bei der Auswahl der Wirtschaftsprüfer, Rechtsanwälte und des Kommunikationsberaters unterstützen.

Grundsätzlich lässt sich der gesamte IPO-Prozess in drei Hauptphasen unterteilen: die Pre-IPO-Phase, die IPO-Phase und die Zeit nach der Erstnotiz, die Post-IPO-Phase.

In der Pre-IPO-Phase geht es zunächst darum, die Grundsatzentscheidung für einen Börsengang zu treffen und die Börsenreife des Unternehmens zu prüfen. Gleichzeitig sollte das Unternehmen zu Beginn der IPO-Phase alle technischen und formellen Anforderungen erfüllen, damit der Börsengang gemeinsam mit den beteiligten Partnern und Beratern zügig umgesetzt werden kann.

Die Entscheidung für einen Börsengang muss vor dem Hintergrund der strategischen, finanziellen und insbesondere auch operativen Ziele des Unternehmens erfolgen. Ein Börsengang ist definitiv ein Mittel für die weitere Unternehmensentwicklung – und kein Selbstzweck. Gleichzeitig müssen die Ziele der Altgesellschafter eng in die Entscheidung für einen Börsengang einbezogen werden.

Projektplan und Prozessschritte

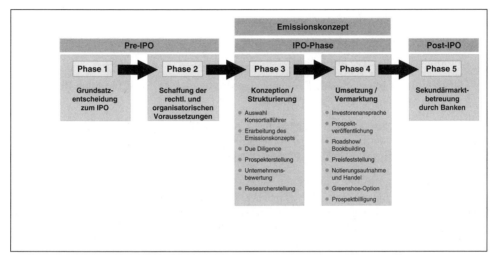

Abb. 2: Phasen des IPO-Prozesses

Ob und wie ein Börsengang mit den Zielen der Altaktionäre vereinbar ist, muss geprüft werden. Beispielsweise kann es Aktionäre geben, deren Beteiligung am Unternehmen eine strategische Bedeutung hat oder die durch ihre Anteile Zugriff auf bestimmtes Know-how sicherstellen wollen. Solche Aktionäre sind nicht unbedingt bereit, ihre Unternehmensanteile im Rahmen eines Börsengangs zu veräußern. Andererseits haben Finanzinvestoren in der Regel einen zeitlich begrenzten Anlagehorizont und streben nach der Begleitung des Unternehmens durch diverse Entwicklungsstufen den Ausstieg aus dem Unternehmen an.

Die Börsenreife des Unternehmens sondiert die beratende Bank anhand verschiedener Analysen. Sie prüft zum Beispiel das Geschäftsmodell des Unternehmens auf seine Kapitalmarktattraktivität durch eine detaillierte und kritische Analyse des Businessplans aus der Perspektive eines Kapitalmarktanlegers und nimmt ggf. entsprechende Anpassungen vor. Weiterhin folgen erste Überlegungen zur Unternehmensbewertung sowie eine Definition der relevanten Vergleichsunternehmen, die als Bewertungsmaßstab herangezogen werden können.

Zudem werden die relevanten Alleinstellungsmerkmale definiert, und es wird ein Chance-Risiko-Profil des Unternehmens erstellt. Ebenso sollten erste Überlegungen zur Kapitalstruktur beim Börsengang und zum möglichen Kapitalbedarf des Unternehmens angestellt werden.

In der Pre-IPO-Phase wird geprüft, ob das Unternehmen die rechtlichen und organisatorischen Voraussetzungen für den Börsengang erfüllt. Relevant sind u. a.:

- Finanz- und Managementsysteme
- Controlling

- gesellschaftsrechtliche Struktur
- steuerliche Aspekte
- Corporate Governance-Strukturen
- Umstellung auf internationale Rechnungslegungsstandards (IFRS) für einen Börsengang im Prime Standard oder General Standard

Sind die notwendigen Voraussetzungen noch nicht erfüllt – erfolgt z.B. die Rechnungslegung noch auf HGB-Basis oder besteht noch die gesellschaftsrechtliche Form einer GmbH & Co. KG – müssen sie in der Pre-IPO-Phase angepasst und umgesetzt werden.

Nach diesen Analysen und Vorarbeiten kann in der zweiten Kernphase – der IPO-Phase – der tatsächliche Börsengang vorbereitet werden. Erste und wichtigste Aufgabe dieser Phase ist die Entwicklung und Erarbeitung des integrierten Emissionskonzepts, auf dessen Basis der Börsengang umgesetzt wird. Die einzelnen Komponenten des Emissionskonzepts werden im Folgenden detailliert dargestellt.

Die IPO-Phase endet mit der Platzierung der Aktien bei den Anlegern im Rahmen eines geeigneten Platzierungsverfahrens. Institutionelle Investoren und Privatkunden zeichnen die Aktien und bekommen nach der Preisfestsetzung eine bestimmte Stückzahl zugeteilt. Mit der Erstnotiz der Aktie ist die eigentliche IPO-Phase abgeschlossen.

Eine Fußballweisheit lautet: „Nach dem Spiel ist vor dem Spiel". Ähnlich ist es an der Börse; denn nach dem Börsengang ist das Management weiterhin kontinuierlich gefordert. In der Post-IPO-Phase muss – abhängig vom gewählten Marktsegment – quartalsweise an den Kapitalmarkt kommuniziert werden. Investor Relations wird ein wichtiger, vorher nicht vorhandener Bestandteil der Unternehmensleitung und -kommunikation. Regelmäßige Roadshows dienen dem Management dazu, Kontakt mit den neuen und potenziellen Aktionären herzustellen und aufrecht zu erhalten, kapitalmarktrelevante Fragen zu beantworten sowie die sich weiter entwickelnde Equity Story bei Investoren zu positionieren.

Kontinuierliche Kommunikation mit Aktienanalysten ist ein anderer wichtiger Aspekt für die nachhaltige Entwicklung der Aktie. Denn Research Studien fördern das Interesse der Anleger in eine Aktie; erstellt werden sie auf Basis eines fortlaufenden Informationsflusses von Seiten des Management hinsichtlich des Geschäftsverlaufs. Generell gilt: je stärker das Anlegerinteresse für eine Aktie, desto höher ihre Liquidität und desto größer der potenzielle Investorenkreis und damit auch die Kursphantasie.

Der Zeitrahmen des gesamten IPO-Prozesses ist von Unternehmen zu Unternehmen verschieden; er hängt vor allem vom Status der internen Vorbereitungsmaßnahmen ab. Die Pre-IPO-Phase und IPO-Phase können insgesamt bis zu einem Jahr oder länger dauern. Die eigentliche IPO-Phase ist bei professioneller Durchführung in vier bis fünf Monaten realisierbar. Zusätzlich kann die Zeitplanung erheblich vom Umfeld des Kapitalmarkts beeinflusst werden. Nicht selten verschieben Emittenten, die schon kurz vor der Erstnotiz stehen, ihre Börsenpläne, um auf ein besseres Marktumfeld und einer höhere Aufnahmebereitschaft seitens der Investoren zu warten. Eine solche Entscheidung ist dann empfehlenswert, wenn die Platzierung gefährdet ist und die einmalige Chance eines erfolgreichen Börsenstarts vergeben werden könnte.

Entwicklung der Equity Story – Kernelemente und Anforderungen

Die Equity Story ist ein geläufiges und doch oft missverstandenes Konzept. Sie ist ein wesentlicher, wenn nicht der wichtigste Bestandteil des Emissionskonzepts. Die Equity Story eines Emittenten soll die Investoren dazu bringen, ihr Kapital in genau jene Aktie zu investieren, die der Emittent anbietet. Sie muss in verdichteter Form die Attraktivität des Geschäftsmodells und die Zukunftschancen des Unternehmens darstellen und die Abgrenzung gegenüber anderen börsennotierten Wettbewerbern aufzeigen.

Ziel bei der Entwicklung der Equity Story ist es, die Alleinstellungsmerkmale des Unternehmens herauszuarbeiten. Diese beziehen sich zum einen auf den Ist-Zustand; er ist als die Substanz des Unternehmens anzusehen und beinhaltet u.a.:

- Produkte und Dienstleistungen
- die aktuelle Positionierung in den relevanten Märkten
- Kunden und Lieferantenstruktur
- technologische Kompetenzen
- den operativen Track Record
- die Entwicklung der Finanzkennzahlen

Die Qualität des Managements ist ebenfalls ein wichtiger Bestandteil der Equity Story. Die Darstellung des Ist-Zustands muss es den Research-Analysten und Investoren ermöglichen, das bestehende Geschäftsmodell des Unternehmens mit seinem Chancen- und Risikoprofil zu verstehen.

Auf Basis der aktuellen Positionierung des Unternehmens ist als weiterer Kernbestandteil der Equity Story die künftige Unternehmensstrategie darzustellen und deren Umsetzungsetappen glaubhaft zu vermitteln. Die Zukunftsausrichtung ist in Verbindung mit dem Ist-Zustand auf Plausibilität und Realisierbarkeit zu analysieren. Die Research-Analysten und Investoren sollten ein fundiertes Verständnis bekommen können, welche Ergebnisse durch die erfolgreiche Umsetzung der Strategie zu erwarten sind, und wie man als Anleger in der Aktie daraus profitieren wird.

Eng verknüpft mit dem Thema Strategie ist auch die Verwendung des Emissionserlöses. Unternehmen sollten den Emissionserlös in ausreichendem Maß für die strategische Entwicklung verwenden, z.B. durch Investitionen in Forschung und Entwicklung oder Akquisitionen zur Stärkung der Marktposition. Der Emissionserlös sollte nicht ausschließlich der Umschuldung oder der Ablösung von Altaktionärsinteressen dienen. Die Transaktionsstruktur sollte insofern neben der Abgabe von Altaktionärsanteilen auch eine Kapitalerhöhung für die Gesellschaft beinhalten.

Emittenten sollten unbedingt darauf achten, die Equity Story und damit die Erstpositionierung des Unternehmens am Kapitalmarkt präzise und faktengerecht zu formulieren. Eine unklare oder gar unwahre Positionierung ist im Nachhinein nur mit großem kommunikativem Aufwand adjustierbar und führt in der Regel zu Vertrauensverlusten seitens der Anleger. Letztlich sollten die Aussagen der Equity Story von nachhaltiger Relevanz sein, um eine Neupositionierung binnen kurzer Börsenverweildauer zu vermeiden.

Auswahl der Aktiengattung/Aktienart

Ein weiterer Baustein des Emissionskonzepts ist die Auswahl der Aktiengattung. Der Emittent hat die Wahl zwischen Stamm- und Vorzugsaktien. Diese Entscheidung ist eng mit dem Thema Unternehmenskontrolle verbunden. Die Begebung von Vorzugsaktien bietet dem bisherigen Eigentümer den Vorteil, auch weiterhin die Kontrolle am Unternehmen zu behalten, da diese Aktien in der Regel über kein Stimmrecht verfügen. Als Ausgleich erhalten Vorzugsaktien eine gegenüber den Stammaktien höhere Dividende.

Aus Vermarktungsperspektive werden Investoren bei einem Börsengang auf der Basis von Vorzugsaktien das fehlende Stimmrecht in Frage stellen und einen deutlichen Bewertungsabschlag fordern. Die Erfahrung hat gezeigt, dass insbesondere angelsächsische Investoren sehr kritisch gegenüber der Vorzugsaktie eingestellt sind.

Bei der Aktienart besteht die Wahlmöglichkeit zwischen Inhaber- und Namensaktien. Die Mehrzahl deutscher börsennotierter Unternehmen verfügt über Inhaberaktien, wobei immer mehr Unternehmen auf die Namensaktie umsteigen. Ausschlaggebend hierfür sind die Vorteile, die Namensaktien für ein börsennotiertes Unternehmen bieten.

Namensaktien werden in einem elektronischen Aktienregister geführt. Zwar verursacht der einmalige Aufbau dieses Aktienregisters Kosten, bei mittelfristiger Betrachtung jedoch bringt die Namensaktie eine Reihe von Vorteilen gegenüber der Inhaberaktie. So sind aufgrund des Aktienregisters dem Unternehmen zu jedem Zeitpunkt die Daten der einzelnen Aktionäre bzw. Aktionärsvertreter bekannt. Auch die Einladungen zur Hauptversammlung können zentral versendet werden. Besonders interessant ist die Namensaktie aber im Hinblick auf die laufende Investor Relations-Tätigkeit des Emittenten, denn die Aktionäre oder auch einzelne Aktionärsgruppen können direkt mit personalisierten Mailings angesprochen werden. Fortlaufende Veränderungen der Aktionärsstruktur lassen sich überwachen und die Möglichkeit, feindliche Übernahmeversuche früher zu erkennen, steigt tendenziell.

Die Vorteile der Namensaktie, speziell für die Investor Relations-Arbeit, haben viele Emittenten in den vergangenen zwei Jahren erkannt. Von 33 Neuemissionen im Prime Standard seit Anfang 2004 haben sich 13 Unternehmen für die Namensaktie entschieden. Es ist davon auszugehen, dass sich dieser Trend fortsetzen wird.

Ableitung der Kapitalstruktur zum Börsengang

An die grundsätzliche Entscheidung für eine Aktienart und -gattung schließt sich unmittelbar die Überlegung zur technischen Strukturierung des Grundkapitals im Vorfeld des Börsengangs an. Der preisliche Rahmen für die Aktien des Unternehmens zum Börsengang muss abgesteckt werden, um einen marktüblichen Platzierungspreis zu erzielen. Für diese erste Indikation des späteren Aktienwerts sind zwei wesentliche Faktoren zu berücksichtigen: Zum einen ist eine indikative Unternehmensbewertung zu erstellen, und zum anderen ist die geplante Höhe der Kapitalerhöhung zu definieren.

Auf Basis der indikativen Unternehmensbewertung und der geplanten Kapitalerhöhung lässt sich eine erste indikative Marktkapitalisierung für das Unternehmen ermitteln. Dividiert man diese Größe durch den Zielemissionspreis, erhält man die Zahl der Aktien, die das Grundkapital des Unternehmens nach dem Börsengang darstellt. Beträgt beispielsweise die Marktkapitalisierung 100 Mio. € nach dem Börsengang und wird ein Zielemissionspreis von 20 € pro Aktie gewählt, dann stückelt das Unternehmen sein Grundkapital in 5.000.000 Aktien.

Bei der Evaluierung des Zielplatzierungspreises sollte darauf geachtet werden, dass die Aktie einerseits nicht zu „leicht" und bei einem möglichen Kursrückgang nicht zum Penny Stock wird. Andererseits sollte sie auch nicht zu „schwer" sein, sodass eine geringe Stückzahl Aktien scheinbar teuer bezahlt werden muss. Als Hilfestellung für die Festlegung des Zielkorridors können auch die Aktienkurse von Vergleichsunternehmen dienen, ohne dass hieraus eine bewertungsseitige Vergleichbarkeit der Aktien entsteht.

Die Stückelung des Kapitals in eine angemessene Zahl von Aktien ist ein Marketing Tool, das seine Berücksichtigung im Emissionskonzept finden muss.

Bestimmung des Emissionsvolumens und der Mittelverwendung

Die Bestimmung des richtigen Emissionsvolumens für den Börsengang ist eng mit den Themenbereichen Equity Story und Mittelverwendung sowie den Überlegungen zur Vermarktung der Aktie verknüpft. Für viele Emittenten ist auf den ersten Blick klar, wie hoch der gewünschte Mittelerlös aus dem Börsengang sein muss, um das Unternehmenswachstum weiter zu finanzieren. Neben dem Kapitalbedarf für Wachstumsfinanzierung muss der Blick jedoch auch auf den Verschuldungsgrad des Unternehmens nach dem Börsengang und die mögliche Dividendenfähigkeit des Emittenten unter Berücksichtigung der Equity Story gerichtet werden.

Bei einer gewünschten Abgabe von Aktien aus dem Bestand vorhandener Aktionäre ist gleichzeitig das richtige Verhältnis zwischen jungen Aktien aus einer Kapitalerhöhung und Altaktien zu bestimmen, ohne dass die Vermarktbarkeit der Emission negativ beeinflusst wird. Ebenso zu berücksichtigen sind die jeweiligen Beteiligungshöhen der Hauptgesellschafter des Unternehmens nach dem Börsengang. Das Emissionsvolumen determiniert den späteren Streubesitz und hat damit wiederum direkten Einfluss sowohl auf die Handelsliquidität der Aktie als auch auf mögliche Indexmitgliedschaften (z.B. DAX, MDAX, SDAX, TecDAX) des Unternehmens. Die verschiedenen Wechselwirkungen dieser Parameter gilt es bei der Bestimmung des Emissionsvolumens in Einklang zu bringen und im Emissionskonzept zu integrieren.

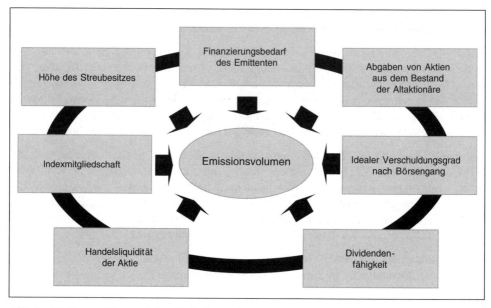

Abb 3: Einflussgrößen auf das Emissionsvolumen

In der Regel ist der wichtigste Baustein zur Ableitung des Emissionsvolumens der geplante Finanzierungsbedarf des Emittenten. Der Finanzierungsbedarf legt fest, wie viel Eigenkapital durch die Ausgabe neuer Aktien im Börsengang erlöst werden soll. Die Höhe dieser Kapitalerhöhung sollte an konkrete Investitions- und Finanzierungsvorhaben des Unternehmens gebunden sein, die nach dem Börsengang mit dem frischen Kapital umgesetzt werden. Aus Vermarktungssicht plausible Investitionsvorhaben sind:

- Finanzierung von organischem Wachstum, z.B. über Kapazitätsausbau
- Investition in neue Technologien
- Umsetzung einer Internationalisierungsstrategie
- Finanzierung von externem Wachstum, z.B. über Akquisitionen

Börsengänge, die typischerweise fast ausschließlich als Kapitalerhöhungen strukturiert werden, kommen z.B. im Bereich der Biotechnologiebranche vor.

Unabhängig davon, um welchen Finanzierungshintergrund es sich handelt, sollte die Höhe der Kapitalerhöhung auch dem tatsächlichen Finanzierungsbedarf der kommenden 18 bis 24 Monate entsprechen. Frisches Kapital bei Investoren einzusammeln, jedoch anschließend als überproportionalen Liquiditätsbestand im Unternehmen zu „parken", ist nicht ratsam. Investoren beobachten die Umsetzung der angekündigten Investitionsmaßnahmen sehr genau und werden gegebenenfalls die Equity Story des Unternehmens kritisch hinterfragen.

Neben den Aktien aus der Kapitalerhöhung bestimmen Aktien aus dem Bestand von Altgesellschaftern die weitere Höhe des Emissionsvolumens. In Deutschland verbindet man mit dem Verkauf von Aktien durch Altaktionäre schnell den Begriff „Kassemachen"; das kann einen Schatten auf die Vermarktung einer Emission werfen.

Richtig ist, dass auch institutionelle Investoren den Verkauf von Altaktionären kritisch sehen. Allerdings unterscheiden sie sehr wohl, wer der Verkäufer der Aktien ist. Vor diesem Hintergrund ist der Blick auf die jeweilige Motivation der abgebenden Aktionäre wichtig, um den Sachverhalt der Aktienabgabe in der späteren Vermarktung gegenüber Investoren und Medien angemessen zu kommunizieren. Zu unterscheiden ist beim Verkauf von Altaktien zwischen Aktien aus dem Managementkreis, Aktien aus Familienbesitz und Aktien aus dem Bestand eines Finanzinvestors. Im Hinblick auf die Kommunikation dieser Altaktionärsabgabe im Rahmen des Börsengangs muss deshalb deutlich differenziert werden.

Wenn das Management eines Unternehmens zu den Verkäufern zählt, kann dies möglicherweise als negatives Signal gewertet werden, denn gerade von diesem Personenkreis wird ein langfristiges Bekenntnis zum Unternehmen und seinem Wertsteigerungspotenzial erwartet. Dennoch ist ein Anteilsverkauf im Rahmen des Börsengangs möglich, sofern eine substanzielle Beteiligung am Unternehmen erhalten bleibt. Entscheidend ist, ein optimales Verhältnis zwischen Aktienabgabe und Aktienverbleib des Managements in die Emissionsstruktur zu integrieren.

Erklärungsbedarf kann ebenfalls entstehen, wenn es sich bei den Verkäufern um die Eigentümerfamilie eines bislang familiengeführten Unternehmens handelt. Hierbei spielen in der Regel Themen wie Vermögensdiversifikation und Unternehmensnachfolge eine Rolle. Ein weiter bestehendes Bekenntnis des Alteigentümers zum Unternehmen wird bei dieser Art von Verkauf dadurch ausgedrückt, dass eine Mehrheitsbeteiligung am Unternehmen auch nach dem Börsengang bestehen bleibt.

Für die dritte Möglichkeit, Veräußerung von Aktien aus dem Bestand von Finanzinvestoren, findet sich trotz der in jüngster Zeit in Deutschland geführten „Heuschreckendebatte" immer mehr Akzeptanz bei institutionellen Investoren und Privatanlegern. Für einen Finanzinvestor, der in ein Unternehmen investiert, dieses über einen längeren Zeitraum begleitet und weiterentwickelt, muss auch der Börsengang als Ausstiegsmöglichkeit zur Verfügung stehen. Während in anderen europäischen Ländern, insbesondere in Großbritannien, der Beteiligungsverkauf von Private Equity-Häusern bei Börsengängen als absolut legitim gilt und akzeptiert wird, gibt es in Deutschland jedes Mal aufs Neue eine Diskussion um diesen Sachverhalt. Erfolgreiche Börsengänge, wie der von Wincor Nixdorf (Ausstieg von KKR und Goldman Sachs), Premiere (Ausstieg u.a. von Permira) oder Interhyp (Ausstieg von

Earlybird) haben aber gezeigt, dass auch in Deutschland ein Bewusstseinswandel bei diesem Thema eingesetzt hat.

Die grundlegende Frage, wie hoch der prozentuale Anteil von Aktien aus dem Bestand der Altaktionäre am Emissionsvolumen sein darf, ist nicht pauschal zu beantworten. Jedoch zeigt die Erfahrung, dass die Preissensitivität der Investoren bei überproportional hoher Altbesitzabgabe in der Relation zur geplanten Kapitalerhöhung stark zunehmen kann und damit erschwerend auf die Vermarktung der Emission wirkt. Der Emittent muss sich dann auf der Roadshow möglicherweise auf eine Diskussion zum Thema Aktienverkauf durch Altaktionäre einstellen, anstatt sich auf die Vermittlung der eigentlichen Equity Story des Unternehmens konzentrieren zu können.

Damit dieses Risiko begrenzt bleibt, sollte eine Kapitalerhöhung in der Regel mindestens 30–40 Prozent des geplanten Emissionsvolumens ausmachen.

Datum	Emittent	Branche	Emissionsvolumen in Mio. EUR	Höhe der Kapitalerhöhung in %	Verkaufender Altaktionär
Mai 04	Wincor Nix.	IT-Hardware	363	28%	KKR, GS
Mrz 05	Premiere	Medien	1.179	29%	u.a. Permira
Mrz 05	Conergy	Solarenergie	243	29%	u.a. Grazia Equity
Jun 05	MTU	Engineering	749	42%	KKR
Sep 05	Interhyp	Finanzdienstl.	103	28%	Earlybird
Sep 05	ErSol	Solarenergie	135	81%	Ventizz Capital
Okt 05	Q-Cells	Solarenergie	313	80%	APAX Partners
Okt 05	HCI Capital	Finanzdienstl.	278	29%	Privatbesitz
Nov 05	Thielert	Engineering	142	45%	u.a. Camberwell
Nov 05	Praktiker	Retail	435	18%	Metro
Mrz 06	Patrizia Immobilien	Real Estate	458	32%	u.a. First Capital Partners
Apr 06	Wacker Chemie	Chemie	1.200	30%	Elephant Holding, Morgan Stanley
Mai 06	CAT oil	Öl & Gas	293	41%	CAT Holding
Mai 06	Air Berlin	Airline	443	53%	u.a. Ringerike GmbH, H.J.Knieps
Jun 06	Demag Cranes	Maschinenbau	265	0%	DCC Lux. Gottwald Lux.

Abb. 4: Börsengänge 2004 bis 2006

Mit der Festlegung des Finanzierungsvolumens und der Höhe der Abgabe durch Altaktionäre sind die beiden grundsätzlichen Pfeiler für das Emissionsvolumen definiert. Für ein „Finetuning" der Kapitalerhöhung ist der Blick auf die Punkte Verschuldungsgrad nach dem Börsengang und die künftige Dividendenfähigkeit zu richten.

Bei Wachstumsunternehmen entfällt zumeist diese Diskussion aufgrund mangelnder Verschuldung. Bei Unternehmen aus dem Bereich der „Old Economy" oder bei Börsenkandidaten, die über hohe und gleichmäßige Cashflows verfügen, z.B. Unternehmen aus dem Portfolio von Private Equity Investoren, spielt diese Diskussion jedoch eine wichtige Rolle. Der richtige bzw. akzeptable Verschuldungsgrad nach dem Börsengang ist ein entscheidender Faktor für das Ausmaß der Kapitalerhöhung. Dabei sollten die Mittel aus der Kapitalerhöhung nicht ausschließlich oder hauptsächlich zur Schuldenreduzierung verwendet werden. Ein Benchmarking mit börsennotierten Wettbewerbern und anderen Börsengängen der jüngeren Vergangenheit ist hierbei hilfreich, um den Zielverschuldungsgrad bzw. den von Investoren maximal akzeptierten Verschuldungsgrad nach dem Börsengang zu definieren und die Kapitalerhöhung entsprechend zu adjustieren.

Ist die Ausschüttung einer attraktiven Dividende ein wesentlicher Eckpfeiler der Equity Story, so kann über das Ausmaß der Kapitalerhöhung die notwendige finanzielle Flexibilität geschaffen werden. Dies gelingt durch Reduzierung der Zinsbelastung bei verringerter Verschuldung nach dem Börsengang. Hierdurch entsteht der notwendige Spielraum für eine Dividendenzahlung aus dem Cashflow des Unternehmens. Die Dividende aus der Kapitalerhöhung zu zahlen, empfiehlt sich jedoch nicht, da Investoren lediglich ihr investiertes Kapital zurückerhalten würden.

Mit Blick auf die Attraktivität einer Aktie aus Investorensicht ist den Punkten „absolute Größe des Streubesitz", „Handelsliquidität der Aktie" und „Indexmitgliedschaft" ebenfalls Aufmerksamkeit zu widmen. Sie sollten in die Überlegungen zur Höhe des Emissionsvolumens einbezogen werden.

Die relative Höhe des Streubesitzes bei einer Notierung im Amtlichen Handel sollte zur Sicherstellung einer ausreichenden Streuung der Aktien mindestens 25 Prozent erreichen,[2] wobei sich Investoren aber in erster Linie an der absoluten Größe des Free Floats orientieren. Dabei gilt: Je höher das Emissionsvolumen und damit der Streubesitz, desto breiter wird das Investoreninteresse an einer Aktie. So wird man aktuell schon ab einem Emissionsvolumen von ca. 100 Mio. € in der Lage sein, die führenden Small Cap-Investoren in Europa auf die Emission anzusprechen. Unterhalb dieser Grenze sind viele Investoren aus Liquiditätsgründen nicht bereit, in eine Aktie zu investieren. Mangelnde Handelsliquidität lässt den zügigen Auf- und Abbau größerer Positionen nicht zu, auf den insbesondere institutionelle Investoren großen Wert legen.

Im Hinblick auf die mögliche Indexmitgliedschaft eines Börsenkandidaten ist anzumerken, dass nur die wenigsten Investoren in ihren Portfolios Indizes direkt abbilden. Dennoch führt die Nachricht, dass ein Unternehmen in einen Index aufgenommen wird, immer wieder zu Kursteigerungen. Gründe hierfür sind die erhöhte Visibilität eines Unternehmens, die steigende Aufmerksamkeit bei Investoren und Analysten sowie die Tatsache, dass Investmentfonds teilweise Indizes abbilden müssen. Dies gilt in Deutschland insbesondere für die DAX-Indexfamilie, aber auch für internationale Branchenindizes. Die Erhöhung des Emissionsvolumens über das ursprünglich anvisierte Volumen hinaus kann dementsprechend durchaus Sinn machen, um das Unternehmen schon beim nächsten, auf den Börsengang folgenden Termin für eine Indexaufnahme richtig zu positionieren.

---

2   Vgl. BZVL

Die Greenshoe-Option (Mehrzuteilungsoption)

Die ersten Handelstage einer Neuemission sind generell von hohen Handelsvolumina geprägt. Die Kapitalmärkte benötigen einige Zeit, bis sich ein stabiles Gleichgewicht aus Angebot und Nachfrage für Neuemissionen einstellt.

In dieser Zeit sind aus verschiedenen Gründen große Angebots- und Nachfrageunterschiede möglich, die das Risiko extremer Kursschwankungen bergen. Um die Neuemission vor hohen Kursschwankungen zu schützen, kann der Konsortialführer als Kursstabilisator eingreifen. Die Greenshoe-Option, erstmals angewandt beim Börsengang der Greenshoe Manufacturing Corporation im Jahr 1963, ist das wichtigste Stabilisierungsinstrument des Konsortialführers in der Nachemissionsphase.

Das Vorgehen ist in zwei Phasen zu unterteilen. Im Zuge der Emission lässt sich der Konsortialführer von einem Altaktionär in Form einer Aktienleihe eine weitere Tranche von Aktien zur Verfügung stellen. Diese Tranche wird dazu verwendet, Mehrzuteilungen vorzunehmen, d.h. es wird eine höhere Anzahl an Aktien bei Investoren platziert, als es dem Basis-Emissionsvolumen, bestehend aus Kapitalerhöhung und Aktienverkauf von Altaktionären, entspräche. Diese Tranche heißt „Mehrzuteilungsoption" und entspricht üblicherweise bis zu 15 Prozent des geplanten Basis-Emissionsvolumens. Zweck der Mehrzuteilungsoption ist es, der Emissionsbank einen Leerverkauf in der Aktie zu ermöglichen, die gegebenenfalls durch Käufe in der Aktie nach Handelsstart eingedeckt wird. Denn sofern im Nachgang der Emission eine negative Kursentwicklung erkennbar ist, kann der Konsortialführer nun im offenen Kapitalmarkt Aktien kaufen und dadurch den Kurs stützen. Die Aktienleihe vom Altaktionär kann dann aus den erworbenen Aktien, die am Ende der Stabilisierungsperiode im Bestand des Konsortialführer enthalten sind, zurückgeführt werden.

Sollte der Aktienkurs in der Nachemissionsphase steigen, sind Stabilisierungskäufe überflüssig. In diesem Fall besitzt der Konsortialführer keine Aktien, um seine Aktienleihe zurückzuführen. Theoretisch müsste die Bank am Markt Aktien erwerben, die mittlerweile über dem Platzierungspreis gehandelt werden. Zusätzliche Zukäufe seitens der Bank würden weiter Nachfrage erzeugen und insofern den Erwerb der Aktien durch die Bank noch teurer machen – ein erhebliches finanzielles Risiko für den Konsortialführer.

Das hier beschriebene Problem wird durch die Greenshoe-Option gelöst. Die Option erlaubt dem Konsortialführer, bis ans Ende der Stabilisierungsperiode Aktien bis zum Gesamtumfang der im Vorfeld definierten Aktienleihe zum Platzierungspreis zu erwerben, um die gewährte Aktienleihe zurückführen zu können.

Die zeitliche Frist der Ausübung des Greenshoes liegt bei maximal 30 Tagen nach Notierungsaufnahme. Wurde früher mit der Verkündung der Greenshoe-Ausübung bis zum Ablauf der 30-Tage Frist gewartet, so wird heute die Ausübung bereits nach zwei bis drei Tagen kommuniziert, um ein positives Signal an den Kapitalmarkt zu senden.

Bei der Strukturierung der Greenshoe-Option ist im Vorfeld zu klären, ob diese aus dem Aktienbestand eines Altaktionärs gewährt oder durch die Gesellschaft in Form einer weiteren Kapitalerhöhung gestellt wird. Der Konsortialführer würde bei einer Kursentwicklung oberhalb des Platzierungspreises die Greenshoe-Option ausüben und entweder Aktien vom Altaktionär erwerben oder die Gesellschaft auffordern, eine zweite Kapitalerhöhung durchzuführen. Im Fall einer solchen Kapitalerhöhung müssten auch diese neu entstandenen Aktien ebenfalls zum festgesetzten Emissionspreis zum Börsenhandel zugelassen werden.

Zum Thema Greenshoe ist abschließend anzumerken, dass diese Form der Kursbeeinflussung der Stabilisierung des Aktienkurses einer Neuemission dient. Stabilisierungsmaßnahmen dürfen nur dann durchgeführt werden, wenn der Aktienkurs unter den Emissionskurs fällt. Die genauen Regelungen zu Stabilisierungstätigkeiten im Rahmen von Aktienemissionen sind in der Marktmissbrauchsrichtlinie geregelt. Hier wurde ein so genannter „Safe Harbour" geschaffen, der die Kursstabilisierung im Rahmen von Aktienemissionen ausdrücklich erlaubt. Gleichzeitig werden der stabilisierenden Bank strikte Dokumentationspflichten für solche Maßnahmen auferlegt.

Lockup-Regelungen (Haltefristen für Altaktionäre)

Die Kapitalanlage in eine Neuemission ist einem Vertrauensvotum in das emittierende Unternehmen und sein Management gleichzusetzen. Insofern ist die Signalwirkung durch ausscheidende Altaktionäre an den Kapitalmarkt nicht zu unterschätzen. Aufgrund einer Informationsasymmetrie zwischen Alt- und Neuaktionären kann bei einer hohen Altaktionärsabgabe im Zuge des Börsengangs durchaus die Frage auftreten, ob die Altaktionäre im Besitz von Informationen sind, die Neuaktionäre nicht erhalten haben und möglicherweise auf eine negative Kursentwicklung schließen lassen. Für die Vermarktung der Aktie sind solche Diskussionen nicht zielführend; um sie zu vermeiden, sollten die Altaktionäre einen signifikanten Anteil am Unternehmen behalten. Altaktionäre weiter ans Unternehmen zu binden, ist auch deshalb sinnvoll, weil dem Unternehmen nach dem Börsengang ihre Erfahrung und ihr Know-how erhalten bleibt.

Verpflichtet sich ein Altaktionär, seine Anteile über einen definierten Zeitraum nicht zu verkaufen, bezeichnet man das als „Lockup-Agreement". Die übliche Gültigkeit einer solchen Vereinbarung liegt bei sechs bis zwölf Monaten. Ähnlich wie die Greenshoe-Option trägt auch das Lockup-Agreement zur Kursstabilisierung bei. Jedoch hat das Lockup-Agreement eine nachhaltigere Wirkung: Die Zahl der angebotenen Aktien ist durch den Ausschluss des Lockup-Anteils reduziert, was die Wahrscheinlichkeit negativer Kursentwicklungen durch Angebotsüberschuss einschränkt (negativer Kursschutz). Positiver Kursschutz wird durch das Verbot außerbörslichen Handels ausgeübt, da die Nachfrage in den börslichen Handel eingebracht wird und die Gesamtnachfrage erhöht.

Das Lockup-Agreement wird zwischen dem Konsortialführer und den Altaktionären sowie dem Management vereinbart. Grundsätzlich ist zwischen Hard und Soft Lock-Up zu unterscheiden. Ein Hard Lock-Up ist eine nicht aufhebbare Vereinbarung, während unter einer Soft Lock-Up Vereinbarung Altaktionäre und Management in der Lage sind, nach Zustimmung des Konsortialführers ihre Aktienanteile vor Ablauf der Halteperiode am Markt zu platzieren. Die exakte Vereinbarung ist im Wertpapierprospekt darzustellen, sodass sich der Kapitalmarkt auf eventuelle Aktienverkäufe einstellen kann.

Ein jüngstes Beispiel für die vorzeitige Aufhebung eines Soft Lock-Up ist die Emission des Solarunternehmens Q-Cells. Mit Einwilligung der Emissionsbanken wurde dem Altaktionär APAX-Partners sowie zwei weiteren Aktionären die Abgabe von Aktien innerhalb der Soft Lock-up-Periode gewährt. In diesem Rahmen wurde ein größeres Aktienpaket bei institutionellen Investoren platziert. Die Zustimmung zum Verkauf erfolgte nach gründlicher Abwägung, ob der Markt dies als negatives Signal werten würde. Die hohe Nachfrage nach den Aktien in der Platzierung und die fortgesetzt positive Kursentwicklung im Nachgang dazu belegen eindeutig, dass dies nicht der Fall war.

Oftmals wird vom Management eine längere Halteperiode ohne Aufhebungsoption verlangt, als dies bei Altaktionären der Fall ist. Begründet wird dies dadurch, dass dem Management für den nachhaltigen Unternehmenserfolg eine bedeutende Rolle zukommt. Während die Länge der Halteperiode letztlich ein Verhandlungsthema unter den Vertragsparteien ist, empfehlen wir aus Vermarktungssicht eine Halteperiode von sechs Monaten für Altaktionäre und zwölf Monaten für das Management.

Platzierungsstrategie und Platzierungsverfahren (Vermarktung)

Zu den Eckpunkten einer Vermarktungs- und Platzierungsstrategie gehören die Auswahl des geeigneten Platzierungsverfahrens, erste Überlegungen zur Art der anzusprechenden Investoren, die regionale Verteilung der Nachfrage für die Aktie sowie die Grundsatzentscheidung, wie die Aktienzuteilung und Aktionärsstruktur des Emittenten nach dem Börsengang im Bezug auf institutionelle Investoren und Privatanleger aussehen soll. Darüber hinaus ist zu überlegen, welche Bank die Rolle des Konsortialführers und damit die Hauptverantwortung bei der Vermarktung übernehmen soll, und wie viele weitere Konsortialbanken zusätzlich die Aktienplatzierung begleiten sollen.

Ziel einer Vermarktungs- und Platzierungsstrategie ist es, einen qualitativ hochwertigen Gesamtnachfragemix für die Aktie des Emittenten zu erzeugen und ihm gleichzeitig den höchstmöglichen Emissionserlös zu sichern. Dies kann insbesondere dadurch geschehen, dass ein Spannungsbogen bei den verschiedenen Investorengruppen aufgebaut wird, der zum Ende der Vermarktungsphase hin das maximale Nachfragemomentum für die Aktie herstellt. Bei Privatanlegern wird dieser Spannungsbogen über einen Zeitraum von mehreren Wochen aufgebaut, die institutionelle Vermarktung erfolgt wesentlich fokussierter innerhalb von ca. drei bis vier Wochen:

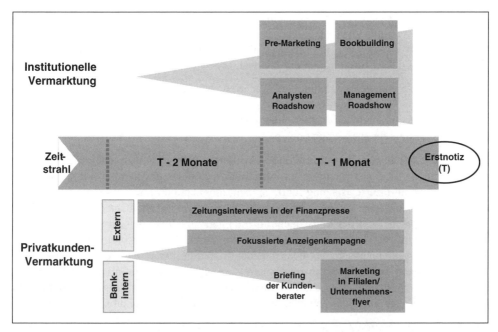

Abb. 5: *Vermarktung der Emission bei verschiedenen Investorengruppen*

Platzierungsverfahren

In der Praxis hat sich in den vergangenen Jahren das so genannte „Bookbuilding-Verfahren" als das am meisten angewandte Vermarktungs- und Platzierungsverfahren etabliert. Hierbei besteht der Vermarktungsprozess aus zwei aufeinander folgenden Phasen Investorenansprache und Bookbuilding. Auf Basis der von den Konsortialbanken erstellten Research-Studien zum Emittenten werden in der ca. zweiwöchigen Investorenansprache von den Aktienanalysten Gespräche mit Investoren geführt. Sie dienen dazu, die Equity Story bei Investoren zu positionieren und deren Preissensitivität zu ermitteln. Am Ende der Investorenansprache steht eine Preisspanne fest, innerhalb derer in der dann folgenden Bookbuilding-Phase Zeichnungen abgegeben werden können. Sobald die Preisspanne bekannt gegeben und das Orderbuch geöffnet ist, startet zusätzlich eine ein- bis zweiwöchige Roadshow, bei der das Management des Emittenten den wichtigsten institutionellen Investoren den Investment Case darstellt. Ziel ist es, den Investor als neuen Aktionär zu gewinnen.

Das in jüngster Zeit alternativ angewandte so genannte „Accelerated Bookbuilding-Verfahren" ist eine abgewandelte Form des traditionellen Bookbuilding. Wichtigster Unterschied ist, dass das Management des Emittenten in den Preisfindungsprozess zur Preisspanne eingebunden wird und über die eigene Vermarktungsleistung vor Festlegung der

Preisspanne stärker darauf Einfluss nehmen kann. So beginnt die Roadshow schon nach einer kurzen Investorenansprache, ohne dass den Investoren eine Preisspanne bekannt ist. Diese wird erst einige Tage nach Beginn der Roadshow festgesetzt. Die anschließende Zeichnungsfrist dauert in der Regel drei bis vier Tage.

Wesentlicher Unterschied zwischen beiden Verfahren ist die Länge des Zeitraums, in dem eine festgesetzte Preisspanne dem Marktrisiko ausgesetzt ist. Gleichzeitig kann das Management des Emittenten selbst über einen überzeugenden Auftritt bei Investoren Einfluss auf die Diskussion zur Preisspanne nehmen.

In der Praxis zeichnet sich ab, dass dieses Verfahren wenig Einfluss auf das Nachfrageverhalten institutioneller Investoren hat. Eine Analyse, ob das Accelerated Bookbuilding zu einer attraktiveren Preisfestsetzung führt, ist nicht möglich, da immer nur ein Verfahren bei einem Börsengang angewendet wird. Die Frage ist jedoch, ob nicht eine ausgedehnte Investorenansprache, bei der konsequent auf qualitativ hochwertiges Investoren-Feedback Wert gelegt wird, ein besseres Bild der Preissensitivität der Investoren wiedergibt. Eine ausführliche Investorenansprache dient der Identifizierung der interessiertesten Investoren mit dem richtigen Verständnis des Investment Case. Diese Information ist wichtig, um das Management während des Bookbuilding auch tatsächlich zu den richtigen Investoren führen zu können und einen nachhaltigen institutionellen Aktionärskreis aufzubauen.

Aus der Sicht des Emittenten und der Privatkunden stellt sich durchaus die Frage, ob nicht im Falle von Emissionen, die keine Selbstläufer sind, eine Angebotsfrist von nur drei Tagen für die breite Ansprache von Privatanlegern genügt – obgleich die bisherigen Börsengänge im Accelerated Bookbuilding-Verfahren eine hohe Privatkundennachfrage verzeichneten.

Die Länge der Angebotsphase kann damit darüber entscheiden, welchen Nachfragemix, aufgeteilt nach institutionellen Investoren und Privatanlegern, das Unternehmen bzw. abgebende Altaktionäre in der Zeichnungsfrist erzielen können bzw. möchten. Diese Frage sollte unter Kenntnis der langfristigen Bedeutung beider Investorengruppen jedoch vor die Wahl des Platzierungsverfahrens gestellt werden.

Institutionelle Investoren

Institutionelle Investoren sind in der Vermarktung einer Neuemission der wichtigste Adressatenkreis. Mindestens 70 bis 80 Prozent der Emission sollten nach Abschluss der Zuteilung bei institutionellen Investoren liegen. Bei kleinen Emissionen kann dieser Anteil sogar noch deutlich höher liegen, um eine ausreichende Zahl Aktien an institutionelle Investoren zuteilen zu können. Institutionelle Investoren werden die neuen Kernaktionäre des Unternehmens und begleiten es langfristig mit dem Börsengang, aber auch bei weiteren Kapitalmaßnahmen am Kapitalmarkt. Entsprechend wichtig ist es, dass der Konsortialführer die qualitativ hochwertigen Investoren mit langfristigem Interesse am Unternehmen während des Vermarktungsprozesses identifiziert und ihnen Aktien entsprechend zuteilt.

Wichtige Kriterien für die Investorenauswahl sind u. a.:

- eine intensive Beschäftigung mit dem Investment Case des Unternehmens im Rahmen der Investorenansprache
- nachgewiesenes Branchen Know-how
- das Anlageverhalten des Investors in vergangenen Emissionen durch den Konsortialführer
- ein dauerhaftes Interesse am Unternehmen

Bei der Investorenauswahl empfiehlt es sich, besonderes Augenmerk auf die Investorenklasse der Hedge Fonds zu richten. Vielfach verfolgen Hedge Fonds bei Börsengängen eine kurzfristige Anlagestrategie. Andererseits hat sich gezeigt, dass innerhalb dieser Investorengruppe auch eine Reihe der Top-Investoren bei europäischen Börsengängen zu finden sind, die einen langfristigen Investmentansatz verfolgen. Auf den Roadshows ergeben sich oft sehr detaillierte und kritische Diskussionen zur Equity Story mit Fondsmanagern von Hedge Fonds, auf die dann auch die größten Zeichnungen des Orderbuchs folgen. Insofern ist hier eine genaue Differenzierung angebracht.

Im Hinblick auf die regionale Fokussierung der Aktienvermarktung bei institutionellen Investoren sollten innerhalb von Europa auf jeden Fall Großbritannien und Deutschland, als die beiden wichtigsten Länder, adressiert werden. Insbesondere in London befinden sich die führenden Branchen- und Länderspezialisten. Ein deutscher Emittent sollte den Vermarktungsschwerpunkt bei deutschen Investoren setzen, da hier die „natürliche Aktionärsbasis" liegt, d.h. sämtliche deutsche Portfolios können in den Wert investieren. Weitere wichtige Länder in der institutionellen Vermarktung sind:

- Benelux-Staaten
- Frankreich
- Italien
- Schweiz
- Skandinavien
- Spanien

In Abhängigkeit des jeweiligen Investorenfeedbacks aus der Investorenansprache sollte die Roadshow zu den wichtigsten Investoren in diesen Ländern führen.

Frühzeitig im Vorbereitungsprozess der Emission ist zu entscheiden, ob institutionelle Investoren in den USA durch die Platzierung angesprochen werden sollen, um zusätzliche Nachfrage für den Börsengang zu generieren.

Diese Ansprache von US-Investoren kann in der Regel auf Basis erleichterter Zugangsvoraussetzungen zum US-Markt, der so genannten „Rule 144A" im Rahmen einer Privatplatzierung bei ausgewählten institutionellen Investoren, den Qualified Institutional Buyers („QiBs"), erfolgen. Dabei kann mit geringfügigen Änderungen der deutsche Wertpapierprospekt in den USA verwendet werden. Der möglichen zusätzlichen Nachfrage stehen die erhöhten Kosten durch die Einbindung von US-Rechtsanwälten sowie die zusätzliche Belastung des Managements durch eine Roadshow gegenüber. Grundsätzlich ist aus ökonomischer Sicht erst ab einem Emissionsvolumen oberhalb der 200 Mio. €-Grenze eine Platzierung nach Rule 144A in den USA interessant und ratsam.

Eine Rule 144A-Platzierung kann jedoch dann bei kleineren Emissionen sinnvoll sein, wenn zu erwarten ist, dass sich die Kerninvestoren für eine Aktie in den USA befinden, so wie das klassischerweise bei Biotech-Unternehmen der Fall ist. Im anders gelagerten Fall des Flugzeugmotorenherstellers Thielert sprach beispielsweise die hohe Visibilität und die Ausrichtung des Geschäftsmodells auf den US-Markt für eine Platzierung bei amerikanischen Investoren.

Datum	Unternehmen	Emissionsvolumen in Mio.	144A Platzierung
Feb 05	Paion	46	✓
Mrz 05	Premiere	1.179	✓
Jun 05	MTU Aero Engines	749	✓
Okt 05	Q-Cells	313	✓
Nov 05	Praktiker	435	✓
Nov 05	Thielert	142	✓
Mrz 06	Patrizia Immobilien	458	✓
Apr 06	Wacker Chemie	1.200	✓
Mai 06	CAT oil	293	✓
Mai 06	Air Berlin	443	✓
Jun 06	Demag Cranes	265	✓
Jun 06	Kloeckner	296	✓

Abb. 6: Platzierung von Aktienemissionen auf dem US-Markt

Die Entscheidung zu einem so genannten „Dual Listing", also einer Zweitnotierung in den USA, ist nur vor dem Hintergrund weitergehender strategischer Überlegungen, z.B. Akquisitionen, sinnvoll. Neben dem teuren und aufwändigen Registrierungsprozess für die Aktien in den USA hat die Vergangenheit gezeigt, dass schon kurz nach der Emission die Handelsliquidität in den USA „austrocknet" und sich der Handel auf den liquideren europäischen Markt konzentriert. Der langfristige Mehrwert eines US-Listings, nämlich die direkte Ansprache von US-Investoren, wird auch durch eine Privatplatzierung nach Rule 144A erreicht.

Privatinvestoren

Neben der institutionellen Nachfrage kommt bei deutschen Emissionen der Nachfrage von Privatanlegern (Retail) eine wichtige Rolle zu. Zwar waren Privatanleger nach den schwierigen Börsenjahren 2002 bis 2004 nur langsam wieder für Neuemissionen zu gewinnen, doch ist mit steigenden Aktienkursen das Anlegervertrauen auch bei Neuemissionen zurückgekehrt. Heute ist die Nachfrage von Retailanlegern wieder ein wichtiger Bestandteil der Gesamtnachfrage bei Börsengängen. So konnten bei den deutschen Börsengängen im Jahr 2005 aufgrund der hohen Nachfrage Retailzuteilungen in Höhe von 15–20 Prozent der Emission erreicht werden.

Aus Sicht des Emittenten bringt eine hohe Nachfrage von Privatanlegern den Vorteil mit sich, dass zusätzliche frühzeitige Nachfrage einer weiteren Anlegerklasse in das Orderbuch kommt. Es entsteht zusätzliche „Nachfragespannung", welche für den schnellen Aufbau von Momentum für die Emission und für die zielgerichtete Kommunikation im Rahmen des Bookbuildings genutzt werden kann. Die in der Regel geringere Preissensitivität von Privatanlegern kann gleichzeitig ein gesundes Gegengewicht bei der Diskussion zur Preisfestsetzung gegenüber institutionellen Investoren bilden, um mögliche Versuche institutioneller Investoren, den Emissionspreis zu drücken, zu vermeiden.

Ebenso wie bei institutionellen Investoren muss auch bei Privatanlegern Interesse für eine Emission geweckt werden. Dies geschieht am besten über eine zielgruppenfokussierte Marketingkampagne. Schon ca. zwei Monate vor Beginn der Zeichnungsfrist wird der Unternehmensname in den entsprechenden Medien positioniert. Neben klassischer Werbung sind Managementinterviews und Namensartikel die geeigneten Instrumente dazu. Je näher die Angebotsphase rückt, desto stärker sollte die Präsenz in den Medien und die Kommunikation von Details zum Börsengang sein. Mit Beginn der Zeichnungsfrist sollte die Vermarktungskampagne das maximale Momentum erreicht haben.

Zu diesem Zeitpunkt muss der Retailvertrieb der Konsortialbanken umfassend zur Emission informiert sein, um die Privatkunden aktiv auf eine Zeichnung der Aktie anzusprechen. Interessierte Anleger werden mit einer faktenbasierten Broschüre bedient, zudem versuchen Anlageberater, ihre Kunden durch Direktansprache von einer Zeichnung zu überzeugen.

Bankenkonsortium

Der hier beschriebene Vermarktungs- und Platzierungsprozess verdeutlicht, welche Bedeutung der Auswahl des Konsortialführers und der Zusammenstellung des weiteren Konsortiums für den Erfolg einer Emission zukommt. Die wichtigste Rolle innerhalb eines Konsortiums hat naturgemäß der Konsortialführer. Er leistet die Hauptarbeit bei der Vorbereitung, Strukturierung und Umsetzung des Börsengangs.

Die wichtigsten Entscheidungskriterien für die Auswahl des Konsortialführers sind sein Verständnis der Equity Story sowie die angestrebte Positionierung des Unternehmens bei Investoren. Außerdem qualifiziert sich der Konsortialführer durch:

- langjährige Erfahrung im Aktienemissionsgeschäft
- nachgewiesenen Zugang zu führenden internationalen institutionellen Investoren
- breiten Zugang zu Privatanlegern
- erstklassigen Aktienresearch
- erfahrene Handelsabteilung für die Betreuung der Aktie nach dem Börsengang

Die Größe eines Konsortiums ist in erster Linie von der Höhe des Emissionsvolumens abhängig. Für die Auswahl der weiteren Konsortialbanken, die als Co-Lead oder Co-Manager bezeichnet werden, gelten die gleichen Auswahlkriterien wie für den Konsortialführer. Ihr Aufgabenschwerpunkt liegt in erster Linie auf der Erstellung von weiterem Aktienresearch und der Generierung von zusätzlicher Nachfrage während der Angebotsphase.

Neuemissionen werden vermehrt mit so genannten „Joint Lead-Strukturen" an den Markt gebracht. Das heißt, zwei Konsortialführer begleiten den Börsengang des Unternehmens in führender Position und teilen sich die Hauptarbeit der Strukturierung und Durchführung des Börsengangs. Die Durchführung eines Börsengangs ist jedoch nur bei Emissionsvolumina von mehr als ca. 200 Mio. € sinnvoll. Bei der Auswahl von zwei Führungsbanken sollte beachtet werden, dass diese über komplementäre Stärken verfügen und sich z.B. bei der Platzierungskraft regional oder hinsichtlich des Zugangs zu institutionellen bzw. zu privaten Anlegern ergänzen.

Nicht zu unterschätzen aus Emittentensicht ist jedoch, dass durch die Einbindung einer weiteren Führungsbank die Projektkommunikation sowie die Abstimmungsprozesse deutlich an Komplexität gewinnen können und somit das Management des Emittenten eine stringente Projektsteuerung betreiben muss.

Fazit

Ziel dieses Beitrags im Praxishandbuch Börsengang ist es, die Komplexität der Entwicklung eines schlüssigen und nachhaltigen Emissionskonzepte als Grundlage jedes Börsengangs zu vermitteln. Entscheidend bei der Entwicklung eines erfolgreichen Emissionskonzepts ist:

- die individuellen Parameter und Einflussgrößen des Emissionskonzepts zu identifizieren und frühzeitig aufeinander abzustimmen
- das Emissionskonzept als Arbeitsgrundlage durch den gesamten IPO-Prozess zu verwenden

- das Emissionskonzept im Transaktionsprozess fortlaufend auf den Prüfstand zu stellen und an neue, sich während der Vorbereitung auftretende Fakten und Umstände, wie bedeutende Erkenntnisse aus der Due Diligence oder ein sich verschlechterndes Marktumfeld, flexibel anzupassen
- die langfristige Positionierung und Etablierung des Börsenneulings am Kapitalmarkt zu sichern

Nachhaltig verankert am Kapitalmarkt ist das Unternehmen letztlich erst, wenn es gelingt, den Aktienmarkt und die Investoren auch für ergänzende Finanzierungsmaßnahmen zu nutzen und weiteres, frisches Kapital aufzunehmen.

Wahl des geeigneten Börsensegments

Rainer Riess und Dr. Martin Steinbach, Deutsche Börse AG

Zusammenfassung

Nach wie vor ist der Kapitalmarkt eine der wichtigsten Finanzierungsquellen für Unternehmen. Ob der Sprung an die Börse gelingt, hängt von mehreren Faktoren ab: von der Attraktivität des Geschäftsmodells und von der Unternehmensstrategie, von den Wachstumsperspektiven und von der Preisvorstellung für die zu platzierenden Aktien, vom Marktumfeld und von der Aufnahmebereitschaft der Investoren. Die Kapitalmarktstrukturen, die notwendig sind, damit der Börsengang zum Erfolg wird, hat die Deutsche Börse für Unternehmen geschaffen.

Dazu gehören:

- Drei maßgeschneiderte Segmente mit Transparenzanforderungen, die auf die individuellen Bedürfnisse von Unternehmen und Investoren zugeschnitten sind
- Zugang zu Investoren weltweit und ein hoch liquider Handel der Aktien über die elektronische Handelsplattform Xetra®
- Aufmerksamkeit und Visibilität am Kapitalmarkt durch Indizes und Derivate
- Eine faire Bewertung von Unternehmen innerhalb ihrer „Peergroup", d.h. in der Summe: günstige Eigenkapitalkosten
- Ein breites Dienstleistungsangebot, mit dem die Deutsche Börse Unternehmen vor, während und nach dem Börsengang unterstützt

Finanzierungsalternative Börsengang

Unternehmen brauchen eine Kapitalstruktur, die auf ihre Bedürfnisse zugeschnitten ist. Die Eigenkapitalfinanzierung im Gesellschafterkreis, ein Börsengang und die Fremdkapitalfinanzierung sind keine Gegensätze, sondern sich ergänzende Komponenten einer Finanzierungsstrategie, die von Unternehmen zu Unternehmen variiert.

Die Fähigkeit, Eigenkapital zu akquirieren, wird strategisch immer wichtiger, um unternehmerische Chancen, wie die Finanzierung von Innovationen, die Globalisierung und die Konsolidierung von Märkten, zu nutzen. Sie ist ein Schlüsselelement in der Wachstumsfinanzierung. Den Königsweg der Unternehmensfinanzierung gibt es nicht – doch der Weg an die Börse bringt viele Vorteile.

Generell ist der Weg an die Börse sinnvoll, wenn es darum geht, Unternehmen auf eine breitere Eigenkapitalbasis zu stellen. Anders als Fremdkapital steht Eigenkapital für unbegrenzte Zeit zur Verfügung und erhöht die Flexibilität eines Unternehmens. Langfristig kann es für strategische Vorhaben eingesetzt werden, z.B. um:

- das Unternehmen im internationalen Wettbewerb besser zu positionieren
- Wachstumsstrategien konsequent zu verfolgen und Innovationen zu finanzieren
- die Bekanntheit im Markt und bei Investoren zu steigern
- die Attraktivität als Arbeitgeber zu fördern

Die Unternehmensnachfolge lässt sich ebenfalls über einen Börsengang regeln. Die Umwandlung in eine Aktiengesellschaft (AG) und ein anschließender Börsengang machen den Unternehmenswert transparent und erleichtern die Trennung von Eigentum und Management. Mit einem Börsengang an der Deutschen Börse halten sich Unternehmen alle diese Chancen offen.

Ist das Kosten-Nutzenverhältnis einer Börsennotierung evaluiert und die Entscheidung für den Weg an die Börse getroffen, sollte der Unternehmer prüfen, welcher Kapitalmarkt die günstigsten Kapitalkosten bietet und welche Faktoren die Kapitalkosten beeinflussen.

Dies sind die wesentlichen Fragen aus der Sicht eines Börsenaspiranten an den Marktplatz:

- **Marktsegmente**: Bestehen Marktkredibilität und Investorenvertrauen über maßgeschneiderte Segmente mit klaren Transparenz- und Reporting-Standards?
- **Zugang zu Investoren**: Eröffnet die Handelsplattform Zugang zur gewünschten Investorengruppe – national und international, und wie vernetzt ist sie zu Intermediären?
- **Liquidität**: Wie effizient ist der Markt organisiert: Ist er liquide genug, damit Wertpapiere jederzeit gehandelt werden können? Werden transaktionskosteneffiziente Prozesse im Trading, Settlement und Clearing für alle Kapitalmarktteilnehmer geboten?
- **Visibilität**: Gibt es attraktive Indizes, die Aufmerksamkeit fokussieren, Visibilität bei Investoren schaffen und die Liquidität in einzelnen Werten steigern? Werden weitere Produkte, z.B. Derivate auf die Aktien des Börsenaspiranten – das so genannte „Underlying" – gehandelt, die Hedging-, Trading- und Arbitrage-Strategien von Investoren ermöglichen?
- **Faire Bewertung**: Werden auf der Plattform mit dem Börsenaspiranten vergleichbare Branchenunternehmen – die so genannte „Peergroup" – gehandelt, deren Kennziffern z.B. bei der Unternehmensbewertung Anwendung finden?
- **Listing**: Wie hoch sind die Listing-Gebühren für Emittenten?
- **Services für Unternehmen**: Mit welchen weiteren Leistungen für das Going und Being Public unterstützt die Börse den Emittenten? Existiert ein Netzwerk von Experten aus verschiedenen Disziplinen, die Unternehmen an die Börse begleiten?

Maßgeschneiderte Marktsegmente

Generell gibt es für Unternehmen in Europa zwei Kapitalmarktzugänge:

- Organisierte Märkte, die von der EU reguliert sind
- Märkte, die überwiegend von den Börsen selbst reguliert werden

In den von der EU regulierten Märkten führt die fortschreitende Harmonisierung im europäischen Kapitalmarkt zu einheitlichen Regelungen auf den jeweiligen nationalen Märkten. Die Ziele der verschiedenen EU-Richtlinien und Verordnungen sind klar: Sie sollen die Markteffizienz erhöhen, den Anleger besser schützen und einen fairen Wettbewerb sichern. So erleichtern europaweite Richtlinien zur Verbreitung von Informationen und der EU-Börsenpass den Unternehmen, Kapital an den Börsen sämtlicher EU-Mitgliedsstaaten aufzunehmen. Gleichzeitig profitieren Investoren von einheitlichen Mindestinformationen – auch bei grenzüberschreitenden Investitionen.

Märkte, die von den Börsen selbst reguliert werden, haben einen anderen Fokus: Sie ermöglichen insbesondere kleineren und mittleren Unternehmen eine kostengünstige Einbeziehung ihrer Aktien in den Börsenhandel bei minimalen formalen Pflichten.

Entscheidend am Kapitalmarkt sind die Transparenzstandards der einzelnen Segmente. Sie signalisieren Investoren den Umfang der fortlaufenden Information und erleichtern damit die Anlageentscheidung. Unternehmen müssen jedoch bereit sein, sich dem Kapitalmarkt in einem gewissen Umfang zu öffnen, also ihre Investoren zuverlässig und kontinuierlich zu informieren und ein transparentes Rechnungswesen aufzubauen.

An der Deutschen Börse haben Unternehmer die Wahl zwischen drei klar strukturierten Transparenzstandards. So führt ein Börsengang in den von der EU regulierten gesetzlichen Segmenten Amtlicher Markt und Geregelter Markt in den General Standard oder seinen Teilbereich Prime Standard. Im Freiverkehr – seit Oktober 2005 „Open Market" – führt die Erfüllung zusätzlicher Transparenzanforderungen in den überwiegend von der Börse regulierten Teilbereich Entry Standard.

Differenzierte Transparenzanforderungen des Entry Standard, General Standard und Prime Standard bieten Unternehmen maßgeschneiderte Bedingungen für den Kapitalmarktzugang. Die Entscheidung bei der Wahl des geeigneten Transparenzstandards hängt im Wesentlichen von der unternehmensindividuellen Beantwortung zweier Fragen ab:

- Welche aktuellen internen Möglichkeiten bietet die Infrastruktur des Unternehmens, um Transparenzanforderungen, z.B. im Rechnungswesen, zu erfüllen?
- Bei welchen Investoren sollen die Aktien platziert werden? Denn je nach Zielgruppe müssen spezielle Informationsanforderungen erfüllt werden.

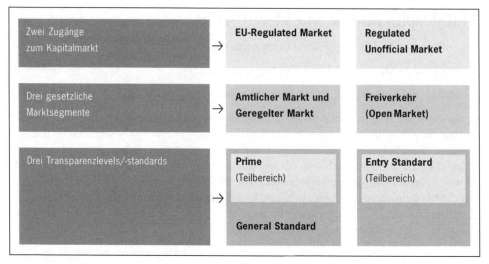

Abb. 1: Drei Transparenzlevels an der FWB® Frankfurter Wertpapierbörse
(Quelle: Deutsche Börse AG)

Entry Standard – Einstiegssegment für kleine und mittlere Unternehmen

Der Entry Standard ist ein Teilbereich des Open Market, hier gelten die Freiverkehrsrichtlinien. Insbesondere kleineren und mittleren Unternehmen eröffnet der Entry Standard viele Vorteile, denn die Aktien können bei geringen formalen Pflichten schnell, unkompliziert und kostengünstig in den Handel einbezogen werden.

Entry Standard-Unternehmen müssen innerhalb von sechs Monaten nach Ende des Berichtszeitraums einen testierten Jahresabschluss inklusive Lagebericht in Deutsch oder Englisch veröffentlichen. Der Abschluss ist nach nationaler Rechnungslegung aufzustellen (z.B. HGB); die Bilanzierung nach IFRS ist freiwillig. Zwischenberichte sind spätestens innerhalb von drei Monaten nach Ende des ersten Halbjahres eines jeden Geschäftsjahres zu veröffentlichen. Weiterhin müssen Unternehmensnachrichten veröffentlicht werden, die für die Bewertung der Aktien des Unternehmens bedeutsam sein können. Auf den Internetseiten müssen ein jährlich aktualisiertes Unternehmenskurzportrait sowie ein stets aktueller Unternehmenskalender zugänglich sein.

Den Antrag auf Teilnahme am Entry Standard stellt ein an der Deutschen Börse registrierter Handelsteilnehmer; er überwacht zugleich die Erfüllung der Transparenzanforderungen. Zusätzlich muss der Emittent einen Deutsche Börse Listing Partner als „Kapitalmarkt Coach" verpflichten: Er unterstützt und berät bei der Veröffentlichung der vorgeschriebenen und der freiwilligen Informationen.

Investoren sollten sich allerdings im Klaren sein, dass wichtige Anlegerschutzbestimmungen der EU in diesem Markt nicht oder nur teilweise gelten. Weniger Aufwand auf Unternehmensseite bedeutet eben auch eine schmalere Informationsbasis, die Investoren für ihre Anlageentscheidung zur Verfügung steht. Deshalb richtet sich das Segment in erster Linie an qualifizierte Anleger im Sinn von § 2 Nr. 6 Wertpapierprospektgesetz (WpPG). Investoren sollten in der Lage sein, erhöhte Risiken im Zusammenhang mit einer Anlage in Aktien des Entry Standard einschätzen und tragen zu können.

Wegen der geringeren Regulierungsintensität sind die Kosten im Entry Standard auch wesentlich niedriger als bei einem Börsengang in einem EU-regulierten Markt. Ein weiterer Vorteil: Das Management von Entry Standard-Unternehmen hat die Möglichkeit, unter vereinfachten Bedingungen erste Erfahrungen am Kapitalmarkt zu sammeln, um das Unternehmen gegebenenfalls auf die Anforderungen der EU-regulierten Märkte General Standard und Prime Standard vorzubereiten.

General Standard – kostengünstige Börsennotierung in einem EU-regulierten Markt

Im General Standard gelten die Anforderungen des Gesetzgebers für den Amtlichen Markt bzw. den Geregelten Markt. Die Vorschriften des General Standard sind verpflichtend für alle Unternehmen, die sich für eine kostengünstige Börsennotierung in einem EU-regulierten Markt entscheiden. Emittenten im General Standard müssen innerhalb von vier Monaten nach Ende des Geschäftsjahres einen Jahresabschluss inklusive Lagebericht veröffentlichen; seit 2005 sind grundsätzlich die internationalen Rechnungslegungsstandards nach IFRS anzuwenden. Ein Halbjahreszwischenbericht muss innerhalb von zwei Monaten nach dem Ende des Berichtszeitraums publiziert werden. Zudem sollen ab 2007 Finanzberichte für die Quartale 1 und 3 über die allgemeine Finanzlage und die wesentlichen Ereignisse des Berichtszeitraumes Auskunft geben. Außerdem hat der Emittent in Ad hoc-Mitteilungen Unternehmensnachrichten, die den Börsenkurs beeinflussen könnten, zu veröffentlichen. Auch das Erreichen und die Über- bzw. Unterschreitung von Meldeschwellen sind mitteilungspflichtig. Unternehmen positionieren sich hier vor einem nationalen wie internationalen Investorenpublikum.

Prime Standard – die höchsten Transparenzstandards für Investoren in Europa

Unternehmen, die im Prime Standard notiert sind, müssen über das Maß des General Standard hinausgehende internationale Transparenzanforderungen erfüllen. Zugeschnitten ist der Prime Standard auf die Bedürfnisse von Unternehmen, die sich durch ein hohes Maß an Transparenz insbesondere gegenüber internationalen Investoren positionieren wollen.

Denn Investoren bietet er europaweit die höchsten Transparenzstandards. Gegenüber Unternehmen im General Standard müssen Emittenten im Prime Standard zusätzliche Transparenzanforderungen erfüllen. Sie sind z. B. verpflichtet, Quartalsberichte zu erstellen sowie einen Unternehmenskalender im Internet zu pflegen. Insbesondere viele US-amerikanische Investoren verlangen Quartalsberichte, deshalb ist der Prime Standard für diese Investoren oft die erste Wahl. Prime Standard-Unternehmen müssen in Englisch berichten und mindestens eine Analystenkonferenz pro Jahr abhalten.

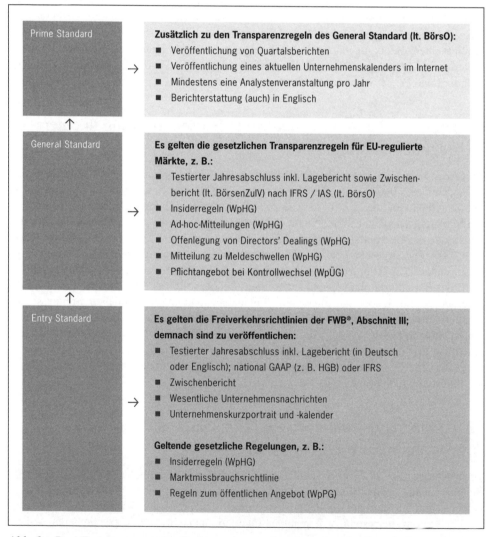

Abb. 2: Drei Transparenzstufen für Investoren = drei Segmente für Unternehmen (Quelle: Deutsche Börse AG)

Egal für welches Segment sich ein Emittent entscheidet, an der Deutschen Börse profitiert er von dem schnellsten Listing-Prozess weltweit. Die Zulassung von Aktien zum Börsenhandel ist ein Verwaltungsverfahren; der Prospekt wird in maximal 20 Werktagen von der Bundesanstalt für Finanzdienstleistungsaufsicht (BaFin) geprüft. Über die Zulassung zum Handel an der Deutschen Börse entscheidet die Zulassungsstelle der Deutschen Börse.

Unternehmen können sich an der Deutschen Börse auch dann notieren lassen, wenn sie schon an einer anderen anerkannten Börse gelistet sind. Verglichen mit internationalen Börsenplätzen ist das Listing an der Deutschen Börse äußerst kostengünstig. Eine Übersicht über Neuzugänge von Unternehmen in den verschiedenen Segmenten der letzten zehn Jahre gibt folgende Grafik.

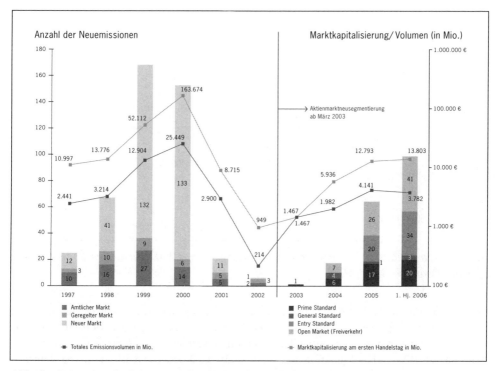

Abb. 3: *Primärmarktaktivität an der FWB 1997–2006 (Quelle: Deutsche Börse AG)*

Zugang zu Investoren weltweit

Je nach Geschäftsmodell und Finanzierungsstrategie wenden sich Unternehmen überwiegend an nationale oder an internationale Investoren. Bei Roadshows in den internationalen Finanzzentren adressiert das kapitalsuchende Unternehmen die Investoren persönlich. Den Kontakt stellt üblicherweise das Bankenkonsortium des Börsenkandidaten her.

Zugang zu Investoren weltweit während des Börsengangs und in der Zeit danach ermöglicht auch das elektronische Handelssystem der Deutschen Börse, denn Xetra verbindet institutionelle Investoren mit Unternehmen auf einer Plattform.

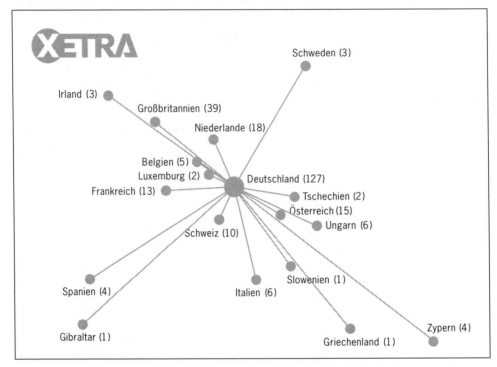

Abb. 4: *Xetra-Plattform – Paneuropäisches Netzwerk mit 260 Mitgliedern in 18 Ländern (Quelle: Deutsche Börse AG)*

Hauptkriterium für die Entscheidung zugunsten der Xetra-Plattform der Deutschen Börse ist die elektronische Vernetzung mit weltweiten Investoren. Xetra hat den Börsenhandel von einem tatsächlichen auf einen „virtuellen" Marktplatz verlagert: Investiert werden kann nicht mehr nur am Börsenplatz Frankfurt, sondern überall, wo Xetra-Handelsbildschirme stehen.

Früher und konsequenter als andere Börsenorganisationen hat die Deutsche Börse auf die vollständige Elektronisierung ihrer Handels- und Abwicklungsprozesse gesetzt. Zugang zu Investoren weltweit erhalten Unternehmen über die Xetra-Terminals von über 4.300 registrierten Händlern von 266 Handelsteilnehmern in 18 Ländern – dazu gehören alle großen Banken und Wertpapierhandelshäuser.

Ein Zugang für Unternehmen eröffnet Kontakte zu Investoren weltweit

Mit Xetra erreichen Unternehmen ein globales Investoren-Netzwerk. Über 53 Prozent des Xetra-Handelsvolumens stammen von internationalen Investoren außerhalb Deutschlands; rund 21 Prozent der Investorenbasis auf Xetra kommt aus den USA.

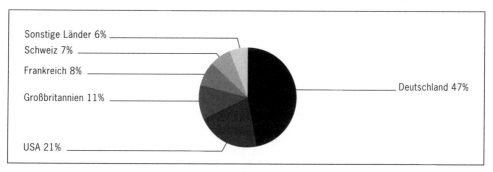

Abb. 5: Internationale Investorenbasis auf Xetra (Quelle: Deutsche Börse AG)

Privatanleger

Zudem verfügt der von der Deutschen Börse organisierte Kapitalmarkt über eine starke nationale Platzierungskraft bei privaten Investoren – den so genannten „Equity home bias". Er beschreibt die Präferenz oder Tendenz von nationalen Investoren für ein Übergewichten von nationalen Werten in ihren Portfolios. Aktuelle Studien zeigen, dass deutsche Investoren im Durchschnitt ca. 80 Prozent ihres Portfolios in nationale Werte investieren. Erklärt wird der Equity home bias oft durch eine bessere Kenntnis oder Information sowie stärkere Identifikation des nationalen Investors.

Hohe Liquidität und effiziente Marktorganisation

Liquidität, also die permanente Möglichkeit des transaktionskosteneffizienten Kaufs oder Verkaufs von Aktien, ist nicht nur ein Vorteil bei Investitionsentscheidungen, sondern ebenso wichtig für die faire Bewertung von Unternehmen im Hinblick auf spätere Kapitalerhöhungen zur Wachstumsfinanzierung.

Die Deutsche Börse sorgt für hohe Liquidität und für eine hocheffiziente Marktorganisation. Zu den liquiditätsfördernden Elementen der Marktorganisation zählen günstige Transaktionskosten auf dem elektronischen Handelssystem Xetra, liquiditätsfördernde Handelsteilnehmer, so genannte „Designated Sponsors" sowie eine enge Verbindung von Aktienmarkt-

und Terminmarktprodukten, die Hedging- Trading- und Arbitrage-Strategien von Investoren ermöglicht.

- **Die elektronische Xetra-Plattform:** Unternehmen wie Investoren profitieren von der hohen Liquidität, die Investoren und Intermediäre auf der vollelektronischen Handelsplattform Xetra zur Verfügung stellen. Xetra ist eine der weltweit leistungsfähigsten Systeminfrastrukturen. Stärken – wie Schnelligkeit, Zuverlässigkeit, Transparenz und niedrigste Transaktionskosten – sorgen für hohe Effizienz, die einen hochliquiden Handel ermöglicht. In Spitzenzeiten verarbeitet Xetra bis zu 400.000 Trades pro Tag zu geringsten Transaktionskosten. Außerdem gestattet Xetra Einblick ins Orderbuch, wo die Kauf- und Verkaufsangebote für jedes handelbare Wertpapier in Echtzeit abgebildet werden. Das offene Orderbuch macht den Markt vollkommen transparent, alle Teilnehmer handeln zu den gleichen fairen Bedingungen. Kauf- und Verkaufsaufträge der Investoren von jedem beliebigen Standort weltweit werden in diesem zentralen elektronischen Orderbuch gegenübergestellt.

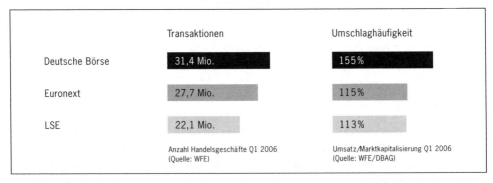

Abb. 6: *Deutsche Börse: liquidester Börsenplatz in Europa (Quelle: Deutsche Börse AG)*

Nach Angaben der World Federation of Exchanges (Quelle: WFE, Q1 2006) verzeichnet die Deutsche Börse mit dem Faktor 1,55 die höchste Umschlaghäufigkeit der Marktkapitalisierung je Unternehmen – ein wesentlicher Indikator für Liquidität. Auch absolut gesehen vereinigt die Deutsche Börse die höchste Zahl an Wertpapiertransaktionen unter Europas Börsen (Quelle: WFE, Q1 2006). Zudem bietet sie die günstigsten Transaktionskosten.

- **Designated Sponsors:** Angebot und Nachfrage treffen sich nicht immer; meist variieren Preise und/oder Menge. Bei marktengen Werten stellen Designated Sponsors Zusatzliquidität zur Verfügung und machen weniger liquide Werte damit besser handelbar. Ihre verbindlichen Kauf- und Verkaufsorders stellen sicher, dass auf eine Kursanfrage aus dem Markt innerhalb von zwei Minuten ein Kurs bestimmt wird, zu dem eine Order ausgeführt werden kann. Die Deutsche Börse dokumentiert die Qualität der Designated Sponsors in Ratings.

- **Kontinuierliche Messung der Liquidität:** Die Liquidität einer Aktie bestimmt die Deutsche Börse durch das Xetra-Liquiditätsmaß (XLM) und den durchschnittlichen Orderbuchumsatz. Anhand dieser beiden Kriterien werden alle auf Xetra gehandelten Wertpapiere in die zwei Liquiditätskategorien A und B eingeteilt. Werte der Kategorie A benötigen aufgrund ausreichender Liquidität keinen Designated Sponsor für den fortlaufenden Handel. Hierzu zählen alle Werte mit einem Xetra Liquiditätsmaß (XLM) kleiner als oder gleich 100 Basispunkten und einem durchschnittlichen Orderbuchumsatz von mehr als 2,5 Mio. € pro Tag. Werte mit einem XLM von mehr als 100 Basispunkten oder von einem durchschnittlichen Orderbuchumsatz von weniger als 2,5 Mio. € pro Tag gehören der Liquiditätsklasse B an. Sie benötigen für den fortlaufenden Handel die Betreuung durch mindestens einen Designated Sponsor.

- **Central Counterparty:** Zudem erzielt die Central Counterparty (CCP) für den Aktienmarkt positive Liquiditätseffekte. Ein „Zentraler Kontrahent" für den Aktienhandel auf Xetra und dem Parkett erhöht die Sicherheit für die Handelsteilnehmer und ermöglicht ein kostengünstiges Netting der Positionen. Kommt ein Wertpapiergeschäft zustande, nimmt die Eurex Clearing AG die Rolle der Gegenpartei für Käufer und Verkäufer ein. Die beiden Handelspartner schließen das Geschäft nicht miteinander ab, sondern anonym jeweils mit dem CCP. Die Anonymität vereinfacht komplexe Handelsstrategien. Anschließend übernimmt der CCP das Ausfallrisiko und rechnet die Käufe und Verkäufe eines Teilnehmers miteinander auf (Netting). Nur noch der daraus entstehende Saldo wird nach dem Prinzip „Lieferung gegen Zahlung" abgerechnet.

- **Synergien im Kassa- und Terminmarkt:** Zusätzliche Liquidität in den Aktien des Börsenaspiranten schaffen darüber hinaus börsengehandelte Fonds und Derivate, die Hedging, Trading und Arbitrage ermöglichen. Hier bietet die Deutsche Börse als einzige voll integrierte Börsenorganisation weltweit alles aus einer Hand zu Kassa- und Terminmarkt, zu Marktinformationen wie Kursen und Indizes sowie zur Abwicklung der Wertpapiergeschäfte und zur Verwahrung der Wertpapiere. Emittenten profitieren also gleich mehrfach von einer Notierung, denn börsengehandelte Fonds und Terminmarktprodukte wie Aktienoptionen, Indexfutures sowie Futures und Optionen auf so genannte „Exchange Traded Funds" (ETFs) steigern zusätzlich die Liquidität der Aktien im Kassamarkt. So ermöglichen die beiden Handelsplattformen der Deutschen Börse, Xetra und der Präsenzhandel, den Handel mit ca. 7.400 Aktien aus 70 Ländern, 8.600 Anleihen, 90.000 strukturierten Produkten, 2.500 Investmentfonds und mehr als 120 Indexfonds (ETFs).

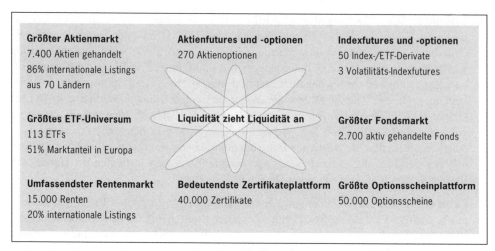

Abb. 7: Größte Listing-Plattform in Europa (Quelle: Deutsche Börse AG)

Visibilität am Kapitalmarkt und Aufmerksamkeit bei Investoren

Mit einem Börsengang gewinnen Unternehmen einen neuen Kundenkreis hinzu: Investoren. Man kann sie nach Regionen unterteilen, in nationale und internationale Investoren, und nach Größe in institutionelle und private Investoren. Generell haben sie die Auswahl unter einer kaum überschaubaren Zahl von weltweiten Investments. Deshalb ist es umso wichtiger, das eigene Unternehmen bekannt zu machen, sichtbar am Kapitalmarkt zu positionieren und damit die Aufmerksamkeit der Investoren zu gewinnen.

Indizes gehören zu den wichtigsten Instrumenten, um Unternehmen Visibilität bei Investoren zu verleihen, denn wer in einem Index geführt wird, gewinnt zusätzliche Präsenz auf dem Kapitalmarkt. Indizes strukturieren den Markt aus verschiedenen Perspektiven, fungieren als attraktives Schaufenster für Investoren und steigern dadurch Bekanntheit von Unternehmen. Für eine breite Öffentlichkeit sind sie auch ein „Marktbarometer", das klare Aussagen über die Unternehmensperformance macht.

Finanzdienstleistern dienen Indizes zudem als Grundlage für Terminmarktprodukte einschließlich der Indexderivate, die am Terminmarkt der Deutschen Börse „Eurex" gehandelt werden. Insbesondere Fondsgesellschaften richten sich bei der Gestaltung ihrer Portfolios nach diesen Indizes und investieren in die enthaltenen Unternehmen.

Nicht börsennotierte Unternehmen und Börsenkandidaten können den für sie passenden Index als Orientierung und Barometer für ihre Kapitalkosten an der Börse heranziehen.

Die Deutsche Börse bietet Unternehmen eine Vielzahl von Indizes und Investoren attraktive Investitionsmöglichkeiten, z. B.:

- 62 Industriegruppenindizes
- 18 Sektorindizes
- 3 All Share Indizes
- 2 Benchmarkindizes und
- 5 Auswahlindizes

Der Bluechip-Index DAX® umfasst die 30 größten deutschen und internationalen Werte des Prime Standard. Der Midcap-Index MDAX® umfasst die 50 auf den DAX folgenden Werte aus traditionellen Branchen. Der Smallcap-Index SDAX® enthält die 50 größten auf den MDAX folgenden Werte traditioneller Branchen, und der Technologie-Index TecDAX® die 30 größten auf den DAX folgenden Werte der Technologiebranchen.

Zwei Indizes, Classic All Share® und Technology All Share, bilden sämtliche Unternehmen des Prime Standard aus klassischen bzw. Technologie-Branchen unterhalb des DAX ab. Sie werden ergänzt vom Benchmarkindex HDAX®, der die Unternehmen von DAX, MDAX, TecDAX umfasst, und vom Midcap-Market-Index, der die Unternehmen aus MDAX und TecDAX zusammenfasst. Der Prime All Share-Index bildet sämtliche Unternehmen ab, die im Prime Standard gelistet sind. CDAX® erfasst branchen- und segmentübergreifend alle deutschen Werte im Prime Standard und im General Standard.

Mit dem German Entrepreneurial Index GEX® verfügt der deutsche Kapitalmarkt über einen „Mittelstandsindex". Der GEX definiert das Phänomen des Mittelstands erstmals als indexrelevantes Kriterium. Zwei mittelstandsspezifische Auswahlkriterien wurden in die Berechnung aufgenommen: „Eigentümerdominanz in der Unternehmensführung" und „Dauer der Kapitalmarktzugehörigkeit". GEX-Unternehmen müssen „eigentümergeführt" sein; Vorstände, Aufsichtsratsmitglieder oder deren Familien besitzen zwischen 25 Prozent und 75 Prozent der Stimmrechte. Es handelt sich um deutsche Unternehmen, die im Prime Standard der FWB® Frankfurter Wertpapierbörse gelistet sind. Und die Unternehmen – auch wenn es sich um etablierte Firmen handelt – sind Kapitalmarkt-Newcomer, ihr Börsengang liegt nicht länger als zehn Jahre zurück.

Über Aufnahme in die Auswahlindizes und Veränderungen der Zusammensetzung entscheidet der Vorstand der Deutsche Börse AG auf Vorschlag des Arbeitskreises Aktienindizes. Ausschlaggebend sind die Marktkapitalisierung des Freefloat (d.h. der Anteil frei handelbarer Aktien) und der Orderbuchumsatz.

Neue Unternehmen an der Börse haben grundsätzlich die Möglichkeit, nach sechs Wochen über die so genannte „Fast-entry-Regel" auch in einen Auswahlindex aufgenommen zu werden und von den damit verbundenen Vorteilen zu profitieren.

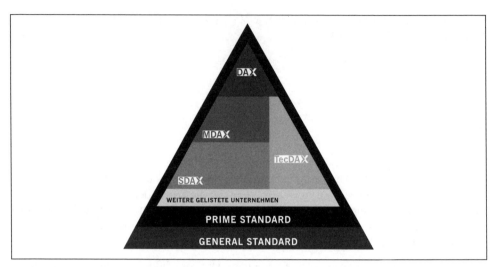

Abb. 8: Auswahlindizes der Deutschen Börse (Quelle: Deutsche Börse AG)

Neben national ausgerichteten Indizes gewinnen Indizes mit Fokus auf Europa an Bedeutung. In diesem Umfeld haben sich besonders die STOXX^{SM}-Indizes etabliert. Sie wurden von der Deutschen Börse mitentwickelt und gehören heute zu den aussagekräftigsten und transparentesten europäischen Aktienindizes.

Faire Bewertung durch die Börsennotierung neben vergleichbaren Unternehmen

Gruppen vergleichbarer Unternehmen – so genannte „Peergroups" – inmitten der gesamten notierten Unternehmen schaffen Vergleichbarkeit für Unternehmen und Investoren; zusätzlich steigern sie die Attraktivität für die Analyse.

Peergroups werden u. a. in Indizes abgebildet. So differenzieren 18 Sektorindizes, die auf 62 Industry-Groups basieren, Unternehmen des Prime Standard. Anleger können so Investmententscheidungen gezielter treffen, Unternehmen profitieren von der Abbildung ihrer jeweiligen Peergroup in verschiedenen Industry-Groups.

■ Automobile	■ Financial Services	■ Retail
■ Banks	■ Food & Beverages	■ Software
■ Basic Resources	■ Industrial	■ Technology
■ Chemicals	■ Insurance	■ Telecoms
■ Construction	■ Media	■ Transport & Logistics
■ Consumer	■ Pharma & Health	■ Utilities

Abb. 9: Sektorindizes der Deutschen Börse (Quelle: Deutsche Börse AG)

Wichtig sind diese Peergroups insbesondere im Rahmen von Benchmark-Analysen, der Performancemessung und der Bewertung der Börsenkandidaten. Dabei werden verschiedene Kennziffern ähnlicher Unternehmen mit denen des Börsenaspiranten verglichen. Je größer die Anzahl vergleichbarer Unternehmen ist, desto größer ist auch die fundamentale Basis für eine faire Unternehmensbewertung.

Investoren gibt dies die Möglichkeit einer quantitativen und qualitativen Beurteilung des Börsenkandidaten. Einher gehen diese Vorteile oft mit einer besseren Analysten-Coverage, der Professionalisierung in der Analyse selbst und mit der Bündelung von Liquidität einer Peergroup auf der Plattform.

Emittenten bietet sich die Chance, sich innerhalb ihrer Peergroup zu positionieren und Argumente im Rahmen einer Vergleichsanalyse für proaktive Investor Relations zu gewinnen. Zudem können Peergroups Gegenstand von Brancheninitiativen von Banken sein mit dem Ziel, Emittenten vor dem interessierten Investoren- und Analystenpublikum zu präsentieren.

Unterstützung beim Going und Being Public

Die Deutsche Börse unterstützt Unternehmen vor, während und nach dem Börsengang. Unternehmen, die die Börse als Finanzierungsquelle nutzen wollen, brauchen zunächst Informationen rund um das Thema Initial Public Offering (IPO). Ein Betreuerteam der Deutschen Börse mit Sektorexperten steht für Unternehmer als kompetenter Ansprechpartner bei allen Fragen zum Börsengang bereit.

Leitfaden „Ihr Weg an die Börse": Basisinformationen für den Börsengang

Bevor Börsenaspiranten die Vorteile einer Börsennotierung für sich nutzen können, müssen sie eine Reihe organisatorischer, steuerlicher und juristischer Weichen stellen. Über Details dieses wichtigen strategischen Schritts informiert der Leitfaden „Ihr Börsengang", der von der Deutschen Börse herausgegeben wurde. Er hilft, die richtigen Entscheidungen zu treffen – von der ersten Einschätzung der Börsenreife eines Unternehmens, über die Auswahl der geeigneten Partner und den konkreten Vorbereitungen für den Börsengang bis zur Erfüllung der Publikationspflichten. Zudem können Börsenaspiranten über den „IPO-Test" online prüfen, ob das Unternehmen schon „fit" für die Börse ist.

IPO Sentiment Indikator: Stimmung am Kapitalmarkt

Ablesen lässt sich die Stimmung am Primärmarkt an dem IPO Sentiment Indikator. Die Deutsche Börse hat ihn zusammen mit der TU München entwickelt. Der Indikator erfasst und analysiert die Meinungen ausgewählter Marktteilnehmer und wird quartalsweise ermittelt. Zu finden ist er auf der Homepage der Deutschen Börse: www.deutsche-boerse.com.

Deutsche Börse Listing Partner: Kapitalmarkt-Know-how für Emittenten

Professionelle Begleitung bieten Eigenkapital suchenden Unternehmen die Deutsche Börse Listing Partner. Darunter finden Börsenaspiranten Experten aus verschiedenen Bereichen und Disziplinen des Going und Being Public. Das Signet „Deutsche Börse Listing Partner" steht für Reputation im Markt und hilft Emittenten bei der Auswahl der geeigneten Kapitalmarktexperten. Schon vor dem Börsengang bieten Deutsche Börse Listing Partner professionelle Unterstützung, z. B. bei der Vorbereitung des Unternehmens auf den Börsengang. Die Deutsche Börse Listing Partner – dazu zählen Emissionsbanken und -berater, Rechtsanwälte, Steuerberater und IR-Agenturen – bieten eine qualifizierte Beratungsleistung, die sie durch Erfahrungen auf dem Kapitalmarkt nachgewiesen haben. Ihr Engagement erstreckt sich über den gesamten Lebenszyklus eines Unternehmens.

Investor Guide online: Suchmaschine für Unternehmen

Welche Aktionäre sind investiert? Welche Investoren gehen Engagements in meiner Branche ein oder investieren in Unternehmen bestimmter Länder? Welche Größenpräferenz haben Investoren? Welche Anlagekriterien existieren bei Investoren? Mit dem Investor Guide Online unterstützt die Deutsche Börse Emittenten bei der Beantwortung dieser Fragen. Er ist ein Hilfsmittel und wichtiges Analyse-Instrument für die Investor Relations-Arbeit und erleichtert es, Aktionärsstrukturen auf nationaler und internationaler Ebene zu analysieren und neue Investoren weltweit zu identifizieren. Unternehmen im Entry Standard, General Standard und Prime Standard steht er kostenfrei über einen Online-Zugang zur Verfügung.

Deutsches Eigenkapitalforum: Konferenz zur Eigenkapitalfinanzierung

Einen weiteren Beitrag rund um die Eigenkapitalfinanzierung leistet das Deutsche Eigenkapitalforum. Seit 1996 organisieren die Deutsche Börse und die KfW-Mittelstandsbank zweimal jährlich Europas größte Kapitalmarktkonferenz. Die vorbörsliche Finanzierung bei Risikokapitalgebern und die Finanzierung über die Börse, das Going und Being Public stehen hier im Mittelpunkt. Ziel des Forums ist es, innovative Unternehmen im vorbörslichen Bereich und seit 2002 auch gelistete Unternehmen mit Investoren zusammenzuführen und eine Plattform für den Meinungsaustausch bereitzustellen. Die Herbstveranstaltung richtet sich an Unternehmen in der Later Stage-Finanzierungsphase und an gelistete Unternehmen. Im Frühjahr stehen vor allem Unternehmen in der Early Stage- und Wachstumsphase im Mittelpunkt.

Stocks & Standards-Workshops: aktuelle Kapitalmarktthemen

Während des Jahres finden in der Neuen Börse regelmäßig Kapitalmarkt-Workshops für Unternehmer, gelistete Unternehmen sowie Listing Partner statt; sie werden begleitet von Ausstellungen der Dienstleister zu aktuellen Themen. „Stocks & Standards-Workshops" vermitteln aktuelles Know-how auch nach dem Börsengang zu Themen, wie Investor Relations, Rechnungslegung und Marktsegmenten. Teilnehmer profitieren vom Know-how des Panels und vom Praxisbezug der Referate; sie erhalten Feedback und haben die Gelegenheit, nützliche Kontakte zu knüpfen.

Fazit

Der europäische Kapitalmarkt wächst zusammen – und bringt Mindeststandards bei Transparenz, Prospekt, Rechnungslegung und Anlegerschutz. Hierbei bietet die Deutsche Börse Börsenaspiranten Unterstützung und moderne Lösungen. Unternehmen haben die Wahl: Ob sie sich für den unkomplizierten Entry Standard entscheiden, ein kostengünstiges Listing im General Standard favorisieren oder die zusätzlichen Transparenzstandards des Prime Standard nutzen, ihre Aktien werden auf kosteneffizienten, hochliquiden Plattformen gehandelt und stehen im Fokus nationaler und internationaler Investoren. Mit weiteren Vorteilen erfüllt die Deutsche Börse nicht nur die Bedürfnisse von Börsenaspiranten, sondern auch von Investoren: Internationalität des Kapitalmarktes, Stärkung des Investorenvertrauens durch klare Transparenzstandards, Visibilität durch Indizes, Coverage für die Peergroup und in der Summe günstige Kapitalkosten.

Unternehmensbewertung und Preisfindung

Axel Pohlücke, DZ BANK AG

Zusammenfassung

Auch wenn der Preis im Sinne des erzielbaren Transaktionserlöses nur in Ausnahmefällen die Hauptantriebsfeder bei der Entscheidung „Pro oder Contra Börsengang" darstellt, spielt das Thema „Bewertung und Preisfindung" immer eine zentrale Rolle und zieht sich durch sämtliche Phasen des Emissionsprozesses.

Im Zuge eines Börsengangs (Initial Public Offering – IPO) wird der breiten Öffentlichkeit erstmals eine Vielzahl an Informationen zur Verfügung gestellt. Wesentliche Informationen zur Beurteilung des Emittenten finden sich im Prospekt. Die Aufnahme zukunftsgerichteter Daten (Planzahlen des Unternehmens) in den Prospekt ist jedoch nicht opportun. Angesichts dieses Zustands kommt dem Research Report unter dem Gesichtspunkt „Wertfindung" eine Schlüsselrolle zu.

Unter analytischem Blickwinkel liefert das Disounted-Cashflow-Verfahren bei sachlich richtiger Einschätzung der notwendigen Parameter die besten Ergebnisse. In der Praxis spielen vergleichende Analysen (Multiplikatorenverfahren, insbesondere Kurs-Gewinn-Verhältnis) eine ebenso große Rolle. Entscheidend ist das Gesamtbild.

Zur Überführung von fundamentalanalytischen Unternehmenswerten in Kapitalmarktpreise stehen verschiedene Verfahren zur Verfügung; gängige Praxis ist das Bookbuilding-Verfahren. Störend bei der Ermittlung eines marktgerechten Platzierungspreises wirkt bisweilen der „Graumarkt". Außerdem darf nicht übersehen werden, dass je nach Marktphase und damit verbundenem Investorenverhalten die psychologische Komponente des Kapitalmarktes eine bedeutende Rolle spielen kann.

Einleitung – Elemente der Preisfindung im IPO-Prozess

Neben der Strukturierung und Durchführung einer Aktienemission obliegt der konsortialführenden Bank, dem so genannten Lead Manager (der in der Regel auch Bookrunner ist und das Zeichnungsbuch verantwortet) u.a. die Steuerung der Emissionspreisfindung und Platzierung in der Endphase des Emissionsprozesses. Dabei gilt es, die Interessen der Anleger nach einem möglichst günstigen Emissionspreis (respektive einer positiven Sekundärmarktentwicklung) mit den Interessen des Emittenten und den Altgesellschaftern an einem möglichst hohen Platzierungserlös in Einklang zu bringen. Gegenüber dem bis Mitte der 90er Jahre angewendeten Festpreisverfahren hat sich dazu inzwischen das Bookbuilding-Verfahren als Marktstandard etabliert; in der Zwischenzeit hat es sich jedoch weiterentwickelt bzw. Variationen erfahren.

Bewertende Überlegungen werden schon in der Frühphase angestellt. Zur sachgerechten Unternehmenswertermittlung stehen dabei eine Vielzahl von Verfahren und Methoden zur Verfügung. Die Besonderheit bei der Bewertung eines Börsenkandidaten besteht weniger in der Theorie der Konzepte, sondern in der besonderen Situation: Im Rahmen des Börsengangs erreicht die auf das Unternehmen gerichtete Aufmerksamkeit einen Höhepunkt, der sich in der Zukunft selten wiederholen wird.

Richtig ist, dass im Zuge des Börsengangs eine Vielzahl von Informationen über das Unternehmen bereitgestellt werden. In diesem Zusammenhang darf jedoch nicht übersehen werden, dass die maßgeblichen bewertungsrelevanten Informationen (Planzahlen des Unternehmens) nur einem kleinen Personenkreis bekannt sind. Neben dem Unternehmen selbst sind dies die Corporate Finance- bzw. Equity Capital Markets-Abteilungen des Lead Managers bzw. der Lead Manager. Diese haben zudem noch die Möglichkeit, die Planzahlen des Unternehmens im Rahmen einer Business Due Diligence zu verifizieren und gegebenenfalls Adjustierungen vorzunehmen.

Research-Analysten sind zwar häufig schon in der Phase der Mandatsgewinnung am IPO-Prozess beteiligt; Planzahlen im Sinne einer mehrperiodischen Planung werden diesen aber nicht zur Verfügung gestellt. Dies geschieht vor allem deshalb, um die Unabhängigkeit des Research, dessen Ziel eine sachgerechte und neutrale Analyse ist, zu gewährleisten und damit verbundenes Konfliktpotenzial von vornherein auszuschließen.

In der Gesamtbetrachtung sind Research Reports im Rahmen der Informationsbereitstellung beim Börsengang essentiell und erlauben die Ansprache eines breiten Investorenkreises (auch indirekt). Die Informationsbereitstellung via Research einzuschränken, ist daher ein falscher Ansatz. Unseres Erachtens sollte die Stoßrichtung vielmehr dahin gehen, die qualitativen Standards für die Erstellung der Reports weiter zu erhöhen und diese regelmäßig zu überarbeiten.

Die Bedeutung des Emissionspreises (bzw. Platzierungspreises)

Fragt man einen Unternehmer bei der rückblickenden Betrachtung einer gelungenen Börseneinführung, ob der Platzierungspreis bzw. die Aussicht auf einen hohen Unternehmenswert an der Börse die wichtigste Rolle gespielt hat, wird er dies stets verneinen. Wir möchten dies nicht anzweifeln, zumal ein professioneller Emissionsbegleiter den Platzierungspreis ohnehin mehr als Ergebnis „qualvoller Vorbereitungen", „nächtlicher Prospektsitzungen", „umfangreicher Diskussionen mit Wirtschaftsprüfern" und „einer anstrengenden Roadshow" sieht und weniger als Zielsetzung. Auch wenn vor allem unter längerfristigem Blickwinkel der Platzierungspreis nicht die entscheidende Rolle spielt, ist die Bedeutung dennoch erheblich und die „Preisfrage" zieht sich durch sämtliche Phasen des Prozesses:

- Bereits beim so genannten Beauty Contest (Angebotspräsentation) ist der in Aussicht gestellte Unternehmenswert zwar in der Regel nicht „kriegsentscheidend", aber immer auch Ausdruck von Wertschätzung für das Unternehmen und damit auch für die Unternehmer bzw. Altaktionäre und Vorstände.
- Bewertungs-Updates führen bei ungünstigem Kapitalmarktverlauf und/oder negativer Entwicklung von Vergleichsunternehmen häufig zu lebhaften Diskussionen und stellen im Einzelfall die Fortsetzung des Prozesses in Frage.
- Für Research-Analysten ist die zielgenaue und marktgerechte Prognose des Unternehmenswerts auf Basis selbstständiger Überlegungen Gradmesser für die eigene Performance und damit essentiell für die Akzeptanz bei Investoren.
- Bei Gesprächen bzw. Anfragen von Medien und Pressevertretern hat die Frage nach der Bewertung die höchste Priorität.
- Aus Sicht der abgebenden Aktionäre (Altgesellschafter) entscheidet der Platzierungspreis über die Rendite des Investments.
- Bei der Börseneinführung von Untergesellschaften oder Beteiligungen (Konzerntochter-IPOs) ist der Preis die relevante Größe für erzielte Buchgewinne (und fallweise auch Verluste). Vergleichbar ist die Sichtweise von Private Equity-Gesellschaften.
- Aus Unternehmenssicht kommt bei der Preisfindung nicht nur die Wertschätzung des Kapitalmarktes zum Ausdruck, sondern der Platzierungspreis hat zudem gravierenden Einfluss auf den erzielten Mittelzufluss aus einer Kapitalerhöhung als finanzielle Basis für die weitere Unternehmensentwicklung.
- Nach erfolgter Börseneinführung ist der Preis (dann „Börsenkurs") des Unternehmens aus Sicht vieler Marktteilnehmer die wohl relevanteste Information und findet sich sowohl im Kursteil der Wirtschaftspresse als auch auf Reuters, Bloomberg und anderen Informationssystemen.

Vor diesem Hintergrund verwenden Investmentbanken viel Energie, um Datenqualität und Analyse zu verbessern, Unternehmensbewertungen besser zu erklären und zu optimieren sowie die Verfahren zur Ermittlung eines marktgerechten Emissionspreises über weitere Prozessinnovationen anzupassen.

Verfahren der Unternehmensbewertung

Der erste Blick – gleichermaßen von Institutionellen Investoren wie auch Privatanlegern – richtet sich typischerweise auf den gebräuchlichsten Multiplikator, das Kurs-Gewinn-Verhältnis (KGV) einer Aktie, vorzugsweise bezogen auf das Folgejahr. Weniger häufig stehen andere Multiplikatoren, wie das Kurs-Umsatz-Verhältnis, Kurs-Buchwert-Verhältnis oder die Dividendenrendite im Fokus. EBIT- oder EBITDA-Multiplikatoren, sind im Geschäft mit Unternehmenskäufen und -fusionen (Merger & Aquisitionen) an der Tagesordnung – an der Börse ist die Orientierung an diesen Kennziffern erfahrungsgemäß auf eine überschaubare Gruppe von Investoren als Anhaltspunkt für ihre Kauf- oder Verkaufsentscheidung beschränkt.

Allen aus dem Kapitalmarkt abgeleiteten Vergleichsmultiplikatoren ist gemeinsam, dass sie einen unmittelbaren Zusammenhang mit den aktuellen Marktpreisen herstellen. Damit fließt direkt in die Bewertung ein, was der Aktienmarkt zum Bewertungszeitpunkt als durchschnittliche Risikoprämie von (unsicheren) Erträgen aus der Beteiligung am Eigenkapital eines Unternehmens gegenüber einer (nahezu sicheren) Rendite aus festverzinslichen Anlagen fordert.

Spätestens der zweite Blick gilt eher fundamental orientierten Bewertungsverfahren, die auf einer Mehrperiodenbetrachtung der künftigen Erfolge des Unternehmens basieren. Die Mehrzahl der Analysen stellt dabei auf das so genannte Discounted Cashflow-Verfahren ab. Vereinzelt werden Ertrags- oder Dividendendiskontierungsmodelle verwendet. Daneben sind für spezielle Branchen besondere Konzepte- und Verfahren sinnvoll, wie eine „Pipeline-Bewertung" bei Biotech-Aktien oder die Ermittlung eines Nettovermögenswerts („Net Asset Value") bei Beteiligungsgesellschaften. Diese Verfahren bieten nur teilweise Neues und sind in der Regel kombinierte Verfahren aus den „klassischen" Bewertungsmethoden.

Das Kurs-Gewinn-Verhältnis (Price/Earnings-Ratio)

Die Bewertung durch Anwendung eines Kurs-Gewinn-Verhältnisses erscheint auf den ersten Blick sehr einfach. Die Komplexität dieses Verfahrens liegt auch weniger in der Berechnung, sondern der sachgerechten Ermittlung der einzelnen Parameter.

Zunächst wird bei der Gewinnermittlung regelmäßig auf das Folgejahr abgestellt, so dass damit in der Mehrzahl der Fälle eine Bereinigung von außerordentlichen Ergebnispositionen quasi automatisch erfolgt, sofern nämlich von einem branchentypischen Geschäftsverlauf ausgegangen werden darf. In Deutschland hat für die Gewinnermittlung (pro Aktie „nach Steuern") als Bezugsgröße für das KGV die DVFA/SG (Deutsche Vereinigung der Finanzanalysten/Schmalenbach-Gesellschaft) Leitlinien veröffentlicht. Bei dem DVFA/SG-Ergebnis werden vom Jahresergebnis nach deutschem HGB oder nach den internationalen IFRS-Vorschriften Adjustierungen vorgenommen (Bereinigung von Firmenwertabschreibungen, Bereinigung von Verwässerungseffekten durch Optionsprogramme usw.). Sofern der Gewinn nicht als DVFA/SG-Ergebnis gekennzeichnet ist, lautet die Kernbotschaft an dieser Stelle: Die vorgelegte Gewinngröße ist daraufhin zu hinterfragen und zu überprüfen, auf Basis welcher Vorschriften der Gewinn ermittelt wurde.

Durch Multiplikation des für das Zielunternehmen erwarteten Gewinns je Aktie (für das Folgejahr) mit einem aus der Branche abgeleiteten Vergleichs-KGV (für das Folgejahr) lässt sich bereits eine gute erste Indikation für den Unternehmenswert des Emittenten abgeben. Wesentlicher Vorteil dieses Verfahrens ist die durch seine Einfachheit und vorrangige Verwendung induzierte gute Datenbasis: Die Gewinnschätzungen je Aktie der Vergleichsunternehmen werden sich relativ einfach durch einen Blick auf die in den einschlägigen Datenbanken hinterlegten Konsensschätzungen der Analysten schnell und mit hinreichender Qualität erhalten lassen. Neben dieser einfachen „handwerklichen" Tätigkeit des Bewerters beim Multiplizieren zweier Zahlen verbleibt als „Kunst" die richtige Auswahl der relevanten Vergleichsunternehmen („Peergroup").

Bei der Auswahl der Peergroup werden zugleich die Grenzen des KGV ersichtlich: Der Börsenkandidat ist in der Regel nicht ohne Weiteres mit den börsennotierten Unternehmen der gleichen Branche vergleichbar; möglicherweise ist es für die relevante Region oder weltweit sogar das erste Unternehmen mit diesem Geschäftsmodell, das den Börsengang anstrebt. Unabhängig davon, wie viele potenzielle Vergleichsunternehmen vorhanden sind, entbrennt nicht selten eine lebhafte Diskussion um die Auswahl der Peergroup. Selbst wenn weitere Unternehmen derselben Branche an der Börse gelistet sind, besteht häufig die Situation, dass sich der Börsenaspirant noch in einer frühen Entwicklungsphase befindet. Dadurch sind für die kommenden Jahre noch höhere Wachstumsraten im Umsatz und Gewinn realistisch, als dies im Branchenvergleich auf den ersten Blick zu erwarten wäre. Das unverändert übernommene Vergleichs-KGV und dessen Anwendung auf das Zielunternehmen kann damit durchaus zu einem zu niedrigen Wert führen, als dies aus Marktsicht vertretbar wäre. Andererseits vergleichen sich Börsenaspiranten auch gerne mit etablierten Marktführern, die nicht selten zu Recht mit einem Bewertungsaufschlag („Premium") gehandelt werden.

Eine weitere Einschränkung des KGV-Konzepts liegt darin, dass eine gewinnbezogene Bewertung mathematisch nur möglich ist, sofern überhaupt ein Gewinn (zumindest in der Schätzung für das Folgejahr) vorhanden ist. So schließt sich eine Anwendung des KGV-Konzepts zumeist für Turn-around-Kandidaten aus. Wenngleich diese nicht das typische Profil eines Börsenkandidaten darstellen, sind in einzelnen Branchen, wie z.B. Biotechnologie, Börsengänge von Unternehmen um den Break-even oder sogar mit negativem Ergebnis üblich. Als Faustformel lässt sich etwa sagen, dass die Anwendbarkeit eines KGV von mehr als dem 30-fachen des erwarteten Gewinns an ihre Grenzen stößt. Die mangels Gewinn im Folgejahr „hilfsweise" Verwendung des übernächsten Jahres als Bezugsbasis dürfte in der Mehrzahl der Fälle wenig aussagefähig sein.

Grundsätzlich ist das KGV-Konzept durchaus in der Lage, verschiedene Wachstumsszenarien inhaltlich korrekt zu berücksichtigen und ist daher nicht auf eine rein statische Betrachtung beschränkt. Visibel erfolgt dies dadurch, dass die entsprechenden Potenziale einer Wachstumsbranche über die Peergroup in einem höheren Vergleichs-KGV aufgezeigt werden.

PEG-Ratio nicht verteufeln!

Die „Price/Earnings to Growth Ratio" (PEG-Ratio) setzt KGV und Ergebniswachstum zueinander ins Verhältnis und verallgemeinert daher die Anwendbarkeit des KGV-Konzepts. Sinnvoll ist die Anwendung insbesondere bei hohen Wachstumsraten von Börsenaspiranten, um die damit verbundene Unternehmensbewertungsperspektive aufzuzeigen. Der hinter der PEG-Ratio stehende Grundgedanke findet sich implizit schon im KGV selbst und sollte auch weiterhin berücksichtigt werden: Je höher das KGV, umso höher die Erwartungen an das Ergebniswachstum des Unternehmens, und zwar über das relevante Bezugsjahr hinaus. Das PEG-Ratio-Konzept kann insbesondere hilfreich sein, wenn eine Peergroup nicht verfügbar ist. Die Formel ist in ihrer simplen Ableitung aber kritisch zu betrachten – so beispielsweise der häufig genannte (lineare) Zusammenhang, dass eine PEG-Ratio von unter eins eine günstige, von über eins eine teure Aktie anzeigt.

Sicherlich rechtfertigt ein höheres Wachstum auch ein relativ höheres KGV. Die manchmal angestellte schlichte Betrachtung, dass eine Wachstumsrate von 40 Prozent damit dann auch ein KGV von 40 rechtfertigt, ist aber nicht zielführend. Dies würde nämlich im Umkehrschluss bedeuten, dass eine Aktie mit einem nachhaltigen Gewinnwachstum von immerhin einem Prozent per annum lediglich ein KGV von eins rechtfertigen würde – damit wäre der Kaufpreis mit dem nächsten Jahresgewinn gedeckt.

Kurs-Buchwert-Verhältnis: nicht gleichbedeutend mit „Value"

Das Kurs-Buchwert-Verhältnis (KBV) suggeriert durch seine typische Darstellung z.B. in Anlegermagazinen oft einen Value-Ansatz. Die Unterscheidung zwischen „Value-Ansatz" und „Growth-Ansatz" bei der Aktienauswahl ist jedoch eine künstlich herbeigeführte Differenzierung. Man sollte sich in diesem Zusammenhang vergegenwärtigen, dass diese Aufteilung „Growth versus Value" insbesondere in der Zeit nach dem Ende des Internet-Börsenhype bemüht wurde. In dieser Ära wurden wieder „neue" vertriebsorientierte Parolen „erfunden", um sich von den zuvor gescheiterten Börsengängen zu distanzieren. Wir vertreten in diesem Zusammenhang die Auffassung, dass einerseits kein Wert nachhaltig ohne Wachstum auskommt, und andererseits kein Wachstum ohne zugrunde liegende Wertbasis möglich ist.

Das KBV errechnet sich aus aktuellem bzw. intendiertem Kurs und dem bilanziellen Eigenkapital pro Aktie des Unternehmens, zumeist gemäß dem letzten verfügbaren Jahresabschluss. Die Bezugsgröße ist damit das kumulierte ursprünglich eingezahlte sowie das verdiente (und nicht ausgeschüttete) Kapital. Dem steht definitionsgemäß der Saldo aus allen Aktiva und der Verpflichtungen der Passivseite gegenüber – also das Nettobuchvermögen. Bei diesem Konzept wird unterstellt, dass das Nettobuchvermögen eine geeignete Kennzahl dafür ist, welches Ertragspotenzial künftig in dem Unternehmen stecken könnte. Nicht nur die durch unterschiedliche Bilanzierungsvorschriften verursachte Zufälligkeit eines eventuell durch einen Unternehmenskauf entstandenen Goodwill (der bei der KBV-Betrachtung grundsätzlich eliminiert werden sollte), sondern auch bislang nicht aktivierte, weil selbst geschaffene, immaterielle Vermögenswerte (die berücksichtigt werden sollten) zeigen exemplarisch die Schwächen dieser Kennziffer. Das KBV wird in der Praxis eher zur Vorauswahl eines potenziellen Anlagespektrums verwendet und eignet sich diesbezüglich auch eher nur für Branchen mit überwiegendem Sach- oder Finanzanlagevermögen. Es gilt aber jedenfalls nicht der zwingende Zusammenhang eines höheren Unternehmenswerts bei höherem Buchwert – sofern das Unternehmen künftig aus dem Nettovermögen keinen Ertrag mehr erzielen kann, ist es auch nichts mehr wert; die Liquidation des Vermögens führt dann zumeist auch nicht mehr zu einer Realisierung der Buchwerte. Lediglich für Kreditbanken, für die das Nettovermögen tatsächlich eine wichtige Kenngröße für ihre operative Ertragskraft darstellt, hat das KBV eine systematische Rechtfertigung. Um dennoch dem Buchwert für Börsenkandidaten etwas Positives abzugewinnen: Aus einem auffälligen KBV können durchaus Fragen abgeleitet werden, die es durch detaillierte Analyse des Unternehmens zu beantworten gilt.

Verlockende Dividendenrendite

In spezifischen Marktphasen häufen sich die Empfehlungen zum Kauf von Aktien mit hoher Dividendenrendite. Indizien für dieses zyklisch populäre Anlagemuster ist die verstärkte Auflage von Themenfonds oder -zertifikaten mit einer hohen Dividendenrendite als Auswahlkriterium. Oberflächlich betrachtet würde man der Argumentation durchaus folgen können, dass eine höhere nachhaltige Dividende unmittelbar einen höheren Unternehmenswert nach sich zieht. Das Risiko besteht zum einen in „heiß gelaufenen" Branchen, die in der jüngeren Entwicklung außergewöhnlich hohe Gewinne erzielt haben. Diese Gewinne stehen nun zu einem großen Teil zur Ausschüttung an, so dass eine hohe Dividendenrendite zu verzeichnen ist. Die entscheidende Frage ist schlicht: Wie nachhaltig ist diese hohe Dividende? Sofern zu erwarten ist, dass das Unternehmen diese Dividendenpolitik fortführen kann, so ist die Aktie wahrscheinlich eine gute Wahl. Sollte jedoch die Dividende bereits aus der Substanz bezahlt werden, so ist es vielleicht nur noch eine Frage der Zeit, bis sich eine außergewöhnlich hohe Dividendenrendite nicht nur durch entsprechende Kursentwicklung nach unten anpasst, sondern durch Reduzierung der Dividende selbst.

Bei Neuemissionen kann die Dividendenrendite insbesondere bei größeren Unternehmen durchaus ein hilfreiches Indiz sein. Bei kleinen Wachstumsunternehmen, die zumindest zahlenmäßig die meisten Börsenkandidaten stellen, ist die Frage nach der Dividendenrendite nur in Ausnahmefällen ein Thema.

Aufspüren von verstecktem Geld mit dem Umsatzmultiplikator

Bei der Betrachtung eines „Umsatzmultiplikators" sollte zuallererst geklärt werden: Handelt es sich bei der verwendeten Bezugsgröße um den Marktwert des Eigenkapitals (bzw. um den Aktienkurs, sofern der Umsatz auf die Zahl der Aktien heruntergebrochen ist) oder ist die Bezugsgröße der so genannte Enterprise Value (EV), also der fiktiv von den Nettofinanzverbindlichkeiten befreite „Brutto"-Unternehmenswert. Sofern diese Konzepte verwechselt werden, kann es zu ganz erheblichen Abweichungen im Ergebnis und damit zu Fehlentscheidungen bei der Investition kommen. Im ersten Fall wird der Multiplikator in der Regel mit Kurs-Umsatz-Verhältnis (KUV) bezeichnet, im zweiten Fall mit Enterprise Value/Umsatz. Sachlich richtig ist nur die Verwendung des Enterprise Value als Basis, um die Vergleichbarkeit zwischen Unternehmen mit sehr unterschiedlichen Finanzierungsstrukturen herstellen zu können. Dies gilt im Übrigen für alle Multiplikatoren, die eine Ertrags- oder Ergebnisposition verwenden, die sich vor Berücksichtigung des Zinsergebnisses ergeben (wie insbesondere den nachfolgend dargestellten EBIT- oder dem EBITDA-Multiplikatoren). Um zum Marktwert des Eigenkapitals zu gelangen, müssen von dem Produkt aus Vergleichsmultiplikator der Peergroup und dem relevanten Jahresumsatz des Unternehmens noch die Nettofinanzschulden (also Finanzschulden abzüglich nicht operativ erforderliche liquide Mittel) subtrahiert werden. Die Ermittlung des hieraus resultierenden Aktienkurses erfolgt in gewohnter Form durch Division mit der Zahl der ausstehenden Aktien. Die Schwierigkeit des Enterprise-Value-Konzepts besteht in der Verfügbarkeit der relevanten Vergleichsdaten. Insbesondere die Nettofinanzverbindlichkeiten sind aus den verfügbaren Datenbanken in der Regel nicht direkt zu entnehmen bzw. erfordern weitere Recherchen. Dennoch lässt sich durch dieses Konzept die Qualität der Analyse verbessern.

Im M&A-Geschäft hat sich das Enterprise-Value-Konzept durchgesetzt, während im Kapitalmarktgeschäft für börsennotierte oder an die Börse strebende Unternehmen alternativ auch häufig mit dem Kurs-Umsatz-Verhältnis argumentiert wird. Mathematisch wird schlicht Umsatz zum Marktwert des Eigenkapitals ins Verhältnis gesetzt. Neben der einfacheren Datengewinnung bietet diese Vorgehensweise aber keine sachlichen Vorteile, so dass die Verwendung für den potenziellen Investor allenfalls wiederum als Vorselektion einer großen Zahl von Aktien dienen sollte, die er sich dann im Anschluss genauer ansehen möchte. Dies bedeutet im Umkehrschluss, dass im Fall des Börsengangs – bei dem wir eine ausreichende Datenbasis unterstellen – die Verwendung des KUV eher ein Indiz für die mangelnde Mühe des Analysten oder für die fehlende fachliche Tiefe des Investorenmagazins darstellen dürfte, als dass ein inhaltlicher Grund für die Verwendung des KUV zu finden sein sollte.

Die Verwendung eines Umsatzmultiplikators – in welcher Form auch immer – birgt noch weiteres Fehlerpotenzial. Hierzu muss man sich vergegenwärtigen, was aus Bewertungssicht bei diesem doch so harmlos wie einfach wirkendem Konzept implizit unterstellt wird: nämlich, dass die Werte vergleichbarer Unternehmen unmittelbar linear proportional zu deren Umsatz sind. Dies stellt deutlich höhere Anforderungen an die tatsächliche Vergleichbarkeit der Peergroup. In der Realität sind aber selten Unternehmen wirklich derart vergleichbar. Im Wesentlichen kommt es darauf an, dass aus dem Umsatz ein vergleichbares Ertragspotenzial – vereinfacht Jahresergebnis – erzielt werden kann, also die gleiche Umsatzrendite vorliegt. Wäre diese Prämisse tatsächlich erfüllt, befände man sich übrigens wieder bei der KGV-Analyse. Regelmäßig ist die Rendite aber aus verschiedensten Gründen unterschiedlich: Das Vergleichs- oder Zielunternehmen kann sich in einer Turn around-Situation befinden, es kann profitablere oder unprofitablere Umsatzbestandteile aufweisen als die Vergleichsgruppe usw. So ist die analytische Fähigkeit des Bewerters hier wiederum stärker gefragt als bei anderen Methoden. Bei deutlichen Unterschieden zwischen dem Ergebnis aus der Anwendung des Umsatzmultiplikators und z.B. dem Ergebnis aus der KGV-Betrachtung sind je nach persönlicher Grundhaltung folgende Rückschlüsse möglich: „Bei dieser Bewertung ist etwas falsch" oder „Hier ist Geld versteckt".

EBITDA- und EBIT-Multiplikatoren

Weitere Multiplikatoren beziehen sich auf den Gewinn vor Steuern und Zinsen (EBIT, Earnings Before Interest and Tax) oder auf den Gewinn vor Zinsen, Steuern und Abschreibungen (EBITDA, Earnings Before Interest, Tax, Depreciation & Amortisation). Wie beim Umsatzmultiplikator werden die EBITDA- und EBIT-Multiplikatoren sachlich richtig auf den Enterprise Value bezogen, um die Vergleichbarkeit bei unterschiedlichen Finanzierungsstrukturen herzustellen und Verzerrungen hierdurch zu vermeiden. Der EV/EBIT-Multiplikator zeigt das Verhältnis zwischen dem – unverschuldeten – Unternehmenswert und der operativen Ertragskraft des Unternehmens. Der EV/EBITDA-Multiplikator neutralisiert beim Vergleich zusätzlich die Abschreibungssituation, die durch buchhalterische Überlegungen geleitet oder durch international unterschiedliche Abschreibungsnormen bestimmt worden sein kann. Tendenziell findet man diese beiden Multiplikatoren regelmäßig bei M&A-Transaktionen. Aber auch bei der Analyse von börsennotierten Unternehmen haben diese Verfahren zusätzlichen Nutzen, indem sie das Gesamtbild der Multiplikatorenbetrachtung um die Berücksichtigung der Margensituation auf den verschiedenen Ebenen der Gewinn- und Verlustrechnung anreichern. Diese Multiplikatoren sollten daher in keiner ordentlichen IPO-Analyse fehlen. Einschränkend sei lediglich die Verfügbarkeit bzw. Qualität der Daten für die Vergleichsunternehmen angemerkt.

Discounted-Cashflow-Methode als Non plus ultra?

Kapitalmarktstandard ist – weltweit – eindeutig die Discounted-Cashflow-Methode, und zwar in der Ausprägung des so genannten Entity-Ansatzes und dementsprechend einer Diskontierung mit den gewichteten Kapitalkosten (WACC, Weighted Average Cost of Capital), die sinnvoller Weise über den gesamten Planungshorizont konstant gehalten werden. Das bedeutet, dass zunächst der operative freie Cashflow ermittelt wird, sodass die Diskontierung dieser Zahlungsreihe zunächst den Enterprise Value ergibt. Das Attribut „frei" im Zusammenhang mit dem Cashflow bedeutet, dass dieser zur Bedienung von sowohl Eigenkapital als auch für das Fremdkapital zur Verfügung steht, d.h. dass dieser Cashflow vor Zinsergebnis, jedoch nach fiktiven Steuern (auf das Ergebnis vor Zinsen) ermittelt wird. Die Nettofinanzschulden werden dann vom Enterprise Value wiederum subtrahiert, um zum Wert des Eigenkapitals zu gelangen. Dieses Konzept hat seine elementaren Vorteile in der Einfachheit des erforderlichen Daten-Inputs. Insbesondere benötigt man durch Abkopplung vom Zinsergebnis keine explizite Finanzbedarfsplanung, sodass sich alle Diskussionen zum Thema Fremdfinanzierung und Ausschüttungsquote erübrigen. Lediglich die „operativen Bilanzpositionen", wie die Planung des Anlagevermögens im

Sinne eines Investitionsplans sowie des geschäftsnotwendigen und zu finanzierenden Working Capital einschließlich der Rückstellungen, sind notwendig. Viele Scheingenauigkeiten werden hierdurch vermieden und lassen damit den Fokus auf das Wesentliche zu. Die jeweilige Finanzierungsstruktur des zu bewertenden Unternehmens sowie die steuerlichen Auswirkungen hierauf können durch reine Rechentechnik mit in die gewichteten Kapitalkosten einbezogen werden, sodass eine Ableitung des Diskontierungszinses auch anhand von Vergleichsunternehmen mit abweichender Finanzierungsstruktur problemlos möglich ist. Ein weiterer Hauptvorteil des Discounted-Cashflow-Verfahrens gegenüber den Ertragsdiskontierungen ist, dass der Cashflow unabhängig von den verschiedenen Bilanzierungsverfahren oder den Bilanzierungsgrundsätzen des betreffenden Unternehmens ist: Während der Ertrag durch allerlei Aktivierungen verfälscht sein kann, ist die Basis für den Cashflow eindeutig und ergibt sich quasi automatisch aus einer vorgelegten GuV- und Bilanzplanung.

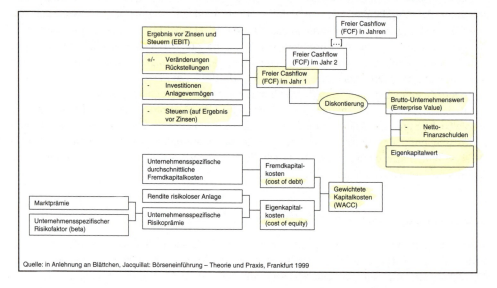

Abb. 1: Schematische Darstellung der Discounted-Cashflow-Methode (Entity-Ansatz)

Stellt die Discounted-Cashflow-Methode nun tatsächlich das Non plus ultra dar? Aus unserer Sicht votieren wir eindeutig für die DCF-Methode. Sie ist die einzige Methode, die alle beliebigen Branchen und Unternehmenssituationen erfassen kann und bei korrekter Anwendung im Ergebnis einen sachlich richtigen Unternehmenswert liefert. Dabei sollte ein Planungshorizont vorliegen, der die Unternehmensentwicklung bis zu einem „eingeschwungenen Zustand" abbildet. In aller Regel sind dafür drei bis fünf Planjahre ausreichend; bei Infrastrukturunternehmen, wie Netzbetreibern oder Flughäfen, sollte der Planungshorizont entsprechend länger sein.

Sicherlich kann man im Einzelfall über Bewertungsparameter, wie die Höhe des erwarteten bzw. geforderten Risikoaufschlags im Diskontierungssatz, die Länge des Planungshorizonts oder über die zugrunde liegenden Planannahmen diskutieren. Und mit entsprechendem Vorsatz oder Unvermögen lassen sich mit einer DCF-Bewertung auch „Mondpreise" errechnen. In jedem Fall liefert ein mehrperiodiges DCF-Modell insbesondere beim Börsengang eine wichtige Zusatzinformation zur Multiplikator-Analyse: Wie muss die Geschäftsentwicklung im Anschluss an den von den Multiplikatoren erfassten Zeitraum explizit aussehen, um den angestrebten Aktienkurs zu rechtfertigen? Mit anderen Worten: Ein KGV von exemplarisch 30 klingt relativ harmlos; z.B. eine Umsatz-Verdreifachung bei gleichzeitiger EBIT-Vervierfachung (als Ausgangsbasis für die Ermittlung des freien Cashflows) in den folgenden fünf Jahren zeigt die Prämissen auf und macht somit die Bewertung transparenter.

Kennzahl/ Verfahren	Definition/Beschreibung	Vorteile	Nachteile
Kurs-Gewinn-Verhältnis (KGV)	$KGV = Aktienkurs / Gewinn\ pro\ Aktie$	– einfache Anwendung – gute Datenbasis	– betrachtet nur ein Jahr als Bezugsbasis
Price/Earnings-to-Growth-Ratio (PEG-Ratio)	$PEG = KGV / Wachstum$ Wachstum: bezieht sich auf den Gewinn (pro Aktie)	– Verallgemeinerung des KGV-Konzepts – berücksichtigt unternehmensspezifisches Wachstumspotenzial	– „Missbrauchspotenzial" bei KGV > 30
Kurs-Buchwert-Verhältnis (KBV)	$KBV = \dfrac{Aktienkurs}{Buchkapital\ pro\ Aktie}$	– geeignet zur Vorauswahl	– kein direkter Zusammenhang zum Unternehmenswert
Dividendenrendite (DR)	$DR = \dfrac{Dividende\ pro\ Aktie}{Aktienkurs}$	– geeignet für etablierte Unternehmen	– i.d.R. nicht für Wachstumsunternehmen geeignet – unterschiedliche Pay-Out-Ratios führen zu Verzerrungen

Kennzahl/ Verfahren	Definition/Beschreibung	Vorteile	Nachteile
Kurs-Umsatz-Verhältnis (KUV)	$KUV = \dfrac{\text{Aktienkurs}}{\text{Umsatz / Aktienzahl}}$	– einfache Anwendung – eingeschränkt geeignet zur Vorauswahl	– Verzerrungen durch unterschiedliche Finanzierung – spezifische Ertragskraft des Unternehmens bleibt unberücksichtigt
Umsatzmultiplikator (EV/Umsatz)	$EV / \text{Umsatz} = \dfrac{(MK + S)}{\text{Umsatz}}$ MK = Eigenkapitalwert, Marktkapitalisierung S = Nettofinanzschulden, d.h. Finanzverbindlichkeiten abzüglich der überschüssigen liquiden Mittel	– korrekte Anwendung durch Enterprise-Value-Konzept – geringe Verzerrungen durch Rechnungslegung – ggf. Indiz für langfristiges Ertragspotenzial	– Auswahl der Peer Group erfolgskritisch – spezifische Ertragskraft des Unternehmens bleibt unberücksichtigt
EBIT-Multiplikator (EV/EBIT)	$EV / EBIT = \dfrac{(MK + S)}{EBIT}$	– korrekte Anwendung durch Enterprise-Value-Konzept – Ansatzpunkt ist operative Ertragskraft	– Datenbasis der Vergleichsunternehmen ggf. begrenzt
EBITDA-Multiplikator (EV/EBITDA)	$EV / EBITDA = \dfrac{(MK + S)}{EBITDA}$	– korrekte Anwendung durch Enterprise-Value-Konzept – bessere internationale Vergleichbarkeit durch Abstraktion von Abschreibungssituation	– Datenbasis der Vergleichsunternehmen ggf. begrenzt

Kennzahl/ Verfahren	Definition/Beschreibung	Vorteile	Nachteile
Discounted-Cashflow-Methode (DCF nach Entity-Methode)	$EV = \sum_{n=1}^{\infty} \left(\dfrac{FCF}{1+WACC^n} \right)$ $WACC = E \times \dfrac{MK}{EV} + D \times \dfrac{(EV-MK)}{EV}$ $MK = EV - S$ FCF = Freier Cashflow, d.h. EBIT abzgl. Investitionen, Veränderung Working Capital und Steuern (auf EBIT), zzgl. Veränderung Rückstellungen EV = **Brutto-Unternehmenswert** (Enterprise Value) MK = Eigenkapitalwert, Marktkapitalisierung S = (EV – MK) = Marktwert der Nettofinanzschulden WACC = gewichtete Kapitalkosten (Weighted Average Cost of Capital) E = Eigenkapitalkosten (Cost of Equity) D = Fremdkapitalkosten (Cost of Debt) n = Jahre	– universelles Konzept zur korrekten Ermittlung des Unternehmenswertes – anwendbar für alle Branchen und alle Unternehmenssituationen – Entity-Methode basiert auf Enterprise-Value-Konzept und erlaubt Vergleich unterschiedlicher Finanzierungssituationen – relativ einfache Datenbasis (einfacher als z.B. bei den Ertragswertverfahren)	– zugrunde liegendes mathematisches Konzept ist erklärungsbedürftig – umfassendere Datenbasis als bei Multiplikatoren erforderlich

Abb. 2: *Übersichtstabelle der gängigen Bewertungsmethoden (Quelle: DZ BANK Corporate Finance, Equities und M&A)*

Besondere Verfahren: z.B. Pipeline-Modell in der Biotechnologie

Für einzelne Branchen haben sich im Lauf der Zeit spezielle Bewertungsverfahren entwickelt. Dies ist in der Regel auf die besondere Ergebnisstruktur zurückzuführen. So werden Biotech-Unternehmen typischerweise mittels Pipeline-Modell betrachtet. Börsenkandidaten aus der Biotech-Branche hatten in den vergangenen Jahren gemein, dass sie kurz- bis mittelfristig keinen Gewinn und teilweise auch keinen nennenswerten Umsatz erzielten. Sofern aber ein Medikament die klinischen Testphasen erfolgreich durchläuft, entsteht mit der Zulassung ein immenser Wertgewinn. Bei Scheitern der Zulassung der wesentlichen Projekte hingegen wird das Unternehmen nahezu wertlos. Dies erinnert in der Risikostruktur an eine Kaufoption, die ebenfalls über einen Hebel am Erfolg des so genannten Underlying partizipiert, während sie wertlos verfällt, sofern das Underlying am Laufzeitende unter dem Basispreis notiert.

Übertragen auf das Pipeline-Modell stellt sich damit aber die Frage: Welchen Wert hat ein Medikament, nachdem es die Zulassung erfolgreich durchlaufen hat? Hierauf gibt die Methodik zunächst keine direkte Aussage – stattdessen muss der Potenzialwert eines Medikaments jeweils als Nebenrechnung, z.B. anhand eines separaten DCF-Modells, bewertet werden. Die so ermittelten (Potenzial-)Werte der einzelnen Medikamente werden in der Regel dann in Abhängigkeit ihrer Testphase mit aus der Historie abgeleiteten Erfahrungswerten über Ausfallwahrscheinlichkeiten belegt. Diese Ausfallwahrscheinlichkeiten richten sich nach mehrdimensionalen Faktoren (Indikationsgebiet, Entwicklungsstadium, Studiendesign usw.). Diese risikoadjustierten Werte werden aufsummiert und führen so zum Enterprise Value, von dem etwaige Nettofinanzverbindlichkeiten abzuziehen sind. Der Vorteil dieser Separierung einzelner Entwicklungen liegt vor allem in der transparenteren Darstellung und der Plausibilisierung, die auf Einzelproduktebene besser möglich ist. Insbesondere ist die Fortschreibung der Bewertung über einen längeren Beobachtungszeitraum einfacher, wenn nämlich ein Medikament die nächste Phase erreicht und sich damit die Wahrscheinlichkeit der Zulassung erhöht. Ein Problem besteht für den geneigten Leser von Analystenstudien häufig darin, dass sich die Rechnung als „Black Box" darstellt, da die Erfahrungswerte über spezifische Ausfallwahrscheinlichkeiten als Kern-Know-how gehütet und daher ungern offen gelegt werden.

Ein anderes Beispiel ist die Bewertung von Beteiligungsunternehmen, die branchentypisch den Net Asset Value (NAV) ausweisen. Dabei werden die Einzelwerte der Beteiligungen nach jeweils geeigneten Bewertungsverfahren ermittelt (z.B. DCF bei nicht notierten Anteilen, Börsenkurse bei fungiblen Anteilen) und zum Enterprise Value aufsummiert. Diese einfachen Beispiele zeigen, dass spezifische Branchenansätze ihre Berechtigung haben, indem sie auf branchentypische Gegebenheiten, Herleitungen oder Kennziffern abstellen. Die grundlegenden Bewertungsüberlegungen gelten selbstverständlich auch hier.

„Pre Money" versus „Post Money"

Für regelmäßige Verwirrung bei der Bewertung anlässlich eines Börsengangs sorgt die so genannte „Pre-Money"-Bewertung bzw. die „Post-Money"-Bewertung. Gemeint ist hiermit die Unterscheidung der Betrachtung vor Zufluss („Pre-Money") aus einer regelmäßig mit dem IPO verbundenen Kapitalerhöhung gegenüber der Situation nach dem Zufluss („Post-Money"). Mit dem Mittelzufluss aus einer Kapitalerhöhung erhöht sich der Unternehmenswert, aber zwangsläufig auch die Zahl der Aktien.

Unter den einfachsten Annahmen würde der Wert eines Unternehmens durch einen Barmittelzufluss genau um diesen Betrag steigen; bei korrespondierender Anwendung der höheren Aktienzahl ändert sich somit nichts am Wert je Aktie, sofern man eine Verwässerung (Kapitalerhöhung) auf Basis des Ausgabebetrags der Aktien unterstellt. Bei genauerer Analyse kann es aber durchaus möglich sein, dass dieser einfache Zusammenhang nicht gilt – z.B. sofern die zugeflossenen Barmittel aus einer Kapitalerhöhung zunächst nicht investiert werden und sich entsprechend nicht mit der Eigenkapitalrendite verzinsen. Kernbotschaft ist aber auch hier: Bei Diskussionen über den Wert beim Börsengang sollte klar sein, ob „Pre-" oder „Post Money" argumentiert wird.

Regressionsanalyse

Zur Verdeutlichung des Gesamtbildes sowie zur Abbildung spezifischer Bewertungszusammenhänge kann es sich anbieten, bestimmte Faktoren in ein relatives Verhältnis zu setzen und in Gleichungssysteme zu fassen (Regressionsanalyse).

Zudem werden in Abhängigkeit von der jeweiligen Branche besondere Kennziffern als Indikatoren verwendet. Für die Finanzbranche ist dies beispielsweise die Eigenkapitalrendite (Return on Equity, ROE). Nun wird zu Bewertungszwecken, wie bereits erwähnt, spezifisch das Preis-Buchwert-Verhältnis verwendet; dieses setzt seinerseits gedanklich an den erwarteten Ertragsaussichten im Verhältnis zum Eigenkapital an – also am ROE. Bei der Frage, welches KBV für die Bewertung als angemessen anzusehen ist, kann man somit nicht direkt auf den Mittelwert der entsprechenden Kennziffer der Vergleichsunternehmen abstellen. Eine Möglichkeit, dies sachgerecht zu berücksichtigen, ist eine Regressionsanalyse der Peergroup-Unternehmen bezüglich der Verhältnisse KBV zu ROE. Zur Verdeutlichung ein Beispiel:

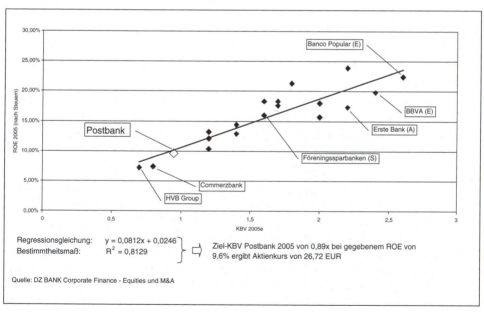

Abb. 3: *Regressionsanalyse: Neuemission Postbank AG 2004*

Die Regressionsgerade wird dergestalt ermittelt, dass die Abstände der einzelnen Punkte (exakter: deren mathematische Quadrate) die kleinste Gesamtsumme aufweisen. Die Steigung der Regressionsgerade zeigt an, um ein wie viel höheres KBV aus Bewertungssicht gerechtfertigt ist, wenn der erwartete ROE um eine (marginale) Einheit steigt. Die Regressionsgerade kann auch wie folgt interpretiert werden: Die Punkte unterhalb/rechts der Geraden zeigen überbewertete Aktien an, die Aktien oberhalb/links zeigen solche mit einer Unterbewertung an. Die Postbank-Aktie ist in der Grafik mit ihrem Platzierungspreis (€ 28,50) berücksichtigt – das Schaubild untermauert damit anschaulich die faire Bewertung der Postbank per IPO im Vergleich zur Branche.

Regressionsanalysen liefern zwar per se keine neuen Erkenntnisse für die Ermittlung des Unternehmenswertes – die Ergebnisse lassen sich auch durch andere Verfahren ermitteln. Dennoch vermittelt insbesondere die optische Aufbereitung plakativ die Einordnung einer Neuemission in eine Peergroup und verdeutlicht Bewertungszusammenhänge. Von daher erachten wir die Integration von Regressionsanalysen in Research Reports als „Zusatzinformationen" in Einzelfällen durchaus als zielführend.

Fazit: Gesamtbild als Königsweg

Um zu einer fundierten fundamentalanalytisch unterlegten marktgerechten Unternehmensbewertung (Fair Value) zu gelangen, ist es empfehlenswert, die aufgezeigten Bewertungsmethoden möglichst umfassend anzuwenden und sich nicht auf eine einzige Methode zu beschränken. Valide Aussagen zum Unternehmenswert lassen sich über Multiplikator-Analysen (KGV, EV/Umsatz-, EBITDA/Umsatz- und EBIT/Umsatz-Multiplikator jeweils für das letzte, das laufende und das folgende Jahr mit vergleichender Betrachtung zur Peergroup) ermitteln. Zur fundamentalen Verankerung ist diesen Ergebnissen ein DCF-Modell gegenüber zu stellen.

Im Kontext einer glaubwürdigen und nachvollziehbaren Unternehmensbewertung wird sich ein Investor – von Ausnahmesituationen abgesehen (z.B. kein Gewinn) – jedoch stets stark an der KGV-Methode orientieren. Liegt der DCF-Wert auf Basis des künftigen Wachstums deutlich über dem KGV-Wert, empfiehlt es sich, den KGV-Wert bei der Festlegung der Bookbuilding-Spanne zumindest mit abzubilden.

Problematisch ist in diesem Zusammenhang die Bewertung von Unternehmen in Zukunftsbranchen; derzeit zum Beispiel im Bereich von zukunftsträchtigen Innovationen in der Nano-Technologie: Eine aussagekräftige Peergroup ist nicht verfügbar, Gewinne entstehen erst in der Zukunft, und Umsätze sind entweder nicht vorhanden oder nur marginal. Multiplikator-Analysen sind damit nur begrenzt anwendbar. Unseres Erachtens bieten Diskontierungsverfahren die einzige Alternative, Unternehmenswerte zu errechnen und abzubilden. Die zugrunde liegenden Annahmen und Prämissen müssen in diesen Fällen besonders sorgfältig aufbereitet und regelmäßig kritisch hinterfragt werden. Bevor zur Validierung von Unternehmenswerten in derartigen Spezialsituationen andere Verfahren, wie optionspreistheoretische Ansätze, „ausprobiert" werden, ist es unseres Erachtens zielführender, weit im Vorfeld des Börsengangs Kontakt zu Portfoliomanagern zu suchen, die Interesse an „Zukunftsinvestitionen" haben und zum Teil selbst entsprechende Research-

Expertise vorhalten. Entsprechende Expertise vorausgesetzt, sind Portfoliomanager in der Lage, (aus Investorensicht) eine weitere (marktrelevante) Einschätzung abzugeben und gegebenenfalls Zeichnungsbereitschaft zu signalisieren. Angesichts der möglichen Steuerungsfunktion derartiger Investorengespräche wird diese Vorgehensweise häufig als „Pilot Fishing" bezeichnet.

Ein Blick in die Vergangenheit zeigt, dass der Kapitalmarkt bzw. die Marktteilnehmer letztlich immer wieder auf die zuvor beschriebenen Verfahren zurückgreifen. Erklärungsansätze, die nicht auf die Gewinn- und Verlustrechnung eines Unternehmens zurückzuführen sind oder sich zumindest in der Zukunft dort wieder finden (wie klicks oder page impressions zu Zeiten der Internet-Hype) werden heute gar nicht mehr erwähnt. Für die aktuelle Kapitalmarktpraxis gilt: Was nicht erklärt werden kann, sollte besser auch gar nicht zu erklären versucht werden.

Research Reports im Rahmen eines Börsengangs
Exkurs: Informationsgehalt des Prospekts unter Bewertungsgesichtspunkten

Der Prospekt ist das zentrale Dokument des Börsengangs und muss gemäß gesetzlicher Vorgabe über die tatsächlichen wirtschaftlichen und rechtlichen Verhältnisse, die für die Beurteilung der zuzulassenden Wertpapiere wesentlich sind, Auskunft geben sowie inhaltlich richtig und vollständig sein. Ist der Prospekt damit unter dem Gesichtspunkt „Preisfindung" von hoher Relevanz?

Da bei Kapitalmarkttransaktionen insbesondere bewertungstechnisch stark auf die Zukunft abgestellt wird, diese jedoch mit starken Unsicherheiten behaftet ist, kann als Ergebnis an dieser Stelle vorweggenommen werden. Zukunftsgerichtete Informationen im Sinne einer mehrperiodischen Planung des Emittenten können wohl kaum im Prospekt abgebildet werden. Dies ist durch die besondere Haftungssituation für den Prospekt begründet. Da im Vorfeld unklar ist, wie sich eine mögliche Plan-Ist-Abweichung im Nachgang haftungsrechtlich auswirken kann, werden die Prospektverantwortlichen (Emittent und Konsortialbanken) auf eine Darstellung der Planung im Prospekt verzichten. Dies gilt für die Konsortialbanken umso mehr, als die Erfüllung der Planung nur durch den Emittenten über seine operativen Tätigkeiten beeinflusst werden kann und sie damit jenseits des Einfluss- und Verantwortungsbereichs der Konsortialbanken liegt. Vielmehr ist es unter dem Blickwinkel „Vermeidung von Schadensersatzansprüchen" gängige Praxis, auf die Veröffentlichung zukunftsgerichteter Aussagen im Sinne mehrperiodischer Planzahlen generell zu verzichten.

Rückwirkung des Prospekts auf den bewertungsrelevanten Informationstransfer

Der Prospekt bzw. Prospektinhalt ist das zentrale Informationsdokument des Emittenten in Richtung Kapitalmarkt. Höchste Priorität genießt dabei die Herstellung eines konsistenten Informationsflusses, der sich durch alle Informationsmedien zieht. Aussagen, die nicht im Prospekt abgebildet sind, dürfen daher auch in keinem anderen Medium durch den Emittenten veröffentlicht werden. Dies gilt auch für die Weitergabe von Informationen im Rahmen des Analystenmeetings. Da unter Haftungsgesichtspunkten generell auf die Veröffentlichung zukunftsgerichteter Aussagen im Prospekt verzichtet wird, stellt der Prospekt bzw. Prospektinhalt in der Regel kein Medium dar, aus dem der Analyst validierbare Aussagen für einen fundierten Wertbildungsprozess und eine daraus entwickelte faire Unternehmensbewertung ableiten könnte. Somit entsteht in der Rückkopplung zwischen den induzierten Prospektinhalten und den seitens der Analysten im Rahmen des Analystenmeetings benötigten Informationen naturgemäß ein nicht zu unterschätzendes Informationsdefizit hinsichtlich zukunftsgerichteter Aussagen.

Im Fall der Emission von Großunternehmen stellen sich die Probleme in geringerem Umfang, da in solchen Fällen der Wertbildungsprozess anders funktioniert. Bereits in den Medien veröffentlichte Hochrechnungen und Schätzungen dienen häufig als Orientierung. Auf Basis solcher Informationen sind Analysten aufgrund ihrer fundierten Marktkenntnisse und ihres analytischen Know-hows in der Lage, ihrerseits Schätzungen zu ermitteln, deren Ergebnisse sich um die bereits veröffentlichten Schätzungen ranken. Im Rahmen des deutlich später stattfindenden Analystenmeetings erhalten Analysten die Möglichkeit, zu überprüfen, ob ihre Schätzungen zutreffend sind. Selbst wenn Informationen aus den Medien oder sonstigen Quellen nicht zur Verfügung stehen, ist es auch bei Emittentenprofilen mit internationaler Ausrichtung, die auf Weltmärkten agieren, vergleichsweise einfach, eine zutreffende Einordnung vorzunehmen. Analysten sind aufgrund der Größen- und eindeutigen Branchenzuordnung des Emittenten in der Lage, eine angemessene Peergroup zu bilden und damit zu einer fundierten Einschätzung des Unternehmenswertes zu gelangen.

Bei der Emission innovativer, mittelständischer Unternehmen, die gegebenenfalls einen spezifischen Nischenmarkt besetzen, existiert jedoch diese Form des market-sounding nicht, da regelmäßig vor dem Analystenmeeting kaum werthaltige Informationen in den Medien veröffentlicht werden, die eine Auseinandersetzung mit den Perspektiven des Emittenten sowie einem daraus abgeleiteten Unternehmenswert erlauben. Ebenso wenig lässt sich aus dem innovativen Profil des Emittenten automatisch eine vernünftige Einordnung mit Vergleichsunternehmen vornehmen. Vielmehr erhält ein Analyst im Extremfall erstmals im Rahmen des Analystenmeetings Gelegenheit, sich mit dem im Einzelfall sehr spezifischen Unternehmensprofil konkret auseinanderzusetzen.

Erstellung des Research Reports und inhaltliche Anforderungen

Um eine Kollision von Aussagen des Research Reports mit Informationen des Prospekts (als alleinigem Haftungsdokument) zu vermeiden, gelten sowohl für die inhaltliche Aufbereitung wie auch die Distribution des Research Reports bestimmte Regeln, die sich in entsprechenden Research Guidelines, Disclaimern, einer Quiet-Periode (Regelungen bzw. zeitliche Einschränkungen für die Veröffentlichung von Informationen durch den Emittenten) und einer Blackout-Periode (zeitliche Befristung für die Veröffentlichung von Research Reports durch die Konsortialbanken; in dieser Periode darf nicht veröffentlicht werden) niederschlagen. In Research Guidelines werden die Analysten u.a. darauf verpflichtet, ihre Aussagen als unabhängige Einschätzungen zu kennzeichnen und einen hohen Sorgfaltsstandard an Auswahl und Formulierungen der im Research enthaltenen Informationen zu legen. Die wohl wichtigste Verpflichtung der Analysten besteht regelmäßig darin, dass Schätzungen bzw. Prognosen der bewertungsrelevanten Finanzkennzahlen das Ergebnis einer eigenen und unabhängigen Meinung des Analysten sein muss und als solche zu kennzeichnen sind.

In diesem Zusammenhang existieren international Unterschiede hinsichtlich Umfang und Detaillierungsgrad der für eine fundierte Analyse des Emittenten relevanten Informationen, die den Analysten im Rahmen des Analystenmeetings durch den Emittenten sowie der Equity Capital Markets-Abteilung der konsortialführenden Bank zur Verfügung gestellt werden. So behandeln Investmentbanken bei Platzierungen im Rahmen eines Public Offering, das via Privatplatzierung gemäß Rule 144A (auch) in den USA stattfindet, aus Haftungsgesichtspunkten (die sich sowohl aus der US-amerikanischen allgemeinen Rechtsprechung als auch durch SEC-Regularien ergeben) das Thema Unternehmensbewertung extrem restriktiv. Teilweise wird sogar untersagt, im Rahmen des Research-Berichts eine Unternehmensbewertung abzugeben.

Bei im europäischen Raum stattfindenden öffentlichen Angeboten (Public Offerings) dagegen ist es gängige Praxis, den Analysten als Grundlage zur Bewertung eine „Guidance" zu geben. Dies geschieht üblicherweise über die Beantwortung folgender Fragen (exemplarisch):

- Wie sieht das Management die weitere Markt-/Branchenentwicklung; welche Marktanteile bzw. Marktpositionen (in den unterschiedlichen Segmenten) werden angestrebt?

- Erwartet das Unternehmen zukunftsgerichtet ein Umsatz- und Ertragswachstum analog zur Branchenentwicklung?

- Welchen Einfluss haben Umsatzzuwächse auf die Entwicklung der EBIT-Marge?

- Auf Basis welcher Faktoren ist es möglich, überproportional von Marktentwicklungen zu profitieren und relativ zum Wettbewerb Marktanteile zu generieren?

- Welche Vorlaufzeiten werden kalkuliert, um neue Märkte (Erweiterung der Wertschöpfungskette, neue Produkte, geografische Expansion) zu erschließen; wann wird mit ersten Umsatzbeiträgen gerechnet?

- Welche Alleinstellungsmerkmale begünstigen besondere Entwicklungen und Perspektiven?

Ohne entsprechende Guidance besteht die Gefahr, dass Analysten gezwungen werden, frei über eine angemessene Bewertung und Perspektiven des Emittenten zu „spekulieren", im Ergebnis fiktive Werte ermitteln und damit keineswegs zu einer vernünftigen und sachgerechten Anlageentscheidung beitragen.

Auf Basis der Guidance muss der Analyst eine eigene Finanzplanung erstellen, in der sich am Ende neben den Detailplanungen des Unternehmens eine Vielzahl von Informationen niederschlagen und die damit eine unabhängige Einschätzung des Analysten widerspiegelt. Gemäß DVFA-Empfehlung hat der Analyst dabei neben den zur Wertermittlung notwendigen Größen auch die Planbilanzen, die GuV und die Kapitalflussrechnung des Unternehmens für die kommenden drei Jahre abzubilden.

Mit der geschilderten Vorgehensweise wird einer sinnvollen Arbeitsteilung innerhalb der emissionsbegleitenden Banken zwischen Research-Abteilung einerseits und Equity Capital Markets (ECM) andererseits Rechnung getragen („Chinese Walls"). Sinn und Zweck dieser Arbeitsteilung ist es, dass Aussagen und Einschätzungen zum Emittenten nicht allein unter der Federführung des ECM- oder Corporate Finance-Teams (das auch an der Erstellung des Prospekts maßgeblich beteiligt ist) getroffen werden, sondern dass Aktienanalysten, die sich grundsätzlich an einem berufsständischen Ehrenkodex (u.a. DVFA, AIMR) messen lassen müssen, eine unabhängige und fundierte Einschätzung zum Emittenten abgeben. Der Prospekts allein kann dies nicht gewährleisten, denn weder Emittent noch die emissionsbegleitenden Banken werden aus Haftungsgründen bereit sein, dort eine detaillierte Finanzplanung aufzunehmen. Selbst wenn der Haftungsvorbehalt über entsprechende Hinweise auf zukunftsgerichtete Aussagen hinreichend ausgeräumt werden könnte, kann niemand besser eine transparente und neutrale Einschätzung des Emittenten abgeben als der Aktienanalyst, der neben dem erforderlichen Branchenwissen beispielsweise auch den wertvollen Abgleich mit vergleichbaren, bereits notierten Unternehmen liefert (da der Analyst Vergleichsunternehmen aus der Peergroup idealtypischerweise schon länger unter Beobachtung hat).

Ein Research-Bericht, der den geschilderten Richtlinien genügt, ermöglicht dem informierten Anleger die selbständige Überprüfung des ermittelten Unternehmenswertes bzw. der ermittelten Wertbandbreiten. Gleichzeitig erzwingt diese Vorgehensweise einen seriösen und qualitativ hochwertigen Umgang mit möglichen Entwicklungsszenarien.

Zeitpunkt des Analystenmeetings

Um Qualität und Informationsgehalt des Research Reports zu verbessern, ist es auf den ersten Blick zielführend, das Analystenmeeting relativ frühzeitig anzusetzen. Diese Betrachtung greift aber zu kurz, da der Prozess „Research-Erstellung" im Zusammenhang mit anderen Prozessbestandteilen gesehen werden muss. Ein professioneller Ablauf erfordert sowohl den Abschluss der Due Diligence als auch das Vorliegen testierter Konzernabschlüsse vor dem Analystentreffen, um unerwünschte Fehlentwicklungen von vorneherein auszuschließen. Außerdem sind Inkonsistenzen zwischen Analystenpräsentation und Prospekt zu vermeiden.

xx.xx.	Unterzeichnung Letter of Engagement; Kick off
	....
	....
22.02.	2. Drafting Session des Prospekts
27.02.	Vorlage der konsolidierten geprüften Jahresabschlüsse 200x -2 – 200x
01.03.	Vorliegen des Management-/Financial Due-Diligence-Reports
03.03.	Vorliegen des 3. Prospektentwurfs
06.03.	**Analyst Meeting**
07.03.	Finalisierung Prospekt (letzte Drafting Session)
14.03.	Antrag auf Billigung des Prospekts
27.03.	Erste Anmerkungen BaFin/Beginn Abarbeitung der Anmerkungen
10.04.	Vorliegen der Research Reports zur kritischen Durchsicht
21.04.	Vorliegen der endgültigen Version und Versand an Institutionelle
24.04.	Beginn Black Out, 00.00 Uhr
25.04.	Beginn des Pre-Marketing
	....
	....
xx.xx.	Notierungs- und Handelsaufnahme
	....

Tab. 1: Exemplarischer Zeitplan – Auszug

Im Ergebnis ist vor diesem Hintergrund das Analystenmeeting häufig vergleichsweise spät angesetzt. Daher ist es dringend geboten, eine fundierte Analystenpräsentation vorzubereiten, die Investment Case, Markt- und Wettbewerbssituation, Alleinstellungsmerkmale sowie Aussagen zum beabsichtigten Kapitalkonzept und Mittelverwendung beinhaltet. Darüber hinaus empfiehlt es sich, für das Analystenmeeting als solches ausreichend Zeit anzusetzen (unseres Erachtens mindestens vier Stunden).

Ergebnis: Der Research Report als bewertungsrelevante Informationsquelle

In der Praxis orientieren sich die Anleger weniger am Prospekt, sondern an anderen, zumeist einprägsameren Informationen: Einfach zugänglich sind z. B. öffentliche Informationen des Unternehmens über sich und seine Produkte (Werbung, Internet, Presseartikel). Vor allem aber dienen die Research Reports der Konsortialbanken zum Börsengang als Quelle wichtiger bewertungsrelevanter Aussagen, die den Anlegern entweder direkt (Institutionelle Investoren) oder mittelbar über Wertpapierberater oder die Medien zur Verfügung gestellt werden.

Die Rolle des Research Reports für die Börseneinführung ist somit wichtiges Instrument bei der Unterstützung von Anlageentscheidungen am Aktienmarkt und steht in engem Zusammenhang mit dem Prozess der Preisfindung im Rahmen des Börsengangs. Als Standardverfahren hat sich auf dem deutschen Kapitalmarkt hierbei das so genannte Bookbuilding-Verfahren etabliert. Im Gegensatz zum Festpreisverfahren werden bei diesem Prozedere die Investoren stärker in die Preisfindung eingebunden. Somit wird gewährleistet, dass sich der Platzierungspreis einer Aktie – basierend auf den im Research Report enthaltenen fundamentalen Unternehmensbewertungen der Konsortialbanken – durch Angebot und Nachfrage ergibt. Bevor es zu der eigentlichen Bookbuilding-Phase kommt, dienen Gespräche mit institutionellen Investoren im Rahmen des so genannten Pre-Marketing einer Aktienemission dazu, ein erstes Kapitalmarkt-Feedback für die betreffende Aktie zu erhalten.

Ein detailliertes Meinungsbild der Investoren wird in der Regel dadurch erzielt, dass diese die Möglichkeit erhalten, die von den Analysten der Konsortialbanken erstellten Research Reports zu sichten und zu evaluieren. Das Hauptaugenmerk liegt dabei auf der Verifizierung der Unternehmensbewertung und der Verarbeitung der Equity Story. Vorzugsweise beinhaltet der Research Report ein Votum für einen „fairen" Platzierungspreis oder eine Bandbreite, die die verschiedenen Bewertungsverfahren widerspiegelt. Im Ergebnis werden die (eng mit der Bank verbundenen) Investoren entsprechend ihrem aktuellen Wissensstand eine Preisindikation zur Aktie abgeben. Anhand dieser ermittelt die federführende Emissionsbank für das abschließende Bookbuilding (Phase, in der Zeichnungsaufträge abgegeben werden können und in das Zeichnungsbuch eingestellt werden) eine möglichst enge Bandbreite für den Platzierungspreis, der aus den Ergebnissen des Pre-Marketing abgeleitet wird. Im Anschluss daran beginnt die Roadshow, in der die Aktie entsprechend vermarktet wird.

Distribution von Neuemissionsstudien

In diesem Zusammenhang wird häufig eine ungleiche Behandlung von institutionellen Investoren und Privatanlegern bemängelt: Interessierten Institutionellen Investoren wird im Rahmen von One-on-Ones die Möglichkeit eines vertraulichen, persönlichen Gesprächs mit dem Management des Emittenten geboten; außerdem werden ihnen die Research Reports direkt zugesandt. Der Privatanleger dagegen erlebt das Management allenfalls über zwischengeschaltete Medien und erhält Informationen aus dem Research bestenfalls nur mittelbar über seinen Anlageberater oder ebenfalls über die Medien.

Wie ist der Mangel, dass Privatanlegern Research Reports nicht zur Verfügung stehen und ihnen damit wesentliche Informationen zur Abwägung einer Kaufentscheidung vorenthalten werden, zu beseitigen? Allein schon unter dem Blickwinkel der Beraterhaftung verbietet sich ein unkontrollierter Versand von Research Reports an Privatanleger. Eine Lösung besteht unseres Erachtens darin, Research Reports der Konsortialbanken offiziell – quasi als Prozessbestandteil – den Wirtschaftsredaktionen zu übermitteln.

In der Praxis gelangen die Medien ohnehin bei nahezu jedem Börsengang im Vorfeld der Transaktion in den Besitz von Research Reports. Zwar entzieht sich das daraufhin stattfindende Zitieren und Kommentieren der in den Research Reports getroffenen Aussagen – insbesondere auch der darin enthaltenen Modelle und Kennzahlen zur Unternehmensbewertung – naturgemäß jeder Kontrolle der Konsortialbanken. Auch besteht die Gefahr, dass Aussagen der Analysten stark vereinfacht, verkürzt und nicht selten auch falsch wiedergegeben werden. Dieser Praxis haftet jedoch nur scheinbar ein Makel an:

- Erstens lässt sich allein über die Medien überhaupt eine Verbreitung von Informationen über Börsengänge erreichen, die die Grundlage für eine weitergehende Auseinandersetzung mit dem Investment Case, der Bewertung sowie damit verbundenen Chancen und Risiken des Emittenten bietet.

- Zweitens ist die Ursache für eine eventuell irreführende Interpretation von Research-Inhalten am ehesten noch in der bislang mangelnden Bereitschaft der Konsortialbanken zu suchen, insbesondere die Fachpresse gezielt mit transparenten Informationen und Erläuterungen zu versorgen. Formal versuchen einzelne Institute bislang meistens, die Distribution von Research-Berichten an die Presse zu unterbinden. Wenn allerdings Bewertungsrelationen, die offensichtlich aus dem Research stammen, doch in der Presse auftauchen, wird dies zumeist als „willkommener Unfall" behandelt.

Angesichts dieses Zustands ist ein geordneter und offener Umgang zwischen Presse und Konsortialbanken ganz im Sinn einer Erhöhung der Transparenz und Verbesserung des Anlegeschutzes.

Preisfindungsverfahren: Festpreis, Bookbuilding

Festpreisverfahren

Beim Festpreisverfahren wird der Emissionspreis im Vorfeld der Platzierung zwischen dem Bookrunner und dem Emittenten (bzw. den Altgesellschaftern) festgelegt. Zu diesem Preis werden die Aktien vom Lead Manager übernommen und an die weiteren Konsortialbanken entsprechend ihrer Quoten zur Platzierung bei ihren Kunden weitergereicht.

Dieses zwar administrativ schlanke Verfahren birgt eine Reihe von Risiken. Wesentlicher Nachteil ist sicherlich, dass der Platzierungspreis schon zu Beginn der Platzierung fest fixiert wird und zu dessen Ermittlung lediglich die Markteinschätzung des Bookrunners herangezogen wird. Weiterhin wird das Nutzenpotenzial der Marketing-/Roadshow-Aktivitäten mit Blick auf z.B. vorhandene Preissensitivitäten, Ordergrößen, regionale Schwerpunkte nicht ausgeschöpft und birgt damit die Gefahr eines nicht marktkonformen Platzierungspreises. Darüber hinaus erfolgt die Zuteilung der Aktien in diesem Verfahren nicht nach Performance-Kriterien (Vertriebsanstrengungen, Nachfragegenerierung). Damit setzt man sich in größerem Umfang dem Risiko aus, dass es im Nachgang zu Aktienverkäufen kommt (sog. „flowback"), die sich negativ auf die Aktienkursentwicklung auswirken. Ungeachtet dessen hat das Festpreisverfahren in besonderen Situationen nach wie vor seine Existenzberechtigung und wird in Einzelfällen angewandt. Allerdings werden mittlerweile regelmäßig einzelne Elemente des Bookbuilding in das Festpreisverfahren integriert.

Bookbuilding

Seit Mitte der 90er Jahre ist das Bookbuilding-Verfahren gängige Kapitalmarktpraxis. Das Verfahren zeichnet sich dadurch aus, dass Investoren während der Zeichnungsphase die Möglichkeit haben, innerhalb der Bookbuilding-Spanne ihre Zeichnungsaufträge aufzugeben. Die Emissionspreisfindung gestaltet sich hierbei – in Abgrenzung zum Festpreisverfahren – in einem mehrstufigen Prozess: Zunächst führen die Emissionsbanken auf Basis ihrer Research Reports Sondierungsgespräche mit potenziellen Investoren. Diese Pre-Marketing-Gespräche erstrecken sich – je nach Größe der Transaktion – über einen Zeitraum von ein bis zwei Wochen. Auf Basis der Ergebnisse dieser Gespräche (insbesondere Einschätzung zur Bewertung und zum Investment Case) sowie der damit verbundenen Einschätzung des erwarteten Nachfrageverhaltens wird eine Bookbuilding-Spanne festgelegt. Diese Preisspanne ist die Basis für die Entgegennahme von Zeichnungsaufträgen, die über einen Zeitraum von ein bis zwei Wochen in einem Orderbuch beim Bookrunner zusammenlaufen. Im Zeichnungsbuch wird sichtbar, wer, wann, mit welchem Volumen und mit welcher Limitierung Zeichnungen aufgegeben hat. Aus diesen Informationen lassen sich wertvolle Ableitungen mit Blick auf die Prozessdynamik und die spätere Festlegung des Platzierungspreises sowie die Zuteilung treffen. Die Zuteilung erfolgt dabei nicht auf Basis von im Vorfeld festgelegten Quoten der Konsortialbanken, sondern auf Basis der Einschätzung des Bookrunners zu der Qualität jeder einzelnen institutionellen Order. Qualitätskriterien, die für diese Entscheidung herangezogen werden, sind exemplarisch für die Größe und Expertise des Investors in der relevanten Branche, sein Sekundärmarktverhalten in vorangegangenen Transaktionen (z. B. Nachkäufe) sowie die Teilnahme am Pre-Marketing und an der Roadshow.

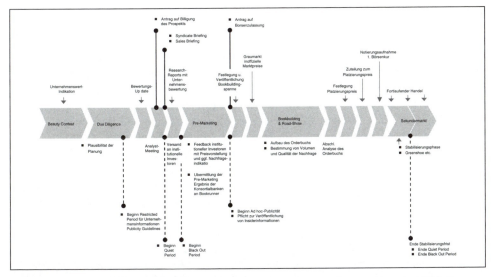

Abb. 5: Zeitlicher Ablauf des Bookbuilding und Elemente des Pricing im IPO-Prozess (Quelle: DZ BANK Corporate Finance, Equities und M&A)

Somit verlagert sich beim Bookbuilding-Verfahren die dem Festpreisverfahren innewohnende Emissionspreisverhandlung Emittent/Bank in Richtung Emittent/Markt/Investoren. Damit wird eine deutlich höhere Sicherheit erzielt, einen marktkonformen Emissionspreis festzulegen, da dieser zum einen durch eine gesteigerte Informationsdichte gekennzeichnet ist und zum anderen zeitlich erst kurz vor der Notierungsaufnahme fixiert wird. Schließlich wird durch die Zuteilungsentscheidung auf Einzelorderbasis der „Flowback" im Sekundärmarkt minimiert, da die im Rahmen der Roadshow und in vergangenen Transaktionen gewonnenen Informationen nutzenstiftend im Sinne der Emission eingesetzt werden.

Neben diesen Vorteilen existieren aber auch einige Prozessnachteile des Bookbuilding: Zum einen ist der erhöhte administrative Aufwand zu nennen, der aus der deutlich erhöhten Komplexität des Verfahrens herrührt. Weiterhin ist in der Praxis zu beobachten, dass sich der „Orderflow" beim Bookrunner konzentriert, da dieser in Abgrenzung zu den übrigen Konsortialbanken am Ende des Prozesses hohen Einfluss auf die Zuteilung hat. Damit können die Vermarktungsaktivitäten der übrigen Banken unwirtschaftlich und deren Motivation, maßgeblich an der Platzierung mitzuwirken, negativ beeinflusst werden. Gerade in schwächeren Marktphasen kann es schwierig sein, eine „marktkonforme" Bookbuilding-Spanne zu ermitteln, wenn wesentliche Kerninvestoren versuchen, einen besonders günstigen Emissionspreis zu erzielen, der einen „ungerechtfertigten" Preisabschlag beinhaltet. Diesem Ablauf wird teilweise dadurch begegnet, dass eine besonders breite Bookbuilding-Spanne gewählt wird (üblich sind ca. 15–25 Prozent). Damit setzt sich der Konsortialführer bzw. das Konsortium aber unter Umständen dem Vorwurf aus, keine klare Meinung zum Emissionspreis zu haben, was wiederum ein Signal der Schwäche in den Markt setzt und ein negatives Presseecho sowie diesbezügliche Diskussionen nach sich ziehen kann.

Decoupled IPO

Als Sonderform des Bookbuilding wurde in Deutschland im Jahre 2005 erstmals das so genannte „Decoupled IPO-Verfahren" bei der Emission der Conergy AG eingesetzt. Im traditionellen Bookbuilding beginnt nach einer fest definierten Investor Education-/Pre-Marketing-Phase der Zeichnungsprozess. Die Bookbuilding-Spanne wird dabei auf Basis des Investoren-Feedbacks aus dem Pre-Marketing festgelegt. Parallel zur Zeichnungsphase begibt sich das Management des Emittenten auf Roadshow, um den Investment Case bei Investoren vorzustellen. Demgegenüber begibt sich beim Decoupled IPO das Management schon auf Roadshow, ohne vorher eine Preisspanne festzulegen (daher auch die Namensgebung: Entkopplung von Roadshow und Zeichnungsfrist). Es wird lediglich angedeutet, in welchem Zeitrahmen der Zeichnungsprozess beginnen kann. Die eigentliche Zeichnungsphase startet mit einem Prospektnachtrag und dauert nur wenige (in der Regel drei) Tage. Im Anschluss daran wird nach Zuteilung die Erstnotiz vorgenommen.

Emittent	Datum	Verfahren	Volumen (inkl. Greenshoe in Mio €)	BB-Spanne (Initial)	BB-Spanne (Final)	Platzierungspreis	1. Kurs	Kurs 12/05
Paion	9.02.	Bookbuilding	46	11,00–14,00	8,00–14,00	8,–	8,–	7,88
Premiere	8.03.	Bookbuilding	1.179	24,00–28,00	24,00–28,00	28,–	30,50	14,80
Conergy	16.03.	Decoupled IPO	243	48,00–54,00	48,00–54,00	54,–	71,–	80,90
MTU AG	6.06.	Bookbuilding	749	19,00–22,00	19,00–22,00	21,–	21,89	26,28
Interhyp	28.09.	Decoupled IPO	115	36,00–42,00	36,00–42,00	42,–	51,–	76,–
Ersol	29.09.	Decoupled IPO	154	36,00–42,00	36,00–42,00	42,–	65,–	43,50
Q-Cells	5.10.	Bookbuilding	313	29,00–34,00	35,00–38,00	38,–	49,–	49,25
HCI	5.10.	Bookbuilding	320	19,00–23,00	19,00–23,00	20,50	20,50	16,89
Tipp24	12.10.	Decoupled IPO	96	16,50–20,50	16,50–20,50	20,50	20,50	20,–
Lloyd	27.10.	Bookbuilding	102	19,00–21,00	16,00–18,00	16,–	15,60	15,56

Emittent	Datum	Verfahren	Volumen (inkl. Greenshoe in Mio €)	BB-Spanne (Initial)	BB-Spanne (Final)	Platzierungspreis	1. Kurs	Kurs 12/05
Jerini	31.10.	Bookbuilding	57	3,20–3,60	3,20–3,60	3,20	3,10	3,45
Thielert	17.11.	Bookbuilding	142	12,00–14,00	12,00–14,00	13,50	13,50	15,35
Praktiker	22.11.	Bookbuilding	634	16,00–19,00	14,00–15,00	14,50	14,90	15,25
Rothmann	23.11.	Festpreis	17	1,55	1,55	1,55	1,55	1,49

Tab. 2: Übersichtstabelle IPOs 2005 (Prime- und General-Standard) – Verfahren der Preisermittlung

Wie aus der vorstehenden Beschreibung ersichtlich, wird die Festlegung der Bookbuilding-Spanne im Decoupled IPO-Verfahren zum einen nicht nur auf Basis von Investoren-Feedback aus dem Pre-Marketing festgelegt, das die Vertriebseinheiten der Konsortialbanken einholen, sondern das Management hat im Rahmen der Roadshow die Gelegenheit (aber auch die Aufgabe), nicht nur den Investment Case „zu vermarkten", sondern auch den Unternehmenswert „zu positionieren". Schließlich ist die Festlegung der Preisspanne auch insofern „marktnäher", als zwischen ihrer Festlegung und endgültigem Pricing/Zuteilung ein deutlich kürzerer Zeitraum liegt (drei Tage vs. Dauer der kompletten Roadshow) und somit eine gewisse Flexibilität hinsichtlich des eigentlichen Starts der Zeichnungsphase existiert.

Den Vorteilen des Verfahrens, insbesondere größere Flexibilität der Wahl des genauen Zeichnungsfensters, größere Informationsdichte bei Festlegung der Bookbuildingspanne sowie gegebenenfalls höheres Transaktionsmomentum durch kurze Angebotsfrist, stehen auch Nachteile gegenüber: So kann die Angebotsfrist für die Entscheidungsfindung bestimmter Investoren(-gruppen) zu kurz sein (z.B. Retail) und eine fundierte Bewertungsevaluierung nicht an der Roadshow beteiligter Investoren kann in der kurzen Frist nur eingeschränkt möglich sein. Im Emissionsjahr 2005 zeichneten sich Decoupled IPO-Transaktionen dadurch aus, dass es sich um „Hot Issues" in einer guten Marktphase handelte, die eine sehr gute Investorenaufnahme gefunden haben. Trotz Decoupled IPO-Verfahren waren deutliche Kursgewinne im Sekundärmarkt zu verzeichnen. Anders ausgedrückt: Alle mit diesem Verfahren durchgeführten Emissionen fanden eine gute Marktakzeptanz; eine Verbesserung unter der Zielsetzung „marktkonformer Emissionspreis" ist aber nicht erkennbar.

Aufgabe des Lead Managers ist es zu antizipieren, ob über das Pre-Marketing-Feedback hinaus Erkenntnisse aus der Roadshow weiteren nennenswerten Nutzen stiften. Dies wird insbesondere dann der Fall sein, wenn es sich beim IPO-Kandidaten um ein kleines bis mittelgroßes Wachstumsunternehmen handelt und die damit verbundenen Spezifika im direkten Kontakt mit dem Management wesentlich besser akzentuiert und positioniert werden können. In der Gesamtbetrachtung bewerten wir das Decoupled IPO-Verfahren als sinnvolle prozesstechnische Ergänzung mit fallweiser Anwendungsmöglichkeit; die Bewährungsprobe in einem schwierigen Umfeld steht aber noch aus.

Darüber hinaus sehen einzelne Marktteilnehmer den Vorteil des Decoupled IPO-Verfahren u.a. darin, dass externe Bewertungsindikationen im „Graumarkt", die im Einzelfall störend wirken können, erst sehr spät, d.h. nach offizieller Verkündung der Bookbuilding-Spanne, zur Verfügung stehen.

Emissionsdiscount?

In der gängigen Literatur oder in Beiträgen zum Preisfindungsprozedere bei Neuemissionen findet sich häufig die Formel, dass ein Discount von 15–20 Prozent auf den Fundamentalwert vorzunehmen ist, um eine ordnungsgemäße Marktaufnahme zu gewährleisten. Begründet wird dies als „notwendiger Kaufanreiz" oder auch als „Abschlag für ein noch zu erwerbendes Kapitalmarkt-Standing".

Diese Auffassung teilen wir nicht. Gleichwohl kann nicht bezweifelt werden, dass Discounts bisweilen erforderlich sind, um eine Emission durchzuführen. Diese basieren aber nicht auf einem mathematischen Gleichungssystem, sondern sind Ausfluss der individuellen Kapitalmarktverfassung zum Emissionszeitpunkt und dem damit verbundenen „Risikoappetit" der Investoren. Bei hoher Risikoneigung kann auf Abschläge verzichtet werden; eine stark nachlassende Risikobereitschaft gefährdet unter Umständen die Durchführung der Emission und erfordert daher einen adäquaten Kaufanreiz. In der Praxis bewegen sich die Abschläge eher in einer Bandbreite von bis zu max. 30 Prozent.

Die Bedeutung des Graumarktes – Handel per Erscheinen

Der Handel per Erscheinen umschreibt keine fest umrissene Geschäftsform (darum auch „Graumarkt"), da spezialgesetzliche regulatorische Rahmenbedingungen fehlen. Im Zug der Börseneinführung neuer Aktien ist ein Handel per Erscheinen aus Sicht der Prozessbeteiligten zwar häufig nicht gewollt, aber dennoch regelmäßig insbesondere bei Freimaklern möglich; so z.B. bei DKM Wertpapierhandelsbank AG („Schnigge") sowie bei Lang & Schwarz Wertpapierhandel AG. Käufer und Verkäufer in diesem Markt lassen sich aus Sicht der konsortialführenden Banken nur schwer identifizieren, zumal das regulatorische Umfeld in Verbindung mit selbst auferlegten Vertragsgestaltungen den Konsortialbanken eine Teilnahme am Handel per Erscheinen untersagt.

Wer sind nun die Akteure im Graumarkt? Der Broker bzw. Makler selbst wird es nicht sein. Dessen Interesse ist regelmäßig darauf gerichtet, seinem Kunden ein spezielles Angebot zu unterbreiten (oder neue Kunden hinzuzugewinnen) und in diesem Zusammenhang über entsprechende Kursstellung (Geld/Brief-Spanne) Gewinne zu erzielen. Das in diesem Zusammenhang (kleinere) Positionen aufgebaut werden, ist eher Nebenbedingung und der riskante Bestandteil des Geschäfts, aber nicht die Zielsetzung.

Mutmaßungen, Verkäufer im Graumarkt seien Altaktionäre (die ja über Aktien verfügen), die sich bereits vor der Notierungsaufnahme von Teilen ihres Bestands trennen, möchten wir entgegentreten. Zum einen sprechen umfangreiche Lock-Up-Vereinbarungen gegen diese Vorgehensweise; selbst wenn dies nicht der Fall wäre, können gerade Altaktionäre überhaupt kein Interesse daran haben, durch Verkaufsorders im Vorfeld Preisdruck zu erzeugen und damit den Erfolg der Emission zu gefährden oder zumindest einzutrüben. Verkäufer im Graumarkt sind daher eher Spekulanten, die Leerverkäufe tätigen und in diesem Zusammenhang darauf setzen, die Papiere nach erfolgter Börseneinführung günstig zurückzukaufen. Fallweise sind im Graumarkt auch institutionelle Investoren aktiv, die kein nachhaltiges Interesse an der Aktie haben, aber aufgrund ihrer Positionierung damit rechnen dürfen, eine Zuteilung zu erhalten. Bei entsprechender Kursstellung sind hier vergleichsweise sichere Gewinne möglich.

Auf der Käuferseite finden sich ebenfalls Spekulanten; diejenigen z.B., die von einem äußerst positiven Verlauf ausgehen und ihre Gewinne nach erfolgter Börseneinführung durch Verkauf im Sekundärmarkt erzielen wollen. Darüber hinaus agieren im Graumarkt auf der Käuferseite auch kleinere institutionelle und private Vermögensverwalter, die die Emission positiv bewerten, geringe Aussicht auf Zuteilung erwarten und eine Partizipation an der Entwicklung der neuen Aktien zum frühestmöglichen Zeitpunkt sicherstellen wollen.

Hinsichtlich der Transaktionsvolumina wird der Graumarkt häufig überschätzt. In der Mehrzahl der Fälle sind die Umsätze äußerst bescheiden. Es wäre aber ein Fehler, den Graumarkt deshalb zu ignorieren; immerhin liefert der Graumarkt eine zusätzliche, quasi öffentliche Preisinformation, und es werden auf dieser Basis erste transaktionswirksame Gebote abgegeben. Faktisch liefert der Graumarkt den ersten (inoffiziellen) Marktpreis. Weniger die Umsätze, sondern die Preisindikation hat durchaus Einfluss auf den Emissions- bzw. Zeichnungsverlauf – dies insbesondere in psychologischer Hinsicht. Viele Privatanleger steuern – teilweise auch in Ermangelung anderer, bewertungsrelevanter Informationen – ihr Zeichnungsverhalten durch starke Orientierung an den Graumarktpreisen. Es wäre aber ein Trugschluss, zu glauben, institutionelle Investoren seien gegen Graumarktpreise immun. Zum einen sind Portfoliomanager auch Menschen, zum anderen erzeugt allein das Wissen um das Zeichnungsverhalten anderer (der Privatanleger) entsprechende Wirkung, sodass sogar unter professionellen Gesichtspunkten etwas dafür spricht, das eigene Zeichnungsverhalten gegebenenfalls anzupassen.

In der Gesamtbetrachtung erzeugt der Graumarkt nicht selten eine „self fulfilling prophecy" mit unerwünschten Nebenwirkungen (im positiven wie im negativen Sinne) für den Preisfindungsprozess. Da das regulatorische Umfeld aber Eingriffe des Bookrunners in keinem Szenario zulässt, müssen diese Effekte in Kauf genommen werden.

„Fair Value" versus Marktpreis

Abschließend stellt sich die Frage nach „Differenzen" zwischen dem von Analystenseite errechneten so genannten „Fair Value" und dem Marktpreis bzw. Platzierungspreis der Aktie. Teilweise fallen diese beiden auch im Sekundärmarkt, d.h. bei bereits länger am Kapitalmarkt notierten Unternehmen, stark auseinander; beim IPO sind die Abweichungen im Einzelfall noch deutlicher.

Hierzu gibt es zwei Extrempositionen. Die erste lautet: Der Markt hat immer Recht, d.h. im Preis ist alles (beispielsweise Gewinnschätzung, Liquidität, Risikopräferenz) vollständig enthalten. Mit anderen Worten: Der Analyst hat unrecht. Die andere Position lautet: Der faire Wert spiegelt die fundamentale Sicht (sofern der Analyst richtig gerechnet und prognostiziert hat) wider. Die Aktie sollte sich also demnächst dem fairen Wert annähern. Mit anderen Worten: Der Markt hat unrecht. Unseres Erachtens dürfte die Wahrheit zwischen diesen Extrempositionen liegen. Außerdem kommen unterschiedliche Analysten in der Regel auch zu unterschiedlichen Einschätzungen hinsichtlich des Unternehmenswerts, sodass die genaue Abgrenzung in der Praxis ohnehin nur eingeschränkt möglich ist.

Zudem darf ein wesentlicher Punkt nicht übersehen werden: Sowohl die analytische Wertfindung als auch die prozesstechnische Umsetzung finden immer in unterschiedlichen Marktphasen statt, und eine temporäre Kapitalmarktzyklik in Verbindung mit situativ stark verändertem Investorenverhalten kann die fundamentale Einordnung im Einzelfall überlagern oder sogar aushebeln. Anders ausgedrückt: Der Kapitalmarkt besteht etwa zur Hälfte aus Emotionalität; diese ist finanzanalytisch und prozesstechnisch nicht zu jedem Zeitpunkt greifbar. Vor diesem Hintergrund empfehlen wir grundsätzlich „Sensibilität" bei der Festlegung des Emissionspreises.

In diesem Zusammenhang abschließend einige Hinweise:

- Das Unternehmen bzw. Management des Emittenten sollte akzeptieren, dass es lernen muss, den Kapitalmarkt zu verstehen; nicht umgekehrt.

- Investorenvertrauen entsteht im Zug einer Transaktion, ist aber nicht per se vorhanden. In diesem Zusammenhang sollten sich Emittenten bewusst sein, im Sinne einer langfristig angelegten Investorenbindung zunächst den Nachweis der Nachhaltigkeit ihres Geschäftsmodells, ihrer Marktposition und Wachstumsstrategie zu erbringen, statt zwar verständliche, aber möglicherweise kontraproduktive Optimierungsbestrebungen beim Platzierungspreis durchzusetzen.

- Die Tragweite eines unter den ursprünglichen Zielvorstellungen liegenden Emissionspreises hat nur begrenzten Einfluss auf die weitere Unternehmensentwicklung. Entsprechende Performance vorausgesetzt, bietet der Kapitalmarkt in einer Mehrperiodenbetrachtung hinreichend Gelegenheit, die von Investoren geforderten Preisabschläge aufzuholen sowie den Nachweis zu erbringen, dass die im Zuge des Börsengangs angekündigten Ziele verwirklicht werden.

- Echte Erfolgsstories an der Börse wurden noch nie mit, sondern immer erst nach der Erstnotierung geschrieben.

Die Vermarktungsphase – Pilot Fishing, Investor Education, Roadshow und Platzierung

Johannes Borsche und Klaus Fröhlich, Morgan Stanley Bank AG

Zusammenfassung

Historisch gab es zwei Phasen der Vermarktung eines Börsengangs – Pre-Marketing und Roadshow/Platzierung. Heute lässt sich die Vermarktung eines Börsengangs in drei Phasen einteilen:

1. Pilot Fishing (nicht für alle Börsengänge geeignet)
2. Investor Education (früher: Pre-Marketing)
3. Roadshow und Platzierung

Ziel der Vermarktung eines Börsengangs ist, das Unternehmen bestmöglich im Markt zu positionieren und einen Preis bei der Platzierung zu erzielen, der es sowohl zulässt, eine stabile Aktionärsstruktur zu schaffen als auch eine positive Entwicklung der Aktie im Nachmarkt zu ermöglichen. Das Erreichen dieser Ziele hängt stark damit zusammen, wie die Vermarktung der Transaktion strukturiert ist, welche Investoren angesprochen werden und welche Einstellung das Management zu seinen Investoren hat – nicht nur während des Börsengangs, sondern auch im Nachmarkt.

Banken und Emittenten haben jedoch vor allem in den schwierigen Börsenjahren 2001 bis 2003 erkannt, dass die herkömmlichen Vermarktungsmethoden manchmal nicht ausreichen, um dem Emittenten eine genügend hohe Erfolgswahrscheinlichkeit seines Börsenganges zu bieten. Investoren waren nach den hohen Verlusten der Börsenjahre 2001 und 2002 zurückhaltend bei Investitionen in Neuemissionen und setzen seitdem höhere Ansprüche an die Informationspolitik der Unternehmen und die Interaktion mit den Vorständen der Börsenkandidaten. Dies hängt vor allem von Reifegrad und Geschäftsmodell eines Unternehmens ab. Investoren verlangen unterschiedliche Vermarktungskonzepte vor allem für junge Unternehmen sowie für Unternehmen, bei denen das Geschäftsmodel schwieriger zu verstehen oder zu vergleichen ist bzw. für solche Unternehmen, die keinen Track Record aufweisen können.

Pilot Fishing

Hintergrund

Um diesen Investorenansprüchen gerecht zu werden und das Risiko einer Absage bzw. Restrukturierung des Börsengangs zu vermindern, wurde im Jahr 2003 das so genannte „Pilot Fishing" als Vorstufe der Vermarktung eingeführt. 2001 bis 2003 gab es im deutschsprachigen Raum lediglich 29 IPO-„Versuche", von denen neun abgesagt wurden. Ein Investor, der im März 2000 genau 100.000 € in den DAX bzw. jeweils 5.000 € in die letzten 20 deutschen Börsengänge bis Juni 2001 investiert hatte, hätte innerhalb der folgenden drei Jahre 72.685 € bzw. 76.830 € verloren. Eine direkte Folge dieser extremen Negativ-Performance war ein erhöhter Druck auf Fonds-Manager, bei der Anlageentscheidung vorsichtiger vorzugehen.

Börsenkandidaten standen daher mehr denn je vor der Herausforderung, sich zu beweisen, denn Fonds-Manager hatten in der schwierigen Börsenphase auch mit Kapitalabflüssen und kritischen Fragen nach der Fonds-Performance zu kämpfen. Diese Konstellation machte es immer schwieriger, ein Investment in Börsenneulinge in internen Fonds-Gremien zu rechtfertigen. Nur absolut „wasserdichte" Geschäftsmodelle schafften es in dieser Zeit an die Börse und dann meistens auch nur nach erheblichem Marketingaufwand, häufig zu hohen Bewertungsabschlägen bzw. nach Transaktionsrestrukturierungen.

Um das Risiko der Absage des Börsengangs aufgrund der Unsicherheiten im Zusammenhang mit der Bewertung bzw. der Attraktivität des Geschäftsmodells für die institutionellen Investoren zu vermindern, wurde daher erstmals im Frühjahr 2004 bei der schweizerischen Biotech Firma Basilea (Morgan Stanley Bookrunner) – einem der ersten Börsengänge im deutschsprachigen Raum seit 2001 – das Pilot-Fishing angewandt.

Ziel des Pilot Fishing

Das Pilot Fishing dient dazu, frühzeitig ein Kennenlernen bzw. eine Partnerschaft zwischen Unternehmen, Banken und Investoren zu ermöglichen. Auf dieser Basis kann die Equity Story marktnäher gestaltet werden, die Erwartungen sowohl der Investoren als auch der Emittenten hinsichtlich der Bewertung können frühzeitig kanalisiert und somit eine höhere Erfolgswahrscheinlichkeit des Börsengangs geschaffen werden. Ferner können schwierigere Geschäftsmodelle mit größerem zeitlichen Vorlauf der Investorengemeinschaft „erklärt" werden. Das Pilot Fishing ist keineswegs für jeden Emittenten bzw. für jede Marktsituation geeignet. Ein vorsichtiger Einsatz dieser Marketing-„Vorstufe" ist angeraten, reagieren doch Investoren irritativ auf die damit verbundene hohe zeitliche Inanspruchnahme beispielsweise zu Lasten starker Aktivität am Kapitalmarkt.

Vorstand oder Banker?

Pilot Fishing kann auf zwei verschiedene Arten durchgeführt werden. Entweder treffen Investmentbanker, die engstens mit der Unternehmensstory vertraut sind, auf Investoren, oder der Vorstand des Unternehmens trifft die Investoren direkt. Welche der beiden Methoden gewählt wird, hängt auch davon ab, wie gut vorbereitet und geschult das Management im Umgang mit Investoren und in der Vermarktung des Unternehmens zum Zeitpunkt des Pilot Fishing ist.

Um nicht einen falschen Eindruck bei Investoren zu hinterlassen – der erste Eindruck zählt und Investoren haben ein langes Gedächtnis –, empfiehlt es sich daher manchmal, die Investmentbanker die erste Runde des Pilot Fishing durchführen zu lassen. Ist jedoch das Management sehr gut vorbereitet und fühlt sich sicher, Investorengespräche zu führen, so kann das Pilot Fishing auch direkt vom Management durchgeführt werden.

Timing

Die IPO-Vorbereitung durch Emittent, Banken, Anwälte, Wirtschaftsprüfer und andere Berater sollte bis zum ersten Pilot Fishing bzw. bis zur Analystenpräsentation unter dem Ausschluss der Öffentlichkeit stattgefunden haben. Dies verschafft dem Emittenten maximale Flexibilität beim Gestalten des Börsengangs. Vorschnelle Aussagen gegenüber einem breiten Kreis von Interessierten oder gar der Presse zum Emissions-Zeitplan, führen zu einer Erwartungshaltung, die – wenn nicht erfüllt – zu schädlichen Spekulationen seitens der Presse führen kann.

Unternehmen sollten daher vorsichtig abwägen, ob eine frühzeitige Ankündigung des Börsengangs, um z.B. Privatanleger an der Transaktion zu interessieren, sinnvoll ist und sorgfältig vorbereitet wurde, um der „Enttäuschung" bei möglicher Verschiebung vorzubeugen. Meist empfehlen Banken in jeglicher Kommunikation mit dem Markt möglichst lange weitgehend vage zu sein, um Flexibilität zu bewahren. Aus diesen Gründen findet das erste Pilot Fishing in der Regel kurz vor der Analystenpräsentation statt. Investoren unterzeichnen typischerweise Vertraulichkeitserklärungen vor den Pilot Fishing-Meetings, damit der private Charakter der Transaktion gewahrt bleibt.

In dieser Weise eingesetzt, ermöglicht das Pilot Fishing, Schwächen in der Equity Story oder mangelnde Akzeptanz bei Investoren frühzeitig zu erkennen und zu beseitigen. Wesentliche Bestandteile des Geschäftsmodells werden auf den Prüfstand gestellt und können vertraulich mit Investoren getestet werden. Eine aus diesen Gesprächen möglicherweise erforderlich werdende Restrukturierung oder Verschiebung des Börsengangs ist zu diesem frühen Zeitpunkt weniger schmerzlich als zu einem Zeitpunkt, zu welchem schon mehr Investoren, Analysten und die Presse involviert sind.

Das Pilot Fishing vor der Analystenpräsentation kann somit wertvolles vertrauliches Feedback zur Positionierung des Unternehmens bieten und in die Gestaltung der Analystenpräsentation eingearbeitet werden. Es ist das letzte Mal, dass dies in einem relativ „privaten"

Kreis unter dem Ausschluss der Öffentlichkeit stattfinden kann, bevor durch das Briefing der Analysten der Kreis der beteiligten Personen wesentlich größer und schwer zu kontrollieren ist.

Auf diese Weise kann auch ein komplexeres Geschäftsmodell frühzeitig bei Investoren eingeführt und positioniert werden.

Pilot Fishing kann zu einem späteren Zeitpunkt wiederholt werden – z.B. kurz vor Veröffentlichung der Research-Studien, um dem Management (falls dies in der „ersten Runde" nicht involviert war) eine weitere Plattform zu bieten, den Markt zu testen. Allerdings besitzt die Transaktion zu diesem Zeitpunkt schon einen halb-öffentlichen Charakter durch die Analystenpräsentation.

Inhalt

Die typische Pilot Fishing-Präsentation ist ein Auszug aus der Analystenpräsentation und im Großen und Ganzen ein Vorgänger der späteren Roadshow-Präsentation – sowohl hinsichtlich der Länge als auch des Detaillierungsgrades der Informationen.

In der ca. halbstündigen Präsentation sollten das Geschäftsmodell, die Equity Story und eventuell auch historische Kennzahlen des Unternehmens vorgestellt werden. Daran schließen sich eine weitere halbe Stunde Fragen und Antworten an. Investoren sollten vorab von den begleitenden Banken ein „Public Information Book" zur Verfügung gestellt bekommen, das alle relevanten, öffentlich zugänglichen Information über das Unternehmen beinhaltet und mit dem sich Investoren auf das Gespräch vorbereiten können.

Zielinvestoren und Dauer

Um eine möglichst relevante Stichprobe der Marktmeinung zu erzielen, empfiehlt es sich, zwei oder drei Tage für das Pilot Fishing zu reservieren.

Für einen deutschen Börsengang sollte man an einem Tag in Frankfurt vier bis fünf der großen Frankfurter Fonds-Manager besuchen und ein bis zwei Tage in London verbringen. In London sollte man – je nach Unternehmen und Sektor – eine Mischung von sowohl traditionellen Investoren und Hedgefonds als auch Generalisten und Sektorspezialisten als Zielgruppe ansprechen. So kann mit Hilfe des richtigen Investorenmix ein realistisches Bild der Marktmeinung ermittelt werden.

Anwendung bei Börsengängen

Während Pilot Fishing in den Jahren 2003 bis 2005, bedingt durch das schwierige Marktumfeld, bei vielen Börsengängen angewandt wurde, so ist dies in einem konstruktiven Marktumfeld nicht mehr unbedingt notwendig.

In einem freundlichen Marktumfeld (Mittelzuflüsse in Aktienfonds, gute Nachmarktentwicklung der IPOs) mit einer Vielzahl von Neuemissionen im Markt sind Investoren weniger gewillt, normale Börsenkandidaten frühzeitig zum Pilot Fishing zu treffen. Es sollte daher solchen Unternehmen vorbehalten sein, deren Equity Story wenig ausgereift und/oder schwierig zu verstehen ist, oder bei denen es andere Gründe gibt, warum Unternehmen und Berater zu dem Schluss kommen, dass es vorteilhaft sein könnte, Pilot Fishing zu betreiben. Ausnahme ist z.B., wenn man ein eher schwer zu verstehendes Geschäftsmodell oder ein Unternehmen eines „neuen" Sektors mit genügend zeitlichem Vorhang dem Markt vorstellen möchte.

Unternehmen sollten daher genau mit ihren Beratern erwägen, ob im gegebenen Marktumfeld und vor dem Hintergrund des spezifischen Geschäftsmodells Pilot Fishing anzuwenden ist.

Investor Education

Bei den meisten Platzierungen fängt die Vermarktungsphase mit der Investor Education (früher Pre-Marketing) an. Am Anfang dieser Phase publizieren die Research-Analysten ihre Research-Studien und versenden sie an eine große Zahl von Investoren inner- und außerhalb Europas (nicht USA).

Ziel

Ziel der Investor Education ist, dem Markt durch Sektorexperten (die Research-Analysten) das Geschäftsmodell und die Equity Story zu erklären, um:

- Investoren mit der Story vertraut zu machen
- Feedback zum Investment Case und vor allem zur Bewertung zu sammeln, das es ermöglicht, im Fall des herkömmlichen Bookbuilding-Prozesses am Ende der Investor Education-Phase die Preisspanne festzulegen
- Investoreninteresse für Einzelgespräche mit dem Vorstand während der Roadshow zu sondieren

Investor Education durch Research-Analysten

Nach Publikation der Studien führen die Analysten mit möglichst vielen Investoren vor Festlegung der Preisspanne Einzelgespräche. Zu diesem Zweck reisen die Analysten der beteiligten Konsortialbanken in alle wichtigen Finanzzentren Europas, um dort die wichtigsten Investoren zu treffen und mit dem Investment Case des Börsenneulings vertraut zu machen.

Meistens benutzt der Analyst eine eigens vorbereitete Präsentation zur Vermarktung, die die wesentlichen Bestandteile seiner Studie beinhaltet.

Investor Education durch Aktienvertrieb

Zum Zeitpunkt der Publikation der Studien werden auch die „Sales-Leute" im Aktienvertrieb der Banken durch die Analysten und – in einigen Fällen – auch die Investmentbanker für den Börsengang geschult. Dies ist deshalb wichtig, da gerade auch die Sales-Leute ausführlich mit Investoren über den Börsengang sprechen, und somit ein gewisser Multiplikatoreneffekt erzielt wird. Hier gibt es in der Regel bei den meisten Banken Sektorspezialisten (Specialist Sales), die sich ausschließlich mit der Vermarktung von Unternehmen eines bestimmten Sektors beschäftigen, und Generalisten (Generalist Sales), die sich auf bestimmte Investoren spezialisiert haben, jedoch Aktien sämtlicher Sektoren vertreiben. Ferner gibt es bei vielen Banken auch noch den deutschen Aktienvertrieb, der bei deutschen Börsengängen selbstverständlich eine wichtige Rolle spielt.

Durch die Schulung einer Vielzahl von Sales-Leuten wird eine breite Streuung und Vermarktung ermöglicht, die der bestmöglichen Positionierung des Unternehmens dient und – sehr wichtig – eine breite Generierung von Feedback zur Folge hat. Dieses Feedback ist für die Festlegung der „richtigen" Preisspanne durch die Banken und das Unternehmen unerlässlich.

Zielinvestoren und Dauer

Ziel der Investor Education sollte sein, dass alle relevanten Meinungsführer der Investorengemeinschaft in Europa und ggf. in den Vereinigten Staaten ausreichend informiert wurden und sich zum Geschäftsmodell, zur Equity Story und zur Bewertung geäußert haben, um eine korrekte Festlegung der Preisspanne zu ermöglichen und das Management und den Markt ausreichend auf die Roadshow vorzubereiten.

Die Investor Education dauert in der Regel mindestens eine Woche, um Research-Analysten und Aktienvertrieb genügend Zeit zu geben, ausreichend viele Investorengespräche zu führen. Eine zweiwöchige Investor Education ist der Marktstandard. Bei kürzeren Zeitplänen kann jedoch auch die Investor Education mit der Roadshow überlappen. Dies ist unkompliziert, solange dieselben Finanzzentren am Anfang der Investor Education durch die Analysten besucht werden, wie zu Beginn der darauf folgenden Roadshow durch das Management.

Empfehlenswert ist es, am Anfang der Investor Education die für einen deutschen Börsengang wichtigen Finanzzentren Frankfurt und London zu besuchen. Die Meinungsführer an diesen Börsenplätzen sind ausschlaggebend für das Gelingen der Emission und sollten somit frühzeitig in den Marketingprozess eingebunden werden. Wurde im Vorfeld der Investor Education ein Pilot Fishing durchgeführt, so sollte diesen Investoren im weiteren Verlauf des Marketingprozesses besonderes Augenmerk verliehen werden.

Roadshow

Nachdem der Markt ausreichend durch Research-Analysten und Aktienvertrieb während der Investor Education und ggf. des Pilot Fishing vorbereitet wurde, präsentiert sich der Vorstand des Unternehmens dem Markt. Dies erfolgt während einer meist zweiwöchigen Roadshow.

Ziel

Ausgewählte Investoren, die als Kerninvestoren für den Börsengang angesehen werden, wurden ausführlich mit dem Geschäftsmodel des Börsenneulings vertraut gemacht und haben ihr Interesse an der Emission den Banken gegenüber in detailliertem Feedback während der Investor Education bekundet. Da gerade bei Börsenanwärtern die Erfahrung und Fähigkeit, das Geschäftsmodell auch tatsächlich zu erfüllen, im großen Maß von der Qualität des Vorstands abhängt, beginnt nun die wichtigste Phase – nämlich, den Markt davon zu überzeugen, dass das Management des Unternehmens die Strategie auch wirklich in die Praxis umsetzen kann.

Wie wichtig der persönliche Eindruck vom Management für das Gelingen eines Börsenganges ist und wie wesentlich dieser Faktor in der Bewertung von Unternehmen sein kann, wird häufig unterschätzt.

Fundamental wichtig ist daher, die Roadshow-Präsentation auf die gegenwärtigen Bedürfnisse des Marktes auszurichten. Es ist ebenfalls essentiell, dass das Management ggf. mit Hilfe von Präsentationstrainern geschult wird, die Roadshow-Präsentation vorzutragen.

Das Ziel der Roadshow muss sein, den Markt davon zu überzeugen, dass das Geschäftsmodell des Börsenkandidaten nicht nur auf dem Papier überzeugend ist, sondern auch von den Personen, die letztlich das Geschäftsmodell tragen, glaubwürdig umgesetzt werden kann.

Zielinvestoren und -orte

Die Frage bei einem Börsengang, welches die „richtigen" Zielinvestoren sind, beschäftigt Investmentbanker, Konsortialabteilungen und Unternehmen „ad nauseam" vor jedem Börsengang. Bedingt durch die Vielzahl der marktbeeinflussenden Faktoren und der sich ständig verändernden Marktverhältnisse ist es extrem schwierig vorherzusehen, welche Investoren genau an einem bestimmten Börsengang interessiert sind.

Für einen deutschen Börsengang fängt die Roadshow fast immer in Frankfurt an und geht dann im Anschluss nach London, um an den – für eine deutsche Emission – wichtigsten Börsenplätzen frühzeitig Momentum zu gewinnen. Doch schon der darüber hinaus gehende Besuch an Börsenplätzen wie Zürich, Amsterdam, Paris, Mailand oder in Skandinavien hängt stark davon ab, wie das Interesse bei Investoren während der Investor Education ausfällt. Erst nachdem Investoren die Analysten gesehen und den Investment Case richtig verstanden haben, wissen die Banken, ob ein Investor an einem Investment interessiert ist.

Denn nicht jedes Unternehmensprofil passt in jeden Aktienfonds – und dies stellt sich erst nach der ersten Marketingphase richtig heraus.

Mit großer Wahrscheinlichkeit kann man jedoch davon ausgehen, dass die großen deutschen Fonds-Manager nahezu jeden deutschen Börsengang prüfen und daher nahezu immer Zielinvestoren sind.

Emittenten sollten eine Privatplatzierung in den Vereinigtem Staaten im Rahmen des Emissionskonzepts erwägen. Einige US-Investoren (vor allem Pensionskassen) können bei internationalen Platzierungen nur in einer solchen Privatplatzierung gemäß der so genannten Rule 144 A investieren und müssen, sollte es lediglich eine Offshore-Platzierung sein, von einem Investment absehen. Um die größtmögliche Optionalität und Platzierungsbreite sicherzustellen, sollten die Emittenten die Rule 144 A-Variante wählen – es sei denn, spezifische Gründe sprechen dagegen. Wird diese Variante gewählt, so ist es wichtig, auch mindestens einen Tag der Roadshow in den USA zu verbringen.

Bei anglo-amerikanischen Investoren gibt es auch bestimmte Investoren, die so große Fondsvolumina verwalten und in so viele Sektoren, Länder und Größensegmente investieren, dass man auch nahezu sicher sein kann, dass diese Investoren an allen Aktienemissionen zumindest Interesse haben. Diese Investoren werden als globale Investoren kategorisiert und zählen weltweit zu den wichtigsten Meinungsführern; an ihnen führt kein Börsengang vorbei. Sollten diese Investoren oder z.B. eine Vielzahl der deutschen Investoren die Equity Story eines Börsenneulings nicht „kaufen", dann müssen sich Emittent und begleitende Banken ernsthaft Gedanken machen, ob die Art der Vermarktung und das Geschäftsmodell überhaupt börsentauglich sind. Zu diesen globalen Investoren gehört derzeit auch die sehr wichtige Gruppe von Investoren, die erst in den letzten zehn Jahren an Bedeutung gewonnen hat – Hedgefonds.

Hedgefonds

Weltweit gibt es nahezu 8.000 Hedgefonds, die Vermögen von mehr als 1.000 Mrd. $ verwalten. Für einen deutschen Börsengang sind in etwa 150 bis 200 Hedgefonds relevant, die von ihrer Größe oder Bedeutung her anzusprechen wären. Man kann davon ausgehen, dass ein Grossteil dieser Fonds einen Investmentansatz hat, der nahezu identisch ist mit dem der traditionellen oder „long-only" Investoren – nämlich Aktien auf fundamentaler Basis zu kaufen und zu halten. Diese Hedgefonds gehören heutzutage zu den wichtigsten Meinungsführern bei Neuemissionen, da sie über die vergangenen zehn Jahre eine Vielzahl von „Star Fonds-Managern" aus den traditionellen „long-only" Fonds anziehen konnten. Vielleicht kann man es auch andersherum betrachten: Traditionelle Fonds-Manager verhalten sich, bedingt durch den Performance-Druck, zunehmend wie Hedgefonds, und bedingungslose langfristige Anlagehorizonte gehören zur Ausnahme.

Hedgefonds zeichnen sich dadurch aus, dass sie meistens über kein klar definiertes Mandat bezüglich Anlageziel oder Anlagehorizont verfügen – das einzige Ziel ist absolute Performance mit einer Rendite von üblicherweise 15–20 Prozent pro Jahr.

Die Abwesenheit fester Investitionsvorgaben und das Vertrauen der Anleger in das Talent des Hedgefonds-Managers ermöglichen es den Fonds, extrem flexibel in eine Vielzahl von Situationen zu investieren. Dazu gehören z.B. auch Investitionen in private Unternehmen, die von einem Börsengang zwar noch etwas entfernt sind, jedoch eine weitere Finanzierungsrunde benötigen, die mit Private Equity-Investoren nicht darzustellen ist.

Durch die Qualität der Analyse und Fähigkeit der Hedgefonds, ggf. vom Markt unentdeckte Ineffizienzen aufzuspüren, sind die Hedgefonds gerade in London und den USA mittlerweile unter den Hauptmeinungsführern. Immer mehr Börsengänger „umarmen" die Hedgefonds-Gemeinschaft und lernen in diesem Prozess von den Fonds nicht nur etwas über ihr eigenes Unternehmen, sondern auch über Mitbewerber. Viele Börsengänger haben festgestellt, dass diese Anlegergruppe sehr hilfreich sein kann und auch später dem Unternehmen mit Rat, Tat und Kapital zur Verfügung steht. Typische Beispiele sind beispielsweise die Spinoffs von Hypo Real Estate und Lanxess. In beiden Fällen standen „long-only" Investoren den Börsenneulingen skeptisch gegenüber und verkauften ihre Anteile sehr bald nach der Abspaltung. Im Gegensatz dazu sahen Hedgefonds das Potenzial dieser Unternehmen und waren entsprechend bereit, massiv zu investieren.

Diese Gruppe von Investoren wird gerade in Deutschland häufig missverstanden. Börsenaspiranten sollten ihnen jedoch offen gegenüberstehen und sich auf den Dialog einlassen. Hauptstandorte für diese Investorengruppe sind London und New York. Während amerikanische Hedgefonds sich bisher weitgehend auf amerikanische Investitionen konzentriert haben, wenden sich zunehmend amerikanische ehemals domestic Hedgefonds auch europäischen Investments zu. Fast alle Hedgefonds investieren aus Offshore Holdings heraus, daher unterliegen sie in den meisten Fällen keiner US-Verkaufsrestriktion.

Orderbuch und Zuteilungen

Die optimale Zuteilung bei einem Börsengang erlaubt – je nach Größe der Emission – 20 bis 30 Kerninvestoren soviel zuzuteilen, dass sie eine Kerngruppe in der Aktionärsstruktur schafft, die langfristig dem Unternehmen in guten und in schlechten Zeiten zur Seite stehen kann. Dies ist nur möglich, wenn genug an diese Investoren zugeteilt wird, sodass es sich für sie lohnt, das Unternehmen langfristig zu verfolgen. Meistens wird auf diese Weise – wiederum abhängig von der Emissionsgröße – ca. 35–50 Prozent der Emission zugeteilt. Diese 20 bis 30 Investoren sollten zu den so genannten Meinungsführern gehören. Meistens kristallisiert sich für das Management schon während der Roadshow selbst heraus, welche Investoren dies sind – entweder aufgrund guter Interaktion mit den Investoren während der Einzelgespräche, und/oder, weil Investoren offensichtlich sehr gut vorbereitet waren und während der Gespräche intelligent hinterfragt haben.

Als nächstes folgt die Zuteilung an herkömmliche Investoren von sehr guter (Tier I) bis guter (Tier II) Qualität. Auch diese Investoren sind von guter Qualität und haben einen langfristigen Anlagehorizont, doch die Fondsgröße oder die Ordergröße erlaubt keine besonders große Zuteilung. Generell sollte jede Zuteilung dem Fonds-Vermögen angemessen sein. In nahezu allen Fällen ist dies kein Problem – gerade nicht bei großen internationalen Platzierungen – doch bei eher unbekannten Investoren sollte dies im Hinterkopf behalten werden. Diesem Segment sollte ca. 20–30 Prozent der Emission zugeteilt werden, und es können durchaus 30 bis 50 Investoren – wiederum abhängig von der Emissionsgröße – zahlenmäßig in diese Kategorie fallen. Ferner gibt es so genannte Tier III-Investoren, denen ebenfalls zugeteilt werden kann, doch eher mit Vorsicht, denn viele dieser Investoren haben entweder einen kurzen Anlagehorizont, oder die Ordergröße ist zu gering, um ein langfristiges Engagement sicherzustellen. Diesen Investoren kann man entweder eine Nullzuteilung gewähren, was aus Flowback-Gesichtspunkten sinnvoll wäre, oder, wie in nahezu allen Transaktionen betrieben, eine geringe lineare Zuteilung vornehmen, um ein Mindestmaß an Liquidität sicherzustellen. Man sollte dabei bedenken, dass, so vorteilhaft es für das Unternehmen sein mag, wenn kein Investor verkauft oder handelt – dies für die Liquidität der Aktie im Nachmarkt sehr wichtig ist.

Retail

Als letzte Kategorie gibt es den Privat- oder auch Retail-Investor. Diese Anlegergruppe ist wichtig gerade für Unternehmen mit einem hohen Bekanntheitsgrad in Deutschland. Zu beachten ist jedoch, dass Retail-Nachfrage in Deutschland extrem volatil sein kann. Nach der langjährigen Baisse zwischen 2000 und 2003 gab es bei deutschen Börsengängen nahezu kein Interesse von Privatanlegern. Beim Börsengang des Frankfurter Flughafens Fraport (Morgan Stanley war Bookrunner) im Juni 2001, der mit erheblichem Werbeaufwand und einem speziellen Angebot für Flughafenanwohner an Privatanleger vermarktet wurde, stammte lediglich 13 Prozent der Nachfrage von dieser Gruppe. Bei der Postbank (Morgan Stanley war Bookrunner) im Juni 2004 und Premiere (Morgan Stanley war Bookrunner) im März 2005 waren dies nur 17 Prozent bzw. 6 Prozent. Zu diesem Zeitpunkt hatte sich die Nachfrage auf das Niveau der Börsengänge vor den Privatisierungen der Deutschen Telekom und der Deutschen Post normalisiert. Beim Wacker-Börsengang (Morgan Stanley war Bookrunner) im April 2006 hatte sich das Klima allerdings wieder sichtbar verbessert, und zum ersten Mal seit längerer Zeit gab es in Deutschland wieder breites Interesse von Privatanlegern an Börsengängen. Während dies nicht die Ausmaße wie beim Infineon-Börsengang im Jahr 2000 mit über 50 Mrd. € angenommen hat, so wurde doch ein Ergebnis erzielt, das seit dem Börsengang der Deutschen Post World Net 2000 nicht mehr erreicht worden war.

Wegen der Volatilität des Interesses der Privatanleger sollte grundsätzlich jegliche Aktienemission so vorbereitet werden, dass theoretisch die gesamte Emission auch durch Nachfrage von institutionellen Investoren getragen werden kann. Retail-Nachfrage ist „nett", aber man sollte nicht damit rechnen oder sogar für den Erfolg der Transaktion darauf bauen.

Trotz allem ist es häufig für ein Unternehmen durch die Werbewirkung wichtig, Retail-Investoren zu bedenken und eine entsprechende Marketing-Strategie zu entwickeln. Solange das Orderbuch eine Zuteilung an Retail-Investoren erlaubt, sollte diese Gruppe auch entsprechend berücksichtigt werden. Diese Zuteilung sollte jedoch in der Regel nicht 20

Prozent der Gesamtzuteilung überschreiten. Ansonsten ist mit erhöhter Volatilität im Nachmarkt zu rechnen, da Retail-Investoren ihre Kauf- und Verkaufentscheidungen eher psychologisch und auf Medienmeinungen hin treffen als auf der Basis von Fundamentaldaten.

Börsengang im börslich regulierten Markt: Case Study – Der Börsengang der Bio-Gate Gruppe

Lutz Weiler, equinet AG

Zusammenfassung

Dem Geschäftsfeld der Nanotechnologie, in dem die Bio-Gate Gruppe tätig ist, werden hohe Wachstumsraten in der Zukunft prognostiziert. Daher wurde der Börsengang der Bio-Gate Gruppe mit hoher Aufmerksamkeit verfolgt und als außerordentlich erfolgreich eingestuft. Der nachfolgende Beitrag beschreibt die wesentlichen Schritte dieses Börsengangs.

Das Unternehmen Bio-Gate

Die Bio-Gate AG ist darauf spezialisiert, Materialien und Oberflächen in allen Bereichen des Alltags durch mikro- und nanoskaliges Silber mit einem langfristigen und medizinisch wirksamen Schutz gegen Bakterien, Pilze und andere Krankheitserreger auszustatten. Das Verfahren wurde gemeinsam mit der Fraunhofer Gesellschaft entwickelt, die auch am Unternehmen beteiligt ist. Das Unternehmen geht zurück auf die im Jahre 2000 mit Sitz in Erlangen gegründete Bio-Gate Bioinnovative Materials GmbH (Bio-Gate GmbH).

Mit seinen drei Geschäftsbereichen deckt der Technologieanbieter mit Hauptsitz in Nürnberg von der Materialkomposition über die Zertifizierung bis zur laufenden Qualitätskontrolle alle Aufgaben ab: das Testen von Werkstoffen im Hinblick auf ihre antimikrobiellen Eigenschaften sowie das diesbezügliche Veredeln von Materialien und das Beschichten von Oberflächen.

Bio-Gate hat im klinisch-medizinischen Bereich bereits bewiesen, dass die Technologie antimikrobiell wirkt. Jetzt wird die Plattform-Technologie breit vermarktet. Schon heute werden Bio-Gate-Produkte in der Herstellung von antimikrobiellen Cremes, Zahnmedizin (Wurzelfüllungen) sowie Speziallacken und Farben eingesetzt. In Kürze wird die Nutzung in den Bereichen Lippenstift-Applikator, Langzeitimplantate, orthopädische Implantate und Veredelung von Textilfasern beginnen. Die Produktpipeline ist folglich gut gefüllt, unter anderem auch in den Bereichen Katheter/Intensivmedizin, Zahnmedizin und Klimatechnik.

Bio-Gate setzt auf Prävention. Beispielsweise wirken die Produkte vorbeugend vor bakteriellen Erkrankungen und tragen in erheblichem Maße zur Reduzierung der Gesundheitsausgaben bei. Denn die Behandlungskosten, die durch bakterielle Erkrankungen entstehen, betragen pro Patient bis zu 30.000 Euro – ein erheblicher Schaden für die Volkswirtschaft. Jedes Jahr sterben mehr Menschen durch bakterielle Infektionen als im Straßenverkehr. Ähnlich sieht es in den USA aus: Dort sind bakterielle Infektionen die viert häufigste Todesursache im Krankenhaus.

Bio-Gate entwickelt gemeinsam mit vertriebsstarken, in ihren Branchen international führenden Partnern deren Produkte und Anwendungen weiter. Das Partner- und/oder Lizenzmodell ermöglicht es Bio-Gate, in unterschiedlichen Bereichen tätig zu sein und die jeweiligen Märkte schnell zu erschließen. Wichtigster Vertriebspartner ist der Schweizer Konzern CIBA. Am wirtschaftlichen Erfolg ist Bio-Gate gleich mehrfach beteiligt, beispielsweise durch Milestone-Zahlungen während der Entwicklungsphase, Lizenzeinnahmen in der Herstellung und durch Fixhonorare in der Qualitätssicherung.

Die bereits vorhandenen Plattformtechnologien sind anderen Silbertechnologien funktional deutlich überlegen. Die Einsatzmöglichkeiten der Produkte der Bio-Gate AG sind nahezu unbegrenzt und nicht nur auf den wachsenden Gesundheitsbereich beschränkt. Silber hat eine breite antimikrobielle Wirkung, das heißt, es wirkt gleichermaßen gegen Bakterien, Pilze und andere Keime. Mikro- und nanoskaliges Silber von Bio-Gate hat keine Nebenwirkungen, eine lange Wirkungsdauer und ist nicht umweltbelastend.

Die Bio-Gate Gruppe möchte zum führenden Anbieter von Komplettlösungen in den Bereichen antimikrobiell ausgestatteter Werkstoffe sowie biofunktionell optimierter Oberflächen werden. Die Bio-Gate Gruppe fokussiert sich dabei auf Anwendungen in den Bereichen Medizintechnik sowie hochwertige Kunststoffe für Industrie- und Konsumgüter und kosmetische Produkte.

Motive für den Börsengang der Bio-Gate AG

Nachdem die Bio-Gate AG vor allem durch den Abschluss von weit reichenden Kooperationsverträgen mit namhaften Unternehmen den Proof of Concept erbringen konnte, hat sich das Management des Unternehmens entschlossen, die für die Finanzierung des zukünftigen Wachstums erforderlichen Finanzmittel durch einen Gang an die Börse zu beschaffen. Dazu wurden im Rahmen des Börsengangs u. a. Aktien aus einer Kapitalerhöhung dem interessierten Anlegerpublikum angeboten. Mit dem Mittelzufluss soll der Bereich der Coating Technologie durch Investitionen in Anlagen und Analytik ausgebaut werden. Zudem soll das neue Eigenkapital für die Erweiterung der vorhandenen Produktionskapazitäten, die Beschaffung neuer Technologien durch den Erwerb von Lizenzen und den Aufbau neuer Labore in maßgeblichen Auslandsmärkten eingesetzt werden. Schließlich sollen die Mittel aus dem Börsengang für die Registrierung weiterer Nanotechnologie-Produkte verwandt werden.

Unternehmensinterne Vorbereitung des Börsengangs

Nachdem das Bio-Gate Management sich entschieden hatte, dass die Option eines Börsengangs eine interessante Alternative zur Finanzierung des zukünftigen Wachstums ist, begann man im Herbst 2005 mit den Vorbereitungen für das IPO-Projekt. So wurden aussagekräftige Unterlagen erstellt, die es den Investmentbanken ermöglichten, sich ein Bild über die zukünftige Entwicklung des Unternehmens und die damit verbundenen Chancen und Risiken zu machen. Neben einer ausführlichen Darstellung der Technologien und Produkte, der für das Unternehmen relevanten Märkte, der maßgeblichen Wettbewerber und der Strategie zur Realisierung der zukünftigen Wachstumsmöglichkeiten beinhalteten diese insbesondere eine Due Diligence-fähige Unternehmensplanung in Form von Bilanz, Gewinn- und Verlustrechnung, Cashflow-Rechnung und Investitionsrechnung für die Jahre 2006, 2007 und 2008.

Im Rahmen der Vorbereitung mussten auch organisatorische und strukturelle Voraussetzungen für den Börsengang geschaffen werden. Hierzu wurde die Bio-Gate Bioinnovative Materials GmbH Mitte Dezember auf die neu gegründete Bio-Gate AG verschmolzen. Dabei übertrug die GmbH ihr Vermögen als Ganzes mit allen Rechten und Pflichten auf die Bio-Gate AG gegen Gewährung von neuen Aktien aus einer Kapitalerhöhung der Bio-Gate AG (aufnehmende Gesellschaft). Bezüglich der Geschäftstätigkeit, der Organisation und dem Personal ergaben sich im Rahmen der Verschmelzung keinerlei Veränderungen.

Bestimmung der Lead Bank und der weiteren involvierten Parteien

Im November 2005 wurde equinet das Geschäftsmodell der Bio-Gate Gruppe präsentiert. Auf Basis der equinet überlassenen Unterlagen und der weitergehenden Ausführungen des Bio-Gate-Managements wurde equinet gebeten, ein geeignetes Emissionskonzept inklusive einer Unternehmensbewertung und einem Projektplan zu erarbeiten. Ende November stellte equinet seine diesbezüglichen Überlegungen vor.

Das präsentierte Emissionskonzept überzeugte das Bio-Gate Management. Demzufolge entschloss es sich, equinet mit der Durchführung des Börsengangs zu betrauen. Die wesentlichen Eckpunkte des Börsengangs wurden in der Mandatsvereinbarung, die zwischen der Gesellschaft und equinet geschlossen wurde, festgelegt. Wenn auch der überwiegende Teil der im Rahmen des Börsengangs angebotenen Bio-Gate-Aktien aus einer Kapitalerhöhung stammte, sah das Emissionskonzept auch die Abgabe von Aktien aus Altbesitz vor. Aus diesem Grunde wurden mit den abgebenden Aktionären zusätzlich entsprechende Verträge abgeschlossen.

Nachdem die Emissionsbank mandatiert war, wurde in einem Auswahlprozess eine etablierte, mit Börsengängen erfahrene Anwaltskanzlei zur Durchführung der Legal Due

Diligence und zur Erstellung des Prospektes bestimmt. Die Wahl fiel auf die international renommierte Kanzlei Linklaters.

Es folgten erste Gespräche mit dem Wirtschaftsprüfer von Bio-Gate hinsichtlich der von dieser Seite erforderlichen Arbeiten.

Darüber hinaus wurde die auf Public- und Investor Relations fokussierte Agentur equinet Communications AG mit der Entwicklung und Umsetzung eines Kommunikationskonzeptes beauftragt. Da die Bio-Gate AG in Investorenkreisen in Deutschland noch über keine ausgeprägte Bekanntheit verfügte und die Bio-Gate-Aktien sowohl bei institutionellen Investoren als auch bei Privatanlegern platziert werden sollten, wurde einer kosteneffizienten und zielgruppengerechten Kommunikationskampagne eine große Bedeutung zugemessen. Zentrale Aufgabe war der Transport der Kernaussagen der Bio-Gate Equity Story durch die etablierte Wirtschaftspresse insbesondere an Privatanleger, aber auch an institutionelle Investoren. Hierzu wurden zahlreiche Interviews des Bio-Gate Managements mit Journalisten der Wirtschaftspresse und mit Fernsehsendern organisiert. Die große Anzahl von redaktionellen Beiträgen in Tageszeitungen und Magazinen sowie von Wirtschaftsmagazinen im Fernsehen verdeutlichte das große Interesse, das durch das Kommunikationskonzept bei den Medien geweckt wurde.

Neben der Platzierung der Bio-Gate-Aktien bei institutionellen Investoren strebte das Bio-Gate Management auch die Platzierung bei langfristig orientierten Privatanlegern an. Da die comdirect Bank ein entsprechendes Investorenklientel aufweist und mit der Orderabwicklung via das Internet über ein innovatives Platzierungsmedium verfügt, entschieden die Gesellschaft und equinet gemeinsam, die comdirect Bank zur Teilnahme als Selling Agent einzuladen.

Start des IPO-Projektes

Das IPO-Projekt wurde in einer Kick Off-Veranstaltung Mitte Dezember 2005 gestartet. Während der Kick Off-Veranstaltung wurden die Aufgaben der Beteiligten und Fristen für die Realisierung einzelner Themenstelllungen gemeinsam verabschiedet. Der Projektplan hatte sich das ehrgeizige Ziel der Einbeziehung der Bio-Gate Aktie in den Entry Standard für Anfang April 2006 gesetzt. Da das Geschäftsjahr der Bio-Gate Gruppe dem Kalenderjahr entspricht, bedeutete dies für das Management eine nicht zu vernachlässigende Doppelbelastung, weil sowohl umfassende Management Kapazitäten für die Erstellung der Jahresabschlüsse für das Geschäftsjahr 2005, die Bestandteile des Prospektes waren, als auch für das IPO-Projekt benötigt wurden.

Durchführung der Financial Due Diligence

Der Begriff der „Due Diligence" stammt aus dem amerikanischen Recht und bezeichnet den Tatbestand einer sorgfältigen Prüfung, die sich bei der Financial Due Diligence auf das Finanzwesen des Börsenkandidaten bezieht.

Unmittelbar nach der Kick Off-Veranstaltung der Projektbeteiligten wurde noch im Dezember 2005 mit der Vorbereitung und Durchführung der Financial Due Diligence begonnen und dem Bio-Gate Management eine Checkliste mit den Unterlagen, die für die Durchführung der Financial Due Diligence benötigt wurden, übermittelt. Im Rahmen der Financial Due Diligence wurden dabei die Planzahlen der Gesellschaft, insbesondere die Gewinn- und Verlustrechnung, die Planbilanzen und die Cash Flow Planung sowie die Jahresabschlüsse der letzten drei Jahre sowohl durch eine kritische Analyse der Unterlagen als auch durch zahlreiche Gespräche mit dem Bio-Gate-Management auf ihre Plausibilität hinterfragt.

Zunächst wurden die Planungsprämissen einer kritischen Prüfung auf deren Vollständigkeit und konsistente Umsetzung in der Unternehmensplanung unterzogen. Nachdem sich die Planungsprämissen als realistisch herausgestellt hatten, wurde überprüft, ob das geplante Umsatzwachstum in Einklang mit bereits bestehenden Vertriebsvereinbarungen und der prognostizierten Marktentwicklung steht.

Im nächsten Schritt wurde die Planung mittels einer Bottom-Up Analyse hinterfragt, indem geprüft wurde, ob das unterstellte Umsatzwachstum mit den bereits abgeschlossenen Kooperations- und Vertriebsverträgen sowie den von Bio-Gate geplanten Ressourcen tatsächlich realisierbar ist. Hierzu wurden die den geplanten Umsätzen zugrunde liegenden Einmalzahlungen überprüft.

Anschließend wurden mittels einer Top-Down Analyse die von der Bio-Gate AG geplanten Umsätze – insbesondere die im Rahmen von Kooperations- und Vertriebsverträgen geplanten Lizenzumsätze – mit Studien von renommierten Marktforschungsunternehmen verglichen. Damit konnte nachvollzogen werden, dass das von der Bio-Gate AG unterstellte marktabhängige Umsatzwachstum in den nächsten drei Jahren in Einklang mit der erwarteten Marktentwicklung steht.

Zudem wurde jede einzelne Position der Gewinn- und Verlustrechnung nochmals einer kritischen Prüfung unterzogen. Des Weiteren wurden Sensitivitäten in Hinblick auf die Änderungen wichtiger Einflussgrößen untersucht. Da die Planungsrechnung des Bio-Gate-Managements mit großer Sorgfalt erstellt wurde, ergab sich nur ein geringfügiges Anpassungspotential.

Ferner wurden – soweit dies aufgrund der jungen Unternehmenshistorie möglich und sinnvoll war – die Jahresabschlüsse der Vergangenheit überprüft und festgestellt, ob die dort aufgezeigten Entwicklungen in Einklang mit den Planungsannahmen standen.

Mitte März wurde die Financial Due Diligence vorläufig abgeschlossen. Die Ergebnisse wurden dem Bio-Gate Management vorgestellt und in gemeinsamer Abstimmung die Anpassungen vorgenommen, die aus Sicht von equinet notwendig waren.

Zum Abschluss der Financial Due Diligence wurden sowohl am Tag der Unterzeichnung des Übernahmevertrages Ende März 2006 als auch am Tag vor der Notierungsaufnahme nochmals ausführliche Management Interviews geführt. Durch diese Management Interviews wird sichergestellt, dass sich das Unternehmen seit dem vorläufigen Abschluss der Financial Due Diligence weiterhin plangemäß entwickelt hat und dass sich keine neuen relevanten Erkenntnisse ergeben haben. Da sich keine Abweichungen ergaben, stand der Notierungsaufnahme am 05. April 2006 nichts mehr im Wege.

Den Ergebnissen der Financial Due Diligence kommt eine überaus hohe Bedeutung zu, da die Unternehmensplanung die Basis für die Unternehmensbewertung und die Formulierung der Equity Story ist. Demzufolge wird der Financial Due Diligence eine sehr hohe Priorität beigemessen. Nur durch eine gründliche Analyse kann sichergestellt werden, dass die Unternehmensplanung ein hinreichend realistisches Planungsszenario und keine unrealistische, optimistische Entwicklung beinhaltet.

Prospekterstellung und Durchführung der Legal Due Diligence

Der Prospekt stellt sowohl für Privatanleger als auch für institutionelle Investoren ein zentrales Informationsmedium über das Unternehmen und dessen Börsengang dar. Dies gilt insbesondere vor dem Hintergrund, dass die den Prospekt unterzeichnenden Parteien für die im Prospekt enthaltenen Angaben haften.

Der Prospekt soll dem Anlegerpublikum einen vollständigen Überblick über die Historie des Unternehmens, seine Geschäftstätigkeit, seine Organe, das Aktienangebot und die Entwicklung der Finanzsituation aufzeigen. Um eine eingehende Analyse der Finanzsituation zu vermitteln, finden sich im Finanzteil die Abschlüsse der Gesellschaft für die letzten drei Jahre. Liegt der Stichtag des letzten Abschlusses mehr als vier Monate zurück, wird meist auch noch ein aktueller Zwischenabschluss zum Ende des ersten, zweiten oder dritten Quartals des Geschäftsjahres aufgenommen.

Um das Haftungsrisiko auf das geringste Maß zu begrenzen, ist im Rahmen einer Legal Due Diligence eine sorgfältige Recherche aller im Prospekt enthaltenen Informationen auf deren Vollständigkeit und Richtigkeit notwendig. Ziel der Legal Due Diligence ist es, alle Informationen, die Prospektrelevanz haben, zu identifizieren und deren Vollständigkeit und Richtigkeit sicherzustellen.

Auch mit der Legal Due Diligence wurde unmittelbar nach der Kick Off-Veranstaltung noch im Dezember 2005 begonnen. Zunächst wurde dem Bio-Gate Management eine umfassende Liste mit Unterlagen, die für die Durchführung der Legal Due Diligence benötigt werden, übermittelt. Zu den benötigten Unterlagen zählten unter anderem gesellschaftsrechtliche Informationen, Vertriebs- und Kooperationsverträge, Finanzierungsverträge, Verträge von Führungskräften, Informationen über mögliche Verpflichtungen der Gesellschaft und eventuelle Rechtsstreitigkeiten sowie eine detaillierte Beschreibung der Geschäftstätigkeit der Bio-Gate AG.

Bereits Mitte Dezember 2005 wurde mit der Erstellung des ersten Prospektentwurfs durch equinet und die Anwaltskanzlei Linklaters begonnen. Der erste Entwurf wurde Mitte Januar 2006 an die beteiligten Parteien verteilt. Anschließend wurden der vorliegende Entwurf im Rahmen einer so genannten Prospektsitzung überarbeitet und die nächsten Kapitel vorbereitet. Danach wurde sich explizit den Risikofaktoren, die mit dem Geschäftsmodell der Bio-Gate AG verbunden sind, und der Geschäftstätigkeit gewidmet.

Der Prospekt ist vor seiner Veröffentlichung durch die Bundesanstalt für Finanzdienstleistungsaufsicht (BaFin) zu genehmigen. Der Genehmigung durch die BaFin geht ein umfassendes Prüfungsverfahren voraus, bei dem die BaFin prüft, ob die formalen Bestimmungen zu den Inhalten des Prospektes eingehalten wurden. Dieses Prüfverfahren wird Billigungsverfahren genannt. Im Regelfall nimmt das Billigungsverfahren nach Einreichung des ersten zu prüfenden Prospektentwurfes etwa sechs Wochen in Anspruch. An dessen Ende steht die gewünschte Genehmigung, die als Billigung bezeichnet wird.

Um eventuelle Verzögerungen im Billigungsverfahren zu vermeiden, wurde die Grundstruktur des Prospektes frühzeitig mit der BaFin abgestimmt. Dabei wurden insbesondere die im Prospekt enthaltenen Finanzinformationen und der Zeitplan für die Durchführung des Bio-Gate-Börsengangs und der angestrebte Zeitraum für die Durchführung des Billigungsverfahrens vorab besprochen.

Nachdem die Anmerkungen aus der ersten Prospektsitzung eingearbeitet und weitere Prospektkapitel erstellt waren, wurde Ende Januar 2006 eine überarbeitete Version des Prospektes verteilt und im Rahmen einer weiteren Prospektsitzung besprochen. Im Verlauf dieser Sitzung standen die Themen Allgemeine Informationen über die Gesellschaft, Angaben über das Kapital der Gesellschaft, über die Organe, das Management und die Mitarbeiter sowie über die Aktionärsstruktur im Vordergrund. Das eingespielte Team konnte die erforderlichen Informationen schnell zusammentragen. Daher konnte bereits Anfang Februar eine weitere um die Kapitel „Darstellung und Analyse der Geschäfts-, Vermögens-, Finanz- und Ertragslage" sowie „Jüngste Entwicklung und Ausblick" ergänzte Prospektfassung verteilt werden. Die neuen Kapitel wurden dann im Anschluss in der dritten und letzten Prospektsitzung besprochen und überarbeitet.

Die überarbeitete Version wurde wieder verteilt und der gesamte Prospekt nochmals in einer längeren Telefonkonferenz Mitte Februar 2006 abgestimmt. Die dann vorläufige, finale Version wurde schließlich bei der BaFin zur Billigung eingereicht. Erste Anmerkungen der BaFin erhielt equinet in der ersten Märzwoche. Nachdem die Änderungswünsche der BaFin berücksichtigt waren, wurde die Billigung des Prospektes durch die BaFin am 24. März 2006 erteilt.

Um sicherzustellen, dass bis zum Tag der Billigung keine wesentlichen prospektrelevanten Änderungen bei der Bio-Gate AG aufgetreten sind, wurden auch von dem Legal Due Diligence Team Ende März 2006 nochmals ausführliche Interviews mit dem Management der Gesellschaft geführt. Ebenso erfolgte am Tag vor der Notierungsaufnahme nochmals eine abschließende Diskussion mit dem Bio-Gate Management.

Wertpapierprospekt

für das öffentliche Angebot von

bis zu 467.000 auf den Inhaber lautende Stammaktien ohne Nennbetrag (Stückaktien)

aus der von der Hauptversammlung der Gesellschaft
am 24. Februar 2006 beschlossenen und voraussichtlich am 4. April 2006 einzutragenden
Durchführung der Kapitalerhöhung gegen Bareinlagen

und von

bis zu 221.200 auf den Inhaber lautende Stammaktien ohne Nennbetrag (Stückaktien)

aus dem Eigentum der Abgebenden Aktionäre

und von

bis zu 100.000 auf den Inhaber lautende Stammaktien ohne Nennbetrag (Stückaktien)

aus der von dem Vorstand mit Zustimmung des Aufsichtsrates voraussichtlich am 8. Mai 2006
zu beschließenden und voraussichtlich am 12. Mai 2006 einzutragenden Kapitalerhöhung
aus genehmigtem Kapital zur Rückführung des equinet Securities AG
eingeräumten Wertpapierdarlehens zur Deckung von Mehrzuteilungen

jeweils mit einem anteiligen Betrag des Grundkapitals von EUR 1,00
und mit voller Gewinnanteilsberechtigung ab dem 1. Januar 2006

der

Bio-Gate AG
Nürnberg

– International Securities Identification Number (ISIN) DE 000 BGAG99 9 –
– Wertpapierkennnummer (WKN) BGAG99 –
– Common Code 0249 00 762 –
– Börsenkürzel „BIG"–

24. März 2006

Sole Lead Manager und Sole Bookrunner
equinet Securities AG

Wesentliche Eckdaten des Emissionskonzeptes

Da das Bio-Gate Management den Börsengang schnell und effizient durchführen wollte, entschied man sich für die vorläufige Beibehaltung des HGB-Rechnungslegungsstandards und die Umstellung auf IFRS zu einem späteren Zeitpunkt nach dem Börsengang. Damit kam ein Börsengang im Entry Standard in Frage, dem börslich regulierten Markt, den die Deutsche Börse im Oktober 2005 eingeführt hatte und in dem auch die Rechnungslegung nach nationalen Standards erlaubt ist. Darüber hinaus fielen bei dieser Entscheidung auch die im Vergleich zu EU-regulierten Börsensegmenten weniger zeit- und kostenintensiven Folgepflichten einer Notierung im Entry Standard positiv ins Gewicht.

Aufgrund der guten Wachstumsaussichten des Unternehmens und als Beleg des hohen Commitments der Altaktionäre der Bio-Gate AG wurde entschieden, dass der Großteil der angebotenen Aktien aus einer Kapitalerhöhung stammen sollte. Um den von der Bio-Gate AG und den Altaktionären angestrebten Mittelzufluss zu realisieren, gelangte man zu dem Ergebnis, dass insgesamt 788.200 Aktien angeboten werden sollten. Mit 567.000 Aktien stammten rund 70% der Aktien aus Kapitalerhöhungen und 221.200 Aktien aus dem Eigentum der Altaktionäre. Die 567.000 neuen Aktien beinhalteten 100.000 Aktien aus einer weiteren Kapitalerhöhung, die für die der equinet AG eingeräumte Greenshoe-Option verwandt wurden.

Die nachfolgende Grafik zeigt die angestrebte Anteilsverteilung vor und nach dem Börsengang inklusive der Ausübung der Greenshoe Option:

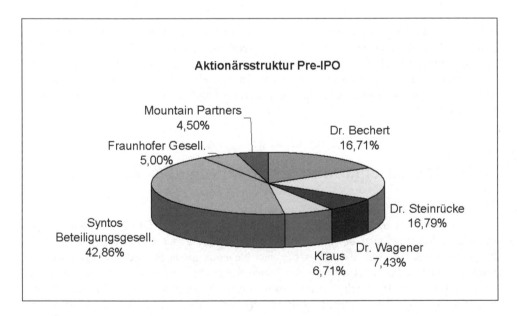

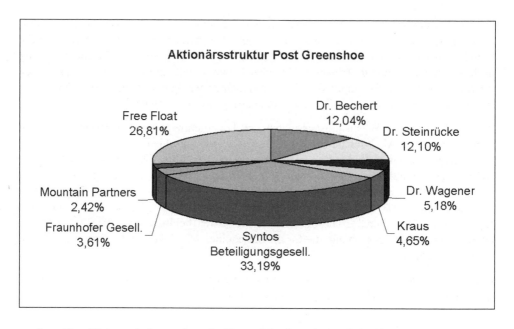

equinet identifizierte insbesondere in Deutschland und der Schweiz eine Vielzahl von Investoren, die dem Thema Nanotechnologie sehr interessiert gegenüberstehen. Das Platzierungsvolumen in Höhe von rund 16 Mio. Euro wurde in Deutschland öffentlich sowohl institutionellen Investoren als auch Privatanlegern angeboten. In der Schweiz wurden die Bio-Gate-Aktien im Rahmen einer Privatplatzierung ausschließlich institutionellen Investoren angeboten.

Anlaystenpräsentation und Erstellung des Research Reports

Neben dem bereits beschriebenen Prospekt, der aufgrund der Haftungsproblematik ausschließlich Informationen bis zum Stichtag der Billigung des Prospektes aber keinerlei Prognosen enthält, werden die Aktien bei einer Neuemission auch durch die Verteilung von Bankenstudien und einer Roadshow des Managements bei institutionellen Investoren vermarktet. Diese als Research Studien bezeichneten Abhandlungen der Emissionsbanken beinhalten die von den Research Analysten der Investmentbanken geschätzten Zukunftsaussichten und eine aus Sicht der Analysten faire Unternehmensbewertung. Research Studien werden dabei nur an ausgewählte institutionelle Investoren verteilt.

Für die Formulierung der Research Studien benötigen die Analysten umfassende Informationen über das Unternehmen und die geplante Transaktion. Diese Informationen erhalten die Analysten in der Analystenpräsentation. Für die Durchführung der Analystenpräsentation sind umfangreiche Vorarbeiten notwendig. Im Fall Bio-Gate wurde daher bereits im Januar 2006 mit der Konzeption der Analystenpräsentation begonnen. Wesentliche Themen der Präsentation waren die Technologie und Produkte, die Unternehmensentwicklung in der Vergangenheit, das Markt- und Wettbewerbsumfeld, die Strategie der Bio-Gate AG, das Emissionskonzept, die Finanzen und der Investment Case.

Als Investment-Case wurden folgende Kernaussagen herausgestellt:

- Bio-Gate entwickelt und vermarktet Lösungen für die antimikrobielle Ausstattung und Beschichtung von Produkten mit Silber zur Vermeidung bakterieller Infektionen.

- Einsatzmöglichkeiten dieser Lösungen sind nahezu unbegrenzt und erschließen Märkte mit erheblicher volkswirtschaftlicher Bedeutung – nicht nur im Gesundheitswesen.

- Bio-Gate verfügt über verschiedene technologische Plattformen, die mikro- und nanoskalige Silberbeschichtungen für verschiedenste Produktoberflächen umfassen.

- Diese Plattformtechnologien sind international allen bekannten Silbertechnologien funktional deutlich überlegen und eröffnen ein breites Nachfragespektrum, das mit anwendungsspezifisch optimierten Lösungen bereits heute in ersten Anwendungen bedient wird.

- Kombiniert mit der patentierten, europaweit einzigen akkreditierten Methode zur Messung antimikrobieller Eigenschaften von Oberflächen bietet Bio-Gate seinen Kunden Komplettlösungen an:
  - von der Materialkomposition
  - über die Integration in die Fertigungsprozesse, die Bereitstellung von Halbprodukten und Lizenzen
  - bis hin zur Zertifizierung der Produkteigenschaften und die laufende Qualitätskontrolle

- Das Unternehmen verfügt über ein umfangreiches Intellectual Property und arbeitet eng mit der Fraunhofer Gesellschaft, die Bio-Gate-Aktionärin ist, zusammen.

- Zur gleichzeitigen Erschließung verschiedenster Anwendungsgebiete und für eine kurze „time-to-market-Phase" basiert das Geschäftsmodell auf Lizenzpartnerschaften mit vertriebsstarken internationalen Marktführern in den jeweiligen Bereichen.

- Bio-Gate verfügt damit über ein sehr skalierbares Geschäftsmodell mit hohem Umsatz- und Ertragshebel und ist bereits heute operativ profitabel.

- Die Bio-Gate-Aktie bietet Anlegern die Möglichkeit zur Investition in eine Kombination hochinnovativer Technologien, die durch ein intelligentes Geschäftsmodell eine frühe und breite Marktdurchdringung und eine dem Wettbewerbsvorsprung entsprechende attraktive Rendite bei zugleich hohen Wachstumsraten erwarten lässt.

Die Analystenpräsentation fand Anfang Februar 2006 statt. Danach hatten die Analysten rund drei Wochen Zeit, um ihre Studie zu verfassen. Während dieser Zeit wurden immer wieder offene Fragestellungen bilateral zwischen dem Bio-Gate-Management und den Bankanalysten diskutiert.

Die wesentlichen Inhalte der Research Studie umfassen den Investment Case, eine SWOT-Analyse, die Chancen, Risiken, Stärken und Schwächen der Bio-Gate AG umschreibt. Es schließt sich eine Unternehmensbewertung anhand von Schätzungen des Analysten zu der zukünftigen Entwicklung des Unternehmens mit einer vergleichenden Kapitalmarkt- und einer Discounted Cash Flow Bewertung an. Des Weiteren widmet sich die Studie dem Emissionskonzept, den Produkten und Dienstleistungen der Bio-Gate AG, dem Markt für Bio-Gate-Produkte und der Wettbewerbssituation. Schließlich ist noch ein Unternehmensprofil und eine Finanzplanung aus Sicht des Analysten für die dem Börsengang folgenden drei Jahre enthalten.

Die erste Fassung der knapp 40 Seiten umfassenden Studie wurde dem Bio-Gate Management Anfang März 2006 übermittelt. Das Bio-Gate-Management wurde gebeten, die Studie kritisch zu lesen und mögliche Änderungs- und Verbesserungsvorschläge equinet bis Mitte März 2006 mitzuteilen. Im Anschluss daran wurde die finale Fassung des Reports fertig gestellt und am darauf folgenden Tag an institutionelle Investoren, die equinet als affine Zielgruppe für ein Investment identifiziert hatte, versandt.

Pre-Marketing und Festsetzung der Bookbuilding Preisspanne

Ende März 2006 fand das dreitägige Pre-Marketing statt. Nachdem bis zu diesem Zeitpunkt der geplante Börsengang in seinen Details lediglich den direkt in das Projekt involvierten Parteien bekannt war, wurden zu diesem Zeitpunkt erstmals ausgewählte potenzielle institutionelle Investoren direkt in die Details des Börsengangs eingebunden.

Im Verlauf des Pre-Marketings besuchten die Verfasser der Research Studie gemeinsam mit dem equinet Sales Team in Deutschland und der Schweiz ausgesuchte institutionelle Investoren. In ausführlichen Gesprächen wurden den Investoren anhand des Research Reports die Chancen und Risiken eines Investments in die Bio-Gate-Aktie vermittelt und noch offene Fragestellungen diskutiert. Ein zentraler Bestandteil der Diskussionen stellt naturgemäß die Bewertung des Unternehmens dar. In Hinblick auf die vergleichende Kapitalmarktbewertung wurden explizit die Gründe für die Auswahl der Vergleichsunternehmen und für das Discounted Cash Flow Modell der Ansatz der Cash Flow Ströme und die Wahl des Diskontierungsfaktors diskutiert.

Mit dem Pre-Marketing wurden im Wesentlichen zwei Ziele verfolgt. Einerseits sollten die Investoren in Hinblick auf den Bio-Gate Börsengang weiter sensibilisiert werden, um dadurch das Interesse für ein Meeting mit dem Bio-Gate Vorstand im Verlauf der nachfolgenden Roadshow zu verstärken. Andererseits liefert das Pre-Marketing der Emissionsbank wichtiges Feedback über die Einschätzung des Börsengangs durch die Investoren. Dies gilt insbesondere für die Unternehmensbewertung, die die Basis für die Festsetzung der Bookbuilding-Preisspanne bildet. Mit dem Abschluss des Pre-Marketings ergibt sich letztmalig die Möglichkeit, wesentliche Bestandteile des Emissionskonzeptes ohne Kenntnis der breiten Öffentlichkeit zu ändern.

Nach dem Abschluss des Pre-Marketings wurde das Feedback der besuchten Investoren detailliert mit dem Bio-Gate-Management diskutiert. Im Mittelpunkt stand naturgemäß die Einschätzung der Bewertung. Nach umfassender Diskussion des Feedbacks der Investoren entschied man gemeinsam, die Bio-Gate Aktien in einer Spanne von 19,00 Euro bis 21,00 Euro je Aktie anzubieten. Dies entsprach einem Unternehmenswert vor Mittelzufluss aus dem Börsengang in Höhe von rund 45 Mio. Euro bis 50 Mio. Euro.

Investoren Kick Off, Roadshow und Zuteilung

Den Auftakt für die aktive Vermarktung der Bio-Gate-Aktien bildete Ende März 2006 eine Präsentation vor Analysten der Deutschen Vereinigung für Finanzanalyse (DVFA). Anschließend präsentierte das Bio-Gate-Management die Eckdaten der Transaktion ausgesuchten Journalisten der Wirtschaftspresse. Dadurch erreichten das Management und equinet eine breite Darstellung des Bio-Gate-Börsengangs in den Finanzteilen der Wirtschaftspresse. Im Anschluss an die Auftaktveranstaltungen präsentierte sich das Bio-Gate-Management in den folgenden sechs Tagen im Rahmen einer Roadshow sowohl in Gruppenveranstaltungen, zu denen mehrere institutionelle Investoren eingeladen wurden, als auch in so genannten One-on-Ones. Als One-on-One werden Einzelgespräche bezeichnet, bei denen das Management des Börsenkandidaten ausgesuchten Investoren exklusiv in Form eines Einzelgesprächs zur Verfügung steht.

Im Verlauf der Präsentationen stellte der Vorstand der Bio-Gate AG in einer rund 30 Minuten dauernden Präsentation das Unternehmen und das Emissionskonzept vor. Im Anschluss daran hat der Investor die Gelegenheit, Fragen an das Management zu stellen, bevor das nächste Meeting folgt.

Die Roadshow führte das Bio-Gate Management unter anderem nach Frankfurt, Düsseldorf, München, Hamburg und Zürich. Insgesamt präsentierte das Bio-Gate-Management vor rund 60 ausgesuchten institutionellen Investoren im Rahmen von 7 Gruppenpräsentationen und über 20 One-on-Ones.

In nahezu allen Fällen konnte das Bio-Gate-Management die Investoren für das Bio-Gate-Geschäftsmodell begeistern, so dass zeitnah nach den jeweiligen Meetings Orders von den Teilnehmern eintrafen. Die hohe Wertschätzung, die das Geschäftsmodell bei den Investoren genoss, zeigt sich auch darin, dass kaum Orders mit einem Preislimit versehen wurden, sondern fast alle Investoren zu einer Zeichnung am oberen Ende der Bookbuilding-Preisspanne bereit waren.

Am Ende der Roadshow konnte sowohl von Seiten der Privatanleger als auch von Seiten der institutionellen Investoren eine hohe Nachfrage verzeichnet werden, so dass das Ordervolumen das Angebot mehr als 30-fach überstieg. Wie bereits ausgeführt war der Großteil der Investoren zu einer Zeichnung am oberen Rand der Bookbuilding-Preisspanne bereit, so dass alle Aktien am oberen Ende der Bookbuilding-Spanne platzierbar waren. Nach Auswertung des Orderbuchs wurde letztendlich entschieden, dass rund 90 Prozent des Platzierungsvolumens an institutionelle Anleger und 10 Prozent an Privatanleger zu einem Preis von 21,00 Euro zugeteilt werden.

Der Tag der Notierungsaufnahme

Nachdem die mit dem Börsengang verbundene Kapitalerhöhung plangemäß vor dem Tag der Notierungsaufnahme in das Handelsregister des Amtsgericht Nürnberg eingetragen und die Zuteilung an die Investoren vorgenommen wurde, stand dem Börsengang im Entry Standard und der Einbeziehung in den Handel nichts mehr im Wege. Die Einbeziehung in den Handel erfolgte am 05. April 2006. Die erste Kursfeststellung im XETRA-Handelssystem der Deutschen Börse führte zu einem Preis von 33,50 Euro. Im Tagesverlauf stieg die Aktie bis auf einen Höchstkurs von 37,90 Euro und schloss nahe dem Höchstkurs bei 37,81 Euro. Insgesamt wurden am ersten Handelstag rund 380.000 Bio-Gate-Aktien über das XETRA-Handelssystem gehandelt. Weitere Aktien wurden über den Parketthandel der Frankfurter Wertpapierbörse und an den Regionalbörsen umgesetzt. Insgesamt wechselten am ersten Handelstag rund 580.000 Aktien den Eigentümer. Damit wurden rund 75 Prozent des Platzierungsvolumens am ersten Tag gehandelt. Hier zeigte sich nochmals, dass dem Bio-Gate Börsengang eine hohe Aufmerksamkeit zuteil wurde und dass dem Geschäftsmodell nachhaltige Erfolgsaussichten zugeschrieben wurden.

Ausübung des Greenshoes

Aufgrund der äußerst positiven Kursentwicklung der Bio-Gate-Aktie zeichnete sich bereits am Tag der Notierungsaufnahme ab, dass Stabilisierungsmaßnahmen zur Stützung des Kurses, die gesetzlich für 30 Kalendertage ab dem Tag der Notierungsaufnahme zulässig sind, nicht notwendig waren. Daher wurde der Greenshoe bereits am 07. April in voller Höhe, d. h. für 100.000 Bio-Gate-Aktien, durch equinet ausgeübt. Damit betrug der Streubesitz (sog. Free Float) nach Abschluss der Transaktion rund 27 Prozent.

Übernahme der Funktion der Antrag stellenden Bank und des Listing Partners

Zum Börsengang soll die Antrag stellende Bank oder der Handelsteilnehmer als erfahrener und kompetenter Kapitalmarktteilnehmer die aktuelle Situation am Kapitalmarkt analysieren und abschätzen, ob die Unternehmensentwicklung des Börsenkandidaten vor dem Hintergrund des aktuellen Kapitalmarktumfelds einen erfolgreichen Börsengang erwarten lässt.

equinet fungiert hier in der Funktion der Antrag stellenden Bank als Schnittstelle zwischen Emittent und Kapitalmarkt und ist Mittler zwischen Börse und Unternehmen. So obliegt es equinet, dafür Sorge zu tragen, dass die Bio-Gate AG seine mit dem Listing im Entry Standard einhergehenden Folgepflichten einhält.

Für ein Listing im Entry Standard ist zusätzlich die Verpflichtung von mindestens einem Listing Partner der Deutschen Börse notwendig. Zum Listing Partner werden von der Deutschen Börse nur Unternehmen ernannt, die über einschlägige Kapitalmarkterfahrung und entsprechende Referenzen verfügen.

Auch nach dem Abschluss des Börsengangs steht der Listing Partner dem Unternehmen zur Seite. Er berät in Fragen der Kapitalmarktkommunikation, sonstiger Investor Relations-Maßnahmen und des Investmentbankings. So wird equinet die Bio-Gate AG bei der Planung und Durchführung von Analysten- und Investorenveranstaltungen unterstützen sowie Roadshows mit institutionellen Investoren organisieren.

Zudem wird equinet maßgebliche Veröffentlichungen der Bio-Gate AG durch regelmäßige Kommentierungen des Analysten in Form von Flash Notes oder Research Updates in die Financial Community kommunizieren. Da Entscheidungen für den Kauf von Aktien häufig durch Research-Veröffentlichungen angestoßen werden, war ein leistungsstarkes und zielgruppengerechtes Inhouse Research, das bei den Kapitalmarktteilnehmern hohes Ansehen genießt, für das Bio-Gate Management ein zentrales Entscheidungskriterium für die Mandatierung von equinet.

Darüber hinaus übernimmt equinet für die Bio-Gate-Aktie die Funktion des Designated Sponsors. Aufgabe des Designated Sponsors ist es, als Liquiditätsförderer für einen regen Handel in der Aktie des Emittenten durch regelmäßiges Stellen von Geld- (Ankauf) und Briefkursen (Verkauf) beizutragen und somit für Liquidität in der Aktie zu sorgen. Aus Sicht der Bio-Gate AG ist eine ausreichende Liquidität in der Aktie von großem Interesse, denn viele Marktteilnehmer investieren in Aktien nur dann, wenn ein ausreichendes tägliches Handelsvolumen gegeben ist.

Fazit

Der Börsengang der Bio-Gate AG im börslich regulierten Markt des Entry Standards hat gezeigt, dass dieses von der Deutschen Börse im Oktober 2005 geschaffene Marktsegment auf breiter Basis von den Investoren akzeptiert wird. Sowohl die große Anzahl von Orders, die sich in einer mehr als 30-fachen Überzeichnung manifestierte, als auch die Platzierung am oberen Ende der Preisspanne, zeigen, dass institutionelle Investoren und Privatanleger den Entry Standard als einen funktionierenden Teilbereich des Kapitalmarktes ansehen. Nachdem in den Vorjahren kaum Börsengänge von kleineren und jungen Wachstumsunternehmen zu beobachten waren, kehrte sich dieser Trend mit dem Entry Standard um. Die zahlreichen Börsengänge, die seit Oktober 2005 im Entry Standard zu beobachten waren, sind ein eindeutiger Beleg für die Akzeptanz, die der Entry Standard schon nach kurzer Zeit bei Investoren und Emittenten genießt.

Börsengang im EU-regulierten Markt: das Beispiel PATRIZIA Immobilien AG

Georg Hansel, Deutsche Bank AG

Zusammenfassung

Als erster Börsengang des Jahres 2006 und als erster großer deutscher Börsengang im Immobiliensektor seit vielen Jahren wurde der IPO (Initial Public Offering) der PATRIZIA Immobilien AG am Kapitalmarkt stark beachtet und allgemein als sehr erfolgreiche Transaktion wahrgenommen. Im folgenden Beitrag werden die einzelnen Projektschritte dargestellt, die den erfolgreichen Börsengang im Prime Standard ermöglicht haben.

PATRIZIA Immobilien AG – das Unternehmen

PATRIZIA ist ein integriertes Immobilienunternehmen mit den beiden Geschäftsbereichen Investments und Services. Im Geschäftsbereich Investments ist PATRIZIA auf eigene Rechnung tätig, im Geschäftsbereich Services bietet das Unternehmen immobilienbezogene Dienstleistungen für Kunden an.

Innerhalb des Geschäftsbereichs Investments ist das Unternehmen im Geschäftsfeld Wohnungsprivatisierung auf den Ankauf von Immobilien mit Wertsteigerungspotenzial, die Durchführung von Maßnahmen zur Realisierung dieses Potenzials mit dem Ziel des anschließenden Verkaufs der einzelnen Wohnungen an Mieter, Selbstnutzer und Kapitalanleger ausgerichtet. Im Geschäftsfeld Revitalisierung stehen für PATRIZIA nach dem Ankauf von Wohn- und Gewerbeimmobilien die Nutzung von Wertsteigerungspotenzialen, die damit verbundenen Sanierungs- und Modernisierungsmaßnahmen sowie die Optimierung des laufenden Cashflows im Vordergrund, wobei die Immobilien in der Regel als Paket weiterveräußert werden. Im Geschäftsfeld Projektentwicklung erstellt PATRIZIA Konzepte zur Erneuerung und Bewirtschaftung von Bestandsobjekten und steuert die operativen Maßnahmen zur Umsetzung dieser Konzepte.

Im Geschäftsbereich Services erbringt PATRIZIA ein breites Spektrum von immobilienbezogenen Dienstleistungen für Kunden mit einer eigentümerorientierten Sichtweise. Die Kombination und enge Verknüpfung der beiden Geschäftsbereiche führt zu einer umfassenden Expertise in der Wertschöpfung für eigene Immobilieninvestitionen und für die Immobilienportfolios von Kunden und damit zur Nutzung hoher Synergien. Dienstleistungen in den einzelnen Tätigkeitsfeldern werden sowohl für im Eigentum der Gesellschaft befindliche Immobilien als auch für Immobilien Dritter erbracht.

In den Jahren 2003 bis 2005 hat PATRIZIA insgesamt 1.370 Wohnungen aus dem Eigenbestand und 1.765 Wohnungen im Auftrag Dritter privatisiert, d.h. einzeln an Mieter, Selbstnutzer und Kapitalanleger veräußert. Das Volumen der im Asset Management für Kunden betreuten Immobilien hat sich von 4.150 Mio. € im Geschäftsjahr 2003 auf 4.550 Mio. € im Geschäftsjahr 2005 fast vervierfacht. Der Umsatz von PATRIZIA belief sich im Geschäftsjahr 2005 auf 499,5 Mio. €, das EBITDA auf 426,4 Mio. €.

Der Weg an die Börse
Gesamtprozess im Überblick

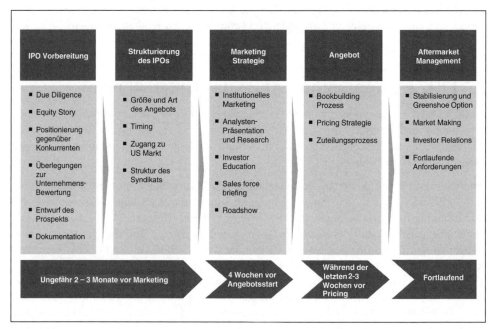

Abb. 1: Gesamtprozess im Überblick

Interne Vorbereitung

Die internen Vorbereitungsmaßnahmen bei PATRIZIA begannen schon einige Zeit vor dem eigentlichen IPO-Prozess und vor der Mandatierung der Banken und der sonstigen Berater. Zur Unterstützung bei der Durchführung des Börsengangs und während der Zeit als gelistetes Unternehmen rekrutierte PATRIZIA eine Investor Relations-Managerin mit entsprechender Erfahrung, die im Herbst 2005 die Arbeit aufnahm. Auch auf Seite der finanziellen Berichterstattung wurden umfangreiche Vorarbeiten frühzeitig angestoßen; hier war insbesondere die Einführung von IFRS ein entscheidender Schritt. Daneben baute PATRIZIA das auf Projektebene sehr tief gestaffelte Controlling gruppenweit aus, um kapitalmarktspezifische Anforderungen zu erfüllen und die Erlöse der geplanten Kapitalerhöhung aus dem Börsengang angemessen zu reflektieren.

Auswahl der Banken und weiterer Berater

PATRIZIA mandatierte die beratenden Banken nach einem Beauty Contest im November 2005, dem viele Gespräche mit verschiedenen Banken vorausgingen. PATRIZIA entschied sich für eine Syndikatsstruktur mit drei Führungsbanken ohne weitere untergeordnete Syndikatsmitglieder.

Mit Unterstützung der Banken wurde kurz darauf der Rechtsberater des Unternehmens für den Börsengang ausgewählt. Neben der bestehenden Rechtsberatung durch lokale Anwaltskanzleien sollte für den Börsengang eine mit internationalen Aktienplatzierungen erfahrene, auf Kapitalmarktrecht fokussierte Wirtschaftskanzlei mandatiert werden. Zu den Aufgaben des Rechtsberaters gehört das Consulting bei allen rechtlichen Fragen im Zusammenhang mit dem Angebot, das Verfassen des Prospekts (mit starker Unterstützung durch das Unternehmen, die Konsortialbanken und den Rechtsberater der Konsortialbanken). Zusätzlich führt er eine rechtliche Due Diligence durch und gibt formalisierte rechtliche Erklärungen in Form der so genannten „Legal und Disclosure Opinions" ab, in denen hauptsächlich erklärt wird, dass die Legal Due Diligence keine wesentlichen Erkenntnisse ergeben hat, die nicht im Prospekt richtig und vollständig wiedergegeben sind. PATRIZIA wählte den eher unüblichen Weg, den Rechtsberater mittels eines eintägigen Beauty Contests in Frankfurt auszusuchen, zu dem kapitalmarkterfahrene Partner der führenden international tätigen Kanzleien eingeladen wurden. Das Unternehmen entschied sich schließlich für die Kanzlei Freshfields Bruckhaus Deringer.

Im selben Verfahren mandatierten auch die beratenden Banken ihren Rechtsberater für die Transaktion. Dieser unterstützt die Banken im Rahmen der Legal Due Diligence und bei der Prospekterstellung, er erstellt die erforderliche rechtliche Dokumentation für die Rechtsverhältnisse unter den Konsortialbanken und arbeitet in der Regel den Übernahmevertrag aus. Des Weiteren unterstützt er die Banken bei der Durchsicht aller im Rahmen der Transaktion zu veröffentlichenden Dokumente und gibt ebenfalls Legal und Disclosure Opinions ab. Die Banken entschieden sich aufgrund bestehender Erfahrungen sowie eines Beauty Contests für die Kanzlei Sullivan & Cromwell.

Für die Presse- und Öffentlichkeitsarbeit im Rahmen des Börsengangs mandatierte PATRIZIA die auf Finanzkommunikation spezialisierte Agentur Haubrok. Obgleich der Börsengang aufgrund der Komplexität des Geschäftsmodells und der fehlenden Bekanntheit des Unternehmens nicht auf Privatanleger zugeschnitten war, kam der Öffentlichkeitsarbeit eine hohe Bedeutung im Prozess zu, da heutzutage eine positive Medienunterstützung eine Grundvoraussetzung für einen erfolgreichen Börsengang ist. Hierzu gehören u.a. die Positionierung von Unternehmen und Management im redaktionellen Teil der Finanzpresse, das antizipative Erkennen von kommunikativen Risiken und die Feinsteuerung des Erwartungsmanagements der Presse bis hin zur Organisation und inhaltlichen Begleitung von Pressekonferenzen und TV-Auftritten.

Kick-off/Zeitplan

Mit einem Kick-off-Meeting aller beteiligten Parteien Anfang Dezember 2005 wurde der IPO-Prozess gestartet; konkret wurden Verantwortlichkeiten definiert, Arbeitsgruppen (so genannte „Workstreams") eingeteilt und der Zeitplan vorgestellt.

PATRIZIA verfolgte gemeinsam mit den Banken konsequent das Ziel, den Börsengang so zeitnah wie möglich umzusetzen, um die zu erwartende Beeinträchtigung des Geschäftsbetriebs durch die arbeitsintensive Vorbereitung des Börsengangs zu minimieren und das Risiko einer nachhaltigen Verschlechterung des Kapitalmarktumfelds möglichst klein zu halten. Daher wurde ein ambitionierter Zeitplan mit Handelsaufnahme noch im März 2006 gewählt.

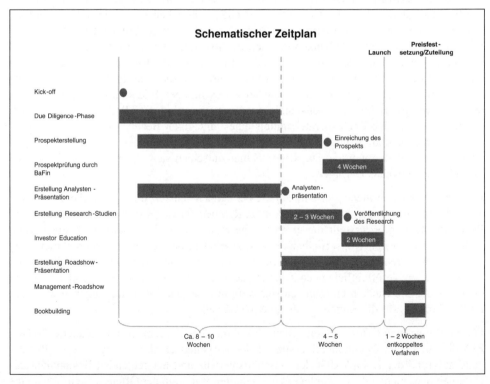

Abb. 2: Schematischer Zeitplan

Erstellung der nötigen Finanzdaten

Ein wichtiger Teil der Vorbereitung des Börsengangs war die Erstellung und Prüfung der IFRS-Konzernabschlüsse der Jahre 2003 bis 2005 und des HGB-Einzelabschlusses 2005, die auch in den Prospekt aufgenommen werden müssen. Um die Abschlüsse in den Prospekt aufzunehmen und rechtzeitig der Bundesanstalt für Finanzdienstleistungsaufsicht (BaFin) vorlegen zu können, die den Prospekt billigen muss, arbeitete die Finanzabteilung der PATRIZIA und ihr Wirtschaftsprüfer (Deloitte) intensiv an der Finalisierung der Zahlen.

Prospekt/Due Diligence

Nicht erst seit der EU-Prospektrichtlinie ist der Prospekt das zentrale Dokument eines Börsengangs. Zum einen stellt er die Informationsquelle dar, an der sich das Unternehmen in seiner Kommunikation mit dem Kapitalmarkt orientieren muss, d.h. alle Aussagen, die das Management im Lauf der Vermarktung tätigt, müssen ihren Niederschlag im Prospekt finden. Darüber hinaus ist der Prospekt ein wichtiges Vermarktungsinstrument, das von den meisten institutionellen Investoren vor einer Kaufentscheidung aktiv durchgearbeitet wird. Schließlich ist der Prospekt die wesentliche Haftungsgrundlage für Investoren gegenüber Emittent und Banken im Fall unzutreffender oder unvollständiger Information.

Das Verfassen des Prospekts ist daher eine der wichtigsten und aufwendigsten Aufgaben im Rahmen des Börsengangs. Richtigkeit und Vollständigkeit müssen sichergestellt und alle materiellen Ergebnisse aus der Due Diligence aufgenommen werden. Zu Beginn des Prozesses konzentriert sich die Aufmerksamkeit des Unternehmens und der Banken vor allem auf die Beschreibung der Geschäftstätigkeit und der Risikofaktoren, da diese Teile am stärksten ein detailliertes Verständnis des Unternehmens erfordern und das in der Erstellung gewonnene Wissen auch für andere Prozessschritte (insbesondere die Erstellung der Analystenpräsentation) von großer Bedeutung ist. Vor der Erstellung des ersten Prospektentwurfs hat sich das Management daher in vielen Einzelterminen den Fragen der beteiligten Berater gestellt, um so einen umfassenden Einblick in das PATRIZIA-Geschäft zu vermitteln.

Danach wurde der jeweils aktuelle Prospektentwurf der Anwälte in teilweise ganztägigen Sitzungen mit dem Unternehmen, den Banken und beiden Anwaltskanzleien diskutiert und optimiert. Mit Verfügbarkeit der Finanzangaben wird zusätzlich der Abschnitt „Darstellung und Analyse der Vermögens-, Finanz- und Ertragslage" erstellt. Hierbei geht es vor allem darum, die wesentlichen Treiber der Unternehmensentwicklung im Vergleich der Finanzkennziffern der einzelnen Jahre zu identifizieren und qualitativ zu beschreiben.

Mit Einreichung des Prospekts zur Prüfung bei der Bundesanstalt für Finanzdienstleistungsaufsicht (BaFin) sind inhaltlich nur noch geringfügige Korrekturen möglich. Aufgrund vielfältiger Erfahrungen mit der BaFin seit der Übernahme der Zuständigkeit für die Billigung von Verkaufsprospekten im Juli 2005 war es möglich, die nach Einreichung noch zu erwartenden Ergänzungen eng mit der BaFin abzustimmen und so einen hohen Grad an Zuverlässigkeit hinsichtlich des angestrebten Zeitplans zu gewährleisten.

342 Börsengang im EU-regulierten Markt: das Beispiel PATRIZIA Immobilien AG

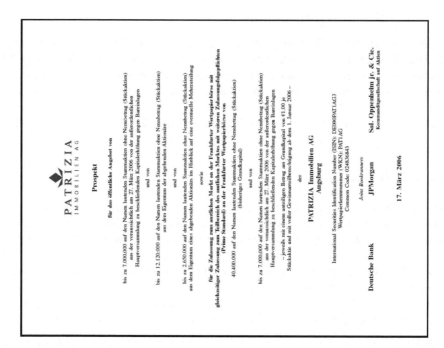

Abb. 3: Deutscher und US-Prospekt

Ab dem Zeitpunkt der Einreichung wurde verstärkt an der englischen Übersetzung des Prospekts gearbeitet. Neben der exakten inhaltlichen Wiedergabe des deutschen Prospekts müssen insbesondere für die USA zusätzliche Textbausteine eingefügt werden, um den Prospekt den lokalen Gegebenheiten anzupassen. Auf Basis des derartig adaptierten internationalen Prospekts durften die Aktien in den USA nur professionellen Anlegern, den so genannten „Qualified Institutional Buyers", angeboten werden, ohne eine Registrierungspflicht bei der US-Wertpapieraufsichtsbehörde SEC auszulösen.

Die Due Diligence („gebotene Sorgfalt") der Berater ist darauf ausgerichtet, sich durch eigene Untersuchungen, so weit wie geboten, davon zu überzeugen, dass der Prospekt in seinen wesentlichen Inhalten richtig und vollständig ist. Zur Durchführung der Due Diligence wurde ein so genannter „Datenraum" aufgrund einer zuvor aufgestellten Indexliste eingerichtet, in welchem sich schließlich alle relevanten Dokumente, Unterlagen und Informationen aus den Bereichen Recht, Geschäftstätigkeit und Finanzen des Unternehmens befinden. Neben intensiven Gesprächen mit dem Management standen eine detaillierte Analyse der Finanzkennzahlen einschließlich der Unternehmensplanung im Vordergrund der Untersuchungen. Angesichts der spezifischen Spezialthemen im Immobiliensektor haben die Banken mit Ernst & Young einen zusätzlichen Gutachter mandatiert, der sich vornehmlich um die Plausibilisierung der Planung und der zugrundeliegenden Annahmen bemühte.

Equity Story/Analystenpräsentation

Eine der wichtigsten Aufgaben der Banken im Börsengang ist die Beratung des Unternehmens bei der Positionierung gegenüber dem Kapitalmarkt und der Darstellung gegenüber Investoren. Neben dem Emissionsprospekt sind die Studien der Research-Analysten der Konsortialbanken eine Hauptinformationsquelle für potenzielle Investoren. Aufgrund der scharfen Trennung („Chinese Walls") zwischen den das Unternehmen beratenden Abteilungen und der Research-Abteilung innerhalb der Banken muss sich das Unternehmen den Analysten auf einer separaten Veranstaltung, der Analystenpräsentation, vorstellen. Für eine erfolgreiche Transaktion ist es entscheidend, die Analysten umfassend zu informieren und das Geschäftsmodell und den Investment Case des Unternehmens effizient zu kommunizieren.

Als wichtigste Punkte des Investment Case der PATRIZIA wurden entwickelt:

- Integriertes Geschäftsmodell als Basis für hervorragende Erfolgschancen in beiden Geschäftsbereichen Investments und Services
- Etabliertes Netzwerk zu potenziellen Verkäufern und Kunden
- Nachgewiesener Track Record aus mehr als 20 Jahren Erfahrung im deutschen Immobilienmarkt
- Kombination von Markt-Know-how, deutschlandweiter Plattform und lokalem Expertenwissen im deutschen Wohnimmobilien-Markt

- Langjährige Erfahrung und außerordentliche Kompetenz des Management-Teams
- Attraktives Marktumfeld
- Überzeugende Mittelverwendung: Förderung und Verstärkung der nachhaltigen Wachstumsstory

Vermarktung

Research-Studien und Investor Education

Auf Basis der ihnen im Rahmen der Analystenpräsentation zur Verfügung gestellten Informationen verfassten die Analysten ihre Studien, die vom Unternehmen lediglich auf sachliche Fehler hin korrigiert werden konnten. Die Studien wurden am 7. März veröffentlicht – am Tag, an dem auch die Absicht des Börsengangs bekannt gegeben wurde. In der folgenden Investor Education-Phase stellten die Research-Analysten der Konsortialbanken in eigenständigen Roadshows das Unternehmen institutionellen Investoren in Europa und in den USA vor. Mehr als 120 Investoren wurden von den Analysten im Rahmen der Investor Education getroffen. Das von Investoren gewonnene Feedback aus der Investor Education-Phase war insgesamt sehr positiv und bestätigte das hohe Interesse für den deutschen Immobiliensektor insgesamt und die Attraktivität der PATRIZIA-Story im Besonderen.

Roadshow/Pressekonferenz/Bookbuilding

Die Banken planten auf Basis des aus der Investor Education-Phase gewonnen Feedbacks von Investoren die Roadshow für das PATRIZIA-Management. Nach Veröffentlichung des Prospekts wurde am 20. März 2006 um 10:00 Uhr morgens die „heiße Phase" des Börsengangs mit der IPO-Pressekonferenz in Frankfurt eingeleitet. Diese fand in der Konferenzetage des von PATRIZIA verwalteten Bürohochhauses Skyper statt. Die Börsenpläne der PATRIZIA stießen auf großes Interesse bei der Presse: Das attraktive Geschäftsmodell, das große Investoreninteresse am deutschen Immobiliensektor und natürlich auch die Tatsache, dass es sich um den ersten großen Börsengang 2006 handelte, sorgten für eine positive Grundstimmung bei den Medien.

Das PATRIZIA-Management stellte 46 institutionellen Investoren im Rahmen von Einzelmeetings („One-on-ones") den Investment Case vor. Weit über 100 Investoren nahmen an Gruppenveranstaltungen in Frankfurt, London, New York, München, Brüssel, Amsterdam und Zürich teil. Mehr als 90 Prozent der Investoren, die Einzelmeetings mit dem Management hatten, gaben anschließend Orders ab, was eindrücklich die hohe Glaubwürdigkeit des Management-Teams und die Attraktivität des Investment Case der PATRIZIA belegt.

Der PATRIZIA-Börsengang wurde nach dem von Deutsche Bank im Rahmen des Börsengangs der Conergy AG entwickelten Decoupled Bookbuilding-Verfahren durchgeführt, das zwischenzeitlich bei den meisten Börsengängen angewendet wird: Anders als beim herkömmlichen Verfahren, bei dem die Preisspanne, zu der Investoren Aktien zeichnen können, zu Beginn der Roadshow schon feststeht, wurde die Preisspanne beim PATRIZIA-

Börsengang erst zu Beginn der zweiten Roadshow-Woche festgelegt. Das sehr positive Feedback der Investoren aus der ersten Woche der Roadshow und die deutlich erhöhte Visibilität bezüglich der Bewertungsüberlegungen der Investoren erlaubten es, die Preisrange auf 15,80 € – 18,50 € festzusetzen und damit die Erwartungen des Unternehmens und der Banken zu erreichen bzw. sogar zu übertreffen.

Roadshow-Übersicht

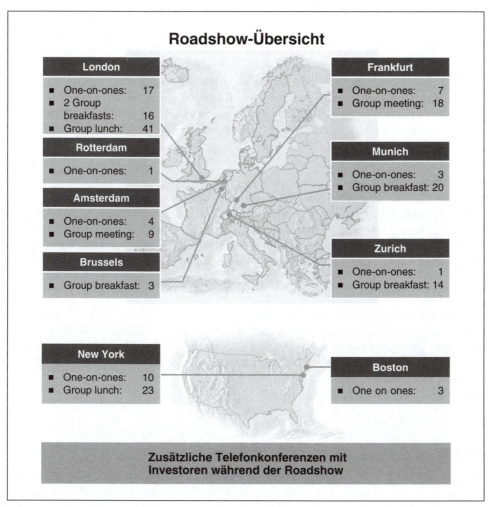

Abb. 4: Roadshow Übersicht

Nachfrage und Zuteilung
Die Nachfrage nach den Aktien der PATRIZIA war so groß, dass die Emission schon nach wenigen Stunden überzeichnet war. Am Ende der Bookbuilding-Phase lag der Überzeichnungsgrad am oberen Ende der Preisspanne bei mehr als dem 10-fachen, so dass der endgültige Platzierungspreis mit 18,50 € am oberen Ende der Preisspanne festgesetzt wurde. Dies entsprach einer Marktkapitalisierung von 877 Mio. €.

Britische Investoren – traditionell die größte Nachfragequelle bei europäischen Aktienplatzierungen – waren auch beim Börsengang der PATRIZIA führend. Ungewöhnlich allerdings war das sehr starke Interesse amerikanischer Investoren. Aufgrund des sehr liquiden REIT-Sektors (REIT: Real Estate Investment Trust, börsennotierte, steuerbegünstigte Immobiliengesellschaften) in den USA haben diese häufig eine sehr tiefgreifende Sektor-Expertise, so dass ihr starkes Engagement als Qualitätsmerkmal verstanden wurde. Neben den bei großvolumigen Platzierungen immer wichtigen angelsächsischen Investoren war auch die Nachfrage aus dem Inland sehr stark, was dem Unternehmen sehr wichtig war. Die größten deutschen Adressen beteiligten sich nahezu ausnahmslos an diesem Börsengang.

Erster Handelstag
Das sehr positive Investoren-Sentiment spiegelte sich auch im ersten Kurs des Unternehmens wider: Mit 21,50 € lag der Kurs deutlich über dem Ausgabepreis. Das Management begrüßte die erfreuliche Kursentwicklung als Beweis, dass trotz einer bereits als hoch empfundenen Bewertung zum Ausgabepreis weiteres signifikantes Aufwärtspotenzial aufgrund des etablierten und wachstumsstarken Geschäftmodells vorhanden sei.

Greenshoe
Im Hinblick auf eine eventuelle Mehrzuteilung wurde der Deutsche Bank AG das Recht eingeräumt, in Abstimmung mit dem Unternehmen weitere bis zu 925.000 bestehende Aktien aus einem unentgeltlichen Wertpapierdarlehen zu platzieren. Die Großaktionäre hatten der Deutschen Bank ferner die Option eingeräumt, insgesamt bis zu 925.000 Aktien des Unternehmens zum Platzierungspreis zu erwerben („Greenshoe-Option"). Die Greenshoe-Option wurde am 4. Mai 2006 vollständig ausgeübt.

Fazit
Als erster Börsengang des Jahres 2006 war PATRIZIA eine sehr erfolgreiche Emission für alle Beteiligten. Das Unternehmen erhielt zu attraktiven Konditionen neues Eigenkapital und kann so verstärkt an den attraktiven Marktgelegenheiten partizipieren. Die verkaufenden Aktionäre erzielten ein sehr gutes Ergebnis und konnten die selbst gesteckten Erwartungen deutlich übertreffen. Die Investoren bekamen die lang ersehnte weitere Partizipationsmöglichkeit am attraktiven deutschen Wohnimmobilienmarkt mit starkem Wachstumspotenzial und eine bisher positive Zweitmarktperformance.

Der Gang an die Börse ist nur der erste Schritt

Prof. Dr. Rüdiger von Rosen, Deutsches Aktieninstitut, Frankfurt am Main

Zusammenfassung

Der Gang an die Börse ist ein wichtiger, in der Regel einmaliger Schritt in der Entwicklung eines Unternehmens. Mit ihm öffnet es sich dem organisierten Kapitalmarkt, erschließt neue Quellen für Eigen- wie auch Fremdkapital und bietet seinen Eigentümern die Möglichkeit, ihre Aktien über einen liquiden Sekundärmarkt weiterveräußern zu können. Nur die börsennotierte Aktiengesellschaft ermöglicht dem Anleger eine hohe Fungibilität und Liquidität seiner Anteile. So können breite Anlegerkreise beteiligt und hohe Kapitalsummen aufgebracht werden; ohne sie wäre die Finanzierung einer modernen Wirtschaft nicht denkbar. Einzel- und gesamtwirtschaftlich sind Finanzierungen über die Börse von hoher Bedeutung und bieten Chancen, die anderen Finanzierungsformen in der Regel nicht gegeben sind.

Die Börsennotierung ist einerseits der Endpunkt eines komplexen Entwicklungsprozesses, der das neu an der Börse notierte Unternehmen unter Umständen bereits drastisch verändert hat. Andererseits markiert die Börsennotierung aber den Beginn einer neuen Ära für das Unternehmen, denn es unterliegt nunmehr zusätzlichen Informationspflichten und steht stärker als vorher im Fokus der Öffentlichkeit. Bei den mit dem Börsengang verbundenen neuen Verpflichtungen ist zu unterscheiden zwischen gesetzlichen Zulassungsfolgepflichten, den aus dem Deutschen Corporate Governance-Kodex erwachsenden Pflichten und den Anforderungen, die die Marktteilnehmer – institutionelle wie private Anleger, Analysten, Journalisten etc. – an das Unternehmen stellen.

Der potenzielle Börsenkandidat muss sich schon zum Zeitpunkt seiner Entscheidung für einen Gang an die Börse dieser Folgepflichten bewusst sein. Ab dem ersten Tag der Börsennotierung sind diese Pflichten zuverlässig zu erfüllen, denn gerade in den ersten Wochen und Monaten steht der Börsenneuling besonders im Zentrum der öffentlichen Wahrnehmung. Wird in dieser Zeit eine Transparenzpflicht nicht beachtet, kann dies das Bild des Unternehmens in der Öffentlichkeit auf lange Zeit prägen.

Die gesetzlichen und marktdeterminierten Rahmenbedingungen, innerhalb derer ein börsennotiertes Unternehmen agiert, sind einem steten Wandel unterworfen. Gerade nach den Kursübertreibungen Ende der 90er Jahre und den anschließenden Kursrückgängen hat der deutsche Gesetzgeber zahlreiche neue Normen geschaffen und bestehende Vorschriften weiterentwickelt. Um in dem vielfältigen Interessengeflecht zwischen Emittenten, Anlegern, Finanzdienstleistern und Öffentlichkeit ein angemessenes und nicht überzogenes Maß an Emittentenpflichten zu gewährleisten, bedarf es einer eigenständigen Interessenvertretung. Diese Aufgabe obliegt dem Deutschen Aktieninstitut e.V. als dem Verband der börsennotierten Emittenten und anderer an der Fortentwicklung des organisierten Kapitalmarktes interessierter Unternehmen und Institutionen.

Gesetzliche Zulassungsfolgepflichten
Zulassung im Amtlichen Markt und im Geregelten Markt

Mit der Zulassung der Aktien zum Handel im Amtlichen Markt unterliegen die Unternehmen verschiedenen gesetzlichen Zulassungsfolgepflichten. Diese scheinen auf den ersten Blick eine große Belastung des Unternehmens darzustellen, und in der Tat erfordert ihre Einhaltung – wie auch die Befolgung der später dargestellten Corporate Governance – einen nicht unbeträchtlichen personellen und materiellen Einsatz. Insgesamt stellt der Börsengang für ein Unternehmen jedoch eine große, oftmals einmalige Chance dar, sich die Finanzierungsbasis für die weitere Expansion zu erschließen. Die damit verbundenen Vorteile wiegen den mit der Börsenzulassung verbundenen Aufwand in der Regel mehr als auf. Ein an der Börsennotierung interessiertes Unternehmen sollte sich durch die verschiedenen Vorschriften daher auf keinen Fall abschrecken lassen, sondern sie als notwendige Voraussetzung für die Nutzung des organisierten Kapitalmarktes ansehen. Ähnlich einer Führerscheinprüfung eröffnet die Börsenzulassung alle Finanzierungsmöglichkeiten in diesem Kapitalmarktsegment.

Börsennotierte Aktiengesellschaften haben ihre Jahresabschlüsse nach den Vorschriften über große Kapitalgesellschaften aufzustellen und zu veröffentlichen (§ 267 Abs. 3 Satz 2 HGB in Verbindung mit §§ 242, 264 HGB, § 65 Abs. 1 BörsZulV). Änderungen ergeben sich durch die Börsennotierung also stets dann, wenn zuvor Abschlüsse nach den Vorschriften für Personenhandelsgesellschaften oder kleine bzw. mittelgroße Kapitalgesellschaften aufgestellt wurden.

Darüber hinaus sind als börsenrechtliche Zulassungsfolgepflichten Zwischenberichte zu veröffentlichen. Börsennotierte Aktiengesellschaften müssen innerhalb des Geschäftsjahres regelmäßig mindestens einen Zwischenbericht veröffentlichen, der ein den tatsächlichen Verhältnissen entsprechendes Bild der Finanzlage und des allgemeinen Geschäftsgangs des Emittenten im Berichtszeitraum vermittelt und der eine Beurteilung ermöglicht, wie sich die Geschäftstätigkeit in den ersten sechs Monaten entwickelt hat (§§ 40 BörsG, 53 ff. BörsZulV). Die Berichte müssen innerhalb von zwei Monaten nach Ende des Berichtszeitraums in einem Börsenpflichtblatt oder im Bundesanzeiger abgedruckt oder dem Publikum bei den Zahlstellen kostenlos zur Verfügung gestellt werden (§ 61 Abs. 1 BörsZulV).

Die Erstellung von Quartalsberichten ist für Aktien, die zum Handel im Amtlichen Markt zugelassen sind, börsenrechtlich nicht generell vorgeschrieben. Allerdings können die Börsen in Teilbereichen des Amtlichen und Geregelten Markts in den Börsenordnungen weitere Unterrichtungspflichten der Emittenten zugelassener Aktien und aktienvertretender

Gesetzliche Zulassungsfolgepflichten 349

Zertifikate vorsehen (§ 42 BörsG). So müssen Emittenten, deren Aktien zum Prime Standard der FWB Frankfurter Wertpapierbörse zugelassen sind, für die ersten drei Quartale eines Geschäftsjahres nach §§ 63, 78 BörsO FWB Quartalsberichte veröffentlichen, die nach internationalen Rechnungslegungsgrundsätzen (d. h. IFRS bzw. US-GAAP, vgl. § 62 Abs. 1 BörsO FWB) zu erstellen sind. Die Zulassung zum Prime Standard gehört nach den von der Deutsche Börse AG erlassenen Regelungen auch zu den Voraussetzungen für die Aufnahme von Aktien in Auswahlindizes wie DAX, MDAX, TecDAX oder SDAX. Indirekt ist damit die Quartalsberichterstattung Voraussetzung für die Aufnahme von Aktien in diese Indizes.

Neben der Regelpublizität, die die Jahresabschlüsse, Zwischenberichte und gegebenenfalls Quartalsberichte umfasst, besteht die Pflicht zur Ad hoc-Publizität gemäß § 15 WpHG. Danach muss ein Emittent von Finanzinstrumenten, die an einem inländischen organisierten Markt zum Handel zugelassen sind, Insiderinformationen, die ihn unmittelbar betreffen, unverzüglich veröffentlichen. Durch das Anlegerschutzverbesserungsgesetz (AnSVG) vom 28.10.2004 wurde die Ad hoc-Publizität im Vergleich zur vorherigen Rechtslage inhaltlich und zeitlich ausgeweitet und die Beweislast hinsichtlich der Rechtzeitigkeit der Veröffentlichung bei mehrstufigen, innerhalb der Organisation des Emittenten vorzubereitenden Entscheidungsprozessen im Ergebnis dem Emittenten auferlegt.

Auch Geschäfte, die von Personen mit Führungsaufgaben beim Emittenten abgeschlossen werden (§ 15a WpHG, sog. Directors' Dealings), sind zu veröffentlichen. Ebenfalls durch das AnSVG neu eingeführt worden ist die Pflicht börsennotierter Unternehmen, Insiderverzeichnisse zu führen (§ 15b WpHG).

Schließlich hat ein Emittent Veränderungen der Stimmrechtsanteile bei der Gesellschaft, die ihm wegen Überschreiten, Erreichen oder Unterschreiten der Schwellenwerte von 5, 10, 25, 50 und 75 Prozent der Stimmrechte mitgeteilt werden, zu veröffentlichen (§ 25 WpHG sowie – für Gesellschaften mit Sitz im Ausland – § 26 WpHG). Hier wird die Transparenzrichtlinie der EU neue Regelungen mit sich bringen. Aufgrund einer größeren Zahl der relevanten Schwellenwerte (5, 10, 15, 20, 25, 30, 50, 75 Prozent, vgl. Art. 9 Abs. 1 der Transparenzrichtlinie) und Veränderungen bei den Regelungen zur Stimmrechtszurechnung (Art. 10 der Transparenzrichtlinie) bzw. der geplanten Handhabung der Stimmrechtszurechnung ist eine Zunahme derartiger Meldungen zu erwarten.

Die Zulassungsfolgepflichten sind in Umsetzung von Art. 10 der EU-Prospektrichtlinie um eine Art Sekundärpublizität in Form des neu eingeführten jährlichen Dokuments erweitert worden (§ 10 WpPG). Danach müssen Emittenten, deren Wertpapiere zum Handel im Amtlichen oder Geregelten Markt zugelassen sind, mindestens einmal jährlich alle Informationen veröffentlichen, die sie in den vergangenen zwölf Monaten aufgrund der wesentlichen kapitalmarktrechtlichen Zulassungsfolgepflichten veröffentlicht haben. Dies betrifft sämtliche oben genannten Berichte und Veröffentlichungen einschließlich der Informationen, die aufgrund der Pflichten gem. §§ 15, 15a, 25, 26 WpHG veröffentlicht wurden, sowie alle übrigen Informationen aufgrund der Unterrichtungspflichten gemäß § 39 Abs. 1 Nr. 3, Abs. 2 BörsG in Verbindung mit dem 2. Kapitel der BörsZulV und etwaiger von der Börsenordnung aufgrund § 42 BörsG vorgesehener Zulassungsfolgepflichten (§ 10 Abs. 1

Satz 1 WpPG). Das jährliche Dokument muss diese Informationen entweder unmittelbar enthalten, oder es muss auf die entsprechenden Berichte, Mitteilungen und Veröffentlichungen und die betreffenden Fundstellen verweisen (§ 10 Abs. 1 Satz 1, Abs. 2 Satz 2 WpPG). Letzteres dürfte bei größeren kapitalmarktorientierten Unternehmen mit umfangreicheren Publikationen der Regelfall sein.

Die Veröffentlichung des jährlichen Dokuments erfolgt in gleicher Weise wie die Veröffentlichung eines Prospekts, wobei eine Hinweisbekanntmachung in einer Zeitung jedoch nicht erforderlich ist (§§ 10 Abs. 1 Satz 2, 14 Abs. 2 WpPG). Darüber hinaus ist das jährliche Dokument bei der Bundesanstalt für Finanzdienstleistungsaufsicht (BaFin) zu hinterlegen (§ 10 Abs. 2 Satz 1 WpPG).

Neben der Pflicht, der Börsengeschäftsführung oder der Zulassungsstelle alle für deren Arbeit erforderlichen Auskünfte zu erteilen und gegebenenfalls auch zu veröffentlichen (§ 41 BörsG), und der Pflicht zur Gleichbehandlung der Wertpapierinhaber und zur Benennung mindestens einer Zahl- und Hinterlegungsstelle (§ 39 Abs. 1 Nr. 1 und 2 BörsG) sind das Publikum und die Zulassungsstelle über den Emittenten und die zugelassenen Wertpapiere angemessen zu unterrichten (§ 39 Abs. 1 Nr. 3 BörsG). Darunter fallen z.B. Angaben über Dividenden, Bezugsrechte und Kapitalerhöhungen. Weiterhin sind Veränderungen der Satzung oder anderer Rechtsgrundlagen der Aktiengesellschaft mitzuteilen.

Das Börsengesetz sieht für den Geregelten Markt keine spezifischen Zulassungsfolgepflichten vor. Grundsätzlich unterliegen die Emittenten von Wertpapieren, die zum Handel im Geregelten Markt zugelassen sind, aufgrund entsprechender Verweise in den Börsenordnungen (vgl. z.B. § 71 BörsO FWB) den für den Amtlichen Markt geltenden Zulassungsfolgepflichten. Auch im Geregelten Markt besteht daher eine Pflicht zur Vorlage von Zwischenberichten. Da der Geregelte Markt ein organisierter Markt im Sinne von § 2 Abs. 5 WpHG ist, bestehen auch im Geregelten Markt die Pflicht zur Ad hoc-Publizität gemäß § 15 WpHG sowie die übrigen Pflichten, die nach dem WpHG aufgrund der Notierung an einem organisierten Markt gelten (vgl. § 15a und b WpHG). Gleiches gilt für die Pflicht zur Erstellung des jährlichen Dokuments gem. § 10 WpPG.

Aufgrund der weitgehenden Harmonisierung der Zulassungsvoraussetzungen und der Zulassungsfolgepflichten sind, von wenigen Ausnahmen abgesehen, die Anforderungen an eine Zulassung im Amtlichen Markt und eine Zulassung im Geregelten Markt weitgehend angeglichen. An die Stelle der Unterscheidung zwischen Amtlichem Markt und Geregeltem Markt ist an der FWB die Unterscheidung zwischen Prime Standard und General Standard getreten. Beide Teilbereiche können sowohl bei Zulassung zum Amtlichen Markt als auch bei Zulassung zum Geregelten Markt gewählt werden, wobei die Aufnahme in den Prime Standard die Erfüllung zusätzlicher, von der Deutschen Börse definierter Folgepflichten voraussetzt.

Corporate Governance

Die gesetzlichen Zulassungsfolgepflichten sind in einer Vielzahl verstreuter Normen geregelt. Gleiches gilt für die gesetzlichen Vorschriften zur Unternehmensführung und -kontrolle, die unter dem Begriff „Corporate Governance" zusammengefasst werden. Diese Regeln ordnen u. a. das Zusammenwirken der Organe Vorstand und Aufsichtsrat, die Rechte und Mitsprachemöglichkeiten der Aktionäre, die Rolle der Wirtschaftsprüfer usw. Gerade für angelsächsische institutionelle Anleger ist das in vielen Gesetzen niedergelegte deutsche Regelwerk der Unternehmensführung und -kontrolle oftmals nicht hinreichend transparent, zumal es in mancherlei Hinsicht von den Gepflogenheiten in Großbritannien oder den USA abweicht.

Bekanntestes Beispiel für eine solche Abweichung ist wohl der Unterschied in der Konstruktion der Unternehmensführung: Während bei deutschen Aktiengesellschaften Aufsichtsrat und Vorstand zwei getrennte Gremien darstellen, kennt das angelsächsische System den Board mit Executive und Non-executive Directors. Zwar ist das eine System dem anderen gemäß zahlreicher Untersuchungen, u. a. der OECD, nicht grundsätzlich überlegen, doch jede Abweichung vom Bekannten stellt für potenzielle Investoren ein Kriterium dar, das berücksichtigt und bewertet werden muss, bevor eine positive Anlageentscheidung getroffen werden kann.

Um die Transparenz des deutschen Systems der Unternehmensführung und -kontrolle zu steigern und gleichzeitig weitere Details zu regeln, wurde von einer Regierungskommission der „Deutsche Corporate Governance Kodex" (DCGK) erarbeitet und verabschiedet. Die jeweils aktuelle Version des Kodex kann unter http://www.corporate-governance-code.de aus dem Internet heruntergeladen werden. Folgende Aspekte werden darin angesprochen:

- Aktionäre und Hauptversammlung
- Zusammenwirken von Vorstand und Aufsichtsrat
- Vorstand
- Aufsichtsrat
- Transparenz
- Rechnungslegung und Abschlussprüfung

Der DCGK enthält drei Gruppen von Regelungen mit unterschiedlich hoher Verbindlichkeit:

- Bei der ersten Gruppe wird der Inhalt der deutschen Gesetze in allgemeinverständlicher Sprache wiedergegeben. Beispiel: „Jede Aktie gewährt grundsätzlich eine Stimme."
- Bei der zweiten Gruppe handelt es sich um Empfehlungen, die durch das Wort „soll" gekennzeichnet sind. Diese Empfehlungen sind nicht gesetzlich verpflichtend, doch es

> muss offen gelegt werden, wenn sie nicht eingehalten werden. Beispiel: „Die Gesellschaft soll den Aktionären die Wahrnehmung ihrer Rechte erleichtern. Auch bei der Stimmrechtsvertretung soll die Gesellschaft die Aktionäre unterstützen."
> - Die dritte Gruppe umfasst die weniger verbindlichen Anregungen, die durch das Wort „sollte" kenntlich gemacht werden. Beispiel: „Die Gesellschaft sollte den Aktionären die Verfolgung der Hauptversammlung über moderne Kommunikationsmöglichkeiten (z.B. Internet) ermöglichen."

Zwingendes Recht sind also nur die Inhalte der ersten Gruppe, da sie die Gesetzeslage widerspiegeln. Auch die zweite Gruppe – die Empfehlungen – hat jedoch eine hohe Verbindlichkeit, da börsennotierte Aktiengesellschaften gemäß § 161 AktG verpflichtet sind, die Empfehlungen des DCGK zu beachten oder andernfalls eine etwaige Nichtbeachtung zu erläutern („Comply or Explain-Regel"). Diese Erläuterung erfolgt in einer jährlich abzugebenden Corporate Governance-Erklärung, die auf der Internetseite der Aktiengesellschaft zu veröffentlichen ist. Im Einzel- und Konzernabschluss ist ferner anzugeben, dass die Corporate Governance-Erklärung abgegeben und den Aktionären zugänglich gemacht wurde (§§ 285 S. 1 Nr. 16, 314 Abs. 1 Nr. 8 HGB). Darüber hinaus ist bei der Offenlegung des Jahresabschlusses die Erklärung beim Handelsregister einzureichen (§ 325 Abs. 1 S. 1 HGB). Diese Erklärung bewirkt einen öffentlichen Druck auf die Unternehmen, die Empfehlungen zu beachten, so dass nur in wirklich begründeten Fällen davon abgewichen wird.

Das Deutsche Aktieninstitut hat die Verabschiedung des DCGK im Jahr 2002 als flexibles Instrument der Selbstregulierung und als Informationsmedium gegenüber ausländischen Investoren ebenso begrüßt wie die Verankerung der Entsprechenserklärung in § 161 AktG. In wenigen Jahren hat der DCGK eine sehr hohe Akzeptanz unter den Unternehmen gefunden. Dies belegen verschiedene Auswertungen der Umsetzung der Kodexempfehlungen und -anregungen. Danach wurden im Jahr 2005 von den DAX-Unternehmen 95,3 Prozent der 82 Empfehlungen und 85,3 Prozent der 19 Anregungen umgesetzt; bezogen auf alle börsennotierten Unternehmen liegen die entsprechenden Quoten bei 81,9 bzw. 56,2 Prozent. Die hohe Akzeptanz ist ein Signal dafür, dass der Kodex seine Aufgabe als „Soft Law" erfüllt und wirksam zu einer weitgehenden Vereinheitlichung der Corporate Governance der börsennotierten Unternehmen auf hohem Niveau beiträgt. Gleichzeitig bietet er den Gesellschaften die erforderliche Flexibilität, aus unternehmensspezifischen Gründen im Einzelfall von den Empfehlungen oder Anregungen abweichen zu können; bei einer starren gesetzlichen Regelung wäre dies nicht möglich.

Im Gegensatz zu anderen Ländern, in denen die „Kodex-Kommissionen" nach der Verabschiedung der Wohlverhaltensregeln aufgelöst wurden, wird der DCGK einmal jährlich überprüft. Dies erlaubt grundsätzlich eine graduelle Anpassung an Entwicklungen der Unternehmenswirklichkeit. Freilich geschieht dies um den Preis, dass sich die Unternehmen auf häufigere Änderungen einzustellen haben, da sich in der Öffentlichkeit ein Erwartungsdruck aufbaut, der zu einer „automatischen" Verschärfung der Kodexbestimmungen führen kann. Diesem Automatismus ist im Interesse eines funktionsfähigen und flexiblen Kapitalmarktes entgegenzuwirken, ohne dass hierbei die wirklich sinnvollen Weiterentwicklungen behindert werden dürfen.

Anforderungen an die Unternehmenskommunikation

Nicht nur gesetzliche Bestimmungen und Normen des „Soft Law", wie der Deutsche Corporate Governance Kodex es darstellt, sind für börsennotierte Unternehmen zu beachten, sondern auch die nicht normierten, gleichwohl aber wichtigen Erwartungen der Marktteilnehmer. Institutionelle und private Anleger, aber auch die Medien und die Analysten als „Kapitalmarkt-Kommunikatoren" haben ausgeprägte Anforderungen an das Verhalten der börsennotierten Unternehmen, insbesondere an ihre Informationspolitik.

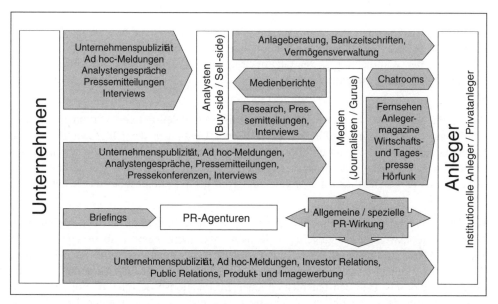

Abb. 1: Kommunikationsbeziehungen zwischen Unternehmen und Anlegern

Abbildung 1 stellt das Geflecht von Kommunikationsbeziehungen und die Vielzahl der Medien dar und verdeutlicht, wie komplex der Weg einer Information vom Unternehmen bis zum Anleger sein kann. Umso wichtiger ist es, die Kommunikation professionell zu betreiben und ihr gerade seitens der Unternehmensführung hohe Aufmerksamkeit zu widmen.

Im Rahmen der kontinuierlichen Pflege der Beziehungen zu den Akteuren der Kapitalmärkte kommen den Investor Relations die Aufgaben zu, den naturgemäß bestehenden Informationsnachteil der (potenziellen) Investoren gegenüber dem Unternehmen möglichst kostengünstig auszugleichen, den „fairen" Wert des Unternehmens zu kommunizieren und hierdurch die Erwartungen der Finanzmarktteilnehmer zu stabilisieren. Gelingt dies, so können informationsbedingte Abschläge auf den Börsenkurs vermieden oder volatilitätsbedingte Risikoprämien gesenkt werden. Im Erfolgsfall ergeben sich daher aus der Investor Relations-Arbeit günstige Wirkungen auf die Finanzierungskosten und den Börsenwert des Unternehmens. Angesichts ihrer hieraus erwachsenden strategischen Bedeutung wundert es auch nicht, dass sich die Investor Relations heute mittlerweile fest neben angestammten betriebswirtschaftlichen Organisationseinheiten etabliert haben.

Ungeachtet ihrer Form im Einzelfall sollte die Unternehmenskommunikation allgemein zwei elementare Erfolgsfaktoren beachten. Erstens ist es für den Erfolg der kommunikationspolitischen Maßnahmen von entscheidender Bedeutung, dass die unmittelbare und mittelbare Informationsversorgung der (potenziellen) Investoren jederzeit ehrlich, verlässlich und widerspruchsfrei ist. Werden diese kommunikationspolitischen Grundsätze nicht eingehalten, wird es äußerst schwer fallen, das Vertrauen der Investoren zu gewinnen bzw. zu erhalten. Insbesondere Vorstandsmitgliedern kommt dabei eine besondere Verantwortung zu, da sie wie kein anderer das Unternehmen nach außen vertreten und somit auf das Engste mit der Wahrnehmung, der Glaubwürdigkeit und dem Image des Unternehmens verknüpft sind. Kapitalmarktkommunikation ist daher zu einem wesentlichen Teil „Chefsache".

Zudem müssen die Mitarbeiter des Unternehmens nach außen mit einer Stimme sprechen, um keinen Raum für unzutreffende Gerüchte oder Deutungen der Unternehmenslage zu bieten. Gerade die Umsetzung dieses zentralen Aspektes der Unternehmenskommunikation ist äußerst anspruchsvoll, da prinzipiell jeder Kontakt von Unternehmensmitarbeitern mit Dritten – sei es geschäftlich oder privat – das Bild der Investoren über das Unternehmen prägen kann.

Bei der Unternehmenskommunikation kommt es zweitens darauf an, das Unternehmen im Kommunikationswettbewerb gegenüber Konkurrenten wirkungsvoll abzusetzen und die Aktie als Marke zu etablieren. Diese unternehmerische Aufgabe ist zunehmend komplex. So muss der Maßnahmenkatalog sowohl dem Unternehmen und seiner aktuellen geschäftlichen Situation als auch den unterschiedlichen Informationsbedürfnissen, Vorkenntnissen und Präferenzen der (potenziellen) Adressaten bestmöglich angepasst werden. Betriebs- und volkswirtschaftliche Zusammenhänge erschließen sich gerade dem Privatanleger nicht immer leicht. Den hieraus resultierenden Erklärungsbedarf für die Investor Relations bestätigt indirekt auch eine Umfrage im Auftrag der Commerzbank vom Juni 2003, die ein insgesamt geringes Niveau der finanziellen Allgemeinbildung unter der deutschen Bevölkerung und selbst den Aktionären offenbart. Danach wusste z.B. gut ein Drittel der Aktienbesitzer nicht, was man unter einem Aktienindex versteht.

Neben den Vorkenntnissen wird die Unternehmenskommunikation auch die unterschiedliche Bedeutung der Adressaten für die Kursentwicklung und für das Unternehmensimage im Blick behalten müssen. Meinungsführer (Großinvestoren, Finanzanalysten, Presse), von denen multiplikative Effekte für das Vertrauen aller Anleger erhofft werden können, verdienen und erhalten eine besondere Beachtung. Eine Umfrage der Beratungsgesellschaft PWC aus dem Jahr 2005 hat z.B. ergeben, dass die drei wichtigsten Zielgruppen der Investor Relations-Arbeit ausländische institutionelle Investoren, Finanzanalysten und Fondsmanager sind. Danach folgen inländische institutionelle Investoren vor Privatanlegern, Journalisten und Ratingagenturen. Insgesamt sind die Differenzierung der Instrumente und die unterschiedliche Aufbereitung von Unternehmensinformationen nach den verschiedenen Zielgruppen daher unerlässlich.

Aus betriebswirtschaftlicher Perspektive kann es zudem nicht darum gehen, nach dem Motto „viel hilft viel" zu verfahren. Vielmehr muss auch die Unternehmenskommunikation Kosten-Nutzen-Erwägungen gerecht werden, denn sie bindet Unternehmensressourcen, die unter Umständen an anderer Stelle sinnvoller verwendet werden können. Hieraus folgt: Aus betriebswirtschaftlicher Sicht wird es für jede Anlegergruppe eine optimale Investor Relations-Intensität geben, bei der sich Grenzkosten und Grenznutzen der ergriffenen Maßnahmen gerade ausgleichen. Wo genau dieses Optimum im Einzelfall liegt, ist Kern des unternehmerischen Such- und Innovationsprozesses und kann nicht verallgemeinernd festgelegt werden.

Die optimale Kapitalmarktkommunikation ist aber nicht nur von der jeweiligen Zielgruppe und der spezifischen Situation des Unternehmens abhängig. Sie muss auch immer vor dem Hintergrund von allgemeineren Faktoren gesehen werden, die die Möglichkeiten und Grenzen der Investor Relations und die Gewichtung des Instrumentariums beeinflussen können. Tatsächlich bewegt sich die Unternehmenskommunikation heute im Spannungsfeld von drei wesentlichen Einflussfaktoren:

- den technischen Möglichkeiten, insbesondere hinsichtlich der Nutzung neuer Kommunikationsmedien

- den ökonomischen Anforderungen einschließlich der sich hieraus ergebenden Informationsbedürfnisse und Erklärungsnotwendigkeiten

- den rechtlichen Rahmenbedingungen

In den vergangenen Jahren hat sich mit der Verbreitung von Internet, E-Mail und anderen Kommunikationsmedien das Informationsverhalten der Bevölkerung im allgemeinen und der Aktionäre im speziellen merklich verändert. So nutzten nach den Infratest-Umfragen im Auftrag des Deutschen Aktieninstituts im Jahr 2000 ca. 56 Prozent der Aktionäre und Fondsbesitzer einen PC bzw. das Internet, während es im Jahr 2005 bereits 80 Prozent waren.

Die Verbreitung neuer Kommunikationsmedien hat nicht nur zu einem geänderten Informationsverhalten der Aktionäre geführt, sie hat auch die Möglichkeiten der Kommunikationspolitik der Unternehmen merklich verändert. Die kontinuierliche Pflege einer eigenen Investor Relations-Homepage mit ausführlichen und gut strukturierten Unternehmensinformationen ist für die kapitalmarktorientierten Unternehmen heute selbstverständlich und entscheidet mit darüber, ob das Unternehmen das Interesse der Investoren wecken und erhalten kann. Grundsätzlich werden dazu alle traditionell papiergebundenen Kommunikationsmittel auch online verfügbar gehalten. Insbesondere beim Online-Geschäftsbericht, der auch in der Papierform als das zentrale Kommunikationsmittel zumindest gegenüber dem Privatanleger gilt, werden die Möglichkeiten des Internet mittlerweile weitgehend ausgeschöpft.

Die neuen technischen Möglichkeiten beginnen zudem, Ablauf und Organisation unternehmensbezogener Kommunikationsinstrumente zu verändern. So wird es immer üblicher, Pressetermine, Hauptversammlungen oder Analystentreffen direkt im Internet zu übertragen oder ihre Ergebnisse dort zumindest nachträglich zur Verfügung zu stellen, um auch die privaten Anleger daran teilhaben zu lassen. Gerade bei der Hauptversammlung geht die Nutzung des Internet mittlerweile über die Informationsvermittlung hinaus. Seit dem In-Kraft-Treten des Gesetzes zur Namensaktie und zur Erleichterung der Stimmrechtsausübung (Namensaktiengesetz – NaStraG) im Jahr 2001 und des Transparenz- und Publizitätsgesetzes (TransPuG) im Jahr 2002 ist es möglich, per E-Mail zur Hauptversammlung einzuladen, sich online anzumelden und mittels des „Proxy Voting" die Stimmrechte durch einen von der Gesellschaft benannten Stimmrechtsvertreter ausüben zu lassen, der den Weisungen des jeweiligen Aktionärs unterliegt. Mittlerweile nutzen die meisten DAX-Unternehmen zumindest teilweise diese erweiterten technischen und rechtlichen Möglichkeiten im Bereich der Hauptversammlungen.

Neben den neuen technischen Möglichkeiten sehen sich die Unternehmen auch starken Veränderungen des ökonomischen Umfeldes ausgesetzt. So stehen die Unternehmen in einem verschärften Wettbewerb um die Kapitalgeber. Institutionelle wie private Investoren sind nach den Erfahrungen des Neuen Marktes bzw. im Zug der enttäuschten Erwartungen der Zeit der „New Economy" vorsichtiger und anspruchsvoller geworden. Gleichermaßen werden Unternehmensstrategien von meinungsbildenden Multiplikatoren – wie der Presse oder Buy-Side- und Sell-Side-Analysten – stark hinterfragt. Des Weiteren hängt der wirtschaftliche Erfolg vieler Unternehmen heute in weitaus stärkerem Maß von immateriellen Vermögenswerten und anderen schwer quantifizierbaren Faktoren ab. Die hierauf beruhenden komplexen Geschäftsmodelle sind daher besonders erklärungsbedürftig. Nicht zuletzt wegen dieser stärkeren Bedeutung immaterieller Faktoren für den Unternehmenserfolg stehen die Unternehmen wachsenden Informationsbedürfnissen der Anleger gegenüber.

Schon deshalb kann die um Effizienz bemühte Unternehmenskommunikation nicht allein auf die technische Verbesserung standardisierter Informationskanäle setzen. Aus ökonomischer Sicht besitzen die persönlichen Kommunikationsinstrumente eine hohe Bedeutung, weil die Komplexität von Unternehmensstrategien, Geschäftspolitik und Wertschöpfungsmodellen kaum mittels standardisierter Instrumente erschöpfend kommuniziert werden kann.

Das Deutsche Aktieninstitut – Interessenvertreter für den organisierten Kapitalmarkt

Eine Vielzahl von unterschiedlichen Gruppen hat Interessen an der Gestaltung der kapitalmarktpolitischen Rahmenbedingungen: Anleger, Emittenten, Finanzintermediäre und Vermögensverwalter, Analysten und Journalisten, Anwälte, Wirtschaftsprüfer sowie weitere beratende Berufe usw. Die Situation wird noch komplexer durch die Tatsache, dass mittlerweile ein überwiegender Teil der kapitalmarkt- und gesellschaftsrechtlichen Normen auf Vorgaben der Europäischen Union zurückgeht.

In diesem Feld vertritt das Deutsche Aktieninstitut die Interessen der börsennotierten Emittenten und anderer an der Fortentwicklung des Kapitalmarkts interessierter Unternehmen und Institutionen. Zu seinen Aufgaben zählt neben der Fortentwicklung der gesetzlichen Rahmenbedingungen des Kapitalmarkts die Verbesserung der Aktienakzeptanz bei Anlegern und Unternehmen.

Das Deutsche Aktieninstitut sieht eine besondere Aufgabe darin, die Gesetzgebungsprozesse als sachverständiger Ansprechpartner zu unterstützen. Mit zahlreichen Stellungnahmen sowie in Anhörungen, Expertengesprächen etc. hat es in den vergangenen Jahren Gesetzes-, Richtlinien- und Verordnungsentwürfe auf deutscher und europäischer Ebene aktiv begleitet. Zum Teil werden die Stellungnahmen gemeinsam mit europäischen Emittentenverbänden oder mit anderen deutschen Verbänden wie dem BDI abgegeben.

Die Seminare des Deutschen Aktieninstituts bieten eine Plattform zur Kommunikation zwischen Politik, Ministerien und Regulierungsbehörden einerseits, der Unternehmenspraxis und der Wissenschaft andererseits. Bei den Referenten handelt es sich um Experten aus Wirtschaft, Wissenschaft und Politik, vielfach aus dem Mitgliederkreis, die neue Entwicklungen am Kapitalmarkt und Veränderungen der nationalen und internationalen Rahmenbedingungen sowie deren Auswirkungen darstellen und analysieren.

Speziell auf europäischer Ebene begleitet das Deutsche Aktieninstitut die Ausgestaltung der Kapitalmarktgesetzgebung durch die Mitarbeit in verschiedenen Gremien; sie bündeln die Meinungen der Marktteilnehmer und beraten die Entscheidungsträger.

- Im CESR-Marktteilnehmerausschuss (Market Participants Consultative Panel – MPCP) vertritt das DAI die deutschen Emittenten. Das Gremium wurde gegründet, um den Rat der europäischen Wertpapieraufsichtsbehörden (CESR) bei der Ausübung seiner Funktionen zu unterstützen und als Beratungsgremium für seine Aktivitäten zu fungieren.

- Die im Oktober 2004 in London auf Mitinitiative des Deutschen Aktieninstituts gegründete Vereinigung der in Europa notierten Emittenten UNIQUE (Union of Issuers Quoted in Europe) vertritt die Interessen von 3.500 börsennotierten Unternehmen, die zusammen über 10,5 Millionen Mitarbeiter beschäftigen und eine Marktkapitalisierung von insgesamt rund 1.150 Milliarden Euro aufweisen. Neben Deutschland (DAI), Frankreich

(Middlenext), Griechenland (ULCASE), Großbritannien (QCA), Österreich (Aktienforum) und Zypern (SYDEK) ist auch die Schweiz (Industrie-Holding) in UNIQUE vertreten.

- Das Deutsche Aktieninstitut ist Mitglied der European Association for Share Promotion (EASP), deren Mitgliedsverbände aus Dänemark, Deutschland, Finnland, Frankreich, Großbritannien, Norwegen, Österreich und der Schweiz für eine Steigerung der Aktienakzeptanz unter privaten Anlegern eintreten.

Das Deutsche Aktieninstitut betreibt weiterhin eine intensive Öffentlichkeits- und Pressearbeit. Tageszeitungen und Wirtschaftspresse sowie deren Internet-Seiten sind neben Fernsehen und Rundfunk die wichtigsten Partner der Öffentlichkeitsarbeit. Die Internet-Seiten www.dai.de des Deutschen Aktieninstituts erfreuen sich wachsender Nachfrage.

Aktuelle Fragen der Finanzmärkte und ihrer Rahmenbedingungen werden in der DAI-Zeitschrift „Finanzplatz-Report" aufbereitet, die sich als Sprachrohr für die Belange des Finanzplatzes versteht. Sie richtet sich hauptsächlich an Fach- und Führungskräfte aus Politik, Wirtschaft und Wissenschaft. Das einmal jährlich als CD-ROM erscheinende DAI-Factbook enthält Daten und Grafiken rund um den deutschen Kapitalmarkt. Die Grundlagenbroschüren „Alles über Aktien" und „Aktien richtig einschätzen" richten sich an ein breites Publikum. Ebenfalls der Aufklärung breiter Bevölkerungskreise dient das DAI-Renditedreieck, das die Entwicklung der Rendite deutscher Aktien seit 1948 auf einem DIN-A3-Poster visualisiert.

Die Arbeit des Deutschen Aktieninstituts wird von zwei Gremien begleitet, die aus namhaften Wissenschaftlern bestehen. Der Wissenschaftliche Beirat berät das DAI in wirtschafts- und rechtswissenschaftlichen Fragen. Der seit 1996 vergebene DAI-Hochschulpreis, als dessen Jury der Wissenschaftliche Beirat fungiert, ist inzwischen in Wissenschaft und Öffentlichkeit zu einer festen Institution geworden. Der Beirat für ökonomische Bildung unterstützt das Deutsche Aktieninstitut in bildungspolitischen Fragen, vor allem in Bezug auf die Einführung eines Schulfaches Ökonomie an allgemein bildenden Schulen.

Mit seiner breiten Palette an Aktivitäten bildet das Deutsche Aktieninstitut einen Kristallisationskern aller Aktivitäten rund um die Aktie als Anlageform und Finanzierungsinstrument wie auch den gesamten Kapitalmarkt. Nutznießer seiner Arbeit sind nicht nur die börsennotierten Aktiengesellschaften und seine anderen Mitglieder, sondern indirekt die gesamte Volkswirtschaft, die von einer besseren Eigenkapitalausstattung und einer breiteren Vermögensstreuung nachhaltig profitiert. Dabei ist der bislang erreichte Status der Aktienakzeptanz in Deutschland bei weitem nicht zufriedenstellend. Sowohl als Finanzierungsinstrument wie auch als Anlagemedium muss die Aktie stärker als heute genutzt werden. Dies im Interesse von Emittenten wie Anlegern zu erreichen, ist Ziel und Aufgabe des Deutschen Aktieninstituts.

Nach dem Börsengang – Empfehlungen für börsennotierte Unternehmen

Kay Bommer und *Achim Schreck*, DIRK – Deutscher Investor Relations Verband e. V.

Zusammenfassung

Der Börsengang ist geglückt. Wozu immer die erzielten Erlöse dienen sollen – Expansion, Restrukturierung oder Ausbau von Forschung und Entwicklung – die erste Hürde haben Sie erfolgreich genommen. In den vergangenen Monaten haben Sie oft und umfangreich mit dem Kapitalmarkt kommuniziert. Sie haben Ihr Unternehmen präsentiert, sein künftiges Entwicklungspotenzial sowie Marktchancen und -risiken sowohl extern mit Banken und potenziellen Investoren, aber auch intern mit Mitarbeitern und Führungskräften eingehend erörtert. Dies war erforderlich, um den Gang an die Börse überhaupt bestreiten zu können.

Kommunikation ist weiterhin erforderlich, um auch in Zukunft erfolgreich an den Kapitalmärkten agieren zu können. Mehr noch: Verbunden mit dem Börsenlisting müssen Sie sich fortan noch einer Vielzahl weiterer kommunikativer Herausforderungen stellen. Sowohl der Gesetzgeber als auch die Börse selbst sehen hierfür eine Reihe von zum Teil sehr umfangreichen Pflichtpublikationen vor, wie Quartals- oder Zwischenberichte im Rahmen der Regelpublizität, Ad hoc-Mitteilungen oder die so genannten Directors Dealings. Daneben konkurrieren Sie im ständigen Wettbewerb um Kapital, allein in Deutschland derzeit mit über 900 börsennotierten Unternehmen[1], europaweit sogar mit über 5.000. Nur wenn Sie über die Erfüllung Ihrer kommunikativen Pflichtaufgaben hinaus sich mit freiwilligen Informationsleistungen von Ihren Wettbewerbern absetzen, werden Sie die Möglichkeit haben, essenzielles Investoreninteresse auf sich zu lenken. Hier muss Ihre Investor Relations (IR) ansetzen.

Was ist Investor Relations?
Ursprung und Definition

IR ist die zielgerichtete, systematische und kontinuierliche, vornehmlich kapitalmarktorientierte Finanzkommunikation mit aktuellen und potenziellen Anteilseignern (Equity IR) und/oder Fremdkapitalgebern (Fixed Income-IR) sowie entsprechenden Meinungsmultipli-

---

1 Quelle: Deutsche Börse Group, Stand: Juli 2006

katoren (z. B. Finanzanalysten, Rating-Agenturen, Anlageberatern, Wirtschaftspresse) über das vergangene, laufende und künftig erwartete Geschäft des Unternehmens unter Berücksichtigung der Branchenzugehörigkeit und der gesamtwirtschaftlichen Zusammenhänge[2]. Schon hieraus ergibt sich: IR „is a never ending (capital market) story!"

Dabei ist die eigentliche Idee von IR im Prinzip so einfach wie plausibel und hat im Wesentlichen – wenngleich theoretisch inzwischen fundierter untermauert – auch heute noch in dieser Form Bestand: Durch ein hohes Maß an Information und Kommunikation über das Unternehmen sollen aktuelle und potenzielle Investoren für die Beteiligung an Kapitalaufnahmen über den Aktienmarkt gewonnen und die Kapitalkosten verringert werden. Dabei hat sich inzwischen ein umfassenderes Verständnis von IR etabliert, das über die reine Aktienmarktkommunikation hinaus auch die Beziehungspflege zu den so genannten Fixed Income-Investoren und -Meinungsbildnern umfasst.

Das Konzept der IR blickt auf eine noch sehr junge Geschichte zurück, deren Ursprung in den USA liegt und auf das Jahr 1953 datiert wird. In diesem Jahr hat das Unternehmen General Electric ein Kommunikationsprogramm aufgelegt, das unter dem Titel „IR" speziell auf private Investoren ausgerichtet war. In Deutschland beginnt die Geschichte der IR mit ersten Anfängen in den 80er Jahren, in verstärktem Maß aber erst in den 90er Jahren. So verfügten noch 1994 nur etwa 10 Prozent der deutschen Unternehmen über eine eigene IR-Abteilung.

Dieses Bild hat sich seit Mitte der 90er Jahre grundlegend verändert. Hierzu haben hauptsächlich der Börsengang der Deutschen Telekom 1996, der erstmals vor allem den Privataktionär ansprechen sollte, sowie die regelrechte „Emissionseuphorie" am Neuen Markt ab 1998 beigetragen. Mittlerweile hat sich die IR als eigenständige Kommunikationsdisziplin etabliert.

Ziele

Die Ziele der IR sind ausgesprochen vielfältig. Allgemein dient IR der Pflege von Kapitalmarktbeziehungen mit dem Ziel, eine optimale Finanzierung des Unternehmens durch eine Senkung der Eigen- und Fremdkapitalkosten zu unterstützen. Dieses Ziel wird verfolgt durch:

- Erhöhung der Informationseffizienz zwischen dem Unternehmen und dem Kapitalmarkt
- Bereitstellung umfassender Informationen, um durch eine offene, glaubwürdige und transparente Kommunikation das Vertrauen des Kapitalmarkts zu stärken und eine angemessene Bewertung von Aktien und Bonds des Unternehmens zu erreichen
- aktive Unterstützung der Erwartungsbildung des Kapitalmarkts
- Kommunikation der Kapitalmarktanforderungen in das eigene Unternehmen

---

2   Quelle: DIRK

Die gemeinsame Grundlage dieser vielfältigen Teilziele ist letztlich das Ziel der Steigerung des Unternehmenswerts.

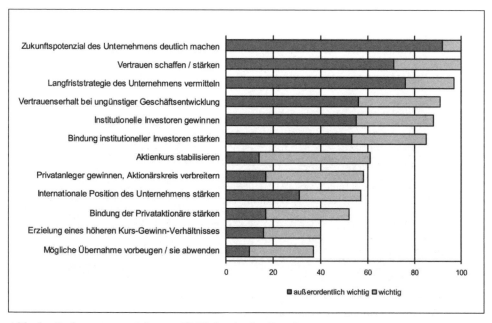

Abb. 1: *Bedeutungsgewicht von IR-Zielen in der Praxis*

IR kann durch ein hohes Maß an Transparenz, verlässliche Guidance und aktive Ansprache eines breiten Investorenkreises Vertrauen und Liquidität schaffen, damit die Gesamtkapitalkosten des Unternehmens senken und so den Unternehmenswert steigern. Dies dokumentiert sich in höheren Aktienkursen, höheren Emissionsagios, niedrigeren Credit Spreads bzw. höheren Bondkursen. Kernziel der IR ist deshalb das Schaffen der Voraussetzungen für eine „faire" Preisbildung am Kapitalmarkt. Nicht der aus Unternehmenssicht günstigste Preis (maximaler Aktienkurs, minimaler Credit Spread) ist das Ziel der IR, sondern der Abbau von Markineffizienzen durch eine Reduktion von Informationsasymmetrien und eine Belebung der Marktliquidität.

Aufgaben

Die konkreten Aktivitäten von IR, die umzusetzen sind, um die vorangehend beschriebenen IR-Ziele zu erreichen, lassen sich in ihrer Gesamtheit als ein „Kommunikationskreislauf" beschreiben. Entsprechend der Zielsetzungen von IR geht es vorrangig darum, die Akteure des Kapitalmarkts mit Informationen über das Unternehmen zu versorgen und neue Interessenten für die Aktie zu gewinnen. Dies setzt jedoch voraus, dass sich der IR-Manager die relevanten Informationen im Unternehmen beschafft, um diese für die externe Kommunikation in bedarfsgerechter Weise aufzubereiten. Umgekehrt werden vom Kapitalmarkt konkrete Informationsbedürfnisse an den IR-Manager herangetragen, die wiederum in die entsprechenden Abteilungen im Unternehmen eingebracht und von diesen beantwortet werden müssen.

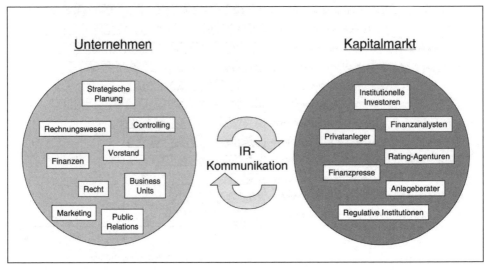

Abb. 2: Investor Relations als Kommunikationskreislauf

Die Planung konkreter Einzelaktivitäten bedarf dabei einer konzeptionellen Grundlage, um zu gewährleisten, dass die Inhalte und Maßnahmen von IR zielgerichtet gestaltet und platziert werden. In diesem Sinn sind die strategischen Aufgaben von IR darauf gerichtet, die wesentlichen Problemstellungen auf dem Weg zur Erreichung der IR-Ziele zu erkennen und die Voraussetzung für eine funktionsfähige Kapitalmarktkommunikation zu schaffen. Hierbei ist die Kapitalmarkt-Story die wichtigste kommunikationsstrategische Grundlage, um die konkreten Inhalte des Investments in das Unternehmen transparent zu machen und somit die Aktie bzw. Fixed Income-Papiere gewissermaßen mit „Leben" zu füllen. Sie bietet einen Überblick über den aktuellen Stand des Unternehmens (Geschäftsaktivitäten, Positionierung im Markt), die mittel- und langfristige Strategie, die Entwicklungsperspektiven des Unternehmens sowie die Chancen und Risiken des Geschäfts. Weitere Aufgaben mit strategischer Ausrichtung sind z.B. auch Analyse der Investorenstruktur, Identifikation von Zielinvestoren, Peergroup-Analysen, Aufbau und Pflege von Kommunikations-Netzwerken und Konzeption einer One-Voice-Policy.

Zielgruppen

Die primäre Zielgruppe der IR sind bestehende sowie potenzielle Investoren, hierbei vor allem die institutionellen Anleger und die Privatanleger.

Für den Investor resultiert ein Teil des unternehmensspezifischen Risikos seines Investments aus dem Umstand, dass er über Einflussfaktoren und Ereignisse, die die Chancen und Risiken des Unternehmenserfolgs bestimmen, schlechter informiert ist als der Unternehmensinsider, insbesondere das Management des Unternehmens. Man spricht hierbei in Anlehnung an die so genannte Principal Agent-Theorie von einer Informationsasymmetrie zwischen dem Investor, als dem eigentlichen Unternehmenseigner und „Principal" des Unternehmens, und dem von ihm zur Unternehmensführung beauftragten Management, dem „Agenten". Eine möglichst umfassende, tatsachengerechte und zeitnahe Information des Kapitalmarktes über die erfolgsrelevanten Neuigkeiten des Unternehmens und eine Leitlinie (Guidance) der vom Unternehmen selbst angestrebten und erwarteten Entwicklung des Geschäftserfolgs sind die wesentlichen Grundlagen, um diese Informationsasymmetrie abzubauen.

Die direkte und persönliche Ansprache jedes einzelnen Anlegers ist die Idealvorstellung der Kommunikation, aber eben auch nur eine Vorstellung. Die Nutzung entsprechender Multiplikatoren in der Finanz- und Medienwelt erhöht einerseits die Reichweite, erlaubt eine gezieltere Ansprache bestimmter Gruppen und steigert andererseits die Effizenz der eingesetzten Mittel.

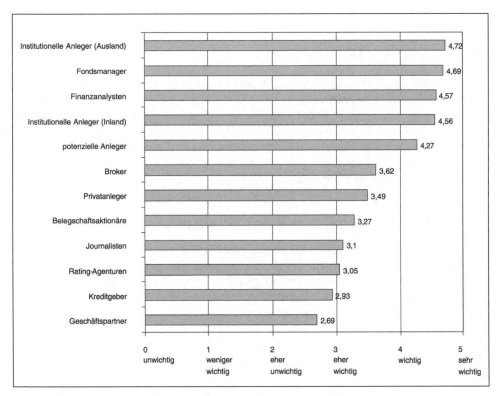

Abb. 3: Bedeutungsgewicht von IR-Zielgruppen in der Praxis

Die wichtigsten Multiplikatoren für die IR sind Analysten und Rating-Agenturen sowie Finanzmedien bzw. Wirtschaftsjournalisten. Die von Analysten bzw. Rating-Agenturen erstellten Unternehmensbewertungen und Zukunftseinschätzungen sind Grundlage einer Vielzahl von Investmententscheidungen professioneller Investoren und prägen das Bild des Unternehmens am Kapitalmarkt. Privatanleger haben in der Regel nur einen begrenzten Zugriff auf derart fundierte Wertpapieranalysen. Für sie sind Finanz- und Fachmedien als Quelle entscheidungsrelevanter Informationen daher noch stärker von Bedeutung. Anhaltende Berichterstattung aus den unterschiedlichsten Unternehmensbereichen verleihen dem Emittenten ein gewisses Image in der Öffentlichkeit, das sich ebenfalls nachhaltig auf Investmententscheidungen auswirkt.

Auch Vermögensverwalter, Anlageberater und die Mitarbeiter des eigenen Unternehmens gehören zum Kreis der Multiplikatoren und sind keinesfalls zu unterschätzen oder gar zu vernachlässigen.

Die zur Erfüllung der IR-Ziele einzusetzenden Kommunikationsmittel müssen sich immer nach den individuellen Bedürfnissen und Eigenheiten der jeweiligen Zielgruppe richten. Hierbei ist auch stets ein ausgewogenes Verhältnis zwischen dem Nutzen der Maßnahmen und den dadurch entstehenden Kosten im Auge zu behalten.

Berufsbild des IR-Managers

Das Berufsbild des IR-Managers hat sich in den vergangenen Jahren grundlegend gewandelt, wird sich auch in Zukunft weiterentwickeln und angesichts des Fokus auf vielfältigere Zielgruppen am Kapitalmarkt weiter differenzieren. Die Anforderungen an Spezialwissen zu den verschiedenen Produkten, Teilmärkten und Zielgruppen, aber auch der rechtlichen Rahmenbedingungen der Kapitalmarktkommunikation werden dabei weiter steigen. IR zeigt sich somit als ein sehr dynamisches Berufsfeld, das perspektivisch weit mehr sein wird als die reine Aktienmarktkommunikation.

Ansprüche des Kapitalmarktes an IR steigen

Die IR-Aktivitäten der börsennotierten Unternehmen haben erheblich an Bedeutung gewonnen. Da die Zahl der Aktiengesellschaften, die an den Börsen um das vorhandene Kapitalangebot konkurrieren, in den vergangenen Jahren deutlich größer geworden ist, gibt es einen zunehmenden Bedarf, die Aufmerksamkeit der Investoren und Multiplikatoren über eine aktive Kommunikationspolitik zu gewinnen. Diese Entwicklung geht einher mit gestiegenen Ansprüchen der (potenziellen) Investoren, die eine umfassende und zeitnahe Information über ihre Investments erwarten. Dies gilt gleichermaßen für institutionelle Investoren, die mit ihren Investments unter einem besonderen Performance-Druck stehen, wie auch für private Anleger, die die Aktie zunehmend als attraktive Asset-Klasse wahrnehmen und dabei Renditen erwarten, die über die der „sicheren" Investments (z.B. Bundesschatzbriefe,

Sparbuch) deutlich hinausgehen. Dabei ist allerdings auch festzustellen, dass das Platzen der New Economy-Blase vor allem bei den Privatanlegern zu einem erheblichen Vertrauensschaden und einem tendenziellen Rückzug von der Direktanlage am Aktienmarkt geführt hat. Demgegenüber haben indirekte Anlagen in Form von Investmentfonds und Aktienzertifikaten an Bedeutung gewonnen.

Verschärfte regulative Rahmenbedingungen

Diese Entwicklung wurde neben den Gegebenheiten am deutschen Aktienmarkt, aber auch durch eine ganze Reihe von Veränderungen in den regulativen Rahmenbedingungen begünstigt und vorangetrieben. Hierzu gehören zum einen die Regelungen, die über mehrere Finanzmarktförderungsgesetze (inzwischen ist das vierte Gesetz dieser Art in Kraft), z.B. die Insiderregeln oder die Ad hoc-Publizität, etabliert und konkretisiert haben. Speziell die Jahre 2004 und 2005 waren geprägt durch eine Vielzahl neuer gesetzlicher Vorschriften und Anpassungen, die im Zeichen des weiteren Ausbaus des Anlegerschutzes der Förderung des Finanzplatzes Deutschland dienen sollten. Mit dem Gesetz zur Unternehmensintegrität und Modernisierung des Anfechtungsrechts (UMAG), dem Gesetz zur Offenlegung von Vorstandsvergütungen (VorstOG) oder der Veränderung des Wertpapierprospektgesetzes (WpPG) seien an dieser Stelle nur drei der Gesetze genannt, die erhebliche Auswirkungen auf die Arbeit im IR-Bereich haben und einen weiteren Beitrag zur Annäherung an internationale Standards in Sachen Kapitalmarkttransparenz leisten sollen. Schließlich verlangt die Börsenordnung der FWB Frankfurter Wertpapierbörse für die Aufnahme und den Verbleib im Prime Standard und in den Auswahlindizes (DAX, MDAX, SDAX, TecDAX) u.a. über den gesetzlichen Standard hinausgehende Publizitätspflichten (z.B. Quartalsberichte), Konzernabschlüsse nach internationalen Rechnungslegungsstandards sowie regelmäßige Analystenkonferenzen.

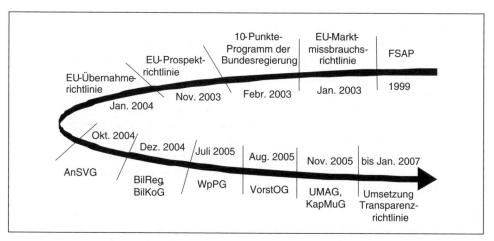

Abb. 4: Richtlinien und Gesetze in zeitlicher Reihenfolge

Fixed Income-IR gewinnt an Bedeutung

Jenseits des Aktienmarkts ist festzustellen, dass sich auch im Bereich der Fixed Income-Emissionen ein Trend zur Verstärkung der IR-Aktivitäten abzeichnet. Auch diese Entwicklung wird aus verschiedenen Richtungen getrieben und betrifft einerseits den Markt für Unternehmensanleihen sowie andererseits speziell den Bankensektor, der sich traditionell in hohem Maß und in verschiedensten Formen über den Anleihemarkt refinanziert. Außerhalb des Bankensektors sind immerhin mehr als die Hälfte der DAX-Unternehmen und rund 30 Prozent der MDAX-Unternehmen gleichzeitig auch Bond-Emittenten. Überdies gibt es eine Reihe von Unternehmen, deren Eigenkapital zwar nicht an der Börse gehandelt wird, die wohl aber mit Bond-Emissionen am Kapitalmarkt präsent sind, wie z.B. Bosch, Claas, Bertelsmann oder Würth. Bei anhaltend niedrigem Zinsniveau und schwächeren Aktienmärkten boten sich hier in den vergangenen Jahren attraktive Finanzierungsmöglichkeiten. Gerade für die börsennotierten Aktiengesellschaften zeigt sich dabei, dass Fixed Income- und Equity-Markt sehr eng miteinander verbunden sind. Dies betrifft insbesondere den Einfluss, den die Rating-Agenturen mit ihren regelmäßigen Bonitätseinschätzungen der Emittenten entfalten. Zudem entwickeln sich im Verhältnis von Equity- und Credit-Analysten zunehmende Konvergenzen im Research, sodass sich z.B. eine Reihe typischer Fixed Income-Kennziffern inzwischen auch im Equity-Research etabliert haben und beide Seiten des Kapitalmarkt-Research einen stärkeren Austausch pflegen.

Corporate Governance

Am 26. Februar 2002 hat eine von der Bundesministerin für Justiz eingesetzte Regierungskommission den Deutschen Corporate Governance Kodex (DCGK) verabschiedet. Mit ihm sollen die in Deutschland geltenden Regeln für Unternehmensleitung und -überwachung für nationale wie internationale Investoren transparent gemacht werden, um so das Vertrauen in die Unternehmensführung deutscher Gesellschaften zu stärken. Nur soweit bereits bestehende Gesetzesnormen durch den DCGK wiedergegeben werden, sind sie für den Emittenten tatsächlich rechtlich verbindlich. Jedoch besteht bezüglich der darüber hinaus gemachten Empfehlungen („Soll-Vorschriften") die Verpflichtung, ein Abweichen hiervon in Form einer nach § 161 AktG vorgeschriebenen Entsprechenserklärung zu publizieren. Dass der Gesetzgeber bereit ist, diesen nicht verbindlichen Empfehlungen gegebenenfalls durchaus durch Erlassen entsprechender Gesetzesnormen Nachdruck zu verschaffen, hat sich bei der Empfehlung zur Veröffentlichung individualisierter Gehälter der Unternehmensvorstände gezeigt: Nachdem nur wenige große Unternehmen der entsprechenden Soll-Vorschrift des DCGK gefolgt waren, erließ der Gesetzgeber nach langer Diskussion im August 2005 das VorstOG (Gesetz über die Offenlegung von Vorstandsvergütungen), wodurch dies nunmehr zwingend vorgeschrieben ist.

Daneben gewinnt gute Corporate Governance zunehmend an Bedeutung bei der Unternehmensbewertung durch Analysten und institutionelle Investoren, sowohl in Deutschland als auch viel stärker noch an den internationalen, insbesondere angelsächsischen, Finanzmärkten. Die Kriterienerfüllung aus dem Bereich Corporate Governance bildet die Grundlage mehrerer

Unternehmensrankings und dient oftmals als entscheidungsrelevantes Investitionskriterium internationaler Anleger. Auch in der Wirtschaftspresse spielt die Unternehmensführung eine zunehmend bedeutsame Rolle und prägt so das Firmenimage entscheidend mit.

Medien als „neue" Zielgruppe

Neben Analysten und Investoren gewinnen zunehmend auch Wirtschaftsjournalisten als Zielgruppe einer gesamtheitlichen Unternehmenskommunikation an Bedeutung. Die Überschneidungsgebiete zwischen IR und PR wachsen in gleichem Maß, wie der Informationsaustausch innerhalb der einzelnen Zielgruppen sowie zwischen ihnen zunimmt. Um allen Marktteilnehmern eine konsistente Unternehmensbotschaft zu vermitteln, ist es daher umso wichtiger sicherzustellen, dass diese in Form einer One-Voice-Policy, also einer abteilungsübergreifend abgestimmten Kommunikationsstrategie, von allen Unternehmensteilen konsequent vermittelt wird. Eine regelmäßige und systematische Abstimmung innerhalb der Abteilungen ist hierzu unerlässlich.

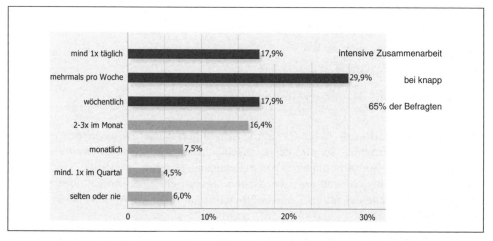

Abb. 5: Wie häufig findet ein gezielter Informationsaustausch zwischen IR und PR statt?

Dies gewinnt insbesondere – aber nicht nur – bei unternehmerischen Maßnahmen, deren Auswirkungen von den Zielgruppen mitunter völlig unterschiedlich aufgefasst bzw. interpretiert werden, an Bedeutung. Hierzu zählen beispielsweise Standortverlagerungen, massive Stellenkürzungen oder geplante Unternehmensübernahmen. Gerade aggressive Investorengruppen, wie im obigen beschrieben, setzen die gesamte Palette der (öffentlichkeitswirksamen) Kommunikation zur Erreichung ihrer Ziele ein. Wer hier nicht auch in Stress- und Krisensituationen mit einer Stimme spricht, macht sich schnell angreifbar und läuft Gefahr, durch so entstehende „Nebenkriegsschauplätze" unnötig wichtige Ressourcen wie Kapital oder Managementzeit zu vergeuden.

CIRO – Certified Investor Relations Officer

Die stetig steigenden Anforderungen im immer komplexeren Aufgabengebiet der IR machen es erforderlich, diese Schlüsselposition im Unternehmen mit hoch qualifizierten Leistungsträgern zu besetzen. Der „Sprung ins kalte Wasser" oder eine „Das-wird-schon-Mentalität" sind beim Aufbau einer professionellen IR-Abteilung oft zum Scheitern verurteilt. Nur wer rechtzeitig die notwendige personelle Fachkompetenz aufbaut, kann eine solide und konsistente IR-Arbeit vor, während und nach dem Börsengang sicherstellen.

Mit dem CIRO – Certified Investor Relations Officer bietet der DIRK seit 2002 das bislang einzige umfassende, funktionsspezifische Weiterbildungsprogramm in Deutschland an. Der berufsbegleitende, halbjährige Studiengang vermittelt das für die IR-Arbeit relevante Wissen in seiner ganzen Breite. Das Studium ist modular aufgebaut und deckt in den fünf aufeinander abgestimmten Teilen vor allem die Vielschichtigkeit der Aufgaben eines modernen IR-Managers ab:

1. Grundlagen der IR
2. Der Kapitalmarkt – Funktionen und Instrumente
3. Rechnungslegung und Analyse
4. Rechtliche Rahmenbedingungen der IR
5. Kommunikation – Formen und Instrumente

Unter der Devise „IR von A bis Z" werden Zusammenhänge zwischen den einzelnen Themengebieten vermittelt. So wird den unterschiedlichen Ausbildungen und Berufserfahrungen von IR-Tätigen in besonderer Weise Rechnung getragen, wobei die Kombination von "Learning on the job" und praxisbezogenem theoretischen Lernstoff in idealer Weise geeignet ist, die Breite des für erfolgreiche IR-Arbeit notwendigen Wissens direkt umsetzbar zu vermitteln.

Weitere Informationen zu zum CIRO-Studiengang finden sich auch unter www.dirk.org.

Der DIRK – Netzwerk und Sprachrohr der deutschen IR-Manager

Mit über 220 Mitgliedern setzt der DIRK – Deutscher Investor Relations Verband e.V. als der deutsche Berufsverband für professionelle IR die Standards für die Kommunikation zwischen Unternehmen und dem Kapitalmarkt. Die Bandbreite der im DIRK organisierten Unternehmen umfasst sämtliche DAX-Werte sowie das Gros der im MDAX, SDAX und TecDAX gelisteten Aktiengesellschaften bis hin zu kleinen Unternehmen im General Standard. Eine zunehmende Rolle spielen zudem nicht börsennotierte Mitglieder, die den Gang an die Börse noch vor sich haben oder Fremdkapitalinstrumente emittieren. Im Jahr 1994 gegründet, verfügt der DIRK heute über eine professionelle Organisation mit ständiger Geschäftsstelle und regionalen Treffpunkten.

Durch die Förderung eines regelmäßigen Erfahrungs- und Informations-Austauschs untereinander sowie mit IR-Fachleuten aus aller Welt treibt der DIRK die Professionalisierung der IR weiter voran und unterstützt seine Mitglieder dabei aktiv mit hochwertigen und praxiserprobten Expertisen aus den eigenen Reihen sowie durch die Herstellung von Kontakten zu kompetenten Partnern. Mit dem Ziel, eine effiziente Kommunikation zwischen Unternehmen und Kapitalmarkt zu erreichen, vertritt der DIRK als Sprachrohr der IR-Community aktiv die gemeinsamen Interessen der Mitglieder im Dialog mit allen Interessengruppen und Institutionen des Kapitalmarkts, der Politik und der Öffentlichkeit und fördert die wissenschaftliche Begleitung des noch jungen Berufsfelds.

Zur Erreichung dieser Ziele wurde das bestehende Service-Angebot des DIRK in den vergangenen Jahren kontinuierlich erweitert. Über den 2002 ins Leben gerufenen CIRO-Studiengang hinaus arbeitet der DIRK eng mit mehreren Universitäten auf dem Gebiet der Förderung der IR als wissenschaftlicher Disziplin zusammen und unterstützt so eine theoretische Unterlegung und Aufarbeitung dieses Betätigungsfelds. Gemeinsam mit der DVFA (Deutsche Vereinigung für Finanzanalyse & Asset Management) bietet der DIRK regelmäßig Workshops und Seminare zu IR-relevanten Themen an. Im Rahmen einer eigenen Forschungsreihe fördert der DIRK zusätzlich interessante Diplom- und Doktorarbeiten aus dem Bereich der Finanzkommunikation. Über die „DIRK Expert Round Tables", bei denen praxiserprobte Fachleute ihre Erfahrungen zu speziellen Themengebieten – wie dem Umgang mit Fixed Income-Investoren – in kurzer und prägnanter Form auf den Punkt bringen, erhalten DIRK-Mitglieder Zugang zu wertvollem Spezialwissen. Bei Themen im Überschneidungsbereich zu benachbarten Disziplinen arbeitet der DIRK dabei auch eng mit anderen Verbänden, wie der DVFA, dem DAI (Deutsches Aktieninstitut), der IIRF (International Investor Relations Federation) oder der DPRG (Deutsche Public Relations Gesellschaft), zusammen. Regelmäßige Info-Mailings zu bedeutsamen rechtlichen Neuerungen sowie ein monatlicher online-Newsletter erhöhen zusätzlich den Informationsfluss innerhalb der IR Community.

Mit der regelmäßig im Mai stattfindenden Jahreskonferenz verfügt der DIRK mittlerweile über die zentrale Dialog-Plattform im Bereich Finanzkommunikation, auf der IR-Verantwortliche die Möglichkeit haben, mit namhaften Unternehmensführern, Branchenexperten, Analysten und Journalisten aktuelle IR-Themen eingehend zu diskutieren. Eine Vielzahl an Workshops mit hochkarätigen Vertretern aus Wirtschaft und Finanzen in deutscher und englischer Sprache sowie eine umfassende Fachausstellung für IR-Dienstleister runden die Konferenz ab. Daneben bietet der DIRK speziell den IR-Verantwortlichen seiner Mitgliedsunternehmen zweimal pro Jahr auf seinen Mitgliederversammlungen ein aktives Kommunikations- und Diskussionsforum sowie eine Plattform zum ungestörten Wissens- und Erfahrungsaustausch unter IR-Kollegen. Insgesamt acht regelmäßig zusammenkommende regionale Treffen, mehrere Online-Foren sowie ein Advisory Network vervollständigen das Netzwerkangebot des DIRK. Die Website hat sich dabei als die in Deutschland führende elektronische Plattform für IR-Themen etabliert.

Als Sprachrohr der IR-Manager nutzt der DIRK seine Vertretung in einer Vielzahl von anderen Verbänden und Gremien um aktiv für die Interessen seiner Mitglieder einzustehen und pflegt einen engen Austausch mit nationalen und europäischen Regulatoren und Aufsichtsbehörden, nicht zuletzt auch in Form von Stellungnahmen zu aktuellen Gesetzgebungsverfahren und vorbereitenden Konsultationen.

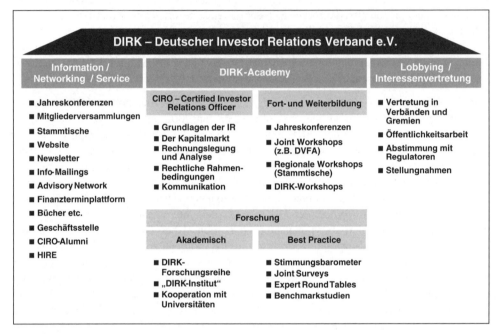

Abb. 6: The „House of DIRK"

„Man kann nicht nicht kommunizieren!"

... und ebenso wenig kann man nicht nicht IR machen. Selbst wenn Sie keinerlei Kommunikation mit Ihren Investoren pflegen, betreiben Sie IR – und zwar die denkbar schlechteste! Aber selbst die Erfüllung aller Pflichtmaßnahmen der IR alleine reicht heutzutage bei weitem nicht mehr aus. Der DIRK fördert die Entwicklung von Best Practice-Ansätzen und unterstützt seine Mitglieder aktiv bei deren Umsetzung.

Die IR ist einer der vielschichtigsten und komplexesten Arbeitsbereiche im Unternehmen. Oftmals wird sowohl extern als auch intern an den IR-Manager die Anforderung gestellt, der bestinformierteste Mitarbeiter des Unternehmens zu sein. Doch gerade in kleinen Unternehmen existiert oft nur ein Ansprechpartner für alle Themengebiete der IR. Nicht selten zählen darüber hinaus auch noch andere Funktionen wie PR oder Compliance zum Jobprofil. Wichtig ist daher, ein kompetentes Netzwerk von Fachleuten und Kollegen aufzubauen, auf das man im Zweifelsfall jederzeit zurückgreifen kann. Das bietet der DIRK!

IR ist eine der entscheidenden Schlüsselabteilungen Ihres Unternehmens und muss unbedingt ernst genommen werden. Sie dabei nach Kräften zu unterstützen ist unser Ziel.

Empfehlungen zur Gestaltung effektiver Finanzkommunikation mit Finanzanalysten

Ralf Frank, DVFA – Deutsche Vereinigung für Finanzanalyse und Asset Management

Zusammenfassung

Mit verschiedenen Geschäftsfeldern, unterschiedlichen Managementstrukturen und individuellen Zielen kann man Unternehmen nicht nur anhand „harter" Fakten, wie Bilanzkennzahlen, G&V oder Cashflow Statement, analysieren. Zur Bewertung von Unternehmen müssen auch eine Vielzahl von Aspekten interpretiert werden, z.B. Forschungsvorhaben, Patente und Strategien, die sich für gewöhnlich unter „Non-financials" subsumieren lassen.

Der Finanzanalyse kommt die Aufgabe zu, neben der Analyse der (vermeintlich) klaren Finanzkennzahlen auch die Non-Financials, hinter denen sich erhebliche Einflussfaktoren für Erfolg und Misserfolg eines Unternehmens verbergen können, zu bewerten. Wie gut ein Analyst ist, lässt sich daran erkennen, ob er Faktoren, wie Strategie, Kunden, Prozesse oder Trends, in der Industrie adäquat modellieren kann und ob er beispielsweise die Qualität des Managements einzuschätzen vermag.

Analysten reduzieren Komplexität

Finanzanalysten reduzieren die Komplexität eines Unternehmens zugunsten der Anlageentscheidung von Investoren. Nicht zuletzt aufgrund der Tatsache, dass Buy-Side-Analysten und Portfolio-Manager tagtäglich im Kontakt mit Sell-Side-Analysten stehen, sind Sell-Side-Analysten wichtige Informationsquellen für institutionelle Anleger.

Diese erhalten die Analyseergebnisse von Sell-Side-Analysten in verschiedensten Formen über verschiedenste Wege, insbesondere dann, wenn es sich um große, weltweit operierende Broker oder Bankhäuser handelt. Research ist jedoch entgegen der landläufigen Meinung kein öffentliches Gut. Investoren verwenden Research dazu, den entstandenen Informationsvorsprung auszunutzen und eine Aktie zu kaufen oder zu verkaufen. Dies gilt, solange die neue Information noch nicht vom breiten Markt erfasst wurde und durch Handelsaktivitäten in den Kurs der Aktie eingepreist ist. Aus diesem Grund werden zunächst die eigenen Kunden des Bankhauses mit den Analysen versorgt. Erst nach einer gewissen Karenzzeit wird das Research von vielen Häusern einer professionellen Bereichsöffentlichkeit zugänglich gemacht. Je höher der Verteilungsgrad von Unternehmensstudien, desto höher ist die Liquidität der Aktie. Die Liquidität einer Aktie, d.h. die Zahl der gehandelten Stücke, steht deshalb oft in direktem Zusammenhang mit der Zahl der Analysten, die eine Aktie analysieren (sog. Coverage).[1]

Begünstigende Faktoren für Aufnahme der Coverage

Die Coverage aufnehmen bedeutet für einen Analysten, dass er sich erstmalig mit einem Unternehmen beschäftigt, es beobachtet und das erste Mal einen Research-Bericht über einen Emittenten erstellt. Danach wird er im Regelfall in bestimmten Zyklen (quartals- oder halbjahresweise) Updates über das Unternehmen schreiben. Es gibt Faktoren, die die Aufnahme der Coverage durch Finanzanalysten begünstigen oder verhindern.

So ist beispielsweise empirisch nachgewiesen, dass die Aktionärsstruktur eines Unternehmens die Coverage beeinflußt.[2] Halten z.B. die Gründerfamilien, das Management oder dem Unternehmen nahestehende Personengruppen große Anteile an Aktien, wird es für Analysten zunehmend uninteressanter, den Emittenten zu beobachten. Die Begründung liegt nahe: Dem Management bzw. der Gruppe „Family and Friends" wird implizit unterstellt, sie hätten verstärkt Anreize, anderen Investoren bewusst Informationen vorzuenthalten oder nur gezielte Informationen selektiv weiterzugeben. Auch wenn Aktien eines Emittenten einen geringen Streubesitz aufweisen, sinkt die Attraktivität des Wertes für institutionelle Investoren, da das Wertpapier schlechter handelbar ist und sich die Chancen für Broker verringern, Transaktionen durchzuführen und somit Geld zu verdienen.

Weiterhin lässt sich beobachten, dass Analysten oft jene Unternehmen covern, die über vergleichsweise wenig Geschäftsbereiche verfügen und deren Anteilsbesitz vorrangig auf institutionelle Investoren verteilt ist – weniger auf die Gruppen Management und Familie – und damit häufig transparenter erscheinen. Dies legt nahe, dass klare und transparente Unternehmensstrukturen dem Analysten Anreiz bieten, die Coverage aufzunehmen. Finanzanalysten schätzen es grundsätzlich, wenn ihre Arbeit, die in erster Linie aus Informationsverarbeitung besteht, durch eine klare und konsequente Veröffentlichungsstrategie des Emittenten unterstützt wird[3].

Neben der Veröffentlichungsstrategie ist auch die Verfügbarkeit der jeweiligen Information eine wichtige Frage und kann einen positiven Einfluss auf die Zahl der covernden Analysten haben[4]. Das hängt damit zusammen, dass die direkte und effektive Verfügbarkeit aller relevanten Informationen über das Unternehmen die Entscheidung des Investmenthauses, die Coverage aufzunehmen, maßgeblich beeinflusst. Eine weitere wichtige Rolle spielt die Frage nach dem Spielraum des Marktes für eine Aktie, bzw. ob der Broker eine Chance sieht, die Research-Information zu nutzen, bevor der Preis sich signifikant bewegt.

---

1 Vgl. Brennan/Tamarowski (2000).
2 Vgl. Lang/Lins/Miller (2004).
3 Vgl. Lang/Lundholm (1996); Lang/Lins/Miller (2004).
4 Vgl. Brennan/Tamarowski (2000).

Zukunftsorientierte und non-financial Information

Die aktuelle Kapitalmarktforschung zeigt auf: Je mehr Informationen ein Unternehmen dem Finanzanalysten bereitstellt, desto höher ist die Chance, dass dieser das Unternehmen unter Beobachtung nimmt[5]. Hierbei spielt die Tiefe der Information eine entscheidende Rolle. Wichtig ist, dass Aussagen über das reine Zahlenwerk von Zusatzinformationen, wie zukunftsgerichteten Äußerungen, begleitet werden, wobei es weniger um die Menge geht, als um Plausibilität und Relevanz der Information. So wird in Deutschland derzeit die Frage nach dem Reporting von non-financial Information vorangetrieben. Fragen nach dem Bericht von häufig nicht in Zahlen abbildbaren, aber dennoch für die Bewertung eines Unternehmens nicht zu vernachlässigenden Themen, wie Strategie, Kunden, Prozesse, Nachhaltigkeit sowie intellektuelles Kapital inklusive Patente und Marken, rücken zunehmend in den Fokus von Investoren und Analysten. Die Intensivierung der Veröffentlichungsaktivitäten eines Emittenten kann selbst in reifen Kapitalmärkten die Analysten-Coverage steigern.[6]

Diese Ergebnisse zeigen, wie wichtig es für die Liquidität und Präsenz von Unternehmen im Kapitalmarkt ist, Analysten systematisch mit Informationen zu versorgen und bei deren Auswahl den Schwerpunkt insbesondere auf zukunftsorientierte Informationen zu legen. Neben dem Halten und Binden von Analysten darf aber eine weitere zentrale Aufgabe der Investor Relations-Arbeit nicht vernachlässigt werden: die Gewinnung von weiteren Analysten.

Research stellt einen erheblichen Aufwand für Broker dar

Für eine Investmentbank bedeutet die Aufnahme der Coverage, teure Ressourcen einzusetzen, nämlich die Arbeitzeit und –kraft des Analysten. Der Einsatz dieser Ressourcen erfolgt für gewöhnlich dann, wenn das Brokerhaus die Möglichkeit sieht, mit der Verbreitung des Research über die Aktie Handel – und folglich Umsatz – zu schaffen. Für die Kunden von Brokern – primär institutionelle Anleger – sind Gespräche mit dem Vorstand börsennotierter Unternehmen („Corporate Access") eine unverzichtbare Informationsquelle. Die überwiegende Zahl von Kapitalanlegern macht die Investition in ein Unternehmen davon abhängig, ob sich der Vorstand Einzelgesprächen, so genannten „One-on-ones", stellt.

Die Aufnahme von Coverage durch Broker ist zumeist mit dem Vorteil für das Unternehmen verbunden, dass es über Broker-Roadshows Zugang zu institutionellen Investoren insbesondere im angelsächsischen Raum bekommt. Es gibt ein eindeutiges Überangebot von Broker-Roadshows für börsennotierte Unternehmen; nicht in jeder Veranstaltung von Brokern sind große Zahlen von institutionellen Anlegern vertreten. Dennoch ist der Zugang

---

5 Vgl. Walker & Tsulta (2001).
6 Vgl. Lang/Lins/Miller (2004).

zu Kapitalgebern auf Roadshows eine effektive Möglichkeit, die Aktie in der institutionellen Landschaft zu positionieren.

Diese Erkenntnisse belegen, wie wichtig es für Unternehmen ist, Coverage zu gewinnen. Mit Coverage allein ist es aber nicht getan. Neben der Zahl, also der Quantität der beobachtenden Analysten, spielt die Qualität, also Erfahrung und Ansehen des Analysten im Markt, eine wichtige Rolle.

Was macht einen guten Analysten aus?

Woran erkennt man nun einen guten Analysten und wie findet man ihn? Folgende Fragen unterstützen Emittenten bei der Suche:

- Wer sind die renommierten Analysten in meinem Sektor?
- Wer die renommierten Broker und Bankhäuser – national und international?
- Welche Analysten covern meine Wettbewerber?
- Wer covert mein Unternehmen und wer sollte mein Unternehmen covern?

Bei der Einschätzung eines Analysten zählt zunächst die Begabung[7], also die besondere Fähigkeit, die Branche und den Sektor zu verstehen und einzuschätzen. Im angelsächsischen Raum werden gerne berufserfahrene Senior Manager mit fundiertem Wissen über Geschäftsmodelle, Produkte, Praktiken und Akteure als Analysten eingestellt. Diese Analysten sind beliebte Gesprächspartner der Medien; anders als bei vielen Berufskollegen im kontinentaleuropäischen Raum wird ihnen aber in der Regel von weiteren Analysten zugearbeitet, die u.a. die Finanzkennzahlen aufbereiten. Neben der Begabung spielt natürlich die Ausbildung und die Erfahrung des Analysten eine wichtige Rolle. So bedingt die Aufgabe, eine Prognose abzugeben, neben fundiertem Bilanz- und Kapitalmarktwissen eine exakte Kenntnis der Branche und der Produkte des Unternehmens, die natürlich im Lauf der Zeit immer fundierter wird. Zudem vertiefen Analysten durch die Gespräche mit Unternehmensvertretern ihre Fachkenntnisse und lernen, Informationsquellen als verlässlich oder weniger verlässlich einzuschätzen. Die Empirie zeigt, dass die Zahl der Prognosefehler bei Analysten mit zunehmender Erfahrung über den gecoverten Emittenten sinkt.[8]

Der IR-Manager kann den Analysten unterstützen, indem er ihn optimal mit Informationen versorgt, die Ergebnisse der Research-Studien kritisch würdigt und ggf. dort korrigiert, wo der Analyst z.B. falsche Annahmen getroffen hat. Analysten wissen es zu schätzen, wenn man ihnen im Unternehmen möglichst viele qualifizierte Ansprechpartner neben dem Finanzvorstand zur Verfügung stellt, die der Vertiefung der Expertise des Analysten zuträglich sind.

---

7   Zu diesem Thema: Jacob/Lys/Neale (1999).
8   Vgl. Mikhail/Walther/Willis (1997).

Qualifikation und Integrität

Die Qualität eines Analysten zeigt sich nicht nur in seiner Qualifikation, sondern auch in der Zugehörigkeit zu einem Berufsverband, der Verpflichtung auf einen Wohlverhaltenskodex und der freiwilligen Überprüfung seiner Kaufempfehlungen und Prognosen.

Ein Analyst muss über gute „handwerkliche" Fertigkeiten verfügen, wie Kenntnisse der Bewertungsmethoden, der Bilanzanalyse oder der Finanzmathematik, denn ein Analyst sollte nicht nur eine korrekte Empfehlung abgeben, sondern dies sollte auch aus den richtigen Gründen so sein. Das heißt, die Empfehlung sollte kein Zufallstreffer sein, sondern auf systematischer Analyse sowie auf nachvollziehbaren und konsequent abgeleiteten Prognosen beruhen. In der Regel absolvieren Finanzanalysten daher nach dem Studium der Betriebs- oder Volkswirtschaftslehre einen fachspezifischen Post-Graduierten-Abschluss, z.B. den „Certified European Financial Analyst" (CEFA) oder den „Certified International Investment Analyst" (CIIA). Diese Programme vermitteln Qualifikationen in Analyse und Bewertung von Aktien, Renten und Derivaten, Portfoliomanagement, Bilanzanalyse und Kapitalmarktrecht und ermöglichen es dem Analysten erst, finanzanalytische Instrumente effektiv einzusetzen. Die europaweit etablierten Ausbildungsprogramme vermitteln den Finanzanalysten zusätzlich einschlägige Kenntnisse der internationalen Rechnungslegung sowie europäische und nationale Kapitalmarktregulierung, die innerhalb der EU für die Marktakteure verpflichtend ist.

Die Zugehörigkeit zu einem Berufsverband, wie der SFAA (Schweiz), ÖVFA (Österreich) oder der DVFA (Deutschland), ist ein Zeichen eines professionellen Habitus. Mitglieder dieser Verbände sowie anderer Verbände des europäischen Analystenverbandes EFFAS haben sich freiwillig einem Wohlverhaltenskodex unterworfen, der der Etablierung höchster ethischer Standards und damit dem Schutz der Investoren dient.

Wie beurteilt man die Leistung des Analysten?

Portfoliomanager setzen die Empfehlungen von Finanzanalysten in Investmententscheidungen um. Das heißt im Umkehrschluss: Finanzanalysten sind keine Portfoliomanager. Dennoch hinterfragen Investoren verstärkt kritisch die Tätigkeit der Analysten, insbesondere mit Blick auf deren Empfehlungen und Gewinnprognosen. Wie gut lag der Analyst mit seiner Empfehlung? Entwickelte sich die Aktie der Vorhersage gemäß? Traf eine „Strong Buy"-Empfehlung wirklich zu, wurde daraus eine gut performierende Aktie, oder hat sich der Kurs schlechter entwickelt als vorhergesagt?

Auch die Analysten-Performance lässt sich zwischenzeitlich verlässlich quantitativ messen[9]. Gute Performance bei den Empfehlungen und Prognosen reichen allerdings nicht aus, um die Gesamtleistung eines Analysten zu erfassen. In den jährlichen Erhebungen, die Extel

---

9 Siehe z.B. isfa (Information System for Analysts), www.isfa.ch

und AQ Research, um nur zwei Anbieter zu nennen, und andere Institute durchführen, werden institutionelle Investoren, die Abnehmer der Research-Studien der Bankhäuser, nach den für sie wichtigsten Kriterien bei der Bewertung von Finanzanalysten und deren Tätigkeit befragt. Aussagen wie „intellektuelle Unabhängigkeit des Analysten" und „sein Rapport", also seine Verbindlichkeit und die Qualität der Kommunikation vom Analysten zum Investor, treten bei diesen Erhebungen gehäuft auf. Auch die Größe des Brokers ist für die Investoren ein wichtiges Kriterium, denn es gilt immer noch als gegeben, dass große Kapitalanlagestellen große Broker mit der Möglichkeit zur effektiven Auftragsabwicklung („Execution Capacity") benötigen.

Wie sollte mit Analysten kommuniziert werden?

Im Frühjahr 2006 hat die DVFA die „Grundsätze für Effektive Finanzkommunikation" herausgegeben. Die Grundsätze wurden vom DVFA Committee „Effektive Finanzkommunikation" erarbeitet und erstmals für die Erhebung des Capital IR-Preises in 2006 eingesetzt. Das Committee setzt sich zusammen u. a. aus institutionellen Anlegern, Finanzanalysten aus den Bereichen Equity und Fixed Income, IR-Managern und Wissenschaftlern.

Die Grundsätze enthalten insgesamt 32 Empfehlungen für Unternehmen, wie die Kommunikation mit Finanzanalysten und institutionellen Investoren effektiv, reibungslos und gut gestaltet werden kann. Gruppiert in drei Kategorien, die sich in je zwei Disziplinen aufteilen, beschreiben die Grundsätze ein fundamentales Ziel von Finanzkommunikation: die Herstellung und Sicherung der Glaubwürdigkeit des Unternehmens.

Zielgruppenorientierung

1. Kapitalmarktorientierung
   Maxime: Bedürfnisse der Zielgruppen der Finanzkommunikation werden vom Top-Management adäquat beantwortet. Das Unternehmen sucht aktiv das Gespräch mit Investoren und Analysten.

2. Gleichbehandlung
   Maxime: Kapitalmarktteilnehmer werden in punkto Informationen gleich behandelt. Positive oder negative Kommentierungen werden nicht mit einer selektiven Versorgung „belohnt" oder „bestraft".

Transparenz

1. Wesentlichkeit
   Maxime: Die berichteten Information orientieren sich an der Relevanz für die Adressaten und entsprechen in punkto Umfang, Tiefe, Frequenz und Vollständigkeit den Erwartungen von Investoren und Finanzanalysten.

2. Nachvollziehbarkeit
Maxime: Unternehmensberichte sind konsistent und nachvollziehbar. Finanzielle Informationen sind quantifiziert und ausreichend begründet.

Kontinuität

1. Aktualität/Vergleichbarkeit
Zur Verfügung gestellte Informationen sind stets aktuell; kommunizierte Bestandteile und Inhalte werden der Entwicklung fortlaufend angepasst. Unternehmensberichte weisen einen lückenlosen Zusammenhang auf. Abrupte, sprunghafte Veränderungen werden vermieden.
2. Erwartungsmanagement
Ein intelligentes Erwartungsmanagement zielt darauf ab, den Investoren oder Finanzanalysten soviel Orientierung wie rechtlich möglich zu geben. Dadurch ergibt sich eine erhöhte Vorhersagbarkeit und damit Sicherheit gegenüber dem Investment.

Die kompletten Grundsätze sind als offen zugängliches Dokument von der Homepage der DVFA zu laden (http://dvfa.de/effkomm.htm).

Pflege von persönlichen Kontakten zu Analysten

Höchste Priorität hat der persönliche Dialog mit Analysten. Die persönliche und direkte Interaktion schlägt die virtuelle. Das mag keine wirklich neue Erkenntnis sein, aber im Zeitalter des Internets und der allgegenwärtigen mobilen Verfügbarkeit ist es diese Aussage wert, näher betrachtet zu werden.

In den vergangenen Jahren haben die Internet-Auftritte börsennotierter Unternehmen große Fortschritte an Funktionalität und Inhalt erfahren. Ob sich dadurch aber die Qualität der Versorgung der Zielgruppe der Finanzkommunikation verbessert hat, sei dahingestellt. Finanzkommunikation via E-Mail, Fax, ja zum Teil Messenger sowie der beliebte, Direct-Mail ähnliche Versand von Informationen in elektronischer oder Papier-Form hat bei vielen Adressaten wegen Überflutung mit Informationen zum „Abschalten" geführt. Investoren und Analysten leiden an einem „Information-Overkill" – sie bekommen je nach Haus und Firmensitz mehrere Hundert E-Mails am Tag. Wenn dann noch Anrufe, Faxe und Besprechungen dazukommen, muss sich der Investment Professional einfach zurückziehen, um sein Tagesgeschäft erledigen zu können. In einer oder mehrerer dieser 300 Mails haben aber möglicherweise wichtige Ad hoc-Mitteilungen und entscheidende Neuigkeiten gesteckt.

Natürlich ist die Möglichkeit des Downloads von Pdf-Dateien im Internet eine bequeme Möglichkeit, den Geschäfts- und Quartalsbericht verfügbar zu machen. Ein Bericht, dessen reines Zahlenwerk jedoch knapp 200 Seiten umfasst (Beispiel eines DAX-Unternehmens aus dem Jahr 2005!), ist aber schlichtweg nicht zu verarbeiten. Davon abgesehen, dass dieser Bericht zunächst ausgedruckt werden muss, muss der Analyst die Zahlen nicht nur suchen, sondern auch per Hand in sein Spreadsheet übertragen. Das allein sind gute Gründe, um die Distributionsstrategie von Finanzinformationen zu überprüfen.

Auch die neuen Interaktionsmedien wie Video-Webcast oder Telefonkonferenzen haben das persönliche Gespräch nicht verdrängt. Diese Medien haben einen höheren Stellenwert bekommen; für potenzielle Analysten und Investoren bieten sie eine wunderbare Möglichkeit, sich unkompliziert einen ersten Eindruck vom Unternehmen zu verschaffen. Die Bereitstellung eines Conference Call Service mit zeitgleicher Verfügbarkeit von Präsentationsfolien im Internet sowie Replay-Möglichkeit gehört international zu den Standards, wird aber im deutschen Markt noch nicht ausreichend genutzt.

Dies ist einer der Gründe, warum der persönliche Dialog nach wie vor das beste Kommunikationsmedium ist: effektiver und umfassender als der elektronische Kontakt, wie Mails oder Telefon. Wichtige Nachrichten sollten persönlich überbracht werden, wenngleich viele Menschen dazu neigen, schlechte oder unangenehme Nachrichten per Mail mitzuteilen. Spielräume, um Vertrauen auszuloten, ja Vertrauen selbst, das nach Niklas Luhmann der Reduzierung von Komplexität dient, entstehen – banal, aber wahr – nur, wenn man sich kennt und der andere in seiner Kommunikation plausibel und berechenbar – weil eben einschätzbar – wird.[10] Im Verhältnis zum elektronischen Medium bietet die Kommunikation von Angesicht zu Angesicht in der Krise und in der Phase der Kommunikation substantieller Veränderungen effektivere Methoden, um mit Unterbrechungen, Reibungen, Ambiguität, Korrekturen und Feedback fertig zu werden.[11]

Natürlich ist die persönliche Face-to-Face-Kommunikation aufwendig und zeitintensiv, nicht nur für das Unternehmen, auch für den Investment Professional. Daher empfiehlt es sich für Unternehmen, an Analystenkonferenzen teilzunehmen, bei denen mehrere Unternehmen aus der Branche oder dem Index teilnehmen, denn bei dieser Art Foren lassen sich zeit- und kostensparend die wichtigsten Zahlen des Unternehmens kommunizieren und Einzelgespräche führen. Analysten und Investoren schätzen diese Art Veranstaltungen, weil sie in strukturierter und vor allem komprimierter Form ihre Branche beobachten können bzw. in One-on-Ones direkten Zugang zum Management bekommen. Einen Eindruck vom Vorstand über die Lage des Unternehmens zu bekommen, ist nicht nur häufig eines der wichtigen Elemente der Beurteilung des Analysten, sondern erst Grundlage für die Genauigkeit seiner Arbeit.

Über die DVFA

Die DVFA (Deutsche Vereinigung für Finanzanalyse und Asset Management) ist der Berufsverband der Kapitalmarktexperten in Deutschland, gegründet 1960. Aktuell gehören der DVFA 1.100 persönliche Mitglieder an. Sie sind als Fach- und Führungskräfte bei über

---

10 Vgl. Luhmann (2000).
11 Vgl. Nohria/Eccles (1992).

400 Investmenthäusern, Banken sowie Fondsgesellschaften oder als unabhängige Kapitalmarktdienstleister tätig.

Der Verband entwickelt Best Practice-Standards für die Berufsausübung und vertritt die Interessen der Berufsangehörigen gegenüber Politik, Regulierern und in Fachgremien. Zudem bietet die DVFA eine internationalen Standards entsprechende Aus- und Weiterbildung für Investment Professionals und stellt mit ihren Kapitalmarktkonferenzen geeignete Plattformen für die professionelle Finanzkommunikation bereit.

Über EFFAS, den Dachverband der europäischen Analystenvereinigungen, bietet die DVFA Zugang zu einer paneuropäischen Plattform mit über 17.000 Berufsangehörigen in 26 Nationen. Über die Association of Certified International Investment Analysts (ACIIA) ist der Verband an ein weltweites Netzwerk von über 50.000 Investment Professionals angeschlossen.

Was kann die DVFA für Sie als Investor Relations Manager/CFO tun?

Sie haben den Gang an die Börse erfolgreich absolviert oder planen in Kürze einen Börsengang. Nun gilt es, die Aktie Ihres Unternehmens zu vermarkten und die Beziehung zu den Aktionären und der sog. Financial Community aufzubauen und zu pflegen. Zwei Ihrer Hauptzielgruppen sind bei uns im Berufsverband organisiert: Analysten und Investoren. Die DVFA unterstützt Sie als Emittenten bei einer der Zielsetzungen von IR-Arbeit dabei, den Investment Professionals all jene Informationen zur Verfügung zu stellen, die sie benötigen, um den Wert der Aktie beurteilen zu können. Professionellen Analysten und Investoren kommt in allen Bereichen der Unternehmensbewertung eine Schlüsselfunktion zu. Im Rahmen der Analystenkonferenzen zur unterjährigen Berichterstattung oder von branchen- bzw. sektororientierten DVFA-Foren können Sie die Aufmerksamkeit des Finanzfachpublikums gewinnen und sich nachhaltig im Markt als attraktives Investment positionieren.

Die DVFA als neutrale Plattform für Finanzkommunikation informiert ihre Mitglieder regelmäßig per Rundschreiben und auf der Website über aktuelle Analystenkonferenzen. Emittenten buchen diesen DVFA-Service, um über einen großen Verteiler für ihre Analystenkonferenz einzuladen. Natürlich können Sie der DVFA auch die komplette Organisation Ihrer Analystenkonferenz überlassen. Wir kümmern uns neben der Einladung und der Teilnehmerverwaltung auch um die Räume, die Veranstaltungstechnik, das Catering und die Betreuung der Teilnehmer vor Ort. Im Anschluss an die Veranstaltung erhalten Sie eine komplette Teilnehmerliste.

Mehrmals im Jahr finden DVFA-Foren in unseren Räumen in Frankfurt statt. Die Räumlichkeiten sind mit Beamer und Conference Call Equipment ausgestattet. Die Foren sind thematisch nach Branchen (z.B. Biotech/Healthcare, IT/TelCo/Media) oder nach Sektoren gegliedert (Small- und Midcaps) und bieten an zwei aufeinander folgenden Tagen den Unternehmen die Möglichkeit, sich einer Vielzahl von Analysten und Investoren zu präsentieren. Zu unseren bekanntesten Foren gehört beispielsweise die SCC-Small Cap Conference, die jährlich Ende August stattfindet.

Nicht nur zur Vorbereitung Ihres optimalen Auftritts bei Ihrer Unternehmenspräsentation, sondern auch, um Sie in die Geheimnisse und die „Dos and Don'ts" der täglichen Kommunikation mit Ihren Analysten einzuweihen, bietet die DVFA in Zusammenarbeit mit dem DIRK e.V. in einem eintägigen Workshop die Möglichkeit, in den direkten Dialog mit der Zielgruppe zu treten. Im Workshop „Managing Expectations: Was Analysten und Investoren von Ihrer IR-Arbeit erwarten – und was nicht" bekommen Sie die Informationen aus erster Hand und erfahren, wie Sell-Side-Analysten, institutionelle Investoren, Hedgefonds Manager oder Fixed-Income-Analysten Ihre IR-Arbeit bewerten und welche Kommunikationsform sie bevorzugen.

Literatur

Brennan/Tamarowski, Investor Relations, Liquidity, and Stock Prices, in: Journal of Applied Corporate Finance, Vol. 12, Nr. 4, Winter 2000, S. 26–37.

Jacob/Lys/Neale, Expertise in forecasting performance of security analysts, in: Journal of Accounting & Economics, Vol. 28, 1999, S. 51–82.

Lang/Lins/Miller, Concentrated Control, Analyst Following, and Valuation: Do Analysts Matter Most When Investors Are Protected Least?, in: Journal of Accounting Research, Vol. 42, Nr. 3, Juni 2004, S. 589–623.

Lang/Lundholm, Corporate Disclosure Policy and Analyst Behavior, in: The Accounting Review, Vol. 71, Nr. 4, Oktober 1996, S. 467–492.

Luhmann, Vertrauen, Stuttgart 2000.

Mikhail/Walther/Willis, The Development of Expertise: Do Security Analysts Improve their Performance with Experience?, in: Journal of Accounting Research, Vol. 27, 1997, S. 131–157.

Nohria/Eccles, (Hg.), Networks and Organizations. Structure, Form, and Action, Boston 1992.

Walker/Tsulta, Corporate Financial Disclosure and Analyst Forecasting Activity: Preliminary Evidence for the UK, ACCA Research Report No. 67, Glasgow 2001.

Wichels, Gestaltung der Kapitalmarktkommunikation mit Finanzanalysten. Eine empirische Untersuchung zum Informationsbedarf von Finanzanalysten in der Automobilindustrie, Wiesbaden 2002.

Die Rolle der Kapitalanlagegesellschaften als institutionelle Investoren

Stefan Seip und Marcus Mecklenburg, BVI Bundesverband Investment und Asset Management e. V.

Zusammenfassung

Kapitalanlagegesellschaften zählen zu den bedeutendsten institutionellen Anlegern in Deutschland. Die von ihnen verwalteten Investmentfonds sind Mittler zwischen dem Kapitalangebot der Anleger und der Kapitalnachfrage von Unternehmen und Staat. Rund 14 Prozent der Marktkapitalisierung deutscher Aktiengesellschaften werden von Investmentfonds gehalten. Ausgehend von ihrer Verpflichtung zum Handeln im ausschließlichen Anlegerinteresse berücksichtigen Investmentgesellschaften bei ihren Anlageentscheidungen zunehmend die Qualität der Unternehmensführung. Der Beitrag nennt die aus Sicht der Investmentbranche wichtigsten Aspekte.

Funktionen der Investmentanlage

Kapitalanlagegesellschaften (auch als „Fondsgesellschaften" oder „Investmentgesellschaften" bezeichnet) führen als Kapitalsammelstellen das Kapitalangebot von gut 15 Millionen Anlegern in Deutschland und die Kapitalnachfrage von Unternehmen und Staat zusammen. Die von ihnen verwalteten Investmentfonds ebnen auf der einen Seite privaten wie institutionellen Investoren den Weg zu allen nationalen und internationalen Aktien-, Renten- und Immobilienmärkten und versorgen auf der anderen Seite Wirtschaft und öffentliche Hand mit Kapital. Dies kommt Anlegern, Emittenten und dem Kapitalmarkt gleichermaßen zugute.

Gesellschaftspolitische Funktion

Investmentfonds sind ein bedeutendes Instrument für Bürger und Unternehmen eines sozial ausgerichteten Staatswesens im Rahmen einer liberalen, marktwirtschaftlichen Wirtschaftsverfassung. Sie stellen Chancengleichheit für alle Anleger an allen Anlagemärkten her. Dies geschieht vor allem durch eine Reihe von wichtigen Transformationsleistungen:

- Losgrößentransformation: Kleineren Anlegern eröffnen Investmentfonds die Chancen der internationalen Märkte mit beliebig großen Beträgen. Das ist vor allem für private

Haushalte von wesentlicher Bedeutung, die meist nur über begrenzte Anlagebeträge verfügen und denen es kaum möglich ist, selbst ein diversifiziertes Wertpapierportfolio aufzubauen.

- Informationstransformation: Investmentfonds holen permanent Informationen über das Geschehen an den Finanzmärkten ein und verarbeiten diese in ihren Anlageentscheidungen. Damit stellen sie allen Anlegern ein professionelles Asset Management bereit, zu dem sie selbst mangels Know-how und/oder Zeit selten in der Lage sind.
- Risikotransformation: Gleichzeitig verhelfen Investmentfonds dem Anleger zu einer optimalen Risikostreuung bei der Aufteilung auch geringer Anlagebeträge.
- Liquiditätstransformation: Nicht zuletzt ermöglichen sie die Partizipation an langfristigen Anlageformen – insbesondere in wenig liquiden Märkten – bei gleichzeitig börsentäglicher Veräußerbarkeit der Anteile.

Die Investmentbranche hat angesichts dieser Transformationsleistungen bei privaten und institutionellen Anlegern einen hohen Stellenwert erreicht. In gut zehn Jahren, zwischen 1995 und 2005, verdreifachte sich das verwaltete Fondsvermögen auf den Rekordbetrag von 1.163 Mrd. €. Hinzu kommen weitere 160 Mrd. €, die für private und institutionelle Anleger in der freien Finanzportfolioverwaltung außerhalb von Investmentfonds betreut werden. Etwa jeder vierte deutsche Haushalt hat heute Vermögen in Investmentfonds angelegt. Im Jahr 2005 flossen rund 30 Prozent der privaten Ersparnisse in Investmentfonds.

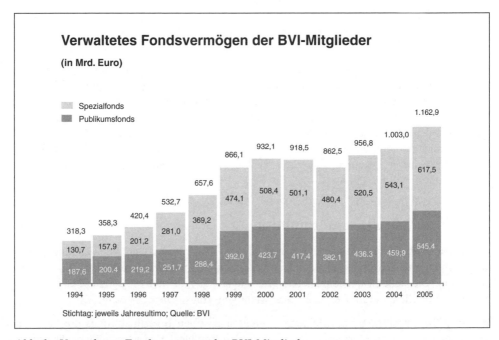

Abb. 1: Verwaltetes Fondsvermögen der BVI-Mitglieder

Finanzwirtschaftliche Funktion

Durch die Investition der ihnen anvertrauten Mittel leisten Investmentfonds einen beachtlichen Finanzierungsbeitrag für die Unternehmen und den staatlichen Sektor, da sie neben dem Kauf bereits umlaufender Werte sehr häufig Neuemissionen aufnehmen. Letzteres geschieht in der Form der Übernahme neu emittierter Anteile ebenso wie durch Ausübung von Bezugsrechten.

Aufgrund der strengen Anlagevorschriften und der Professionalität des Auswahl- und Analyseprozesses sind Investmentfonds sehr anspruchsvolle Investoren, die das ihnen anvertraute Kapital in besonders soliden und wachstumsstarken Unternehmen anlegen. Fondsmanager lenken das Kapital also in die Einzelwerte, in denen es sich – insbesondere längerfristig gesehen – am höchsten rentiert. Kapitalanlagegesellschaften erfüllen somit eine bedeutende Allokationsfunktion innerhalb einer Volkswirtschaft.

Kapitalmarktpolitische Funktion

Von fundamentaler Bedeutung für die Kapitalversorgung einer Volkswirtschaft ist ein funktionsfähiger Wertpapierprimär- und -sekundärmarkt. Investmentgesellschaften sind bedeutende Marktteilnehmer an der Börse. Durch ihre Aktivitäten leisten sie einen wichtigen Beitrag zur Liquidität des Sekundärmarkts. Weil sie kraft Gesetzes im ausschließlichen Interesse ihrer Anleger zu handeln haben, sind Fondsgesellschaften stets bestrebt, die Mittelzuflüsse so rentabel wie möglich anzulegen. Aktives Fondsmanagement bedeutet dabei die Bereitschaft, auf Nachrichten oder geänderte Marktverhältnisse durch Umschichtungen zu reagieren.

Neben ihrem Beitrag zur Liquidität des Sekundärmarktes haben Investmentfonds auch eine kapitalmarktstabilisierende Funktion: Der private Anleger verhält sich im Allgemeinen prozyklisch, d.h. er kauft in der Hausse und verkauft in der Baisse. Die damit verbundene Volatilität des Aktienmarktes wäre noch weitaus größer, wenn nicht die institutionellen Anleger, insbesondere auch die Investmentgesellschaften, über ein bewusst antizyklisches Verhalten eine gewisse Ausgleichsfunktion ausübten.

Investmentfonds als Akteure am deutschen Aktienmarkt

Im Jahr 1949 hielt mit der Gründung der "Allgemeinen Deutschen Investment GmbH" in München der Investment-Gedanke Einzug in Deutschland. Diesem Neuanfang folgten in der zweiten Hälfte der 50er Jahre, in der ersten Hälfte der 70er und der zweiten Hälfte der 80er Jahre wahre Gründungswellen von Kapitalanlagegesellschaften. Auch aktuell werden in Deutschland regelmäßig neue Kapitalanlagegesellschaften gegründet. Entsprechend zu den Gründungen von KAGs stieg auch das verwaltete Vermögen in Intervallen stark an, wobei sich die letzten Jahre durch besonders hohe Volumenzuwächse auszeichneten.

Kapitalanlagegesellschaften gehören inzwischen zu den wichtigsten Anlegern in deutschen Aktien. Die Aktienfonds der heute gut 80 Mitgliedsgesellschaften des BVI verzeichneten Ende des Jahres 2005 ein Volumen von 179,7 Mrd. €. Aktienfonds sind damit, knapp vor den Rentenfonds mit einem Vermögen von 174,0 Mrd. €, die größte Kategorie unter den deutschen Publikumsfonds. Rund 14 Prozent der gesamten Marktkapitalisierung deutscher Aktiengesellschaften wird aktuell von Investmentfonds gehalten.

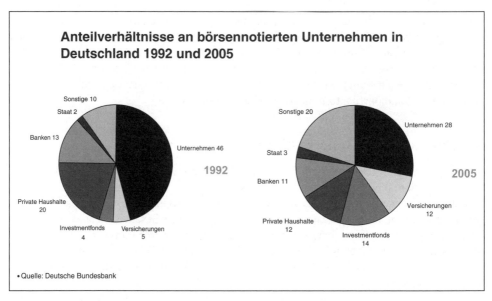

Abb. 2: *Anteilverhältnisse*

Das Potenzial der Branche für ein weiteres Wachstum ist ausgezeichnet, denn von einer Sättigung ist der Markt noch weit entfernt: Während erst jeder vierte deutsche Haushalt Investmentfonds besitzt, ist es in den USA oder auch Schweden jeder zweite Haushalt. Vor dem Hintergrund einer ausgewogenen Asset Allokation und des zunehmenden Bewusstseins für die Altersvorsorge dürften gerade Aktienfonds in Zukunft besondere Steigerungsraten erfahren. Eine entscheidende Rolle spielen dabei langfristige Sparprozesse wie fondsgebundene Lebensversicherungen, Sparpläne über Vermögenswirksame Leistungen (VL-Sparen), Riester-Rente, Zeitwertkonten und sonstige Sparpläne, deren Zahl stetig wächst.

Investmentfonds als Akteure am deutschen Aktienmarkt

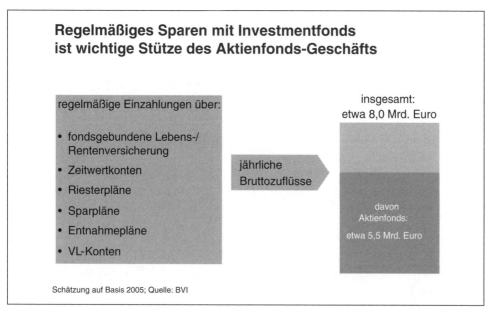

Abb. 3: Regelmäßiges Sparen

Insbesondere im Bereich der Altersvorsorge, die mehr und mehr als Anlagemotiv in den Vordergrund rückt, sind außerordentliche Steigerungsraten zu erwarten. Altersvorsorge ist stets und vor allem langfristiger Vermögensaufbau. Dieser lässt sich mit Aktienfonds besonders effizient bewerkstelligen. Wer beispielsweise im Alter von 35 Jahren damit beginnt, 100 € monatlich in einen Aktienfonds einzuzahlen, wird bei Renteneintritt mit 65 Jahren auf ein ansehnliches Vermögen zurückgreifen können. Wer diesen Rat in den vergangenen 30 Jahren befolgte, erreichte per Jahresende 2005 ein finanzielles Polster von 158.420 € (Durchschnitt der BVI-Aktienfonds mit Anlageschwerpunkt Deutschland). Derartige Ergebnisse sind mit keiner anderen Anlageform erzielbar.

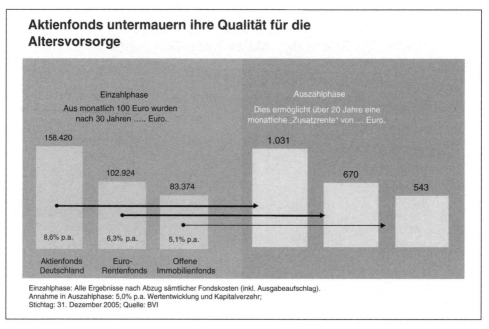

Abb. 4: Aktienfonds

Seit dem Jahr 2001 ist die Altersvorsorge mit Fonds in der Riester-Rente staatlich anerkannt und profitiert gleichberechtigt mit Versicherungsprodukten von einer staatlichen Förderung. Auch bei der Riester-Rente sollte – zumindest in der Ansparphase – die Aktienanlage angesichts ihrer überlegenen langfristigen Ertragsstärke im Vordergrund stehen. Und tatsächlich gewichten fast alle Fondsanbieter im Riestergeschäft bei jungen Vorsorgesparern Aktien deutlich über, um das Kapital mit steigendem Alter ihrer Kunden zur Sicherung der erzielten Erträge in weniger volatile Anlagen wie Renten- und Geldmarktpapiere umzuschichten.

Aber auch mit dem Angebot von Aktienfonds-Sparplänen für die Anlage vermögenswirksamer Leistungen leisten Kapitalanlagegesellschaften einen wichtigen Beitrag bei der Beteiligung breiter Bevölkerungsschichten am Produktivvermögen der Wirtschaft. Zum Jahresende 2005 verwaltete die deutsche Investmentbranche 5,9 Millionen VL-Depots im Gesamtvolumen von mehr als zehn Milliarden Euro.

Die Erwartungen institutioneller Anleger an börsennotierte Unternehmen

„Gute" Corporate Governance als Anlagekriterium

Kapitalanlagegesellschaften berücksichtigen bei ihren Anlageentscheidungen zunehmend die Qualität der Unternehmensführung. Dies ist ein wichtiger Grund dafür, dass gute Corporate Governance langfristig zu einer höheren Börsenbewertung eines Unternehmens führt. Mittlerweile ist die Corporate Governance, vor wenigen Jahren noch ein eher theoretisches Diskussionsthema unter Wissenschaftlern, eines der wichtigsten Kriterien für Investitionsentscheidungen am Aktienmarkt. Zahlreiche Unternehmensskandale haben die internationalen Kapitalmärkte der Jahre 2000 bis 2002 erschüttert und waren mitverantwortlich für eine anhaltend negative Performance, begleitet durch einen spürbaren Vertrauensverlust der Anleger. Diese Vorkommnisse haben Zweifel an der Leistungsfähigkeit der bestehenden Regeln zur Leitung und Überwachung von Unternehmen hervorgerufen. Damit ist schon der Kern der Problematik angesprochen, um die es bei Corporate Governance geht: Die Qualität der Unternehmensführung und ihrer Anreiz- und Kontrollmechanismen. Bei hoher Qualität wird von „guter" Corporate Governance gesprochen, „schlechte" Corporate Governance steht dagegen am anderen Ende der Bewertungsskala. Was aber sind die Kriterien für „gute" und „schlechte" Corporate Governance?

Ein wichtiger Maßstab sind die gesetzlichen Regelungen für das Zusammenwirken der Unternehmensorgane und die Informationspflichten gegenüber Anlegern. Aber dieser gesetzliche Maßstab allein reicht bei weitem nicht aus, zumal das Unternehmensrecht auch der großen Kapitalmarktländer immer noch erheblich voneinander abweicht und hinsichtlich der Qualität unterschiedlich beurteilt wird. So können Praktiken, die sich im Rahmen nationaler Gesetze halten, im Urteil internationaler Investoren dennoch „schlechte" Corporate Governance sein. Auch kann sich die Einschätzung der Kapitalmarktteilnehmer hinsichtlich einzelner Elemente „guter" Corporate Governance ändern. So wurde noch vor wenigen Jahren die deutsche Trennung zwischen Aufsichtsrat und Vorstand regelmäßig als dem angelsächsischen Board of Directors, einem gemeinsamen Leitungs- und Kontrollgremium, unterlegen bezeichnet. Dies hat sich inzwischen deutlich gewandelt: Die Vorzüge einer von der operativen Leitung getrennten und unabhängigen Aufsichtsebene sind inzwischen international anerkannt.

Derzeit werden die Standards „guter" Corporate Governance vor allem durch nationale Kodizes definiert. Vorreiter dieser Entwicklung waren in Europa Großbritannien und die Niederlande, die bereits in den 90er Jahren mit umfangreichen Regelwerken in Vorlage getreten waren. In Deutschland wurden die Empfehlungen der „Regierungskommission Corporate Governance Kodex" Ende Februar 2002 vorgestellt. Durch das Transparenz- und Publizitätsgesetz wurden die börsennotierten Unternehmen im selben Jahr zu jährlichen Angaben darüber verpflichtet, ob sie die Empfehlungen des Kodex einhalten. Die Einhaltung des Kodex selbst dagegen ist nicht gesetzlich vorgeschrieben (Grundsatz des „comply or explain").

Der Kodex wurde im Mai 2003 um Regelungen zur Vorstandsvergütung ergänzt. Seither war ein Teil der DAX-Unternehmen dazu übergegangen, die fixen und variablen Gehaltsbestandteile der Vorstandsmitglieder gegenüber den Aktionären offen zu legen. Ein anderer Teil der Aktiengesellschaften lehnte dies dagegen explizit ab. Daher war es wohl unvermeidlich, dass die Offenlegung von Vorstandsvergütungen im Jahr 2005 gesetzlich geregelt wurde.

Eine weitere Änderung im Juni 2005 verfolgt die Stärkung der Unabhängigkeit der Aufsichtsratsmitglieder. Der Wechsel des bisherigen Vorstandsvorsitzenden oder eines Vorstandsmitglieds in den Aufsichtsratsvorsitz oder den Vorsitz eines Aufsichtsratsausschusses darf nicht mehr die Regel sein. Kandidatenvorschläge für den Aufsichtsratsvorsitz sollen den Aktionären bekannt gegeben werden. Der Kodex enthält nun ferner die Empfehlung, dass dem Aufsichtsrat eine ausreichende Anzahl unabhängiger Mitglieder angehören soll, um eine unabhängige Beratung und Überwachung des Vorstands durch den Aufsichtsrat zu ermöglichen.

Das Interesse der Anleger als Maßstab

Was ist vor diesem Hintergrund die Rolle von Investmentfonds bei der Corporate Governance? Die Antwort auf diese Frage lässt sich aus der Funktion von Corporate Governance in der typischen Situation eines börsennotierten Unternehmens ableiten: Diese Situation ist gekennzeichnet durch die Trennung von Eigentum der Aktionäre einerseits und Leitung durch ein angestelltes Management andererseits. In Folge dieser Trennung kann es zu erheblichen Informationsasymmetrien und potenziellen Interessenkonflikten zwischen Eigentümern und Management kommen. Dies bezeichnet die Wissenschaft als das Principal-Agent-Problem. Es ist daher ein wichtiges Ziel guter Corporate Governance, die Eigentümerinteressen gegenüber dem Management möglichst wirkungsvoll zur Geltung zu bringen.

Investmentfonds sind unter den verschiedenen Aktionärsgruppen zur Wahrnehmung dieser Eigentümerinteressen geradezu prädestiniert. Denn anders als der private Kleinanleger halten Fondsgesellschaften häufig signifikante Anteile an börsennotierten Unternehmen, werden also auch einzeln als „Prinzipale" ernst genommen. Gegenüber unternehmerisch beteiligten Großaktionären unterscheiden sich Investmentfonds durch ihr Handeln im ausschließlichen Interesse ihrer Anleger. Sie sind daher in erster Linie an einer kontinuierlichen Wertsteigerung interessiert und verfolgen keine anderen strategischen Ziele, die dazu unter Umständen in Widerspruch stehen könnten. Hinzu kommt, dass in Deutschland in den vergangenen Jahren der Unternehmensbesitz an börsennotierten Gesellschaften abgenommen hat, während institutionelle Anleger, und hier insbesondere Investmentfonds, ihre Beteiligungsquoten teilweise deutlich steigern konnten.

Das Handeln im Interesse der Anleger erfordert, sich aktiv für die Interessen der „Fondsaktionäre" einzusetzen. Denn die Anlage in Fonds bringt es mit sich – neben den bekannten Vorteilen der Diversifikation und Transparenz –, dass die Anleger ihre Aktionärsrechte nicht selbst ausüben können; sie geben diese gewissermaßen an der Tür der Kapitalanlagegesellschaft zu treuen Händen ihrer Fondsmanager ab. Angesichts der Bedeutung „guter" Corporate Governance für den Unternehmenswert ist die Kapitalanlagegesellschaft daher gehalten, auf eine hohe Qualität der Unternehmensführung bei den Portfoliounternehmen hinzuwirken.

Hierfür stehen ihr mehrere Möglichkeiten zur Verfügung. Der Gesetzgeber geht davon aus, dass dazu zumindest die Stimmrechtsausübung im Inland gehört und hat dies im Investmentgesetz geregelt. Dass damit angesichts der jährlich knapp 1.000 Hauptversammlungen deutscher börsennotierter Unternehmen schon ein gehöriger Aufwand verbunden ist, liegt auf der Hand. Kapitalanlagegesellschaften können das Stimmrecht aber auch durch Bevollmächtigte ausüben lassen.

Die Ausübung der Stimmrechte ist auch ein wichtiges Element der Wohlverhaltensregeln des BVI. Diese setzen seit ihrem In-Kraft-Treten am 1. Januar 2003 einen Standard guten und verantwortungsvollen Umgangs mit dem Kapital und den Rechten der Anleger. Ob und welche weiteren Maßnahmen darüber hinaus erforderlich oder sinnvoll sind, ist dagegen noch in der Diskussion und wird von den einzelnen Kapitalanlagegesellschaften unterschiedlich gehandhabt. Denn ein weitergehendes Engagement für „gute" Corporate Governance bei Portfoliounternehmen – beispielsweise durch Gespräche mit dem Management oder öffentliche Meinungsäußerungen – sollte unter Kosten/Nutzen-Aspekten gerade auch im Interesse der Fondsanleger sorgfältig geprüft werden. Nicht immer ist es zweckmäßig, mit allen Mitteln gegen „schlechte" Corporate Governance einzelner Unternehmen anzukämpfen. Schließlich gibt es – jedenfalls bei aktiv gemanagten Fonds – stets auch noch die Möglichkeit des Verkaufs der Aktien.

Andererseits sind Indexfonds oder indexnahe Fonds regelmäßig gezwungen, Aktien einer Gesellschaft auch dann zu halten, wenn der Fondsmanager von der Qualität der Unternehmensführung nicht überzeugt ist. In diesen Fällen sollte die Fondsgesellschaft Vorschlägen, die den Interessen der Aktionäre zuwiderlaufen, in der Hauptversammlung die Zustimmung verweigern. Zeigt ein Unternehmen beispielsweise eine langfristig unterdurchschnittliche Wertentwicklung, wäre eine Kapitalerhöhung kaum nachvollziehbar. Denn warum sollte ein Management, das keine adäquaten Renditen erzielt, zusätzliches Kapital erhalten? Auch dem quasi automatischen Wechsel eines Vorstandsvorsitzenden in den Aufsichtsratsvorsitz sowie wenig ambitionierten Aktienoptionsprogrammen werden die Fondsgesellschaften mit dem Stimmzettel entgegentreten.

Der europäische Standard der EFAMA

Auch die Europäische Investmentvereinigung EFAMA bekennt sich zur herausragenden Bedeutung guter Corporate Governance bei der Verwaltung von Investmentfonds. Die Verpflichtung zum Handeln im ausschließlichen Anlegerinteresse, die nicht nur im deutschen Investmentrecht, sondern auch auf europäischer Ebene in der Investmentfondsrichtlinie aus dem Jahr 1985 verankert ist, zwingt Fondsverwalter faktisch dazu, auf die

Corporate Governance der Zielunternehmen als maßgeblichen Faktor für die Entwicklung des Unternehmenswerts zu achten.

In einem Grundsatzpapier der EFAMA ist dargestellt, welche Aspekte der Corporate Governance aus Sicht des institutionellen Anlegers von besonderer Bedeutung sind. Angesichts der vielfältigen nationalen Besonderheiten innerhalb Europas sind diese „Recommendations for Best Practice on Corporate Governance" recht allgemein gehalten. Dabei steht der positive Effekt auf den Unternehmenswert im Vordergrund, der sich gerade langfristig vorteilhaft auswirkt. Gute Corporate Governance äußert sich aber auch in der gleichberechtigten Stellung des Minderheitsaktionärs. Dies ist für Kapitalanlagegesellschaften von besonderer Bedeutung, die Kraft Gesetzes auf diese Rolle festgelegt sind.

Langfristiger „Shareholder Value"

Fondsmanager streben Aktieninvestments in der Regel als längerfristig ertragreiche Investitionen an. Sie erwarten von den Portfoliounternehmen daher in erster Linie solide Unternehmenskennzahlen, die eine nachhaltig positive Geschäftsentwicklung erwarten lassen. Portfoliounternehmen sollten sich daher dem langfristigen Erhalt und der Steigerung des Unternehmenswerts verpflichten und dies in einer schriftlichen Erklärung darlegen. Ebenso werden sie angehalten, ihre langfristige Dividendenpolitik offen zu legen.

Gleichbehandlung der Anleger

Grundsätzlich sollte jede Stammaktie genau ein Stimmrecht repräsentieren. Erwartet wird dies auch von solchen Portfoliounternehmen, deren Heimatrecht Mehrstimmrechtsaktien zulässt. Art und Inhalt der Stimmrechte sollen die Portfoliounternehmen den Anlegern gegenüber offen legen. Mechanismen zur Abwehr von Übernahmen laufen dem Gleichbehandlungsgrundsatz zuwider und werden in den Grundsätzen der EFAMA ebenso wie unterschiedliche Dividendenberechtigung prinzipiell abgelehnt. Entsprechende Maßnahmen sollten zumindest nicht ohne Zustimmung der Aktionäre möglich sein und gegebenenfalls publiziert werden.

Wahrnehmung der Anlegerrechte

Das Recht zur Beteiligung an der Beschlussfassung der Hauptversammlung ist das wichtigste Aktionärsrecht. Die ungehinderte Möglichkeit zur Stimmrechtsausübung ist daher wesentliches Element der Aktionärsdemokratie. Vor diesem Hintergrund fordern die EFAMA-Grundsätze die Gleichbehandlung aller Aktionäre beim Zugang zur Stimmrechtsausübung sowie effiziente und kostengünstige Möglichkeiten der Stimmrechtsvertretung.

Aktuelle Unternehmensinformationen

Kapitalanlagegesellschaften sind zwar kraft Gesetzes stets Minderheitsaktionäre, aber sicher keine Kleinanleger. Wenn ein milliardenschwerer Aktienfonds in hunderte von Einzelwerten investiert, repräsentiert jedes einzelne Engagement ein beachtliches Investitionsvolumen. Die Fondsgesellschaften können daher von den Portfoliounternehmen jederzeitige Gesprächsbereitschaft zur Geschäftslage und zum Ausblick erwarten. Auf diese Weise haben sie Zugang zu Unternehmensinformationen, die für ihre Anlageentscheidungen erforderlich sind.

Dennoch gehört das gründliche Studium der allgemein zugänglichen Informationen über die Unternehmen zum Handwerkszeug des Fondsmanagements. Dies setzt stets aktuelle, umfassende und aussagekräftige Geschäfts- und Zwischenberichte, Ad hoc-Berichterstattung, Analysen und Pressemitteilungen voraus. Sämtliche Informationen sollten kostenlos und in der Heimatsprache sowie auf englisch zur Verfügung stehen. Die Darstellung sollte, soweit einschlägig, anerkannten Standards wie IAS oder US-GAAP folgen, um die Vergleichbarkeit von Unternehmenskennzahlen herzustellen.

Ausgewogene Zusammensetzung der Leitungsorgane

Die Grundsätze der EFAMA heben die Bedeutung eines ausgewogenen Kräfteverhältnisses zwischen Geschäftsleitung und Aufsichtsrat (bzw. zwischen Executive und Non-Executive Directors beim monistischen Leitungssystem (One-Tier Board) innerhalb der Portfoliounternehmen hervor, um eine effektive Kontrolle der Geschäftsleitung im Interesse aller Aktionäre des Unternehmens sicherzustellen. Dabei sollten alle Mitglieder der Leitungsorgane sich in regelmäßigen Abständen einem Wahlverfahren unterziehen müssen.

Angesichts der besonderen Bedeutung der Corporate Governance von Portfoliounternehmen werden die Fondsgesellschaften neue Entwicklungen in diesem Bereich genau verfolgen und gegebenenfalls ihre Anforderungen entsprechend anpassen. Vor diesem Hintergrund sind die Erwartungen der Investmentbranche nicht statisch, sondern werden immer darauf gerichtet sein, für ihre Fondsanleger das Optimum zu erreichen. Die Portfoliounternehmen sind daher gut beraten, ihre Corporate Governance Standards regelmäßig zu überprüfen.

Klimaschutz

Kapitalanlagegesellschaften beobachten die in ihren Portfolios gehaltenen Unternehmen im Hinblick auf die potenziellen Chancen und Risiken auch im Zusammenhang mit klimatischen Veränderungen. Seit dem Jahr 2005 ist der BVI der deutsche Sponsor des Carbon Disclosure Project (CDP). Im Rahmen des CDP befragen dieses Jahr rund um den Globus 211 institutionelle Investoren, die zusammen ein Vermögen von 31 Bio. US-$ „under management" haben, die 1.800 weltweit größten börsennotierten Unternehmen zu ihrem Kohlendioxydausstoß. Die Umfrageaktion des BVI richtet sich dabei an die nach Marktkapitalisierung 200 größten deutschen Aktiengesellschaften.

Hintergrund des Engagements ist nicht allein das Leitbild des sozial und ökologisch verantwortlichen Investors. Der Blick auf das Klimabewusstsein der Portfoliounternehmen hat darüber hinaus auch handfeste ökonomische Gründe. Der spezielle Mehrwert des CDP für die Investmentbranche liegt in der besseren Information unter dem Aspekt nachhaltiger Investments. Dies betrifft in zunehmendem Maße unversicherte Schäden bei Portfoliounternehmen, die aus Klimaänderungen aufgrund von $CO2$-Emission resultieren und zu Reputationsverlust und damit zum Verlust von Marktkapitalisierung führen.

Der BVI als Interessenvertreter der Investmentbranche

Der BVI Bundesverband Investment und Asset Management e. V. ist die zentrale Interessenvertretung der Investmentbranche in Deutschland. Er führt den Dialog mit der Bundesregierung, dem Parlament und den Institutionen der Europäischen Union sowie den zuständigen Aufsichtsbehörden. Daneben pflegt er den Austausch mit nationalen und internationalen Organisationen und Verbänden. Der BVI verfolgt das Ziel, attraktive und international wettbewerbsfähige Rahmenbedingungen für seine Mitglieder und deren Anleger sicherzustellen und damit die Anlage in Investmentfonds sowie die professionelle Vermögensverwaltung in Deutschland zu fördern.

Dazu tragen auch vielfältige Informationen an die Medien und ein intensiver Gedankenaustausch mit Journalisten bei. Mit seiner Öffentlichkeitsarbeit verbreitet der BVI die Investmentidee „Chancengleichheit für alle an allen Anlagemärkten". Dabei spricht er gezielt die Meinungsführer in Politik, Wirtschaft und Gesellschaft an und berichtet fortlaufend über rechtliche, steuerliche und politische Entwicklungen. Durch Informationsbroschüren und umfassende Statistiken informiert der Verband die Öffentlichkeit fachkundig und neutral – da anbieterunabhängig – rund um das Thema Investment, Vermögensbildung und Altersvorsorge.

Der BVI wurde am 25. März 1970 von sieben Kapitalanlagegesellschaften gegründet und vertritt inzwischen die Interessen von über 80 Mitgliedern, die mit einem Vermögen von weit über einer Billion Euro rund 99 Prozent des von deutschen Kapitalanlagegesellschaften verwalteten Fondsvermögens repräsentieren. Daneben sind dem BVI mehr als 70 Informationsmitglieder angeschlossen, darunter Kreditinstitute, Wirtschaftsprüfungsgesellschaften, Anwaltssozietäten und IT-Dienstleister. In seinen Büros in Frankfurt am Main und Berlin beschäftigt der Verband etwa 50 Mitarbeiter.

Autorenverzeichnis

Blättchen, Wolfgang

Prof. Dr. Wolfgang Blättchen ist Vorstand der BLÄTTCHEN & PARTNER AG, ein seit über 20 Jahren in Börseneinführungen, weiterführenden Kapitalmarktstrategien und LMBOs spezialisiertes Beratungshaus. Er ist außerdem Mitglied des „Issuer Markets Advisory Committee" der Deutsche Börse AG, Honorarprofessor und Prodekan an der SRH Hochschule Calw, langjähriges Mitglied und zeitweise Beirat der DVFA und Mitglied der Bezirksversammlung der Bezirkskammer Böblingen der IHK Region Stuttgart. Prof. Dr. Blättchen hat mehrere Aufsichtratspositionen inne.

Bommer, Kay

Kay Bommer, Rechtsanwalt und Master of Business Administration (MBA), arbeitete nach seinem Studium in Göttingen, Passau und Sydney, Australien, in den Bereichen Projektleitung, Unternehmensberatung und Wirtschaftsprüfung. Zuletzt leitete er zwei Jahre lang die Investor Relations-Abteilung eines am Neuen Markt notierten Unternehmens, bevor er 2001 die Rechtsanwaltskanzlei Bommer gründete. In seiner Eigenschaft als Geschäftsführer leitet er seit September 2001 das operative Geschäft des DIRK – Deutscher Investor Relations Verband – und ist Initiator des Weiterbildungsprojektes CIRO – Certified Investor Relations Officer. Daneben lehrt er an der Universität Lüneburg Kapitalmarktrecht und ist im Aufsichtsrat innovativer Aktiengesellschaften vertreten.

Johannes Borsche ist Executive Director bei Morgan Stanley in Frankfurt, einem der weltweit größten Finanzdienstleister mit mehr als 600 Büros in 30 Ländern. Herr Borsche verantwortet das Equity Execution Geschäft von Morgan Stanley in Deutschland, der Schweiz und Österreich. Er ist seit dem Jahr 2000 bei Morgan Stanley tätig und verfügt über 12 Jahre Erfahrung im Investment Banking. Seine Transaktionserfahrung schließt IPOs für Deutsche Telekom, Deutsche Postbank, Fraport und Wacker Chemie ein, sowie des Weiteren Kapitalerhöhungen für Deutsche Telekom, Lufthansa, Swiss Re, Deutsche Post; Wandelanleihen für Siemens, Deutsche Telekom, Continental, BMW, und Abwicklung der Übernahmeangebote RAG/Degussa und Unicredito/HVB.

Borsche, Johannes

Frank, Ralf

Ralf Frank, studierte Kommunikationswissenschaften an den Universitäten Essen, Manchester und Brüssel, und trägt den MBA der Sheffield Business School. Seit Anfang 2004 ist er Geschäftsführer der Deutschen Vereinigung für Finanzanalyse und Asset Management (DVFA) GmbH, wo er die Bereiche Kapitalmarktkonferenzen, Finanzkommunikation und Marketing leitet. Zuvor arbeitete er u. a. in der Unternehmensberatung sowie bei einem internationalen Automotive-Konzern im Marketing Management. Aktuell gehören der DVFA 1.100 persönliche Mitglieder an. Sie sind als Fach- und Führungskräfte bei über 400 Investmenthäusern, Banken sowie Fondsgesellschaften oder als unabhängige Kapitalmarktdienstleister tätig. Über die Association of Certified International Investment Analysts (ACIIA) ist der Verband an ein weltweites Netzwerk von über 50.000 Investment Professionals angeschlossen. Die EFFAS (European Federation of Financial Analysts Society) ist die Dachorganisation der europäischen Analystenverbände. Sie vertritt die übergeordneten Interessen von insgesamt 24 Mitgliedsverbänden mit über 17.000 angeschlossenen Investment Professionals.

Frey, Lutz

Lutz Frey ist Partner der Ernst & Young AG, Wirtschaftsprüfungsgesellschaft Steuerberatungsgesellschaft, Eschborn, und dort als Wirtschaftsprüfer im Bereich Assurance and Advisory Business Services tätig. Sein Tätigkeitsschwerpunkt liegt in der Prüfung und Beratung von nationalen und internationalen Unternehmen aus unterschiedlichen Branchen (u. a. Logistik, Medien, Handel und Dienstleistung) sowie in der Beratung bei der Umstellung der Rechnungslegung auf IFRS. Im Rahmen verschiedener Publikationen befasst er sich regelmäßig mit den rechtlichen und organisatorischen Anforderungen an das Rechnungswesen kapitalmarktorientierter Unternehmen.

Fröhlich, Klaus

Klaus Fröhlich studierte Accounting and Finance an der London School of Economics. Er ist Vice President bei Morgan Stanley & Co. Intl. in London und leitet Morgan Stanley's Equity Capital Markets Praxis für das deutschsprachige Europa. Herr Fröhlich begann seine Laufbahn bei Morgan Stanley im Jahre 2000 nach seiner Tätigkeit bei Banque Paribas im Equity Syndicate. Während seiner Laufbahn hat Herr Fröhlich unter anderem an 14 Börsengängen, acht Kapitalerhöhungen, sieben Wandelanleihen, zehn Umplatzierungen und zwei Spin-offs gearbeitet.

Hansel, Georg

Georg Hansel erwarb 1987 einen Abschluss als Rechtsassessor an der Universität Freiburg. Heute leitet er als Managing Director bei der Deutschen Bank den Bereich Equity Capital Markets in Frankfurt und ist in dieser Funktion für das Aktienemissionsgeschäft der Bank einschließlich Börsengänge, Kapitalerhöhungen und Wandelanleihen zuständig. Seit Beginn seiner Tätigkeit für die Deutsche Bank im Jahr 1990 war er für die Durchführung einer Vielzahl inländischer sowie internationaler Equity Transaktionen deutscher Unternehmen verantwortlich, z. B. Deutsche Börse, Borussia Dortmund, AWD, AGFA, Allianz, Mannesmann, BHW Holding, Linde, Entrium, Metro, Munich Re, Stada. Im Jahr 2006 wurde unter seiner Leitung u. a. der Börsengang der Patrizia AG durchgeführt, in den Jahren 2004 und 2005 unter anderem die Transaktionen und Börsengänge von Deutsche Postbank, Wincor Nixdorf, MTU Aero Engines, Praktiker; die Combined Offerings von RWE/Hochtief; die Sekundärplatzierungen von KfW/Deutsche Post, WestLB/TUI, Südzucker/Ebro Puleva und Permira/Grammer.

Harrer, Herbert

Dr. Herbert Harrer ist Partner von Linklaters in Frankfurt. Er berät schwerpunktmäßig Emittenten und Banken im Kapitalmarktrecht bei nationalen und internationalen Börseneinführungen und anderen Equity Transaktionen. Er ist Autor von zahlreichen Aufsätzen und Buchbeiträgen zu Themen des Bank- und Kapitalmarktrechts.

Haubrok, Axel

Axel Haubrok, Diplom-Volkswirt und Wertpapieranalyst, gewann als Bundesgeschäftsführer der Deutschen Schutzvereinigung für Wertpapierbesitz (DSW) und als Wirtschaftsjournalist Einblicke in den Beratungsbedarf deutscher börsennotierter Unternehmen im Hinblick auf ihre Finanzkommunikation. Dies führte 1990 zur Gründung des eigenen Beratungsunternehmens Haubrok Investor Relations in Düsseldorf mit den Kerngeschäftsfeldern Investor Relations, Finanz PR und Hauptversammlungen. Die Haubrok AG hat mehr als 40 Unternehmen kommunikativ beim Gang an die Börse begleitet. Die Beratungsgesellschaft betreut rund 30 Unternehmen im Rahmen der laufenden Kapitalmarktkommunikation und führt pro Jahr etwa 100 Hauptversammlungen durch. Das Unternehmen hat heute rund 30 Mitarbeiter an den Standorten Düsseldorf und München. Damit gehört Haubrok zu den führenden

Gesellschaften für Finanzkommunikation und Hauptversammlungsberatung in Deutschland.

Hauptmann, Marcus

Markus Hauptmann ist Fachanwalt für Steuerrecht sowie international zugelassener Anwalt in der Tschechischen Republik. Er ist Partner im Bereich M&A/Corporate und Executive Partner des Frankfurter Büros von White & Case LLP. Seine Beratungsschwerpunkte liegen im Bereich M&A sowie Gesellschafts- und Kapitalmarktrecht. Er berät Unternehmen, Kapitalmarktgesellschaften und Investmentbanken bei der rechtlichen Strukturierung und Umsetzung von M&A-, Übernahme- und Squeeze Out-Transaktionen sowie Börsengängen. Darüber hinaus berät er Vorstände und Aufsichtsräte in aktien- und haftungsrechtlichen Angelegenheiten sowie Corporate Governance-Fragen. White & Case LLP ist eine der führenden internationalen Anwaltssozietäten mit weltweit etwa 2.000 Rechtsanwälten in 36 Büros und 24 Ländern. White & Case ist mit über 200 Rechtsanwälten und Steuerberatern an den sechs deutschen Standorten Berlin, Dresden, Düsseldorf, Frankfurt, Hamburg und München vertreten.

Henge, Stefan

Stefan Henge ist als Vice President im Bereich Equity Capital Markets von Dresdner Kleinwort beschäftigt. Im Rahmen dieser Tätigkeit hat er bislang eine Vielzahl von Börsengängen, Kapitalerhöhungen und Aktienumplatzierungen begleitet und durchgeführt. Herr Henge hat an der Universität des Saarlandes sowie der Universidad de Sevilla Betriebswirtschaftslehre studiert. Zusätzlich trägt er den Titel des Chartered Financial Analyst (CFA). Dresdner Kleinwort ist die Investmentbank der Dresdner Bank AG und ein Mitglied der Allianz Group. Mit Hauptgeschäftsstellen in London und Frankfurt und einem internationalen Filialnetz bietet Dresdner Kleinwort europäischen und internationalen Kunden durch die Sparten Global Banking und Capital Markets eine breit gefächerte Auswahl von Investmentbankprodukten und -dienstleistungen.

Holzborn, Timo

Dr. Timo Holzborn ist als Rechtsanwalt bei Nörr Stiefenhofer Lutz, München, im Bereich Kapitalmarkt-, Aktien- und Gesellschaftsrecht tätig und begleitet dort eine Reihe von Kapitalmarkttransaktionen von Börsengängen und Kapitalerhöhungen sowie Umstrukturierungen und Erwerbsvorgänge. Daneben ist er u. a. Lehrbeauftragter für Kapitalmarktrecht an der Universität Düsseldorf. Nach Banklehre und Studium der Rechtswissenschaft an der Universität Bonn arbeitete Herr Dr. Holzborn bei der Deutsche Börse AG in Frankfurt am Main und bei der Frankfurter Wertpapierbörse im Bereich Wertpapierzulassung. Er war darüber hinaus bei der Geschäftsstelle der Übernahmekommission zuständig

Hutter, Stephan

Kaulamo, Katja

für die Auslegung des Übernahmekodex und die Begleitung des Gesetzgebungsverfahrens des Übernahmegesetzes.

Dr. Stephan Hutter begann seine anwaltliche Tätigkeit bei Shearman & Sterling im Jahre 1986. Seit 1987 ist Herr Dr. Hutter in New York als Anwalt zugelassen. Seit 1992 ist er im Frankfurter Büro von Shearman & Sterling tätig, das er seit 1995 als Managing Partner leitet. Herr Dr. Hutter berät vorwiegend auf dem Gebiet des internationalen Kapitalmarktrechts sowie bei grenzüberschreitenden Bankfinanzierungen. Er hat einschlägige Transaktionserfahrung bei Börsengängen und internationalen Wertpapieremissionen deutscher, österreichischer und schweizerischer Unternehmen, inklusive Dual Listings und Privatplatzierungen von Aktien und Schuldverschreibungen in den USA. Shearman & Sterling LLP ist eine internationale Anwaltssozietät mit 19 Büros in den wichtigsten Wirtschaftszentren der Welt. Weltweit werden in- und ausländische Unternehmen, Finanzinstitutionen sowie Banken auf allen Gebieten des nationalen und internationalen Wirtschaftsrechts beraten. Seit über 15 Jahren hat sich Shearman & Sterling im deutschen Markt etabliert; derzeit sind ca. 120 Anwälte an den Standorten in Düsseldorf, Frankfurt am Main, Mannheim und München tätig.

Dr. Katja Kaulamo ist auf den Gebieten des Gesellschafts-, Kapitalmarkt-, Bank- und Börsenrechts tätig mit einem Schwerpunkt auf der aktien- und kapitalmarktrechtlichen Beratung von deutschen und ausländischen Emittenten und Konsortialbanken bei Börsengängen, Bezugsrechtsemissionen, Privatplatzierungen, Block Trades und anderen internationalen Emissionen von Aktien und Schuldverschreibungen. Frau Dr. Kaulamo ist Senior Associate bei Shearman & Sterling LLP im Bereich Kapitalmarktrecht. Shearman & Sterling LLP ist eine internationale Anwaltssozietät mit 19 Büros in den wichtigsten Wirtschaftszentren der Welt. Weltweit werden in- und ausländische Unternehmen, Finanzinstitutionen sowie Banken auf allen Gebieten des nationalen und internationalen Wirtschaftsrechts beraten. Seit über 15 Jahren hat sich Shearman & Sterling im deutschen Markt etabliert; derzeit sind ca. 120 Anwälte an den Standorten in Düsseldorf, Frankfurt am Main, Mannheim und München tätig.

Kirchhoff, Klaus Rainer

Klaus Rainer Kirchhoff ist Rechtsanwalt und Vorstandsvorsitzender der Kirchhoff Consult AG. Er ist seit 1989 Berater für Finanzkommunikation und Autor zahlreicher Veröffentlichungen zum Thema Investor Relations und Börsengang. Die Kirchhoff Consult AG ist eine Beratungsgesellschaft und Designagentur. Das Unternehmen ist spezialisiert auf die Geschäftsfelder Emissionsberatung, Finanz- und Unternehmenskommunikation. Seit 1994 hat Kirchhoff Consult mehr als 500 Geschäftsberichte erstellt und seit 1998 42 Unternehmen an die Börse begleitet.

Kostadinov, Eduard

Eduard Kostadinov ist als Vice President im Bereich Corporate Finance von Dresdner Kleinwort tätig. In dieser Rolle hat er verantwortlich an Kapitalmarkttransaktionen sowie M&A Kauf- und Verkaufsmandaten mitgewirkt. Herr Kostadinov hat an der York University, Toronto, Betriebswirtschaftslehre studiert und verfügt über einen MBA der INSEAD/Frankreich. Zusätzlich trägt er die Titel des kanadischen Chartered Accountant (CA) sowie des Chartered Financial Analyst (CFA). Dresdner Kleinwort ist die Investmentbank der Dresdner Bank AG und ein Mitglied der Allianz Group. Mit Hauptgeschäftsstellen in London und Frankfurt und einem internationalen Filialnetz bietet Dresdner Kleinwort europäischen und internationalen Kunden durch die Sparten Global Banking und Capital Markets eine breit gefächerte Auswahl von Investmentbankprodukten und –dienstleistungen.

Rechtsanwalt **Marcus Mecklenburg** betreut beim BVI Bundesverband Investment und Asset Management e.V. als Leiter des Bereichs Politik und Verbände die verbandspolitischen Grundsatzfragen.

Mecklenburg, Marcus

Pohlücke, Axel

Axel Pohlücke, Direktor, leitet den Bereich Equities und M&A bei der DZ BANK AG. Die Schwerpunkte seines Bereiches liegen in der Begleitung von Börsengängen, Mergers & Acquisitions sowie in weiterführenden Kapitalmarktstrategien und – transaktionen. Historisch umfasst seine Expertise auch Debt-Transaktionen; hinzu kommen umfangreiche Erfahrungen im Bereich strukturierter Produkte. Unter der Leitung und Verantwortung von Axel Pohlücke wurden mehrere IPOs verschiedener Unternehmensprofile in stark unterschiedlichen Kapitalmarktphasen erfolgreich durchgeführt.

Riess, Rainer

Rainer Riess besitzt ein Diplom in Volkswirtschaft von der Johann Wolfgang Goethe-Universität in Frankfurt und einen MBA der Universität von Miami. Er ist ein ehemaliger „Fulbright Scholar". Er ist Geschäftsführer der FWB® Frankfurter Wertpapierbörse und Managing Director des Bereichs Stock Market Business Development der Deutsche Börse AG. In dieser Funktion ist er verantwortlich für den Kassamarkt der Deutschen Börse – besonders für die Weiterentwicklung des elektronischen Handelssystems Xetra® und der Börse Frankfurt. Innerhalb der Gruppe Deutsche Börse war Rainer Riess zuvor für den Primärmarkt verantwortlich und hat den deutschen und europäischen Aktienmarkt sowie die dazugehörige Regulierungsstruktur maßgeblich beeinflusst. Er hat vielfältige Produkt- und Serviceinnovationen der Deutsche Börse AG mitentwickelt, beispielsweise die Einführung des Xetra-Handelssystems, des Neuen Marktes, des XTF-Segments und des Zentralen Kontrahenten (CCP). Als Mitglied des Management Committees der a/c/e-Allianz von CBOT und Eurex wirkte er entscheidend mit an der Implementierung des Eurex-Systems in den USA.

Rosen, Rüdiger von

Prof. Dr. Rüdiger von Rosen ist seit 1995 Geschäftsführendes Vorstandsmitglied des Deutschen Aktieninstituts e.V. (DAI), Frankfurt am Main. Ab 1974 war er in den Diensten der Deutschen Bundesbank u. a. als persönlicher Referent von Bundesbankpräsident Karl Otto Pöhl und als Leiter der Hauptabteilung Presse und Information tätig. Ende 1986 übernahm er die Geschäftsführung der Arbeitsgemeinschaft der Deutschen Wertpapierbörsen und zeitgleich der Frankfurter Wertpapierbörse. 1990 wurde er Sprecher des Vorstands der Frankfurter Wertpapierbörse AG (später Deutsche Börse AG). Seit 1992 nimmt er einen Lehrauftrag der Johann Wolfgang Goethe-Universität Frankfurt wahr. Im März 2004 wurde Prof. von Rosen zum Honorarkonsul der Republik Lettland ernannt. Prof. von Rosen ist Autor wie Herausgeber von Büchern und

Russ, Wolfgang

Artikeln über Kapitalmarktpolitik, Kapitalmarktrecht, Corporate Governance, Altersvorsorge und Währungsfragen.

Dr. Wolfgang Russ studierte Betriebs- und Volkswirtschaftslehre an den Universitäten Mainz, Saarbrücken und Köln. Seit 1984 ist er, nach Ablegung der Berufsexamen als Steuerberater, als Mitarbeiter, Wirtschaftsprüfer und Partner bei Ebner, Stolz & Partner, Stuttgart, tätig. Zu seinen Arbeitsschwerpunkten gehören neben der Betreuung mittelständischer Unternehmen Due Diligence-Untersuchungen aller Art und Unternehmensbewertungen. Er wirkt in verschiedenen Fachgremien des Instituts der Wirtschaftsprüfer und der Wirtschaftsprüferkammer mit. Ebner, Stolz & Partner ist mit 450 Mitarbeitern eine der größeren bundesweit operierenden Wirtschaftsprüfungs- und Steuerberatungsgesellschaften in Deutschland. Der Schwerpunkt liegt in der ganzheitlichen Betreuung mittelständischer Unternehmen. Aufgabenstellungen aus den Bereichen Börseneinführung, Due Diligence, Unternehmensbewertung und Sanierung bilden ein wichtiges Spezialgebiet der Gesellschaft.

Schreck, Achim

Achim Schreck studierte Wirtschaftsrecht an der Fachhochschule Nordostniedersachsen in Lüneburg mit dem Schwerpunkt Banken und Finanzdienstleistungen. Nach Fertigstellung seiner Diplomarbeit zum Thema „Harmonisierung des europäischen Kapitalmarktrechts" trat er 2003 als Office Manager in den DIRK – Deutscher Investor Relations Verband e.V. – ein. 2004 absolvierte er erfolgreich den berufsbegleitenden Weiterbildungsstudiengang zum CIRO – Certified Investor Relations Officer, in dem er seit 2005 selbst als Dozent tätig ist.

Seip, Stefan

Stefan Seip ist seit Anfang 2002 Hauptgeschäftsführer des BVI Bundesverband Investment und Asset Management e.V. Der 43-jährige Jurist war zunächst als Rechtsanwalt tätig. Seit 1992 war er bei der Deutsche Börse AG beschäftigt und war dort zuletzt als Head of Market Policy für die politische Kommunikation im nationalen und internationalen Umfeld verantwortlich. Neben seiner Tätigkeit für die Deutsche Börse AG setzte sich Seip als Sekretär der Börsensachverständigenkommission (1996 bis 2001) und als Geschäftsführer der Finanzplatz e.V. (1997 bis 2001) für die Weiterentwicklung des Finanzplatzes Deutschland ein.

Steinbach, Martin

Dr. Martin Steinbach, Diplom-Kaufmann und Bankkaufmann, ist seit über 15 Jahren im Bereich Corporate Finance tätig, wo er eine Vielzahl von Börsengängen (IPO/SPO), M&A Transaktionen im Mittelstand und Private Equity Investments mit Fokus auf dem Technologiesektor führend verantwortete. Seine Erfahrungen basieren auf leitenden Positionen sowohl als Director und Head of Investmentbanking der GZ-Bank AG, im Venture-Capital Bereich als Geschäftsführer der SG-Capital als auch auf der Seite des Emittenten als Director Corporate Finance bei der entory AG, sowie in Aufsichtsrats- und Investitionsgremien verschiedener Unternehmen und Private Equity Fonds. Seit Januar 2003 leitet er die Abteilung Issuer Relations im Bereich Stock Market Business Development der Deutsche Börse AG. Hier ist er verantwortlich für die Vermarktung und Weiterentwicklung der Börsensegmente, die Betreuung von notierten Unternehmen und die Initiierung von Campagnen mit Investoren.

Vaupel, Christoph F.

Christoph F. Vaupel ist Partner von Linklaters in Frankfurt. Er berät schwerpunktmäßig Emittenten und Banken im Kapitalmarktrecht bei nationalen und internationalen Börseneinführungen und anderen Equity Transaktionen. Er ist Autor von zahlreichen Aufsätzen und Buchbeiträgen zu Themen des Bank- und Kapitalmarktrechts.

Weiler, Lutz

Lutz Weiler ist Mitbegründer und Vorstandsvorsitzender der equinet AG. Er war als Direktor/Bereichsleiter im Geschäftsbereich Global Corporate Finance bei Dresdner Kleinwort Wasserstein mit seinem Team zuständig für die Betreuung inländischer mittelständischer Unternehmen bei Kapitalmarkttransaktionen mit Schwerpunkt bei Neuemissionen. Lutz Weiler war in den vergangenen 19 Jahren in über 100 Transaktionen aktiv eingebunden und verantwortlich für die führende Positionierung der Bank bei Neue-Markt-Transaktionen in den Jahren 1997 und 1998. Er ist Autor zahlreicher Veröffentlichungen zu börsenrelevanten Themen und Mitglied des Issuer Markets Advisory Committee der Deutsche Börse AG.

Glossar

Begriff	Erklärung
A	
Ad hoc-Publizität	Verpflichtung eines Emittenten von Wertpapieren, kursrelevante Informationen unverzüglich zu melden und zu publizieren. Die Veröffentlichungspflicht für Wertpapieremittenten ist im Wertpapierhandelsgesetz (§15 WpHG) geregelt.
Amtlicher Markt	Marktsegment der FWB® Frankfurter Wertpapierbörse für Aktien mit gesetzlich geregelten Zulassungsvoraussetzungen und Folgepflichten.
B	
BaFin	Die Bundesanstalt für Finanzdienstleistungsaufsicht (kurz BaFin) ist eine selbstständige Anstalt des öffentlichen Rechts und unterliegt der Rechts- und Fachaufsicht des Bundesministeriums der Finanzen. Sie vereinigt seit ihrer Gründung im Mai 2002 die Aufsicht über Banken und Finanzdienstleister, Versicherer und den Wertpapierhandel unter einem Dach. Ihr Hauptziel ist es, ein funktionsfähiges, stabiles und integres deutsches Finanzsystem zu gewährleisten.
Baisse	Negativer Börsentrend mit nachhaltig fallenden Kursen, meist in allen Marktsegmenten. Gegensatz: Hausse
Benchmark	Neutraler Bezugspunkt (z. B. Branchenindizes) zur Beurteilung des Anlageerfolgs von Wertpapieren, Fonds oder Wertpapierportfolios.
Bookbuilding-Verfahren	Platzierungsverfahren bei Aktienemissionen. Im Gegensatz zum Festpreisverfahren werden hier die Investoren in den Preisfindungsprozess einbezogen und so ein Interessenausgleich zwischen Emittent und Investor bezüglich der Höhe des Emissionspreises herbeigeführt.
C	
Cashflow	Liquide Mittel eines Unternehmens; Bilanzkennzahl, die Auskunft über die Finanzierungskraft eines Unternehmens gibt.

Comfort Letter	Bestätigungsschreiben des Wirtschaftsprüfers im Rahmen von Wertpapieremissionen über die Richtigkeit des Abdrucks der Abschlüsse und der abgeleiteten Zahlen im Prospekt.
Corporate Governance	Leitungs- und Überwachungsstruktur eines Unternehmens.

D

Decoupled Bookbuilding	Spezielles Bookbuilding-Verfahren, bei dem die Festsetzung der Emissions-Preisspanne erst einige Tage nach Beginn der Roadshow festgelegt wird und so die Preisvorstellungen der angesprochenen Investoren einbezogen werden können.
Designated Sponsor/ Sponsoring	Bank- und Finanzdienstleister, der auf Anfrage oder eigene Initiative verbindliche Kaufs- und Verkaufspreise für bestimmte Wertpapiere ins Orderbuch stellt.
Disclaimer	Hinweis zum Haftungsausschluss.
Due Diligence	Prüfung des Geschäftskonzepts, Bilanzen, Steuern, Recht.

E

EBIT	Earnings Before Interest and Tax. Ergebnis vor Zinsen und Steuern.
Emission	Ausgabe neuer Aktien.
Emittent	Aktiengesellschaft, die Wertpapiere ausgibt.
Entry Standard	Transparenzstandard; Teilbereich des Open Market (Freiverkehr). Kapitalmarktzugang der Deutschen Börse für kleine und mittelgroße Unternehmen als Alternative zu EU-regulierten Segmenten.

F

Festpreisverfahren	Im Gegensatz zum Bookbuilding-Verfahren wird hier lediglich zwischen der konsortialführenden Bank und dem Emittenten ein Emissionspreis vereinbart.
Freefloat	Synonym für Streubesitz. Frei handelbare Aktien eines Unternehmens.

G

General Standard	Transparenzstandard. Listing-Segment der Deutschen Börse für Unternehmen, die die vom deutschen und europäischen Gesetzgeber vorgeschriebenen Mindesttransparenzstandards erfüllen.
Geregelter Markt	Marktsegment der FWB® Frankfurter Wertpapierbörse für Aktien mit gesetzlich geregelten Zulassungsvoraussetzungen und Folgepflichten.

Greenshoe	Mehrzuteilungsoption, die bei einer Überzeichnung der Emission eine zusätzliche Zuteilung von Aktien ermöglicht.
Gesetzliche Marktsegmente	An der FWB® Frankfurter Wertpapierbörse: Amtlicher Markt, Geregelter Markt und Freiverkehr (Open Market).

H

Hausse	Positiver Börsentrend mit nachhaltig steigenden Kursen, meist in allen Marktsegmenten. Gegensatz: Baisse.

I

IFRS	IFRS (International Financial Reporting Standards, bis zum 1.4.2001 „IAS"). Rechnungslegungsgrundsätze; festgelegt werden sie vom International Accounting Standards Board (IASB), einem privatrechtlich organisierten Gremium von Wirtschaftsprüfern, Finanzanalysten usw. aus verschiedenen Ländern mit Sitz in London.
Institutioneller Investor	Unternehmen, z.B. Banken, Fondsgesellschaften, Finanzdienstleister, die hohe Volumina am Kapitalmarkt investieren.
IPO	Initial Public Offering; erstmaliges öffentliches Anbieten von Wertpapieren eines Unternehmens im Rahmen eines Börsengangs.

L

Listing	Synonym für die Zulassung zum Börsenhandel und Aufnahme der Notierung an der Börse.

O

Open Market	Synonym für den Freiverkehr der FWB® Frankfurter Wertpapierbörse.
Orderbuch	Buch (heute in elektronischer Form), das einen Überblick gibt über die Orderlage für ein Handelsinstrument, z.B. eine bestimmte Aktie; verändert sich bei liquiden Aktien im Sekundentakt.

P

Primärmarkt	Markt für die erstmalige Platzierung von Aktien eines an die Börse gehenden Unternehmens.
Prime Standard	Transparenzstandard. Listing-Segment der Deutschen Börse für Unternehmen, die höchste internationale Transparenzstandards in Europa erfüllen.
Private Equity	Beteiligungskapital im weitesten Sinne.

Privatplatzierung	Sonderform eines Börsengangs: Wertpapiere eines Unternehmens werden nur einem ausgewählten Investorenkreis und nicht öffentlich angeboten.
Public Offering	Öffentliches Angebot von Wertpapieren eines Unternehmens.

Q

Quotierung	Das Stellen von Kauf- und Verkaufskursen, manuell oder maschinell (Quote Machines).

R

Roadshow	Unternehmenspräsentation zur Vermarktung der eigenen Aktie in verschiedenen Finanzzentren.

S

Sekundärmarkt	Finanzmarkt, in dem emittierte Wertpapiere gehandelt werden.

T

Transparenzlevel/ -standard	An der FWB® Frankfurter Wertpapierbörse repräsentieren die drei Segmente Prime Standard, General Standard und Entry Standard aus Sicht der Investoren und Emittenten gleichzeitig drei Transparenzlevels oder -standards.

U

US-GAAP	Nat. Rechnungslegungsstandard der USA: nicht gesetzlich kodifizierte, aber in den USA offiziell anerkannte Normen der externen Rechnungslegung; die Weiterentwicklung von US-GAAP verantwortet das Financial Accounting Standards Board (FASB) mit Sitz in Norwalk/Connecticut.

Verzeichnis der eingetragenen Marken

CDAX®, DAX®, FWB® Frankfurter Wertpapierbörse, GEX®, MDAX®, SDAX®, TecDAX® und Xetra® sind eingetragene Marken der Deutsche Börse AG.